IFCT0077

ARQUITECTURA DEL PC - MANTENIMIENTO HARDWARE

IFCT0077

ARQUITECTURA DEL PC - MANTENIMIENTO HARDWARE

Mariano Manciamelli

Pier Ciccariello

La ley prohíbe
fotocopiar este libro

IFCT0077 - ARQUITECTURA DEL PC. MANTENIMIENTO HARDWARE
Thema: UK Hardware
Bisac: COM067000
© Mariano Manciamelli, Pier Ciccariello
© De la edición: Ra-Ma 2024

Edición original publicada por Six Ediciones. Ciudad Autónoma de Buenos Aires, Argentina.
Título original: Servicio Técnico de PCs / Armado de PCs Vol.1, Vol.2, Vol.3, Vol.4, Vol.5, Vol.6, Vol.7, Vol.8
Colección: USERS ebooks
Derechos Reservados © Six Ediciones. Ciudad Autónoma de Buenos Aires, Argentina.

Editado por:
RA-MA Editorial
Calle Jarama, 3A, Polígono Industrial Igarsa
28860 PARACUELLOS DE JARAMA, Madrid
Teléfono: 91 658 42 80
Fax: 91 662 81 39
Correo electrónico: *info@grupoeditorialrama.com*
Internet: *www.ra-ma.es* y *www.ra-ma.com*
ISBN: 978-84-1036-090-7
Depósito legal: M-26019-2024
Maquetación: Antonio García Tomé
Diseño de portada: Antonio García Tomé
Filmación e impresión: Safekat
Impreso en España en noviembre de 2024

ÍNDICE

ACERCA DEL AUTOR

Mariano Manciamelli nació en Buenos Aires, Argentina. Se tituló como Técnico Reparador en PC y Redes Informáticas en la Academia Central de Educación de la ciudad de La Plata. Además, es Profesor de Técnicas Informáticas Aplicadas, por el Instituto Superior del profesorado Dr. Joaquín V. González, de la Ciudad Autónoma de Buenos Aires.

Desde que tenía uso de razón sintió una gran pasión por las computadoras, y el aprendizaje obtenido de manera académica se ha potenciado en forma autodidacta durante toda su vida.

Actualmente es profesor en el área de Informática, también técnico en ejercicio y colabora en diversas publicaciones de RedUSERS.

PRÓLOGO

La informática es, sin dudas, una de las ciencias más emocionantes de los últimos tiempos. Se manifiesta en todos los aspectos de nuestras vidas y de ella derivan muchas profesiones. Hay quienes quieren implementarla en las tareas administrativas y el trabajo diario; los que desean crear y mostrar su arte a través de un ordenador; aquellos que programan para dar soluciones a pequeñas, medianas y grandes empresas; los que enseñan con recursos tecnológicos; los entusiastas de los videojuegos; y los técnicos, imprescindibles en todas las áreas nombradas.

Está claro que esta última disciplina es apasionante y aborda distintas situaciones en las que quienes la ejercen tienen que poner a prueba sus conocimientos y experiencia. Tanto dar soluciones destinadas al hardware, como lidiar con problemas del software, son grandes virtudes, y es por eso que ser técnico es más que una simple profesión.

El área de servicio técnico permite especializarse en diversas actividades, desde la electrónica informática, la reparación de dispositivos de impresión o equipos móviles, hasta el trabajo directo con redes y servidores. Todos son técnicos, todos deben brindar soluciones; a veces lo hacen contra reloj; otras, con más dedicación; pero, al fin y al cabo, todos resuelven problemas informáticos.

SOBRE ESTA OBRA

Este e-book se enfoca en quienes quieran entrar al mundo de la reparación de computadoras, como así también en aquellos que deseen actualizar sus conocimientos en esta rama, específicamente, en todo lo relacionado con el proceso de armado de una PC. Recorrerás este camino desde un nivel inicial hasta uno avanzado, pasando por guías paso a paso que te ayudarán a corregir problemas de hardware y también cuestiones referidas al software. Los capítulos incluyen un sólido material conceptual, acompañado de recursos visuales que serán un gran sostén para comprender cada actividad. Este e-book es un digno manual coleccionable, que te permitirá conocer lo necesario para enfrentar las tareas de servicio técnico, tanto para tu uso personal como para ayudar a terceros.

Parte 1

ARMADO DE PCS

Entorno de trabajo
Componentes para el armado
El ensamblado
Errores en el armado

1

ENTORNO DE TRABAJO

En este capítulo daremos un panorama completo del ambiente de trabajo, las herramientas necesarias y los conceptos globales requeridos para que te conviertas en un absoluto profesional en la materia.

1.1 CONCEPTOS IMPORTANTES

El primer paso es organizar el ambiente en donde vas a desarrollar tu práctica. Para lograrlo, es fundamental que acondiciones un lugar con las medidas de seguridad y el orden adecuados para tu ejercicio laboral. Puedes ir equipando el entorno de a poco; un taller de reparación de computadoras debe contar con ciertas herramientas indispensables, y otras las irás adquiriendo con el correr del tiempo. Lo ideal es que te sientas cómodo en el sitio que elijas. Como consejo, trata de que sea iluminado, con ventilación, libre de humedad y con una armonía para que la tarea sea cada día más saludable. No es necesario que el espacio tenga grandes dimensiones, pero sí que haya una buena organización, más aún, si piensas trabajar en equipo. Una sugerencia es que lo acompañes con algo de música; si bien esta es una preferencia personal, está comprobado que es una buena forma de encarar la rutina diaria.

1.1.1 La seguridad

En materia de electricidad, es importante que el espacio cuente con normas de seguridad adecuadas. **Disyuntores** y llaves térmicas son obligatorios para estar protegidos ante posibles cortocircuitos. Las terminales eléctricas donde vayas a conectar los equipos deben tener estos sistemas, tanto para proteger los distintos componentes como por tu seguridad personal. La tensión tiene que ser la adecuada, por lo cual conviene tener estabilizadores o baterías de respaldo. Un punto importante es tomar mediciones de corriente alterna, porque las variaciones suelen dar diagnósticos erróneos. Consulta a un electricista matriculado para estar al tanto de las normas de seguridad actuales en esta materia.

Trabajar con guantes y pulseras antiestáticas es una muy buena decisión. Los guantes tienen una alta resistividad superficial, lo que proporciona una excelente protección para las manos y contra las peligrosas descargas eléctricas. Los de nitrilo son de los más usados, pero hay otros modelos más económicos que también cumplen su función. Las pulseras son una buena medida contra la estática; ten en cuenta que muchos componentes de una PC pueden dañarse por este tipo de electricidad que genera el cuerpo humano. Quien tiene estática positiva, cuando toca componentes con estática negativa, produce un inevitable cortocircuito, algunas veces imperceptible, pero dañino para los componentes.

También es fundamental contar con los matafuegos adecuados para un ámbito de este tipo. El **halón** es un compuesto formado por carbono, bromo y flúor que extingue fuego por inhibición, al neutralizar los radicales libres que interfieren en la reacción en cadena. Es muy eficaz en fuegos de clases **A**, **B** y **C**, especialmente, para la seguridad eléctrica y electrónica. Estos extintores tienen un costo más elevado en el mercado, pero evitan daños mayores, y gracias a su intervención, es posible salvar equipos o parte de ellos frente a una situación de fuego que pueda producirse. En algunos países se sigue utilizando este tipo de matafuegos, pero en otros fue suplantado por el denominado **gas Inergen**, que se usa en centros de datos y talleres de reparación.

Otro punto no menor es el botiquín de primeros auxilios. Como en muchas tareas donde se usan herramientas y se ejerce fuerza, puedes lastimarte. Por eso, ten a mano un kit que te permita remediar el problema de manera urgente y volver rápido a la actividad si es que estás en condiciones de hacerlo.

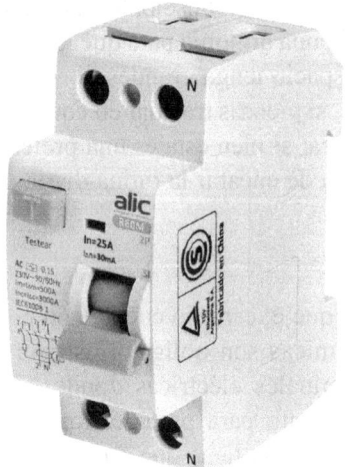

Figura 1.1. Un disyuntor es un interruptor automático capaz de provocar un corte en el suministro eléctrico cuando ocurren fallas como cortocircuitos. Protege la vida humana y evita daños mayores en los equipos electrónicos.

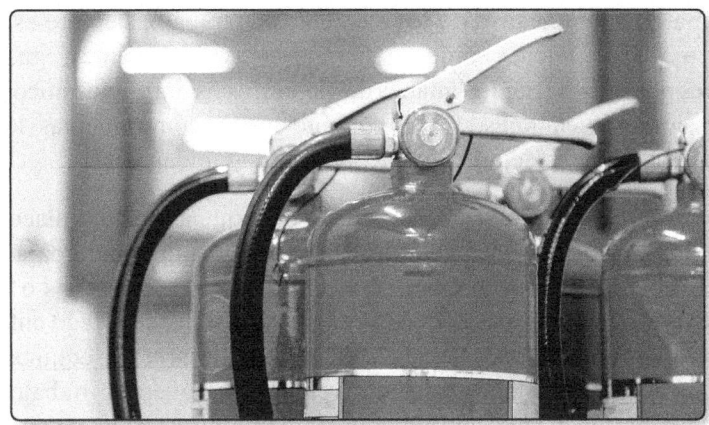

Figura 1.2. Los extintores de halón son ideales para talleres de reparación de computadoras. En la actualidad, algunos los han suplantado por los de gas Inergen, compuesto por nitrógeno, argón y dióxido de carbono, una mezcla invisible e inodora.

1.1.2 La organización como principio del éxito

Un punto clave para empezar a trabajar es ser organizado y tener los elementos en su lugar, porque así evitarás perder tiempo buscando los elementos que necesitas. La organización es el principio del éxito de todo negocio; tus clientes lo percibirán y será un punto a tu favor.

Por un lado, coloca los equipos a reparar; y por otro, los que ya están listos y a la espera de ser retirados. Rotúlalos como te resulte más conveniente para su identificación, y extiende una copia al cliente. Al momento de recibir una máquina, anota todo lo que este manifieste como problema o avería que está experimentando. Si puedes hacer un preencendido y verificar rápidamente la falla, sería ideal para evitar malos entendidos. Documenta todos los elementos que te deja (cables, receptores, fuentes y otros), como así también, componentes faltantes (asientos, tornillos, rajaduras, botones y otras cosas que no encuentres en el aparato). No dejes nada librado al azar; aunque parezca insignificante, registra todo. Puedes darle una copia de dicha documentación al cliente, porque esto hace a la confianza de tu negocio.

Si vas a ensamblar un equipo nuevo, es importante orientar a tu cliente sobre las variables del mercado actual. Hay máquinas para cada necesidad, y tu aporte contribuirá a la decisión final de la compra. Emite presupuestos de varios equipos para que el consumidor tenga opciones y no piense que solo deseas imponer un modelo. Puedes elegir distintas marcas, o dar opciones de un equipo económico, otro intermedio y uno de gama superior. No tiene sentido vender por demás si no cumples con las expectativas del usuario. Guarda un respaldo de la documentación de forma tanto física como electrónica, porque esta es una manera de controlar mejor tu tarea.

En materia organizativa de los elementos de trabajo, siempre es importante tener todo a mano. Puedes ordenar herramientas en estantes, guardarlas en organizadores plásticos o usar los imanes de viejos discos duros mecánicos colocados en la pared como sujetadores. Lo importante no es cómo cuelgas los distintos elementos, sino dónde los dejas, para encontrar todo rápidamente.

Ambienta el lugar como más te guste, para que así sea un placer ejercer tu profesión a diario. Los muebles cumplen una función importante para desarrollar esta actividad. Los bancos de trabajo pueden ser escritorios amplios o mesas para hacer el desarme o el armado. En ocasiones, es bueno trabajar parado ante una mesa alta. Pero en tareas más delicadas, como soldaduras o desarme de equipos portátiles, te sentirás más cómodo estando sentado frente a un banco de trabajo más bajo. La superficie debe tener un recubrimiento de goma antiestática o, al menos, una protección de un material que no sea conductivo ni propenso al fuego. Hay buenos materiales **ignífugos** bastante económicos. De todas maneras, siempre debes tener cerca un matafuegos adecuado para situaciones eléctricas.

El espacio debería estar segmentado. Por ejemplo, tener un banco para trabajar la parte de software, o instalaciones con uno o dos monitores listos para conectar los equipos, y bien cerca tener los materiales para dicha tarea (DVD, pendrives, discos externos o discos para respaldo). Otro sector puede estar dedicado a diagnósticos electrónicos, y allí tendrás multímetro, estación de soldado y un osciloscopio para mediciones más delicadas. Si te dedicas a impresoras, un banco apartado para ellas será lo ideal, ya que suelen generarse manchas y derrames al drenar o limpiar un equipo.

Figura 1.3. El taller debe ser un espacio confortable, limpio y ordenado; un ambiente preparado para ejercer esta profesión.

1.2 LAS HERRAMIENTAS

En tareas de reparación se necesita disponer de materiales o herramientas que permitan trabajar de manera correcta. El hecho de contar con los elementos adecuados genera precisión, rapidez y confort al operar con equipos informáticos. Puedes ir armando de a poco tu taller, pero hay cosas que son más necesarias que otras, y en este apartado te daremos toda la información para que sepas cómo iniciarte en el ensamblado de un ordenador de escritorio.

1.2.1 Destornilladores (el principio del trabajo)

Contar con un buen juego de destornilladores es más que fundamental para esta práctica. Es necesario diferenciarlos entre los que son de precisión y los más rústicos, que usarás en el armado y desarmado en general.

- Los modelos Phillips son los que más utilizarás para las computadoras, tanto en el ensamblaje como en su reparación. Hay juegos de 6 u 8 piezas, todos útiles. Siempre ten de varios tamaños y largos, para operar en distintas circunstancias.

- Otras puntas de **atornilladores** o destornilladores son las denominadas **Torx** y Torx de seguridad, frecuentes en dispositivos de marcas muy reconocidas, como en varios modelos de impresoras.

- Las puntas planas son las clásicas, y siempre estarán presentes para aquellos tornillos más convencionales; además, pueden servirte para hacer palanca en situaciones que ameriten esta práctica.

- Poco frecuentes, pero posibles, son las puntas hexagonales, también llamadas Allen; son un tipo de tornillo que algunos fabricantes de hardware están usando en la actualidad.

En síntesis, debes contar con todos estos modelos. Si bien hay kits económicos que los incluyen, muchas veces terminan por arruinarse en el corto plazo. Sería mejor que invirtieras en destornilladores de buena calidad, y para esto van unos tips que te permitirán elegir los adecuados:

- Deben tener mango ergonómico y antideslizante.

- El mango debe ser reforzado y resistente a golpes.

- Conviene que tengas de mangos cortos y de mangos largos, para distintas situaciones de trabajo.

▶ La barra debe ser de buen acero y anticorrosiva.

▶ Deben tener puntas imantadas.

▶ Opcional: que cuenten con un orificio para colgarlos.

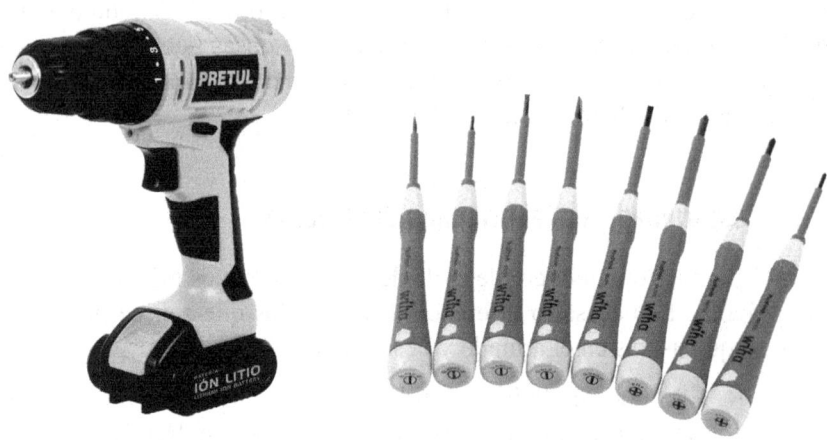

Figura 1.4. Ahora también existen atornilladores / destornilladores eléctricos, aunque los manuales son perfectos para esta actividad. Se venden sueltos o también en kits.

1.2.2 Herramientas y accesorios

Para ensamblar un ordenador o repararla es necesario contar con otras herramientas y utensilios que complementan la tarea;

▶ Pinzas: son necesarias para trabajar en sectores reducidos, donde hay que aplicar presión y ejercer algo de fuerza. Existen varios tipos, como las de punta doblada, punta recta o alicate, ideal para cortar cables o pelarlos. Una inversión interesante para tu taller es tener dos o tres de pico largo y corto.

▶ Pulsera o guantes antiestáticos: la pulsera es una cinta con un velcro para fijarla en la muñeca. Se conecta a un cable de toma a tierra para descargar cualquier acumulación de electricidad estática. Los guantes, además de ser antiestáticos, también sirven para sujetar mejor los componentes y evitan el contacto con la suciedad.

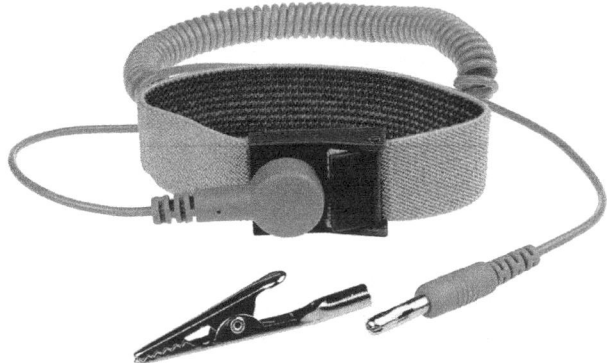

Figura 1.5. Hay distintos modelos de pulseras antiestáticas. Busca
una que sea cómoda y no tenga tantos cables. Los precios son
variados y dependen del material con que estén fabricadas.

▶ Arandelas antiestáticas: se consiguen en tiendas de electrónica y suelen
ponerse entre los tornillos que van al chasis del gabinete, o los que se
colocan entre el montaje de las placas principales. Aportan seguridad.

Figura 1.6. Las arandelas antiestáticas no son de metal, y desde ya, no se suplantan
por ningún material que no sea el antiestático. Se venden en casas de electrónica
y se usan para prevenir descargas de este tipo de energía. Algunos motherboards
actuales tienen una protección incorporada, pero no está de más usarlas.

▶ Pistola de **silicona**: quizá necesites pegar, sujetar o rellenar partes para dar
un acabado profesional. La silicona es un pegamento fácil de manipular y
actúa como aislante eléctrico.

▶ Precintos: evitan que los cables queden sueltos. Hay precintos especiales para el ensamblado de computadoras de escritorio, pero también es posible usar los universales, que son más económicos y fáciles de conseguir.

▶ Multímetro o téster: se usa para realizar mediciones electrónicas. En el proceso de armado, es necesario chequear los voltajes de la fuente de poder; también usarás el multímetro en varias reparaciones.

▶ Fajas de garantía: las etiquetas de seguridad, o sticker void, se consiguen fácilmente en tiendas virtuales y hasta pueden hacerse personalizadas. Son una forma de brindar garantía al consumidor, y también a ti mismo como armador de la computadora, porque en caso de ser removidas, harán caducar la garantía y pondrán en evidencia que el equipo fue manipulado por otras personas. Estas fajas suelen colocarse entre la tapa lateral y trasera del gabinete.

Figura 1.7. Las etiquetas void se utilizan desde hace tiempo en el armado de computadoras. Brindan seguridad tanto al cliente como al armador.

▶ Adaptadores y cables extras: los cables más comunes son los Power SATA y los SATA datos, que suelen venir con el motherboard. Algunos fabricantes incorporan solo uno por box, y quizá tu cliente quiera tener más de un hard disk, combinarlo con discos de estado sólido, o colocar una unidad interna de DVD. En estos casos, se requiere tener estos adaptadores en stock.

Figura 1.8. Contar con cables adicionales en la línea SATA y Power SATA es una ventaja. A veces los fabricantes de placas madre incluyen una sola unidad, y necesitas tener un cable extra en caso de que tu cliente requiera más de un medio de almacenamiento.

1.3 ACTIVIDADES

A continuación verás las preguntas y los ejercicios que deberías saber responder y resolver para considerar aprendido el capítulo.

1.3.1 Test de autoevaluación

1. Enumera tres aspectos necesarios para la seguridad de tu taller.

2. ¿Qué puntos consideras importantes para organizar el espacio de trabajo?

3. ¿Qué herramientas básicas de trabajo necesitas para ensamblar un ordenador de escritorio?

4. ¿Qué accesorios se requieren para mejorar el armado de un equipo?

5. ¿Para qué se usan las etiquetas void?

1.3.2 Ejercicios prácticos

1. Accede a Internet y averigua sobre superficies ignífugas para montar en una mesa de trabajo.

2. Averigua, según tu país de residencia, qué extintor de fuego es aconsejable para tu trabajo como técnico de PC.

3. Desarma un disco duro viejo y quita sus imanes. Colócalos en una pared bien amurados, para sostener destornilladores.

4. Organiza el resto de las herramientas en un colgante o cajón del taller y catalógalas para encontrarlas rápidamente.

5. Consigue cajas y rotúlalas para guardar cables, precintos, tornillos y otros elementos necesarios.

2

COMPONENTES PARA EL ARMADO

Este capítulo te dará una visión completa sobre el ensamblaje de un equipo de computación. Aprenderás a elegir los componentes adecuados para cada caso, analizar el mercado actual, conocer las responsabilidades en materia de garantías y asesorar a tu cliente de la mejor manera posible. Ten en cuenta que la oferta es muy amplia, pero es muy importante satisfacer los requerimientos del cliente, quien se convertirá en el operador de ese equipo. Por eso debes saber elegir y llevar adelante el armado para garantizar su conformidad.

2.1 LA ACTUALIDAD

El primer punto es analizar lo que brinda el mercado. En los últimos tiempos, la oferta de computadoras armadas a medida amerita estar atentos a este tema. Si recuerdas, antes solo había algunos modelos de procesadores, menos marcas de motherboards y ciertas alternativas muy concretas de otros componentes del hardware. Pero hoy la variedad es superior y es de suma importancia saber elegir según las prestaciones en cada caso. El armado de un ordenador no ha cambiado mucho, pero sí es necesario aplicar algunas técnicas como actualizaciones del BIOS para determinados modelos, ver si las memorias RAM son compatibles con la frecuencia proporcionada por el motherboard y determinar si el chipset ofrece la prestación adecuada para la necesidad del cliente. Además, debes prestar atención al almacenamiento, un aspecto fundamental debido al alto tráfico de datos que suele manejarse. No menos importante es el costo del armado; los usuarios buscan obtener beneficios a bajos costos, pero con rendimientos acordes a los tiempos modernos. Por eso, si eres un buen estratega al elegir el componente adecuado, es muy probable que dejes a tu clientela feliz y satisfecha.

2.2 LO PRIMERO ES LO PRIMERO: CPU

El procesador es la primera elección. Según la prestación que te solicite el usuario, tendrás que optar entre las distintas ofertas del mercado, y a partir de eso, ver la posibilidad de acoplar el resto del hardware haciendo un combo provechoso y garantizado.

Para máquinas destinadas a uso hogareño o de oficina puedes elegir entre los modelos que ofrecen las empresas líderes, como **AMD** e **Intel**. La realidad es que ambas se esfuerzan por ganar el segmento y brindan productos acordes a precios razonables. Ahora, ¿cuál es mejor? Gran pregunta, con una respuesta difícil. Realmente, ambas tienen productos similares y con prestaciones idénticas, pero parece que la situación se resume en una cuestión de fanatismo: por un lado, los simpatizantes de AMD; por el otro, los seguidores de Intel. La realidad es que debes elegir una dentro de lo que el cliente solicite.

▸ AMD ofrece procesadores de mesa para esta actividad en las líneas clásicas **Athlon Pro**. Este micro tiene un curriculum importante en el tiempo, y la empresa lo adoptó como una de sus series continuadas para equipos hogareños y de trabajo. La **CPU** ofrece funciones de seguridad y estabilidad para uso diario, y gran desempeño en tareas de ofimática y en el uso de la nube para tareas remotas. Su precio es excelente y es compatible con todo el hardware que quieras incluir. Este procesador hace hincapié en la seguridad y en la protección de datos, y junto a los productos de **Microsoft**, hacen un buen complemento para las rutinas diarias. El modelo destacado es el **200GE**, con una frecuencia de 3.2 GHz y una caché total de 4 MB, pero su diferencia está en la gráfica integrada: cuenta con el **Radeon Vega**, que marca una notoria ventaja.

▸ Intel también tiene soluciones para esta rama. Los procesadores **Pentium** y **Celeron** más recientes garantizan videoconferencias, conectividad inalámbrica más rápida y mejor rendimiento en aplicaciones de ofimática y de uso diario. Se adquieren en cualquier tienda de informática y su precio es realmente accesible. Hay varios modelos disponibles; entre los más destacados están la serie de los **Pentium Gold** y **Silver**, como los **G7400** o los **8500**, con frecuencias que rondan 3.7 a 4.4 GHz, 8 MB de caché e integración gráfica que hará a la computadora más económica y con mejor rendimiento. Los Celeron tienen modelos que van de 1.2 GHz a 3.6 GHz, con menos caché que los **Pentium** y gran precio estándar de mercado para máquinas de uso frecuente.

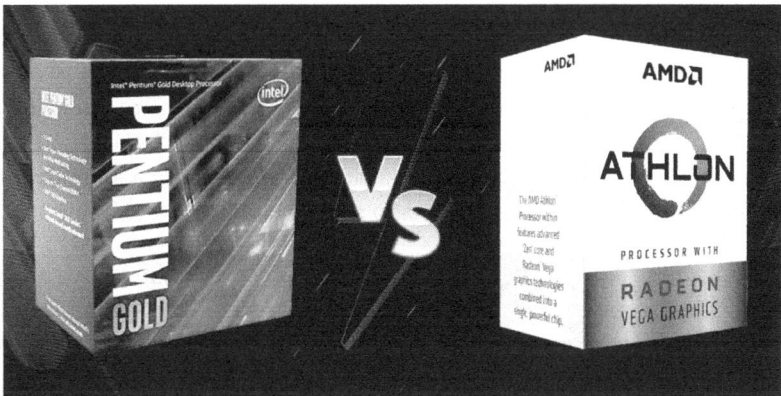

Figura 2.1. Tanto AMD como Intel compiten en este segmento con sus clásicos procesadores cuyos nombres son históricos. Ambos tienen rendimientos idénticos, y hay modelos con o sin gráfica integrada.

Ahora bien, si se requiere un ordenador para uso multimedia, diseño o juegos, pero sin tanta exigencia, debes buscar procesamiento específico. Las líneas **Intel Core** y **Ryzen de AMD** proporcionan soluciones para estos casos. También ten en cuenta que existen fusiones entre CPU y GPU que logran un valor de mercado más atractivo, con rendimientos sorprendentes:

▸ AMD propone a los **APU** como un combo imponente a precio muy rentable. Los APU son fusiones entre una CPU y una GPU, y la empresa fue pionera en esta forma de presentar microchips con núcleos dedicados que actúan de manera más rápida y agilizan los procesos gráficos. La serie A10 de AMD brinda **1.02 TFLOPS** de rendimiento con un sistema de refrigeración silencioso apto para videojuegos modestos y excelente prestación para software de edición y multimedia. El **A10** es quizás el producto recomendado para estas actividades en la serie de AMD, pero también existen alternativas, como los **A4**, **A6** y **A8**, todos con gráfica integrada de la marca **Radeon**.

▸ AMD posee una marca denominada **Ryzen**, que ha sido gran protagonista del mercado en los últimos años. Para computadoras intermedias y aptas para multimedia, diseño y juegos, las series de **Ryzen 3 y 5** son ideales. Hay versiones con gráfica integrada y sin ella, y esto determina parte del presupuesto que debas realizar.

▸ Intel propone un segmento parecido: se trata de los procesadores de la generación 12, con gráficos **UHD Intel** con resoluciones en 4K y superiores. Los procesadores de la línea **I3** son ideales para esta actividad, aunque el **I5** también puede ser una opción más que interesante, pero a un costo mayor. En la web oficial de la compañía se publican las listas de procesadores, generación y si poseen gráfica integrada. En conclusión, para esta actividad, Intel recomienda sus series **I3** e **I5** en sus diferentes prestaciones. Estas CPU tienen gran frecuencia y buena caché de trabajo. Las opciones son variadas y los precios también. Lamentablemente, no todos están disponibles en los países de Latinoamérica, pero dentro de tus posibilidades, busca el adecuado según rendimiento y precio.

Figura 2.2. APU (Accelerated Processing Unit) es la gran innovación de AMD de los últimos años. La función con Radeon ha dado al mercado una CPU más una GPU en una misma cápsula, con excelente rendimiento y buenos beneficios.

Veamos ahora la tercera alternativa para la elección de un microprocesador, indicado para aquellos clientes exigentes, amantes de los videojuegos. Los procesadores gamer tienen un costo más elevado y deben estar acompañados por componentes que se encuentren a su altura, buen sistema de refrigeración y, a veces, alternativas que superen a las que vienen de fábrica. Además, hay que pensar en gráficas superiores y administración de energía eficiente.

▼ En este segmento AMD propone la línea **Ryzen Threadripper**, cuyos niveles actuales alcanzan frecuencias que rondan los **5 GHz**, con **64 núcleos** y **128 subprocesos**, además de **288 MB** de caché y la incorporación de **88 carriles PCI-E 4.0**. Claro que estas especificaciones corresponden al modelo más exigente, el **Ryzen 3990X**. Todos los modelos de esta serie requieren tarjeta gráfica separada, y aunque la firma diga que con una discreta estará bien, la realidad es que una de gama media a alta sería el mejor complemento. Por otro lado están los Ryzen serie 5000, 7000 y 9000, también recomendados para este segmento, con mejores valores de mercado y rendimientos interesantes. Algunos requieren tarjeta gráfica y otros modelos la traen integrada. Estas CPU presentan frecuencias promedio de 4.0 GHz con 16 núcleos en los modelos más osados, y un rendimiento térmico muy interesante para no esforzar el equipo. Lee bien las especificaciones del fabricante, ya que algunos de estos modelos en la actualidad no incluyen sistema de refrigeración, y este es un punto importante a la hora se sumar en el presupuesto.

▼ Para equipos destinados a juegos, Intel ofrece los procesadores **Intel Core**, segmentados en las líneas 3, 5, 7 y 9, aunque es discutible si los Intel Core I3 aplican para este segmento. La **generación 12** de Intel redefine el desempeño de la arquitectura **X86**, donde se presenta una nueva arquitectura híbrida que combina los núcleos en unos de desempeño y otros de eficiencia, lo cual, sin duda, potencia el mundo gamer. Junto al sistema operativo, garantizan cargas de trabajo óptimas y ejecución adecuada en tiempo y forma de los núcleos de la CPU. Traen soporte para **DDR5** y admiten altas resoluciones en la parte gráfica. La elite de esta línea es el **I9**, con frecuencias de hasta 5.2 GHz, 16 núcleos y 24 subprocesos, ideales para realizar overclock y llevar a los juegos a un nivel extremo. Pero Intel siempre tiene un paso más para demostrar. La inminente salida al mercado de los **Raptor Lake de 13ma generación** dará un salto enorme en la industria y será, sin dudas, el procesador más buscado por los amantes de los videojuegos.

Te recomendamos leer el IU de Raptor Lake para conocer las prestaciones que tendrá esta nueva CPU de Intel. **Enlace de lectura**

Figura 2.3. Lo más actual del mercado, y con mayor potencia, son los Ryzen 9 y los I9, dos CPU que se sacan chispas y son la elite de los amantes de los videojuegos.

2.3 LA ELECCIÓN DEL MOTHERBOARD

La placa madre podría considerarse la otra pieza de vital importancia en el armado de un equipo de mesa, ya que brinda las funciones y los servicios necesarios para operar con la computadora. En esta sección te pondremos al tanto sobre lo modelos actuales, las tendencias de mercado y la compatibilidad, tanto con los procesadores como con las otras piezas que componen una PC.

En la colección Técnico en PC de RedUsers, dentro del volumen 2 hallarás toda la información necesaria sobre los conectores y los aspectos técnicos de estas piezas.

El chipset es lo primero que debes mirar antes de comprar el motherboard. Según el modelo que elijas, será la prestación que darás a esa PC. En la actualidad, los chipsets son específicos para las líneas AMD e Intel. La mayoría son fabricados por las mismas empresas y entregados a distintas marcas de placas para su ensamblaje.

Por el lado de AMD, veremos varios modelos de chipsets que ofrecen distintas prestaciones para cada actividad. Los modelos de placas madre que traigan el **A320** estarán destinados a prestaciones básicas de trabajo, oficina, hogar y reproducción de medios. En cambio, las placas que contengan el **B350** serán ideales para usuarios que necesitan flexibilidad en el trabajo, aplicar overclock y usar juegos de gama intermedia. También está el **X370**, uno de los más fiables de AMD, que destina procesos a overclockers y brinda excelente compatibilidad con los medios gráficos; son adecuados para jugadores aficionados. Los **B450** presentan tecnología de aceleración en el almacenamiento y rendimiento en videojuegos. Además, traen compatibilidad para varias tarjetas gráficas y se puede considerar la línea gamer promedio elegida por los usuarios actuales, donde se combina precio y prestación. En un nivel más alto está el **X470**, que aplica alto rendimiento para juegos, brinda prestaciones para overclock y tiene compatibilidad con todas las tarjetas gráficas. Similares prestaciones tienen los modelos **A520** y **B550**, que sin dudas alcanzan el nivel máximo para el mundo gamer. Son ideales para los procesadores de la línea Ryzen, con buses de transferencia altos usando la tecnología NVMe y PCI-E 5.0. En los últimos tiempos AMD ha presentado el chipset X570, que supera en prestaciones a sus antecesores y tiene buen rendimiento en juegos extremos. Presenta mayor ancho de banda y compatibilidad con todo el hard gamer. Es el más caro de su línea, pero sin duda, el de mejor rendimiento para los más exigentes.

Los chipsets de Intel van por un camino similar al de su competidor, solo que actualmente no todos están disponibles en los países de Latinoamérica. A continuación los describiremos por serie, para facilitar tu elección del adecuado.

La **serie 100** de Intel son los chips más básicos, ideales para tareas de ofimática, hogar y prestaciones para teleconferencias. En cambio, la **serie 200** presenta prestaciones similares, pero con la posibilidad de aplicar overclock y obtener mayor fidelidad en tareas empresariales. Los procesadores admitidos por este chipset son los **Kaby Lake**, y a pesar de ya ser un tanto antiguos, se siguen vendiendo y son una alternativa de trabajo rentable y duradera.

La **serie 300** es una de las más vendidas de la firma. Los modelos **H310** y **H370** son ideales para tareas multimedia, juegos intermedios y diseño gráfico. Permiten usar procesadores de varias generaciones, y su precio de mercado es muy interesante. Al último modelo se puede acoplar un chipset de la **serie 400**, como el **H410**, que también puede encapsularse para videojuegos de uso básico. Los modelos **B460** empiezan a mostrar prestaciones ideales para los amantes de esta área, con buen nivel de overclock y soporte para el hardware adecuado. Los **Z490** entran definitivamente en el mundo gamer: admiten procesadores **Intel Core 9** e inferiores, con soporte para **DDR 4** y gran poder de overclock, alto rendimiento en transferencia por redes y soporte para USB 3.2. Es un chipset con un excelente precio de mercado y uno de los más comprados por los usuarios de videojuegos.

Las series 500 y 600 son compatibles con la mayoría de los procesadores de Intel con compatibilidad con placas gráficas y PCI-e 4.0. Presentan gran capacidad de transferencia y mejoran notoriamente las prestaciones de almacenamiento. Son los chipsets con mayor rendimiento en materia gráfica, con alto poder de overclock no solo en CPU sino también en memorias RAM.

Los destacados de esta serie son los **B660** y los **z690**, que combinan gran prestación a buen precio de mercado; un poco más abajo está el H670, que si bien tiene menos recursos, es buena alternativa. Todos ofrecen compatibilidad con las memorias **DDR5, USB 3.2** y **PCI-E 5.0 x16**.

Figura 2.4. Cuando adquieras una placa madre, verás que en su caja se destaca mucho el modelo del chipset que trae. Esto es constante en todas las marcas y modelos de este componente.

2.3.1 ¿Qué otros factores influyen en la elección del motherboard?

La competencia en el mercado actual de las marcas de placas madre es importante. Las empresas ya estandarizan el uso del chipset por prestaciones y esto determina su costo. Ahora, si todos ofrece lo mismo, la pregunta es en qué debes fijarte además de en el chip principal. La respuesta es sencilla: solo presta atención a los servicios que ofrecen, y elige por marca y garantía de fábrica; esto hará que tu cliente tenga una buena computadora y tanto tú como él cuenten con un buen respaldo.

Hay marcas que priorizan la electrónica como medio de garantía. El hecho de que un motherboard tenga **capacitores** o condensadores sólidos hace a su calidad en materia electrónica. Si a esto se le suma que tenga bobinas cerámicas y reguladores de voltaje competentes, la placa será más duradera en el tiempo. Míralo así: tal vez encuentres en un portal de venta de hardware un motherboard con chipset A320 de AMD a un precio económico, y otro chip igual pero más caro. En este caso, es probable que la electrónica marque la diferencia de precio: capacitores electrolíticos en vez de sólidos, menos bobinas, menos reguladores de voltaje y, desde ya, prestaciones distintas (menos cantidad de puertos USB, una sola entrada HDMI y pocos puertos de expansión, dos bancos de memoria en vez de cuatro, apenas dos conectores SATA cuando uno de mejor porte suele traer de 4 a 8, etcétera). Es en estos aspectos en donde debes poner la atención, porque más allá de que ambos modelos compartan el mismo chipset, la diferencia en prestación es importante. Elige siempre el mejor, consulta la garantía de fábrica, observa las normas internacionales eléctricas y electrónicas, y lee críticas desde la Web: todo ayuda a tomar buenas decisiones.

Otro punto para considerar son las actualizaciones del BIOS. Busca marcas que siempre entreguen firmware actualizado y parches que corrijan problemas anteriores. Este es un aspecto clave, no solo para renovar el hardware sino también para tener compatibilidad con nuevas versiones y hacer que tu motherboard esté siempre vigente en el tiempo.

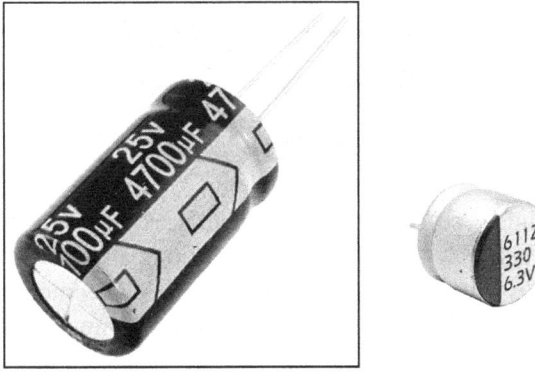

Figura 2.5. A la izquierda verás un capacitor de estilo electrolítico, y a la derecha, uno de estado sólido. Las calidades cambian: los sólidos son más resistentes a problemas de tensión eléctrica.

2.4 EL TURNO DE LA RAM

En el armado de un ordenador, influye mucho el tipo y las características de la memoria de acceso transitorio. Esta no solo suma en el funcionamiento de los programas, sino que también afecta directamente la velocidad del equipo.

Obtener memorias RAM adecuadas, con frecuencias acordes y capacidad sugerida, es la manera de generar armonía en los tres puntos claves del ensamblado: **CPU + motherboard + memoria RAM**.

No hay dudas de que estos son los tres componentes que harán a la computadora, aunque fuente y medios de almacenamiento también tienen su protagonismo.

En el **IU 125 Memoria RAM** puedes leer una guía sobre el panorama actual de las memorias de acceso transitorio.

En la actualidad, se comercializan memorias RAM de tipo **DDR** (Double Data Rate) en generación 3 y 4. Las de gen 5 están apareciendo, y ya se ven en el mercado los primeros prototipos, a precios aún altos. Las memorias DDR3 están a la venta para máquinas de escritorio destinadas a uso hogareño y de oficina. En cambio, las DDR4 ya son más estándar en el uso de equipos multimedia, para diseño y videojuegos. Las capacidades pueden ser similares, pero la frecuencia de trabajo difiere bastante entre ellas. Las DDR3 llegan a una frecuencia de hasta 1600 MHz, cuando las DDR4 alcanzan 3600 MHz en versiones estándar, porque hay fabricantes que están ofreciendo versiones para juegos con frecuencias realmente sorprendentes.

El estándar actual para armar un ordenador de oficina y hogareña indica una capacidad de 4 GB de memoria, pero se recomienda tener 8 GB. En cambio, para computadoras de diseño o juegos, el mínimo es 8 GB, y lo aconsejable es tener 16 GB para estar a tono con los últimos lanzamientos. La frecuencia estándar de la DDR4 es de 2400 MHz, aunque la de 3200 MHz es la sugerida para actividades de mayor exigencia. Hay modelos que presentan disipador de calor por su alto rendimiento y, además, para embellecer y dar un plus en el montaje dentro del gabinete existen actualidad modelos con luces RGB que realmente fanatizan a los expertos en juegos.

Entre los modelos que debes tener en cuenta están los de la línea **Kingston Fury**, uno de los elegidos por los gamers. La marca ofrece modelos de tipo OEM sin disipación, y modelos con disipación y RGB. Las **Corsair Vengeance** también son un gran modelo de memoria RAM que ofrece rendimientos muy altos, excelentes tiempos de latencia y capacidades de varios tipos para distintos casos. Luego existen modelos más modestos, como los módulos de **Adata**, **Crucial** y **Patriot**, entre otras, que compiten en el mercado como memorias para prestaciones más básicas.

Los ciclos o tiempos de refresco son un factor muy importante en las memorias para computadoras gamer, aunque pocas veces les prestamos atención. La latencia, como suele decirse en el ambiente técnico, es el tiempo desde que la memoria recibe una instrucción hasta que la ejecuta. Cuanto más bajo sea ese tiempo de latencia, más rápidas y de mejor rendimiento serán las memorias para el área gráfica o de videojuegos. Los tiempos de latencia se miden en nanosegundos, y se combinan con los tiempos de reloj. En la actualidad, las DDR3 presentan una latencia promedio de CL13 (ciclos de reloj), pero ten en cuenta que su frecuencia es de 1600 MHz contra una DDR4, que tiempo latencia de CL14 promedio, pero cuyas frecuencias son más altas, a partir de los 2400 MHz. En conclusión, si logras encontrar en el mercado una marca que ofrezca una frecuencia alta y una latencia baja, estarás ante la memoria que dará el mejor rendimiento al sistema. Muchas veces se ven modelos con la misma frecuencia y latencia alta, o a la inversa, latencia baja y frecuencia alta. Por eso, estudia bien las ofertas del mercado y no dejes de lado el análisis de las características técnicas desde la web oficial de cada fabricante.

Otro dato importante para el armado, y que involucra a las memorias RAM, es la compatibilidad. Las marcas de placas madre ofrecen en sus sitios oficiales la posibilidad de leer un documento sobre compatibilidades o incompatibilidades de memorias. Esto es importante para no experimentar fallas en el funcionamiento del equipo y encontrar el mejor equilibrio. Las incompatibilidades son pruebas que realiza el fabricante de motherboards y publica con el fin de informar situaciones en las que se expuso ese modelo de placa ante determinado producto informático.

Si no encuentras el listado de memorias compatibles o incompatibles, todos los fabricantes de placas madres tienen un apartado en su web oficial donde figura el término FAQ (preguntas frecuentes). Allí encontrarás no solo la respuesta que buscas, sino también otras características que podrán ayudarte a tomar decisiones correctas.

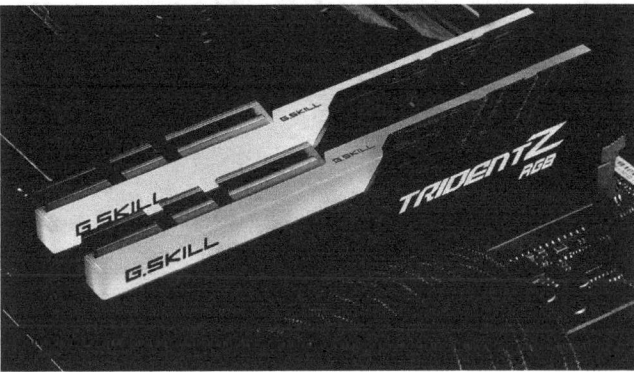

Figura 2.6. Es una tendencia actual que las memorias RAM tengan luces RGB. Además de ofrecer excelentes rendimientos, acoplan este detalle que embellece al gabinete y genera satisfacción en los usuarios.

2.5 LA FUENTE DE PODER

La elección de la fuente de poder también es un punto sumamente importante en estos tiempos. Las ATX, como se las conoce en el ambiente técnico, son las encargadas de proporcionar energía a la PC. Presentan diferentes potencias, y sobre esa base se mide el consumo que puede tener el equipo. Todas las fuentes operan con los mismos voltajes de salida (12V+, 5V+ y 3.3V+) y los neutros.

Pero eso no es consumo, eso solo indica la salida de voltaje que proporcionan.

Si vas a ensamblar una máquina de oficina u hogareña, con una simple ATX genérica de 500 W (Watts) estarás más que bien, pero si la máquina se usará para diseño, multimedia o juegos básicos, debes pensar en fuentes de calidad superior, como la línea 80 plus. Las ATX genéricas son fuentes de bajo costo con un consumo en Watts justo y necesario para un equipo de uso hogareño y oficina. Tienen amperaje bajo y solo admiten componentes del hardware básicos. Por ejemplo: si vas a ensamblar una PC de oficina que tendrá un procesador LE (low energy), una placa madre que cumple con las mismas normas y otros medios de muy bajo consumo (como SSD o memorias RAM), una fuente de 450 W o 500 W será suficiente. Suelen venir sin caja y sin muchas especificaciones, por su condición de genéricas. Todas traen sus cables y molex de conexión, y son aptas para las máquinas actuales y las de algunos años de antigüedad, ya que no han cambiado su formato.

Figura 2.7. Las fuentes de poder de buena calidad suelen tener los servicios distinguidos y son modulares. Esto implica que se conecta solo lo que se usa, evitando consumo adicional.

Ahora, si la máquina tendrá mayor consumo y rendimiento, deberás optar por ATX de la línea **80 plus**. La certificación 80 plus es una norma que indica la eficiencia energética de las fuentes. Estas pueden lograr hasta el 80% de eficiencia y proporcionar mayor rendimiento en equipos informáticos que lo ameriten. Las certificaciones 80 plus vienen en distintos modelos. Las 80 plus simples pero de mejor calidad se especifican bajo los siguientes nombres: **BRONZE, SILVER, GOLD, PLATINUM** y **TITANIUM**. En la medida en que suben de categoría, mejoran el rendimiento energético.

Eficiencia	80 PLUS	80 PLUS BRONZE	80 PLUS SILVER	80 PLUS GOLD	80 PLUS PLATINUM	80 PLUS TITANIUM
Carga	White	Bronze	Silver	Gold	Platinum	Titanium
20%	80%	82%	85%	87%	90%	94%
50%	80%	85%	88%	90%	92%	96%
100%	80%	82%	85%	87%	97%	91%

Figura 2.8. Este cuadro muestra las eficiencias de las fuentes de energía catalogadas como certificación 80 Plus.

Estas fuentes, además de tener mayor eficiencia, son de mejor calidad que las genéricas, pero su uso solo se justifica en computadoras de alto consumo o de alto rendimiento, como las destinadas al diseño o al uso de videojuegos. Saber elegir la fuente adecuada para cada caso es una gran virtud del técnico armador de PC.

Una ventaja de las fuentes 80 Plus es que algunas son modulares o semimodulares. Las fuentes modulares traen los cables que se conectan a los diferentes servicios (discos, placas de video, coolers) de forma independiente y a demanda, por lo cual solo se usarán los módulos que la computadora necesite y, así, se evitará el consumo extra por servicios no aplicados. En cambio, las semimodulares incluyen algunos cables con molex fijos, y otros servicios se anexan a demanda. Lo interesante de estas fuentes es que los conectores vienen especificados para cada uso, por lo que son importantes para la aplicación de placas de video o discos duros, que son dispositivos de mayor consumo.

Un dato importante para el armador es observar las normas electrónicas que homologan las fuentes de poder. Los sellos de calidad indican que estas son aptas para el uso y cumplen con los estándares mundiales de operación energética. El sello más habitual es el **CE** (del francés, Conformité Européenne). Esta norma es un estándar europeo que indica que el producto es apto para el uso según las normativas de ese continente. Otra norma es la **ISO** internacional sobre calidad del producto y los estándares de fabricación. Las normas **RU** (Underwriters Laboratories) certifican que el producto es apto para ser usado para la aplicación de otros componentes o para ser insertado para el funcionamiento de otros equipos. En conclusión, son normas que todas las fuentes de poder deben cumplir. No elijas fuentes que no posean certificados o que tengan solo un sello que indica el cumplimiento de las normas de tu país. Las mejores siempre traen varios sellos y esto hace a la calidad de su fabricación.

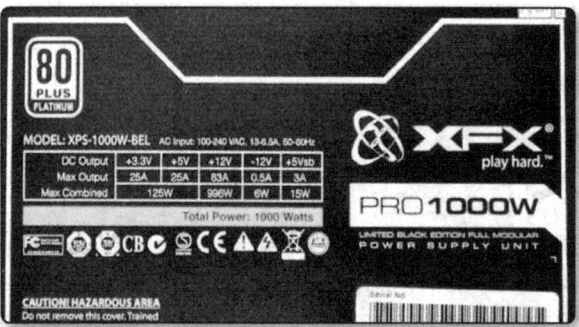

Figura 2.9. En todas las fuentes de energía de calidad encontrarás las normas y certificaciones electrónicas que las homologan.

2.6 ALMACENAMIENTO

Las computadoras actuales deben tener medios de almacenamiento rápidos y con espacio suficiente para cubrir las altas exigencias. Si bien es verdad que existen alternativas para guardar información en la nube, la presencia de un disco físico es aún de suma importancia.

En esta era hablamos de la tecnología **SSD** de tipo **NVMe** y **M.2.** o en formato 2.5 más tradicional.

Es imposible no pensar en este tipo de discos de almacenamiento en estos tiempos. Los SSD son la sucesión de los discos mecánicos. Ofrecen mayor velocidad, rendimiento y fluidez en las tareas cotidianas de una PC, pero no obstante, muchos armadores piensan en almacenamiento híbrido, ya que los SSD son caros y su tamaño es menor que los clásicos hard disk. Una buena elección es colocar un disco de estado sólido para instalar el sistema operativo y los programas básicos, y un disco mecánico de mayor tamaño como disco secundario y de respaldo de datos. Ahora bien, si el cliente lo desea, puedes directamente optar por un SSD de gran volumen y así tener un solo disco de trabajo.

Los SSD actuales vienen de diferentes tamaños. El más pequeño del mercado, pero casi en extinción, es el de 120 GB; los estándar son los de 240 GB, 480 GB y 960 GB. Los hay más grandes, pero muchos de ellos solo se consiguen a pedido o por venta directa en portales de Internet. Esta tecnología está disponible en el factor de forma M.2. y M.2. NVMe, que ocupan menos espacio en el gabinete y brindan mayor rendimiento que los clásicos SSD de montaje en bahías.

Puedes leer el **IU 215 de RedUsers** denominado "Acceso más rápido a tus datos", donde podrás aprender todo sobre estas nuevas tecnologías de almacenamiento.

Los clásicos discos mecánicos aún están vigentes. En la actualidad, hay modelos como los de Seagate Barracuda, con tasas de transferencia de 6.0 Gb/s; los Western Digital edición Black o Red, ideales para los exigentes de los videojuegos; o los Green o Blue, que van muy bien para tareas hogareñas o de oficina.

Figura 2.10. En la actualidad hay varios tipos de discos para acoplar a una PC.
Los clásicos HDD mecánicos, los SSD en formato 2.5 y en su estilo M.2. y NVMe.
Para estos dos últimos, deberás chequear que el motherboard los soporte.

2.7 TARJETA GRÁFICA

La tarjeta gráfica no es un componente menor en el armado de una máquina gamer o de diseño. Para las computadoras de oficina o de tareas básicas con la gráfica integrada en la CPU o en el motherboard, es más que suficiente, pero los exigentes del arte gráfico y los excéntricos de los juegos informáticos te solicitarán una tarjeta gráfica de gran porte y calidad.

La guerra simbólica entre las marcas que fabrican tarjetas gráficas es imponente. Cada día se esmeran más por ofrecer el mayor rendimiento y una realidad virtual cada vez más efectiva. Hoy es importante elegir la placa adecuada para que tu cliente quede satisfecho.

Para ayudarte a resolver este dilema, debes prestar atención al chipset que incorporan las marcas y la compatibilidad con el resto de los componentes del hardware. Ten presente que, en la actualidad, se ofrecen modelos con distintas tecnologías que mejoran las calidades en los usos de estas gráficas. Hay algunas que ofrecen aceleración por hardware y otras no, y esto influye en el precio de mercado. Otra característica importante son las mejoras que se ofrecen, puntualmente, en el ámbito de los videojuegos. Entre ellas está la tecnología **Ray Tracing** o trazado de rayos, que mejora la calidad de imagen y ofrece realismo en los juegos.

Los modelos de **NVIDIA RTX** incorporan dicha tecnología y las vuelven tarjetas destacadas en el mercado. También existe la tecnología **RDNA**, que permite bajar el consumo energético y mejorar el rendimiento en los juegos. Esta innovación pertenece a los modelos de **ATI Radeon** y sus gamas intermedias a superiores.

Un aspecto importante que debes tener en cuenta: hay varias marcas de tarjetas gráficas en el mercado actual. Muchas de ellas utilizan el mismo chipset, de ATI o de NVIDIA, pero pueden variar en calidad según su montaje electrónico y servicios adicionales que pueden ofrecer.

2.7.1 ¿Cómo elegir una tarjeta gráfica?

Para elegir la tarjeta adecuada, considera las prestaciones que tu cliente necesita. Como has visto, una máquina de oficina u hogareña no precisa un componente sofisticado, sino que con las GPU integradas será suficiente. Pero en el caso de una tarjeta para jugar, debes considerar estos aspectos:

- Memoria
- FPS y TFlops

Las placas de video utilizan su propia memoria de tipo RAM, más conocida como VRAM. En la actualidad, hay modelos que presentan distintas generaciones, y muchas de ellas, a pesar de ser más antiguas, se siguen vendiendo y cumplen su función para tareas de menor rendimiento gráfico. Los modelos se identifican con la sigla GDDR (Graphics Double Data Rate) y encontrarás GDDR4, GDDR5 y GDDR6, como las más recientes en el mercado. Las capacidades pueden rondar los 4 GB a 16 GB dependiendo del modelo, y si bien hay de 24 GB y 32 GB, todavía no son muy habituales, y en varios países solo se las consigue a pedido debido a su elevado costo.

El GDDR6 es el modelo más nuevo del mercado y, por supuesto supera a su antecesor: tiene mayor velocidad, latencia, rendimiento, eficiencia energética y un aprovechamiento del ancho de banda que permite correr los últimos y más exigentes videojuegos del mercado. Es por eso que debes considerar este producto como un destacado de los tiempos modernos.

Con esta generación de memorias, las resoluciones serán mejores. Las características 4K y superiores se verán perfeccionadas y según la cantidad de VRAM que posea, más eficiente será el producto. Ten en cuenta que estos chips operan a un voltaje muy bajo, apenas unos 1.35 V y con un ancho de banda de 16 Gbps. Esto favorece a los fanáticos del overclock, ya que el consumo y el nivel térmico son mejores.

Los FPS constituyen la cantidad de imágenes que se visualizarán en el monitor en el lapso de un segundo, y darán la sensación de movimiento y realismo a lo que estás observando. Es por eso que a la hora de optar por una tarjeta gráfica, es importante tener en cuenta estos parámetros. Si consideras los análisis científicos, el cerebro humano es capaz de procesar de 10 a 12 imágenes por segundo. Esto te dará la pauta de que se necesita un mínimo de 12 FPS para obtener una base de trabajo. Desde ya, es una suposición, pero para que tengas parámetros más acertados, en videojuegos podrías partir de 60 FPS. Las placas más exigentes pueden dar de 144 a 240 fotogramas por segundo, y estarás en calidades de imágenes Full HD o 4K y hasta superiores también.

Figura 2.11. Las tarjetas VGA más potentes del mercado corren con una memoria GDDR6X a 21 Gbps y con capacidades que rondan los 24 GB. Además, combinan tecnologías como el trazado de rayos o RDNA, que mejoran notoriamente la ejecución de videojuegos.

2.8 ACCESORIOS ADICIONALES

Si bien ya hemos nombrado todos los componentes de hardware requeridos y las actualizaciones pertinentes, existen otros productos que pueden complementar la calidad del equipo y le darán mayor eficiencia. Algunos de ellos se nombran en la siguiente lista:

1. Placas WiFi o módulos USB WiFi
2. Lector interno de tarjetas de memoria
3. Coolers extra
4. Tiras led
5. Periféricos

1. Las placas WiFi son muy importantes en la actualidad. La mayoría de los equipos se conectan a Internet de manera inalámbrica, y corresponde que le preguntes a tu cliente si desea incorporar esta tecnología porque no todos los motherboards traen una de fábrica. Si bien las placas madre traen conectividad LAN, esta es exclusivamente cableada.

   Existen tarjeas **PCI** y **PCI-E** de altas velocidades de transmisión, y también es posible incorporar formatos USB estilo nano (pequeños) o tamaños semejantes a un pendrive. En el mercado hay diversas marcas y modelos con distintas velocidades de transferencia.

2. Los lectores de memoria internos se acoplan a una bahía del gabinete con la intención de ofrecer al usuario la posibilidad de ingresar tarjetas de almacenamiento de tipo **SD** o **micro SD**, como así también otros posibles formatos. Estos lectores muy económicos suelen venir en modelos 5 en 1 o 7 en 1; esto indica 5 a 7 servicios en un solo módulo. Internamente se conectan por los anclajes USB que trae el motherboard para este propósito.

3. Los coolers cumplen la función de ventilación dentro del gabinete, pero a veces es necesario invertirlos y hacer que actúen como extractores de aire. Ten en cuenta que llenar el gabinete de coolers no es garantía de refrigeración; por el contrario, puedes generar choques de corrientes de aire y la función se verá desvirtuada. Es necesario incorporar un cooler al frente, otro en el lateral del chasis y quizás un extractor de aire en la parte trasera del box. Hay modelos de 80 x 80 mm, que son la medida estándar de los gabinetes; o de 120 x 120 mm, que son los que habitualmente se pueden incorporar en gabinetes gamer para la extracción de aire y también como ventilador.

4. Las tiras led son una tendencia actual en los gabinetes de estilo gamer. Cada día es más habitual ver luces RGB que maravillan al usuario al encender su PC. Este no en un componente obligatorio, pero puedes ofrecerlo en el presupuesto. Estudia bien a tu cliente y sabrás cuál es su estilo.

Figura 2.12. Los coolers para complementar el gabinete pueden venir de distintos tamaños. Los más usados son de 80 x 80 cm, y para gabinetes de estilo gamer, los de 120 x 120 cm. Muchos de ellos traen luces RGB.

5. Los periféricos (teclado, mouse, auriculares o parlantes) son componentes importantes, y dependiendo del tipo de armado que estés realizando, deberás elegirlos bien.

Si armas una máquina para hogar / oficina, es muy probable que elijas un **KIT ATX**, que trae en combo gabinete, fuente, teclado, mouse y unos mini parlantes, todos de calidad generosa y con funciones para ese propósito. Ahora bien, si deseas algo superior, quizá debas comprar el gabinete solo y adquirir el resto de las piezas por separado, en cuyo caso el costo se va a incrementar. En las computadoras gamer también hay kits para comprar. Hay gabinetes que traen fuente, teclado y mouse, y otros que solo traen la ATX. Pero también existen combos gamer que incluyen teclado, mouse y auriculares, todos con iluminación y de calidades muy interesantes. El mercado ofrece distintas alternativas y puedes incorporarlo o no al presupuesto.

2.9 ¿QUÉ HACER CON EL MONITOR?

Habitualmente, en el proceso de armado el monitor queda a criterio del cliente, pero es posible incorporar uno y ofrecer un buen producto para acompañar a su PC.

Hay monitores para todos los gustos: básicos para oficina, grandes para quienes tienen problemas de visión, con resoluciones extremas para los amantes de los gráficos, y hasta curvos para los más exigentes.

Figura 2.13. La evolución de las pantallas es muy notoria. Cada día la industria se esmera más para lograr mejor calidad de imagen, mayor comodidad en el factor forma/tamaño y alta protección de la visión humana, con tratamientos que reducen la interferencia de rayos.

Si vas a colocar un monitor básico para el trabajo diario, no debes reparar mucho en tecnología y en características técnicas; sí apunta a las pulgadas y a que sea de buena marca, con garantía directa de fábrica. En cambio, si piensas en un monitor para gráficos, entonces sí considera algunas características que deban acompañar a la tarjeta para lograr un óptimo rendimiento:

- ⊳ Presentar un tamaño importante en pulgadas, ya que los amantes de los juegos prefieren entre 22 y 32 pulgadas para observar mejor.

- ⊳ La resolución debe ser 4K o superior, y tener UHD (ultra alta definición).

- ⊳ Investiga la tasa de refresco y el tiempo de respuesta. Analiza las características que ofrecen las distintas marcas y te darás cuenta de pequeñas diferencias que influirán en su uso.

- ⊳ **High Dynamic Range (HDR)** es una función que no todos traen y hace que se refuercen los contrastes, los brillos y, puntualmente, los colores en la pantalla.

▰ La conexión por HDMI ayudará mucho a manejar las resoluciones y la calidad de la imagen.

▰ Imput Lag: es una tecnología que mide el tiempo que tarda el monitor en representar una imagen que reciba desde la placa de video. Cuanto menor sea, más realistas se verán los gráficos y con efectos más pronunciados.

▰ **IPS** significa **In-Plane Switching**, y consiste en una tecnología de mejora de la calidad de la imagen superior a la tecnología Led clásica en los monitores de más bajo rendimiento o para otros propósitos.

2.10 ACTIVIDADES

A continuación verás las preguntas y los ejercicios que deberías saber responder y resolver para considerar aprendido el capítulo.

2.10.1 Test de autoevaluación

1. *¿Qué microprocesador recomendarías para una máquina destinada a uso administrativo?*

2. *¿Qué modelo de chipset es recomendable para computadoras de estilo gamer?*

3. *¿Cuál es la generación actual de memorias RAM? Indica su frecuencia y capacidad mínima recomendada.*

4. *¿Qué es la certificación 80plus en fuentes ATX? Nombra algunos modelos.*

5. *Nombra algunos parámetros para elegir la tarjeta gráfica adecuada para un equipo gamer.*

2.10.2 Actividades

1. *Arma un presupuesto con componentes para un equipo básico destinado a uso hogareño.*

2. *Arma un presupuesto para el armado de una gran computadora gamer.*

3. *Investiga desde Internet las características de las nuevas generaciones de microprocesadores.*

4. *Desarma un ordenador y revisa qué soportes tiene para nuevas tecnologías de discos de estado sólido.*

5. *Descarga un software de diagnóstico para computadoras y mide los rendimientos de sus componentes.*

3

EL ENSAMBLADO

En este capítulo veremos el armado de un ordenador de escritorio con un paso a paso que te dará el conocimiento necesario para que lo hagas tú mismo, sin cometer errores. Nos referiremos al entorno de trabajo, las herramientas y los utensilios necesarios para que puedas iniciarte en esta tarea de forma rápida y sencilla.

3.1 CONSEJOS ANTES Y DESPUÉS DE COMPRAR

Es importante que elijas los componentes adecuados tal como aprendiste en el capítulo anterior. Busca revendedores de nombre que ofrezcan garantías oficiales de las marcas o contáctate directamente con ellas y asesórate sobre los plazos de entrega. Esto es de suma importancia para evitar malos entendidos con tu cliente y dejar en claro los límites de la garantía.

Puedes adquirir combos más económicos en muchas tiendas del rubro informático. Hay conjuntos de **motherboard**, **CPU** y **memoria RAM** en ofertas interesantes, pero averigua bien qué elementos se incluyen, porque a veces traen buenas placas madre y procesadores, pero una memoria RAM de baja frecuencia o con latencia alta.

También puedes comprar el **kit ATX**, que trae gabinete, fuente, teclado, mouse y parlantes, con lo cual ahorrarás bastante dinero en caso de que sea una máquina para hogar u oficina. Trata de estudiar bien el producto, no te apures a hacer la compra. Si tienes un distribuidor de confianza, entonces nada mejor que adquirir todos los componentes en un mismo lugar.

Al recibir la mercadería, revísala bien; fíjate que no haya rajaduras, ni roturas y que todo sea lo que has pedido a tu proveedor. Exige la factura de compra: es la puerta de reclamo en caso de que algún componente falle. Las fábricas o los distribuidores oficiales piden la factura de compra del componente para aplicar la garantía, y algo sumamente importante: los productos del hardware deben tener detallado el **serial**, como está en el packaging; esto identifica al artículo como único y original.

Ten en cuenta que las garantías exigen devolver el producto en su pack con todos los accesorios y embalajes, por lo que es fundamental conservar todos esos elementos por el tiempo que corresponda. Como armador, debes tomar la precaución de abrir los packs de manera prolija, como viene indicado. No tires instructivos, folletos, bolsas y accesorios que traiga el producto, porque te los pueden exigir. Cuando entregues la computadora a tu cliente, también tienes que darle las cajas y accesorios sobrantes, y explicarle que es necesario que las conserve hasta que se venza la garantía.

Recuerda que tú no das garantía del producto sino que te limitas a dar responsabilidad garantida del armado, y en caso de que surja una falla o error, deberás ejercerla. Los plazos de garantía de armado no tienen un límite específico. Algunos armadores dan apenas 72 horas, otros 3 meses y la mayoría, unos 6 meses, en coincidencia con la garantía de algunos productos.

La gestión de garantía oficial de fábrica es responsabilidad del cliente una vez que le entregues el equipo. En caso de falla a futuro, algunos armadores suelen gestionar la garantía en colaboración con el cliente, pero otros lo toman como un servicio y estipulan un canon por hacerlo.

Puedes colocarle al gabinete una faja de garantía de apertura, las **etiquetas void**, y hasta puedes comprar las genéricas o mandar a imprimir unas personalizadas. Así sabrás si alguien abrió el equipo durante el período de garantía de armado. Aclara a tu cliente que no intente reparar nada por su cuenta.

3.2 EL ARMADO EN 15 PASOS

A continuación se presenta en detalle el proceso que debes seguir para armar una PC. Cada uno de los pasos requiere especial atención, por lo que es necesario considerar cada detalle.

PASO 1

Coloca todos los componentes sobre la mesa de trabajo. Revisa que todo sea lo acordado con el proveedor y que corresponda al armado que estás por realizar.

PASO 2

Con cuidado, saca de su caja el gabinete ATX y retira la tapa lateral, que te dará espacio para el montaje. En dicho compartimiento los fabricantes suelen colocar una bolsa con tornillos, y si es un kit, probablemente estén los periféricos que lo integran. De todos modos, es conveniente que tengas tornillos extra, porque suelen incluirse pocos.

PASO 3

Abre la caja de la placa madre. Verás la placa, el manual de instrucciones que contiene la garantía escrita, el disco compacto con los drivers y un soporte de metal que se instala en la parte trasera del gabinete para sujetar la placa y los servicios traseros (escudo E/S).

PASO 4

Procede a colocar el soporte o panel de servicios en la parte trasera del gabinete. Algunos modelos calzan a presión desde afuera hacia adentro, pero en otros tal vez sea a la inversa. Prueba despacio para no doblar esta pieza.

PASO 5

Dentro de la bolsa que contiene los tornillos, encontrarás unos soportes de metal o torretas hexagonales que se utilizan para el montaje de la placa madre. Observa que el gabinete presenta una serie de orificios, que son universales, pero debes ver dónde colocar dichos soportes, y esto varía según el factor de forma de la placa que hayas adquirido. Para comprobarlo, puedes presentar la placa antes de colocarlos.

PASO 6

El montaje de la CPU en la placa madre conviene hacerse fuera del gabinete. Apoya la placa en la mesa de trabajo, retira las bolsas o plásticos protectores y procede a abrir el zócalo de conexión del microprocesador. Ejerce una leve presión hacia el lateral derecho del socket y luego hacia arriba hasta que la palanca haga un tope.

- Extrae el procesador de su caja. Quítale los plásticos protectores. Tómalo desde los bordes evitando tocar los contactos; aunque uses pulsera antiestática, puedes hacer fuerza y doblar los pines o dañarlos.

- Fíjate bien en las esquinas del zócalo. Una de ellas tiene una flecha o un corte en diagonal, que debe coincidir con la de la CPU, por lo que al colocarla, se deslizará prácticamente sola, sin ejercer fuerza.

- Cuando la CPU esté colocada, cierra el zócalo siguiendo los pasos inversos. Al hacerlo, chequea que la CPU quede firme.

PASO 7

Ahora vas a colocar el **cooler** junto a su **disipador** en la placa. Antes de proceder, retira la base protectora que tiene en la zona de apoyo con la CPU; verás que tiene impregnado un componente pastoso de color gris, la grasa disipadora de calor. Bajo ninguna circunstancia la quites de allí.

Busca el sentido adecuado para colocar este componente; se trata de ver la mejor posición del cable de conexión a los conectores **CPUFAN** que trae el motherboard. Evita que el cable pase por encima del ventilador.

En este punto encontrarás varios métodos de anclaje según el fabricante. Algunos son con tornillos pasantes y requieren una base por detrás del motherboard que hará de fijación. Otros simplemente presentan dos pinzas sujetadoras que se anclan a los costados de la cuna que sostendrá el ventilador. También en algunos modelos puede haber unos tarugos pasantes que afirman el sistema al dar un torque leve al tornillo plástico que ingresa en unos orificios del motherboard.

PASO 8

Antes de colocar el motherboard en el gabinete, puedes montar la o las memorias RAM. Sácalas de su estuche y tómalas siempre de los laterales, haciendo una especie de pinza con tu mano. No toques los contactos.

Observa el banco de memorias de la placa madre y localiza el corte que presenta; este debe coincidir en el bloque de la RAM. Una vez que esté presentado, abre las trabas que tienen los bancos en la placa y ejerce presión con los dos dedos pulgares hasta que ingrese de manera sencilla. Las pinzas se cerrarán automáticamente y la memoria quedará anclada.

PASO 9

Llegó el momento de montar el motherboard al gabinete ATX.

Preséntalo en la cavidad del gabinete y hazlo coincidir con los soportes que montaste en el paso 5. También busca la posición adecuada para el soporte de metal o escudo E/S que sostiene los servicios de la placa. Cuando esté listo, coloca un tornillo acompañado con una arandela antiestática en cada orificio del motherboard. Asegúralo bien antes de seguir trabajando.

PASO 10

Para montar los discos duros o los SSD en el box, busca la bahía adecuada. En caso de que no tengas una, deberás acoplar un adaptador para que quede firme en el gabinete. Primero extrae el disco de su pack y preséntalo en dicho espacio para hacer coincidir los orificios. Coloca los tornillos que te permitan sujetar el dispositivo. Si es posible, pon los 4 tornillos; esto genera un balance exacto, más aún si utilizas un HDD mecánico. Si presenta un adaptador, realiza el mismo proceso, solo que afirma el disco en él y, luego, este en las bahías correspondientes.

Si vas a montar un M.2. o NVMe, busca su zócalo de conexión (en caso de que no lo veas, consulta en el manual de instrucciones un esquema denominado **Motherboard Layout**, donde se indican los montajes de cada elemento). Presenta el medio de almacenamiento a unos 45° e introdúcelo en su ranura. Deslízalo hacia abajo y asegúralo con un tornillo en la posición adecuada.

Luego tienes que colocar los cables para datos y los de energía (solo para HDD y SDD tradicionales). El cable de datos **SATA** es provisto por el fabricante de la placa madre y se puede conectar en cualquier ficha que tenga. Habitualmente, los motherboards traen varios conectores SATA, pero en la actualidad, no es necesario respetar un orden; en todo caso, este se dará desde la configuración del **BIOS** de la placa.

El **cable Power** proviene de la fuente de poder y es exclusivo para la conexión de discos de este tipo. La ficha no es apta para otros dispositivos, por lo cual es difícil equivocarse. Tanto los **cables SATA** como los de energía entran en una sola posición. Si ves que no entra, es muy probable que lo estés poniendo al revés.

PASO 11

Para colocar la fuente de poder, lo primero es ver si tiene selector de voltaje. Es importante que la configures para el uso adecuado en el país donde te encuentres. Si no trae selector de voltaje, es porque el fabricante considera que esa importación ya está apta para el voltaje de tu zona. Presenta la fuente de energía en el box y procede a fijarla con los tornillos adecuados.

PASO 12

Luego podrás ir contactando los diferentes molex (conectores de la fuente) a los servicios que los requieran. El molex más importante es el que dará energía al motherboard; tiene 24 pines.

También hay uno adicional de 4 pines, y en el caso de equipos gamer, de 8 pines, que se conectan al lado del zócalo del procesador para que funcione de manera completa.

Asegura todos los servicios y precinta el resto de los cables para que no molesten dentro del gabinete. En caso de tener una fuente 80plus con segmento modular o semi, solo usa los cables requeridos para cada caso.

Si vas a colocar coolers extra en el gabinete, fíjate si traen conexión directa al motherboard o a la fuente de poder. El conector para la placa madre es pequeño y se conecta en los servicios de 12V denominados **ChaFan** o **PWRFAN**. La placa suele tener varios y puedes ponerlo en cualquiera. En cambio, si trae molex de tipo macho, deberás empalmarlo con un molex hembra, disponible en la fuente ATX. Estos darán una alimentación de 12V a los coolers adicionales.

En caso de no tener más conexiones desde la fuente, puedes colocar un adaptador para generar un extra en ese servicio.

PASO 13

En el montaje de placas adicionales (video, WiFi, capturadoras, etc.) tendrás que identificar los bloques disponibles. Para las placas de video solo tendrás un servicio especializado en formato PCI-E que estará identificado con un color especial. Puede haber dos de estos bloques si vas a trabajar con doble placa de video en tecnología Crossfire (AMD) o SLI (**NVIDIA**). Pero si vas a montar una sola, colócalo en el primer PCI-E. Entran ejerciendo una leve presión. Verás que en la terminal del bloque hay una pequeña palanca para hacer presión hacia el lado contrario y así ayudar al calce perfecto. Una vez puesta en su lugar, asegúrala con el tornillo adecuado y en la parte trasera del gabinete.

Para otras placas realiza el mismo procedimiento. La diferencia es que los PCI comunes o PCI-E que no están destinados a servicios de video no tienen esa palanca al final y calzan de manera directa en el bloque.

Tal vez alguna placa de video requiera conexión extraordinaria con un molex de la fuente, para alimentar el sistema de refrigeración; en general esto ocurre con las de alta gama.

PASO 14

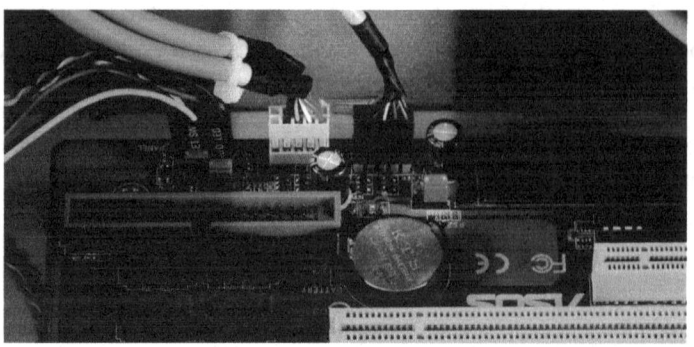

Para darle función a los USB frontales del gabinete, conecta la ficha que este trae en los conectores correspondientes de la placa madre. Al hacerlo, presta atención a que la ficha del gabinete es hembra y tiene un orificio tapado (neutro), mientras que la conexión en el motherboard es macho y le falta un pin. Allí es donde debes generar la coincidencia para que esta función quede habilitada.

En caso de montar un lector de tarjeta interno, lo colocarás en la bahía para tal fin y lo sujetarás con los tornillos adecuados. La conexión va directamente al motherboard en la ficha que dice USB, y podrás colocarla en cualquiera de ellas, siempre y cuando respetes la posición de conexión tal como lo hiciste con los USB frontales del gabinete.

PASO 15

 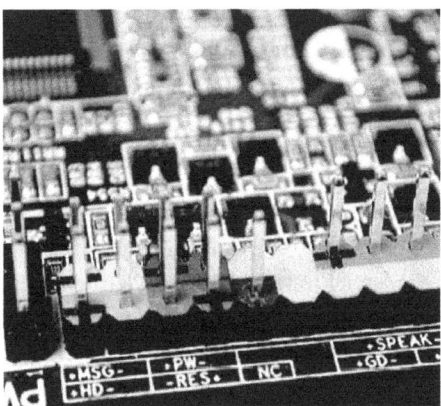

En esta etapa vas a conectar los servicios del gabinete al motherboard. Se trata del botón de encendido, el de reset, las luces led del disco duro y el encendido en modelos más básicos. Los colores de los cables son universales, aunque siempre puede haber una excepción. Por lo general, las fichas del gabinete que tienen cable verde/blanco identifican al led de encendido. En cambio, las de color rojo/blanco indican el funcionamiento del disco duro. Los cables azules/blanco son para el botón de encendido, y los de color marrón/blanco o, a veces, negro y blanco son para la función de reseteo de la máquina. Para conectar estas funciones, ve al manual de instrucciones y busca el apartado **Front Panel**. Allí te indicará la posición adecuada de cada ficha y si presenta o no polaridad. En caso de que conectes mal un servicio y presente polaridad, no te preocupes, nada se dañará; solo no funcionará o lo hará de forma incorrecta.

3.2.1 Inspección final

El siguiente paso es realizar la inspección ocular de todo lo hecho hasta el momento. Para esto, realiza las siguientes acciones que te permitirán estar seguro de la tarea que has hecho:

- ▶ Revisa conector por conector y, puntualmente, el molex principal que va al motherboard como a los servicios de la CPU.

- ▶ Si es una fuente modular o semimodular, corrobora que los conectores estén en el servicio adecuado, como las salidas especiales para discos o tarjeta de video.

- ▶ Corrobora que el cooler de la CPU esté en el conector adecuado y que el resto de los ventiladores estén en sus enlaces correspondientes.

- ▶ Mueve el cooler del procesador y asegúrate de que esté bien firme.

- ▶ Mueve levemente las memorias RAM en ambos sentidos para verificar que no estén desprendidas de su banco.

- ▶ Revisa las conexiones del panel frontal del gabinete y también los conectores de los USB o de un lector agregado al armado.

- ▶ Verifica la fijación correcta de las placas.

- ▶ Revisa una vez más el selector de voltaje de la fuente de poder, si es que lo tiene.

- ▶ Fíjate que ningún cable obstruya los circuitos de ventilación y precíntalos de manera prolija para evitar que se muevan cuando la máquina se traslade de un sitio a otro.

- ▶ Revisa que en el gabinete y dentro de la placa madre o en otros componentes no queden elementos metálicos, tornillos, torretas o herramientas que generen conductividad eléctrica.

- ▶ Como un paso extra, puedes tomar un multímetro y medir en escala de 20V en corriente continua la batería 2032 que trae el motherboard para alimentar parte del **CMOS** y establecer fecha y hora del sistema. No es común que venga fallada de fábrica, pero no dejes nada librado al azar.

- ▶ No cierres el gabinete. Enciéndelo con la tapa afuera y revisa que todos los sistemas de ventilación funcionen a la perfección. Puedes tenerla un rato en este estado y chequearla al mismo tiempo que la configuras o instalas el sistema operativo.

3.3 PROCESO TERMINADO

Ahora deberás encender el gabinete con sus componentes. Entra en el **BIOS** (lee el manual de la placa madre y fíjate cómo acceder a él) y configura parámetros básicos como fecha, hora e instancia de booteo o arranque de los medios de almacenamiento. Corrobora que la capacidad de la memoria RAM sea la adecuada y que los voltajes que indica el CMOS estén dentro de los parámetros correctos, tanto los de 3.3 V / 5V como los de 12V. También observa las RPM de los coolers y su funcionamiento.

En cuanto al resto del hardware, en la actualidad todo es autoconfigurable. Solo resta preparar un pendrive con un sistema operativo y realizar su instalación. Al terminar, podrás decir que el proceso de armado ha sido un verdadero éxito. Para mayor seguridad, mantén el equipo a prueba durante unas horas antes de entregarlo a tu cliente o, si es de uso personal, ya puedes empezar a disfrutarlo.

3.4 ACTIVIDADES

A continuación verás las preguntas y los ejercicios que deberías saber responder y resolver para considerar aprendido el capítulo.

3.4.1 Test de autoevaluación

1. Menciona al menos dos consejos importantes antes de comprar los componentes para el armado.
2. ¿Qué es el escudo E/S que trae el motherboard?
3. Nombra los pasos para montar la CPU en la placa madre.
4. ¿En dónde conectarías los coolers de la CPU y del chasis en caso de que un ordenador los requiera?
5. ¿Qué función cumple el front panel?

3.4.2 Ejercicios prácticos

1. Haz una revisión completa de los contactos e inspecciona el armado de un ordenador de escritorio.
2. Pon en práctica el armado de una PC. Puedes usar componentes viejos para ensayar, o desarmar una e intentar ensamblarla otra vez.
3. Entra en Internet y busca una calculadora de watts. Carga los componentes que vas a adquirir para el armado e investiga qué fuente ATX te resultará más conveniente.
4. Mide los voltajes de la fuente de poder. Puedes recurrir a la utilidad del BIOS o a un multímetro en escala de corriente alterna en 20V.
5. Una vez armado el equipo e instalado el sistema operativo, descarga un software de stress de PC y mide los rendimientos. Esto también te servirá como parámetro para un armado correcto.

4

ERRORES EN EL ARMADO

En este capítulo verás los típicos errores que se pueden cometer, para así tenerlos en cuenta y tratar de evitarlos. Además, algunos consejos para que el proceso de armado resulte exitoso.

4.1 POR QUÉ SE COMETEN ERRORES

Cometer errores enseña, la enseñanza es parte de un error. La falla nos educa y nos prepara, pero la idea es que minimices esa instancia gracias a esta guía.

Figura 4.1. Los errores son acciones humanas que se dan en todos los ámbitos, y el montaje de un ordenador no es la excepción. No está mal que te consideres un experto, pero recuerda que todos los humanos podemos ser propensos a cometer fallas. La intención de este capítulo es que las minimices.

Observar, analizar, ser paciente e investigar son palabras que harán disminuir los errores o, directamente, descartarlos. Para esto no debes ser un experto o frustrarte porque hayas cometido una falla. Ten en cuenta que esta industria evoluciona de forma constante y no todos conocemos los nuevos productos, los encastres, los soportes o las compatibilidades. Una manera de no cometer errores es investigar. Estamos en la gran era de Internet, y eso nos da un manual abierto al conocimiento. No dudes en ingresar al soporte del producto, ver sus características y, desde ya, verificar si existe un listado de incompatibilidades. Esto te ayudará a ganar tiempo, a no perder dinero y, sin duda, a eliminar el posible error. Siempre trata de ir a la fuente, que es la página web del fabricante oficial. En caso de no hallar las respuestas, hay muchos foros de técnicos o grupos de Telegram donde siempre hay personas dispuestas a brindar su ayuda. No temas en hacer preguntas por más que las consideres absurdas. A veces, desde otros países pueden ayudarte más rápido porque ya conocen el producto. También puedes comunicarte con el servicio de atención que presenta la fábrica. Este sector siempre está dispuesto a brindar colaboración, más aún, si apuestas a su marca y la reivindicas. Y no olvides que RedUSERS también está abierta para ayudarte a resolver problemas. Encontrarás los medios de comunicación correspondientes en las redes sociales o en el sitio oficial de la editorial.

4.2 ERRORES DEL EMBALAJE

En capítulos anteriores leíste sobre el cuidado al abrir los packs de los componentes. Vale la pena recordar que estos serán de mucha utilidad en caso de que debas ejercer la garantía.

Ahora observa muy atentamente ese pack. Si encuentras grabada en algún lugar la sigla **RMA** (remanufacturado) o la palabra **refurbished**, significa que el producto fue reacondicionado o directamente reparado. Muchos portales de Internet ofrecen artículos a precio menor, y pueden ser de estas características. Por eso, revisa siempre y no comentas el error de comprar por nuevo algo que fue acondicionado y, por ende, debe ser puesto a la venta bajo esa condición.

Una manera de minimizar el error es leer los manuales que traen los embalajes o el dorso de la caja. Allí siempre hay alguna especificación o instrucción para el ensamblado correcto.

Figura 4.2. Corresponde que un producto RMA sea devuelto al fabricante para que sea él quien ejecute la reparación. Cuando se comercializa como refurbished en algunos casos se desvaloriza por su condición.

4.3 LA MANIPULACIÓN DE LOS COMPONENTES

Los componentes electrónicos en general son muy débiles ante las malas manipulaciones, y pueden romperse o dañarse a causa de la estática generada por el humano. En principio, siempre usa pulseras o guantes antiestáticos, que son muy fáciles de conseguir en tiendas de computación o de electrónica en general.

Toma los componentes por la zona donde no haya contactos. Por ejemplo, en el caso de las memorias RAM, desde los costados, haciendo con tu mano una especie de pinza sujetadora.

Los procesadores deben tomarse desde sus laterales, sin tocar los pines de contacto. Las placas de video o de otros servicios, siempre, desde zonas neutras, sin tocar componentes de electrónica y, menos aún, los contactos que las anclan a la placa madre. Trata con mucho cuidado los discos, puntualmente, los mecánicos. Una pequeña caída de apenas 30 centímetros de altura puede afectar su funcionamiento y, dependiendo de la forma de esa caída, incluso puede suceder que dejen de funcionar.

Por otro lado, realiza con mucho cuidado el desembalaje de la placa madre. Manipula la pieza con delicadeza y evita que haga contacto con líquidos o polvo. En caso de que tenga alguna etiqueta protectora en la zona de servicios, retírala con cuidado y evita que queden restos adheridos.

Cuando atornillas, trata de solo hacer tope, no te excedas y así evitarás daños en el hardware que estás ensamblando. Manipula con mucho cuidado los molex de la fuente de poder. Estos ingresan en una sola posición, y si los conectas al revés y ejerces mucha presión, puedes deformarlos. También si conectas al revés y haces fuerza brusca en la zona correspondiente a los medios de almacenamiento, puedes romper parte de su estructura plástica. Tómate un tiempo extra, observa las fichas y su destino antes de conectar y, por las dudas, ve de a poco probando levemente.

Figura 4.3. Todos los componentes del hardware que posean contactos deben tomarse por lugares que impidan tocarlos. Este proceso debe realizarse aun cuando se usen pulseras o guantes especiales. Los residuos que pueda haber en las manos también pueden afectarlos.

Las unidades NVMe o M.2. presentan una estructura muy delicada. Al conectarlas, trata de calzarlas bien y coloca el tornillo que las sujeta hasta que no se muevan más. A veces, por darle más torque al tornillo, la unidad queda arqueada y esto puede traer consecuencias negativas.

4.4 ERRORES EN EL MONTAJE

Los errores típicos en el montaje de las piezas pueden ser varios. A veces no generan consecuencias graves, pero en ocasiones pueden ser fatales. Para evitarlos, presentamos una guía de fallas que suelen cometerse y su revisión.

4.4.1 Conexión de la CPU

Es habitual que, al tratar de colocar la CPU en el **socket** de la placa madre, no la calces en la posición adecuada.

Figura 4.4. Muchas veces, por manipular la CPU o estar probando su posición
de ingreso al socket, puedes doblar los pines de contacto.

Muchos desconocen que este elemento debe entrar en una única posición y coincidir con el zócalo. Al colocarla, debe deslizarse por sí sola, sin ejercer fuerza, pero si lo haces mal y haces fuerza, aunque sea leve, estarás doblando los pines de contactos y, en algunos casos, puedes quebrarlos, lo cual sería una catástrofe. Observa bien el extremo de la CPU y hazlo coincidir con el del socket.

Por otro lado, en caso de que el disipador de calor no haya traído pasta térmica en su base, colócala en la cantidad adecuada, para que cubra la superficie del procesador, pero no te excedas, ya que con una porción justa es suficiente.

4.4.2 Montaje del cooler

El error más común con esta pieza es colocarla de una manera en que la fijación sea débil. En varios modelos de Intel, que tienen un sistema de tornillo a medio torque y tarugo pasante en los orificios del motherboard, suelen calzar bien algunos lados y otros quedar débiles. Esto puede generar un falso contacto que hará que la computadora se apague en pocos segundos. También es posible que falle la medición de la temperatura, porque en la base está el sensor que realiza dicha lectura.

Otra falla posible en este montaje es dejar el cable de conexión del **cooler fan** por encima de las aspas del ventilador, lo cual puede frenarlo y hasta romperlo. Si prestas atención, los disipadores tienen en sus laterales unas hendijas que permiten calzar el cable por allí y, de esta manera, evitar su movimiento.

Otro error en esta fase es enchufar el cooler en cualquier conector del motherboard y luego tener lecturas erróneas del sensor. Fíjate bien que hay un conector que dice **CPUFAN** y es exclusivo de esta pieza. Por lo general, trae cuatro pines de contactos: uno es el positivo, otro es el negativo, uno está destinado al control de las revoluciones por minuto que generan las aspas, y el último está destinado a servicios varios que dependen de la empresa que provee la CPU.

4.4.3 Montaje de la placa madre

El montaje de la placa madre en el gabinete requiere que tomes los recaudos necesarios. En principio, fíjate bien que todos los soportes o las torretas para los tornillos estén puestos en el punto adecuado; si alguno sobra o no está en su lugar, retíralo. Luego presenta el motherboard y no ejerzas fuerza; su factor tipo lo hará coincidir bien en el box, pero antes deberás chequear que no queden tornillos u otros elementos de metal en el dorso de la placa y en paralelo al chasis, porque podría generarse un cortocircuito. Al colocar los tornillos, no los presiones por de más, para evitar rajaduras en la placa.

Una recomendación es trabajar con el gabinete parado en posición vertical. Será más incómodo, pero evitarás que, accidentalmente, se zafe un destornillador o pinza de tu mano y caiga sobre la parte superficial del motherboard y dañe algún componente.

Otro punto se refiere a la versión del **firmware** del BIOS y su soporte para la generación de la CPU comprada. Cuando compres la placa madre, fíjate si trae soporte para dicha CPU; no veas solo el modelo, fíjate en la generación. Los fabricantes de placas madre sacan al mercado el producto y, con el tiempo, lanzan parches desde su web oficial para soportar o admitir nuevas generaciones de esos componentes. Un error típico es omitir este punto, de modo que cuando vas a encender el equipo tras haberlo ensamblado, este no genera imagen ni pitidos del CMOS. El procesador no es compatible y su generación no es admitida por el soporte del BIOS. Es verdad que algunas tiendas de informática te venderán el motherboard con la actualización correspondiente, pero otras no quieren hacerlo para evitar problemas con la garantía, o dejan este proceso en manos del comprador. Lamentablemente, la solución más rápida es conseguir una CPU de una generación anterior, montarla en el motherboard y hacer que este la reconozca. Una vez que esto suceda, será necesario aplicar el flash del BIOS con la utilidad oficial del fabricante y, así, al reiniciar el equipo, quedará en perfectas condiciones para la nueva generación de esa CPU. Si necesitas aprender a flashear un BIOS, puedes leer el **1U 216 de la colección USERS**, que incluye un paso a paso bien explicado sobre el tema.

4.4.4 Memorias RAM

Un error muy habitual es colocar las memorias RAM sin respetar la posición adecuada. Preséntalas y fíjate que la ranura del banco coincida con la tarjeta de la RAM. Apoya suavemente y destraba las pinzas de la punta del banco hacia fuera; luego ejerce presión con tus pulgares y estas calzarán de forma rápida y correcta en el banco. No toques los contactos de la memoria ni tampoco apliques ningún componente químico en ellos.

En caso de que el motherboard tenga cuatro o más bancos de memoria RAM, te recomendamos leer detenidamente la sección del manual correspondiente a este apartado. Muchas placas madre no admiten colocar memorias en cualquier banco, sino que hay que hacerlo en secuencia, una al lado de la otra. Si es una configuración **Dual Channel**, revisa el manual para ver realmente qué secuencia debes respetar. Ten en cuenta que no todas las memorias cumplen con esta norma, y en caso de que las conectes así y no sean de esta característica, el motherboard emitirá pitidos provenientes del test que genera el **CMOS**, indicando la falta de memoria RAM en el sistema.

Otro error importante en el armado es adquirir memorias de diferente fabricante, ciclos, velocidades y/o frecuencias, que puedan generar mal funcionamiento de la computadora. Tener memorias distintas puede provocar un menor rendimiento del equipo, el famoso cuello de botella, donde el sistema no es capaz de actuar de forma normal porque las RAM tienen distintos sentidos de trabajo.

Considera el siguiente ejemplo. Si adquieres 8 GB de RAM DDR4 en dos bloques de 4 GB cada uno, uno de marca Kingston a 2800 MHz con un CL15, y otro Adata a 3200 MHz con CL17, el motherboard tomará los 8 GB como capacidad completa, y según su marca, el BIOS intentará equiparar las frecuencias. Esto no es lo correcto, y cuando tengas que realizar tareas complejas en el sistema operativo, notarás un rendimiento menor y hasta cuelgues frecuentes.

En conclusión, compra RAM de la misma marca y modelo. Siempre adquiere marcas reconocidas de este producto, porque te garantizarán la continuidad en el tiempo y, en caso de que a futuro quieras incorporar más memoria, tendrás un modelo compatible. Las marcas genéricas lamentablemente no garantizan continuidad.

Figura 4.5. En los casos de bancos que cumplan con la función Dual Channel, consulta el manual de instrucciones y revisa la conexión adecuada para esta modalidad.

4.4.5 Fuente de poder

Otro error muy común entre los novatos en el armado de computadoras es creer que todos los molex (conexiones de la fuente de energía) deben ser aplicados en algún servicio. Algunas fuentes ATX genéricas aún siguen trayendo un mini molex para la vieja conectividad de una disquetera o floppy disk, y al ser tan pequeña, tal vez creas que va conectada en algún punto de la placa madre. Desde ya, esto es erróneo y puede provocar un ingreso de voltaje extra a la placa, que la dañará en parte o en forma total. No es necesario colocar los molex sobrantes, y menos hacerlo en la placa madre.

Otro error con las fuentes es no respetar las salidas que tienen los módulos de las **80Plus**, en donde se especifica qué servicio otorga cada una. Solo es cuestión de prestar atención y, si la referencia no está en tu idioma, busca un traductor técnico para verificarlo.

Si ves que al encender el equipo este se apaga a los pocos segundos o directamente no prende, una forma rápida de revisarlo es chequear que los molex extra de 12V que van al servicio de la CPU en la placa madre estén conectados. Expertos y no tan expertos suelen olvidarse de hacerlo.

También puede suceder que hayas elegido mal la fuente de poder. Si esta no tiene la tolerancia suficiente ante el equipo que estás armando, tenderá a apagarlo y, a corto plazo, lo dañará de una forma irreparable. En capítulos anteriores te mostramos la manera correcta de elegir la fuente de energía. No escatimes en este gasto, y menos aún, dejes de respetar las normas. La fuente es de vital importancia, más aún, en equipos destinados a juegos, con placas de video de gran rendimiento.

4.4.6 Servicio de audio frontal

Un problema que puede surgir luego del armado es que no funcionen los servicios de sonido frontal del gabinete o los del motherboard. Todos los gabinetes traen una pequeña ficha denominada audio que sale del panel frontal. Esa ficha deberá conectarse en el motherboard en la posición adecuada según lo indica el manual de instrucciones. Pero ahí está la cuestión, no todas hacen que este servicio funcione en simultáneo. Cuando conectas la ficha al motherboard, puede que se anule el sistema trasero que tiene en la placa. Entonces, si andan los frontales pero no los traseros, será que nunca has conectado esa ficha a la placa o estará mal conectada, ya que algunas vienen con pines individuales y es necesario ver el plano del motherboard para su correcto ensamblaje.

Revisa bien esta opción y, en todo caso, habla con tu cliente para decidir qué le es más conveniente: sonido por el frente o sonido por detrás.

4.4.7 Puertos USB frontales

Cuando no funcionan los puertos USB frontales, la situación es parecida a la vista en el caso anterior, con la diferencia de que no se anulan los que trae el motherboard como servicios traseros.

Revisa que hayas conectado bien las fichas. En caso de agotar todas las instancias, podrás certificar que los puertos no andan y tendrás que activar la garantía.

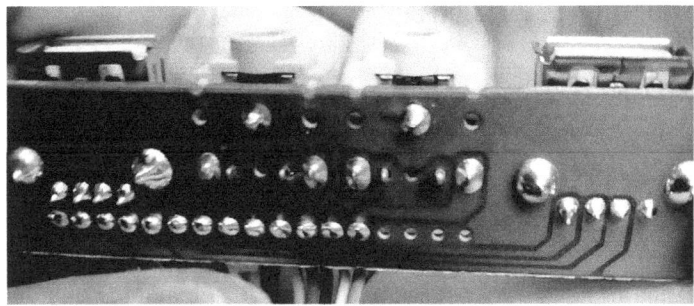

Figura 4.6. La placa frontal de servicios suele traer dos conectores
USB y dos salidas para el audio frontal.

4.4.8 GPU

Con respecto a la GPU, los errores pueden ser de distinta índole. Uno de ellos es no respetar el factor de forma de la placa, y cuando la desembalas, encontrar que es muy grande y quizás el gabinete que compraste es justo y hasta pequeño.

El hecho de que sea pequeño es un problema, y si se justo, podría interferir en el proceso de circulación de aire y hacer que la placa trabaje mal. Por eso, siempre te recomendamos leer las características de las placas; los fabricantes incorporan las dimensiones y sobre esa base, puedes elegir el gabinete ATX adecuado, como así también la fuente de poder que admita esa placa GPU.

Otro error común es no brindar la alimentación extra que trae la placa gráfica. Si bien no todas necesitan de un molex directo de la fuente, las más importantes en el área gamer sí la requieren. En este aspecto, quizá tc olvidas de conectar el molex de la fuente a la GPU, y cuando enciendes el equipo, todo parecerá estar normal.

Pero si prestas atención, los sistemas de ventilación de la gráfica no estarán funcionando, y esa es la causa por la cual se requiere una alimentación extra de 12V. Al encender el equipo, revisa que todos los coolers estén en funcionamiento.

Si alguno no lo está, chequea las conexiones, pero antes desenchufa la PC de la corriente eléctrica.

4.4.9 Placas adicionales

Muchas veces, cuando montas placas adicionales en los bloques PCI y las atornillas, estas tienden a salirse del conector. Pusiste el tornillo, ejerciste fuerza y se levantó en la parte trasera de la placa. No cuesta nada revisarlo antes de encender. Observa que estén bien calzadas en la placa madre y atornilladas en el gabinete.

4.5 RECOMENDACIONES POSTARMADO

En esta última sección, tendrás todos los tips destinados a situaciones que puedan llegar a surgir luego del armado.

4.5.1 Error de elección de piezas

Esta guía te ha explicado a la perfección los elementos que debes adquirir en cada caso, pero aquí verás algunos ejemplos. A veces, por reducir un gasto o, simplemente, porque el producto no se encuentra en stock en tu distribuidor, puedes cambiar el proyecto de armado, siempre dentro del mismo estilo propuesto. Veamos un ejemplo.

Si compras un procesador **Celeron G3900 y un motherboard con chipset H110 y 4 GB de RAM**, no tiene sentido colocar una fuente **80plus** de línea superior, y el gasto será inútil. En ese caso, la fuente adecuada es una genérica o, en su defecto, una con mejor prestigio en caja, pero no de alta gama. Lo mismo sucede si para ese equipo se compra una placa de video **RTX 3090 de NVIDIA**: mucha gráfica que no trabajará de manera adecuada con el resto del hardware, y menos aún, si tiene una fuente de poder genérica. En este caso, es conveniente aprovechar la gráfica integrada o buscar una placa óptima para este combo.

Ahora veamos la situación inversa: **AMD Ryzen 5 2400G, motherboard B550 y 16 GB de RAM**. No podrías poner una fuente genérica, pero sí usar la gráfica integrada en el procesador, que te brindará soluciones interesantes para ese equipamiento. Desde ya, incorporar una tarjeta gráfica será mejor, pero está perfecto usar la GPU en fusión con la CPU.

Si te basas en la creencia que dice que tener una fuente **ATX 80plus** podría evitar daños en caso de sobrealimentación del voltaje en tu hogar, estás en un error. Si tienes exceso de voltaje, se dañará tanto la fuente genérica como la de alta gama. Claro que la de alta gama soportará mejor dicho exceso, pero se dañará de igual manera.

Como armador de PC, debes ofrecerle a tu cliente la mejor alternativa posible. Él confía en ti, por eso siempre debes diseñar el mejor plan de armado. Si los costos son excesivos y tienes que reducirlos, hazlo en componentes que no afecten el funcionamiento general del equipo, como un disco de menor tamaño, un gabinete más moderado, o periféricos que no sean de alta gama, pero asegúrate de que los componentes principales, que son CPU, motherboard y memoria RAM, estén acorde a lo buscado.

4.5.2 El equipo no enciende

Realiza los siguientes pasos, siempre con el equipo desenchufado y manipulando los componentes con guantes o pulseras antiestáticas:

- Revisa que la fuente de energía no tenga en su parte trasera un interruptor de encendido/apagado. Muchas suelen tener este botón para dar un corte al ingreso de la corriente alterna. Puede que esté en posición Off. También prueba con otro cable Power en caso de que el problema persista.

- Inspecciona todos los molex de conexión a la placa madre que salen desde la fuente. Revisa el conector de 24 pines principal, y luego los extras de 4 conexiones u 8 que van a la zona de la CPU. Puedes quitarlos y colocarlos otra vez. En ocasiones, la estática queda acumulada y quitar el conector durante unos segundos basta para resolver el problema.

- Si la falla persiste, es momento de revisar el resto del hardware. Chequea que la placa de video y las demás estén bien colocadas y que todos sus contactos estén bien calzados. Revisa que las conexiones de la fuente estén puestas de manera correcta en discos y otros servicios.

- Si ya has descartado todos los puntos anteriores, pasa a revisar la CPU. Levanta con cuidado el cooler junto a su disipador (se recomienda no tirar para arriba, sino hacer leves movimientos hacia los laterales, en forma de zigzag, hasta que salga solo). Retira la CPU del socket y revisa que todos sus pines estén en condiciones. De ser necesario, usa una lupa y luz para estar más seguro. En caso de que todo esté bien, vuelve a montar la CPU y enciende el equipo.

- Si la falla continúa, revisa que el motherboard no esté generando un retorno de las corrientes (masa). Comprueba que no haya elementos conductivos en la superficie de la placa madre y, de ser necesario, desmóntala y revisa que no esté en contacto directo con el chasis o haya quedado algún elemento de metal en esa zona. Un consejo es gestionar el encendido en un banco de pruebas. Coloca el motherboard en una mesa libre de elementos conductores, monta la CPU y la memoria, añade los conectores de la fuente y, con un elemento metálico, haz puente en la zona del front panel, donde va conectado el botón de encendido proveniente del gabinete. Verifica si enciende. Si lo hace, vuelve a montar todo tomando las precauciones del caso.

- Provoca un **Clear CMOS**, una técnica que permite resetear la configuración del BIOS. Quizás este fue manipulado de antemano y es necesario hacer este procedimiento. Consulta el manual de instrucciones para realizarlo de manera correcta.

▶ Ten en cuenta que este problema es similar al caso de incompatibilidad del procesador con el firmware del BIOS. Para descartar por completo este tema, debes contar con otro procesador de generación anterior para iniciar una prueba firme. Si enciende, será recomendable actualizar el BIOS a la última versión disponible por el fabricante.

▶ Un disco duro mecánico en corto en la zona de su placa electrónica puede hacer que la computadora no funcione. Entonces, prueba a encenderla sin activar este componente. Solo desconecta el disco de la corriente y enciende la máquina.

▶ Si ya has hecho todas estas pruebas, entonces deberás consultar con tu proveedor y ejercer el derecho a garantía que te ofrezca la fábrica. Puedes pedirle que supervise todos los componentes y, de esa manera, determinar cuál está en malas condiciones.

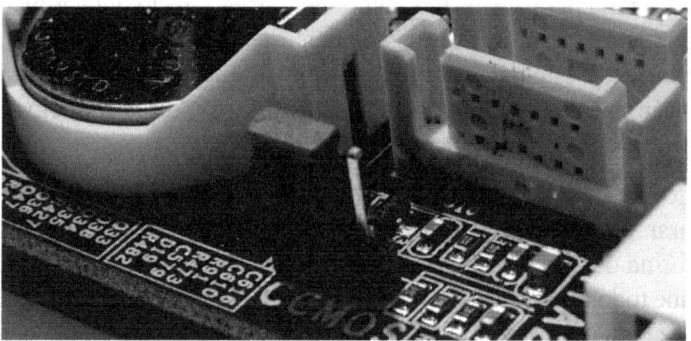

Figura 4.7. Todos los motherboards presentan la función de reset del CMOS. Esto no afecta en nada al hardware, solo restablece la configuración por defecto de fábrica.

4.5.3 La máquina genera pitidos al encender

Los pitidos provenientes del **CMOS** de la placa avisan sobre una anomalía, que puede deberse a varios factores:

▶ Incompatibilidad con algún elemento del hardware.

▶ Mal funcionamiento de las memorias RAM o mala colocación en el banco.

▶ Falta de teclado o falla en él (algunos BIOS necesitan su presencia).

▶ Falla en el suministro eléctrico.

▶ Falla con la placa de video.

▶ Falta de energía en la placa **VGA**.

▶ Sobrecalentamiento de la CPU, falla en el sistema de ventilación.

En estos casos, debes revisar todo paso a paso y con la paciencia necesaria. Si es tarde y has trabajado todo el día en este equipo, mejor descansa y continúa al día siguiente. Trabajar cansado y mal predispuesto por las circunstancias hace que no veamos lo obvio.

4.6 ACTIVIDADES

A continuación verás las preguntas y los ejercicios que deberías saber responder y resolver para considerar aprendido el capítulo.

4.7 TEST DE AUTOEVALUACIÓN

1. *Indica cuál es la manera correcta de manipular componentes como ser CPU, memoria RAM y molex de la fuente de poder.*

2. *Describe los errores básicos en el montaje de una CPU y de la memoria RAM en la placa madre.*

3. *¿Por qué a un equipo de oficina no tendría sentido ponerle una fuente certificada en 80plus?*

4. *Nombra algunas posibles causas de que, tras el armado de la computadora, esta no encienda.*

5. *Si el equipo enciende, pero se escuchan pitidos provenientes del motherboard, ¿cuáles serían las posibles causas?*

4.8 EJERCICIOS PRÁCTICOS

1. *Practica la manipulación de componentes viejos.*

2. *Minimiza el riesgo de errores desarmando y armando la computadora varias veces.*

3. *Practica realizar un reset del BIOS de la placa madre.*

4. *Mide los voltajes de los puertos USB en caso de que presenten problemas. Practica con un multímetro en escala de 20V en corriente alterna, e intenta identificar los contactos positivos y negativos.*

5. *Mira videos por Internet referidos al armado de equipos con componentes que presenten incompatibilidades.*

GLOSARIO

▸ **AMD:** Advanced Micro Devices, Inc., compañía estadounidense de semiconductores con sede en Santa Clara, California, que desarrolla procesadores de computación y productos tecnológicos similares de consumo.

▸ **APU:** Accelerated Processing Unit, anteriormente conocida como Fusión, es una serie de microprocesadores de AMD diseñada para actuar como CPU y acelerador gráfico en un mismo circuito integrado.

▸ **Atornillador:** herramienta para atornillar o destornillar, compuesta por una barra metálica sujeta a un mango y terminada en un extremo que se adapta a la cabeza del tornillo.

▸ **BIOS:** Basic Input / Output System. Componente que resguarda la información del hardware de un ordenador.

▸ **Capacitor:** dispositivo pasivo, utilizado en electricidad y electrónica, capaz de almacenar energía sustentando un campo eléctrico.

▸ **Chipset:** componente electrónico que gestiona el flujo de datos entre CPU, tarjeta gráfica, RAM, almacenamiento y periféricos.

▸ **Cooler:** denominación que reciben los sistemas de ventilación de un equipo de escritorio.

▸ **Clear CMOS**: proceso que interrumpe el paso de energía al CMOS para generar un reset de fábrica de la placa madre. Se usa para la corrección de fallos.

▸ **CMOS:** Complementary Metal-Oxide-Semiconductor, componente de la electrónica de una placa madre que se conecta con otros y verifica compatibilidad y funcionamiento.

- **DDR:** Double Dual Rate, denominación que se les da a las generaciones de memorias de tipo aleatorias.
- **Disipador:** sistema de aluminio que permite disipar el calor que concentran ciertos dispositivos electrónicos.
- **Disyuntor:** dispositivo que permite interrumpir el paso de la electricidad en caso de que en un circuito se registre una diferencia entre la corriente entrante y la saliente.
- **Dual Channel**: doble canal, tecnología para memorias aplicada en las computadoras personales que permite incrementar el rendimiento gracias al acceso simultáneo a dos módulos distintos de memoria.
- **Firmware:** también llamado soporte lógico inalterable, es un programa informático que establece la lógica de más bajo nivel que controla los circuitos electrónicos de un dispositivo de cualquier tipo.
- **Halón:** gas extintor de incendios usado hasta que fue sustituido por el que se emplea actualmente, el Inergen.
- **Ignífugo:** que rechaza la combustión y protege contra el fuego.
- **INTEL:** Intel Corporation es fabricante de circuitos integrados y microprocesadores.| La compañía estadounidense es la creadora de la serie de procesadores x86, encontrados en la mayoría de los equipos personales.
- **NVIDIA:** NVIDIA Corporation es una empresa multinacional especializada en el desarrollo de unidades de procesamiento gráfico y tecnologías de circuitos integrados para estaciones de trabajo, computadoras personales y dispositivos móviles.
- **NVMe:** denominación que reciben los discos SSD y de tipo Flash que se admiten en computadoras actuales.
- **RDNA:** nombre clave para una micro arquitectura GPU y el conjunto de instrucciones que desarrolla la firma AMD.
- **Refurbished:** indica que un producto ha sido reacondicionado o rearmado por un agente oficial o por el fabricante directo.
- **RMA:** sigla que se utiliza en el gremio informático para identificar productos con fallas o remanufacturados.
- **SATA:** Serial ATA es una tecnología actual para la conexión de medios de almacenamiento.
- **Serial:** número que identifica al producto como único en el mundo. Se utiliza para ejercer uso legítimo de la garantía otorgada por la fábrica.

▶ **Silicona:** polímero inorgánico derivado del polisiloxano, constituido por una serie de átomos de silicio y oxígeno alternados. Es un excelente pegamento y reconstructor de piezas.

▶ **Socket:** forma en que se denomina a la cuna donde se conecta la CPU de un motherboard. Hay varios modelos y compatibilidades.

▶ **Torx:** patente de un tipo de tornillo caracterizado por su cabeza estrellada de 6 puntas.

▶ **VGA:** Video Graphics Array, o matriz de gráficos de video, se utiliza para referirse a una pantalla estándar analógica de computadora.

Parte 2

MOTHERBOARDS

Introducción
Paneles y BIOS
Reparación
Reparación electrónica

5

INTRODUCCIÓN

Si bien todos los componentes de un ordenador son vitales en alguna medida para que esta funcione, hay una parte de ella a la cual se conectan todas las piezas del equipo y que permite su interacción. Desde que salieron al mercado las primeras computadoras personales hasta la fecha, los motherboards o placas madre han avanzado enormemente, aunque, por lo general, no se suele prestar a este componente tanta atención como a otros.

5.1 LA IMPORTANCIA DEL MOTHERBOARD

La elección de la placa madre al armar un ordenador es un paso que no debes tomar a la ligera. Por lo general, suele prestarse más atención al procesador, la gráfica y la cantidad de memoria instalada en el equipo, y se deja relegada la placa madre para elegir, simplemente, la que sea compatible con el procesador escogido. Este es un error que debes evitar, ya que, entre otros factores, el motherboard determinará la velocidad de la PC, sus prestaciones, así como su capacidad de expansión.

La placa madre también es la que deberá soportar las distintas velocidades ofrecidas por elementos como el procesador y la memoria RAM, y junto con la CPU que elijas, es la que te permitirá (o no) realizar overclocking al equipo.

Figura 5.1. En las primeras computadoras personales, las placas madre no incluían la mayoría de las funciones actuales, y para anexarlas, debías disponer de slots de expansión, que permitían anexar tarjetas de video y Ethernet, entre otras. En la imagen, placa con 6 puertos PCI y un puerto AGP.

En el inicio de la informática personal, las placas madre tenían un diseño mucho más simple, y solo disponían de las funciones básicas para su trabajo. Con el tiempo, se han ido agregando más componentes, pero antes, para disponer de ellos, debías utilizar tarjetas de expansión. En los modelos de placas como las usadas para el Pentium MMX, si querías tener funciones como módem, Ethernet, sonido e, incluso, tarjeta de video, debías recurrir a **zócalos de expansión**, por lo que de antemano tenías que contar con una placa madre que dispusiera de una cantidad aceptable de estas ranuras.

Al avanzar la tecnología, muchos de esos componentes fueron integrados en el propio motherboard, con lo cual se redujo al mínimo la cantidad de ranuras de expansión y se mejoraron las prestaciones de la placa madre. Finalmente, ciertos elementos se quitaron del motherboard y, en algunos casos, fueron integrados a la propia CPU, como sucede con los procesadores del tipo APU. En ellos, la placa madre aún conserva el puerto VGA para conectar el monitor, pero la circuitería gráfica está en el procesador (en modelos que disponen de GPU). Si en estas placas no utilizas un procesador con gráficos, deberás instalar en el mother una tarjeta de video para poder utilizar el equipo, porque de lo contrario, el monitor no mostrará nada en pantalla.

5.1.1 Factor de forma de la placa madre

Cada componente de la computadora es desarrollado por un fabricante distinto. Para que todas las piezas coincidan entre sí y puedan conectarse, debe seguirse un estándar que defina las medidas de cada elemento. El factor de forma (form factor) indica la forma y el tamaño que tendrá cada placa madre dependiendo del uso que se le dará. También define la posición de los huecos para tornillos y separadores que servirán de anclaje a la placa madre con el gabinete, así como la disposición de ciertos elementos, como ranuras de expansión, posición de los conectores traseros de USB, puertos de video, características del conector de la fuente de alimentación o PSU, cantidad de cables de alimentación que la placa requiere y voltajes de cada uno de ellos. Las placas madre pueden ser, básicamente, de tres tipos, dependiendo del uso para el que hayan sido pensadas:

Placas madre de notebooks: tienen una forma para cada marca y modelo, por lo generan son irregulares, con diferentes tamaños y sus características son muy variables. La forma suele ser muy peculiar ya que se adapta al resto de los componentes, como discos duros, baterías internas e, incluso en equipos que aún las utilicen, bahías para grabadoras de DVD.

Cuando tengas que buscar información acerca de estos equipos en Internet, no debes hacerlo por la marca y el modelo de la computadora, sino por la marca, modelo y revisión que la placa madre tiene grabada. Ten en cuenta que diferentes revisiones indican diferencias entre los motherboards, por lo que debes tener muy en cuenta este detalle.

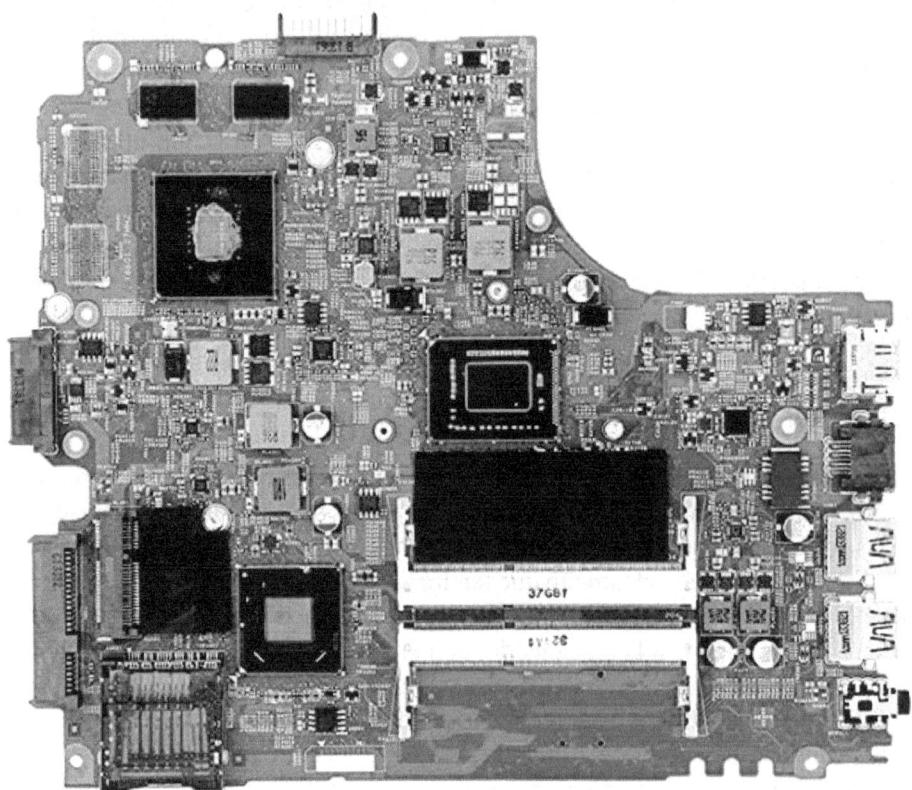

Figura 5.2. Dada la variedad de formas, tamaños y características, cada placa de notebook solo servirá para su marca y modelo.

Placas madre de servidores: se caracterizan, entre otras cosas, por la cantidad de procesadores que pueden contener. Dentro de este apartado encontrarás placas madre con dual socket (espacio para dos procesadores), quad socket (cuatro procesadores) y en algunos equipos incluso más cantidad. El tipo de CPU usado en estas placas no siempre es el empleado para equipos domésticos; en Intel se usan los Xeon, y en AMD, los Epyc. Ambos procesadores están optimizados para procesos en paralelo y presentan mejoras en las operaciones de coma flotante, así como una cantidad de memoria L3 superior que la usada por sus hermanos de escritorio.

Este tipo de placa madre también cuenta con más bancos de memoria, así como con soporte para RAM ECC. Tiene tolerancia a fallos, característica que brinda mayor estabilidad al equipo y a los datos manejados.

Figura 5.3. ASUS WS C621E Sage Extreme Power, una placa de servidor que utiliza procesadores
Intel Xeon, con unidad M.2, LAN dual GB, USB 3.1 tipo C y tipo A, y 10 puertos SATA de 6 Gb/s.

También están pensadas teniendo en cuenta el flujo de aire optimizado para refrigerar el sistema lo mejor posible. Poseen una electrónica más robusta, lo que les permite funcionar sin ser apagadas permanentemente, y cuentan con sistemas de **alimentación redundante** y capacidad nativa para utilizar **RAID** en sus discos duros. Muchos de sus componentes también soportan la conexión en caliente, es decir que pueden ser conectados con el equipo encendido.

Placas madre de computadoras de escritorio: están pensadas para uso doméstico; algunas de ellas tienen mejores prestaciones para utilizarlas como estaciones de trabajo, y otras están dedicadas al gaming.

Dependiendo de la gama, podrás contar con 2, 4 o hasta 8 bancos de memoria RAM, variando también la cantidad de memoria máxima admitida, factor que también estará condicionado por la CPU y el chipset.

Figura 5.4. En las placas de uso doméstico es en donde puedes encontrar más variedad
de prestaciones y alternativas, tanto para workstation como para juegos.

5.1.1.1 FACTORES DE FORMA USADOS EN MOTHERBOARDS DOMÉSTICOS

ATX

Advanced Technology eXtended, es una evolución de la forma de Baby-AT. Tiene un tamaño de 305 × 244 mm. Un cambio importante en este formato fue el conector a la fuente de alimentación, que es de 24 contactos (20+4); permite una única forma de conexión, de modo que se evita conectarlo al revés, como ocurría con las fuentes AT.

Suele contar con 4 ranuras para la memoria RAM y puede tener hasta 7 slots de expansión. Incluye entre 4 y 6 conectores SATA, dependiendo del modelo.

Junto con esta tecnología se integró el estándar **ACPI/APM** (*Advanced Configuration and Power Management Interface*, interfaz para la administración de energía y configuración avanzada), que brinda funciones como encender y apagar el equipo a una hora específica sin intervención del usuario, y programar teclas de mouse o teclado para el mismo fin. Este estándar fue introducido al mercado por Intel en 1995.

E-ATX

Extended ATX es el factor de forma más grande del mercado. Sus dimensiones son de 305 x 330 mm. Estas placas suelen disponer de abundantes slots para tarjetas de expansión y capacidades de instalación de tarjetas gráficas en **SLI** o **Crossfire**. Suelen tener hasta 8 slots para la memoria RAM.

Micro ATX

Las placas que usan este formato tienen 244 x 244 mm y suelen usarse en equipos de oficina, ya que pueden armarse en gabinetes pequeños y no requieren el uso de muchas ranuras de expansión.

Por lo general, tienen 4 slots para insertar tarjetas de expansión, y 2 o 4 bancos para memoria RAM. Este formato es compatible con torres de formato ATX.

Figura 5.5. Placa Micro ATX ASUS Prime I1510M-A con zócalo LGA 1200, PCI-e 4.0, conector M.2 de 32 GB/s, WiFi 5, Ethernet 1 GB y USB 3.2 Gen. 1 de tipo A.

BTX

Este tipo de placa no tuvo buena aceptación en el mercado. Fue desarrollada pensando en mejorar el flujo de aire en los gabinetes y así aumentar la eficiencia en la disipación de calor. Su tamaño es de 203 × 267 mm. La forma de reconocer estas placas es por la diferente orientación de los componentes, con lo cual se intenta mejorar el flujo de aire, sobre todo, para procesadores y tarjetas de video.

Estas placas fueron utilizadas en equipos de alto rendimiento, y muchos de ellos aún siguen funcionando.

Otro tipo de placas con la que podrás encontrarte son las que utilizan las normas IPX, desarrolladas por la empresa VIA Technologies. Las que más se destacan son Mini ITX y Nano ITX, que poseen un factor de forma muy similar a las microATX.

Mini ITX

Este es el formato más pequeño, con dimensiones de 170 x 170 mm. Suelen tener un único slot de expansión, por lo general, utilizado para la tarjeta gráfica, y 2 bancos para memoria RAM.

Figura 5.6. Placa Micro ITX Asrock J5040-ITX J5040, con procesador BGA 440 y soporte para DDR4.

Nano ITX

Este tipo de tarjeta mide 119 x 119 mm, y se utilizó inicialmente en Smart TVs y centros de entretenimiento. En la actualidad puedes encontrarlas también en computadoras portátiles de ultra bajo consumo. Suelen traer el procesador soldado en vez de utilizar un socket.

5.2 PARTES DEL MOTHERBOARD

La placa madre está construida sobre lo que se conoce como **PCB** (*Printed Circuit Board*, placa de circuito impreso), la cual se compone de placas de material aislante y pistas de material conductor similares a cables que interconectan las diferentes terminales de cada componente electrónico que utiliza la placa madre para realizar sus funciones. Las placas madre se conocen como multicapa porque pueden ser un verdadero sandwich que alterna materiales aislantes y capas conductoras; en algunos modelos se usan más de diez capas.

Sobre esta PCB están soldados los diferentes elementos electrónicos que conforman la circuitería de la placa. Estos son de dos tipos: componentes **SMD** (*Surface Mounting Device*, dispositivo de montaje superficial), soldados únicamente a una cara de la PCB; y componentes through hole (de agujero pasante), cuyas terminales atraviesan la PCB y son soldadas desde el extremo opuesto, por lo general interconectando también en su terminal alguna capa interna de la PCB.

5.2.1 Chipset

También conocido como conjunto de chips, son **circuitos integrados** desarrollados para establecer la comunicación entre el procesador y el resto de los componentes conectados al motherboard. En la actualidad, este conjunto de chips suele incluirse en un único chip que, dentro de su encapsulado, contiene todas las funciones pero manteniendo su nombre.

Los chipsets de las placas madre están diseñados para trabajar exclusivamente con cierto grupo de procesadores de una marca (Intel o AMD); y dentro de ellos, con determinados modelos de CPU y modelos de memoria RAM. Por lo tanto, al momento de comprar los elementos para armar un equipo, debes revisar que todos sean compatibles.

Figura 5.7. El chipset suele estar debajo de un disipador pasivo que lo ayuda a mantenerse a una temperatura de trabajo aceptable.

En placas antiguas, el chipset venía integrado en dos chips, uno llamado **North Bridge** o puente norte y otro llamado **South Bridge** o puente sur.

El puente norte está unido al bus del procesador formando una comunicación directa entre este y la memoria RAM; también se lo conoce como **FSB** (*Front Side Bus*) y es un factor clave en el rendimiento del equipo. Este puente también maneja la comunicación con los puertos PCI-Express y las unidades de almacenamiento en estado sólido M.2 y PCI-e, ya que todos estos componentes funcionan a altas velocidades de transferencia de datos.

El puente sur se conecta con el puente norte mediante un bus llamado **DMI** (*Direct Media Interface*). Es el encargado de gestionar las comunicaciones de los dispositivos de entrada y salida (discos duros, tarjeta Ethernet, etc.), así como de conectarlos con el puente norte.

En la actualidad, el puente sur fue suprimido debido a que los procesadores modernos incorporan el controlador de memoria y tienen conexión directa al bus de la RAM. El FSB está integrado en el procesador y el bus que se ocupa del resto de los dispositivos se llama **PCH** (*Plataform Controller Hub*), sucesor del DMI.

Existe una amplia variedad de chipsets, y con cada generación de procesadores se realizan cambios en ellos para compatibilizarlos. Dependiendo del tipo de chipset que tenga tu placa madre, esta será de gama baja, gama media o gama alta. Entre otras cosas, esto determinará la cantidad de componentes que puede gestionar y a qué velocidad es capaz de hacerlo, la cantidad de tarjetas de video soportadas, y la posibilidad de realizar overclocking al procesador y a las memorias RAM.

La letra y el número que acompañan al modelo de la placa madre indican el tipo de chipset que esta utiliza. La letra especifica las capacidades del chipset; normalmente, cuanto más alta sea la letra, mejor. El primer dígito de la parte numérica indica la generación del chipset, y los dos restantes, el rendimiento que brindará. En AMD, las usadas en Ryzen se clasifican en series A, B y X. Los chipsets A (por ejemplo, las placas madre con chipset A520) son los de gama más baja, los de la serie B tienen algunas prestaciones mejores que los anteriores (como el chipset B550), y los de la serie X son los tope de gama, como las placas que utilizan chipset X570. En el caso de Intel, encontrarás chipsets con las letras H, B, Z y X. La serie X es la Extreme o tope de gama, la serie Z es de gama alta (por ejemplo, la Z690), la H es de gama media (como el H670), la B es una gama algo inferior (chipset B660) y luego se repite la letra H como gama baja pero finalizando la parte decimal con un número muy inferior (chipset H610); este tipo de chipset es el más básico y, por ejemplo, no permite overclock. Intel también tiene un chipset con la letra Q, como el Q670.

En algunos casos verás que el chipset tiene una letra al final del código. Esto significa que las especificaciones son las mismas pero que existe una mínima variante. Por ejemplo, en placas madre TUF, la B450 es de tipo ATX, mientras que la B450m es microATX.

5.2.2 Socket del procesador

También llamado zócalo del procesador, es el punto donde se conecta el procesador a nivel mecánico y eléctrico. Existen dos tipos de conexionado: en el PGA (*Pid Grid Array*) los pines de contacto se encuentran en el procesador y el zócalo tiene orificios donde encastran; mientras que en el LGA (*Land Grid Array*) los pines están en la placa madre y el procesador tiene terminales planas en forma de puntos de contacto para la conexión. También hay un tipo conocido como BGA (*Ball Grid Array*), donde el procesador va directamente soldado a la placa madre; suele utilizarse en equipos portátiles y otros sistemas compactos.

La tecnología de inserción del procesador se denomina ZIF (*Zero Insertion Force*), lo que significa que no debes hacer fuerza para insertar el procesador en la placa madre. Si necesitas forzarlo, es que estás conectando algo mal y podrías dañar los terminales de contacto.

Cada modelo de socket es exclusivo de un fabricante, ya sea Intel o AMD; y cada generación de procesadores suele tener su tipo de socket propio. Por lo tanto, al armar un equipo debes asegurarte de que el procesador sea compatible con la placa madre. Puede suceder que, a nivel se socket, dos procesadores del mismo fabricante sean compatibles, pero si no es compatible con el chipset, no podrás utilizarlo.

Los sockets más usados en la actualidad por Intel son:

LGA 1366, LGA 1156, LGA 1155, LGA 1150, LGA 2011, LGA 2011-v3,

LGA 1151, LGA 2066, LGA 1200 y LGA 1700. En el caso de AMD,

los más usados son: AM3, AM3+, AM4, AM5, FM1, FM2, FM2+, TR4, SP3 y sTRX4.

Figura 5.8. El socket del procesador puede ser del tipo LGA (derecha) o PGA (izquierda), dependiendo de si los terminales se encuentran en la placa madre o en el procesador, respectivamente.

5.2.3 Slots de memoria RAM

Son las ranuras donde van conectados los módulos de memoria RAM. Las placas madre de gama de entrada suelen incorporar 2 slots, las de gama media tienen 4 y las de gama alta, 8.

Una vez más, debes tener en cuenta la compatibilidad, ya que los distintos modelos de memoria RAM son físicamente diferentes, de modo que no podrás conectar un módulo DDR5 en un slot DDR4. Además, los módulos de memoria tienen una posición para ser colocados; si intentas hacerlo y no puedes, revisa que sea la memoria adecuada y que no la estés conectando al revés.

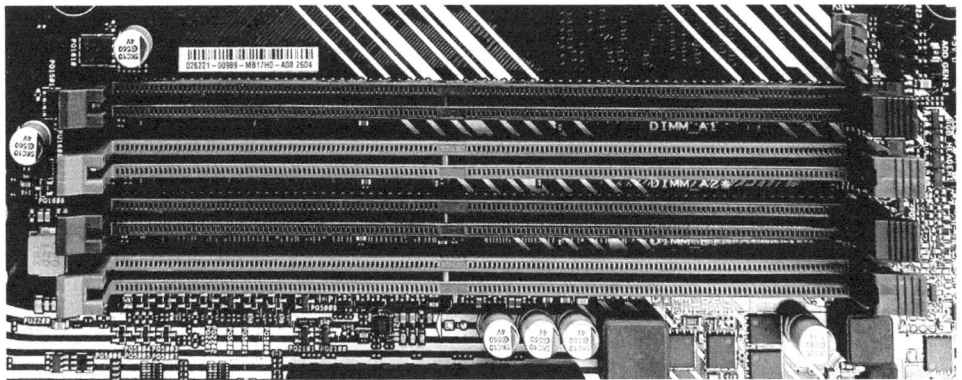

Figura 5.9. La memoria RAM tiene un orden para colocarse dependiendo de cuántos módulos usarás. Consulta la documentación correspondiente para averiguarlo.

Los slots o bancos de memoria están diseñados para funcionar en dual channel (doble canal) o en quad channel (cuádruple canal), dependiendo de la arquitectura de la placa madre. En arquitecturas destinadas a servidores, se manejan 6 y 8 canales. Para que esto ocurra, debes insertar la memoria en cierto orden; por ejemplo, si tienes una placa con 4 bancos de memoria. En la actualidad podrás encontrar equipos con memoria DDR3, DDR4 y DDR5.

En la arquitectura de doble canal, el diseño original combinaba dos buses de 64 bits en un bus de 128 bits.

La mayoría de los motherboards que soportan dual channel poseen diseños de color en los bancos de memoria para indicar qué módulo debe ser instalado en cada banco. Por ejemplo, si la placa tiene cuatro bancos de memoria RAM, las ranuras 1 y 3 comparten un canal (y tienen el mismo color) y las ranuras 2 y 4 comparten otro canal (y el otro color). En placas madre de gama alta pueden utilizarse tres canales, en cuyo caso los tres módulos idénticos se instalan en un banco, organizados como un dual channel.

La mayoría de las placas madre usan una serie de colores de bancos de memoria para hacer más intuitivo el armado: negro, gris, azul o rojo.

5.2.4 Slots de expansión

Estas ranuras de expansión permiten conectar diferentes tipos de tarjetas a la computadora para ampliar el hardware; por ejemplo, tarjetas de video dedicadas, tarjetas de red, etc.

Los slots utilizados actualmente son los PCI-e o PCI-Express, que son el reemplazo de los tradicionales PCI. Cada slot tiene una o más líneas de datos que conectan la tarjeta y la placa madre. El número de líneas utilizadas se agrega luego de la letra x para indicar la cantidad de líneas manejada. Por ejemplo, una tarjeta x1 usará una sola línea de datos, mientras que una x16 utilizará 16, como las tarjetas de video. Cada línea alcanza una velocidad de 250 MB/s. De esta forma podrás ver referencias a PCI-e como x1, x4, x8 y x16.

Figura 5.10. Los slots de expansión vienen en diversos formatos y son los que permiten conectar diferentes tarjetas al equipo.

El bus PCI-e trabaja en paralelo. Dispone de una gran cantidad de líneas para la transferencia de datos de forma simultánea, lo que le brinda un ancho de banda mayor que los puertos USB. Esto los vuelve aptos para componentes que requieran comunicación con la CPU y la RAM a alta velocidad, como ocurre con las tarjetas de video.

Existen distintas variantes del puerto PCI-e, lo cual hace variar su tamaño y su ancho de banda disponible.

Los puertos PCI-e están divididos en dos partes con una pequeña separación entre ambas. La parte inicial proporciona la alimentación a la tarjeta de expansión, que puede llegar hasta los 75 W y permite que muchas tarjetas gráficas de bajo perfil no requieran de alimentación independiente. La parte siguiente se encarga del transporte de datos, y es la que varía su largo físico en base al número de líneas de comunicación que se usen.

5.2.5 Puerto PCI-e x1

Es el puerto más pequeño de todos, utilizado por tarjetas de expansión que no requieren altas transferencias de datos para su funcionamiento. A este tipo de conector solo le llega una línea PCI-e, por lo que si el motherboard utiliza PCI-e 3.0, podrá alcanzar un ancho de banda máximo de 8 GT/s (GigaTransfers per second) con una tasa de transmisión de datos de un máximo de 984,6 MB/s. Si utiliza PCI-e 4.0, el ancho de banda alcanzaría 16 GT/s y la tasa de transferencia máxima sería de 1.969 MB/s. En PCI-e 5.0 se alcanzaría una transferencia de 4 GB/s.

Figura 5.11. El puerto PCI-e x1 es el más corto de todos y, también, el más lento. Es utilizado por tarjetas de expansión que no requieran altas velocidades de transferencia de datos.

5.2.6 Puerto PCI-e x4

Este tipo de puerto no es el más habitual en motherboards de escritorio porque no hay muchas tarjetas de expansión que lo usen; los fabricantes prefieren utilizar puertos PCI-e x1. Una de sus características es que tiene un lateral abierto que permite la conexión de una tarjeta de mayor longitud física.

En la versión PCI-e 3.0 de este tipo de puerto, la tasa de transferencia máxima es de 3.94 GB/s; en PCI-e 4.0 es de 7,88 GB/s; y en PCI-e 5.0 es de 16 GB/s. El ancho de banda es el mismo que en el PCI-e x1.

5.2.7 Puerto PCI-e x8

Este puerto es más usado en la gama de servidores que en la doméstica. Alcanza en PCI-e 3.0 tasas de transferencias máxima de archivos de 7,88 GB/s; en PCI-e 4.0, de 16 GB/s; y en PCI-e 5.0, de 32 GB/s.

5.2.8 Puerto PCI-e x16

Es uno de los puertos más usados, ya que es el que utilizan las tarjetas gráficas. De hecho, es el único formato de PCI-e disponible en todas las placas madre de la gama de escritorio.

Figura 5.12. El puerto PCI-e x16 es el más largo de todos los PCI-e, y también, el más rápido, donde instalarás la tarjeta de video.

La tasa de transferencia máxima de PCI-e 3.0 es de 16 GB/s; en PCI-e 4.0 es de 32 GB/s; y en PCI-e 5.0, de 64 GB/s.

En muchas placas encontrarás dos o más puertos PCI-e x16, lo que te permite conectar más de una tarjeta gráfica mediante las tecnologías SLI o CrossFire. Cabe resaltar que en algunas placas madre, aunque tengas físicamente más de un puerto de este tipo, en el segundo no se habilitan todas las líneas de datos. Si piensas usar este tipo de configuración, dedica un momento a estudiar las especificaciones de la placa madre.

5.2.9 BIOS/UEFI

El BIOS (*Basic Input-Output System*, sistema básico de entrada y salida) es una memoria del tipo ROM, EPROM o Flash-RAM que contiene información acerca de la configuración del motherboard. Integrado al BIOS hay un chip de memoria **CMOS** con el software para inicializar los diferentes componentes de la placa al momento de arrancar el equipo, luego de realizar un chequeo en busca de fallas o falta de componentes, como podrían ser módulos de RAM o discos duros. Si no se detectan errores, lanza el sistema operativo en el disco que tenga configurado para tal fin y le cede el control del sistema.

Figura 5.13. Cerca del chip usado por el BIOS/UEFI verás una clásica pila de litio, generalmente CR 2032, que lo alimenta.

Este pequeño programa en realidad es un **firmware**, ya que está contenido dentro de un módulo de memoria. Esta memoria se encuentra permanentemente alimentada por una pila, de modo que cuando desconectas la alimentación eléctrica, los datos de configuración de hardware así como la fecha y la hora se mantienen, y si la pila se agota, los valores de configuración vuelven a los de fábrica. Si desconectas tu equipo de la alimentación eléctrica y la fecha se cambia por una anterior, es posible que debas reemplazar la pila que alimenta al BIOS.

En un principio, el programa de configuración del BIOS se ejecutaba en modo texto, pero en la actualidad se utiliza una interfaz gráfica con uso del mouse.

La **UEFI** (*Unified Extensible Firmware Interface*, interfaz de firmware extensible unificada) no es otra cosa que el sucesor del BIOS, incluyendo también la opción de inicio seguro, mayor velocidad de arranque y soporte para discos duros de más de 2 TB. Además, puede conectarse a Internet para actualizarse, algo que no podía hacerse con el BIOS. La UEFI se ejecuta en 32 y 64 bits, mientras que el BIOS lo hace en 16 bits.

5.2.10 Conectores de alimentación

Para alimentar la placa madre y permitir que, a su vez, esta distribuya el voltaje al resto de los componentes, hay un conector de 24 pines que suele situarse en el lateral derecho de la placa, junto a los bancos de memoria RAM, en donde se conecta la ficha principal de la fuente de poder. Este conector es también conocido como ATX2, o 20+4, ya que el ATX original era de 20 pines, mientras que el utilizado en la actualidad requiere 24.

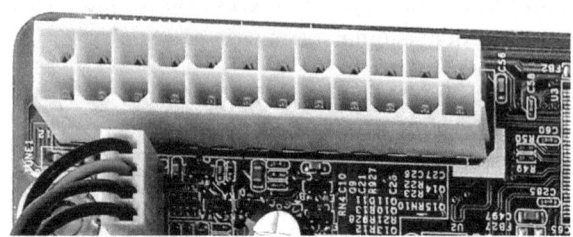

Figura 5.14. El conector de alimentación recibe todos los voltajes desde la fuente de poder. En las placas ATX se utilizan conectores de 24 pines.

También es necesario conectar la alimentación del procesador. En equipos más antiguos, era un cable independiente que salía de la fuente de poder y tenía 4 pines (dos cables amarillos y dos negros que suministraban 12 voltios). En la actualidad, los conectores de alimentación para el procesador tienen 8 pines o placas con 4+6 pines, para cubrir la alimentación de CPUs más potentes y ayudar al suministro en casos de overclock.

5.2.11 VRM

Su nombre proviene de *Voltage Regulator Module*, módulo regulador de voltaje. En realidad, cada VRM está formado por tres componentes: un **mosfet**, un **choke** y un **controlador**. Los más visibles son los chokes, con su clásica forma cuadrada, ubicados cerca del socket del procesador. Los mosfet son transistores que están cerca de los chokes. El controlador es un chip que se encarga de modular las señales; es más pequeño que los chokes y no siempre pueden verse con facilidad.

Este conjunto de componentes electrónicos transforman la corriente eléctrica que llega al motherboard a los distintos valores e intensidades requeridos por los demás elementos, en especial, la CPU y la memoria RAM. Suelen estar en algunas placas debajo de disipadores de calor, para ayudar a enfriarlos.

Figura 5.15. Es fácil identificar el sector del VRM gracias a los chokes y su forma cuadrada. Esta es una parte vital del equipo, ya que determina su estabilidad y su capacidad de overclock.

5.2.12 Conectores SATA

Son los puertos en los que se conectan las unidades de almacenamiento, tanto HDD como SSD, así como las antiguas grabadoras de DVD. Utilizan un bus serie para la transmisión de datos, y permiten la instalación y desconexión de unidades en caliente.

Figura 5.16. Los puertos SATA son utilizados para la conexión de unidades de almacenamiento o lectoras ópticas.

5.2.13 Slot M.2

Este puerto fue desarrollado para las unidades de almacenamiento, aunque también es posible conectarle tarjetas de red, y admite unidades basadas en un bus SATA o **NVMe**. Ofrece una gran velocidad de transferencia de datos, ya que suele tener una línea de comunicación directa con el procesador.

Figura 5.17. El slot M.2 es una ranura ubicada en la placa base.

5.3 ACTIVIDADES

A continuación verás las preguntas y los ejercicios que deberías saber responder y resolver para considerar aprendido el capítulo.

5.3.1 Test de autoevaluación

1. ¿Qué es mejor: una placa madre con chipset B660 o una con H610?

2. ¿Qué diferencias existen en un procesador LGA y uno PGA?

3. ¿Cuántos watts puede suministrar un bus PCI-e y qué ocurre si la tarjeta que estás conectando requiere más alimentación?

4. ¿Qué tasa de transferencia puede alcanzar una tarjeta de video si utiliza PCI-e 4.0?

5. ¿Para qué sirve el VRM y cómo se compone?

5.3.2 Ejercicios prácticos

1. Busca en Internet información acerca del modelo de la placa madre de tu equipo. Familiarízate con todas sus características.

6

PANELES Y BIOS

En este capítulo conocerás todos los detalles relacionados con el panel frontal y posterior del motherboard, así como también las características del BIOS.

6.1 PANEL FRONTAL

En la placa madre encontrarás los pines para conectar los cables del gabinete, que conectan con la botonera, los leds de estado, los minijacks de audio y los puertos USB; estos son conocidos también como front panel o panel frontal.

Conectores USB frontales: suelen ser de dos tipos, USB 2.0 y USB 3.0. El USB 2.0 por lo general está en la parte inferior de la placa madre; en algunos casos encontrarás simplemente los pines de contacto, y en otros modelos de motherboard verás que se incluye un marco de plástico a modo de guía. Utiliza 9 pines para el contacto ya que falta el último pin de la línea inferior. Las placas madre suelen incluir dos de estos conectores. El USB 3.0 suele estar junto a los bancos de memoria RAM. Los conectores utilizan 19 pines ya que en la fila superior falta uno de ellos. Las placas madre suelen traer un conector USB de este tipo.

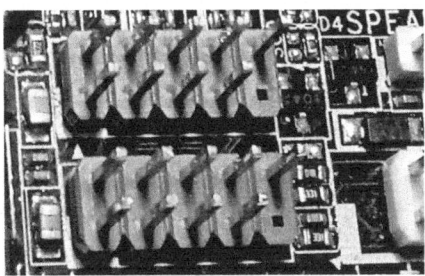

Figura 6.1. Puerto USB 2.0 en la placa madre.

Conector Thunderbolt: en algunas placas encontrarás este tipo de conector, generalmente junto al USB 3.0. Este tipo de puerto es compacto, similar a un conector USB-A.

Audio frontal: también denominado HD_AUDIO1, es el encargado de conectar la placa madre con los conectores del panel frontal para el audio de micrófono y parlantes, que emplean el formato mini jack de 3,5 mm. Este conector suele estar en la parte inferior izquierda del mother. Su aspecto es similar al del USB 2.0, ya que también tiene 9 pines de contacto, pero en este caso, el pin faltante es el penúltimo de la línea superior, lo que impide conectar erróneamente estos dos elementos.

Figura 6.2. Puerto para el audio frontal en la placa madre.

Panel frontal: este conector suele estar formado por 9 pines (en algunos modelos es de 14), y en realidad debes conectar en él un grupo de fichas que integran el encendido del equipo y los leds con el gabinete. Estas fichas de conexión suelen venir en un grupo de cables del panel frontal y, luego, cada una se divide para su contacto. Por lo general, se ubica en la parte inferior de la placa madre. Tanto en la serigrafía del motherboard como en el manual del equipo podrás ver dónde va conectada cada ficha del cable, ellas son:

▶ **Power Switch**: es la ficha que va al botón Power del gabinete. Cuando lo oprimes, estás cerrando un circuito que da la orden a la placa madre para que el equipo encienda. Esta ficha no tiene polaridad, de manera que da lo mismo de qué forma la conectes.

▸ **Reset**: es el conector que acopla con el botón de reset del gabinete, utilizado para reiniciar el equipo cuando este deja de responder. Este conector tampoco tiene polaridad.

▸ **HddLed**: es el conector que enciende el led del gabinete para la actividad de disco duro, indicando procesos de lectura y escritura. Tiene polaridad, por lo que deberás buscar en la ficha y en la placa el signo de positivo y conectarlo correctamente; de lo contrario no mostrará actividad.

▸ **PLed**: es el conector del led que mostrará que el equipo está encendido. Al igual que el de acceso a disco, tiene polaridad, y si lo conectas de manera errónea, el led no encenderá.

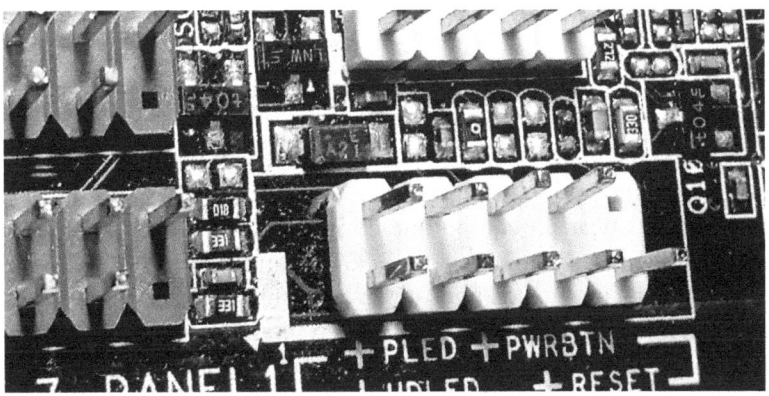

Figura 6.3. Conector de panel frontal en el motherboard.

Conector de ventiladores: también llamados conectores de fan, es donde conectarás el ventilador del procesador y el ventilador que utilices para sacar el aire del gabinete. Suelen estar referenciados en la placa madre como CPU_FAN1 y CHA_FAN1, respectivamente. Están cerca del procesador y en la parte inferior de la placa; dependiendo del modelo de esta, podrás encontrar más de un conector para el gabinete.

Este tipo de conector era inicialmente de 3 pines, que alimentaban al fan haciéndolo funcionar siempre a plena capacidad. En la actualidad, se utiliza uno de 4 pines, conocido también como **PWM** (*Pulse Width Modulation*, modulación por ancho de pulso), que agrega un pin adicional mediante el cual se regula la velocidad de giro del ventilador dependiendo de la necesidad de refrigeración de cada momento, al variar el voltaje entre 0 y 12 voltios. En algunas placas de gamas media y alta, también hallarás un conector referenciado como PUMP, que se incorporó para el control de una bomba de refrigeración líquida. En este tipo de conectores la velocidad no varía y el cuarto pin se utiliza para monitorizar la bomba.

Figura 6.4. Conector de 4 pines utilizado en la actualidad para el ventilador del gabinete y la CPU.

Conector de speaker: llamado coloquialmente parlante o altavoz, emite pitidos que sirven como reporte de diagnóstico de la computadora.

En la actualidad es opcional, porque existen otros métodos para reportar el estado al iniciar un equipo. Sin embargo, el hecho de utilizarlo puede ayudarte muchísimo a diagnosticar un equipo que no muestra señal de video. Estos pitidos se emiten cuando finaliza el análisis de **POST** al iniciarse el equipo. Si bien cada fabricante emplea sus propios códigos de error, donde cada serie de pitidos tiene su significado particular, si el equipo emite un solo pitido al encenderlo, indica que se pasó correctamente el análisis del POST y que intentará iniciar de forma normal.

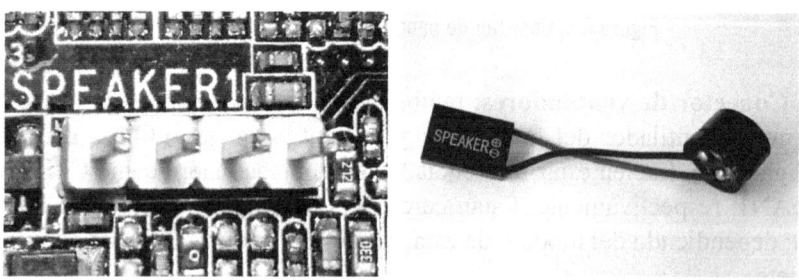

Figura 6.5. Conector de speaker y altavoz con su ficha para la conexión;
es el que genera el pitido que escuchas al encender el equipo.

6.2 BACK PANEL

En la placa madre hay una serie de conectores que podrás utilizar desde el exterior del equipo sin necesidad de quitar ningún panel del gabinete. Son denominados I/O panel o back panel, ya que se encuentran en la parte trasera del equipo, soldados directamente a la placa madre (**Figura 6.6.**).

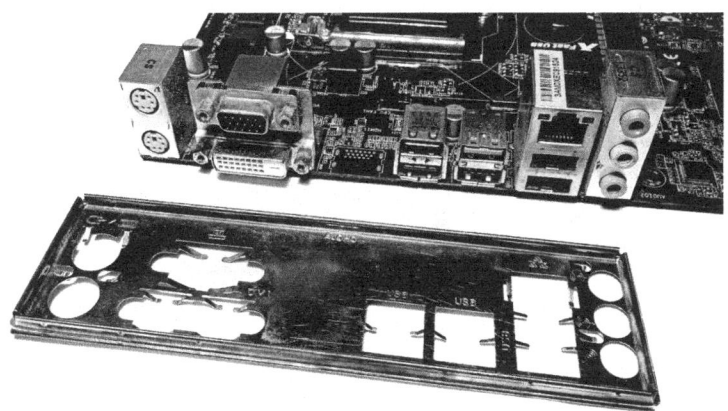

Figura 6.6. Para proteger los conectores, el back panel utiliza una lámina metálica conocida como I/O Shield, que evita que algo caiga en el interior del equipo.

Los puertos más comunes que aún puedes encontrar en el I/O back son:

▶ **USB 2.0**: tienen el plástico de color negro y poseen una velocidad de transferencia de datos de 480 Mbps. Tanto la versión USB 1x como la USB 2 poseen 4 líneas, 2 para datos y 2 para energía.

▶ **USB 3.0**: tienen un plástico de color azul y una velocidad máxima de 5 Gbps. A las 4 líneas de datos de la versión anterior se suman nuevas líneas, permitiendo el tráfico de datos bidireccional al mismo tiempo, lo que le valió ser conocido como USB Super Speed.

▶ **USB-C**: con versiones USB 3.1 y 3.2, alcanzan velocidades de 10 Gbps y 20 Gbps, respectivamente. Este conector cada vez más utilizado se caracteriza por poder conectarse en ambas posiciones, a diferencia de los antiguos USB, que tenían una posición correcta (**Figura 6.7.**).

Figura 6.7. El puerto USB convencional tiene un plástico que indica la versión que utiliza y define su forma de conectarlo: USB 1 es blanco, USB 2 es negro y USB 3 es azul. El conector USB-C (derecha) puede ir en ambas posiciones, ya que sus pines están repetidos en ambos lados.

Thunderbolt: en las versiones 3 y 4, el conector es idéntico que el USB-C, pero tiene dibujado un rayo para diferenciarlo físicamente.

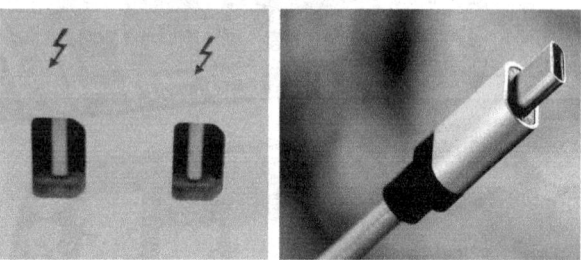

Figura 6.8. En la imagen izquierda, Thunderbolt con su conector Mini DisplayPort que alcanzaba velocidades de 20 Gbs. A partir de la versión 3, se utilizó el conector USB-C con velocidad de 40 Gb/s (imagen derecha).

En las versiones 1 y 2 el conector era un Mini DisplayPort, un puerto desarrollado por Intel en colaboración con Apple con el nombre clave de Light Peak, que está basado en la arquitectura PCI Express; y un DisplayPort, el primer tipo de conector que puede transmitir datos y video al mismo tiempo, siendo también el primero de su tipo capaz de operar con electricidad o mediante pulsos de luz, como lo hace la fibra óptica de las operadoras de Internet. Permite velocidades de conexión de hasta 40 Gbps, y admite conectar hasta 2 monitores en 4K simultáneamente con audio y video.

HDMI: (*High-Definition Multimedia Interface*) es uno de los estándares actuales para transmitir video y audio a un monitor, aunque algunos sistemas de audio también utilizan este tipo de puerto. Existen diferentes versiones de HDMI que varían mucho en cuanto a características y, sobre todo, en ancho de banda, aunque son todas compatibles entre ellas. Permiten enchufar un puerto HDMI 1.0 con un cable 2.0 y viceversa sin mayores problemas, aunque siempre es bueno que consultes el manual de tu placa para saber qué versión incluye. Los anchos de banda oscilan entre 4.95 Gb/s en la versión 1.0 hasta 48 Gb/s en la versión 2.1. Dispone de un sistema de protección de contenido conocido como HDCP (*High-Bandwidth Digital Content Protection*, protección de contenido digital de elevado ancho de banda) para evitar la copia de contenido.

Figura 6.9. El estándar HDMI permite utilizar un cable de una versión diferente del puerto que estás usando; si bien funciona igual, la transmisión se hará a una velocidad más baja.

DisplayPort: este estándar es el sucesor del puerto VGA y también es capaz de transmitir audio y video al mismo tiempo. Cuenta con varias versiones que ofrecen desde 10,8 Gb/s en la 1.0, lanzada en 2006; hasta 77,37 Gb/s en la 2.1, lanzada en 2022. Este estándar también cuenta con un sistema de protección contra piratería conocido como DPCP (*DisplayPort Content Protection*), que utiliza el cifrado **AES** de 128-bit. Puedes distinguir este tipo de conector porque uno de sus laterales es distinto del otro.

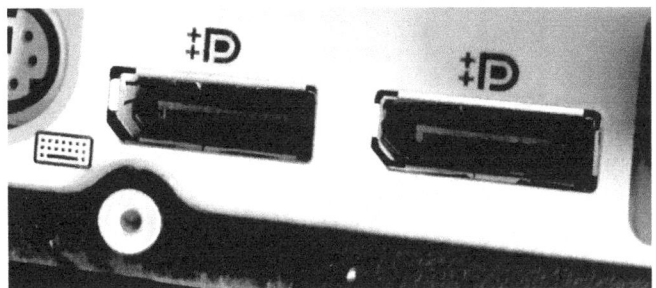

Figura 6.10. El DisplayPort fue adoptado por una amplia variedad de dispositivos capaces de manejar video, no solo por las computadoras.

Optical Digital Audio Output (S/PDIF): también conocido como *Sony Philips Digital Interconnect Format* (formato de interconexión digital de Sony Philips), se utiliza para conexiones de sistemas de audio digital donde se emplea un único cable para la conexión, a diferencia de los minijacks. Hay dos tipos de conectores: uno coaxial que utiliza una interfaz llamada RCA (*Radio Corporation of America Conector*, conector de la Corporación de Radio Estadounidense), y uno óptico que utiliza un conector cuadrado conocido como Toslink; el cable SPDIF óptico es de fibra óptica. Existen dos tipos de conector óptico. El más usado es el cuadrado, pero también está disponible un conector óptico de 3.5 mm, que tiene el mismo tamaño que los minijack de auriculares de 3.5 mm.

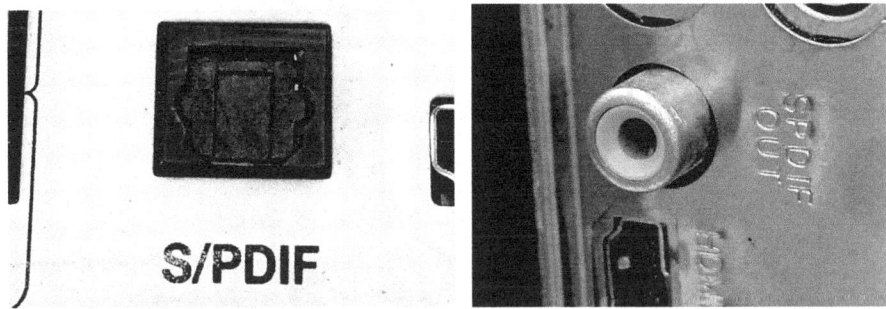

Figura 6.11. En la imagen de la izquierda se observa un conector SPDIF óptico; en la derecha, un conector del mismo tipo pero RCA.

Ethernet: también conocido como GbE (Gigabit Ethernet), es el conector de la tarjeta de red en la que podrás conectar un router o switch mediante un cable Ethernet con conector RJ-45. Posiblemente sea el tipo de conexión que utilizas para conectarte a Internet. En la actualidad, las placas madre incorporan tarjetas a 2,5 Gb/s, que permiten una transferencia de archivos a alta velocidad o jugar a baja latencia.

Figura 6.12. El puerto Ethernet es donde se conecta el cable de red a la computadora. Incluye un par de leds que parpadean al funcionar la red.

HD Audio: son los conectores minijack de 3,5 mm utilizados para las conexiones de audio analógico. Dependiendo del motherboard, su configuración puede ser de 2 a 6, y cada uno tiene un color específico dependiendo de su función. Los que siempre encontrarás en todo motherboard son los de color verde, que se usan para los altavoces; y el rosa, para el micrófono. Si la configuración de tu placa dispone de más cantidad, el color naranja es para un altavoz central o subwoofer, el negro es para un altavoz trasero, el gris es para un altavoz central y el azul es una entrada de línea que puedes utilizar para conectar una fuente de audio externa (junto con el de micrófono, es el único conector de entrada de audio, el resto son salidas).

Figura 6.13. Los conectores de audio traseros permiten conectar diferentes configuraciones de entrada y salida de audio.

PS/2: se utilizaba originalmente para conectar el teclado y el mouse antes del USB. Aunque en la actualidad no hay periféricos con este puerto, muchas placas lo incluyen. En placas más antiguas podrás encontrar un par de estos conectores.

Figura 6.14. Los conectores PS/2 reciben su nombre del Personal System/2 de IBM, para el cual fueron creados.

VGA (Video Graphics Array): es un conector de video analógico utilizado en motherboards de gama de entrada. Si bien ya es obsoleto, aún se lo encuentra por motivos de compatibilidad.

Figura 6.15. El puerto D-sub de 15 pines es el utilizado por el sistema VGA, que luego evolucionaría hasta SVGA.

DVI: este tipo de conector fue el primero en ser digital. Fue reemplazado por HDMI y DisplayPort, y si bien ya no se fabrica, todavía puedes encontrarlo en muchas computadoras. Tiene diferentes variantes: DVI-A (analógico), DVI-D (digital) y DVI-I (integrado, mezcla de analógico y digital). Si bien a simple vista parecen el mismo tipo de conector, difieren en sus conexiones, por lo que no podrás conectar uno en el otro; consulta en el manual de tu placa madre cuál es el que utilizas.

Figura 6.16. Algunos conectores DVI trabajan en forma digital, y otros, en forma analógica. Presta atención a la cantidad de pines de cada uno y consulta la documentación de tu placa para saber cuál incluye.

Bluetooth: es una tecnología más vista en equipos portátiles que en computadoras de escritorio, pero en algunos motherboards de alta gama puedes encontrarla. Permite interconectar de forma inalámbrica varios dispositivos, como parlantes, auriculares, teléfonos móviles e impresoras. Se divide en Clase 1, 2 y 3. Los equipos de Clase 1 tienen más potencia y permiten conexiones de 10 metros o hasta 100 metros si se utilizan repetidores, y hasta 20 **dBm** de potencia. Los de Clase 2 son los más difundidos en el mercado, con una potencia máxima de 4 dBm y un alcance de 10 metros; y los de Clase 3 solo tienen 10 centímetros de alcance.

Figura 6.17. La tecnología Bluetooth es muy utilizada para parlantes
y auriculares vinculados a equipos de trabajo.

Debug LED: muchas placas madre de alta gama desde hace años comenzaron a incorporar una pequeña pantalla de led que suele ubicarse en una esquina del **PCB**, cerca de los pines donde se conectan los botones de Power y Reset. En el arranque se da lugar a un proceso conocido como POST (*Power On Self Test*, autoprueba de encendido). Si todo funciona correctamente, el equipo arranca con normalidad; de lo contrario, se produce una serie de pitidos emitidos por el altavoz del motherboard para indicar el origen de la falla. Mediante el Debug LED, puedes leer el código de error para detectar la falla con mayor facilidad. Desgraciadamente, cada fabricante utiliza sus propios códigos, de manera que, ante la duda, deberás consultar en Internet el significado de estos mensajes según la marca y modelo de tu placa. Si el mother tiene conectado el speaker y el proceso de arranque no presenta errores, se escuchará un único pitido indicando que el arranque fue normal.

Por ejemplo, si el equipo arranca sin problemas, el Debug LED suele mostrar el código **00** o **FF**, que significa que no se detectaron errores y la computadora está lista para buscar el sistema operativo.

Figura 6.18. El indicador del Debug LED puede brindar información
adicional sobre cualquier error que experimente el equipo.

Existen herramientas para diagnosticar placas madre que no dan señal de video. Se trata de las placas POST, que utilizan una pantalla LED o similar para mostrar el código de error que mostraría el Debug LED.

Se conectan al motherboard en un puerto PCI o PCI-e, y al encenderlas, se realiza el diagnóstico que se presenta en la pantalla de la tarjeta POST.

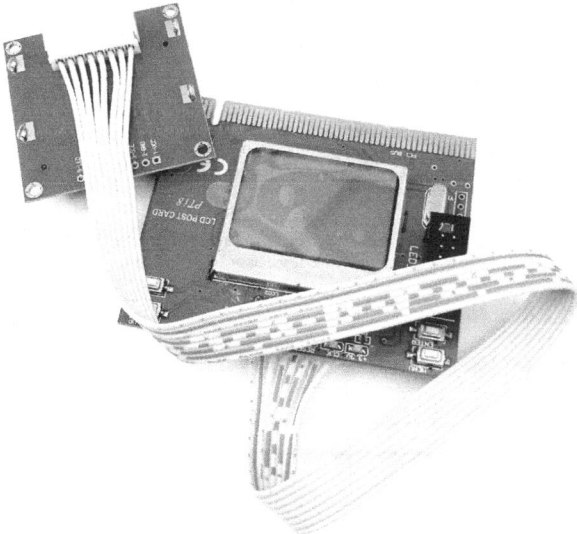

Figura 6.19. Tarjeta de diagnóstico PCI con pantalla LCD, en la que podrás ver
los diferentes códigos de error que se producen al arrancar el equipo.

TPM: (*Trusted Plataform Module*, módulo de plataforma de confianza) es un chip de criptografía para el cifrado de Windows que, en muchos equipos, está instalado pero no activado. Para poder utilizarlo, debes activarlo desde el UEFI o desde el propio sistema operativo. El chip TPM se ha convertido desde 2016 en un requisito para la fabricación de placas madre. En su versión TPM 2.0, es indispensable para la instalación de Windows 11.

Una de las principales características de su funcionamiento es que solo tiene comunicación con el procesador del equipo, por lo que ningún otro componente puede acceder a tus datos sin pasar por el procesador. Esto dificulta que un virus instalado en el disco duro pueda acceder a información criptográfica, dado que no tendrá acceso al chip.

El sistema TPM permite almacenar passwords de administrador y contraseñas de sistemas **DRM** (*Digital Rights Management*, gestión de derechos digitales) para protección de datos; cifrar carpetas, archivos y unidades; enviar mails con mayor seguridad si utilizas firma digital; y almacenar datos biométricos de inicio de sesión. Es empleado por el sistema Secure Boot, de modo que si está desactivado, no tendrás disponible la opción de activar TPM y, por ello, tampoco podrás usarlo.

6.3 CÓMO SABER SI UN EQUIPO POSEE CHIP TPM

PASO 1

Presiona las teclas **WINDOWS + R** y, en el cuadro de búsqueda, escribe **tpm.msc** y pulsa **ENTER**.

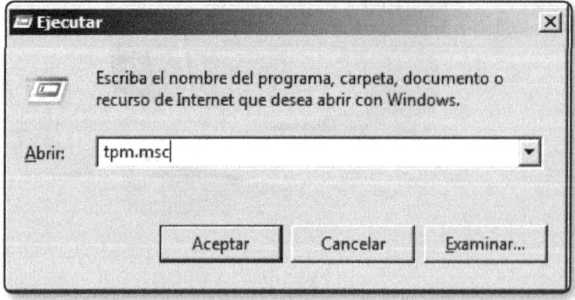

PASO 2

Si en la ventana que se abre aparece el mensaje **No se encuentra el TPM compatible**, significa que el equipo no cuenta con él.

Si se muestra el mensaje **Información sobre TPM**, quiere decir que, efectivamente, está presente. Puede encontrarse **Activado**, pero de no ser así, deberás oprimir la opción **Preparar TPM**, ubicada en la columna derecha, para activarlo.

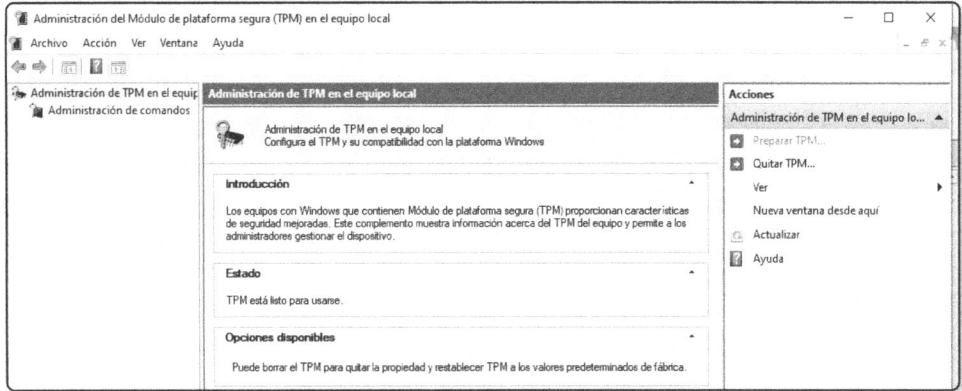

PASO 3

Otra alternativa para saber si tu equipo dispone o no de TPM es ejecutar PowerShell con permiso de Administrador y, una vez dentro, escribir el comando **get-tpm**. Se mostrará en pantalla información del chip TPM. Si el valor **TpmPresent** figura como **False**, significa que tu equipo no dispone de chip TPM.

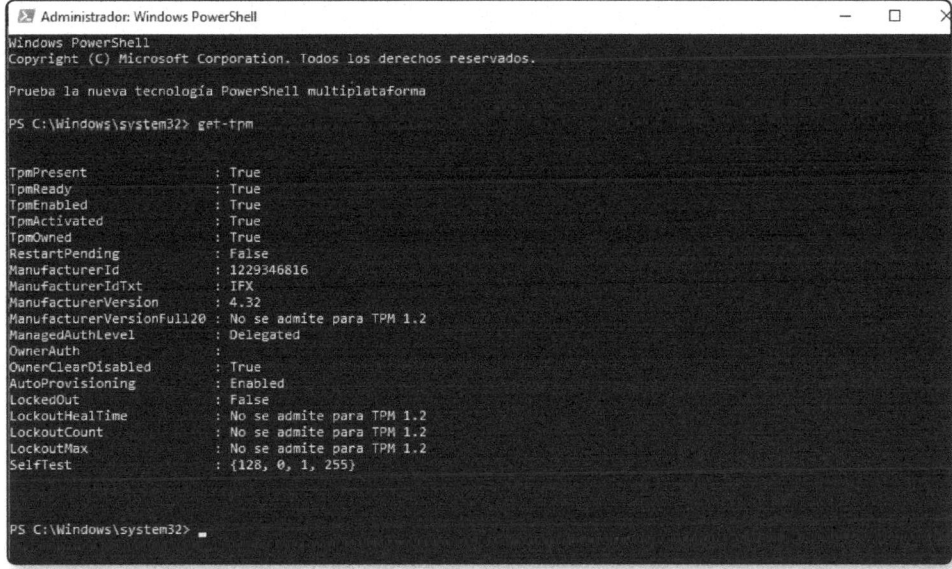

Botón para recuperación del BIOS: no es la primera vez que el BIOS de un equipo se corrompe o, intentando actualizarlo, se le aplica un firmware incorrecto, lo cual termina por hacer que el equipo quede inutilizable. Como solución, los fabricantes han ideado un par de mecanismos para regresar el motherboard a un estado funcional. El primer sistema consiste en un puerto USB a veces ubicado en el interior de la placa madre, no para uso normal, sino para conectar un pendrive que contenga una copia válida del BIOS. Otras veces se trata de un puerto USB específico en la parte trasera del equipo. Al oprimir el botón de recuperación, comienza el proceso automático que volverá a la vida el motherboard. Otro mecanismo más simple aún es el llamado BIOS-Flashback, que cada vez más fabricantes están implementando y que permite recuperar el BIOS luego de un fallo grave sin que la placa madre deba tener conectado procesador ni memoria RAM. Simplemente, debe contar con alimentación eléctrica y una memoria flash conectada en el USB para grabar el firmware en el BIOS.

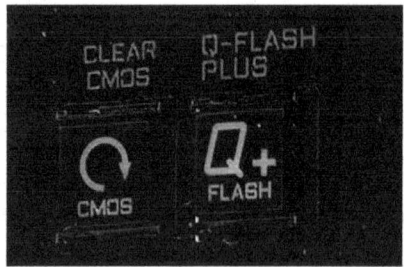

Figura 6.20. Revisa el manual de tu placa madre en busca de los métodos para restaurar el BIOS si este resulta dañado, ya que cada fabricante incorpora su propia tecnología.

WIFI 6: los motherboards de gama media y alta ofrecen WiFi 6 integrado. Brindan la posibilidad de utilizar el espectro disponible en la banda de 6 GHz a la vez que usan 2,4 GHz y 5 GHz para ofrecer hasta siete canales de 20, 40, 80, 80+80 y 160 MHz; tamaños de FTT de 256, 512, 1024, 2048; una modulación máxima de 1024-QAM, y una velocidad de datos de 600 Mbps por stream, pudiendo manejar un máximo de 10000 Mbps.

En las placas madre que incorporan esta tecnología puedes encontrar el conector enroscable para la antena WiFi.

Figura 6.21. Muchos motherboards de alta gama incorporan WiFi entre sus prestaciones, lo que te permite disponer de conectividad inalámbrica de forma nativa.

6.4 BIOS

El BIOS (*Basic Input Output System*, sistema básico de entradas y salidas) es un chip en la placa madre que contiene un firmware responsable de realizar la secuencia de inicialización, durante la cual se reconocen todos los elementos conectados al motherboard, se identifican sus características, se chequea su funcionamiento y se almacena la información de los mismos, y finalmente se cede el control al sistema de arranque. El proceso de POST no es exclusivo de los motherboards. Por ejemplo, algunas controladoras RAID o tarjetas de red también realizan su propio POST una vez que el de la placa madre finalizó el suyo, lo cual hace aún más largo el proceso de arranque; esto ocurre, por ejemplo, en placas de servidores.

Cabe destacar que la parte a la que puedes acceder para realizar cambios es lo que se conoce como **Programa de la configuración del BIOS** o **Setup del BIOS**. Por lo general, se trata de un chip del tipo EPROM (Erasable Programable ROM, ROM borrable y programable). Muchos motherboards de gama media y alta incorporan un sistema de doble chip: uno que utiliza el equipo para funcionar y otro que permite la recuperación del BIOS a sus valores de fábrica. En la actualidad puedes encontrar dos tipos de BIOS. El Legacy es el tipo de BIOS que se implementó originalmente, y que funciona mediante una interfaz de solo texto y se controla con el teclado. El UEFI posee una interfaz gráfica más amigable para el usuario, con más información y opciones, y puede manejarse mediante el uso del teclado y el mouse. Posee un sistema de inicio seguro y dispone de soporte para unidades de almacenamiento de más de 2 TB. Otras de las diferencias que implementa UEFI es que puede conectarse directamente a Internet para actualizarse. El arranque UEFI es más rápido que con Legacy, y dispone de una capa adicional de seguridad conocida como Secure Boot que impide ejecutar un sistema operativo sin autenticación, lo que evita la ejecución de bootkits.

Los BIOS actuales incorporan funciones como gestión de líneas PCI-e, perfiles de la memoria RAM, modos de overclocking, así como activación y desactivación de núcleos.

6.4.1 Actualización del BIOS

En ciertas situaciones deberás actualizar el firmware del BIOS del equipo, ya sea para instalar una versión más nueva que añada mejoras al existente, o porque se haya corrompido el existente y haya provocado fallas. Para esto, en la web oficial de cada fabricante se ofrece el archivo correspondiente para cada marca y modelo. Es vital que respetes estos datos, dado que una actualización con un firmware incorrecto podría dejar tu motherboard inservible.

Figura 6.22. Los nuevos BIOS UEFI ofrecen una interfaz gráfica manejable con el mouse, a diferencia de los BIOS Legacy, que trabajaban en modo texto y requerían el uso del teclado para cambiar sus valores.

PASO 1

Averigua la marca y modelo de tu placa madre; para hacerlo, puedes basarte en programas de diagnóstico como CPU-z, donde en el apartado **motherboard** podrás obtener esta información.

PASO 2

Entra en la página oficial y busca el firmware de tu motherboard; recuerda que debe ser exactamente el del mismo modelo que utilizas. En algunas placas puede ser un archivo ejecutable bajo Windows; en otros tipos de placa deberás descomprimir el archivo bajado y ponerlo en una memoria flash.

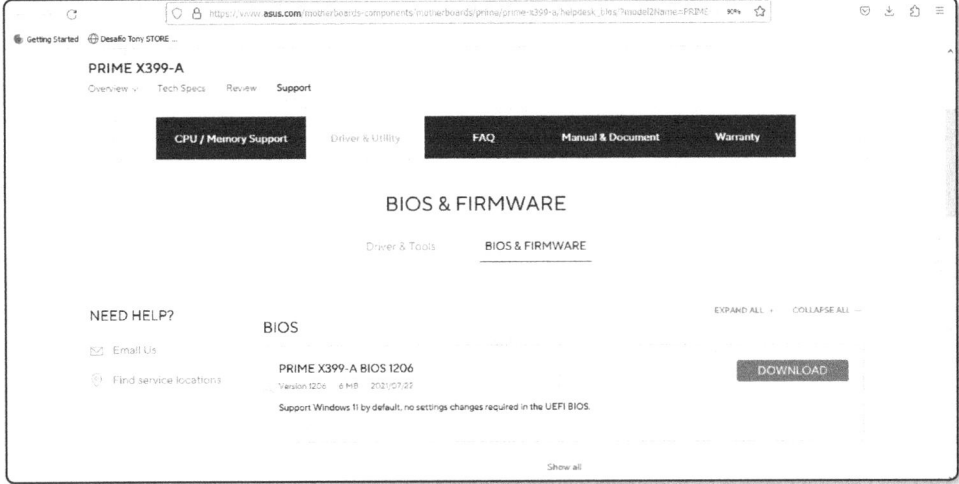

PASO 3

Ejecuta el instalador del nuevo firmware. Presta atención a que no haya mensajes de error; si esto llega a ocurrir, no comiences el proceso o podrías dejar inservible la placa madre.

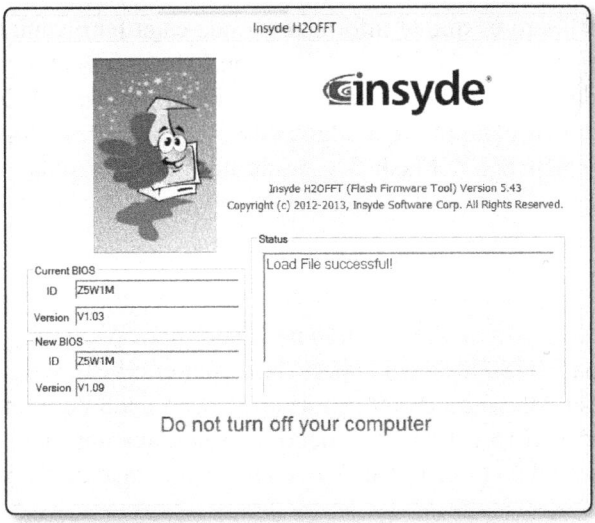

PASO 4

Sigue los pasos que te indicará el instalador, que suelen variar dependiendo de la marca y el modelo del motherboard. Es vital que en ningún momento apagues el equipo durante el proceso. Al finalizar, verás que tu equipo se reinicia automáticamente.

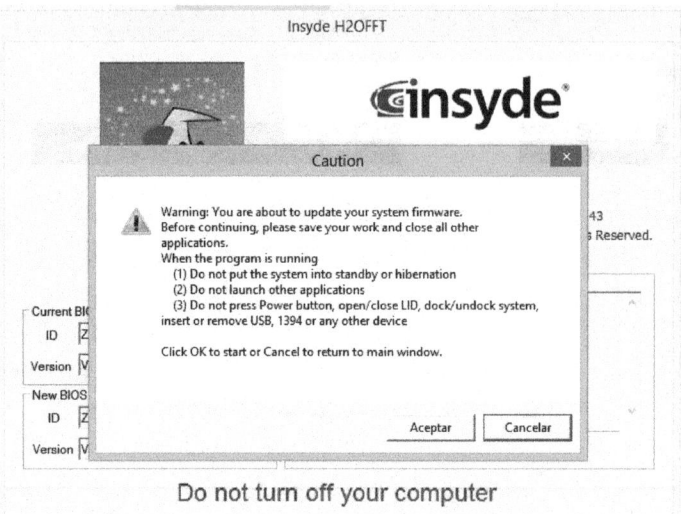

6.4.2 Recuperación de fallas de BIOS

En algunas ocasiones puedes encontrarte con una falla grave en el BIOS/UEFI que impida que el equipo inicie, por lo que deberás reemplazarlo por una copia sana. Lo primero es que te informes, ya que cada fabricante tiene su método específico. Por ejemplo, en las placas ASUS con la tecnología **CrashFree BIOS 3**, solo debes introducir el DVD que viene con la placa o grabar el ROM del firmware en un USB. Al iniciar el equipo con alguna de estas opciones, el sistema ejecutará automáticamente **ASUS EZ Flash 3** y desde allí podrás instalar manualmente el nuevo firmware.

PASO 1

Si el archivo de firmware no trae instalador para Windows y la placa madre tiene la tecnología BIOS Flashback, debes descargar el firmware de la página oficial y descomprimir su contenido en un pendrive (dependiendo de la marca, debe estar formateado como FAT16 o FAT32). Luego, con la placa apagada, conéctalo en el USB indicado para tal fin (consulta cuál es en la documentación de la placa). Oprime el botón de **BIOS flashback** y espera a que se apaguen su led; entonces el proceso habrá finalizado.

PASO 2

En algunos UEFI tienes la opción de **Actualizar** el firmware seleccionando el archivo descargado y esperando a que finalice el proceso. También en algunos equipos tienes la opción de que se actualice en forma automática desde Internet.

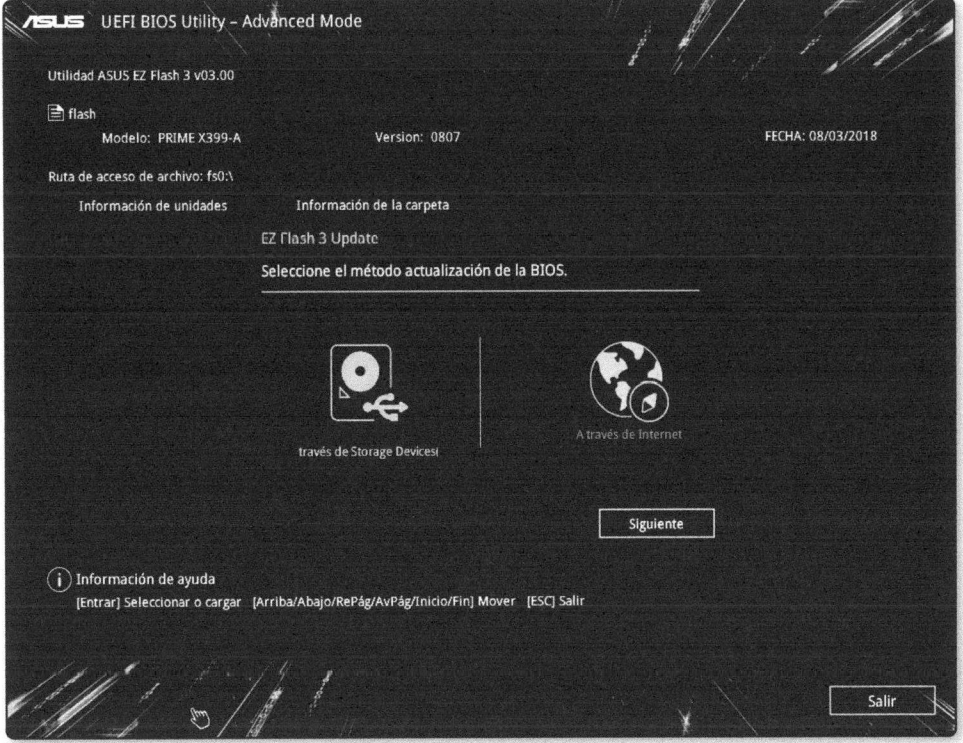

6.5 ACTIVIDADES

A continuación verás las preguntas y los ejercicios que deberías saber responder y resolver para considerar aprendido el capítulo.

6.5.1 Test de autoevaluación

1. *¿Qué diferencia tiene conectar el fan del procesador en CPU_FAN1 o en CHA_FAN1?*

2. *¿Qué función cumple el POST en el equipo? ¿Existe más de un tipo?*

3. *¿Qué diferencia hay entre un puerto USB negro y uno azul?*

4. *¿Qué significa que el Debug LED reporte un código FF?*

5. *¿Qué implica que el TPM solo tenga comunicación con el procesador?*

6.5.2 Ejercicios prácticos

1. *Realiza una inspección visual de los conectores internos de la placa madre de tu equipo; toma nota de ellos y coteja la información con el manual.*

2. *Revisa si tu equipo cuenta con módulo TPM y chequea si se encuentra activado.*

7

REPARACIÓN

Por razones de practicidad, costos y, muchas veces, para asegurar que el equipo sea estable y no presente problemas ante una rotura en la placa madre, esta suele sustituirse por otra nueva con el objetivo de que la PC vuelva a estar operativa en poco tiempo. Sin embargo, como sucede con todo aparato electrónico, el motherboard puede repararse si tienes los conocimientos y cuentas con los equipos necesarios.

7.1 REPARACIÓN DE PLACAS MADRE

Para realizar un diagnóstico correcto, primero debes conocer los componentes electrónicos que se ven involucrados en el funcionamiento de la placa madre y la función de cada uno de ellos dentro del circuito.

Debido a que el estudio de la electrónica es un campo muy amplio, en esta obra solo daremos nociones elementales que permitan efectuar reparaciones puntuales, pero podrás encontrar material mucho más específico en otras colecciones USERS para complementar tu aprendizaje: **Técnico en Electrónica** y **Electrónica Digital**.

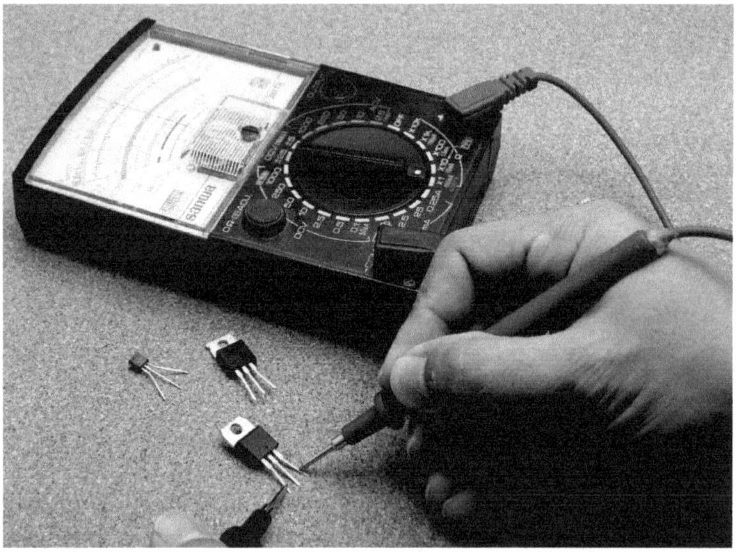

Figura 7.1. Al conocer cómo funciona la electrónica de un motherboard, podrás adentrarte en reparaciones cada vez más complejas.

7.1.1 Nociones de electrónica

Lo que normalmente se define como electricidad es, simplemente, el flujo de electrones a través de un conductor, como puede ser un cable o la pista de un PCB en una placa madre. Este movimiento de electrones se denomina corriente eléctrica y, dependiendo de sus características, puede ser continua, llamada también corriente directa (CC y DC respectivamente) o alterna (CA, también llamada AC). Este último tipo es el que suministra la compañía eléctrica. En la corriente alterna, la polaridad varía cada cierto período de tiempo, conocido como ciclo y medido en Hertz. Dependiendo del país donde te encuentres, puede ser de 50 Hz o ciclos por segundo, lo que significa que 50 veces por segundo los polos negativo y positivo se invierten. Por otra parte, la corriente continua es como la que puedes encontrar en una batería, ya que el flujo de electrones siempre sigue el mismo sentido, de modo que hay un punto que siempre será positivo y otro que siempre será negativo.

Otro término que seguramente has escuchado es la tensión, que no es otra cosa que el propio voltaje medido en Volts (V). Para la corriente alterna suministrada por la compañía eléctrica, suele ser de 220 o 110 V. En el caso de la corriente continua utilizada por la placa madre, suele variar dependiendo del circuito en cuestión, pero como voltaje máximo, la fuente de poder entrega 12 V, y la placa madre dispone de circuitos que van disminuyendo ese voltaje hasta los valores necesarios por cada etapa.

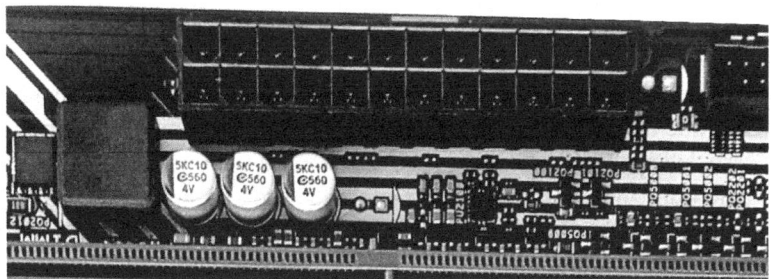

Figura 7.2. El voltaje de corriente continua para el motherboard es
suministrado por la fuente ATX mediante el conector de 24 pines.

Otro concepto importante es la intensidad de la corriente eléctrica (I), que hace referencia a la cantidad de carga eléctrica que atraviesa un conductor en un tiempo determinado. Su unidad de medida es el **Amper** o Amperio (A), y como unidad de submedida se encuentra el miliamper (mA); 1000 miliamperes forman un Amper. Este dato es muy común que se encuentre referenciado en fuentes de poder como las utilizadas para alimentar el motherboard, y es vital para evitar problemas, ya que la fuente de alimentación debe ser capaz de proporcionar más potencia de la que requiere un ordenador para funcionar; en caso contrario, se provocarán fallas.

En cuanto a la resistencia eléctrica, hace referencia, justamente, a la resistencia que presenta un conductor (como un trozo de cable, por ejemplo) al paso de la corriente. La unidad para medirla es el Ohm, representado con la letra griega Omega (Ω).

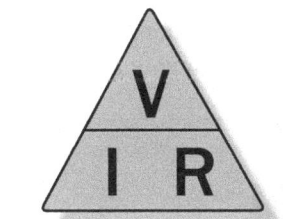

Voltaje = Intensidad x Resistencia

Intensidad = Voltaje / Resistencia

Resistencia = Voltaje / Intensidad

Figura 7.3. La pirámide de Ohm permite realizar cálculos con el voltaje, la resistencia y la intensidad.

Para efectuar cálculos en electrónica, puedes utilizar la **Ley de Ohm**, que permite conocer el voltaje, la resistencia y el amperaje partiendo de saber previamente dos de esos valores. La Ley de Ohm se representa como una pirámide en la que puedes elegir el valor que deseas calcular y, observando los restantes, verás si se dividen o multiplican. En la parte superior de la pirámide de Ohm está el voltaje; en la parte inferior, la resistencia; y en otra casilla, la intensidad (o amperaje). Para calcular el voltaje que tiene un circuito, deberás multiplicar la resistencia por el amperaje. Si deseas saber la resistencia, tendrás que dividir el voltaje sobre la intensidad. Y para conocer la intensidad, dividirás el voltaje sobre la resistencia.

Finalmente, hay otro concepto que debes conocer y es la masa, chasis, ground, GND o tierra, que utilizarás para medir el polo negativo. Hace referencia al punto de potencial cero de la propia tierra, donde se supone que se conectan los equipamientos eléctricos para que, ante un cortocircuito, efectúen esa descarga a tierra y no dañen a nadie. En la placa madre, existen varios puntos que puedes utilizar para medir el polo negativo de la corriente directa, por ejemplo, la parte metálica de cualquiera de los puertos (USB, VGA, HDMI, Ethernet, etc.). Todos ellos están conectados a la misma línea de tierra, al igual que todo punto donde se conecte un cable negro de la fuente de alimentación. Es lo mismo el lugar donde pongas el puntero negro del multímetro, todas las líneas de tierra están interconectadas.

7.1.2 Uso del multímetro

Para conocer los diferentes valores que maneja cada elemento electrónico, deberás valerte de una herramienta conocida como **multímetro**, que consta de una pantalla de visualización (algunos modelos viejos utilizaban una aguja para mostrar los valores), una perilla selectora para indicar qué deseas medir exactamente y su escala (no es lo mismo tratar de medir un voltaje de 12 V que uno de 220 V) y un par de cables con puntas de medición que deben conectarse al multímetro y con los cuales harás contacto en los puntos donde desees obtener una lectura. El cable negro va conectado a la ranura con la palabra **COM**, y el cable rojo, en la que tiene un signo de **Voltaje**, **Ohm** y **mA**.

Si bien los multímetros pueden variar sus funciones dependiendo de la marca y modelo, todos incluirán las opciones que se muestran en la siguiente imagen:

1. En la escala de **Ohm** puedes medir resistencias. La escala mínima suele ser de 200 Ohm y suele multiplicarse por 10 en cada nueva escala que utilices. Siempre que midas algo, debes hacerlo en la escala superior inmediata. Por ejemplo, si quieres medir una resistencia de 210 Ohm, utiliza la escala de 2K, y así sucesivamente.

2. La escala de **V** con una raya continua y otra entrecortada debajo indica que permite medir voltaje continuo, como el encontrado en un motherboard luego de la fuente de poder. En esta escala de medición no puedes medir la energía suministrada por la compañía eléctrica o dañarás el multímetro.

3. La escala representada por la **V** y una onda sinodal indica que se usa para medir el voltaje entregado por la compañía eléctrica. Según el país donde vivas, puede ser de 220 o 110 V. En el primer caso, debes setear el multímetro para la escala de 600 V, mientras que en el segundo puedes utilizar la escala de 200. Recuerda que la escala que elijas tiene que ser siempre superior a lo que pretendes medir, sobre todo, en este tipo de voltajes.

   Aunque estés midiendo voltaje entregado por la compañía eléctrica, los multímetros no están diseñados para medir alto voltaje; el hecho de hacerlo podría producir un accidente, de modo que utilízalo siempre dentro de los parámetros del fabricante.

4. La escala con una **A** y una línea continua y otra punteada debajo se usa para medir Amperes de corriente continua, en otras palabras, el consumo de un circuito. Dependiendo del componente con el que trabajes, son consumos de pocos miliamperes hasta varios.

5. La escala **hFE** permite medir transistores, pero no del tipo que se utiliza en las placas madre actuales, así que no lo usarás.

6. La escala con algo similar a una onda sonora es para medir continuidad, ya que algunos modelos de multímetro producen un sonido cuando mides algo que presenta continuidad, como puede ser un trozo de cable. La usarás también para medir diodos y transistores.

7.2 COMPONENTES ELECTRÓNICOS

Como comentamos en capítulos anteriores, existen dos tipos de componentes en una placa madre: los SMD o de montaje superficial, y los through hole o de agujero pasante. Una de las principales ventajas de utilizar componentes SMD para la elaboración de circuitos electrónicos es que tienen un tamaño mucho menor que sus contrapartes convencionales de agujero pasante. La desventaja al momento de realizar una reparación es que, para un principiante, suele ser un poco más complicado reemplazar componentes tan pequeños, pero nada que no logres dominar con la práctica.

Figura 7.4. Los componentes electrónicos convencionales o de agujero pasante sobresalen por el otro lado del PCB (izquierda), en tanto que los SMD ocupan solo una cara de la placa (derecha).

Inicialmente, las placas madre utilizaban pocos o ningún componente SMD, mientras que en la actualidad encontrarás muy pocos equipos que no tengan casi todos sus componentes de este tipo.

Los componentes SMD se presentan en una variedad de encapsulados de diversos tamaños, por ejemplo: 1812, 1206, 0805, 0603, 0402 y 0201. Estas medidas indican el tamaño del componente expresado en décimas de pulgada. A modo de ejemplo, el 1206 mide 0,12 por 0,06 pulgadas, lo que equivaldría a 3 mm x 1,5 mm.

Los componentes SMD traen impreso en su encapsulado un código que indica sus valores y características. Para conocerlos, debes buscar en Internet los datos proporcionados por el fabricante, esto es, un documento conocido como **datasheet** u hoja de datos (**Figura 7.5.**).

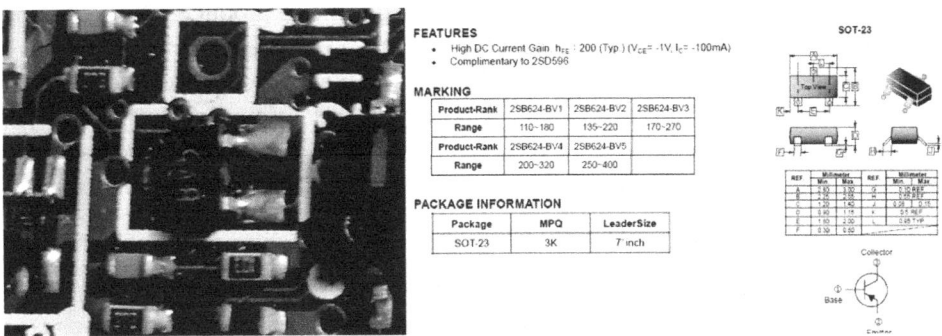

Figura 7.5. Para comprender cómo funciona cada componente, sus valores de referencia y los posibles reemplazos, debes conseguir el datasheet.

7.2.1 Reconocimiento de componentes

Para comprender de qué manera funciona un circuito electrónico, primero tienes que poder diferenciar cada componente y saber qué función cumple en la placa.

Los componentes SMD pueden tener dos terminales, como las resistencias y los condensadores; tres terminales, como los transistores; o cuatro o más terminales, como los componentes DIL (dual-in-line), Quad-in-line y los grid arrays. Estos últimos incluyen los del tipo **PGA** (*Pin Grid Array*, matriz de rejilla de pines) y **BGA** (*Ball Grid Array*, matriz de rejilla de bolas), usados en procesadores, BIOS y chipsets.

Resistencias: se las conoce también como resistores y su función, justamente, es resistirse al paso de la corriente eléctrica en el circuito, ocasionando de esta forma una bajada del voltaje de esa línea. La unidad de medida de la resistencia es el Ohm; cuando se hace referencia a un valor de 1.000 Ohms se lo denomina 1 Kilo Ohm o 1K, y así de la misma manera con los valores que superen los mil Ohm (2,2 K, 5 K, etc.).

Para medir las resistencias se usa el multímetro en la escala de medición de Ohms y en el valor adecuado para cada tipo de resistencia. Si no sabes su valor, entonces puedes setear el multímetro en la escala más baja de Ohm, y si no obtienes lecturas, ir subiendo de una en una siempre dentro de esa escala. Para realizar la medición, solo debes tocar con la punta roja una terminal de la resistencia y con la negra la otra. Dado que este componente no tiene polaridad, no importa en cuál realices la medición.

En este elemento, el multímetro mide la caída que produce el paso de una corriente eléctrica por la resistencia, para determinar su valor real. Si este valor difiere mucho del que se supone que viene de fábrica o no marca lectura, entonces quiere decir que el componente está fallando. Un dato importante: todas las resistencias tienen una tolerancia en sus valores, que puede variar dependiendo del tipo de que se trate. Por lo tanto, no esperes encontrar un valor exacto en la lectura del multímetro.

Figura 7.6. Las resistencias SMD son componentes muy comunes en las placas madre, y puedes encontrarlas en diferentes encapsulados.

7.2.2 Cómo medir resistencias

PASO 1

Coloca el multímetro en medición de resistencias en la escala de Ohm que más se ajuste al elemento que deseas medir. Si no conoces su valor, comienza por el más bajo que el multímetro pueda leer, y si no obtienes lectura, ve subiendo gradualmente hasta lograrlo.

Si no obtienes lectura en ninguna escala de Ohm, significa que la resistencia está dañada y deberás reemplazarla.

PASO 2

Pon una punta de prueba en cada terminal de la resistencia asegurándote que hagan contacto en su parte metálica. El valor de la resistencia debe aparecer en la pantalla del multímetro.

Capacitores: este tipo de componente, también llamado condensador, se caracteriza por almacenar una carga eléctrica en su interior cuando circula una corriente. Se los utiliza para estabilizar la energía entregada a componentes que requieran un voltaje muy específico para su funcionamiento, como el procesador. El más usado en placas madre es el condensador cerámico, pero también existen electrolíticos y de tantalio.

Algunos tipos de condensador tienen polaridad y presentan una marca indicando, en algunos casos, la terminal negativa, y en otros, la positiva; debes tenerlo en cuenta para no provocar daños. Otros condensadores, como los cerámicos, no tiene polaridad, y entonces puedes soldarlos sin problemas. La unidad de valor de los condensadores es el faradio, aunque en esta clase de componentes se emplean escalas muy bajas: para los de cerámica o tantalio, los picofaradios (trillonésima parte del faradio), y para los de aluminio, los microfaradios (millonésima parte del faradio).

Figura 7.7. Los tres primeros son condensadores cerámicos, el segundo es del tipo electrolítico y los dos últimos son condensadores de tantalio.

Los capacitores suelen tener impresos tres números: los dos primeros indican el valor del elemento, y el último es un multiplicador; al igual que en las resistencias, la letra R impresa señala una coma decimal.

7.2.3 Cómo medir capacitores

PASO 1

Coloca el multímetro en medición de continuidad. Toca con las puntas las terminales del capacitor; esto te indicará si está en cortocircuito o no. En un capacitor sano, no deberías encontrar continuidad.

Bobinas: este componente puede almacenar energía pero en forma de campo magnético; también se lo conoce como inductor. En su interior tiene un bobinado de alambre que puede tener un material en el centro denominado núcleo, en cuyo caso se los conoce como bobinas con núcleo (como las bobinas con núcleo de ferrita). Los que no lo tienen son sin núcleo o con núcleo de aire (**Figura 7.8.**).

Figura 7.8. Las bobinas o inductores presentan una variedad de formatos. En algunos casos, el motherboard tendrá impresa la letra L para indicar que se trata de una bobina.

Este componente puede tener varias presentaciones: algunos muestran el propio bobinado, y otros están dentro de un encapsulado similar a resistencias o condensadores electrolíticos.

La unidad de medida es el Henrio y se representa en esquemas con la letra L.

Las bobinas pueden medirse utilizando el multímetro en continuidad y tocando con las puntas de prueba ambas terminales.

Dado que, básicamente, la bobina es un alambre enrollado, debería mostrar continuidad si está sana; de no ser así, estarás ante una bobina rota que tendrás que reemplazar.

7.2.4 Cómo medir bobinas

A continuación verás los pasos que debes seguir para realizar la medición de las bobinas.

PASO 1

Pon el multímetro en medición de continuidad.

PASO 2

Ubica un puntero del multímetro en cada terminal de la bobina; si está sana, deberá marcar continuidad.

Diodos: este componente se caracteriza por permitir el paso de la corriente en un solo sentido, y evitar que fluya en sentido inverso. Esto se conoce como polarización directa e inversa, respectivamente. Consta de dos terminales, ánodo y cátodo. Un diodo está polarizado en directo cuando el cable positivo está conectado al ánodo y el cable negativo está conectado al cátodo.

Figura 7.9. Los diodos son componentes que evitan que la corriente fluya en sentido contrario. En la imagen se observan varios encapsulados de diodos diferentes; el rojo es un diodo del tipo zener.

Estos componentes suelen tener impreso un símbolo identificando al cátodo, para que puedas soldarlos correctamente en la placa madre. Se los utiliza para proteger etapas del circuito en las que, si la energía fluyera en sentido inverso, dañaría otros elementos. Cada diodo que utilice un circuito presenta un consumo de unos 0,7 V o 0,2 V, dependiendo del tipo de diodo utilizado.

Algunos encapsulados incorporan más de un diodo en su interior, por lo que puedes encontrar diodos de tres o más terminales, que es posible confundir con transistores u otros integrados.

Estos componentes suelen dañarse evitando que la corriente fluya en cualquier sentido, por lo que el circuito se interrumpiría.

7.2.5 Cómo medir diodos

PASO 1

Pon el multímetro en medición de continuidad.

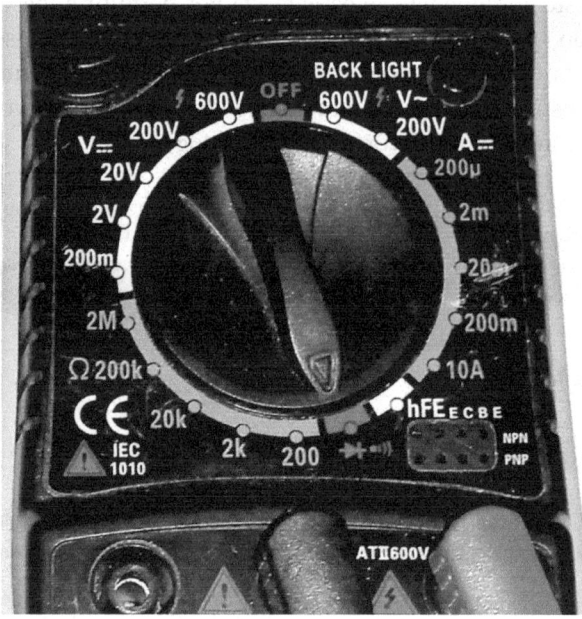

PASO 2

Toca con las puntas del multímetro los terminales del diodo. Ubica la punta negra en el cátodo (la parte con la marca en el diodo), y la roja en el ánodo. Deberías ver una lectura en el multímetro indicando que la corriente está circulando, dado que estaría directamente polarizado.

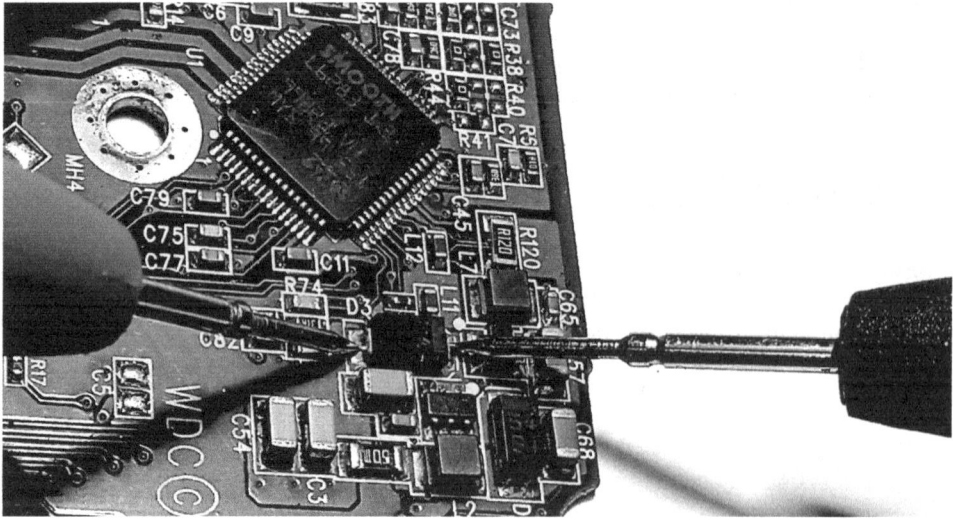

PASO 3

Invierte la posición de las puntas de medición del multímetro. En un diodo sano, no deberías obtener lectura, ya que estarías polarizando inversamente y debería bloquear el paso de la corriente en esa dirección.

Transistores: se los conoce también como bipolares, ya que se componen de dos materiales, uno clase P y otro clase N, ubicados alternadamente para formar transistores del tipo PNP y NPN. Tienen tres terminales, lo cual hace posible soldarlos en una sola posición. Estas terminales son conocidas como colector, emisor y base.

Los transistores utilizan un código de dos o tres caracteres alfanuméricos para identificarlos, que deberás buscar en Internet para obtener más detalles.

La función que cumplen en la electrónica de una placa madre es similar a la de un interruptor eléctrico, dado que permiten o no el paso de la corriente si se cumple cierta condición interna. Para los transistores del tipo NPN, el voltaje de la terminal emisor debe ser más negativo que el encontrado en la terminal de base; entonces, internamente se cierra entre colector y emisor funcionando como si se tratase de un cable. En los PNP, la terminal de emisor debe ser más positiva que la base para permitir que la corriente circule entre emisor y colector. En el esquema del circuito se alimenta o no a la base para poder determinar qué estado presentará el transistor.

Figura 7.10. Los transistores suelen encontrarse en encapsulados de tres terminales. También hay integrados que contienen más de transistor y algunas de sus terminales sean compartidas.

7.2.6 Cómo medir transistores

PASO 1

Para medir correctamente el transistor debes quitarlo de la placa, porque de lo contrario, la lectura será errónea. Para hacerlo, vas a utilizar la estación de soldar (más adelante en esta obra verás cómo hacerlo).

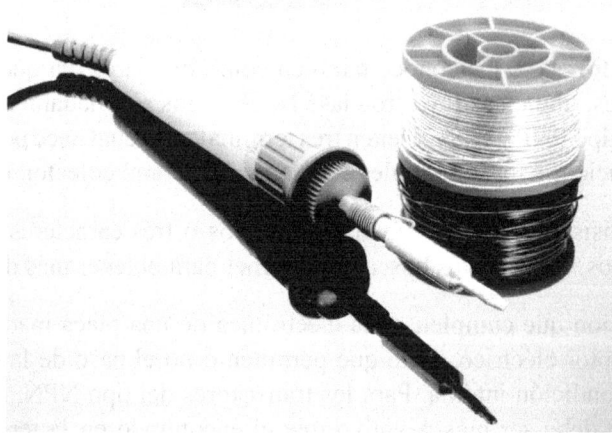

PASO 2

Busca en Internet el datasheet del componente, donde verás cuál es cada terminal (emisor, colector y base). Puedes pegar el componente en un trozo de papel y escribir en cada terminal su nombre para que te resulte más fácil realizar las mediciones; utiliza un trozo de cinta adhesiva para que no se mueva al usar el multímetro.

PASO 3

Configura el multímetro para medición de diodos. Pon la punta roja en la base y la negra en el colector. Si el componente está sano, deberías obtener una resistencia alta.

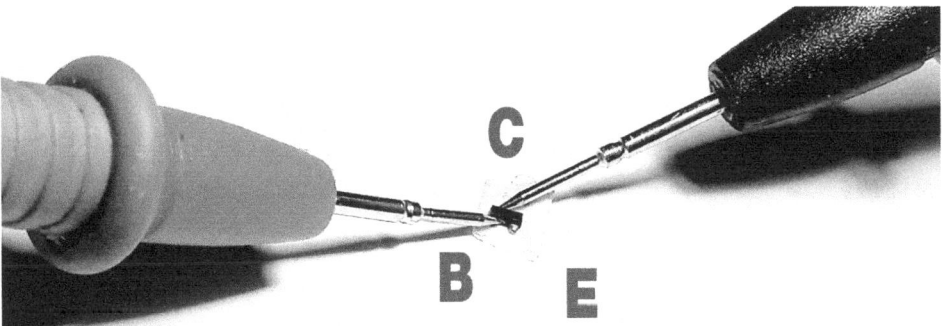

PASO 4

Coloca la punta roja en la base y la negra en el emisor; ahora deberías tener una lectura alta.

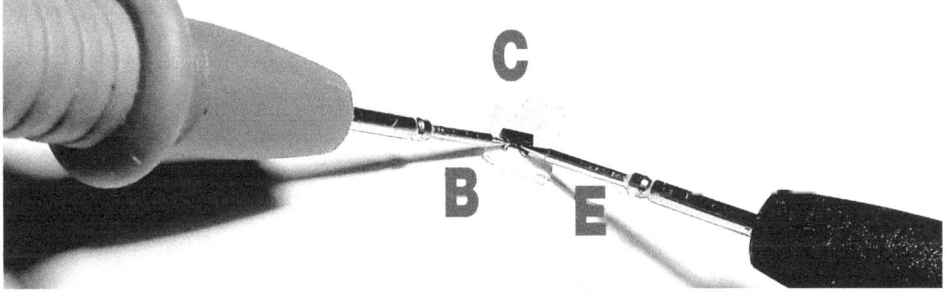

PASO 5

Toca con la punta negra en la base y con la roja en el colector; deberías obtener una resistencia baja.

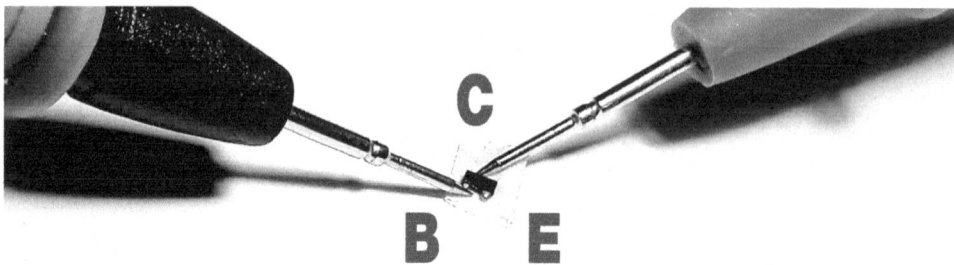

PASO 6

Pon el puntero negro en la base y el rojo en el emisor; la resistencia debería ser baja.

PASO 7

Finalmente, toca con el puntero rojo en el colector y con el negro en el emisor. Esto dará una resistencia alta, de la misma forma que lo hará poniendo el negro en el colector y el rojo en el emisor.

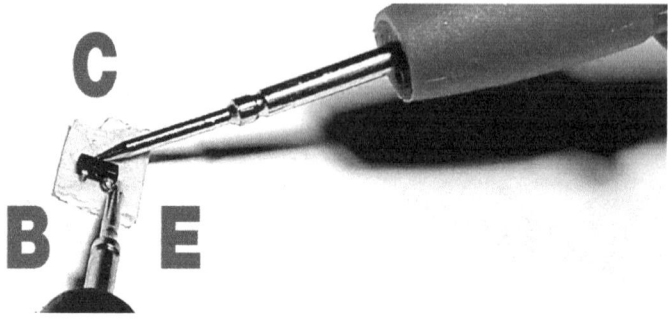

Mosfets: su nombre significa *Metal Oxide Semiconductor Field Effect Transistor*, transistor de efecto de campo metal-óxido semiconductor). Son transistores de tres terminales, aunque hay de ocho con más de un mosfet integrado, por lo que el funcionamiento sigue siendo el mismo. Las terminales se llaman drain (drenador), gate (puerta) y source (fuente). Existen de dos tipos, de canal P y de canal N.

Estos componentes también funcionan como un interruptor electrónico. Para los de canal N, el terminal de source debe ser más negativo que gate. En ese momento, drain y source se cierran y funcionan como un cable que conduce la corriente entre ambas terminales. En el caso de los de canal P, el terminal de source debe ser más positivo para que se cierren drain y source, y funcionen como un cable conductor.

Figura 7.11. Los mosfets puedes encontrarse en encapsulados de tres terminales o de ocho.

7.2.7 Cómo medir mosfets

PASO 1

Busca el componente en Internet y consigue su datasheet. Esto te ayudará a saber cuál es cada una de las terminales.

Con el multímetro en escala de medición de diodos, toca la terminal de source con la punta negra del multímetro, y con la roja toca el gate durante un instante. Con esto estarás cargando la capacitancia del mosfet lo que hará que entre en estado de conducción.

PASO 2

Ahora toca con la punta roja el drain mientras mantienes la negra en source. Verás una lectura en el multímetro, porque el mosfet está en el modo de conducción de corriente.

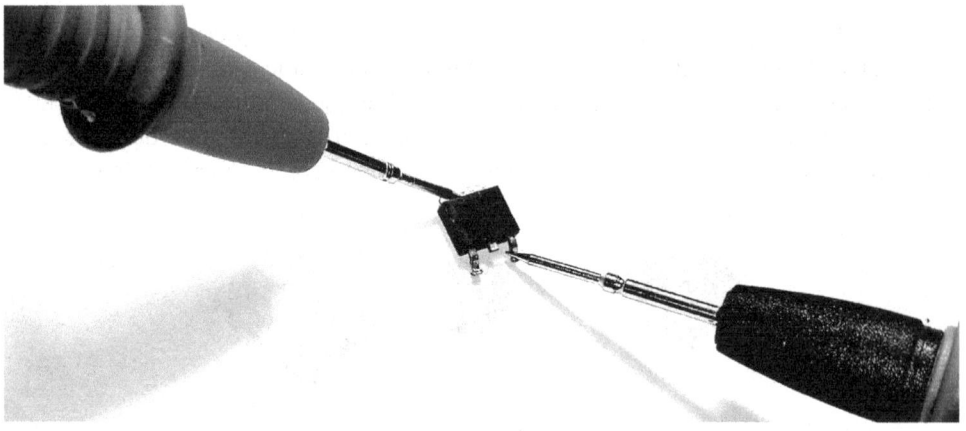

PASO 3

Para hacer que el mosfet deje de conducir electricidad entre sus terminales, debes hacer un puente entre gate y source, que hará que el componente se descargue y deje de conducir si está sano. Para esto puedes utilizar un trocito de cable o incluso tu propio dedo; también puedes lograrlo poniendo la punta negra en gate y la roja en source un instante. Si repites la lectura del paso anterior, verás que obtienes un valor cero.

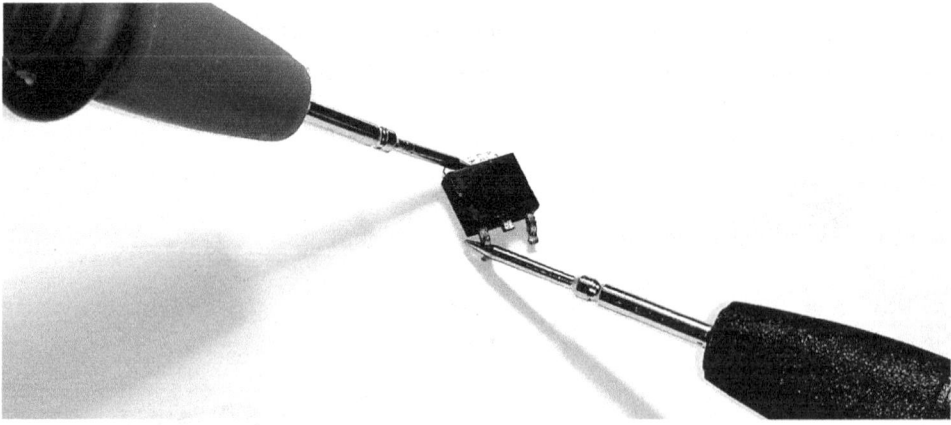

7.3 ACTIVIDADES

A continuación verás las preguntas y los ejercicios que deberías saber responder y resolver para considerar aprendido el capítulo.

7.3.1 Test de autoevaluación

1. ¿Qué escala del multímetro debes utilizar para medir una resistencia de 220 Ohms?

2. Si mides la resistencia de un capacitor cerámico y encuentras continuidad, ¿qué significa?

3. ¿Qué significa que un diodo esté polarizado inverso?

4. Si en un transistor tipo NPN el emisor tiene más voltaje que la base, ¿qué ocurre con sus terminales?

5. ¿Cómo funciona un mosfet tipo P?

7.3.2 Ejercicios prácticos

1. Busca placas de chatarra e intenta identificar los distintos componentes que tengan.

2. Utiliza el multímetro para realizar las mediciones en cada componente.

3. Realiza mediciones en distintos puntos de masa de la placa respecto a las terminales de los componentes.

8

REPARACIÓN ELECTRÓNICA

En la reparación de una placa madre a nivel electrónico deberás ser capaz de remover componentes SMD y reemplazarlos sin dañar los que los rodean. Para hacerlo, tendrás que valerte de una estación de soldar, y la experiencia que obtengas con ella será vital para poder realizar cualquier reparación, por pequeña que sea.

8.1 ESTACIÓN DE SOLDAR

Las estaciones de soldar integran dos elementos: el soldador de lápiz o **cautín**, también llamado coloquialmente soldador de estaño; y la **pistola de aire**. Aunque ambos tienen una forma similar, el método por el cual trabajan es muy diferente. El cautín basa su funcionamiento en una resistencia eléctrica que, al permitir el paso de la corriente, se calienta y transfiere su calor a una barra con punta metálica que se adapta al tipo de trabajo. Hay puntas intercambiables finas y otras planas para desoldar diferentes tipos de componentes, los cuales deberás tocar para derretir el estaño que los une al PCB. En las llamadas pistolas de aire no hay contacto físico con el elemento, sino que el proceso de soldadura se realiza disparando un chorro de aire caliente sobre él.

En este caso, también existen puntas intercambiables para poder utilizar un chorro de aire más fino que afecte las terminales de un componente pequeño, o una punta más ancha para componentes con varias terminales.

En las estaciones de soldar es posible regular la temperatura y el flujo de aire que se emite. En algunos modelos de gama más alta puedes también controlar la temperatura del cautín.

Figura 8.1. Es indispensable conseguir chatarra electrónica para realizar prácticas
de soldadura antes de comenzar a trabajar con equipos en uso.

Si estás pensando en comprar una estación de soldar, puedes encontrar en el
mercado diversas calidades y tipos.

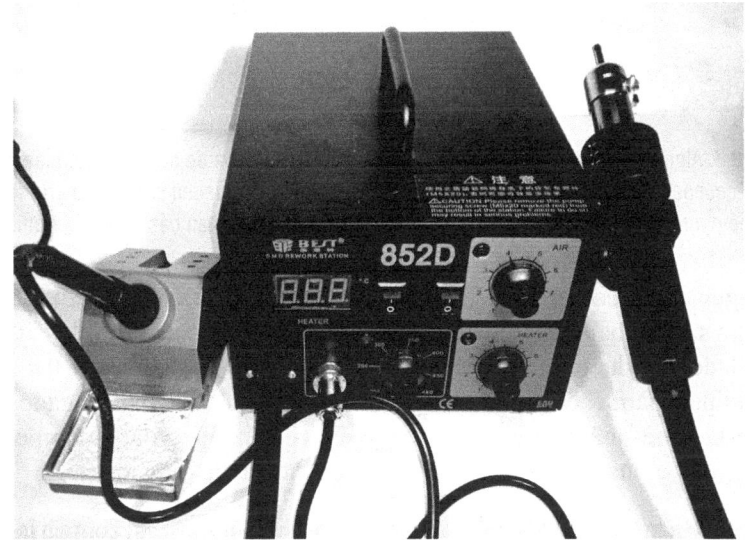

Figura 8.2. La estación de soldar es una herramienta muy utilizada en reparaciones.
Es vital que logres dominar sus técnicas como todo un experto.

Principalmente, ten en cuenta que las pistolas de aire manejan dos tecnologías. Unas emplean una bomba de aire que empuja el aire caliente por una manguera hasta la boquilla de salida con forma de lápiz, que utilizarás para soldar. Las otras disponen, simplemente, de un cable para alimentarlas que se conecta a la estación de soldar, y tanto el calentador como la bomba de aire están en el propio lápiz de tu mano. La diferencia entre ambas es que, en las primeras, si la manguera se estrangula o se corta, perderás flujo de aire y ya no podrás utilizar el equipo, mientras que las segundas son más costosas.

Junto con la estación de soldar, suelen venir puntas de recambio para la pistola de aire, y dependiendo de la marca y la calidad del equipo, tal vez también se incluyan diversas puntas para el soldador de cautín. De no ser así, puedes adquirir estas últimas en tiendas de electrónica. Por lo general, estas puntas se intercambian mediante un tornillo; revisa el manual de tu estación para informarte acerca de la forma correcta de hacerlo.

Figura 8.3. Algunas reparaciones requieren cierto tipo de boquilla de aire caliente más grande *o más pequeña; lo mismo vale para las puntas del cautín, que pueden ser finas o gruesas, así* como puntas planas. Puedes ir adquiriendo nuevos accesorios en casas de electrónica.

Algunas marcas utilizan un potenciómetro (perilla regulable) o un par de botones para subir y bajar la temperatura del aire, que suele alcanzar los 500 grados; y otro regulador similar para controlar el flujo de aire, que puede ser de 0 a 100 %. En algunos equipos, para el cautín solo hay un botón de encendido y apagado, mientras que otras estaciones más profesionales también permiten regular la temperatura del cautín. Consulta el manual de tu estación para conocer sus funciones.

Debido a la variedad de marcas y modelos disponibles, así como a las diversas calidades de las estaciones de soldar, los parámetros de flujo de aire y temperatura serán diferentes, pero por lo general, dependiendo del componente, la pistola de aire suele usarse entre 280 y 400 grados y con un flujo de aire del 50% o más. En algunos trabajos puntuales es posible que debas exigir un poco más a tu estación. Si revisas la documentación correspondiente, verás que muchas marcas recomiendan no utilizar el equipo por más de 20 minutos con un flujo de aire del 100% y una temperatura de 500 grados.

La mayoría de las estaciones de soldar, al apagar el módulo de soldadura, siguen soplando aire para enfriar la resistencia que genera el calor y alargar su vida útil. Por lo tanto, si notas que el equipo continúa soplando al apagarlo, no se trata de una falla; es un mecanismo normal y solo demorará un poco más en detenerse.

Recuerda que tanto el cautín como la pistola de aire trabajan a altas temperaturas. Por esto, ten cuidado de no tocar nada o podrías provocar un accidente. En el caso de la pistola de aire, también debes tener especial cuidado de a dónde apuntas, ya que el aire expulsado puede quemar a unos centímetros de distancia.

Dado que los componentes SMD son sumamente pequeños, es recomendable que, para reemplazarlos, utilices una lupa electrónica o un microscopio mientras realizas la soldadura.

Junto con la estación de soldar vas a utilizar otros elementos para ayudarte en las reparaciones; ellos son:

- ▶ **Estaño**: viene en forma de alambre. Es un material conductor de energía que se derrite a poca temperatura y se solidifica a temperatura ambiente. Se utiliza para mantener unidos los componentes a la PCB, en todas las piezas electrónicas.

- ▶ **Flux**: también llamada pasta de soldar, es una mezcla que ayuda en el proceso de soldadura. Para utilizarla, debes aplicar una mínima cantidad sobre las terminales del componente. Al aplicar calor, la pasta se vuelve líquida y ayuda a transferir mejor el calor, lo que favorece el derretimiento parejo del estaño.

- ▶ **Malla desoldante**: sirve para quitar los restos de estaño derretido de la PCB, de modo que puedas prepararla para recibir el nuevo componente.

- ▶ **Alcohol isopropílico**: se lo utiliza para limpiar restos de flux y suciedad de los conectores, así como para eliminar la humedad que haya en ellos. Revisa que se trate de alcohol, como mínimo, al 96%; de lo contrario, podrías dejar humedad en la placa.

- ▶ **Pinzas de Bruselas**: son indispensables para sujetar componentes SMD debido a su reducido tamaño. Vienen en diferentes tipos y tamaños de punta. Lo ideal es que compres un kit con varias, para elegir la adecuada al tipo de elemento que estés manipulando.

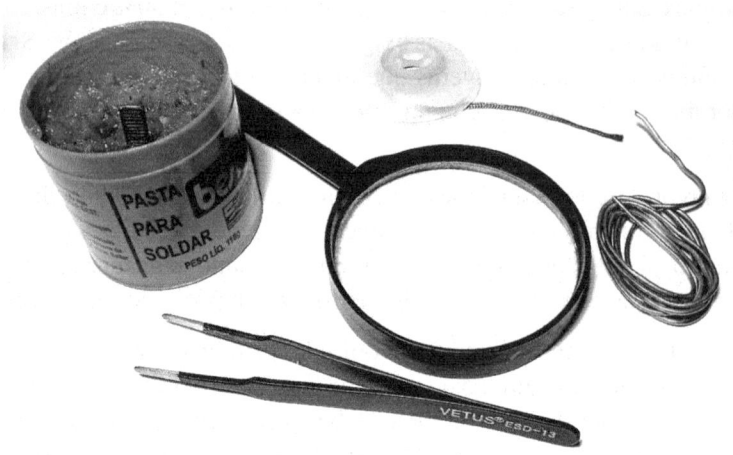

Figura 8.4. Las herramientas indispensables para complementar la estación de soldar: estaño en alambre de diferentes diámetros, flux, lupa, malla desoldante y pinza de Bruselas.

8.1.1 Primeros pasos con la estación de soldar

El manejo correcto de la estación de soldar requiere tiempo de uso y práctica, por lo que es poco recomendable que te aventures a trabajar directamente sobre una placa que desees reparar. Lo ideal es conseguir chatarra electrónica sobre la que puedas practicar sin provocar daños adicionales a los que intentes reparar.

PASO 1

Elige una boquilla acorde al componente que desees reemplazar y colócala en la pistola de soldar. Una boquilla muy pequeña no cubrirá los terminales de un componente de tamaño grande, mientras que una demasiado grande puede derretir los terminales de varios componentes.

PASO 2

Aplica un poco de flux en los terminales del componente que desees desoldar; no coloques demasiado, ya que pronto verás que, al calentarse, se derrite formando una capa aceitosa, por lo que una mínima cantidad alcanza. Puedes valerte de un palito aplicador.

PASO 3

Enciende la pistola de aire de la estación de soldar, ponla en 400 grados y un flujo del 60% para remover componentes medianos y pequeños. Ubica la boquilla de salida de aire caliente a unos 2 centímetros del componente, siempre a 90 grados con respecto a la placa madre (izquierda); eso hará que el aire caliente actúe sobre el componente. Si pones la boquilla inclinada (derecha), estarás soplando aire caliente en forma lateral y desoldarás otros componentes cercanos, lo que podría ocasionar un cortocircuito.

PASO 4

No dejes quieta la mano con la que sostienes la pistola de aire; de lo contrario, enviarás permanentemente calor a una zona y provocarás daños. Ve haciendo movimientos circulares en todo momento.

El flux, con el calor, se volverá líquido; incluso podrás ver que, al evaporarse, libera un poco de humo, lo cual es normal.

Luego de calentar el componente durante unos segundos, utiliza una pinza de Bruselas para intentar levantarlo de la PCB. Es vital que no ejerzas fuerza. Si el estaño del componente ya está derretido, se levantará sin esfuerzo. Por el contrario, si notas que aún se encuentra adherido a la PCB, no hagas fuerza o podrías arrancar las pistas que lo unen al componente.

PASO 5

Limpia los restos de flux con papel absorbente, luego rocía algo de alcohol isopropílico para limpiar los restos de flux y vuelve a secar con papel absorbente.

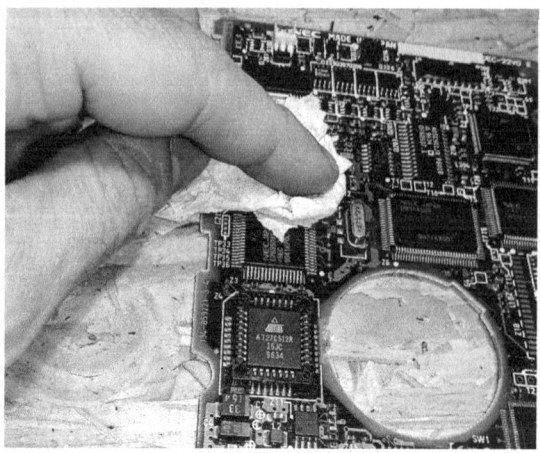

PASO 6

Para preparar la superficie de la PCB y soldar el nuevo componente, debes eliminar por completo todo resto de estaño. Esto hará que el estaño nuevo que apliques se adhiera mejor a las terminales de la placa madre. Para ello, coloca otra vez un poco de flux sobre las terminales y apoya la punta de la malla desoldante. Coloca encima la punta del cautín y comienza a moverla en círculos sobre las terminales. Verás que el flux se derrite y los restos de estaño empiezan a ser absorbidos por la malla, con lo cual las terminales quedan completamente limpias. No dejes de mover el cautín en círculos, o la malla podría pegarse en las terminales. Si esto ocurre, no des un tirón, solo vuelve a aplicar el cautín hasta que el estaño se derrita otra vez y levanta la malla con cuidado. Cuando las terminales estén limpias, podrás volver a soldar el nuevo componente.

8.1.2 Soldar componentes SMD

Para soldar los componentes de reemplazo, existen varias técnicas. A continuación verás una de las más simples, y recuerda que el cambio de componentes (parte fundamental en toda reparación electrónica) es una tarea que se logra con la práctica permanente.

PASO 1

Enciende el cautín y ve tocando la punta del estaño en alambre. Cuando notes que comienza a derretirse, significa que alcanzó la temperatura de trabajo. Apoya el estaño en la punta del cautín; se genera una bolita de estaño derretido que se mantiene pegada.

PASO 2

Pon un poco de flux en las terminales donde desees soldar.

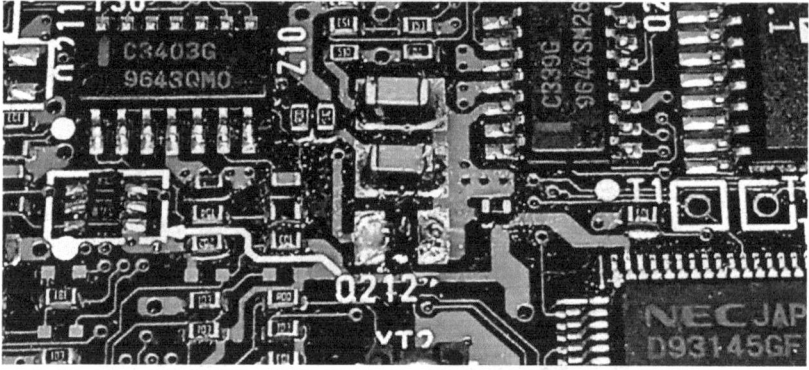

PASO 3

Toca con la punta del soldador las terminales con flux; el estaño que estaba derretido en la punta se adhiere a las terminales. Procura que no quede demasiado estaño haciendo puentes entre las diferentes terminales donde soldarás el componente. Agrega otro poco de flux.

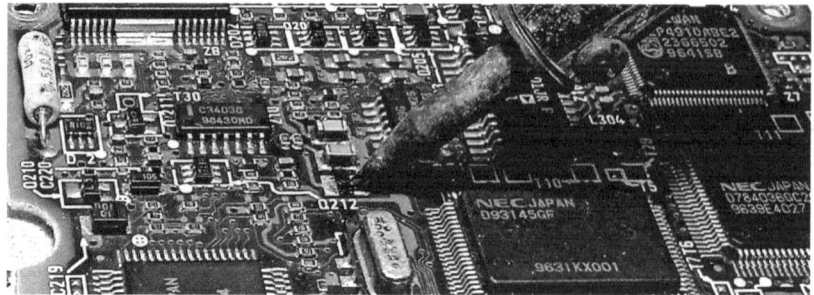

PASO 4

Utiliza una pinza de Bruselas para ubicar el componente SMD en su posición de soldado. Con la pistola de aire caliente, derrite el estaño que está debajo del componente; verás que este se acomoda a la soldadura. No es recomendable que lo sujetes con la pinza o tu pulso podría moverlo de la posición. Al derretirse el estaño, se acomodará automáticamente.

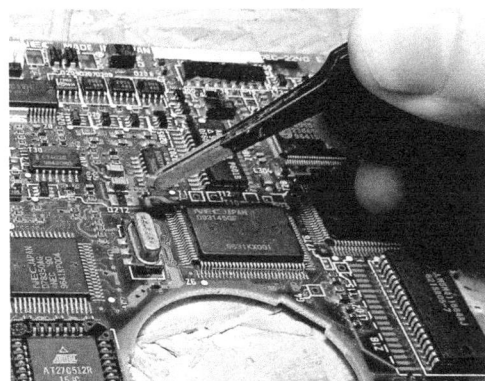 

8.2 MEDICIONES EN UNA PLACA QUE NO ENCIENDE

En un ordenador que se niega a encender, la culpa no siempre es de un daño en el motherboard. Muchas veces, el problema se encuentra en otro componente, por lo que, en estos casos, lo ideal es evaluar hasta dónde se realiza el proceso de arranque.

Por ejemplo, si el equipo enciende el fan del procesador al tocar el botón de power y escuchas pitidos, dependiendo del código, puede significar que hay una falla en la memoria RAM (para estar seguro, deberías consultar el manual de la placa para saber qué indica ese código de pitidos, que varía según el fabricante).

Sin embargo, si sabes que la fuente de alimentación del equipo está sana pero el equipo no enciende, no mueve el fan o hace un intento de moverlo pero se apaga inmediatamente, suele significar que existe un cortocircuito en alguna parte, y la fuente de poder, para protegerse, cortó la alimentación.

Ante la sospecha de que un motherboard está dañado, hay que retirarlo del gabinete y hacer una revisión visual en busca de pistas cortadas, chamuscadas o componentes dañados.

Una pista chamuscada y puesta en cortocircuito podría incluso dañar la fuente de alimentación del equipo, al igual que otro componente como el procesador o la memoria RAM. Muchas veces, hay distintos culpables de un cortocircuito: un tornillo que cae dentro del gabinete; la placa madre que, cuando una de sus pistas está mal asegurada, toca la parte metálica del gabinete; o componentes que se dañan y pasan a comportarse como un cable puenteando pistas de voltaje y masa que no deberían estar en contacto.

Otras veces, el daño es obra de alguien no calificado que intentó realizar un mantenimiento (**Figura 8.5.**).

Figura 8.5. Una zona recalentada, por lo general, genera una ampolla en la PCB, mientras que una pista en corto produce una zona chamuscada.

Hay una serie de mediciones básicas que puedes realizar en el motherboard para determinar cuán dañado está. Algunas de ellas debes realizarlas con voltaje, y otras, sin alimentación eléctrica.

PASO 1

Coloca el multímetro para medir continuidad y pon la punta negra en uno de *los puntos de masa de la placa, o donde conecta uno de los cables negros de la fuente de alimentación.*

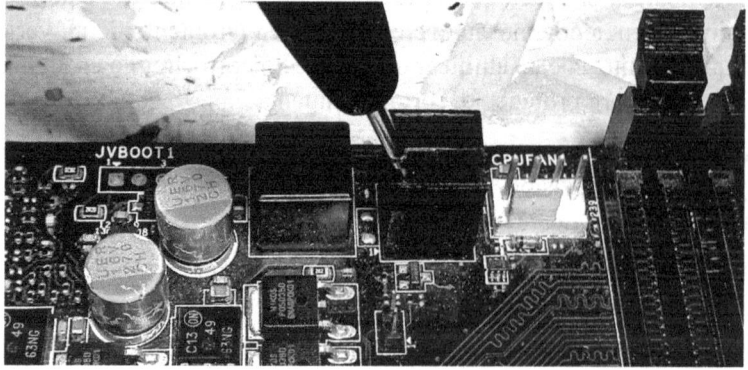

PASO 2

Con la punta roja toca el conector donde conectarían los cables amarillos. Si existiera un cortocircuito en la entrada de energía, encontrarías continuidad en este punto; una placa sana nunca mostrará continuidad entre el cable amarillo y un punto de masa, como son los conectores de los cables negros de la fuente de poder, o una zona metálica de la placa, como el metal de los puertos traseros.

PASO 3

Apoya la punta negra en un punto de masa de la placa, y con la otra ve tocando las terminales negativas del conector del procesador y la alimentación ATX. En todos los casos deberías obtener continuidad.

PASO 4

Pon la punta negra en una parte de masa en la placa, y con la roja toca la terminal de salida de las bobinas.

Revisa el componente; este puede ser SMD, o aunque sea pequeño, tener sus terminales pasando al otro lado, por lo que quizás debas medir la bobina desde la parte de abajo de la placa. Dependiendo del tipo de placa, podrás obtener como lectura correcta un valor relativamente bajo. En este caso, lo que estás midiendo es la fuente que está después de la bobina, y la lectura es la resistencia generada entre el circuito que alimenta al procesador y el procesador en sí (prueba esta medición con la CPU y sin ella). Los valores nominales varían de una placa a otra.

PASO 5

También puedes medir los condensadores con respecto a un punto de masa. Coloca la punta negra del multímetro en un sitio de masa, y con la roja ve tocando diferentes terminales de los condensadores. Es muy posible que también debas medirlos por la parte de atrás de la placa. Si todo funciona correctamente, deberías obtener continuidad en una sola de las terminales del capacitor, ya que estos funcionan con una de ellas conectadas a masa y la otra al voltaje positivo. Si ambas marcan continuidad, es que el capacitor está dañado.

PASO 6

En una placa que no enciende también debes revisar si los puertos traseros están sanos. En muchos casos, estos de dañan por mal uso (suele ocurrir mucho con los USB) y las fichas se rompen haciendo que las terminales internas de la ficha se pongan en cortocircuito, con lo cual el equipo no enciende. Otro punto que puede generar el mismo efecto es cuando se acumula suciedad en la ficha y esta se mezcla con la humedad ambiental, formando una pasta capaz de conducir electricidad. Si este es el caso, limpia bien la ficha con un cepillo de dientes.

PASO 7

Otra acción rápida que puedes realizar es buscar en la placa el chip del BIOS y, con su número de pieza, encontrar su datasheet en Internet. Basándote en esta información, localiza en qué terminal del chip recibe alimentación y en cuál recibe masa. Usando el multímetro en continuidad, pon la punta negra en un punto de masa en la placa madre, y con la otra toca la terminal de alimentación del BIOS; la lectura correcta sería sin lectura. Si llega a marcar continuidad, significa que esa línea está en corto. Por el contrario, entre la masa de la placa y la terminal de masa del BIOS deberás encontrar continuidad; de lo contrario, esa pista está dañada. Recuerda que algunos equipos tienen doble BIOS; haz lo mismo con ambos chips.

PASO 8

Otra prueba para saber si existe un cortocircuito es medir los capacitores cerámicos, que se encuentran en muchas etapas del circuito. Siempre con el multímetro en continuidad, solo toca con una punta cada terminal del capacitor. Si detectas continuidad entre sus terminales, el componente está en cortocircuito y se encuentra cerrando una pista de voltaje con otra de masa. Con esta misma técnica, puedes medir tarjetas de video y módulos de RAM para descartar que la falla se encuentre en esos componentes.

Llegados a este punto, ya has realizado las mediciones básicas para determinar que no existe un cortocircuito grave que impida que tu placa arranque. Ahora puedes realizar más pruebas conectando la fuente de poder, la memoria RAM y el procesador, y así realizar lo que se conoce como una medida en caliente o con voltaje.

PASO 9

Sin encender el equipo, pero con este conectado a la fuente de alimentación, coloca el multímetro para medir voltaje de corriente continua en 20 V. Con las puntas del multímetro toca cada una de las terminales correspondientes al botón de power. Cuando el equipo está apagado, en estos pines debes encontrar 3,38 V estables; si no hay ese voltaje, jamás encenderá.

8.3 ACTIVIDADES

A continuación verás las preguntas y los ejercicios que deberías saber responder y resolver para considerar aprendido el capítulo.

8.3.1 Test de autoevaluación

1. ¿Cuál es el flujo de aire y la temperatura comúnmente usados para trabajar con componentes SMD?

2. ¿Qué falla presenta una estación de soldar que, al apagarse, continúa enviando aire por la boquilla?

3. ¿Qué significaría que un condensador cerámico presentara continuidad en ambas terminales con respecto a la masa del motherboard?

4. ¿Qué condición deben tener los pines del botón de encendido para que el equipo pueda arrancar?

8.3.2 Ejercicios prácticos

1. En placas de chatarra, remueve cinco componentes SMD usando las técnicas explicadas en este capítulo y vuelve a colocarlos.

2. Consigue placas madre rotas y realiza las mediciones básicas para determinar si están en cortocircuito.

3. Encuentra en Internet el datasheet de algunos de los componentes de tu placa. Infórmate sobre qué significa cada terminal y realiza las mediciones correspondientes con la placa sin energía para confirmarlo.

GLOSARIO

▶ **ACPI/APM** (*Advanced Configuration and Power Interface*, interfaz avanzada de configuración y energía): estándar nacido de la actualización de APM (*Advanced Power Management*), que proporciona mecanismos avanzados para la gestión y el ahorro de la energía.

▶ **AES** (*Advanced Encryption Standard*): sistema de cifrado criptográfico que emplea una clave de longitud variable para determinar el nombre según su largo de la clave; hay AES-128, AES-192 o AES-256.

▶ **Alimentación redundante**: sistema que consta de más de una fuente de alimentación para evitar que el equipo se apague por un fallo en la fuente principal.

▶ **Ampere:** unidad de intensidad de corriente eléctrica, llamada así en honor al matemático y físico francés André-Marie Ampère.

▶ **BGA** (*Ball Grid Array*, matriz de rejilla de bolas): tipo de encapsulado montado en superficie, que se utiliza en los circuitos integrados. Se caracteriza por tener las terminales en forma de bolas en la parte inferior del encapsulado.

▶ **Cautín:** también llamado soldador, es una herramienta eléctrica que se utiliza para soldar metales por medio del calor, derritiendo estaño que se funde a una temperatura relativamente baja.

▶ **Choke:** componente electrónico usado para convertir corriente alterna en continua. Está formado por un núcleo imantado y una espiral conductora. La calidad de estos elementos es fundamental para la calidad de un motherboard.

▶ **Circuitos integrados**: componentes electrónicos que contienen en su interior un circuito electrónico en miniatura protegido por el encapsulado exterior.

▼ **CMOS** (*Complementary Metal-Oxide-Semiconductor*, semiconductor complementario de óxido metálico): componente que usa un conjunto de transistores para poder mantener un mínimo de corriente en el motherboard cuando el equipo se apaga y, así, conservar la configuración mediante el uso de una batería de litio.

▼ **Controlador:** los circuitos controladores son componentes electrónicos que, dependiendo de cierta situación, generan un tipo de salida u otra en un circuito electrónico; por ejemplo, enviar o no un voltaje por una de las terminales.

▼ **Crossfire:** tecnología de ATI/AMD que permite utilizar varias placas de video que soporten esta característica para combinar su capacidad de proceso.

▼ **Datasheet:** también conocido como hoja de datos o ficha técnica, es un documento que contiene información sobre un componente específico, generalmente creado por su fabricante.

▼ **dBm:** unidad de medida de relación de potencia (decibeles relativos a un milivatio). Se utiliza para expresar la potencia en redes de radio y fibra óptica.

▼ **DMI** (*Direct Media Interface*): versión de Intel del HyperTransport de AMD. Es un controlador de memoria incluido en el procesador que permite acceder a la memoria de forma directa.

▼ **DRM** (*Digital Rights Management*, gestión de derechos digitales): tecnología de control de acceso empleada por los titulares de derechos de autor para limitar el uso de contenido digital a personas no autorizadas.

▼ **ECC:** tipo de memoria que detecta y corrige los tipos más comunes de corrupción de datos.

▼ **Epyc:** marca de microprocesadores x86-64 diseñada y comercializada por AMD y basada en la microarquitectura Zen.

▼ **Firmware:** software integrado dentro del hardware que establece la lógica de más bajo nivel que controla los circuitos electrónicos de un dispositivo determinado.

▼ **FSB** (*Front-Side Bus*, bus de la parte frontal): tipo de bus usado como bus principal en algunos de los antiguos microprocesadores de la marca Intel para comunicarse con el chipset. En la actualidad se emplean otros tipos de buses, como el Intel QuickPath Interconnect y el HyperTransport de AMD.

▼ **FTT:** también llamada Transformación rápida de Fourier, es un método de medición usado en la tecnología de medición de audio y acústica. Descompone una señal en sus elementos espectrales individuales y brinda información sobre su composición.

▶ **Ley de Ohm**: fórmula científica que establece la relación que existe entre la corriente, el voltaje y la resistencia de un circuito eléctrico.

▶ **Mosfet:** transistor de efecto de campo, que se utiliza para conmutar señales electrónicas o amplificarlas.

▶ **Multímetro:** herramienta utilizada para medir voltajes, corrientes, continuidad y resistencias en un circuito eléctrico o electrónico.

▶ **North Bridge**: uno de los chips de la placa madre. Recibe su denominación ya que inicialmente se encontraba en la parte superior de las placas ATX. Controla las funciones de entrada y salida de la CPU, puertos de expansión y memoria RAM.

▶ **NVMe** (*Non-Volatile Memory Express*, memoria express no volátil): especificación de interfaz para unidades flash y de estado sólido.

▶ **PCB** (*Printed Circuit Board*, placa de circuito impreso): tarjeta o placa de circuito impreso que contiene los componentes electrónicos soldados y unidos mediante pistas o caminos.

▶ **PCH** (*Platform Controller Hub*): tecnología de Intel que integra los dos chips anteriores (puente norte y puente sur) en un solo chip; es el sucesor de Intel Hub Architecture.

▶ **Pistola de aire**: herramienta utilizada para la soldadura de componentes SMD sin contacto, que emplea un chorro de aire caliente para derretir la soldadura.

▶ **PGA** (*Pin Grid Array*, matriz de rejilla de pines): tipo de conexión para microprocesadores y chips que están montados en una losa de cerámica.

▶ **POST:** prueba ejecutada por el BIOS durante el arranque, donde se inicializan todos los dispositivos de la computadora.

▶ **PWM** (*Pulse Width Modulation*, modulación por ancho de pulsos): tecnología utilizada para controlar las revoluciones del ventilador de la computadora.

▶ **QAM** (*Quadrature Amplitude Modulation*, modulación de amplitud en cuadratura): permite transferir más bits en la misma cantidad de tiempo.

▶ **RAID** (*Redundant Array of Independent Disks*, matriz de discos independientes redundantes): permite combinar varios discos para formar un dispositivo con mejor rendimiento y redundancia de datos, y así brindar tolerancia a fallos.

▶ **SLI** (*Scalable Link Interface*, interfaz de enlace escalable): tecnología de NVIDIA para conectar dos o más tarjetas gráficas con el fin de combinar su rendimiento.

▶ **SMD:** también conocida como SMT (*Surface-Mount Technology*, tecnología de montaje superficial): hace referencia al montaje de los componentes electrónicos sobre la superficie del circuito impreso, a diferencia de los de agujero pasante, que utilizaban ambas caras de la PCB.

▶ **South Bridge**: también conocido como puente sur, es un circuito integrado que comunica el procesador con los buses USB, SATA, PCI, ISA, IDE y el BIOS.

▶ **UEFI** (*Unified Extensible Firmware Interface*, interfaz de firmware extensible unificada): firmware sucesor del BIOS utilizado en la informática actual.

▶ **Xeon:** familia de microprocesadores Intel utilizados en servidores, PC y Macintosh.

▶ **Zócalo de expansión**: también llamado slot o ranura de expansión, es el punto físico donde se conecta una tarjeta para agregar nuevas funcionalidades a la computadora.

Parte 3

PROCESADORES

Conceptos preliminares
Características e instalación
Temperatura y refrigeración
Procedimientos avanzados

9

CONCEPTOS PRELIMINARES

Un ordenador no es otra cosa que un complejo ecosistema de componentes y software que interactúan para cumplir con las diferentes funciones que permite desarrollar. Cada parte es vital para el correcto funcionamiento, ya que si solo una de ellas fallara, el equipo no funcionaría o, en el mejor de los casos, se generaría un cuello de botella que reduciría su performance. Sin embargo, un componente suele robarse toda la atención al describir las especificaciones técnicas de un ordenador, y no es otro que el procesador o CPU.

9.1 ¿QUÉ ES EL PROCESADOR?

La CPU (*Central Processing Unit*, unidad central de procesamiento), también llamada procesador, es el cerebro de la computadora. Si bien cada pieza de una PC es de vital importancia, en el procesador es en donde se realizan los diferentes cálculos necesarios para que el equipo funcione como tal.

Los procesadores suelen ser, actualmente, de forma cuadrada o rectangular. Están compuestos por un circuito integrado encapsulado en un chip de silicio que incluye millones de transistores. Se conectan a la placa madre mediante un zócalo o socket, que permite intercambiar los datos entre el procesador y el resto de los elementos del equipo.

Dependiendo del tipo y modelo de procesador, en su parte inferior tendrá los pines de conexión o, si estos se encuentran en el socket de la placa madre, los pads de conexión en forma de pequeños círculos dorados.

Figura 9.1. En la parte inferior, los procesadores tienen los pines de conexión
o contactos planos para conectarse al socket de la placa madre.

Los procesadores, desde su invención hasta el día de hoy, están basados en una arquitectura que los divide en varios componentes internos; se la conoce como arquitectura de Von Neumann, y fue inventada en 1945 por el matemático de ese nombre. Los procesadores actuales aún la utilizan, con las mejoras y agregados que se produjeron hasta la fecha para lograr las potencias de procesamiento modernas.

Para crear un procesador, se utiliza el método de litografía sobre un disco de silicio pulido como un espejo conocido como oblea o wafer, desde la cual se fabrican varios de estos componentes.

Primero se recubre la oblea con un compuesto fotosensible y luego se aplica una luz ultravioleta con el diseño del circuito, que afecta a dicho material.

A continuación se lo expone a un líquido revelador, que hace que ese material se derrita y en esas zonas quede expuesto el silicio, mientras que las otras partes se mantienen cubiertas; luego serán erosionadas hasta su base de modo que solo quede silicio en las zonas aún protegidas por el material fotosensible, que próximamente será removido. El siguiente paso es dopar el silicio con átomos de otros materiales. Este proceso agrega átomos de una sustancia en otra, generalmente, fósforo en algunas áreas y boro o galio en otras. Así se generan áreas con materiales donde sobra un electrón, en contacto con otras donde falta un electrón.

Esta es la base del funcionamiento de los transistores, un componente muy utilizado en los procesadores. Finalmente, se añade una capa conductora de electricidad que une todos los transistores haciendo que el circuito pueda funcionar como tal; luego se cortan y se encapsulan para probarlos y pasar a la venta. Este proceso de desarrollo no es completamente preciso, así como tampoco lo es la pureza del silicio, ni la capa de material conductivo, ni existe un control exacto en el dopaje atómico que se realiza al silicio. Por lo tanto, no existen dos procesadores exactamente idénticos, ni siquiera al haber estado uno junto al otro en la misma oblea de fabricación. Siempre habrá mínimas diferencias de funcionamiento entres ellos; de hecho, ningún core del mismo procesador es idéntico, ni tampoco hay dos transistores iguales (**Figura 9.2.**).

Figura 9.2. Los procesadores se conectan con la placa madre mediante el socket, que interconecta todos los componentes del equipo.

El paso siguiente que realiza el fabricante es probar cada procesador utilizando los parámetros incluidos en su ficha técnica, para asegurarse de que funcionen a la frecuencia y voltaje establecidos dentro de la temperatura de trabajo nominal. Si el procesador logra pasar la prueba, es etiquetado para su venta; de lo contrario, se lo prueba con parámetros inferiores, y si funciona correctamente de esa forma, se lo etiqueta como tal. Esto hace que, por ejemplo, puedas encontrar gamas de procesadores que soportan el **overclocking**, donde se los hace funcionar a un voltaje y una frecuencia superiores a los de fábrica, para lo cual se venden ya desbloqueados; y otros aparentemente idénticos pero que no admiten elevar su frecuencia de trabajo. Esto se debe a que, dentro de la misma producción, algunos procesadores no salieron del todo bien (**Figura 9.3.**).

Figura 9.3. Los procesadores se crean sobre obleas de silicio mediante un proceso conocido como litografía.

Dependiendo del tipo de procesador de que dispongas, este puede estar integrado por una única o varias pastillas de silicio; en este último caso, todas están interconectadas. Intel se caracterizó siempre por utilizar una única pastilla para sus procesadores, y esto se conoce como diseño monolítico. Su ventaja más importante es que la comunicación entre los diversos componentes se realiza sin problemas. Como contrapartida, el hecho de tener las diversas partes en diferentes pastillas, conocidas como **chiplets**, permite realizar mejoras tecnológicas. AMD, en sus procesadores Ryzen 3000, integró pastillas CCD (*Core Complex Die*), donde se utilizaron varios chips de silicio para fabricar la CPU.

Habrás leído alguna vez que la fabricación de procesadores se realiza a determinados nanómetros. Esta es una unidad de medida de longitud, que equivale a la mil millonésima parte de un metro; como referencia, un pelo humano puede tener un diámetro aproximado de unos 80.000 nanómetros, por lo que los transistores solo serían visibles mediante un microscopio electrónico. La cantidad de nanómetros indica el tamaño en el que se esculpen los transistores. Un número menor significa que, en el mismo espacio físico, puedes esculpir más transistores, lo que equivale a decir que el proceso está más perfeccionado.

Al reducirse los tamaños de fabricación, es posible tener una mayor densidad de componentes, por lo que se conseguirán circuitos de proceso más poderosos. También, al reducirse las distancias entre transistores, se necesitará menos flujo de electrones para activarlos, y entonces se logrará más poder de proceso a menor costo energético y con menor producción de calor. En la actualidad, puedes encontrar procesos de fabricación de 7 nm.

9.1.1 Transistores y puertas lógicas

Los procesadores están compuestos por transistores, componentes electrónicos que permiten o no el paso de la corriente dependiendo de si en una de sus terminales se aplica un voltaje. De esta forma, el efecto que se logra sería el de un botón que, al ser pulsado, cierra un circuito y envía voltaje por el resto del cable, comportándose como un puente que permite el paso de la electricidad entre sus dos terminales. Esto se conoce como **semiconductor**. Los transistores creados pueden ser de tipo NPN o PNP. A modo de ejemplo, un procesador Intel 6700K contiene 1750 millones de transistores.

Combinando transistores, se pueden obtener circuitos más complejos llamados puertas lógicas o compuertas lógicas, que se utilizan para funciones matemáticas o booleanas (operaciones en las que la respuesta puede ser solo verdadero o falso). Según su función, en un procesador puede haber puertas lógicas de varios tipos:

▶ **Puerta lógica AND**: en este tipo de circuito, la corriente pasa por un transistor y de su salida se alimenta a otro. Por lo tanto, para que el voltaje ingresado pueda salir, ambos transistores deben estar activados, ya que si solo uno recibiera voltaje, no se cumplirían ambas condiciones (**Figura 9.4.**).

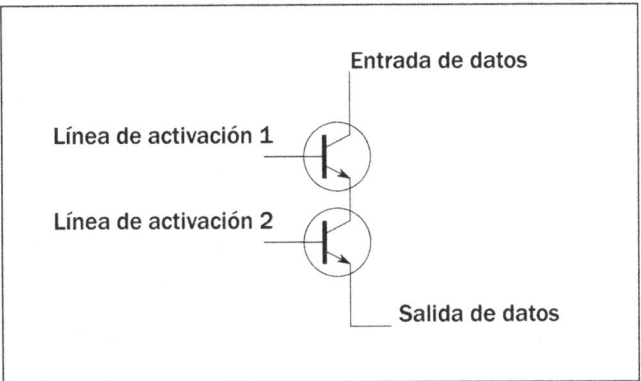

Figura 9.4. Representación esquemática de una puerta lógica AND. Cuando las dos líneas de activación alimentan cada uno de los dos transistores, la señal de entrada de datos circula hacia la salida de datos.

▶ **Puerta lógica OR**: en este tipo de circuito, el mismo cable de entrada es dividido entre los dos transistores, de modo que basta con que solo uno de ellos (o ambos) cierre el circuito para que la condición se cumpla y la salida de la puerta lógica tenga voltaje.

▶ **Puerta lógica NOT**: en este circuito, la señal es invertida. Esto quiere decir que, mientras el transistor no recibe energía en su terminal de activación, la energía fluye libremente entre sus terminales de entrada y salida. Al recibir voltaje en su terminal de activación, se corta el voltaje en la salida.

▶ **Puerta lógica NAND**: el voltaje siempre sale del circuito, salvo que se activen ambos transistores.

▶ **Puerta lógica NOR**: es una combinación de las puertas OR y NOT, y funciona como la versión inversa de OR (NOT OR). Mientras que sus entradas estén en modo inactivo, la salida será cero. Si alguna de las entradas pasa a modo activo, la salida valdrá uno.

▶ **Puerta lógica XOR**: recibe su nombre de Exclusive OR, u O exclusivo.

La salida tendrá energía si solo uno de los transistores de entrada recibe activación; si ambos la reciben o si ninguno se activa, no habrá voltaje de salida.

Los procesadores actuales están basados en tecnología **CMOS**, por lo que suelen utilizar puertas lógicas del tipo NAND y NOR, las cuales, frente a sus iguales AND y OR, tienen ciertas ventajas a nivel eléctrico y son más rápidas.

9.1.2 Funcionamiento de la CPU

La forma más práctica de realizar operaciones matemáticas o booleanas es determinando si un elemento está activado o no; entonces solo tienes dos posibles valores o estados. Para representarlos, se utiliza lo que se conoce como sistema binario, en el cual hay dos valores: 1 (hay voltaje) y 0 (no hay voltaje). Este sistema se usa en informática y electrónica para representar la unidad de medida de la información más pequeña posible; cada uno de esos valores 1 o 0 se llama bit. Para representar valores mayores, basta con agrupar varias salidas; al superar el valor máximo, se utiliza otra columna nueva de información a la izquierda (tal como en el sistema decimal agregas otra columna luego de sumar 99 + 1 y alcanzas 100). Es así que, al unir 8 cables o líneas de datos, en cada uno de los cuales puedes tener valores 1 y 0, podrás representar 256 valores diferentes: desde 0, donde en las ocho líneas no hay voltaje y, por consiguiente, todos valen 0; hasta un escenario donde las ocho líneas valen 1, y el resultado numérico sería 255. Mediante estos diferentes valores, es posible representar los distintos caracteres usados en informática (números, letras, símbolos y caracteres no imprimibles) (**Figura 9.5.**).

Figura 9.5. El circuito del procesador se encuentra en el DIE o pastilla, cuyos componentes solo son visibles mediante un microscopio. En la imagen, un DIE de un chip con la arquitectura Zen 2 de AMD.

Todos los circuitos utilizados para los cálculos matemáticos están incluidos en un área del procesador conocida como ALU (*Arithmetic Logic Unit*, unidad aritmético lógica). Esta ALU trabaja recibiendo dos números como entrada de datos y un código que le indica qué tipo de operación debe realizar con ellos, para luego devolver el resultado.

La FPU (*Float Point Unit*, unidad de punto flotante o de coma flotante) funciona de manera similar a la ALU, pero lo hace exclusivamente con números decimales.

Los resultados de las operaciones se guardan en otro tipo de circuitos conocidos como flip–flop, que están construidos mediante puertas lógicas y son capaces de almacenar un valor binario mientras se encuentran activados; dicho valor puede ser conmutado al aplicarse una señal eléctrica en su entrada. Estos circuitos sirven para almacenar el resultado de una operación, ya que de no hacerlo, este se perdería luego del cálculo. Cada vez que el flip-flop recibe una señal de reloj, responde con su valor almacenado.

Dentro del procesador también hay una unidad de control, que busca las instrucciones dentro de la memoria principal, las decodifica utilizando el decodificador de instrucciones y las ejecuta mediante la unidad de proceso.

Los registros son una memoria donde se guarda información temporalmente durante el ciclo de las diferentes operaciones que lleva a cabo la CPU. Pueden ser registros de estado, de uso general, de segmento y de puntero.

9.1.3 Juegos de instrucciones

El juego de instrucciones, también conocido como ISA (*Instruction Set Architecture*, arquitectura del conjunto de instrucciones), es una especificación que incluye las instrucciones que un procesador puede entender e interpretar. Dicho de otra forma, son todos los comandos que tiene codificados en su interior.

Los procesadores, aunque sean de diferentes empresas y tengan distintos diseños, comparten el mismo juego de instrucciones, como sucede con Intel Pentium y AMD Athlon, que implementaron versiones casi idénticas del conjunto de instrucciones.

Las instrucciones de un procesador le permiten interpretar cualquier programa que se desee ejecutar en el equipo, así como también acceder a todos los modos de direccionamiento mediante todas las operaciones con todos los tipos de datos. El juego de instrucciones también es compatible con modelos anteriores (**Figura 9.6.**).

Figura 9.6. Para que el DIE se comunique con la placa madre, está soldado en una placa de PCB verde llamada sustrato, en cuya parte inferior se ubican los contactos o pines.

Las instrucciones son de diferentes tipos: de transferencia de datos, aritméticas, lógicas y de control de flujo.

Cada vez que ejecutas un programa, este internamente es separado en operaciones más pequeñas y simples que el procesador puede interpretar, conocidas como código máquina. Estos fragmentos del programa se ejecutan y sus resultados se calculan para, finalmente, mostrarse como una salida de datos ya resuelta.

9.1.4 Clock y frecuencia

Dentro de las especificaciones de cada procesador, habrás observado que se menciona una frecuencia actualmente medida en Giga Hertz (GHz), que indica el número de ciclos que la CPU ejecuta por segundo. Un procesador que funciona a una velocidad de 4 GHz realiza 4000 millones de ciclos por segundo. Un ciclo es, básicamente, un pulso sincronizado por un cristal oscilador interno de cuarzo; en cada ciclo o pulso del clock se activan y desactivan miles de millones de transistores dentro del procesador. En estos ciclos la CPU procesa múltiples cálculos de bajo nivel provenientes de los programas en ejecución, conocidos como instrucciones. Dependiendo de la velocidad de la CPU, así como de la complejidad de la instrucción procesada, esta se realizará en uno o varios pulsos del clock.

Figura 9.7. El procesador está recubierto por una chapa metálica llamada IHS (Integrated Heat Spreader, difusor térmico integrado), cuya misión es proteger el chip y disipar su temperatura. Por lo general, el modelo del procesador está impreso sobre el IHS.

Dependiendo del tipo de arquitectura que tenga un procesador, variará su eficiencia para manejar las instrucciones. Un procesador que tiene varios años de fabricación puede ser superado por otro más nuevo que funcione a menor velocidad, ya que este último gestionará con más eficiencia las instrucciones al disponer de más núcleos y más memoria caché. Por eso es importante realizar comparaciones entre procesadores de la misma generación, podría vencer no solo el que tenga más velocidad. En una comparativa entre procesadores de la misma generación, el que tenga mayor velocidad procesará más rápidamente todas las instrucciones.

Los procesadores tienen una frecuencia normal y otra llamada turbo, que es la frecuencia máxima que puede alcanzar utilizando tecnologías como Turbo Boost en el caso de Intel, o Turbo Core en el caso de AMD. Ambas tecnologías permiten que el procesador funcione a mayor frecuencia de ser necesario, teniendo en cuenta factores como la temperatura del chip, la cantidad de núcleos en funcionamiento y su carga de trabajo. Así, se le permitirá alcanzar la mayor capacidad de proceso dentro de cierto rango de seguridad.

El procesador cuenta con una frecuencia base y un multiplicador. El primer parámetro indica la velocidad base del componente, y el segundo, como su nombre lo marca, es el valor por el cual se multiplica la frecuencia base para obtener así la velocidad de trabajo de la CPU. Es posible que encuentres procesadores con una frecuencia base de 100 MHz y un multiplicador de x44, con lo cual se obtienen 4.4 GHz (100 x 44 = 4400 MHz o 4.4 GHz).

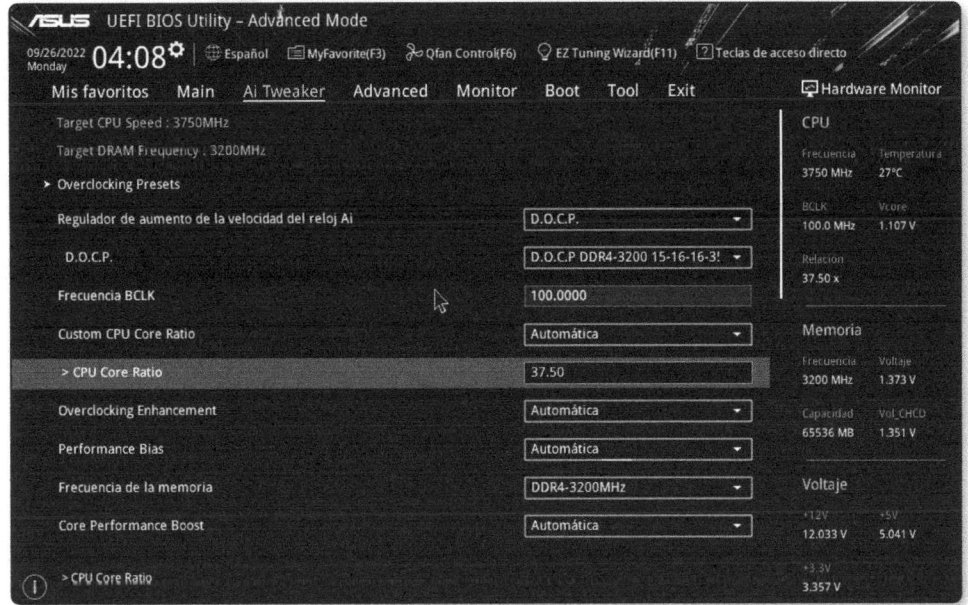

Figura 9.8. En el BIOS/UEFI del equipo puedes ver la frecuencia base y el multiplicador que se aplica a tu procesador. En este caso, el primero es *Frecuencia BCLK* y el segundo es *CPU Core Ratio*.

La frecuencia de la CPU es uno de los elementos modificados a la hora de realizar prácticas como overclocking, que consiste en aumentar la velocidad del clock para lograr más ciclos por segundo. Otro valor que también suele modificarse es el voltaje con que se alimenta el procesador, con el fin de cubrir el consumo extra que tendrá. Ten cuidado porque realizar overclock sin tomar las precauciones necesarias puede dañar irreparablemente la CPU. En próximos capítulos abordaremos este tema de forma práctica, así que, por ahora, si no tienes experiencia en esta área, no modifiques ningún valor.

9.1.5 Memoria caché

De poco serviría el procesador más rápido si no fuera posible alimentarlo con datos a una velocidad acorde a su potencia. La velocidad de trabajo del disco duro más rápido es notoriamente menor que la del procesador. Los datos de trabajo se cargan en la memoria RAM del equipo, que es más rápida que los discos duros pero mucho más lenta que el procesador, por lo que también se generaría un enorme cuello de botella en este punto. Para solucionar este problema, se dotó al procesador de su propia memoria interna, también llamada memoria intermedia, con el fin de que ciertos datos sean guardados en un medio más rápido que la RAM de la placa madre.

Figura 9.9. El procesador Intel Core i7-5775C contiene 128 MB de caché L4, del tipo eDRAM, basada en condensadores.

Esta memoria resulta mucho más costosa de producir, y cada procesador tiene al menos tres tipos, conocidos como L1, L2 y L3. Cada una de ellas resulta más cara que la anterior: la L1 es la más cara de todas, pero también es la más rápida, con velocidades de 1150 GB/s y latencias de 0,9 ns. Le sigue la L2, que en algunos modelos funciona a la mitad de velocidad que la L1, con velocidades medias de unos 470 GB/s y 2,8 ns de latencia. Por último está la L3, la más lenta de todas, con velocidades de más de 200 GB/s y latencias de unos 10 o 11 ns. En algunos tipos de CPU, puedes encontrar incluso una caché L4. Esto es poco usual pero se utiliza en procesadores que integran una GPU dentro del mismo encapsulado, conocida como iGPU (*Integrated GPU* o GPU integrada), lo que mejora su rendimiento.

La memoria L1 está integrada en cada núcleo de proceso, por lo que si revisas las especificaciones de un procesador, el valor indicado será para cada núcleo. Por lo tanto, si tu CPU tiene 6 núcleos y una caché de 200 KB, significa que tienes 6 módulos de L1, cada cual con esa capacidad. El tamaño de estos tipos de memoria es muy pequeño (a modo de ejemplo, el Ryzen 5 3600 tiene una caché L1 de 384 KB, una L2 de 3 MB y una L3 de 32 MB). En cuanto a L2, puedes encontrar dos tipos de arquitectura: una dedicada, donde cada núcleo tiene su propia L2; y otra compartida, donde cada par de núcleos comparten un módulo de L2. Finalmente, la caché L3 es una memoria compartida por todos los núcleos del procesador mediante un bus de datos que la conecta con cada núcleo (**Figura 9.10.**).

La caché L1 se divide, a su vez, en dos tipos: L1 de datos (L1 D) y L1 de instrucciones (L1 I). La primera se encarga de almacenar los datos que serán procesados, mientras que la segunda guarda la información sobre la operación que se va a realizar (suma, resta, multiplicación, etc.).

Los datos comúnmente usados o los que pronto serán usados son almacenados en la memoria caché mediante algoritmos. Cuando el procesador busca datos, lo hace primero en L1; si no los encuentra allí, busca en L2; si tampoco los localiza, intenta en L3; y finalmente busca en la RAM. Como el tamaño se incrementa en cada caché, L1 contiene datos que pronto serán usados, L2 contiene esos mismos datos replicados y en el espacio restante, más datos que pronto se usarán pero que no son tan urgentes como los de L1, y L3 tiene repicados los datos de L2 junto a otros no tan urgentes como los contenidos en ella.

La memoria caché es del tipo **SRAM** (*Static Random Access Memory*, memoria estática de acceso aleatorio), y requiere de seis transistores por cada celda de memoria, a diferencia de la **DRAM**, que solo necesita de uno. Es más cara de producir, ocupa más espacio físico que la RAM convencional y requiere más energía para funcionar, por lo que los procesadores no integran más cantidad de este valioso elemento. La SRAM no necesita ser refrescada permanentemente para preservar sus datos, a diferencia de la DRAM, que es dinámica.

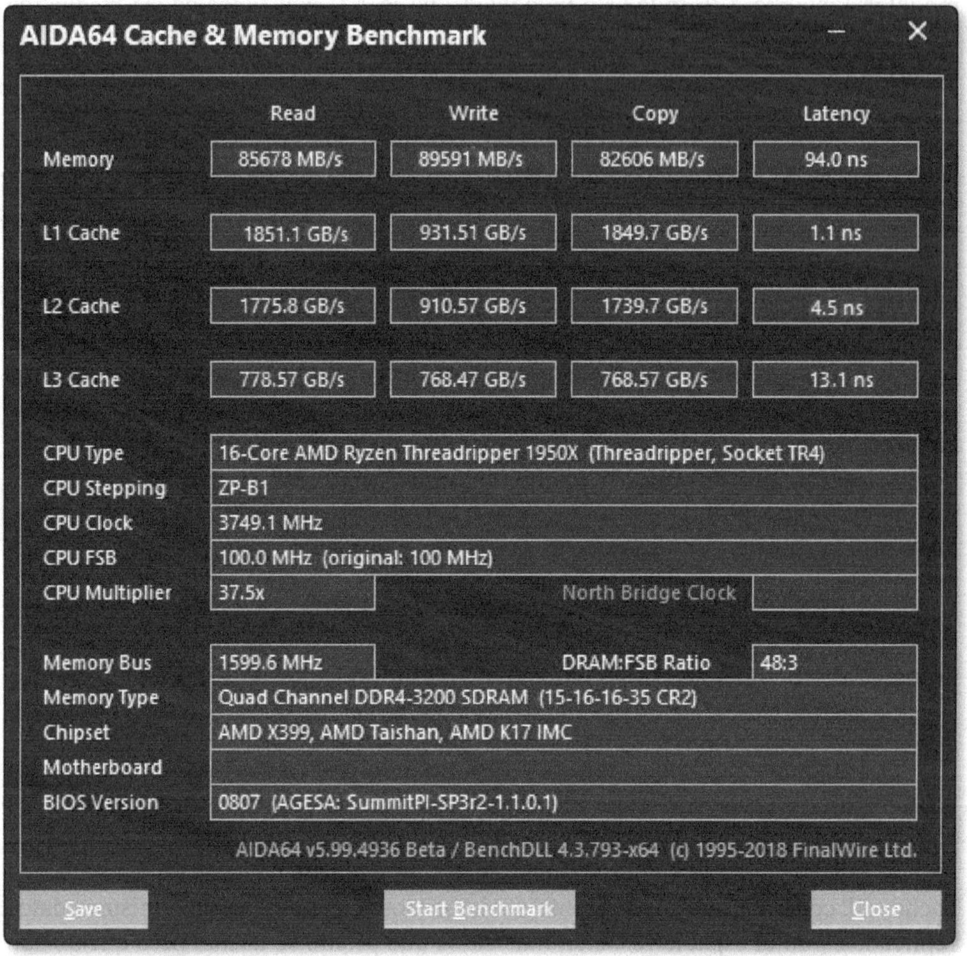

AIDA64 Cache & Memory Benchmark

	Read	Write	Copy	Latency
Memory	85678 MB/s	89591 MB/s	82606 MB/s	94.0 ns
L1 Cache	1851.1 GB/s	931.51 GB/s	1849.7 GB/s	1.1 ns
L2 Cache	1775.8 GB/s	910.57 GB/s	1739.7 GB/s	4.5 ns
L3 Cache	778.57 GB/s	768.47 GB/s	768.57 GB/s	13.1 ns

CPU Type	16-Core AMD Ryzen Threadripper 1950X (Threadripper, Socket TR4)
CPU Stepping	ZP-B1
CPU Clock	3749.1 MHz
CPU FSB	100.0 MHz (original: 100 MHz)
CPU Multiplier	37.5x North Bridge Clock

Memory Bus	1599.6 MHz	DRAM:FSB Ratio	48:3
Memory Type	Quad Channel DDR4-3200 SDRAM (15-16-16-35 CR2)		
Chipset	AMD X399, AMD Taishan, AMD K17 IMC		
Motherboard			
BIOS Version	0807 (AGESA: SummitPI-SP3r2-1.1.0.1)		

AIDA64 v5.99.4936 Beta / BenchDLL 4.3.793-x64 (c) 1995-2018 FinalWire Ltd.

Save   Start Benchmark   Close

Figura 9.10. Puedes medir la capacidad de la memoria caché usando el programa Aida64, yendo al apartado *Herramientas/Rendimiento de la memoria y la caché*.

9.1.6 Núcleos, hilos e IPC

En un comienzo, los procesadores contenían un solo núcleo de proceso, pero con el paso del tiempo y los avances tecnológicos, se logró duplicar parte de la electrónica dentro del propio procesador y así poder realizar ciertas tareas en paralelo. Esto permitió alcanzar una performance imposible de conseguir en un procesador mono núcleo.

Los hilos son tecnologías que permiten dividir cada núcleo en dos, a nivel lógico o virtual, de forma de aumentar aún más su capacidad de procesamiento. En este caso, no se trata de núcleos a nivel electrónico sino a nivel lógico. Las tecnologías de multihilo o multithreading son HyperThreading para Intel y Simultaneous Multithreading para AMD.

Figura 9.11. El AMD Ryzen Threadripper PRO 5995WX cuenta con 64 cores y 128 hilos de proceso, 4 MB de caché L1, 32 MB de L2 y 256 MB de L3.

El concepto de hilo consigue cambiar de subproceso de manera extremadamente rápida, guardando el estado de cada uno de ellos mientras se trabaja en el otro y ahorrando tiempo de espera del procesador.

Un dato que no encontrarás en los datasheets de las CPUs es el IPC, o instrucciones por ciclo que el procesador puede ejecutar. Este es uno de los factores determinantes a la hora de medir el rendimiento de un procesador, junto con la cantidad de núcleos y la frecuencia a la que corre, ya que el rendimiento se calcula multiplicando la frecuencia del procesador por la cantidad de núcleos y por el IPC. De esta forma, un procesador con alta capacidad de IPC, aunque tenga una frecuencia menor en GHz e incluso menos núcleos que otro, tendrá un rendimiento superior. En contrapartida, un procesador, aunque sea inferior en IPC y en frecuencia, si tiene más núcleos que otro, podría tener un rendimiento mayor. Los procesadores Xeon de Intel, por ejemplo, tienen frecuencias más bajas pero un alto IPC y más núcleos que un procesador para uso doméstico, por lo cual son de rendimiento superior que otros con más frecuencia.

Esta mejora del rendimiento general elevando la cantidad de núcleos es una de las formas en que AMD logró desarrollar procesadores con mejor rendimiento que Intel, aunque en la actualidad, el IPC de ambos es similar. El IPC está determinado por la arquitectura del procesador así como por sus procesos de litografía. Lamentablemente, este parámetro no aparece en las páginas de los fabricantes, de modo que no puedes conocer el número exacto para cada procesador. Lo más cercano que puedes lograr para conocer el rendimiento es utilizar benchmarks o pruebas de velocidad capaces de comparar la potencia de una CPU frente a otra y, también, evaluar su rendimiento general.

9.2 ACTIVIDADES

A continuación verás las preguntas y los ejercicios que deberías saber responder y resolver para considerar aprendido el capítulo.

9.2.1 Test de autoevaluación

1. ¿Qué factores determinan el rendimiento de un procesador?

2. ¿Qué significa el multiplicador del procesador?

3. ¿Para qué sirve la memoria L4?

4. ¿Para qué sirve el multithreading?

5. ¿Qué diferencia hay entre un núcleo y un hilo de proceso?

9.2.2 Ejercicios prácticos

1. Busca en Internet la información acerca del modelo de procesador de tu equipo. Familiarízate con todos los aspectos que se incluyen.

10

CARACTERÍSTICAS E INSTALACIÓN

En este capítulo conocerás todos los detalles y características relacionados con los procesadores, así como también la forma correcta de efectuar su instalación.

10.1 ARQUITECTURA X86 Y X64

Existen, principalmente, tres diseños de arquitectura de procesador, que hacen referencia a su conjunto de instrucciones: **SISC** (*Simple Instruction Set Computing*), **RISC** (Reduced Instruction Set Computing) y **CISC** (Complex Instruction Set Computing). A este último tipo pertenecen los procesadores de la gama doméstica que seguramente utilizas. Su principal característica frente a sus hermanos es que permiten ejecutar operaciones complejas entre datos situados en la memoria o en los registros internos. Las operaciones complejas son reducidas a otras más simples, similares a las usadas por RISC, conocidas como microinstrucciones.

En el año 1971, una poco conocida Intel presentaba el primer procesador comercial del mercado, el 4004, desarrollado para usar en calculadoras. Luego siguieron el 8008 y el 8080, también con el mismo objetivo. En 1975 comenzó el desarrollo de una arquitectura de 32 bits conocida como iAPX 432. El proyecto resultó muy ambicioso, y viendo que la competencia de ese momento se preparaba para lanzar procesadores como el Z80 y el Motorola 6800, Intel decidió comenzar un proyecto temporal en mayo de 1976, que saldría al mercado en 1978: el mítico Intel 8086, abuelo de los procesadores actuales. Tenía transistores de 3 micras y una frecuencia máxima de 4.77 MHz, donde se integraba un nuevo set de instrucciones conocido como x86-16. En esa época, varias compañías distribuyeron clones del producto, entre ellas, Fujitsu, OKI y AMD, que, en algunos casos, incluyeron mejoras con respecto al original. En 1979, Intel presentó el 8088, una versión más económica del anterior y que IBM utilizó para su famosa IBM PC 5150, la primera computadora comercial de uso doméstico. De esta forma se sentaron las bases para el uso de la arquitectura x86 en el mundo de los equipos de escritorio. El 8086 fue considerado el primer procesador con arquitectura x86, que luego evolucionó a los modelos 80186, 80286, 80386 y 80486, más conocidos coloquialmente como 186, 286, 386 y 486. Luego Intel comenzó a llamar a sus diseños con el nombre Pentium: Pentium Pro, Pentium II, Pentium III y Pentium 4. Aún puedes encontrar estos procesadores en el mercado, aunque en modelos posteriores se utilizó Dual Core y Core dos Duo para definir procesadores con dos hilos y dos núcleos, respectivamente; así como Core dos Quad para arreglos de cuatro núcleos. En la actualidad, Intel llama a sus procesadores i3, i5, i7 e i9, siendo i3 una gama de entrada, i5 una gama media, e i7 e i9 la gama más potente.

Entre las mejoras implementadas se destacan: el tamaño del **bus**, que inicialmente era de 16 bits, luego de 32 y ahora de 64; los procesos de esculpido por litografía, que pasaron de 3 micras hasta 5 nm; la capacidad para realizar operaciones de coma flotante; y el agregado permanente de nuevas instrucciones, como las famosas MMX, implementadas desde los Pentium; SSE (*Streaming SIMD Extensions*) con sus versiones SSE, SSE2, SSE3, SSSE3 y SSE4, que implementa instrucciones para operar con datos de coma flotante; 3DNow!, que presenta una evolución sobre MMX; AVX (*Advanced Vector Extensions*); y AES (*Advanced Encryption Standard*), para el cifrado de datos.

Figura 10.1. Intel también incursionó en el nicho de los procesadores de bajo consumo para tablets y notebooks con su línea de procesadores Atom.

En el caso de AMD, desde sus comienzos tiene el licenciamiento de parte de Intel para utilizar el conjunto de instrucciones x86, lo que permite que ejecutes el mismo software en hardware completamente diferente.

Luego del uso masivo de x86, AMD desarrolló el conjunto de instrucciones x86-64, llamado AMD64, soportado por Intel y conocido como Intel64. Una vez más, tienen instrucciones casi idénticas, por lo que se los conoce, simplemente, como x64, retrocompatible con x86.

El primer procesador funcionando con AMD64 fue el Opteron, lanzado en abril de 2003. Le siguieron Athlon 64, Athlon 64 FX, Athlon 64 X2, Turion 64, Turion 64 X2 y Sempron. En las filas de Intel se implementó desde las nuevas versiones de Pentium 4, Pentium D, Pentium Extreme Edition, Celeron D, Xeon, Pentium Dual-Core, y los Core 2 en adelante.

10.2 INTEL VS. AMD

A la hora de comprar un procesador, puedes elegir entre dos marcas: Intel y AMD. Estas empresas rivales desde hace décadas compiten por la supremacía, sobre todo, en entornos domésticos, aunque ambas tienen también modelos destinados a servidores.

AMD siempre estuvo un paso detrás de Intel en cuanto a la potencia final de sus procesadores, pero al día de hoy, en algunos modelos de CPU ha logrado marcar una clara superioridad. En 2017, con el lanzamiento de los procesadores Ryzen, AMD pudo captar el interés de muchos usuarios al incorporar un diseño renovado con la arquitectura Zen. Si a esto le sumamos el desabastecimiento en 2019 de los productos de Intel, que no ocurrió con AMD, el mercado se volcó más a favor de esta última empresa.

Si estás pensando en realizar un ensamble desde cero, lo primero que debes analizar es para qué quieres exactamente al equipo, ya que eso determinará qué componentes usar. Si el objetivo es realizar tareas de oficina, será suficiente un equipo de gama baja o media; si lo usarás para gaming o producción gráfica o audiovisual, entonces deberás optar por procesadores con más núcleos y que brinden un rendimiento superior. Una aclaración importante: no caigas en la falsa creencia de que más es mejor. Para que un programa o juego se beneficie del multinúcleo, debe estar explícitamente programado para ello, de modo que aunque tengas un procesador de 64 núcleos y 128 hilos, algunos programas solo utilizarán cuatro o incluso uno (esto le pasó en un momento al propio Windows 10 con la gama Threadripper, donde solo en algunos procesos lograba utilizar una parte de los núcleos del procesador). Al momento de elegir los componentes, tomate un tiempo para estudiar los programas que se usarán en esa máquina y analiza qué recursos aprovecha mejor y cuáles no.

Como regla general, para tareas de oficina, no tendrás inconveniente con 4 núcleos; para gaming o diseño gráfico, se recomienda entre 6 y 8; para diseño 3D y renderizado empresarial, 8 núcleos como mínimo; y si el presupuesto te lo permite, elige alternativas con más núcleos aún, ya que, por ejemplo, en renderizados profesionales, que requieren varios días de cómputo, podría representarte una reducción de muchas horas de trabajo.

Para tener una visión más específica acerca de las capacidades de un procesador para una tarea puntual, puedes basarte en los **benchmarks** que se le han realizado. Se trata de programas que ejecutan un mismo bloque de código en todos los procesadores, generalmente renderizando una imagen en 3D. Primero utilizan todos los núcleos disponibles y, luego, uno solo. De esta forma, se obtiene un valor para mononúcleo y uno para multinúcleo, lo que representa la potencia de ese procesador, que permite ubicarlo en una lista con el resto de ellos. Así puedes saber qué tanto te conviene una CPU con respecto a otra y evaluar los precios del mercado de las diferentes alternativas que presenten un rendimiento similar. Esto es lo que se conoce como un benchmark sintético, ya que no utiliza un método específico para poner a trabajar al procesador, sino que aplica uno propio de mismo programa. Para ser un poco más exhaustivo, si piensas utilizar el equipo con programas más demandantes, como los de desarrollo 3D (Blender o 3D Studio), puedes buscar en Internet el rendimiento en esos programas en particular.

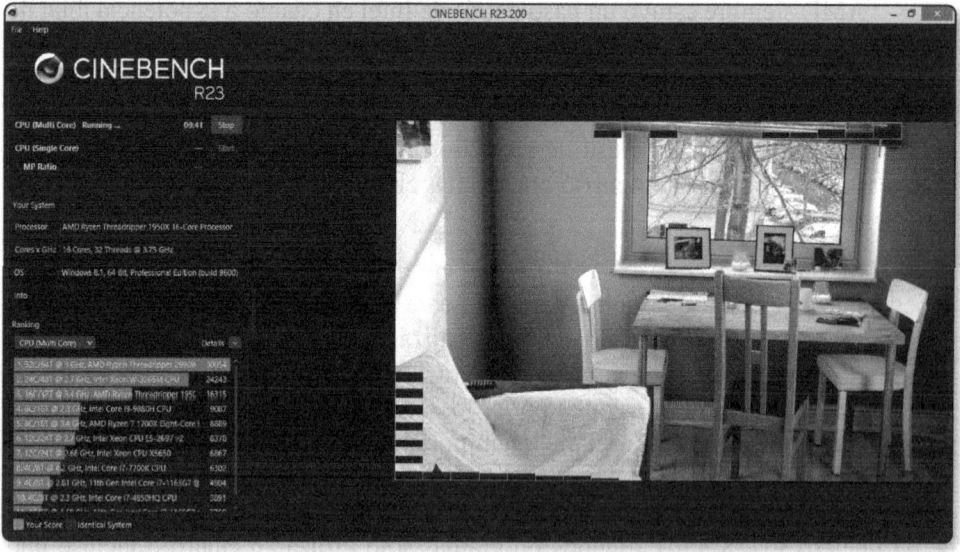

Figura 10.2. Con programas como Cinebench, puedes conocer el rendimiento de un procesador en benchmarks sintéticos frente a otros del mercado.

Finalmente, si el destino del equipo es el gaming, puedes buscar en Internet el rendimiento para diferentes videojuegos. Allí se los rankea frente a otros procesadores y, además, suele indicarse la cantidad de **FPS** (*Frames per Second*, cuadros por segundo) que el procesador es capaz de mostrar en ese juego específico. Estas medidas deben tomarse utilizando una resolución de 1080p, ya que en resoluciones superiores, más influencia tendrá la tarjeta de video, y lo que en este punto te interesa probar es el procesador.

10.3 APU VS. IGPU

Desde hace cierto tiempo, AMD comercializa los chips APU (*Accelerated Processor Unit*), los cuales, dentro de su encapsulado, incluyen núcleos convencionales y núcleos gráficos. Esto hace posible ejecutar video en 4k y 5k, además de disfrutar de videojuegos con gráficos medios o bajos. Si bien Intel también ofrece procesadores con tarjeta gráfica incluida, conocidos como iGPU, los APU cuentan con tecnología HSA (*Heterogeneus System Architecture*), la cual permite que los núcleos de cálculo compartan datos directamente con los núcleos gráficos, y que estos últimos realicen operaciones de cálculo. De esta forma, se aprovechan mejor los recursos disponibles, y se obtiene un procesador de prestaciones respetables, económico, ideal para trabajo y juegos en gama media-baja y con bajos niveles de temperatura. Cabe destacar que los procesadores con gráficos integrados (tanto de Intel como de AMD) suelen tener menor rendimiento que sus hermanos sin gráficos en tareas pesadas, por lo que no son recomendables para entornos de producción, aunque sí como gama de entrada doméstica.

Figura 10.3. Ten en cuenta que, si tu procesador no dispone de gráficos integrados, deberás adquirir una tarjeta de video dedicada. De lo contrario, no obtendrás imagen desde el puerto de video de la placa madre.

Otra de las ventajas que incorpora una APU es que AMD creó un área de memoria compartida coherente, donde tanto la CPU como la GPU pueden leer lo que la otra escribe, sin necesidad de utilizar un canal DMA (*Direct Memory Access*, acceso directo a memoria) exclusivamente para ese fin. Esto agiliza los procesos una vez más.

AMD cuenta con gráficos Vega Radeon, mientras que Intel utiliza en sus iGPU Iris Plus, UHD Graphics 730 y 770.

10.4 FAMILIAS DE PROCESADORES

Los procesadores se agrupan en familias con características similares. Para identificar cada una de ellas, el fabricante les asigna un nombre con el que saldrán al mercado. Dentro de una misma familia, cada generación de procesadores tiene varios modelos con sus prestaciones y características propias, además de las comunes a la familia. Esto garantiza la compatibilidad con la placa madre al soportar los diversos parámetros que maneja el procesador. Además del nombre de la familia del procesador, es común que encuentres referencias a los nombres de las arquitecturas usadas para su desarrollo; no confundas ambas denominaciones. A continuación, presentamos las familias de procesadores Intel y AMD.

10.4.1 Procesadores Intel

1ª generación (2008-2011)

En la historia moderna de Intel, en 2008 salieron las familias Clarkdale, Lynnfield y Gainestown, que sustituían a los famosos Core Quad y Core Duo.

Gainestown, también conocida como Nehalem-EP, es la familia de los Xeon utilizados para servidores. Contaba con 4 a 8 núcleos mediante una litografía de 45 nm, socket LGA 1366 y una frecuencia de hasta 3.33 GHz.

En la familia Lynnfield estaban los primeros Core i5 y Core i7, procesadores destinados a equipos de escritorio. Se presentaron en 2009; contaban con 4 núcleos a 45 nm, socket LGA 1156 y una frecuencia máxima de 3.06 GHz, con microarquitectura Nehalem.

Clarkdale, por su parte, presentaba procesadores de gama media y baja, con sus Core i3, i5, Pentium, Celeron y Xeon. Salidos en 2010, eran chips con microarquitectura Westmere y tenían 2 núcleos litografiados a 32 nm; utilizaban un socket LGA 1156 y operaban a una frecuencia máxima de 3.6 GHz. En esta familia se logró una reducción de un 30% del consumo de energía frente a los modelos anteriores, un 25% de velocidad en monohilo, y un 20% de aumento de frecuencia de trabajo. Soportaban memoria DDR3 a 1066 y 1333 MHz.

Figura 10.4. Los procesadores Xeon son usados en servidores, con un mayor IPC aunque, generalmente, con menor frecuencia.

2ª generación, Sandy Bridge (2011)

Esta fue la generación que vio juntos a todos los tipos de procesadores Core: Core i3 (2 núcleos y 4 hilos), Core i5 (4 núcleos y 4 hilos, 2 núcleos y 4 hilos), y Core i7 (4 núcleos y 8 hilos), implementados mediante un proceso de 32 nm en sockets LGA 1155 (escritorio) y LGA 2011 (servidores).

Esta generación presentó los primeros procesadores desbloqueados para overclock, que incluían en su modelo la letra K (por ejemplo, el 2600K). Esta familia también incorporó gráficos integrados, así como Intel Turbo Boost 2.0, e incrementó la frecuencia para lograr un rendimiento 11% superior y un menor consumo.

A finales de 2011, Intel presentó Sandy Bridge-E, con 2 procesadores i7; y Sandy Bridge-EN y -EP para procesadores Xeon, todos ellos pensados para servidores y workstations con socket LGA 2011.

3ª generación, Ivy Bridge (2012)

Esta generación de 22 nm basada en Sandy Bridge presentaba procesadores i3 (2 núcleos y 4 hilos), i5 (4 núcleos y 2 hilos) e i7 (4 núcleos y 8 hilos y una versión Extreme de 6 núcleos y 12 hilos), Pentium (2 núcleos y 2 hilos) y Celeron (2 núcleos y 2 hilos).

En 2013 se presentaron procesadores Ivy Bridge-EX, -EP y -E.

A partir del i5, se incluyó soporte para PCI Express 3.0, y también se admitieron velocidades de RAM de casi 2000 MHz, mejoras en el subsistema gráfico con soporte DirectX 11 y capacidad para manejar hasta tres monitores simultáneamente. Sin embargo, esta generación tuvo duras críticas, ya que no tenía casi ninguna mejora de rendimiento respecto de la anterior, y los materiales de disipación térmica eran de mala calidad, por lo que el procesador funcionaba a 10 grados más que sus predecesores.

4ª generación, Haswell (2013)

Fabricados mediante un proceso de 22 nm, incluían procesadores Core i3, i5 e i7, y utilizaban el socket LGA 1150 para escritorio y el LGA 2011-v3 para servidores.

Incrementaron el rendimiento en multihilo y monohilo con un consumo de energía superior. Seguían teniendo los problemas de temperatura de la generación anterior pero lograban un overclock con frecuencias de hasta 4.6 GHz. Incluían soporte Thunderbolt 2.0 y brindaban soporte dual-channel en DDR3 para un máximo de hasta 32 GB de memoria RAM; en la gama de servidores se adoptó la memoria DDR4 a 2133 MHz.

A mediados de 2014, Intel presentó Haswell Refresh, procesadores que ofrecían un leve incremento en la frecuencia así como una mejora térmica. Para utilizarlos, debías actualizar el BIOS de la placa madre si esta no era nueva (**Figura 10.5.**).

Figura 10.5. Si buscas las especificaciones de una placa madre, sabrás qué procesadores son compatibles, lo que te permitirá actualizarla si lo deseas.

5ª generación, Broadwell (2014)

Esta generación contaba con procesadores i3, i5 e i7, Xeon, Pentium y Celeron. Utilizaba el socket LGA 1150, desarrollado en 14 nm, y usando los mismos sockets que Haswell, se consiguió finalmente bajar la temperatura y el consumo del procesador. También se presentó la familia Broadwell-E, con algunos i7 con mejor rendimiento, así como los Intel Core M para portátiles Macbook de Apple. No se incluyeron grandes avances en cuanto a diseño o prestaciones.

6ª generación, Skylake (2015)

Construidos con un proceso de 14 nm, utilizaban el socket LGA 1151 y tenían soporte para PCIe 3.0 16x. Los IGPU soportaban DirectX 12 y se retiró el soporte VGA, para reemplazarlo por HDMI 1.4. Tenían DisplayPort 1.2 y eDP, lo que permitía conectar hasta 5 monitores en simultáneo.

Como datos anecdóticos, esta familia, como todas las de Intel, tenía su gama de procesadores overclockeables (modelos con K y X), pero si utilizabas una placa madre ASRock, una de sus actualizaciones de BIOS, por accidente, permitía modificar la frecuencia base, por lo que el desarrollador de motherboards debió eliminarla.

En su momento, otro dato anecdótico fue que solo era soportada por Windows 10, ya que en 2016 finalizaba el soporte de Microsoft para Windows 7, y la versión 8.1 no dio soporte a los chips Skylake hasta 2017.

En 2017, Intel lanzó Skylake-X, que era, en realidad, un relanzamiento de procesadores overclockeables i7 (8 núcleos y 16 hilos), así como el lanzamiento del i9 (18 núcleos con 36 hilos). Estos procesadores funcionaban con un socket LGA 2066 y alcanzaban frecuencias de hasta 4.5 GHz con un TDP de 165 W.

7ª generación, Kaby Lake (2016-2017)

Esta generación, desarrollada a 14 nm, continúa usando el socket LGA 1151, y al igual que la generación anterior, utilizaría LGA 2066 para Kaby Lake-X.

Hay muchos procesadores Kaby Lake para equipos móviles referenciados con letras Y o G en su modelo. Como mejoras, se agregó soporte para Intel Optane así como Hyperthreading en los modelos Pentium. También se presentó un i3 overclockeable, el i3-7350K.

8ª generación, Coffee Lake-S (2017)

Esta generación se lanzó a pocos meses de presentarse Skylake-X. Si bien no tiene cambios en su litografía ni en el socket (se rumorea que fue lanzada apresuradamente como respuesta a la salida al mercado de los primeros Ryzen), los i3 permanecen con 4 núcleos y 4 hilos, los i5 con 6 núcleos y 6 hilos, los i7 con 6 núcleos y 12 hilos, y se agrega el Pentium Gold con 2 núcleos y 4 hilos.

En esta generación se incluye soporte para la memoria DDR4 hasta 2666 MHz, lo que permite que el equipo gestione un máximo de 128 GB de RAM. Utiliza el socket LGA 1551 (**Figura 10.6.**).

Figura 10.6. El procesador tiene una marca en una esquina que debe coincidir con la marca del socket; si no respetas esto, lo dañarás.

9ª generación, Coffee Lake Refresh (2018)

Esta familia fue un relanzamiento de la familia anterior, donde se incluía el Core i9 en la gama de escritorio, con 8 núcleos, 16 hilos y una frecuencia turbo máxima de 5 GHz. Se brindaba la tecnología Turbo Boost al i3, y al i7 se lo dotó de 8 núcleos y 8 hilos.

10ª generación, Comet Lake (2019-2020)

Esta familia, fabricada a 14 nm, utiliza el socket LGA 1200 para los i3 (4 núcleos y 8 hilos), i5 (6 núcleos y 12 hilos), i7 (8 núcleos y 16 hilos), i9 (10 núcleos y 20 hilos), Pentium y Celeron. Soporta memoria RAM DDR4 con frecuencias más altas.

11ª generación, Rocket Lake-S (2021)

Utiliza el socket LGA 1200 con un diseño a 14 nm. Presenta cambios en su diseño para generar menos calor. Alcanza 5.3 GHz, ofrece una mejora del 19% de IPC frente a Comet Lake, tiene soporte para memoria DDR4-3200 MHz y soporte nativo de PCI-Express 4.0.

La nueva arquitectura de núcleos Cypress Cove logra un 19% de aumento en el IPC, incluye un nuevo sistema gráfico integrado Intel Xe-LP que brinda hasta un 50% más de rendimiento y trae Intel Deep Learning Boost para optimizar la carga de trabajo mediante inteligencia artificial.

12ª generación, Alder Lake (2022)

Utiliza el socket LGA 1700 con un diseño a 14 nm. Incorpora una arquitectura híbrida con núcleos de performance, llamados núcleos P (nombre clave Golden Cove), optimizados para trabajos con pocos subprocesos; y núcleos de eficiencia o núcleos E (nombre clave Grace Mont), optimizados para escalar cargas de trabajo con muchos subprocesos. Incorpora gráficos UHD Intel, que permiten video HDR de hasta 8K y hasta 4 pantallas 4K simultáneas, 20 líneas PCI-e (16 líneas PCIe 5.0 y 4 PCIe 4.0) y memorias RAM DDR5 de hasta 4800 MHz. Estos procesadores se desarrollan en un proceso que

Intel denomina Intel 7, que es una mejora con respecto al proceso de 10nm, lo cual se estima que brindará entre 10% y 15% más de rendimiento por vatio.

13ª generación, Raptor Lake (20 de octubre de 2022).

Su caballo de batalla es el i9-13900K, con 24 núcleos, 32 hilos y velocidades de reloj de hasta 5,8 GHz. Incluye compatibilidad con memorias DDR5 de hasta 5600 MHz e interfaz PCIe 5.0. Esta gama de procesadores está desarrollada con el proceso Intel 7 (10 nm) y utiliza el socket LGA 1700.

10.4.2 Nomenclatura Intel

Para diferenciar toda la gama de procesadores que ofrece Intel, el código brinda una serie de datos que te permitirán conocer las características de cada uno.

Intel Core: este parámetro indica la arquitectura actual.

I5: indica de qué gama de procesador se trata; i3 es gama de entrada, i5 es gama media, i7 es gama alta e i9 es gama muy alta.

El primer número que sigue a la familia indica la generación del procesador. Los siguientes son los números del SKU (*Stock-Keeping Unit*, número de referencia), un identificador que representa el rendimiento del procesador: cuanto más alto sea, mejor. Finalmente, hay una letra, que no siempre está presente:

Figura 10.7. Los números y letras impresos en el IHS brindan
información sobre las características del procesador.

▶ **X**: se refiere a Extreme; estos procesadores logran un máximo rendimiento, son los más potentes y, también, los más costosos.

▶ **K**: estos procesadores no tienen bloqueo de velocidad ni voltaje (conocidos como unlocked o desbloqueados). Admiten overclock y son los más buscados por los gamers.

▶ **T**: se encuentran optimizados para brindar mayor potencia.

▶ **H**: utilizados en portátiles, incluyen gráficos de alto rendimiento.

▶ **HK**: utilizados en portátiles, incluyen gráficos de alto rendimiento sin bloqueo de velocidad.

▶ **HQ**: utilizados en portátiles, incluyen gráficos de alto rendimiento con cuatro núcleos.

▶ **Y**: utilizados en portátiles, tienen un consumo muy bajo, lo que se traduce también en menor potencia.

▶ **U**: utilizados en portátiles, tienen un consumo ultrabajo, a tal punto que no requieren ventiladores.

▶ **P**: tienen un buen equilibrio entre rendimiento y consumo.

En algunos procesadores utilizados en equipos portátiles, la letra se encuentra entre la generación y el SKU del procesador, de forma que si ves una referencia a un código de procesador con una letra en el medio, se trata de un procesador de notebook.

10.4.3 Procesadores AMD

Si bien es cierto que AMD marcó un antes y un después luego de sus primeros procesadores Ryzen, con un incremento notorio en la capacidad de sus CPU, hay más integrantes de esta marca de procesadores, muchos de ellos, aún en funcionamiento. La empresa no presenta una familia diferente año tras año, con cambios de nombre de producto, como hace Intel. Por el contrario, a lo largo de los años ha relanzado sus productos con nuevas mejoras, política que puede resultar algo confusa a la hora de distinguir sus CPU.

Arquitectura Bulldozer

Esta arquitectura tenía dos tipos de procesadores FX: los basados en Zambezi y los basados en Vishera, a 32 nm, con socket AM3+, desbloqueados, con procesadores de 4 núcleos Bulldozer en la serie FX-8, 3 en la serie FX-6 y 2 en la serie FX-4, y con frecuencias máximas de 3.8 GHz a 4.7 GHz, dependiendo del modelo.

Procesadores Athlon

En esta gama de procesadores hay dos tipos: con y sin gráficos integrados. Los primeros están construidos a 14 nm y usan un socket AM4, cuentan con 2 núcleos y 4 hilos, e incorporan gráficos Radeon Vega 3 de 3 núcleos a 1000 MHz.

Los que no disponen de gráficos son procesadores evolucionados de la arquitectura Bulldozer, fabricados a 28 nm con socket FM2/FM2+.

Procesadores AMD serie A

Son procesadores más básicos que los Athlon y, además, no cuentan con tecnología multihilo. Hay opciones de entre 2 y 4 núcleos, utilizan en sus últimas versiones el socket AM4, mientras que los de la serie anterior usaban el socket FM2+; utilizan memoria DDR3. La serie A6 e inferiores cuentan con 2 núcleos y Radeon R5 Series, mientras que los A8 y superiores disponen de 4 núcleos con gráficos Radeon R7 Series.

AMD Raven Bridge (APU)

Esta es la plataforma de APUs, basados en la arquitectura Zen y Vega, y creados mediante un proceso de 14 nm, con procesadores como el Ryzen 3 2200G y Ryzen 5 2400G. Tienen un rendimiento de un 48% más que la APU más potente de AMD hasta la fecha, la A12-9800.

Figura 10.8. Los procesadores APU de AMD son una buena alternativa para equipos económicos y logran un buen desempeño en algunos juegos.

Arquitectura Zen (2017)

Entre los desarrollos más destacados de todos los tiempos por parte de AMD se destaca la arquitectura Zen para los Ryzen 1000, bajo el nombre clave Summit Ridge, a los que siguieron los procesadores de servidor Epyc y las APUs. AMD comenzó a utilizar una nomenclatura similar a la usada por Intel, agregando una serie 1000 en el código de sus procesadores desarrollados a 14 nm.

Los Ryzen 3 1200 y 1300X contaban con 4 núcleos y 4 hilos, con frecuencias máximas de 3.3 y 3.7 GHz, respectivamente. Los Ryzen 5 tenían 4 núcleos y 8 hilos, y 6 núcleos y 12 hilos, mientras que los Ryzen 7 contaban con 8 núcleos y 16 hilos. Algunos chips Ryzen traían gráficos integrados Radeon Vega 8 y 11 (procesadores APU), por lo que incluían la letra G en su código. En esta generación están el Ryzen 3 y el Ryzen 5, con ejemplos como el Ryzen 5 Pro 2400 G, con una frecuencia máxima de 4.2 GHz. Todos estos procesadores utilizan el socket AM4.

Para los más exquisitos, salió la línea Threadripper, con configuraciones de 8 núcleos y 16 hilos para el modelo 1900X, 12 núcleos y 24 hilos para el 1920X, y 16 núcleos y 32 hilos para el 1950X, con el socket TR4.

En cuanto al mercado de servidores, está la línea Epyc, que se diferencia de las versiones domésticas por tener un mayor número de núcleos, capacidad de gestionar 128 líneas PCI-e, soporte para más cantidad de memoria RAM y más memoria caché. También soporta configuraciones de múltiples chips y doble zócalo (dual-socket), que permite utilizar más de un procesador en la misma placa madre. Fabricados en 14 nm, utilizan el socket SP3.

Arquitectura Zen+ (2018)

La segunda arquitectura de Zen se llamó Zen+, y sus códigos de procesador se conocieron como Ryzen 2000 y Threadripper 2000 en sus respectivas gamas. Esta arquitectura continúa usando AM4 como socket, con litografía de 12 nm, y con procesadores Ryzen 3, Ryzen 5 y Ryzen 7, con la misma configuración de núcleos e hilos que la generación anterior; en el Ryzen 7 2700X alcanzan una frecuencia máxima de 4.3 GHz.

En su gama fuerte se destaca el Threadripper 2990WX, con 32 núcleos y 64 hilos a 4.4 GHz, conservando el socket TR4.

Arquitectura Zen 2 (2019)

La tercera arquitectura Zen (en este punto es donde empiezan las confusiones con las arquitecturas Zen) es la Zen 2, que salió a la venta en 2019 con la serie Ryzen 3000, conservando el socket AR4 y una litografía de 7 nm. En esta generación, la serie Ryzen 3 cuenta con 4 núcleos y 8 hilos, con frecuencias máximas de 4.3 GHz; los Ryzen 5 tienen configuraciones de 4 núcleos y 4 hilos, y 4 núcleos y 8 hilos, capaces de alcanzar, en algunos de sus modelos, 4.4 GHz de frecuencia máxima; los Ryzen 7 tienen 8 núcleos y 16 hilos, con frecuencias de 4.5 GHz; y los Ryzen 9, con configuraciones de 12 núcleos y 24 hilos, 16 núcleos y 32 hilos, y una frecuencia máxima de 4.7 GHz.

En cuanto a los Threadripper de esta gama, el salto fue a configuraciones de 24 núcleos y 48 hilos, 32 núcleos y 64 hilos, y 64 núcleos y 128 hilos, con velocidades máximas de 4.5 GHz. El socket utilizado fue el sTRX4.

Figura 10.9. Los procesadores de la tercera arquitectura Zen alcanzan frecuencias de 4.4 GHz, con un TDP de 65 Watts.

Arquitectura Zen 3 (2020)

La cuarta arquitectura de AMD, llamada Zen 3, continuó con el socket AM4 y una litografía de 7 nm, logrando una mejora del 19% de IPC respecto a la generación anterior.

Los procesadores Ryzen 5 de esta generación recibieron una configuración de 6 núcleos y 12 hilos con frecuencias máximas de 4.6 GHz; los Ryzen 7, 8 núcleos y 16 hilos a un máximo de 4.7 GHz; y los Ryzen 9, 12 núcleos y 24 hilos, y 16 núcleos y 32 hilos con frecuencias máximas de 4.9 GHz.

Arquitectura Zen 4 (2022)

Creados con un proceso de 5 nm para un socket AM5, los procesadores Ryzen serie 7000 cuentan con soluciones que van desde 6 núcleos y 12 hilos, hasta 16 núcleos y 32 hilos, velocidades turbo máximas de 5,7 GHz y caché de hasta 80 MB. Incluyen gráficos AMD Radeon.

10.4.4 Tipos de socket

El socket no es otra cosa que el punto donde se conecta el procesador con la placa madre, para proporcionarle energía e interconectarlo con el chipset del motherboard y el resto de los componentes. Dependiendo del tipo de socket, será la marca y el modelo del procesador que podrás instalar en esa placa, es decir, los que sean compatibles con ella. Esto es importante a la hora de armar un equipo nuevo o actualizar el procesador de uno existente. Tanto Intel como AMD tienen sus propios diseños, los cuales no son compatibles entre sí.

Para asegurar el procesador en la placa madre, se utiliza un sistema de sujeción basado en una palanca de metal que aprieta una pieza metálica o plástica e impide que el procesador se salga de sus contactos. La conexión del procesador al socket se realiza mediante tecnología PGA (*Pin Grid Array*, matriz de rejillas de pines) o LGA (*Land Grid Array*, matriz de contacto en rejilla). En este último, los pines de contacto se encuentran en el socket de la placa madre, mientras que el procesador dispone en su base de las conexiones para comunicarse con el socket. Intel utiliza este tipo de socket desde los procesadores Pentium 4, mientras que AMD prefiere los PGA, salvo para su gama Threadripper, que utiliza también LGA. Existe otra variedad de socket usada hoy en día, que es el BGA, frecuente en equipos portátiles o miniPC, donde el procesador está soldado a la placa madre; esto, desde el punto de vista técnico, no lo convierte en un socket propiamente dicho. En estos casos, la actualización es casi nula y muy costosa, ya que se debe desoldar el procesador mediante equipo especializado. Los procesadores que se desarrollan para este tipo de equipos terminan con la letra U en su nomenclatura (bajo consumo).

Los diferentes tipos de socket surgen de la constante necesidad de rediseñar las conexiones debidas a las nuevas arquitecturas que se desarrollan permanentemente. Intel suele llamar a sus sockets con el número de pines que tienen; por ejemplo, el LGA 1150 dispone de nada más ni nada menos que 1150 pines dispuestos dentro del espacio del socket; mientras que AMD prefiere utilizar una nomenclatura con letras y un número, como AM3, AM4 y FM2. En algunos casos, donde se actualizó un socket pero se mantuvo la compatibilidad, se agrega un signo + al final del nombre del socket, como el caso de FM2+ y Am3+. Entonces, simplemente actualizando el BIOS de la placa madre, se obtiene la nueva funcionalidad para las nuevas implementaciones que tendrán los procesadores de la serie plus (+).

Para saber qué tipo de socket utiliza tu equipo, solo debes buscar en el sitio web del fabricante guiándote por el tipo de procesador; también el modelo suele estar serigrafiado en la placa madre o estampado en el propio socket.

Figura 10.10. Los sockets PGA tienen los pines de contacto en el procesador y huecos de conexión en la placa madre. En la imagen, un socket AM4.

10.4.5 Sockets más comunes de AMD

Seguramente, en equipos más antiguos encontrarás algunos tipos de socket más, pero esta lista te asegura compatibilidad con los procesadores desde 2009 en adelante:

- **Am3**: lanzado en 2009 como reemplazo del socket AM2+, es compatible con sockets AM2 y AM2+; es usado por los procesadores Phenom II, Athlon II y Sempron, con 941/940 pines.

▸ **AM3+**: nacido en 2011 como actualización del AM3, es famoso por soportar la plataforma FX con procesadores de hasta 8 núcleos, como el FX 8320. Se utiliza en procesadores con arquitectura Bulldozer, como FX (Zambezi y Vishera), Phenom II, Athlon II y Sempron. Cuenta con 942 pines.

▸ **FM1**: se creó en 2011 para los K-10, la primera generación de APUs; posee 905 contactos.

▸ **FM2**: salió al mercado en 2012 para los procesadores de arquitectura Trinity, la segunda generación APU con 904 contactos.

▸ **FM2+**: este tipo de socket es utilizado por procesadores con APU, como las arquitecturas Kaveri y Godavari.

▸ **AM4**: apareció en 2016 y es utilizado por la gama de procesadores Ryzen de primera, segunda y tercera generación. Cuenta con 1331 pines.

▸ **AM5**: fue creado para la cuarta generación Zen, es del tipo LGA y tiene 1718 pines. A diferencia del socket TR4, no necesitarás herramientas especiales para instalarlo.

▸ **TR4**: creado en 2017, este socket fue introducido para los procesadores Threadripper, que tienen los pines en el socket en vez de en la CPU, como tradicionalmente hace AMD. Cuenta con 4096 contactos.

▸ **SP3**: creado en 2017 para los procesadores EPYC, cuenta con 4094 pines del tipo LGA.

▸ **sTRX4**: también conocido como Socket SP3r3, creado en 2019 para procesadores Threadripper del tipo Zen 2 (**Figura 10.11.**).

Figura 10.11. El socket TR4 del procesador Threadripper se abre mediante tres tornillos en su base.

10.4.6 Sockets más comunes de Intel

A continuación se presenta la lista de procesadores desde 2008 en adelante, pero esta vez, con la gama de Intel:

Figura 10.12. El socket 1151 es utilizado por Intel en la familia Coffee Lake.

- ▶ **LGA 1366**: salió al mercado en 2008, y es utilizado por los procesadores Core i7 de la serie 900, y los Xeon de las series 3500, 3600, 5500 y 5600.

- ▶ **LGA 1156**: creado en el año 2009, se usa en procesadores i7 800, i5 700 y 600, i3 500, Xeon X3400, L3400, Pentium G6000 y Celeron G1000.

- ▶ **LGA 1155**: se introdujo en 2011 con la arquitectura Sandybridge, como el 2600k, y luego le sucedió el Ivybridge. Algunos ejemplos son: los Core i3, i5 e i7 2000, Pentium G600 y el Celeron G400 y G500.

- ▶ **LGA 2011**: vio la luz para las arquitecturas Sandybridge-E e Ivybridge-E, diseñadas para estaciones de trabajo. Admite los procesadores Core i7 3000, i7 4000, Xeon E5 2000/4000 y Xeon E5-2000/4000 v2.

- ▶ **LGA 1150**: este socket apareció en 2013 y es usado por las arquitecturas Haswell y Broadwell. Está en los procesadores Core i3, i5 e i7 de cuarta y quinta generación.

- ▶ **LGA 2011-v3**: si bien es similar al LGA 2011, no es compatible con él. Es usado por procesadores con arquitecturas Haswell-E y Broadwell-E.

- ▶ **LGA 1151**: se lanzó en 2015 y es usado por procesadores Skylake y Kaby Lake, como Core i3, i5, i7 de la serie 6000 y 7000 respectivamente, así como por los Core i3, i5, i7 8000 y 9000 de la arquitectura Coffee Lake,

Pentium G y Celeron. Presenta dos revisiones que son incompatibles entre sí: una admite las generaciones 6 y 7, y la otra, las 8 y 9.

▶ **LGA 2066**: nacido en 2017, se usa en las arquitecturas Skylake-X y Kaby Lake-X.

▶ **LGA 1200**: diseñado en 2020 como reemplazo para el zócalo LGA 1151 para los procesadores Comet Lake.

▶ **LGA 1700**: diseñado para los procesadores Alder Lake de Intel.

10.5 INSTALACIÓN DEL PROCESADOR

La instalación del procesador en el socket de la placa madre es sencilla, pero aun así, debes tener ciertos cuidados. El primero y más importante es que todos tienen una posición correcta para ser instalados, por lo que no podrás solo depositarlo de cualquier manera: los pines de contacto tienen que ir alineados con una marca, tanto en el socket como en una esquina del procesador. El pin número 1 del socket se numera, realmente, como pin 0. Otro de los puntos que debes tener en cuenta es que los procesadores y el socket utilizan una tecnología conocida como ZIF (*Zero Insertion Force*, inserción con cero fuerza).

Como su nombre lo indica, esto significa que entrará sin que debas realizar ningún esfuerzo, de modo que si sientes que no encaja perfectamente en el primer intento, es que lo pusiste de forma incorrecta o algo está bloqueando los pines. Nunca hagas fuerza colocando un procesador en la placa madre.

Si estás realizando un ensamblaje desde cero, lo recomendable es instalar primero el procesador en la placa madre, y si piensas usar un disipador de stock, también instalarlo antes de insertar la placa en el gabinete. Si vas a usar una solución de disipación líquida, tal vez te sea más cómodo apretar los tornillos con la placa ya fijada en el gabinete. Por el contrario, si estás actualizando un equipo y cambiando el procesador, no es necesario que quites la placa madre para hacerlo, ya que puedes trabajar con el gabinete abierto.

10.5.1 Instalación del procesador (AMD e Intel)

Este procedimiento es válido para ambas marcas de procesadores, independientemente de si el socket es LGA o PGA. La gama Threadripper utiliza el socket TR4, que se ensambla de otra forma.

PASO 1

Localiza el socket y levanta la palanca metálica. Ubica la marca del pin número 1 en el procesador y en el socket, e insértalo en la posición adecuada. Recuerda que no debes hacer fuerza para que baje.

PASO 2

Vuelve a bajar la palanca metálica; notarás que el soporte se desliza nuevamente y el procesador queda sujeto.

10.5.2 Instalación del procesador AMD (Threadripper con socket TR4)

En este tipo de socket, la instalación es algo diferente de la que se realiza normalmente. Junto con el empaque del procesador, se incluye una herramienta dinamométrica, un tipo de destornillador que permite realizar fuerza hasta un punto específico. Asimismo, este tipo de socket no trae una palanca para levantar la sujeción del socket, sino que incorpora un sistema de 3 tornillos que deben manipularse en un orden determinado. Estampado en el propio socket verás que se indica **Open 3-2-1**, y en otra parte, **Close 1-2-3**. Cada uno de los tornillos está numerado, lo que significa que para abrir el socket, primero debes abrir el tornillo 3, luego el 2 y finalmente el 1, y para cerrarlo, debes hacerlo en el orden inverso.

PASO 1

Usa el destornillador para abrir los tornillos del socket en la forma especificada. Cuando termines, el protector se abrirá.

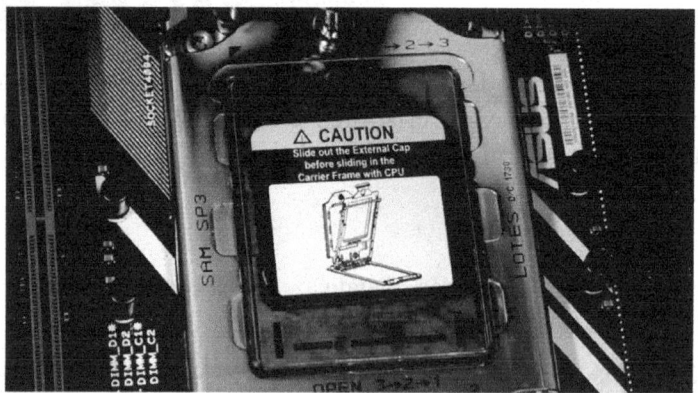

PASO 2

Levanta el protector y aprieta las lengüetas celestes para liberar la guía donde va el procesador. En cuanto lo hagas, podrás quitar el plástico transparente.

PASO 3

Inserta el procesador junto con su protector plástico naranja en la guía (donde previamente estaba el protector de plástico transparente).

PASO 4

Retira a presión el plástico negro que protege los pines en el socket y vuelve a bajar la guía, trabándola otra vez con las lengüetas celestes. Luego vuelve a bajar el seguro del procesador y atorníllalo, esta vez en el orden 1, 2, 3. Cuando termines, el procesador debe quedar firme en el socket.

10.6 ACTIVIDADES

A continuación verás las preguntas y los ejercicios que deberías saber responder y resolver para considerar aprendido el capítulo.

10.6.1 Test de autoevaluación

1. ¿Qué diferencia existe entre APU e IGPU?

2. ¿Qué diferencias hay entre PGA y LGA?

3. ¿Para qué sirven los números del SKU?

4. ¿Que significa que un procesador tenga la letra K en su nomenclatura?

5. ¿Que distingue al socket TR4 entre los demás sockets?

10.6.2 Ejercicios prácticos

1. Realiza un benchmark a tu procesador para conocer su rendimiento.

11

TEMPERATURA Y REFRIGERACIÓN

En este capítulo analizarás todos los detalles en torno a la temperatura de tu CPU y aprenderás qué pasos debes completar para encontrar una solución.

11.1 CPU Y TEMPERATURA

No es ningún secreto que las altas temperaturas son el peor enemigo de los procesadores. Si el sistema de refrigeración no es eficiente, lo primero que experimentarás será un efecto conocido como Thermal Throttling o estrangulamiento térmico, un mecanismo de seguridad impuesto por los fabricantes que implica que, al alcanzar cierta temperatura crítica, el procesador comienza a bajar su frecuencia y su consumo energético para no generar tanto calor, y esto hace que su rendimiento caiga de manera notoria. En caso de que un ordenador presente esta falla y sospeches que pueda ser por temperatura elevada, no la sigas usando. Si el Thermal Throttling se torna crítico, el equipo se apagará o se reiniciará para evitar daños. Cuando un procesador funciona durante mucho tiempo con altas temperaturas, comienza a dañarse a nivel interno hasta un punto donde deja de funcionar; además de dañarse el procesador, también el **VRM** de la placa madre puede verse afectado. Por lo tanto, la próxima vez que revises un equipo con este síntoma, controla las temperaturas de la CPU.

Quizá pienses que la lucha por combatir las altas temperaturas es una tarea exclusiva de los disipadores térmicos, con diseños tan exuberantes como eficientes. Pero, en realidad, la batalla para proteger al procesador comienza mucho antes, en el interior del propio procesador, en una pieza llamada **TIM** (*Thermal Interface Material*, interfaz de material térmico). Este elemento, soldado en el propio DIE, ayuda en el proceso de disipación de calor. Por su otra cara, el TIM está unido al IHS, de manera que funciona como un puente entre el calor del interior del procesador y el exterior. Otra función del TIM es contribuir a que la temperatura sea recibida en forma proporcional por el IHS. Así, al calentarse con uniformidad, puede transferir el calor al disipador que se acopla al procesador, en el cual, a su vez, se conecta un ventilador o un sistema de refrigeración líquida. El TIM se emplea de dos formas: como pasta térmica o como un material soldado al DIE conocido como sTIM (*Solder Thermal Interface Material*, material de interfaz térmica soldado). Este último es utilizado por Intel en procesadores de alto rendimiento, como las series X, XE o K; y por AMD.

Figura 11.1. Los disipadores del procesador necesitan mantener la pasta térmica en buen estado; con el paso del tiempo, se reseca y se endurece, con lo cual pierde eficiencia.

Entre los materiales que se emplean en el sTIM están: indio, titanio, níquel, vanadio y cobre. Además, se necesitan otros componentes para estabilizar la unión entre el silicio y el IHS, como el oro puro.

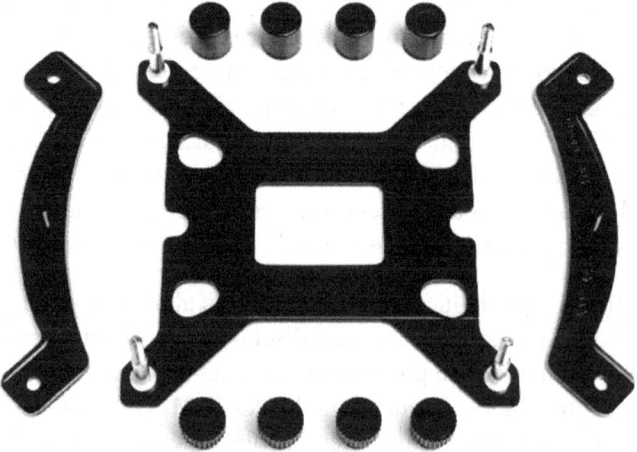

Figura 11.2. Con los sistemas de refrigeración más avanzados se incluyen piezas que les permiten adaptarse a diferentes tipos de socket. Antes de comprar un sistema, averigua si es compatible con el que usas.

Dentro de las especificaciones de cada procesador, verás un valor conocido como **TDP** (*Thermal Design Power*), que define la cantidad de calor que generará el procesador en carga máxima, medido en Vatios (W). Esta cifra no representa el consumo del componente sino el calor que producirá; cuanto mayor sea, más grande deberá ser la solución de enfriamiento seleccionada.

11.2 CPU PACKAGE, TUNION, TJ MAX Y TCASE

Para determinar la temperatura del procesador, dentro de él se integran sensores que brindan las lecturas utilizadas en el BIOS/UEFI y en los programas específicos para esta tarea.

Algunos de los términos empleados pueden parecer un poco crípticos, pero conociéndolos, sabrás de qué se tratan:

- ► **CPU Package**: este valor que aparece en muchos programas de medición de temperatura indica el promedio de temperatura del núcleo más caliente de la CPU.

- ► **Tunion**: es la temperatura que se registra actualmente en el núcleo del procesador, para ser más precisos, en la unión de los transistores, donde se producen las temperaturas más elevadas de la CPU. Este valor debe estar monitorizado y tiene que mantenerse en todo momento por debajo del valor de Tj Max. En cada núcleo hay un sensor independiente que toma la temperatura; de esta forma, la placa madre gestionará el flujo de corriente hacia cada núcleo del procesador, ya que dependiendo de la carga de trabajo de cada núcleo, es normal obtener lecturas diferentes en un mismo momento.

- ► **Tj Max** o **Tjunction**: también conocida como temperatura máxima de la unión, hace referencia al mayor valor que soportará el procesador en el núcleo; lo ideal es estar lo más lejos posible de este valor. Esta temperatura siempre es mayor que en el IHS, pero es el valor más importante para tener en cuenta.

  Como norma general, un procesador desbloqueado para overclocking tiene un valor de Tj Max más elevado que uno que no esté desbloqueado.

- ► **TCase**: es una lectura tomada en el centro del exterior del IHS; siempre será algo inferior al Tunion. Solo puedes conocerla si el sistema de refrigeración cuenta con un sensor de temperatura entre el IHS y la base del disipador. Conocer este valor puede aportarte algo de información, pero la medida indispensable es la que se origina en los núcleos de proceso, o sea, la de Tunion.

Dispones de varios métodos para medir la temperatura de un procesador. Algunos son parte de una completa suite de programas, otros son freeware e, incluso, puedes monitorizar este parámetro desde el propio BIOS/UEFI, sin siquiera depender de un sistema operativo, lo que lo hace ideal cuando sospechas que el equipo se reinicia por exceso de temperatura:

▶ **BIOS/UEFI**: para comprobar la temperatura con este método, debes entrar al BIOS de la computadora, por lo general, oprimiendo las teclas **F2** o **DEL** cuando aparece imagen por primera vez en el equipo (la tecla puede variar dependiendo de la marca y el modelo de la placa madre que utilices, por lo que, ante la duda, consúltalo en Internet). Dentro del BIOS busca una opción llamada **Hardware Monitor**, **HW Monitor** o **Health**.

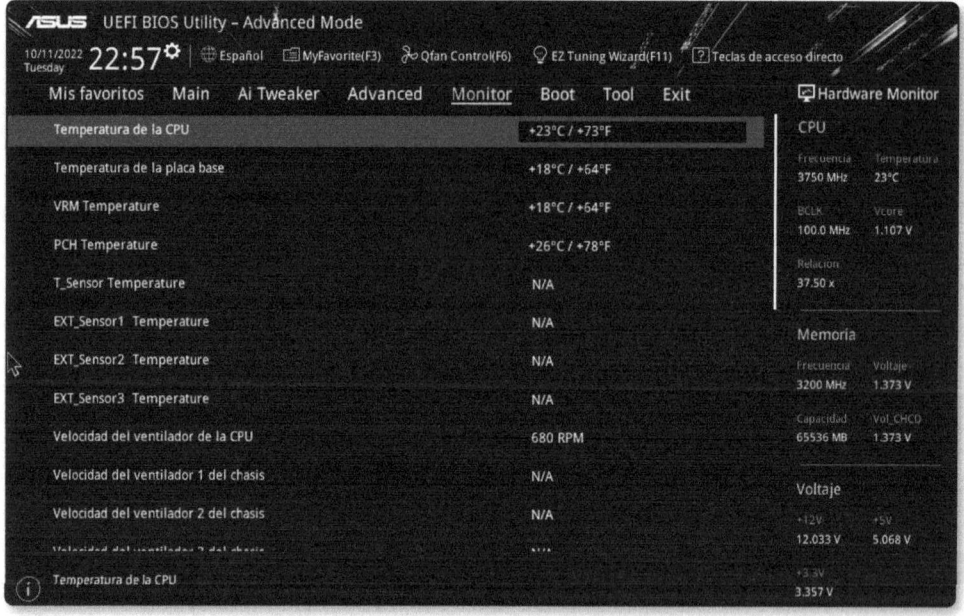

▶ **SpeedFan**: este programa freeware permite conocer la temperatura de un procesador así como la velocidad de los ventiladores. Puedes descargarlo gratuitamente desde su web oficial, en **https://speedfan.es**.

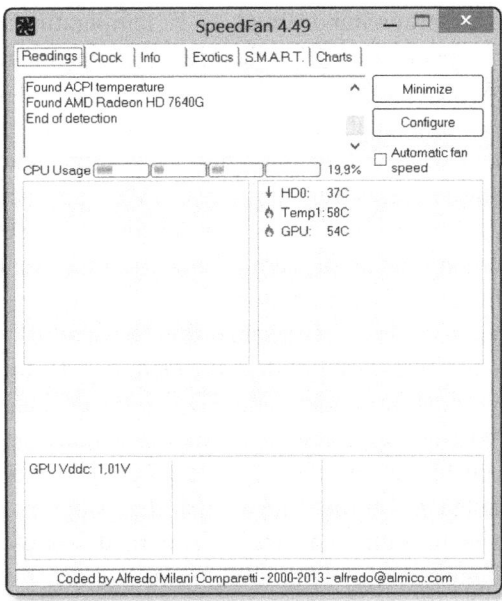

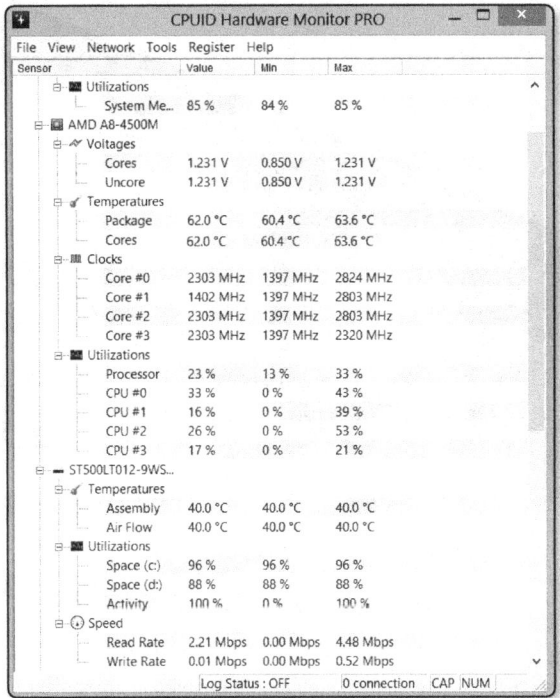

▶ **HWMonitor**: es un clásico para hacer diagnóstico de hardware. Entre otras opciones, te dará acceso a la temperatura de los núcleos. Puedes descargarlo sin costo alguno desde **https://hwmonitor.uptodown.com/windows**.

Si te estás preguntando cuál es la temperatura normal de trabajo de un procesador, eso depende de varios factores, principalmente, del tipo de procesador y de lo que esté haciendo. Hasta hace un tiempo, AMD se caracterizaba por tener procesadores que funcionaban a una temperatura superior a los de Intel, ya que utilizaban frecuencias de trabajo más altas. En la actualidad, ambas empresas ofrecen productos con temperaturas muy similares. AMD se caracterizó siempre por utilizar soluciones de refrigeración de stock (disipador térmico y ventilador que viene incluido cuando compras un procesador nuevo), más grandes y eficientes que Intel, ya que debían disipar más temperatura. Como referencia general, un procesador en estado **Idle** o en reposo debería presentar una temperatura inferior a 40 grados, entre 40 y 60 grados con una carga de trabajo media, y de entre 60 y 75 a plena carga (utilizando programas de renderizado 3D o jugando juegos de gran demanda). Si está entre 75 y 90 grados, posiblemente sientas los efectos del Thermal Throttling si la CPU no está desbloqueada. Con más de 90 grados ya te encuentras en un terreno peligroso, donde la CPU comenzará a sufrir daños por exceso de calor. Por lo tanto, si obtienes una lectura en este rango, primero debes efectuar un mantenimiento, que implica la limpieza y el cambio de pasta térmica. Luego vuelve a controlar la temperatura y, si no disminuyó, tendrás que reemplazar la refrigeración por otra más eficiente. Para conocer las temperaturas normales de trabajo de tu procesador, busca en Internet sus características.

Figura 11.3. Los sistemas de watercooling pueden ser del tipo all-in-one, que son los comprados y son herméticos, que no requieren mantenimiento, o pueden ser diseñados a medida.

11.3 SISTEMAS DE REFRIGERACIÓN

Con el aumento del poder de procesamiento, han ido aumentando las demandas para los sistemas de enfriamiento, que cada vez tienen que disipar más calor. En un principio, los procesadores no necesitaban sistemas muy avanzados, por los que algunos modelos incluso utilizaban una refrigeración pasiva; esto es, simplemente, un disipador de aluminio con aletas sujeto con pasta térmica sobre el procesador, sin ningún ventilador. Con las configuraciones actuales, esto sería impensable.

Figura 11.4. Los disipadores de stock son los que vienen con el procesador y suelen ser lo básico para refrigerar un equipo.

Luego, con la necesidad de una disipación térmica más elevada, se incorporaron pequeños ventiladores o fans, sujetos por tornillos a los disipadores. Más adelante se empezó a incluir un disipador más robusto y eficiente, y un ventilador que lo acompaña, con un flujo de aire más potente. En la actualidad, puedes contar con sistemas de refrigeración líquida que funcionan de la misma forma en que lo hace el de un automóvil. El calor del IHS es transferido a un bloque de cobre en cuyo interior circula agua, y es bombeado a un radiador metálico ventilado por dos o más fans, para luego reiniciar el ciclo.

Los disipadores suelen ser de aluminio o de cobre. Los primeros son más económicos y livianos; los de cobre son más caros y pesados, pero disipan mejor el calor.

Figura 11.5. Los sistemas de watercooling customizados se realizan a medida; son mucho más caros que una solución all-in-one, pero suelen ser más elegantes.

Un concepto que debes conocer en lo que a enfriamiento se refiere es el de la superficie de intercambio, que no es otra cosa que la cantidad de metal disipador que hay en un medio de disipación como el aire para los sistemas que ventilan con fan, o el agua para la refrigeración líquida. Basándose en este concepto, se desarrollan disipadores con una determinada cantidad de aletas metálicas para disipar el calor del procesador. El disipador de calor, como su nombre lo indica, actúa transfiriendo el calor desde el procesador hasta el aire, para así lograr un equilibrio térmico. En su fabricación se utilizan materiales como el aluminio o el cobre; este último presenta mejor coeficiente de conductividad térmica, pero es más pesado que el aluminio, por lo que tiene más efecto mecánico sobre la placa madre.

Figura 11.6. Los disipadores por aire de altas prestaciones pueden contar con uno o más ventiladores y ser de varios tamaños.

Para alcanzar mayores niveles de disipación térmica puedes optar por la refrigeración líquida o watercooling. Son sistemas que tienen un costo mayor que los disipadores por aire pero, a cambio, permiten obtener temperaturas más bajas y más estables, al contar con una mayor superficie de intercambio. Reciben el calor en una lámina metálica o bloque, como en los sistemas por aire, pero en este caso, por la lámina circula un líquido que es bombeado hasta un radiador donde se enfría mediante ventiladores, para luego reiniciar el ciclo. Estos sistemas ocupan menos espacio en el área del procesador que los grandes sistemas basados en ventiladores, y tienen mayor eficiencia. Otra ventaja de la refrigeración líquida es que su funcionamiento genera menos ruido que los ventiladores, incluso, cuando el procesador está sometido a cargas de trabajo elevadas. Este tipo de enfriamiento es ideal para equipos donde se realiza overclock o gaming.

Figura 11.7. Algunos disipadores cuentan con heat pipes, tubos de cobre generalmente con un gas en su interior que tienen una buena capacidad para conducir calor.

A la hora de ensamblar un equipo, ten en cuenta que tanto los disipadores por aire como la refrigeración líquida tienen uno o más sockets compatibles, lo que significa que no puedes utilizar cualquier modelo, sino que debes adquirir el adecuado para el socket del procesador que piensas usar. Algunas soluciones, como el caso de los Cooler Master Hyper 212, incluyen múltiples soportes intercambiables para varios tipos de socket.

Figura 11.8. Todos los sistemas de ventilación requieren que los alimentes de electricidad mediante el conector de 4 pines (PWM) en la placa madre, referenciado como CPUFAN.

En caso de que tu disipador utilice dos ventiladores, debes considerar que la posición de los ventiladores no es intercambiable: tienes que armarlos de forma que el aire sea lanzado hacia afuera del equipo. Para esto, debes formar lo que se conoce como efecto push-pull, o tira y empuja, donde uno de los ventiladores tira el aire fresco del interior del gabinete sobre el disipador metálico, y el otro ventilador empuja el aire caliente del disipador hacia la ranura del exterior del gabinete, para así expulsar el calor. La idea es que puedas formar un túnel de viento que haga entrar aire al gabinete por un extremo y lo saque caliente por el otro.

Figura 11.9. Puedes encontrar sistemas de ventilación horizontales, similares a los de stock, o verticales, para exprimir al máximo la ventilación. En la imagen, el Cooler Master i70C para el LGA1700.

Otro punto para tener en cuenta al hacer un ensamblaje nuevo es si piensas usar módulos de memoria RAM de alto perfil. Los sistemas de enfriamiento, sobre todo los de aire que no son de stock, suelen ocupar mucho más espacio y, en algunos casos, limitar el acceso físico a alguno de los bancos de memoria. Infórmate sobre este tema al momento de comprarlos, o podrías encontrarte con una sorpresa.

Los sistemas de watercooling suelen definirse por un número, generalmente, 240 o 360, aunque también puede haber alguno 120. Estos números indican el tamaño del radiador, el cual, a su vez, define el tamaño de los ventiladores, cuyo estándar es de 120 mm. Por lo tanto, un sistema 240 mide 240 mm de altura en su radiador, y puede ser refrigerado por dos ventiladores, uno sobre el otro. Por su parte, uno 360 soportará un máximo de tres ventiladores en sus 360 mm de altura, y los 120 tendrán un único ventilador. Algunas marcas también utilizan el formato de ventilador de 140 mm y todos sus múltiplos. La ficha de alimentación de la refrigeración suele tener 4 pines, es decir que funciona con PWM (*Pulse Wide Modulation*, modulación por ancho de pulso). Esto significa que permite controlar la velocidad de giro del ventilador en función de la carga del procesador. También encontrarás otros ventiladores que tienen solo 3 pines, en cuyo caso se regula la velocidad de giro por voltaje. Si compraste un disipador que incluye un ventilador de esta clase, deberás reemplazarlo por otro que disponga de 4 pines antes de instalarlo en el equipo. Un aspecto que es de vital importancia en el proceso de enfriamiento es el uso de pasta térmica, que ayudará a desplazar el calor del IHS hasta el disipador de cobre o aluminio. Si estás armando un equipo con piezas nuevas, el disipador ya traerá una pasta térmica preaplicada en el punto donde hace contacto con el procesador. Pero si estás realizando el mantenimiento de un equipo usado, es habitual que debas reemplazar la pasta térmica por otra nueva, ya que al secarse, pierde sus propiedades. Hay distintos tipos de pasta térmica, y diferentes calidades. Las mejores son las producidas por las marcas Corsair, Arctic, Noctua y Thermal Grizzly. En cuanto a los tipos, encontrarás básicamente tres:

- **Con base de silicio**: son pastas térmicas básicas, que sirven para equipos usados en entornos de ofimática, donde no se exige mucho del procesador. Presentan un bajo coeficiente de disipación de calor y no son conductoras eléctricas, por lo que no hay problema si se ensucian terminales y otros componentes con ella.

- **Con base de cerámica**: es la pasta térmica que tiene la mejor relación de disipación de calor para uso general. Está compuesta por partículas cerámicas en suspensión, no es conductora eléctrica y presenta mejor disipación que las de silicio.

- **Con base de metal**: esta pasta térmica está basada en partículas metálicas, de modo que se logra una excelente disipación térmica a costa de un alto grado de conducción eléctrica. Esto significa que debes aplicarla con extremo cuidado, ya que si gotea fuera del procesador, ocasionará un cortocircuito. Es un producto que se vuelve aún más líquido con el aumento de la temperatura.

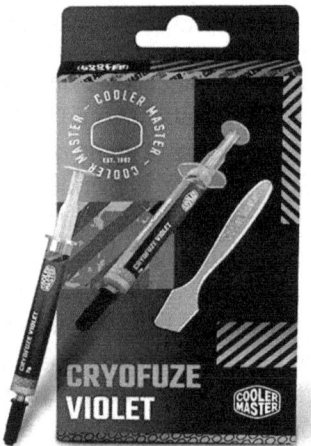

Figura 11.10. La pasta térmica es de vital importancia para el correcto enfriamiento de los procesadores.

La capacidad de una pasta térmica se expresa en Watts sobre metro **Kelvin** (W/mK). Esta unidad de medida indica cuánto calor en grados Kelvin es disipado por la pasta térmica en un metro cuadrado. Un valor más alto representa una mejor calidad.

11.4 CÓMO APLICAR PASTA TÉRMICA

Si estás armando un equipo tanto con disipadores de stock como con uno de marca, la pasta térmica suele venir precolocada sobre la superficie donde hace contacto con el IHS.

Si es un ensamblaje con piezas nuevas, posiblemente solo debas asegurarlo en la placa madre mediante tornillos o anclajes, pero si es un equipo usado al que estás realizando mantenimiento, entonces deberás primero remover el disipador para poder limpiar con una servilleta mojada en alcohol isopropílico (no uses otro tipo de alcohol) los restos de pasta térmica; recién entonces podrás aplicar la nueva.

Con respecto a este punto, hay varias formas de hacerlo. Recuerda que la idea es poder formar una fina capa de pasta entre el disipador y el IHS; esta capa es mínima, y al asegurar el disipador, este la apretará, con lo cual se expandirá por la superficie.

Si estás utilizando pasta térmica con base de metal, podría ser catastrófico si chorrea a otros componentes porque provocará un cortocircuito. Por eso, antes de utilizar este tipo de pastas, es mejor que adquieras práctica aplicando otras no conductivas.

En cuanto a cómo aplicar la pasta térmica correctamente y cómo no hacerlo, en las Figuras 3.11 a 3.14 puedes ver algunos ejemplos:

Figura 11.11. El método favorito por muchos: aplicar un montoncito de pasta del tamaño de una lenteja en el centro del procesador.

Figura 11.12. Otro método válido es aplicar dos líneas finas en forma de X.

Figura 11.13. Muchos prefieren aplicar un poco de pasta en el centro y, con una espátula, esparcirla en una fina capa sobre el IHS.

Figura 11.14. Este método es incorrecto, ya que al poner el disipador, se formará una burbuja de aire en el centro que, al expandirse con el calor, no disipará la temperatura.

11.5 INSTALACIÓN DE LA REFRIGERACIÓN

Independientemente del sistema de enfriamiento que estés instalando en tu computadora, hay dos métodos de anclaje a la placa madre: a presión o con tornillos. Esto aplica tanto para Intel como para AMD, y cubre tanto sistemas de disipación de stock, como disipación por aire especializada y watercooling.

Los anclajes a presión basan su funcionamiento en una placa metálica con bisagra y dos muescas que se insertan en placas plásticas o metálicas cercanas al socket del motherboard, utilizadas para asegurar el bloque metálico contra el IHS. Para instalar este tipo de disipador, primero debes hacer trabar el lado recto del seguro metálico y, luego, el que tiene bisagra. Para retirarlo, procede al revés, primero quitando la parte articulada y, luego, la fija.

11.5.1 Instalación de disipador a presión

PASO 1

Con el procesador ya instalado en el socket y la pasta térmica aplicada, asegura la traba a presión de la parte recta del seguro.

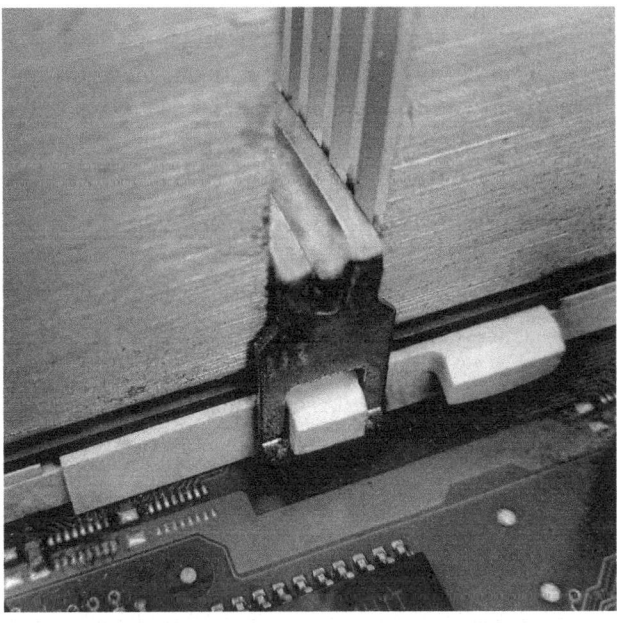

PASO 2

Apoya el disipador sobre el procesador con firmeza y asegura la traba con bisagra.

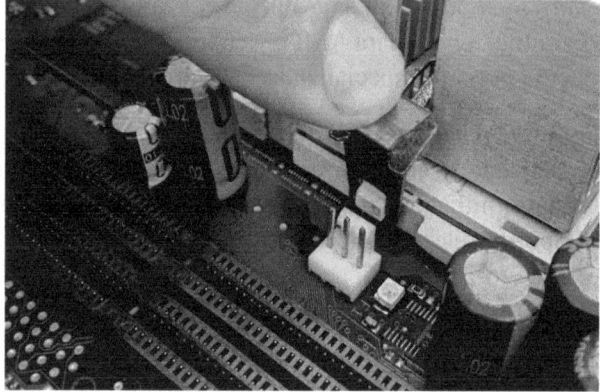

En algunos sistemas de disipación, la traba con bisagra es sustituida por una palanca plástica que hace el mismo efecto, manteniendo el disipador firme con la CPU.

En el caso de los disipadores que usan tornillos, los hay de dos tipos: los clásicos usados por Intel, que son una mezcla de presión y tornillo; y los usados por los Ryzen de AMD, que son con tornillo.

En estos últimos, simplemente debes emparejar los tornillos con los orificios de la placa madre y atornillarlos en diagonal; es decir, luego de apretar a medias el primero, haz lo mismo con el que esté en diagonal. De esa forma, el disipador apretará parejo en ambos bordes. Luego aprieta a medias los que faltan y, finalmente, dale una apretada a todos para dejarlos firmes. No excedas la fuerza sobre los tornillos o podrías dañar la placa madre (**Figura 11.15.**).

Figura 11.15. Muchas placas madre incluyen de fábrica un par de soportes para disipadores conectados a presión. Al removerlos, podrás usar los huecos de sus tornillos para atornillar el disipador que use ese sistema.

En los disipadores de stock de Intel, el proceso es una mezcla de tornillos y presión. Para comenzar, el disipador tiene unas trabas de plástico blanco y unos seguros de plástico negro, los cuales, a su vez, cuentan con un mecanismo que se libera dando un cuarto de vuelta en sentido antihorario y traba haciendo lo mismo en sentido horario.

11.5.2 Instalación de disipador de stock Intel

PASO 1

Coloca el disipador en posición con los seguros sobre los orificios de la placa madre y la pasta térmica ya aplicada.

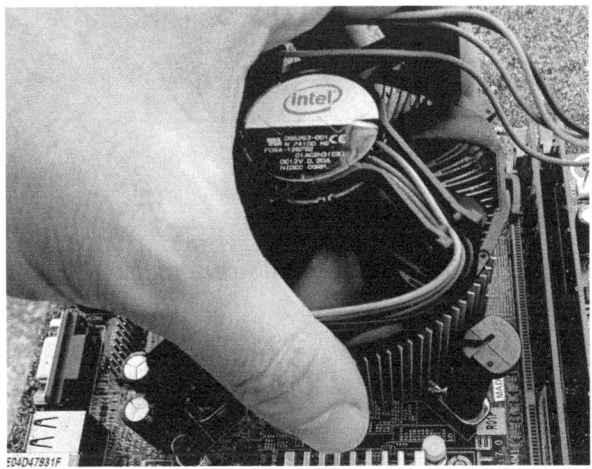

PASO 2

Empuja el plástico blanco hasta que el seguro salga por el otro lado de la placa madre. Haz lo mismo con el que se encuentra en diagonal y, luego, con los restantes.

PASO 3

Haz bajar el plástico negro de forma que abra las patas de plástico blanco y las asegure.

PASO 4

Gira un cuarto de vuelta cada tornillo para trabar el seguro de plástico del disipador. Asegúrate de que esté firme.

11.5.3 Instalación de disipador de stock AMD

PASO 1

Coloca en posición el disipador, con los tornillos sobre los orificios de la placa madre y la pasta térmica ya aplicada.

PASO 2

Usando un destornillador, aprieta a medias uno de los tornillos para asegurar la posición del disipador.

PASO 3

Aprieta el tornillo que está en diagonal al tornillo que apretaste; esto hará que el disipador baje en forma pareja. Termina de apretar el primer tornillo y luego sigue con los restantes.

11.6 ACTIVIDADES

A continuación verás las preguntas y los ejercicios que deberías saber responder y resolver para considerar aprendido el capítulo.

11.6.1 Test de autoevaluación

1. ¿Qué importancia tiene conocer el valor de Tunion y Tjunction de un procesador?

2. ¿Qué es el Thermal Throttling y cómo puede afectar al equipo?

3. ¿Qué indica el TDP del procesador?

4. ¿Qué significa el número 360 en un sistema de watercooling?

5. ¿Qué función cumple la ficha CPUFAN?

11.6.2 Ejercicios prácticos

1. Realiza el mantenimiento de la pasta térmica de un procesador.

2. Revisa la temperatura de la CPU mediante el uso de alguno de los métodos explicados.

12

PROCEDIMIENTOS AVANZADOS

Los procesadores no tienen muchas partes reparables a nivel técnico. Debido a su complejidad y su extremo valor en un ordenador, lo ideal, ante cualquier falla, es su reemplazo inmediato, más aún, si utilizas el equipo en entornos de productividad.

12.1 PINES ROTOS

Muchas veces pueden ocurrir accidentes armando un equipo, como que el procesador se golpee o se resbale de tus manos y se doble alguno de sus pines si es PGA o de la placa madre si es LGA, o incluso peor, que alguno de los pines se rompa. En este escenario apocalíptico, lo primero que debes hacer es evaluar el daño. Si solo se dobló uno o pocos pines, quizás el problema no sea tan grande; si se doblaron muchos, estarás ante un problema en el que tu habilidad y la propia suerte serán vitales; y si un pin se rompió, quizás aún puedas salir bien librado del asunto.

La diferencia entre el primero y el segundo caso es que deberás repetir la misma operación más veces en el segundo, además de que tienes muchísimas más posibilidades de partir un pin al manipularlo. Y si tienes más pines doblados, el golpe tal vez haya sido más fuerte y haya debilitado a otros más.

Para enderezar pines doblados, necesitarás un objeto plano y rígido, como una tarjeta de crédito vieja; también puedes valerte del centro de una lapicera vacía, una aguja de coser y una lupa para verlos mejor.

12.1.1 Enderezar pines PGA

PASO 1

Examina el procesador de costado, mirando entre las líneas de pines y buscando el que asome entre ellos por estar doblado. Gira 90 grados el procesador para revisar los pines por el otro lado e identifica dónde están los doblados.

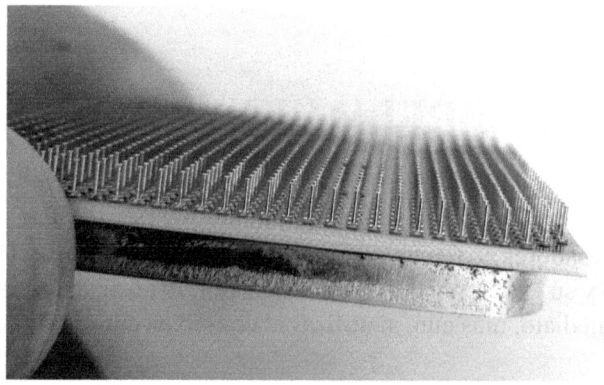

PASO 2

Si el pin está algo doblado, haz pasar una tarjeta de crédito vieja con cuidado entre las hileras de pines, ayudándote con la uña para hacer que el pin doblado se acomode mejor. Al pasar la tarjeta de un costado al otro varias veces, el pin se enderezará.

PASO 3

Si el pin está muy doblado, intenta hacerlo entrar en el interior de un depósito vacío de tinta de lapicera y, luego, con sumo cuidado haz palanca hacia la posición en que quieras poner el pin para enderezarlo.

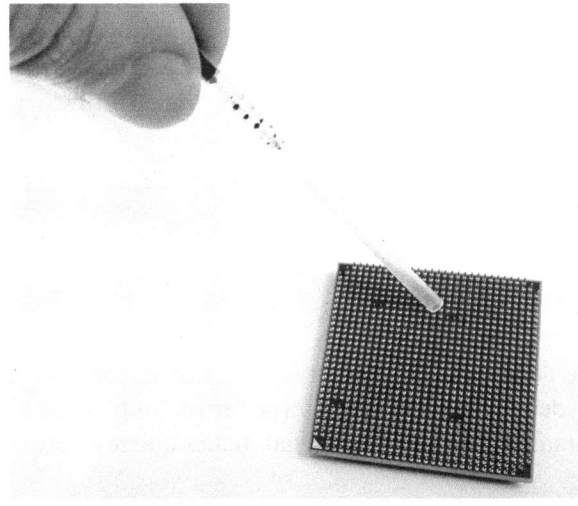

PASO 4

Puedes valerte también de la cabeza de una aguja de coser para meter el pin doblado dentro e intentar enderezarlo; ten sumo cuidado de no partirlo.

Luego de enderezar los pines, apoya el procesador sobre el socket.

Este debería bajar sin ningún tipo de esfuerzo; de no ser así, puede significar que los pines aún no estén del todo derechos y tendrás que volver a revisarlos.

Los pines LGA son un poco más difíciles de acomodar, ya que hay mayor densidad y, además, tienen un movimiento de arriba hacia abajo, como un resorte, al bajar el procesador. En este caso, las herramientas deberán ser una lupa para ayudarte a ver correctamente y una aguja de coser, porque no hay muchos otros elementos que puedan moverse entre los pines. Recuerda que no suelen ser pines flexibles, y si utilizas una pinza o destornillador, podrías quebrarlos.

12.1.2 Enderezar pines LGA

PASO 1

Valiéndote de la lupa, examina el socket para encontrar los pines doblados. Gira sobre la mesa de trabajo 90 grados para poder ver los pines desde varios ángulos. En este caso se suma una dificultad adicional: tienes que revisar que todos estén a la misma altura.

PASO 2

Utiliza la punta de la aguja (y un pulso admirable) para mover el pin doblado a su posición correcta. Si es necesario, gira la placa en la mesa de trabajo para encontrar el ángulo que te ayude a trabajar mejor.

Cuando termines de enderezar los pines doblados, revisa todo con sumo cuidado. Debes controlar que estén bien alineados y, además, que ninguno haya quedado tocándose con otro, ya que eso provocaría un cortocircuito que podría dañar tanto la CPU como la placa madre.

En el caso de AMD, los pines PGA que utiliza son completamente rectos, mientras que Intel, en sus LGA, utiliza pines inclinados que siguen un mismo patrón; en este último caso, tendrás que identificar los pines doblados revisando los que no cumplen dicho patrón.

Si experimentas un accidente con pines doblados, sobre todo en un socket LGA, ten cuidado de que no estén generando un cortocircuito.

Ante un pin partido, lo primero es determinar su finalidad. Es evidente que no todos los pines realizan la misma tarea y, por suerte, hay algunos, como los de alimentación o tierra, que son redundantes. Entonces, si se dañó uno de estos, quizás el problema no sea tan grave e incluso, sin hacer nada, el equipo pueda seguir funcionando, más allá de que la situación podría complicarse, por ejemplo, al hacer overclocking y necesitar un mayor consumo eléctrico.

Figura 12.1. Puedes buscar en Internet el plano del socket sumado a la palabra pinout o diagrama de pines, para conocer la funcionalidad de cada uno y su impacto en el equipo.

Por el contrario, si lo que dañaste es un pin correspondiente al manejo de un área específica, como podría ser un banco en particular de la memoria RAM o los puertos SATA en la placa madre, perderás esa funcionalidad, pero aún podrías utilizar el equipo conectando la memoria en otro banco o instalando una tarjeta de expansión con puertos SATA adicionales. Si lo que dañaste es lo que se conoce como un pin crítico, vital para el funcionamiento de la computadora, entonces el equipo no funcionará, a menos que logres reconectarlo.

En caso de que se haya dañado un pin en el socket, es probable que no haya otra solución más que reemplazar el socket completo. A veces el costo que esto tiene si debes recurrir a un tercero te lleva a evaluar si no será conveniente sustituir toda la placa madre.

Si el pin partido es en el PGA, las posibilidades de que lo repares aumentan un poco. En algunos casos basta con poner el pin partido en el hueco correspondiente en el socket y, luego, poner el procesador, de modo que, al quedar apretado por el seguro del socket, se forzará el contacto y funcionará aunque esté roto. Para hacer esto, debes tener extremo cuidado de estar colocando el pin roto en el hueco correspondiente, porque de no ser así, dañarás otro pin y la situación será peor. Si estás intentando este tipo de solución, recuerda que el procesador debe bajar con suavidad; en caso de que esto no ocurra, posiblemente signifique que pusiste el pin en un sitio equivocado y está empujado por otro pin que sí se encuentra en el procesador.

Quizá seas muy hábil con el cautín, y cuentes con un pulso de relojero y una lupa de aumento. Entonces puedes tratar de soldar el pin, tarea extremadamente difícil pero que, en algunos casos, da resultado. Una vez más, para hacer esto deberás ser un maestro de la soldadura.

Otro dato más: los pines PGA de AMD son más robustos que los utilizados por Intel. Como contrapartida, en los zócalos LGA de Intel hay más pines que los utilizados por AMD, con lo cual las posibilidades de dañar un pin crítico son algo menores, y sus sockets suelen estar un poco más protegidos.

12.2 OVERCLOCK

Posiblemente hayas escuchado este término muchas veces, sobre todo, en el mundo del gaming extremo. Esta práctica se basa en elevar la frecuencia del procesador para obtener un mejor rendimiento del que trae de fábrica. El objetivo es obtener el equilibrio entre tres factores clave: frecuencia, voltaje y temperatura.

Cabe resaltar que para hacer overclock, debes tener un procesador desbloqueado, y la placa madre también debe permitirte esta opción. Por lo tanto, si estás pensando en armar un ordenador y quieres aplicar esta técnica, tenlo en cuenta al comprar los componentes. Sin entrar en detalles, las placas madre que soportan overclock no solo disponen de esa función en su BIOS sino que, además, incluyen otras fases de alimentación, que están refrigeradas, y sus materiales son mejores que los de una placa convencional.

Dado que parte de lo que debes controlar en el overclock es la temperatura, precisas un buen sistema de refrigeración. Si piensas modificar la frecuencia de tu CPU, es recomendable que utilices un sistema de refrigeración líquida o, al menos, un buen sistema por aire, pero no lo hagas con la refrigeración de stock, ya que sería bastante limitada.

Debes tener en cuenta que tu computadora tiene que quedar estable luego del overclock. Esto quiere decir que, aunque el sistema operativo inicie correctamente, tienes que someterla a una **prueba de stress** para saber si puede soportar el funcionamiento con altas cargas de trabajo. De no ser así, el equipo se colgará con la clásica **BSOD**. Para overclockear un procesador, puedes hacerlo desde el BIOS o mediante programas del fabricante de la placa madre, aunque si los cambios no se guardan en el BIOS del equipo, se perderán al reiniciarlo (**Figura 12.2.**).

Lo primero que debes modificar es la frecuencia de trabajo de la CPU, pero si no cambias el voltaje, tendrás, por un lado, un menor rango de overclock y, por otro, quizá no obtengas un procesador estable, por lo que también deberás elevar su voltaje. En este punto, recuerda que no todos los procesadores son iguales; tal vez unos logren mayor frecuencia con menor voltaje, dependiendo de la calidad del silicio que te haya tocado.

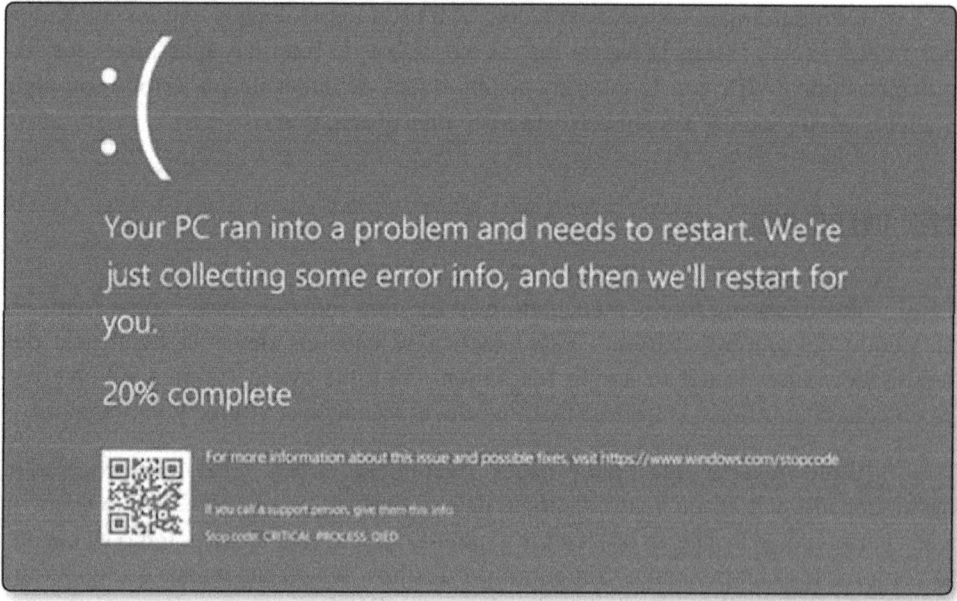

Figura 12.2. La pantalla BSOD es un clásico del overclock no soportado por el equipo. Si esto ocurre luego de modificar los parámetros, deberás seleccionar otros valores.

Cada procesador tiene su rango de voltajes de trabajo seguro. Esto significa que puedes configurar cualquiera de estos valores sin dañar el procesador y sin que este se degrade, pudiendo configurarlo en todas las frecuencias estables que alcance. Si superas ese voltaje seguro recomendado por el fabricante, comenzará a dañarse y se acortará la vida útil de la CPU.

Una aclaración: todas las plataformas tienen sus peculiaridades. Si bien comparten sus generalidades, no existe un método exclusivo que se aplique a todos los procesadores. Cuanto mayor sea el proceso de litografía usado, mayor será el tamaño de los transistores y más energía necesitará para funcionar, de manera que los parámetros de overclock que valen para una plataforma no lo harán en otra. Los procesadores actuales requieren menos voltaje que modelos más viejos. Por lo tanto, aquello que en un modelo se consideraría voltaje seguro, en otro más moderno sería dañino.

En la actualidad, el overclock se realiza modificando los valores del multiplicador. Antes también podías hacerlo modificando el FSB

(*Front Side Bus*), pero en este caso también se afectaban parámetros de otros componentes, como la frecuencia de la memoria RAM, PCI-e, puente norte y puente sur y, obviamente, del procesador.

Si la placa lo permitía, debías subir entonces el voltaje a todos esos elementos (era común dañar alguno de estos componentes realizando pruebas). Las plataformas más modernas overclockean solo mediante multiplicador. El FSB viene configurado a 100 MHz, y si intentas seleccionar un valor superior, el equipo no iniciará, y esto en caso de que el BIOS/UEFI te ofrezca modificar este valor.

En plataformas anteriores, debías modificar el FSB y, luego, ir cambiando todas las frecuencias y voltajes de los componentes afectados por ese cambio.

12.2.1 Realizar overclock

PASO 1

Accede al BIOS/UEFI de la computadora, generalmente, oprimiendo la tecla **DEL**, **F10** o **F2** (esto puede variar en algunos equipos). Busca una opción llamada **CPU Core Ratio**, que definirá el multiplicador aplicado a la frecuencia base. En este BIOS se encuentra dentro del menú **AI Tweaker**; también puede llamarse **OC Tweaker** o variar dependiendo de la placa madre. Aumenta el valor del multiplicador en 100 MHz.

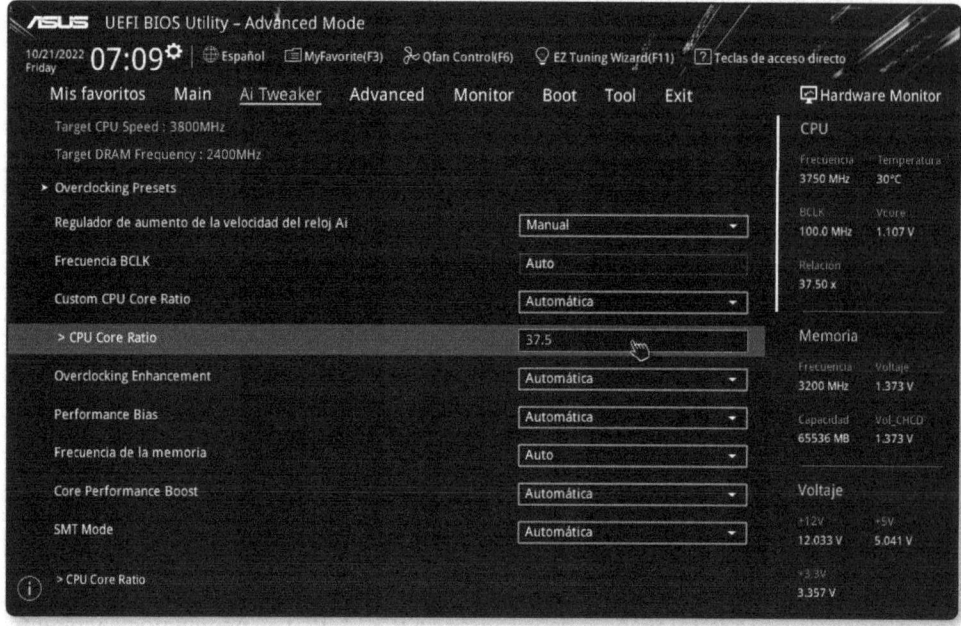

PASO 2

Localiza una opción en el menú que te permita modificar el **Voltaje del núcleo de la CPU**; si está en automático, déjalo así. También puedes ajustar este valor al máximo de voltaje soportado por la CPU.

PASO 3

Ejecuta una prueba de stress en el equipo para comprobar su estabilidad y temperaturas durante, al menos, dos horas. Puedes usar programas como Prime95, descargable en forma gratuita desde la web **www.mersenne.org/download**. Revisa que no haya cuelgues y que las temperaturas se mantengan dentro de los márgenes de tolerancia.

Si todo sale bien, puedes repetir el paso 1 y aumentar de a 100 MHz. Repite la prueba de stress. Si el equipo se muestra inestable o se calienta demasiado, reinícialo y baja a frecuencias que sí sean tolerables.

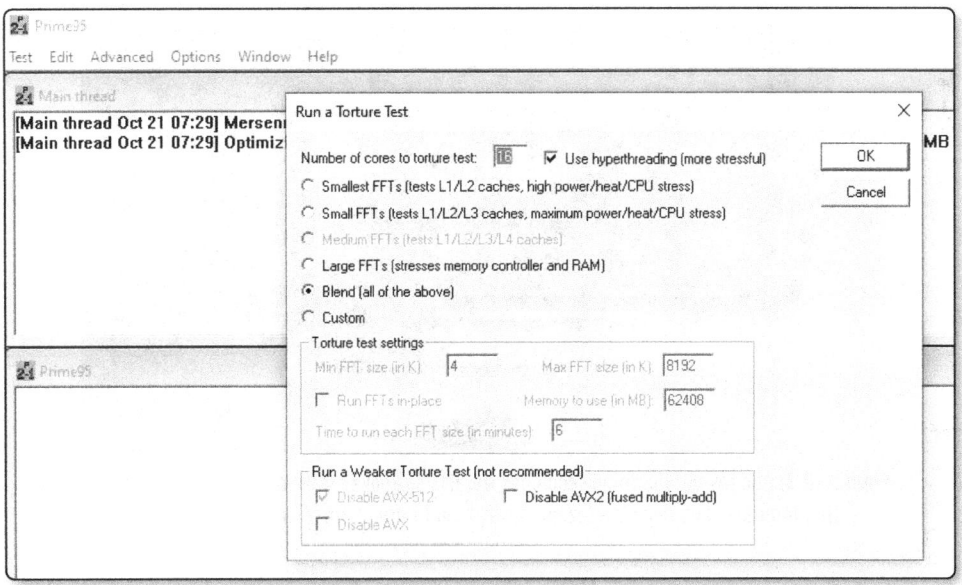

También puedes realizar overclock desde el propio Windows, sin entrar al BIOS del equipo, pero los cambios se perderán al reiniciarlo. Esta opción es ideal para hacer pruebas rápidas. Para procesadores AMD puedes usar el programa AMD Ryzen Master, y para Intel, Intel Extreme Tuning Utility (Intel XTU).

12.3 LAPPING

Si bien el IHS transfiere la temperatura al disipador, ninguna de estas superficies es completamente lisa. En ese punto es donde entra en juego la pasta térmica, cuya misión es llenar las imperfecciones que normalmente no tendrían contacto entre sí y ayudar a la transferencia térmica. En realidad, aunque la pasta ayude en la disipación de calor, también tiene cierto efecto aislante, porque suele tener un índice de disipación térmica de 5 a 15 W/mK (algunas de mejor calidad pueden llegar a más aún), mientras que el níquel del IHS tiene un coeficiente de 90,7W/mK y el cobre (que suele estar presente en los disipadores y debajo de la capa de niquelado) tiene una disipación de 380 W/mK.

La técnica de lapping es usada por algunos amantes de lo extremo, y lo que pretende hacer es reducir al mínimo esas imperfecciones, simplemente, lijando (con sumo cuidado) la superficie del IHS para dejarla lo más lisa posible y que así la pasta térmica tenga mínimo contacto entre ambas partes. Al tener menos pasta térmica, obtendrás mayor transferencia de calor, y eso hará que la temperatura baje en el procesador.

Figura 12.3. Puedes ver las imperfecciones del IHS si apoyas una tarjeta de crédito y usas una lámpara. Los rayos de luz se filtrarán en la unión entre ambas superficies.

Ten en cuenta que el IHS es sumamente fino, de modo que si lo lijas demasiado, lo atravesarás y ya no cumplirá su función. Si bien se trata de un método no convencional, los riesgos que corres haciéndolo consisten en la pérdida automática de la garantía del componente, ya que sería evidente que lo has manipulado; y que si lo haces sin cuidado podrías dañar al IHS. También debes limpiar bien el polvo que generes en el proceso porque es metálico y podrías ocasionar un cortocircuito entre los pines del procesador.

Para realizar lapping, necesitas lijas al agua de grano 800, 1200, 1500 y 2500, así como una superficie completamente lisa (generalmente se pega la lija en un trozo de vidrio).

También es recomendable usar guantes de látex para manipular el procesador.

Cuando termines el lapping, aplica pasta térmica entre el procesador y el disipador. Si es de metal líquido, la base del disipador debe ser de cobre; si es de aluminio, el metal líquido provocará corrosión y dañará la CPU al cabo de un par de semanas. El IHS es de cobre niquelado, aunque el proceso de lapping removerá el niquelado y dejará expuesto el cobre.

12.3.1 Realizar lapping

PASO 1

Coloca el vidrio sobre una mesa, apoya la hoja de lija de grano 800 sobre el vidrio con el grano hacia arriba. Utilizando guantes y con extremo cuidado, frota en círculos la superficie del IHS; verás que el grabado del modelo comienza a borrarse. Agrega un poco de agua en la lija para que no se empaste. Ten cuidado de no dañar los pines del procesador, así como de no mojarlos.

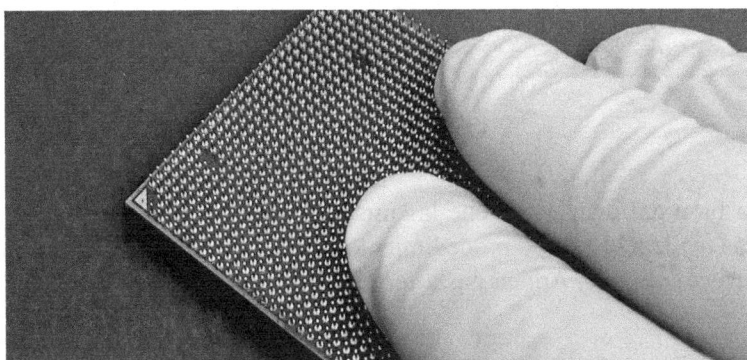

PASO 2

Cuando el grabado del procesador desaparezca, repite el paso utilizando la lija de grano 1200, luego pasa a la 1500 y finalmente a la 2500. Notarás que el IHS ahora es de color cobrizo y está reluciente en comparación con otro procesador.

PASO 3

Limpia el IHS con alcohol isopropílico y utiliza un cepillo para el área de los pines. La idea es eliminar todo el polvo metálico que pueda ocasionar daños al procesador.

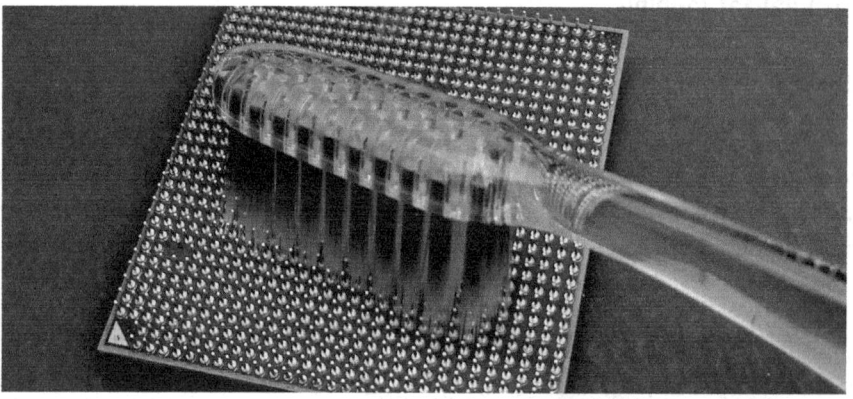

PASO 4

La base del disipador tiene las mismas imperfecciones que el IHS, por lo que deberás realizar el mismo procedimiento con ese sector para que el contacto sea lo más perfecto posible. Aplica pasta térmica de buena calidad y vuele a armar el equipo.

Cabe aclarar que esta técnica sirve más que nada para overclockers profesionales, ya que un procesador con su disipador y pasta térmica en buenas condiciones no presentará una diferencia muy grande de temperatura cuando se lo usa a frecuencias nominales.

12.4 DELID

Otra práctica poco ortodoxa y nada aconsejable, pero que algunos usuarios aún realizan para bajar la temperatura, es el famoso delid: remover el IHS del procesador y reemplazar su pasta térmica por otra de mejor calidad (algunos audaces incluso emplean metal líquido para disminuir aún más la temperatura final). El delid es, en realidad, una práctica desaconsejable porque tiene muchos riesgos, que debes evaluar a la hora de obtener algunos grados menos (en el mejor de los escenarios). Pero si vas a intentarlo, al menos te explicaremos los riesgos que corres y cómo debería hacerse. Lo primero que ocurre con un procesador al que aplicas esta técnica es que pierde automáticamente su garantía por haber sido abierto. Otro riesgo es, evidentemente, dañarlo. El IHS está pegado al sustrato del procesador, y para minimizar los riesgos, existen herramientas para delid que aseguran en su interior la CPU y ejercen una fuerza lateral en el IHS para forzarlo a que se despegue. Nunca utilices navajas, destornilladores u otra herramienta similar para abrirlo, ya que posiblemente lo dañes. Otro riesgo que corres si utilizas metal líquido como pasta térmica es que este haga contacto con algún componente de la CPU y provoque un cortocircuito. Finalmente, otro punto que debes considerar es que, al volver a cerrarlo, tienes que dejar un pequeño hueco sin pegamento por donde pueda salir el aire; de lo contrario, al calentarse y expandirse, provocará daños. En cuanto a los kits para delid, los hay de diversas marcas y tipos, si bien todos basan su funcionamiento en lo mismo: sujetar el procesador y girar un tornillo hasta que haga tanta presión en el IHS como para arrancarlo de costado. Antes de pensar en hacer delid a un procesador, infórmate si existe un kit para hacerlo; de no ser así, es posible que este se encuentre soldado al IHS y no puedas realizar esta tarea.

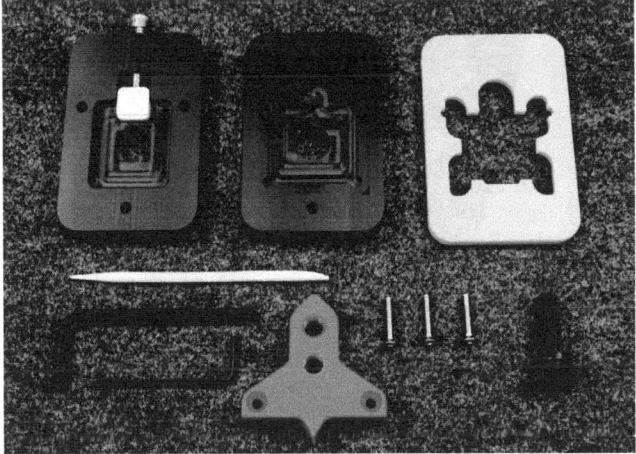

Figura 12.4. Puedes comprar completos kits para delid exclusivos
para el procesador que utilices, dependiendo del socket.

Este tipo de práctica se ha hecho con procesadores Intel, que no están soldados como ocurre, por ejemplo, con los Ryzen; el IHS se sujeta al PCB mediante pegamento. Los procesadores de generación 4, 6, 7 y 8 de Intel se caracterizaban por tener una pasta térmica interna de calidad bastante baja, por lo que muchos han realizado esta práctica en este tipo de procesadores. En otras generaciones se utilizó material térmico más eficiente, con lo cual ya no es necesario.

Como pegamento puedes utilizar alguno a base de silicona o el empleado para pegar pantallas de celulares y tablets.

Como ves, los riesgos son más que los beneficios y nada asegura que los grados menos que obtengas valgan la pena. Esta práctica solo debe ser realizada por overclockers profesionales que experimenten temperaturas demasiado altas luego de haber seguido los pasos convencionales para refrigerar el equipo.

12.4.1 Realizar delid

PASO 1

Asegura el procesador en el kit de delid que hayas comprado. Suele estar indicada la ubicación del pin 0; haz que ambos coincidan. Luego gira el tornillo lateral hasta que escuches el sonido del IHS desprendiéndose de la CPU.

PASO 2

Limpia con una servilleta mojada en alcohol isopropílico tanto el IHS como el procesador, para sacar restos de masilla y de pasta térmica.

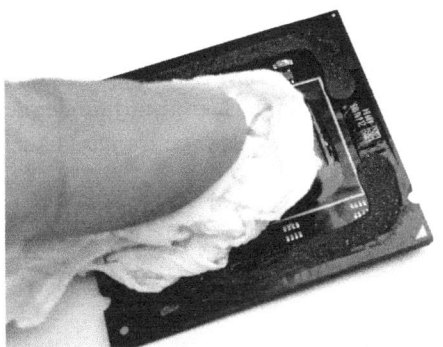

PASO 3

Aplica la pasta térmica en el DIE del procesador y en la parte interior del IHS, donde hace contacto con el DIE; ambas deben tener pasta térmica. Si piensas usar pasta metálica, protege con cinta adhesiva el sustrato del procesador, recuerda que una gota que se derrame puede estropearlo. Luego aplica una gota sobre una servilleta de papel y utiliza una espátula de plástico para aplicar una capa extremadamente fina de metal líquido. Finalmente, retira la cinta y asegúrate de que nada haya ensuciado el sustrato. Si usas pasta térmica no conductiva (utiliza una de buena calidad), no es necesario que tomes tantas precauciones y puedes aplicar un poco directamente sobre el DIE, como cuando reemplazabas la pasta térmica del disipador, sin aplicar cinta.

PASO 4

Utilizando la punta de un mondadientes, aplica pegamento en el IHS para volver a pegarlo al procesador. Recuerda dejar al menos un punto por donde pueda salir el aire caliente del interior. Por ejemplo, puedes aplicar una gota en cada esquina, ya que eso alcanzará para dejar pegado el IHS y permitirá salir el aire; además, te facilitará el desarme si más adelante debes volver a realizarlo. Vuelve a poner ambas partes en su posición original y aplica presión para sujetarlas hasta que seque el pegamento (unas 24 horas). Los kits de delid suelen incluir una prensa para hacerlo, de no ser así, usa una pinza de plástico.

12.5 ACTIVIDADES

A continuación verás las preguntas y los ejercicios que deberías saber responder y resolver para considerar aprendido el capítulo.

12.5.1 Test de autoevaluación

1. ¿Qué es el pinout de un procesador y para qué puede servir?

2. ¿Qué significa que un pin sea redundante?

3. ¿Qué es un pin crítico?

4. ¿Qué sucede al exceder el rango de voltajes seguro de un procesador?

5. ¿Cuál es la diferencia entre overclockear por FBS o hacerlo por multiplicador?

12.5.2 Ejercicios prácticos

1. Consigue procesadores viejos y endereza sus pines si están doblados.

GLOSARIO

▼ **Arquitectura:** estructura interna del procesador, disposición de sus componentes y sus capacidades, así como su conjunto de instrucciones.

▼ **Benchmarks:** en informática, comparativa entre diferentes productos del mismo tipo, destacando las ventajas de uno sobre otro.

▼ **BSOD:** sigla de pantalla azul de la muerte o pantalla negra de la muerte, es el nombre coloquial puesto por los usuarios a la pantalla de error crítico de Windows. Indica que el sistema operativo no puede seguir funcionando y muestra esos colores como fondo.

▼ **Bus:** camino físico por donde circula la información. Suelen ser pistas o cables, que interconectan los diversos elementos del sistema.

▼ **Chiplets:** encapsulados que contienen varios chips en su interior. A diferencia de la fabricación clásica, llamada monolítica, donde todos los componentes del procesador se esculpían en una única oblea, en este diseño se esculpen por partes que luego se interconectan.

▼ **CISC** (*Complex Instruction Set Computer*, computador con conjunto de instrucciones complejas): conjunto de instrucciones muy amplio que permiten operaciones complejas. Es el tipo de procesador que se encuentra en equipos domésticos.

▼ **Clock:** señal de reloj o clock, en electrónica digital, es una señal que sirve para coordinar las acciones de varios circuitos.

▼ **CMOS** (*Complementary Metal-Oxide-Semiconductor*, semiconductor complementario de óxido metálico): componentes que utilizan transistores para mantener los datos con un mínimo de corriente.

▶ **DRAM:** memoria dinámica de acceso aleatorio, tipo específico de RAM, más rápida que la convencional. Tiene un menor costo y admite una mayor densidad de datos.

▶ **FPS** (*Frames Per Second*, frames por segundo): número que da como resultado el framerate, que es la frecuencia a la cual un dispositivo muestra imágenes llamadas fotogramas, que componen una película o videojuego.

▶ **Idle:** se denomina de este modo al estado en que el procesador no está siendo utilizado por ningún programa.

▶ **Kelvin:** grados Kelvin, unidad de medida de temperatura en la que no hay números negativos, ya que lo más bajo es el cero absoluto, equivalente a -273.15 ºC.

▶ **Overclocking:** práctica que implica aumentar la frecuencia de reloj de un componente electrónico por encima de las especificaciones del fabricante, haciendo que realice más operaciones en el mismo lapso de tiempo.

▶ **Prueba de stress**: conjunto de pruebas que analizan las capacidades de rendimiento de una CPU al someterla a un uso máximo durante un tiempo prolongado, para llevar la potencia de procesamiento al límite.

▶ **RISC** (*Reduced Instruction Set Computer*, computadora con set de instrucciones reducido): procesadores diseñados para ejecutar un número reducido de tipos de instrucciones a gran velocidad.

▶ **Semiconductor:** elemento que se comporta como un conductor o como un aislante dependiendo de diversos factores, por ejemplo, el campo eléctrico o magnético que se le inyecte.

▶ **SISC** (*Simple Instruction Set Computing*): tipo de arquitectura de CPU orientada al procesamiento de tareas en paralelo.

▶ **SRAM** (*Static Random Access Memory*, memoria estática de acceso aleatorio): también llamada RAM estática, este tipo de RAM puede mantener los datos mientras siga alimentada, sin necesidad de circuito de refresco de datos.

▶ **TDP** (*Thermal Design Power*, potencia de diseño térmico): especificación medida en vatios que indica la cantidad máxima de calor que se espera que un componente genere.

▶ **TIM:** conocido como material de interfaz térmica, es el encargado de crear un intercambio de temperatura entre el IHS y el disipador de la CPU.

▶ **VRM** (*Voltage Regulator Modules*, módulos reguladores de voltaje): componentes electrónicos encargados de suministrar el correcto voltaje al procesador.

Parte 4

FUENTES DE ENERGÍA Y GABINETES

Fuentes de energía
Reparación
Gabinetes de PC
Mantenimiento preventivo y reparaciones del gabinete

13

FUENTES DE ENERGÍA

En electrónica, las fuentes de energía o unidades de fuente de poder (Power Supply Unit) son dispositivos capaces de convertir la corriente alterna (CA) en varias corrientes continuas (DC) para dar funcionamiento a varios tipos de aparatos, como computadoras de escritorio, notebooks, impresoras, etcétera.

13.1 QUÉ SON LAS FUENTES DE ENERGÍA Y SU IMPORTANCIA

Existen varios tipos de fuentes de energía, que se pueden clasificar en **lineales** y **conmutadas**. Las lineales son de diseño simple, aunque puede ser más complejo según la corriente que deban suministrar; tienen la desventaja de ser muy poco eficientes a la hora de regular la tensión. Las conmutadas, por su parte, pueden alcanzar la misma potencia que las lineales, y son más pequeñas y eficientes, pero más propensas a sufrir averías. Las fuentes lineales, físicamente, son más pesadas que las conmutadas: pueden pesar hasta 10 kilos, dependiendo de su uso; además, generan mayor temperatura y son más ruidosas.

Una fuente lineal está compuesta, básicamente, por un transformador, que es el encargado de reducir el voltaje de la corriente alterna y, junto a distintos componentes, dar como salida la tensión necesaria para el uso especificado.

La fuente conmutada necesita varios componentes que funcionan en conjunto y se encienden y apagan de forma constante para aumentar el voltaje; cuando se logra obtener un nivel aceptable, se pasa a otra etapa donde se vuelve a reducir el voltaje para alcanzar la potencia de salida adecuada.

Figura 13.1. Si bien existen cuatro tipos de fuentes de alimentación, las más comunes son las lineales y las conmutadas. La industria del hardware ha optado por la conmutadas porque desperdician menos energía, son eficientes, tienen mayor rendimiento y, físicamente, son más livianas. Tienen un menor costo de producción, y para el caso de las computadoras portátiles, son ideales porque no dependen de una ventilación activa para operar.

Las fuentes de computadoras son conmutadas. Cuentan con uno o varios **transformadores** para generar distintos voltajes, **diodos**, **reguladores** y **capacitores**, entre otros componentes. La construcción de este tipo de fuente es de bajo costo, y tienen un menor tamaño y peso que las lineales. Además, son fuentes capaces de lograr eficiencias energéticas de casi el **90%**, ya que no desperdician energía en forma de calor, como las lineales.

En la actualidad, se ha estandarizado el formato de la fuente de PC con el nombre de **ATX (Advanced Technology eXtended)**. Este formato fue creado en el año 1995 por un grupo liderado por la empresa americana **Intel**, y reemplazó a las fuentes **AT** que se usaban hasta ese entonces. El cambio fue muy significativo, ya que este nuevo formato soluciona varios problemas de su antecesor. Uno de los más importantes fue en el encendido y apagado de la computadora: no se necesita un botón de dos puntos para realizar esta acción, sino que con un simple pulsador se da encendido, y con una orden desde el sistema operativo se realiza el apagado. Quizá la desventaja es que estas fuentes siempre permanecen activas en un grado de voltaje menor y a la espera de que se accione el pulsador que va directo a un contacto de la placa madre.

El uso de las fuentes ATX también requirió modificar el diseño de otros componentes de las computadoras. Las placas madres cambiaron su factor de forma, al igual que los gabinetes, y los periféricos como teclado y mouse tuvieron que modificar su conector principal; con el tiempo, se incorporaron conectores universales para todo tipo de aparatos, denominados **USB (Universal Serial Bus)**.

Por otro lado, se destaca la presencia de un **cooler**, que actúa como extractor de aire para disipar rápidamente el aire caliente que se genera por el accionar de los componentes electrónicos. También hay un selector de voltaje para poder usar distintas tensiones según el país donde se comercialice la fuente.

Otro gran avance se produjo en la ficha principal que conmuta el motherboard. Esta ya no es dependiente de dos conectores, como sucedía en las **AT** (**P8** y **P9**), que iban colocados en una posición específica. En el formato **ATX** aparece un **molex** íntegro con 20/24 (20+4) contactos que opera las funciones energéticas requeridas por la computadora; con el tiempo también se incorporaron molex adicionales para uso de una placa de video o **CPU** con mayor potencia de consumo.

Las fuentes **ATX** presentan diferentes formas y dimensiones, que permiten a los usuarios optar entre distintos formatos de PC de escritorio según sus necesidades. Cada tamaño recibe un nombre para su identificación, y se estandarizó el formato para respetar la fabricación de cada uno de los componentes que integran el gabinete de la computadora. Estos son los tipos y dimensiones de las fuentes:

- ▼ **eATX: 30.5 cm × 33 cm (existen de menor altura)**
- ▼ **sATX: 30.5 cm x 24.4 cm**
- ▼ **mATX; ATX-28: 28.4 cm x 20.8 cm**
- ▼ **Micro ATX-24 (μATX): 24.4 cm x 24.4 cm**
- ▼ **Mini ITX (mITX): 22.9 cm x 19.1 cm**

Las fuentes **ATX** brindan alimentación energética a los componentes del equipo. Desde la pared obtienen corriente alterna (pared), una tensión de 110 V o 220 V según el país, y la convierten en corriente continua con distintos voltajes que serán suministrados a cada elemento. Para esto la industria fijó un estándar de voltajes identificados con cables de colores específicos y con fichas denominadas molex, que se anclan a cada componente.

Cable de color ROJO	Proporciona 5 V +
Cable de color AMARILLO	Proporciona 12 V +
Cable de color NARANJA	Proporciona 3.3 V +
Cable de color NEGRO	Es el neutro (-)

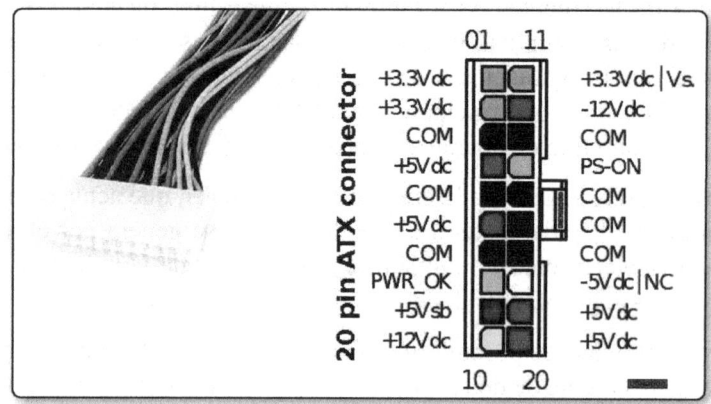

Figura 13.2. El molex principal de conexión de la fuente de poder que va a la placa madre tiene 20 o 24 pines. Estos son de varios colores, pero los principales son los que alimentarán los servicios de la computadora. En este esquema se observan todos los conectores y sus funciones, siendo algunos los que conmutan el encendido y apagado, y otros con funciones reservadas para uso de diversos servicios.

Cada servicio de un ordenador consume un voltaje determinado, aunque algunos necesitan más de uno para funcionar. Lo máximo que produce la fuente es 12 V, y este se usa en los componentes que suelen tener partes mecánicas; otros de menor grado tienen consumos que pueden rondar de 1 V a 5 V. Muchos servicios son alimentados por el motherboard, pero a razón de la proporcionalidad de voltaje que le envía la fuente de poder. Es por esta razón que la fuente debe ser de gran calidad y cumplir con las certificaciones necesarias para operar. La garantía de que una PC trabaje como corresponda y sin fallas parte desde el comienzo, es decir, desde la fuente de poder.

Figura 13.3. Las fuentes genéricas tienen los cables anclados al chasis. Los colores son universales y se aplican para identificar los voltajes. El conector principal que va al motherboard puede tener entre 20 y 24 pines, donde entre varias funciones está el encendido del equipo, el apagado y el reset. La posición de conexión es única y no hay manera de cometer errores, como sí sucedía en las viejas fuentes AT de los años 80 y 90.

13.1.1 Certificaciones y normas electrónicas de las fuentes ATX

En la actualidad existen distintas calidades de fuentes de energía, fabricadas con la intención de satisfacer las necesidades de los usuarios. No es lo mismo una fuente de poder para una máquina de escritorio que se usará para home-office, que una destinada a una máquina para uso exclusivo gamer. Estas últimas poseen componentes de mayor calidad, pero para la finalidad pertinente. Si bien todas las fuentes operan con el mismo voltaje, la potencia no es la misma, y tampoco el consumo.

Para entender este tema, veremos que en las fuentes, además del voltaje, intervienen también el amperaje y el consumo.

Voltaje	Es la magnitud encargada de establecer la diferenciación de potencial eléctrico que existe entre dos puntos. Las fuentes ATX transforman la tensión de 110/220 V a un máximo de 12 V para el uso de las computadoras de escritorio. En el caso de fuentes de poder para máquinas portátiles, pueden llegar a alcanzar los 24 V.
Amperaje	Es la intensidad de corrientes eléctrica, y cuanto más alta sea, más rápido se moverán los impulsos eléctricos dentro de un conductor.
Consumo	Se mide en Vatios (Watts) y se refiere a la potencia eléctrica y el consumo de los componentes.

Una fuente de poder **ATX** de excelente calidad necesita un equilibrio entre el consumo y el amperaje. Esto es lo que diferencia a una genérica de otra certificada.

Vamos a pensarlo de esta forma: una PC con placa de video de alto rendimiento para juegos necesitará una fuente de poder que proporcione gran caudal de energía (amperaje) y soporte el consumo que esta genere (vatios); en cambio, una máquina de uso básico, que tenga una placa de video integrada al motherboard o **CPU**, no requiere gran consumo, por lo cual una fuente base podrá cumplir con el objetivo de hacer funcionar dichos componentes. Además, las PC gamer tienen componentes extra que precisarán una gran fuente, varios coolers o un sistema de refrigeración líquida, quizá más de un medio de almacenamiento y una placa madre de gran porte.

Para calcular cuál es el consumo en vatios que puede llegar a soportar tu fuente de poder, es necesario que apliques una simple ecuación matemática:

VOLTAJE * AMPERIOS = WATTS (Vatios)

Para esto, lee la etiqueta pegada en la carcasa de la fuente y multiplica todos los voltajes por el amperaje que se especifica; luego suma los resultados para conocer el verdadero consumo soportado por la fuente de energía.

Figura 13.4. Si tomas esta etiqueta como ejemplo y realizas el cálculo matemático, verás los siguientes resultados considerando los voltajes más importantes:

5 V x 30 A = 150 W / 12 V x 15 A = 180 W / 3.3 V x 20 A = 66 W

Entonces podrás revisar los componentes de la PC, su voltaje y su consumo para saber si la fuente es apta. Una PC básica quizá no requiera más de 350 W, pero una con placa de video potente precisará más de 600 W.

Las fuentes se dividen en tres calidades: las genéricas, las intermedias y las certificadas.

▶ Las genéricas son básicas, con un amperaje ajustado y un consumo en Watts muchas veces no real. Las marcas suelen ser alternativas y casi siempre discontinuadas en el mercado. Por lo general, no vienen en caja ni traen manuales, y apenas contienen una etiqueta que suele mostrar algunos detalles. La certificación es elemental y funcional al país al que ingresan, y solo indica que son aptas para las normas eléctricas locales. Suelen no tener garantía de postventa o esta es de apenas pocos días, y si bien cumplen su función para máquinas muy básicas, no son nada recomendables en computadoras de alto consumo.

▶ Las fuentes intermedias responden a una marca específica, tienen mayor amperaje y su consumo es aproximado. Suelen tener garantía de postventa de algunos meses y certifican su operatividad con algunas normas de calidad a nivel internacional. La mayoría cuenta con un sistema de ventilación más grande que el de una fuente genérica, y la calidad de los componentes electrónicos hace que sean más eficientes que las más baratas del mercado.

   ▶ Las fuentes **ATX** certificadas son totalmente diferentes de las anteriores. Están respaldadas por grandes marcas del rubro informático, muchas de la cuales se dedican exclusivamente a la producción de este tipo de producto. Las certificaciones que reciben son a nivel internacional, con pruebas verídicas realizadas con exigencia de cada organismo certificante. Presentan normas eléctricas y componentes de gran calidad. Tienen garantía de postventa, y su información de consumo, tolerancia y potencia ofrece un mínimo margen de exactitud. Sin duda, son las recomendadas para equipos de estilo gamer.

13.1.2 Certificaciones

Las fuentes **ATX** certificadas tienen eficiencia **80 Plus** con distintos grados de producción. Esta certificación consiste en indicar que estas fuentes son **80%** o **90%** más eficientes que las comunes, y esto se produce cuando la carga es 20%, 50% y el 100% de su capacidad nominal y la energía que se pierde en el calor es de 20% o menos, lo que genera menos consumo y más versatilidad en el trabajo. Las fuentes **80 Plus** tienen varias calificaciones en cuanto a nivel de eficiencia, tal como se observa en la imagen.

Tipo de prueba 80 Plus	LOGO	115 V interna no redundante				230 V interna redundante				230 V EU interna no redundante			
Porcentaje de carga nominal		10%	20%	50%	100%	10%	20%	50%	100%	10%	20%	50%	100%
80 Plus		80%	80%	80%						82%	85%	82%	
80 Plus Bronce		82%	85%	82%		81%	85%	81%		85%	88%	85%	
80 Plus Plata		85%	88%	85%		85%	89%	85%		87%	90%	87%	

80 Plus Oro	80 PLUS GOLD		87%	90%	87%		88%	92%	88		90%	92%	89%
80 Plus Platino	80 PLUS PLATINUM		90%	92%	89%		90%	94%	91%		92%	94%	90%
80 Plus Titanio	80 PLUS TITANIUM	90%	92%	94%	90%	90%	94%	96%	91%	90%	94%	96%	94%

Figura 13.5. La certificación 80 Plus Titanium es la más alta del mercado actual. No hay dudas de que es lo mejor que puede ofrecer la industria en materia de fuentes de energía, ya que poseen componentes de altísimo nivel y gran durabilidad en el tiempo. Son 100% modulares, su ventilación ronda los 135 mm, la potencia puede alcanzar los 1000 W y tienen todas las normas de protección. La mayoría de los fabricantes ofrecen hasta 10 años de garantía o un equivalente a 100.000 horas de uso.

La variación de costos está en la calidad y certificación de la fuente. Desde ya, es muy importante que esta sea completamente funcional al tipo de PC que vas a armar y, en este sentido, no debes escatimar en el gasto.

En cuanto al factor de forma, existen fuentes certificadas **semimodulares** y otras completamente **modulares**. Esta diferencia radica en la forma en que se conectan los servicios. Las semimodulares tienen cables anclados al cuerpo de la fuente; el principal ofrece alimentación a la placa madre y los extras se utilizan para los procesadores de alta gama. Los otros servicios serán conectados a demanda y esto genera menor consumo del aparato. En cambio, las modulares se conectan a demanda, según los servicios que tengas. Los cables y conectores están totalmente separados del cuerpo de la fuente y por eso son más eficientes en el consumo. Desde ya, las fuentes de poder más económicas o genéricas no tienen esta característica, sino que el consumo es repartido entre todos los cables y conectores, con lo cual son menos eficientes.

Figura 13.6. Las fuentes ATX modulares se comercializan con los cables y conectores para enchufar a demanda. Las conexiones del chasis responden a un voltaje específico, y en la mayoría de los casos tienen asignados los servicios que soportan, como HDD, SSD o placas de video. Las fuentes semimodulares también poseen características de las modulares, pero habitualmente las fichas principales que van al motherboard están integradas en el chasis, con lo cual se abaratan algunos costos de producción.

13.2 CÓMO ELEGIR LA FUENTE SEGÚN LA NECESIDAD

En la actualidad, elegir una fuente de poder implica tener conocimientos sobre los distintos componentes que integran un ordenador. Es verdad que muchos gabinetes ya incluyen en su packaging una fuente genérica que será útil para ciertos propósitos. Ahora bien, si vas a armar una máquina potente para jugar, entonces deberás averiguar primero los consumos de todos los elementos que vas a incorporar en ella. Los fabricantes de hardware ofrecen en sus datasheets las características energéticas de sus productos; las encontrarás publicadas en sus sitios web junto a una recomendación para su uso.

13.2.1 Formato para el ahorro de espacio

Si la intención es ahorrar espacio para una máquina de oficina u hogareña dedicada al estudio o a hacer home-office, entonces lo mejor será optar por un gabinete y una fuente de estilo **ITX**. Se trata de fuentes más pequeñas que las convencionales, que se utilizan en gabinetes de estilo baby o slim para ahorrar espacio. Son algo más costosas que las **ATX** y más difíciles de conseguir en el mercado. Operan el mismo voltaje que todas, pero su amperaje puede ser más bajo y su potencia de salida ronda los 400 a 550 W. Se refrigeran por aire, aunque el cooler puede tener entre 4 y 6 pulgadas.

13.2.2 Las clásicas

Las clásicas **ATX** económicas son ideales para equipos hogareños con un consumo moderado y servicios estándar. Podemos imaginar una máquina con un motherboard con chipset y CPU adecuados para estudiar o trabajar, una o dos unidades de almacenamiento (tanto de estado sólido como mecánico) y periféricos de entrada y salida. Las fuentes genéricas vienen con un cooler de 8 pulgadas, pero algunas de mejor calidad de fabricación suelen incluir uno de 12 pulgadas ubicado en la parte inferior de la carcasa, con el objetivo de disipar el calor de manera más eficiente.

Lo importante al elegir este tipo de fuente **ATX** es prestar atención a los sellos que la homologan. Deben tener distinción de uso y aprobación de las normas más importantes a nivel mundial, y un sello de tu país para indicar que es apta para la tensión ofrecida.

En materia de potencia de salida, debe rondar los 450 W a 600 W, aunque las más estandarizadas del mercado actual son de 550 W.

13.2.3 Para el trabajo pesado

Las computaras multimedia o con un estándar de consumo más alto necesitan fuentes de potencia acorde. Lo ideal es contar con una cuyo mínimo sea de 600 W, aunque se aconseja optar por 650 W a 700 W según los requisitos del hardware. Por ejemplo, puedes elegir fuentes **80 Plus** en su versión estándar o bronce, pero hay algunas que no son de esta norma y funcionan perfectamente. Estas fuentes poseen un cooler de entre 8 y 12 pulgadas y, además, protectores de sobretensión que ayudan en su trabajo.

13.2.4 Para juegos y rendimiento extremo

Si tienes un ordenador gamer o de alto rendimiento, es necesario y obligatorio tener una fuente certificada **80 Plus** con un mínimo de 600 W reales o más para operar con tranquilidad. En caso de que vayas a realizar **overclocking** o si tienes dos placas gráficas y una **CPU** potente, tendrás que inclinarte por una fuente de 800 W en adelante con certificación plata o dorada. Esta fuente podrá ser semimodular o modular y deberá contar con un sistema de ventilación de al menos

12 cm. El detalle de luces RGB simplemente da la sensación del estilo que utilizan las computadoras de estas características; la mayoría de las fuentes traen luces y algunas admiten configurarlas. Un detalle de suma importancia es que posea los conectores adecuados para las tarjetas gráficas actuales, y si son nativos, mejor, porque en caso de que no los traiga, podrás adquirir adaptadores por separado.

Las fuentes gaming de calidad tienen un factor de corrección de potencia que es la relación entre la potencia real y la potencia aparente utilizada. Esta característica hace que la fuente opere de distinta manera cuando la variante de conversión de la corriente continua es convertida a corriente alterna para compensar las cargas y ser más eficiente en esta situación. Este parámetro se expresa como PFC y es un circuito que permite elevar el factor de potencia.

Otros aspectos para tener en cuenta a la hora de adquirir este tipo de fuente ATX son los siguientes:

- ▸ OCP (Overcurrent Protection Explained): es un sistema que protege ante la sobretensión, aplicando una corrección en caso de que esto suceda.

- ▸ OPP (Over Power Protection): en caso de que el sistema esté sobredimensionado y necesite mayor caudal de energía que la admitida, esta protección se activará y apagará el equipo. El parámetro puede rondar entre 50 y 100 W de exceso.

- ▸ OVP (Over Voltage Protection): si los valores de voltaje en la carga de la fuente suben por encima de los tolerados por el fabricante, la fuente activará una protección y apagará el equipo. La tolerancia puede ser de entre un 30 y un 40% sobre las líneas de 12 V+ y 5 V+.

- ▸ UVP (Under Voltage Protection): si bien es una protección muy común y está presente en casi todas las fuentes de poder, esta característica actúa cuando detecta que la carga es demasiado baja, por lo cual la fuente se apagará.

- ▸ SCP (Short Circuit Protection): en caso de que haya un cortocircuito, esta protección se encargará de evitar daños mayores a los componentes de la propia fuente y, por ende, protegerá el resto del hardware.

▶ OTP (Over Temperature Protection): esta característica sumamente importante hace que un sensor de temperatura detecte un exceso, que podrá ser por falla de la ventilación o por deficiencia en algunos de los componentes electrónicos de la fuente de energía.

Figura 13.7. Las características de protección térmica y energética deben estar publicadas en la etiqueta principal del chasis de la fuente; además, aquellas marcas que las respetan e incorporen también las informarán en sus sitios web, y eso es lo que debes investigar antes de comprar una ATX de gran calidad.

13.3 QUÉ DEPARA EL FUTURO

Con la aparición de la técnica de minería informática de los últimos tiempos, los usuarios que practican esta modalidad necesitan mayor potencia en las fuentes de energía y, desde ya, mucha más eficiencia. Es por eso que ya se está hablando de fuentes certificadas con las normas **90 Plus**.

Si bien los modelos titanium de las **80 Plus** alcanzan una eficiencia energética de un 90%, las 90 Plus se están imponiendo al menos desde la idea comercial de un pronto lanzamiento. Se han difundido imágenes de una fuente ATX con una potencia estimada de 2000 W y el logo **90 Plus Gold**, cuyas pocas características publicadas hablan de soporte para varias placas de video con el objetivo de establecer funcionalidad en el sector de la minería cibernética. Por otro lado, un portal de ventas chino está ofreciendo a la venta una fuente de 3600 W con certificación **90 Plus** y un cooler de 14 centímetros ideal para minería, que soporta hasta 12 placas de video en simultáneo. Lo que no se sabe a ciencia cierta es si es una publicidad engañosa o un error de escritura en la etiqueta, porque se ha observado una similar pero con certificado **80 Plus**.

Dejando al margen las especulaciones actuales, sin dudas la tecnología avanza, y más aún, en el sector energético, donde cada día se requiere más eficiencia, menos consumo y más protecciones como características primordiales. Es posible que en breve la norma **90 Plus** pueda ser estandarizada y comercializada por las grandes marcas de fabricación de fuentes de poder.

13.4 ACTIVIDADES

A continuación verás las preguntas y los ejercicios que deberías saber responder y resolver para considerar aprendido el capítulo.

13.4.1 Test de autoevaluación

1. *Establece en breves palabras la diferencia entre fuentes lineales y fuentes conmutadas.*

2. *Indica los voltajes pertenecientes a los cables de la fuente ATX según cada color:*
   - Amarillo
   - Rojo
   - Naranja
   - Negro

3. *Indica las características principales de una fuente certificada 80 Plus.*

4. *¿Qué es el PFC en una fuente de poder gaming?*

5. *¿Qué implica que una fuente de energía ATX sea modular?*

13.4.2 Ejercicios prácticos

1. *Toma una fuente de poder de cualquier índole y lee su etiqueta. Establece su potencia máxima en los voltajes de 12 V+, 5 V+ y 3.3 V+ realizando los cálculos pertinentes.*

2. *Busca en Internet una calculadora de Watts para determinar qué clase de fuente necesitas para armar una PC de escritorio con las características que desees.*

3. *Averigua por Internet el consumo de la placa de video de la empresa NVIDIA cuyo modelo es GeForce GTX 4090 para determinar qué clase de fuente necesitas para operar con ella y la certificación recomendada.*

4. *Toma una fuente de poder de una laptop e investiga su potencia y amperaje; determina según la simbología qué protecciones eléctricas posee.*

14

REPARACIÓN

La inestabilidad de la tensión eléctrica en diferentes regiones del continente, sumada a las deficiencias energéticas que se pueden dar por desgaste o incidencias climáticas, pueden provocar el mal funcionamiento de una fuente ATX. También, la falta de mantenimiento físico es capaz de causar sobrecalentamiento y desgaste en otros componentes del hardware. Muchas de estas fallas pueden corregirse y otras requieren hacer cambios a tiempo. El objetivo de este capítulo es que aprendas a detectar rápidamente los problemas en la fuente de poder y que tomes las mejores decisiones para resolverlos.

14.1 FALLAS COMUNES EN LAS FUENTES

Una fuente de poder se caracteriza, fundamentalmente, por generar la energía necesaria para que los distintos dispositivos de un ordenador puedan funcionar. Los voltajes están calibrados con márgenes de error muy pequeños, con lo cual, si se produce una variación en ellos, los componentes dejarán de funcionar a pleno o presentarán fallas. Lo importante es darse cuenta tiempo de estas situaciones para tratar de corregirlas y así evitar daños mayores. A continuación, describiremos distintos problemas que pueden presentarse en las fuentes de energía.

14.1.1 La PC no enciende

La falla más notoria de la fuente de energía es no producir el encendido del equipo. Al tratar de hacerlo, no se genera ningún tipo de actividad, lo cual indica que el hardware no recibe energía.

En principio, debes verificar que el problema no esté en el cable toma corriente que ingresa la **corriente alterna (CA)**.

Este puede haber sufrido un desgaste, un corte interno o un sobrecalentamiento por sobrecarga. En este caso, te recomendamos probar con un cable sustituto o, si tienes un **multímetro**, puedes medir la tensión y la continuidad para verificar si está sano.

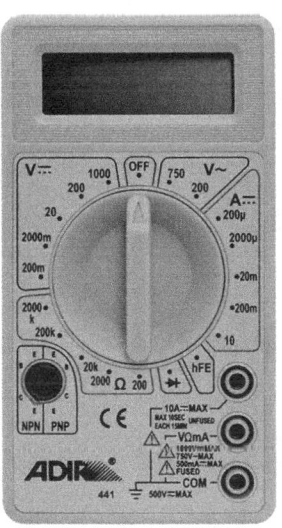

Figura 14.1. El téster o multímetro tiene dos sectores para la medición de corriente. El denominado ACV / AC, o con la simbología V~, identifica a la corriente alterna y su escala ronda entre 200 y 750 voltios, la adecuada para medir tensión de pared. La otra escala se llama DCV / DC, con la simbología V... (corriente continua). Las escalas varían desde 1000 milivoltios hasta 1000 voltios; esta última es ideal para medir baterías o pilas. La escala más usada para medir voltajes de conversión de la fuente de poder es 20 V.

PASO 1

Coloca el multímetro en la escala **ACV (V~)** de **750 V**.

PASO 2

Enchufa el cable a la corriente alterna de la pared; asegúrate de que el enchufe funcione correctamente.

PASO 3

Toma el puntero rojo del multímetro y colócalo en un orificio del cable Power de alimentación. Haz lo mismo con el otro de color negro, pero en el extremo opuesto. Por lo general, el de tu derecha será el positivo y el de la izquierda, el negativo; el de abajo no tendrá tensión porque es la tierra (no se mide).

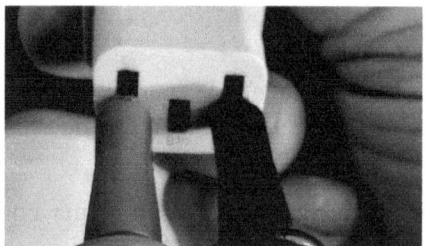

PASO 4

La medición debe dar un valor cercano a la tensión de tu zona. Si es 0 (cero) o un valor bajo, entonces el cable de corriente está fallando o directamente no funciona.

14.1.1.1 ¿LA FUENTE CONVIERTE LOS VOLTAJES?

Si luego de hacer la medición del **cable iterlock** de tensión los resultados son positivos, entonces debes medir la fuente y su salida de voltajes.

Para hacerlo, lo ideal sería desmontar la fuente del gabinete y retirar todos los molex que van a los servicios. Para mayor comodidad, haz este procedimiento con la fuente sola.

Para medir los voltajes de salida de la fuente ATX, necesitas contar con un multímetro y un elemento metálico para realizar un pequeño puente (puede ser un trozo de cable fino o un gancho tipo clip).

PASO 1

Toma la ficha molex principal que va a la placa madre de 20 o 24 pines y coloca un elemento metálico que permita generar un puente entre los conectores de los cables de color verde y cualquiera de color negro. Este proceso hará que la fuente encienda sin necesidad de tener un botón conmutador.

Ten en cuenta que, al realizar el procedimiento, tendría que encender el cooler de la ATX. De no ser así, es que hay una falla grave en el sistema electrónico de la fuente.

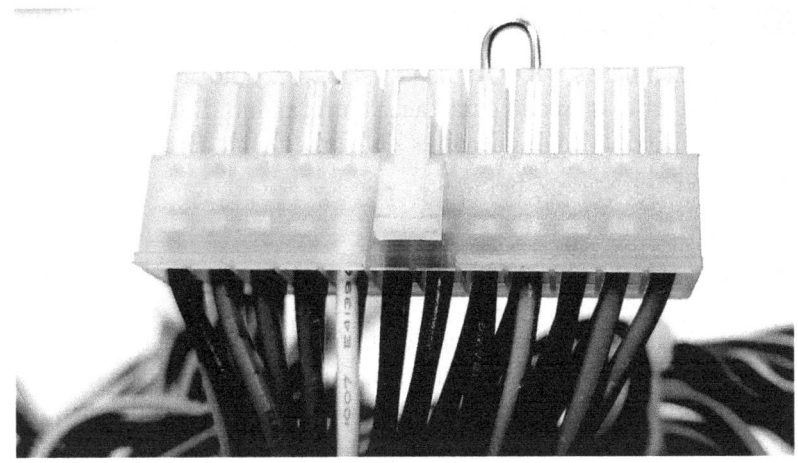

PASO 2

Como segunda medida, toma un molex de servicio, y coloca una punta del multímetro en el cable amarillo y la otra punta en un cable negro. De esta forma estarás midiendo la salida de 12 V, considerada una de las más importantes.

Si la medición es nula o cero, significa que la fuente no está transformando la energía; por lo tanto, está fuera de servicio y su reparación sería demasiado compleja.

En el caso anterior, si la fuente es certificada y de gran calidad, puedes consultar con un técnico electrónico, quien determinará si es viable o no repararla. Lamentablemente, muchas veces el daño es mayor y no todos los componentes electrónicos están en el mercado para hacer un recambio. Deberás evaluar el costo y si vale la pena hacerlo. Si la fuente es de gama media o genérica, directamente tendrás que cambiarla.

14.1.2 Mucho ruido al encender

La falta de mantenimiento físico de la fuente ATX hace que, con el tiempo, el cooler (sistema de enfriamiento) se engrane o trabaje desfasado en los giros de sus aspas. Esto se manifiesta con un ruido molesto que suele durar un par de minutos tras el encendido del equipo. Este clásico problema también puede estar acompañado de una vibración temporaria en el chasis del gabinete. Es necesario que intervengas lo más rápido posible, porque si bien el caso no reviste gravedad extrema, el desgaste se seguirá produciendo y, en el corto plazo, producirá daños mayores.

Ten en cuenta los pasos que se indican a continuación para solucionar el problema. Necesitarás contar con un destornillador tipo Phillips, alcohol isopropílico, lubricante líquido e hisopos o bastoncillos de algodón.

PASO 1

Desmonta la fuente del box o gabinete de la computadora. Trabaja en un lugar cómodo y espaciado.

PASO 2

Quita los tornillos de la parte superior del chasis de la fuente de poder y procede a desmontar la tapa que cubre la electrónica.

PASO 3

Desatornilla el cooler del chasis y retíralo (recuerda bien la posición en la que estaba). Ten en cuenta que algunos coolers pueden sacarse por completo porque están sujetos a la placa electrónica de la fuente mediante una ficha de dos, tres o cuatro contactos. En caso de que esté soldado, entonces tendrás que separarlo unos centímetros para poder realizar el mantenimiento.

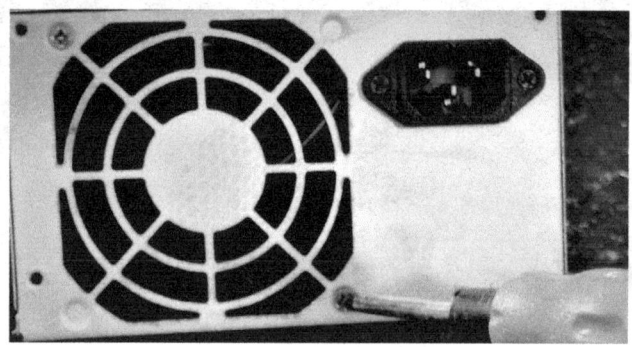

PASO 4

El cooler tiene una etiqueta en la parte trasera que cubre el eje de giro de su rotor. Debes quitarla, pero no tirarla, así podrás usarla otra vez. Luego, quita el tapón de goma que cubre el eje y procede a echar apenas unas gotas de alcohol isopropílico. Deja reposar un rato.

Pasado un tiempo prudencial, retira el exceso de alcohol con un hisopo y coloca un par de gotas de lubricante multipropósito. Con el dedo realiza movimientos en las aspas del ventilador para que el lubricante fluya por el eje.

Al finalizar, coloca el tapón de goma y la etiqueta para tapar el orificio del eje.

PASO 5

Por último, limpia las aspas con un hisopo y alcohol isopropílico.

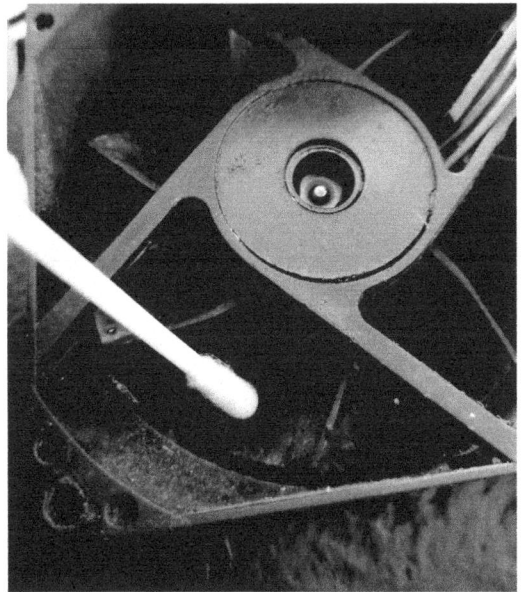

PASO 6

Vuelve a montar el cooler y procede al armado de la fuente asegurándote de que las partes encajen bien y ningún cable quede fuera.

14.1.3 Un ruido extraño sale de la fuente

Si enciendes el equipo y empiezas a sentir un ruido como una especie de lluvia sutil o un silbido de bajo nivel sonoro, pero perceptible, podrías estar ante un ruido electrónico.

Es común que, después de un exceso de voltaje y ante una fuente que no está del todo protegida o es genérica, unos componentes denominados capacitores (acumuladores de energía) sufran un daño parcial. Estos elementos pueden quedar con una avería que permite seguir usando el equipo, pero por un tiempo incierto, de modo que es conveniente actuar pronto.

Figura 14.2. Los capacitores electrolíticos son acumuladores de energía. En caso de que sobrepasen su límite de acumulación, tienden a hincharse en la parte superior y eso produce a un mal funcionamiento de la fuente. Muchas veces, estos condensadores emiten un pequeño ruido debido a su mal estado, y lo mismo ocurre cuando están mal soldados o directamente no hacen contacto. Otros elementos, como transformadores y bobinas, también pueden generar sonidos sutiles.

Las fuentes utilizan varios tipos de capacitores, pero dos son los más importantes y no solo por su gran tamaño sino por su capacidad de almacenaje y trabajo. Estos habitualmente soportan un voltaje de hasta 400 V, pero puede ser menor según la fuente. Además, otros componentes, como reguladores de voltaje y resistencias, podrían estar afectando al acumulador y llevar a una falla. Cuando un componente electrónico de estas características está fallando y a punto de dañarse, suele producir el sonido mencionado, por lo cual será momento de cambiar la fuente o repararla si es viable hacerlo.

14.1.4 La PC se apaga sola

Es muy común que la fuente de energía sea la responsable cuando la computadora se apaga de forma repentina. La fuente posee un sensor que actúa ante el exceso de temperatura y activa el apagado para proteger el resto del hardware; también puede estar convirtiendo malos voltajes y por eso se apaga. Es importante que actúes a tiempo ante cualquiera de estos casos, porque el daño puede ser mayor y afectar a otros componentes.

En principio, revisa el cooler o sistema de refrigeración de la fuente ATX. Si no funciona o su giro es de bajas revoluciones, estará produciendo mayor temperatura y, por esta razón, se activará el sensor pertinente para apagar la computadora y protegerla. En caso de que la fuente solo tenga dos cables que conmutan la placa electrónica con el ventilador, lamentablemente no podrás controlar las RPM (revoluciones por minuto) monitorizadas por software, ya que estas carecen de ese sensor. Pero si la fuente es certificada, es muy posible que, a través de una aplicación, puedas conocer sus revoluciones y comparar con las especificadas por el fabricante en su manual.

Desde ya, si el giro del cooler es muy lento, posiblemente esté deficiente. Procede a desmontarlo y limpiarlo tal como se describe en el caso anterior y vuelve a probarlo. Si el problema no se soluciona, tendrás que cambiar este componente.

Figura 14.3. En caso de que debas reemplazar el cooler por uno nuevo, ten en cuenta su tamaño, ya que es fundamental para la cavidad de montaje del chasis de la fuente ATX. No deberás preocuparte por el voltaje, casi todos son de 12 V, pero asegúrate de que tenga este mismo voltaje. Una recomendación práctica es directamente cortar los cables que salen de la placa electrónica de la fuente y empalmar con los nuevos que trae el cooler de recambio, desde ya, haciendo coincidir los colores. Puedes usar cinta aislante homologada para esta tarea o un aislante cléctrico, como goma termocontraíble o masilla epoxi, que es un gran método de aislamiento.

Para seguir con la revisión de la fuente de poder, procede a medir los voltajes de conversión usando el multímetro.

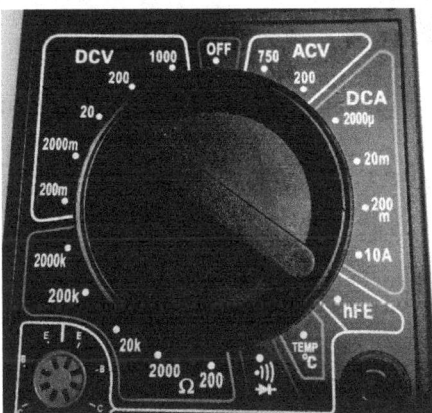

PASO 1

Coloca el téster de electrónica en escala de corriente continua (DCV / DC) en un valor de 20 V.

PASO 2

Coloca las puntas del multímetro en un molex libre de la fuente, la punta roja en el contacto amarillo y la punta negra en un contacto negro. Aquí medirás la salida de 12 V. Consejo: mide esta tensión durante 5 minutos al menos y observa sus variaciones.

Repite el mismo procedimiento, pero esta vez para medir 5 V. En este caso, la punta roja del multímetro irá en el contacto del molex que contiene el cable rojo. Realiza la medición durante unos minutos y registra sus variaciones.

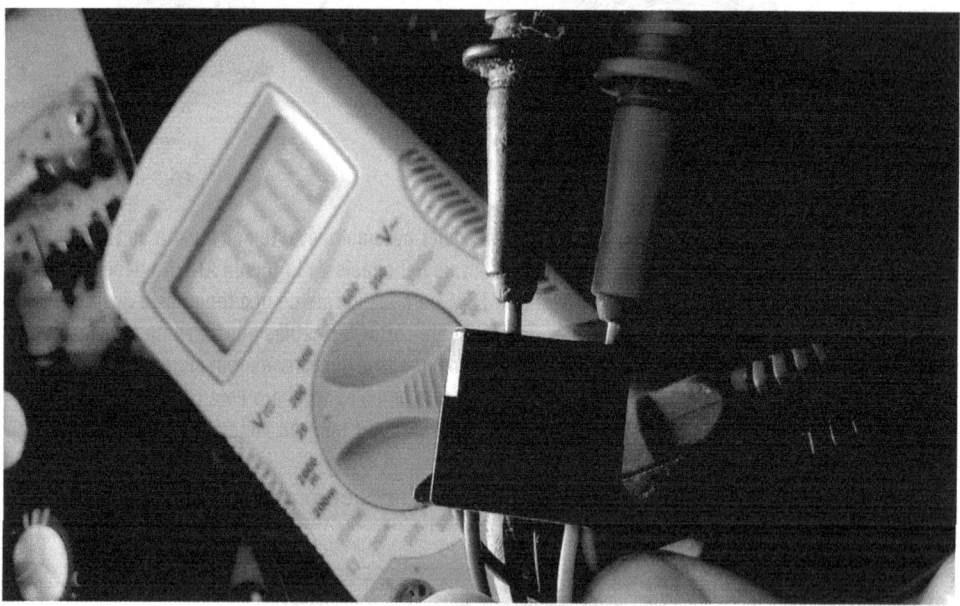

Para saber si los parámetros son correctos, ten en cuenta la siguiente tabla de valores estimativos:

VOLTAJE CC	Normal	Exceso	Desgaste
12 V	12.2 a 12.5 V	12.6 en adelante	11.8 V o menor
5 V	5.1 a 5.5 V	5.6 en adelante	Por debajo de 5 V
Estos parámetros son estimativos y con fuentes que han experimentado este tipo de averías.			

Tanto el exceso de voltaje en la conversión de corriente alterna a continua como la falta de voltaje pueden hacer que la fuente se apague por precaución. En el caso de un exceso, la placa madre provoca el apagado por autoprotección; en el caso de falta de potencia, la fuente no puede alcanzar los voltajes requeridos para alimentar al resto de los componentes.

Si necesitas una segunda opción para medir voltajes de la fuente, es posible hacerlo desde los sensores que tiene el motherboard. Si ingresas al BIOS de tu placa, encontrarás un apartado denominado **PC Health Status** (estado de salud de la computadora personal), donde tendrás las mediciones de los voltajes que la placa está recibiendo por parte de la fuente de poder. Esta medición es efectiva, solo que podrá realizarse mientras la computadora pueda encenderse.

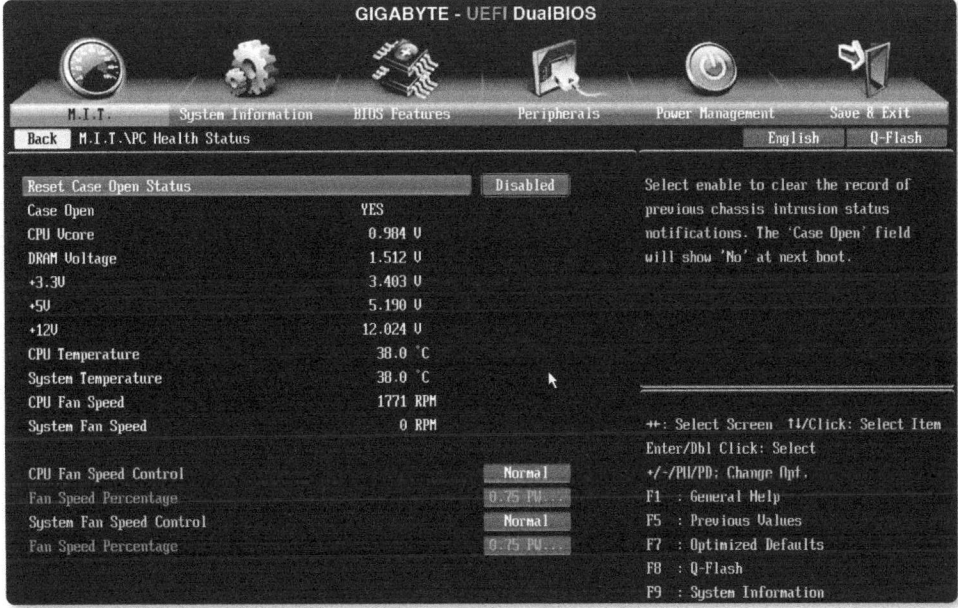

Figura 14.4. Todos los BIOS actuales tienen la función de medición de voltajes y temperaturas. Obtendrás las mediciones no solo de 12 y 5 voltios, sino también las pertenecientes a la memoria RAM y al microprocesador. Si bien estos últimos voltajes son los más bajos, es importante saberlos para realizar un correcto diagnóstico de las fallas que se producen en los equipos de escritorio.

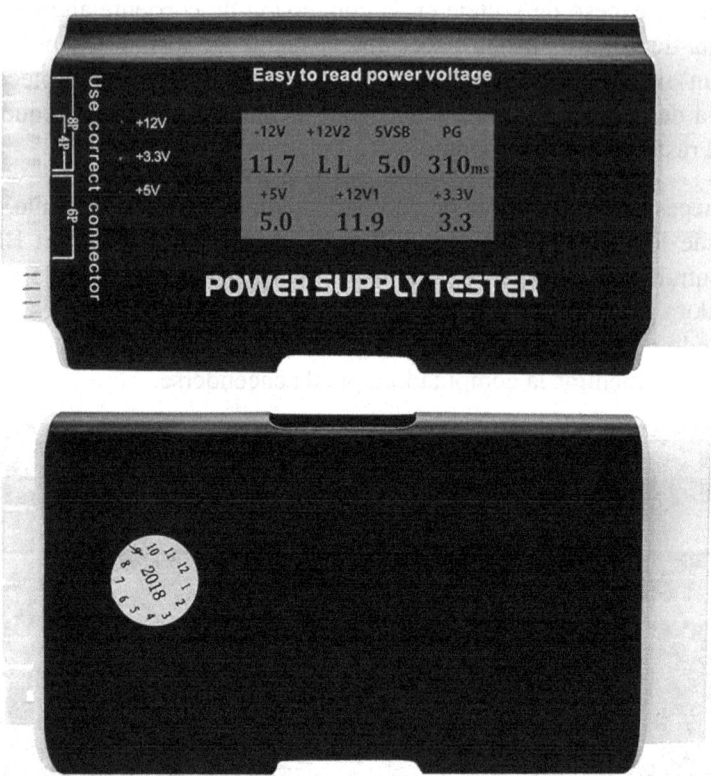

Figura 14.5. Existen medidores o tésters específicos para fuentes de poder ATX. Se venden en cualquier tienda de electrónica o de computación, y realmente son muy efectivos para diagnosticar problemas. Son económicos y presentan un amplio display para interpretar muy bien las lecturas.

14.1.5 La computadora está lenta y falla el sistema operativo

Esta situación, que se ve muy a menudo en los equipos de mesa y en los portátiles, puede atribuirse a varias fallas, pero una de las causas más habituales está en el disco duro de estilo mecánico. Cuando el HDD falla, el sistema operativo se torna muy inestable, además de lento y con cuelgues continuos. La falla es sin duda provocada por el medio de almacenamiento, pero lo que muchos descartan es la revisión de los voltajes que este recibe para funcionar. Es importante saber interpretar la causa, porque podría corregirse en caso de que sea producida por los voltajes que el disco está recibiendo.

En este caso te recomendamos usar un software muy efectivo de diagnóstico llamado HDD Sentinel. Este programa es capaz de conectarse al chip SMART del

HDD y captar las fallas que se han producido o se están produciendo en tiempo real. Si el problema está generado por una mala entrega de voltaje de la fuente, tendrás que indagar en el programa y luego corroborar los voltajes con un multímetro.

PASO 1

Abre el programa y dirígete al apartado **S.M.A.R.T.**.

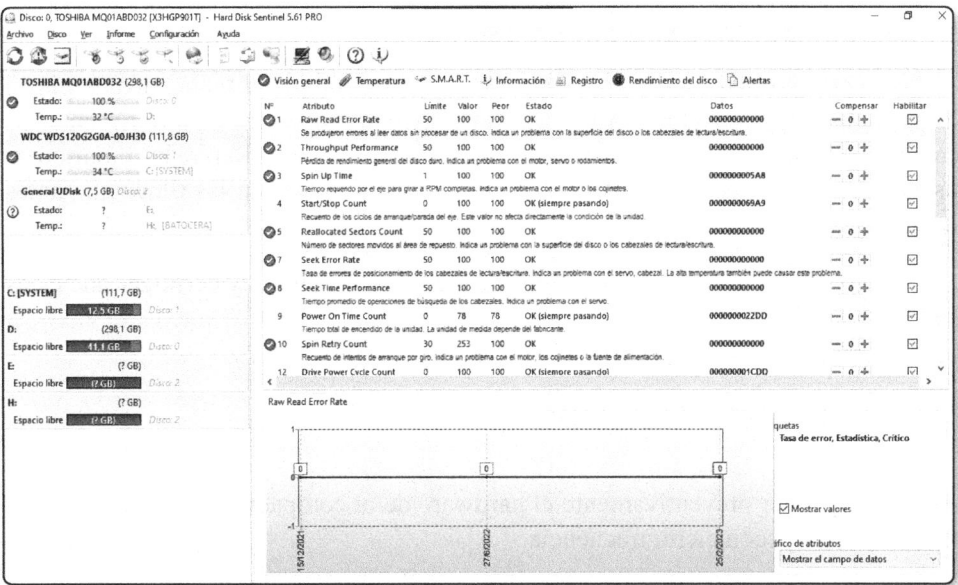

Allí localiza la opción **Spin Up Time** y observa si tiene una tilde verde (correcto) o amarilla o roja, que indicará una falla parcial o total. Esta opción mide el tiempo de giro del eje principal del disco (**RPM**); si está por debajo de los parámetros normales, provocará la ralentización en la lectura y grabación de la unidad. La causa puede ser el desgaste lógico del HDD o problemas en el voltaje que hagan que la motorización del disco no alcance las revoluciones por minuto necesarias para trabajar como corresponde.

PASO 2

La otra opción que puede estar afectando el trabajo del HDD es la denominada **Spin Retry Count**, que es un recuento de los intentos de arranque del motor principal del disco. Tal como lo describe el programa HDD Sentinel, el problema es atribuible al motor del disco, los cojinetes internos o la fuente de energía.

Para que entiendas las cuestiones de esta posible falla, los discos duros mecánicos trabajan con los dos voltajes importantes que brinda la ATX. La parte mecánica (motores y cabezales) es operada por 12 V, y la electrónica integrada, por 5 V.

Los motores giran a 5400 RPM en discos de equipos portátiles y a 7200 RPM en discos de máquinas de escritorio. Estas revoluciones, si se ven afectadas por un voltaje deficiente (puntualmente, más bajo que 12 V), impedirán leer y escribir a tiempo los datos en la superficie del HDD. Al existir esta demora, habrá lentitud en las operaciones generales del sistema operativo.

Estos problemas suelen corregirse con el cambio de la fuente de energía, si es que detectas que realmente sea la culpable. Intenta probar con otra fuente antes de cambiar el HDD y/o exponer tu información a daños mayores. Repite los monitoreos usando el programa HDD Sentinel y verifica si han cambiado las tildes que antes indicaban anomalías.

Desde ya, no dejes de ejercitar la medición de voltajes y certificar que estos sean los ideales para que el disco trabaje de forma correcta.

14.2 MANTENIMIENTO PREVENTIVO

Mantener preventivamente el hardware de tu computadora es una tarea que deberías realizar con cierta frecuencia.

La limpieza con los químicos adecuados, como las mediciones de temperatura y voltaje, nunca están de más para no sufrir consecuencias mayores a corto y largo plazo. Con respecto a las fuentes, ten en cuenta que estas suelen ensuciarse mucho más en la zona del cooler de refrigeración. Esto no es por culpa del lugar donde esté ubicado el equipo, como muchos piensan, sino porque el accionar del ventilador hace que, por naturaleza, todo polvillo o suciedad ingrese en el sistema.

Ten presentes los siguientes consejos para efectuar un mantenimiento correcto de la fuente de poder:

1. Trata de ubicar el box o gabinete de la PC a una distancia de más de 20 cm de una pared o de la parte posterior de un mueble. Es importante que exista circulación del aire. Nunca tapes la salida de la fuente.

2. Procede a limpiar la fuente, principalmente, el cooler, al menos una vez al año.

3. Evita usar la computadora durante mucho tiempo en días de calor extremo o en un ambiente que registre altas temperaturas.

4. Corrobora los voltajes periódicamente. Puedes usar los sensores del BIOS o descargar software especializado para hacerlo.

5. Desconecta los servicios del hardware que no uses; no tiene sentido sumar consumo innecesario a la fuente.

6. Adquiere un estabilizador de tensión. El mercado ofrece equipos muy buenos y económicos que te permitirán compensar la tensión en caso de que suba o baje. De esta forma, protegerás no solo la fuente ATXm sino el resto de los componentes.

14.3 REPARACIÓN TÉCNICA DE LA FUENTE ATX

Reparar una fuente de PC implica tener conocimientos de electrónica, pero puedes realizar algunas intervenciones si te animas. En ese apartado veremos los ítems básicos de reparación, pero si el circuito ya tiene un daño mayor, quizás sea conveniente proceder al recambio de la unidad, aunque esto implique un mayor costo.

En esta guía aprenderás a diagnosticar los tres problemas más comunes de una fuente de poder expuesta a una sobretensión o desgaste, y con costos bajos de reparación.

14.3.1 Comprueba el estado del fusible

La mayoría de las fuentes de energía poseen un componente denominado **fusible**, que actúa en caso de un cortocircuito o sobretensión para evitar que el daño sea superior. Este elemento se ubica en la línea de entrada de los voltajes alternos, y si hay una avería, no continuará con el encendido de la unidad.

La forma más práctica de medir el fusible es con la escala de continuidad del multímetro, que determinará si el filamento interno está conduciendo. Es importante contar con un multímetro que posea la función de buzzer; esta emitirá un sonido en caso de que se detecte conductividad en la medición. Si el sonido no se produce, entonces significa que el fusible está dañado. Para medir el fusible no es necesario que la fuente esté conectada a la red eléctrica.

El fusible habitualmente está soldado a la placa electrónica de la fuente. Para reemplazarlo, precisas un soldador de estaño de al menos 30 W y estaño para reforzar la colocación del nuevo elemento. Al quitar el fusible, observa su amperaje, que está escrito en una de sus puntas; el reemplazo deberá ser por otro igual.

14.3.2 Comprueba el estado del puente rectificador

Si ya has cambiado el fusible, antes de activar la fuente comprueba el estado del puente rectificador, para evitar que el fusible vuelva a romperse.

El puente rectificador es el elemento encargado de rectificar o convertir la corriente alterna en corriente continua; también se lo conoce como puente o circuito de Graetz. Contiene unos componentes denominados diodos, que conducen la corriente en un solo sentido. Es habitual que en las fuentes de poder el puente rectificador contenga cuatro unidades. La medición puede realizarse colocando el téster en la escala de medición de diodos, que en la mayoría de los multímetros convencionales está ubicada en la misma que la de continuidad.

Las posiciones de los diodos en el puente rectificador están con una polaridad indicada en la placa; por eso no están los cuatro igualmente soldados y la medición variará dependiendo de su colocación. La polaridad de los diodos está determinada por un ánodo (terminal positiva) y un cátodo (terminal negativa), y la tensión viajará en un solo sentido; de no ser así, es que el diodo está en mal estado.

Figura 14.6. El puente rectificador presenta los diodos uno al lado del otro, pero su polaridad puede ser diferente, ya que la arquitectura de la placa necesita manejar los distintos voltajes. El fusible estará situado en la misma zona de los diodos, componiendo en su conjunto la entrada del voltaje para efectuar la conversión. Si la fuente no conmuta energía, la causa podría ser una avería en este puente.

Puedes realizar la medición con la fuente totalmente desconectada de la red eléctrica:

1. Identifica los diodos en el puente rectificador

2. Coloca el multímetro en la escala de medición correspondiente.

3. Coloca la punta roja del téster en la posición positiva del diodo (ánodo) y la negra en la posición negativa (cátodo).

4. Obtendrás un valor.

5. Invierte las posiciones de multímetro; la lectura deberá ser cero o uno, dependiendo del téster.

6. En caso de que en ambos sentidos la lectura dé valores altos, el diodo estará en mal estado.

7. Comprueba el resto teniendo en cuenta su polaridad.

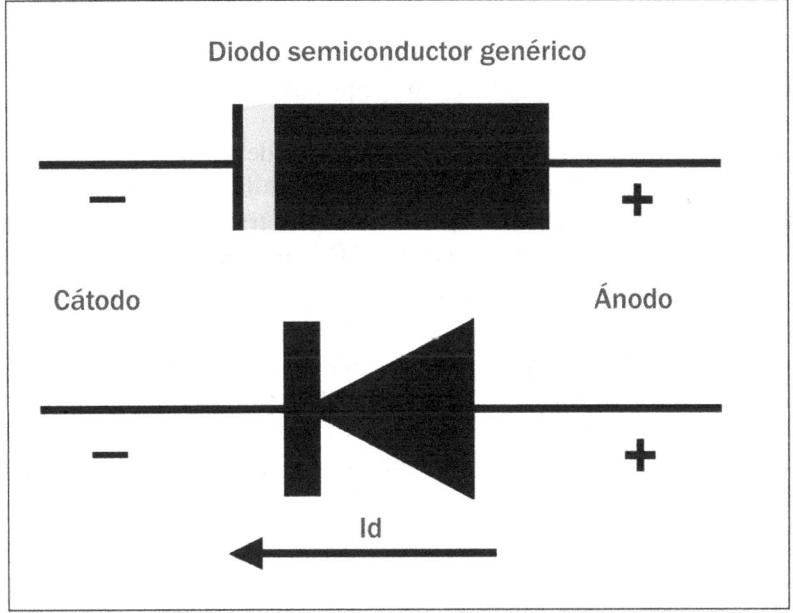

Figura 14.7. Esta imagen muestra la polaridad de los diodos y el símbolo que estará dibujado en el multímetro para que realices la medición.

Procede a desoldar de la placa los diodos fallados; verás que tienen un código que identifica el tipo de componente. Lleva la muestra o el código a una tienda de electrónica para adquirir un recambio idéntico. Al colocarlo, respeta la polaridad que tenía el original; cualquier cambio sería muy dañino. Cuando termines de soldarlo, repite la medición para verificar que haya quedado bien. Los diodos son componentes muy económicos, de modo que puedes recambiarlos sin inconveniente.

> ### ⓘ CONSEJO
>
> Si vas a probar la fuente de poder tras realizar estas reparaciones, hazlo en un lugar seguro, con la red eléctrica protegida por un disyuntor y con la fuente tapada; en caso de que se produzca un cortocircuito, todo sucederá dentro del habitáculo de la fuente y sin poner en riesgo tu integridad física.
>
> Por otro lado, no hagas esta prueba con elementos conectados a la fuente, como HDD o motherboard. Genera el puente en el molex principal, como aprendiste a hacer anteriormente (cable verde y negro) y mide las tensiones de salida en las fichas de los servicios. Es importante hacer este último paso. Coloca el téster en escala de corriente continua en 20 V y mide los 12 V en los cables correspondientes. De esta manera, generas consumo en la fuente y certificas que funcione bien.

14.3.3 Revisar los capacitores eletrolíticos

Los capacitores o acumuladores (ya descriptos anteriormente) son muy evidentes cuando están dañados, porque se hinchan o directamente se rompen derramando el líquido interno que utilizan para trabajar. Cuando se filtra demasiada energía, estos componentes tienden a dañarse y harán que la fuente funcione mal o directamente no lo haga. El olor que producen al romperse es típico, al igual que el pequeño estallido, por lo cual es fácil darse cuenta si están averiados. Puede suceder que se descompongan y no presenten signos físicos evidentes, en cuyo caso podrás medirlos con un dispositivo especial denominado capacímetro o medidor de condensadores. Sin dudas, esto te dará el resultado exacto del estado del capacitor, pero también es posible hacer un chequeo más rápido con un téster convencional.

Veamos cómo hacer una comprobación rápida:

1. Puedes hacer una prueba rápida sin desoldar el capacitor de la placa electrónica, pero sí tienes que desmontar la placa del chasis porque debes llegar a los contactos, que están en el dorso.

2. Es necesario que descargues el capacitor, para lo cual tienes que generar un puente con un elemento metálico entre los conectores positivo y negativo.

3. Coloca el téster en escala de **continuidad** o **diodo** y ubica en el capacitor las puntas correspondientes a cada polaridad. Esto le estará enviando una carga de energía mínima al elemento; mantenlo en carga como mínimo un minuto.

Rápidamente, cambia la escala del téster a **corriente continua** en **20 V** y mide el **capacitor**. Deberá darte una lectura y bajará con velocidad porque se está descargando.

4. Esta es una comprobación rápida de su estado; desde ya, la medición correcta es con el capacímetro.

14.3.3.1 CONSEJOS IMPORTANTES

▶ Hay más componentes por medir, pero esto ya implicaría considerar daños mayores y una reparación más exhaustiva. Si ves que el daño se ha producido en varias partes de la fuente de poder, será conveniente que la cambies para no tener que sufrir deterioros a corto plazo o entregas de malos voltajes que hagan que la computadora funcione mal.

▶ Siempre toma los recaudos necesarios para realizar estas tareas: usa pulseras antiestáticas y una línea de tensión con disyuntor y protección ante cortocircuitos.

▶ Nunca manipules la fuente de poder mientras está conectada a la red eléctrica; siempre desconéctala y espera unos minutos para su descarga completa.

▶ Luego de cualquier reparación que hagas a la fuente o de un mantenimiento preventivo, trata de no conectarle nada de hardware, pero sí pon el téster en la escala correspondiente y mide sus voltajes de salida en 12 V, 5 V y 3.3 V.

14.4 ACTIVIDADES

A continuación verás las preguntas y los ejercicios que deberías saber responder y resolver para considerar aprendido el capítulo.

14.4.1 Test de autoevaluación

1. *Indica si las siguientes frases sobre fallas en las fuentes de energía son verdaderas o falsas:*

    a. *La falla más común de una fuente de poder es hacer que la computadora no encienda.*

    b. *Otra falla típica de las fuentes es borrar información contenida en los discos de almacenamiento.*

    c. *Las fuentes con voltajes deficientes pueden causar que el equipo se apague repentinamente.*

    d. *Si el voltaje de 12 V opera en 14 V por deficiencia de la fuente, el hardware de la PC no se verá afectado.*

2. *Indica parámetros normales de voltajes en la corriente continua que convierte la fuente en sus distintas entregas.*

3. *Indica los pasos para realizar el mantenimiento preventivo en la fuente de energía de un equipo de escritorio.*

4. *¿Qué es un puente rectificador y cuál es su funcionamiento?*

5. *¿Qué función cumple un capacitor electrolítico en la fuente de poder?*

14.4.2 Ejercicios prácticos

1. *Haz el mantenimiento físico completo de una fuente en un ordenador de escritorio.*

2. *Mide los voltajes de entrada y de salida de la fuente y trata de identificar si está en correcto estado.*

3. *Identifica el puente rectificador y mide los diodos que lo componen; también mide la continuidad del fusible soldado en la placa electrónica.*

4. *Ejercita técnicas de soldadura y desoldadura con una placa de fuente vieja y afianza esta práctica para cuando tengas que hacerlo para terceros. En esta actividad proponte cambiar un diodo de la placa.*

5. *Mide la capacidad de carga de los acumuladores electrolíticos de una fuente de poder o de cualquier elemento del hardware que te permita adquirir el conocimiento práctico.*

15

GABINETES DE PC

Uno de los componentes clave en el armado de un ordenador de escritorio es el box o gabinete. La caja contenedora del hardware más importante del equipo cumple el rol no solo de dar cierta estética a la máquina, sino también de salvaguardar los componentes frente al ambiente que los rodea, generar el flujo de aire necesario para la protección térmica y, desde ya, de tener todos los elementos interconectados de forma eficiente y prolija. Los gabinetes tienen distintos factores de forma para cada propósito, además de que proporcionan otros servicios fundamentales que iremos desarrollando en este capítulo, así como los criterios para su elección y las fallas que suelen presentar.

15.1 TIPOS DE GABINETES

A lo largo de los años, la industria ha desarrollado diferentes tipos de cajas, gabinetes o chasis para el montaje de un ordenador personal. Los primeros prototipos incluían todos los componentes en un solo box, pero luego fueron apareciendo diferentes formatos que se mantienen hasta el día de hoy. En la tercera generación de computadoras, puntualmente en el año 1985, y con la aparición de la **Amiga 1000**, fabricada por la empresa **Commodore**, comenzaron a usarse formatos de gabinetes que integraban el teclado y el mouse; incluso en ciertos modelos el monitor se ubicaba encima de la carcasa. Ya a partir de los años '90, estos componentes quedaron separados y el gabinete pasó a ser una pieza en la que el usuario podía decir qué elementos de hardware incorporar. En el ambiente informático, este tipo de computadora personal se conocía como "clon", ya que pretendía ser una versión similar a las de marcas como **IBM**, **DELL**, **APPLE** y **HP** entre otras. Las PC clon permiten al usuario comprar un gabinete e ir armado una máquina según sus necesidades.

Los gabinetes para armar PC estilo clon están dotados de **bahías**, que son los compartimientos donde se alojan los servicios de almacenamiento, como **HDD**, **SSD**, **medios ópticos** o **lectores de tarjeta de memoria**. Estas bahías pueden ser de tamaño grande (formato 5¼) o más pequeñas (formato 3½). La industria estandarizó estos compartimientos, con lo cual es posible adaptar cualquier servicio que respete las características propuestas. Por otro lado, los gabinetes poseen un compartimiento también estandarizado para la fuente de energía, que en la actualidad también puede estar en la parte superior del box o en la inferior.

El chasis lateral derecho, visto de frente, posee una placa metálica con varios agujeros que permite montar el **motherboard**. Como en el mercado hay una gran variedad de modelos, los orificios son funcionales a cada uno de los factores de forma de las placas. Si bien el montaje no es directo sobre ese chasis, el gabinete viene provisto de unos soportes para suplementar la placa y que no toque la parte metálica; esto, además, genera un espacio para la circulación del aire. La tapa izquierda puede tener varios orificios para el ingreso de aire; en muchos modelos de gabinetes hay ventiladores que pueden actuar como extractor de aire o a la inversa.

El panel trasero del gabinete es también estándar; aunque los servicios de la placa madre pueden variar en cuanto a su ubicación, el fabricante de motherboards incluye en el packaging una placa metálica que se adapta a todo tipo de gabinete. Entonces, los servicios de conexión de teclado, mouse, audio y USB, entre otros, quedarán adaptados al chasis sin problemas. Las ranuras de expansión para placas de tipo **PCI** son estándar en todos los formatos de gabinetes.

Figura 15.1. Los gabinetes también tienen sus períodos de moda. En los años '80 el box era de color beige. Luego, en los años '90 se empezó a utilizar el blanco puro, y algunos modelos tenían ciertos detalles en gris plateado o negro. A partir del año 2000, la moda fueron los gabinetes netamente negros o gris plata. En la actualidad, la mayoría son negros y con luces RGB, pero no se descartan modelos extravagantes que muchos usuarios tratan de elegir.

El frente del gabinete contiene las funciones básicas: el botón o pulsador de encendido, el de reset, los leds indicadores de encendido y trabajo del medio de almacenamiento principal, los puertos **USB** frontales, y los servicios de conexión de medios de audio, como micrófono, parlantes o auriculares. Es posible que algunos gabinetes también tengan un display que informa las revoluciones por minuto de los coolers, la temperatura ambiente dentro del box, y hasta la hora y fecha actuales.

En la actualidad, existen varios formatos de gabinetes; algunos tienen ya varios años, y otros se implementaron en esta nueva generación de computadoras. Lo real es que el mercado ofrece distintas alternativas y es muy importante saber elegir según la necesidad de cada usuario.

15.1.1 Los gabinetes tower

Tower (torre) es la clásica denominación que se dio a los gabinetes de PC, con varios modelos para cada necesidad. La variedad de formas, colores y estilos implican tener un abanico de posibilidades a la hora de elegir. En este apartado haremos una breve descripción de los más utilizados.

15.1.1.1 MINITOWER

Uno de los formatos de gabinetes es el minitower o minitorre, que dispone de dos bahías de 5¼ o dos a tres bahías de 3½. Dependiendo del motherboard, es posible colocar varias placas de expansión; es un modelo pequeño pero útil para ahorrar espacio. La disipación del aire es correcta y en el mercado se pueden conseguir varios modelos. Estas torres admiten placas madre de formato **ITX** (placas de menor dimensión). Son ideales para puestos laborales donde el espacio debe ser optimizado. No todo el hardware es compatible con este tipo de caja, por lo que es necesario averiguar si los fabricantes disponen del factor de forma para anclar servicios. Suelen usar fuentes de energía pequeñas de tipo **ITX**. Su ancho ronda los 25 cm y su largo puede variar entre 30 y 45 cm. También existen los gabinetes **Mini-ITX** en formato slim, que son ultra delgados, aunque más largos que los clásicos minitower.

Figura 15.2. Gabinetes minitower con factor de forma ITX, tanto ancho como slim. Permiten ahorrar espacio, y en ellos se monta hardware para uso doméstico, administrativo o para estudio en instituciones educativas. Muchas marcas de computadoras implementan este formato para sus equipos básicos.

15.1.1.2 MIDTOWER

La media torre o midtower es uno de los formatos más usados en la actualidad. Estas cajas pueden medir entre 35 y 55 cm de alto y unos 25 cm o más de ancho. Son populares porque ofrecen espacio, comodidad para ubicar los cables, buena disipación del aire y adecuada expansión de servicios. Este formato, también conocido como **ATX**, utiliza las fuentes de poder más clásicas del mercado, denominadas de la misma manera, que pueden colocarse en la parte superior de la torre o en la inferior, según el modelo.

Los gabinetes ATX midtower están compuestos por partes metálicas, plásticas y algunos acrílicas, y pueden ser de diversos colores, aunque la moda muchas veces impone la uniformidad. En la actualidad, la presencia de las luces RGB es una atracción fascinante para estos modelos, pero no todos las traen ya que el formato está pensado para máquinas de trabajo, estudio y hogar.

Estos gabinetes alojan el factor de forma de placa madre estilo ATX, que suele contar con varias ranuras de expansión y distintos formatos.

Figura 15.3. El chasis midtower es el más común en la actualidad y se utiliza desde hace varios años en el montaje de computadoras personales. El factor de forma es el ATX, y pueden venir con o sin ventilación adicional, como así también con o sin luces RGB.

15.1.1.3 FULLTOWER

Las torres grandes o fulltower se usan para alojar motherboards de base **E-ATX** o **CEB**, pero también son compatibles con los formatos ATX. Las placas madre están diseñadas para ofrecer alto rendimiento y con varios puertos de expansión y de interconexión de medios de almacenamiento. El tamaño puede rondar entre los 55 y 80 cm de alto por 20 a 32 cm de ancho. Traen varias bahías de 5¼ pulgadas y algunas de 3½ para lectores de tarjeta de memoria o paneles de control.

Este tipo de gabinete puede usarse para armar computadoras de tipo gamer y también servidores informáticos. Proporciona suficiente espacio, gran flujo de aire, comodidad para instalar varios servicios y la posibilidad de colocar fuentes de poder certificadas para alto rendimiento.

Es un modelo cada día más usado y recomendado para las prestaciones actuales y para placas madre y de video de grandes dimensiones.

Figura 15.4. Los chasis fulltower son usados para servidores de trabajo. Poseen más de cuatro bahías, expansión en el panel trasero para varios servicios y la posibilidad de instalar distintos medios de almacenamiento. Pueden también implementarse en máquinas de estilo gamer, más aún, si poseen un importante sistema de refrigeración.

15.1.2 Otros formatos de gabinetes

En los años '80 era habitual utilizar gabinetes horizontales, y más tarde aparecieron los verticales. Los primeros, también denominados gabinetes **AT Baby**, fueron introducidos por la empresa IBM en 1985 y se convirtieron en una revolución para el espacio requerido por un equipo de escritorio. Por su factor de forma horizontal, no solo ocupaba menos espacio sino que también permitía montar el monitor sobre él. En la actualidad, este tipo de gabinete sigue vigente; muchos fabricantes de computadoras lo comercializan y también es posible adquirir uno para armar una PC de tipo clon.

Por otro lado, existe el gabinete **Barebone**, nombre técnico que se da a un tipo de PC parcialmente construida con los mínimos componentes (placa madre con procesador integrado y una minifuente que puede ser externa o integrada a la placa). Son gabinetes pequeños y habitualmente se deja a criterio del usuario la incorporación de componentes como disco o memoria RAM. La disipación de calor no es muy buena, pero por las prestaciones que brinda y considerando su precio, es una opción aceptable. Ahora bien, no debes confundir Barebone con las cajas

NUC, que son vendidas por fabricantes de renombre. Estas son minicomputadoras completas de bajos recursos destinadas a realizar tareas elementales. Si bien no tienen buen flujo de aire, su electrónica está preparada para operar durante varias horas sin inconvenientes. Se trata de equipos básicos, pequeños y hasta transportables y adaptables a cualquier clase de monitor y periféricos de entrada.

También está el **Barebone Mini Tower**, ya un poco más grande y con bahías para colocar medios de almacenamiento ópticos, extraíbles y también internos para los discos.

Los **racks** también son considerados gabinetes para equipos de cómputos. Están dedicados a servidores y tienen mayor potencia que un equipo tradicional. Se atornillan a un mueble y pueden existir varios interconectados entre sí. Suelen alojarse en una sala especial con climatización dado que son propensos a elevar su temperatura.

Debido al crecimiento de la industria en los últimos años, las computadoras **AIO** (**All in One**, todo en uno) también son consideradas un estilo o formato de gabinete, con la diferencia de que tienen integrada una pantalla, y el montaje de la placa principal y el resto del hardware está en la parte trasera. No son máquinas en las que el usuario defina qué quiere colocar, sino que ya vienen ensambladas por un fabricante y se venden en el mercado a precios accesibles y con diferentes características técnicas.

Figura 15.5. Uno de los diseños elegidos para estaciones de trabajo o para ahorro de espacio son las computadoras AIO. Tienen todo integrado y ofrecen una excelente prestación para servicios administrativos y uso doméstico. La desventaja es que el gabinete es provisto por el fabricante y no es posible armar una a demanda.

Otro formato de gabinete, aunque no es tan común llamarlo de esa manera, son las carcasas de las computadoras portátiles, conocidas como notebook, netbook o laptop. Este tipo de gabinete no es precisamente el que puedes elegir y en el cual colocar los componentes que desees, ya que forma parte de una patente en el diseño y es exclusivo de la fábrica. Se provee con el hardware integrado listo para operar. Los modelos pueden variar en tamaño, peso y color, pero la mayoría está diseñado en plástico con soportes o bisagras que permiten abrir o cerrar la tapa que contiene el display. El teclado está integrado junto al pad mouse.

15.2 EL GABINETE ADECUADO PARA CADA NECESIDAD

Es sumamente importante saber elegir el gabinete adecuado para cada requerimiento, no solo considerando la estética, sino también evaluando los factores físicos que hagan que sea funcional a la prestación del hardware que se va a incorporar. Para esta elección tendrás que guiarte por lo que el mercado ofrece en la actualidad y teniendo en cuenta los factores anteriormente mencionados.

> ✒ Si es un ordenador estándar para uso hogareño o de trabajo, cuyo nivel de procesamiento es acorde a esta actividad, entonces el chasis adecuado puede ser una torre media (midtower). Podrás elegir entre modelos que traen solo el gabinete, otros que traen el gabinete y la fuente de poder, o uno de los más elegidos por los usuarios: el Kit ATX, que ofrece gabinete, fuente, teclado, mouse y parlantes. Resulta más económico y tiene diseños atractivos.

> ✒ Si apuntas a una máquina para trabajo multimedia, diseño o renderizado de video e imágenes como así también videojuegos, entonces es muy probable que coloques una placa de video especial más un hardware acorde a la circunstancia. Para esto debes contra con un gabinete de estilo midtower, pero con una mejor capacidad de ventilación, que incluya ventiladores extra y, si es posible, rejillas para la extracción de aire en la parte superior e inferior. Estos gabinetes traen la tapa lateral en plástico transparente o acrílico, y los más costosos, en vidrio templado. Muchos resultan más atractivos si poseen luces RGB. Estas cajas pueden adquirirse en la modalidad combo con fuente, teclado y mouse, o directamente el box solo. Las marcas más reconocidas en la actualidad son Thermaltake, Sentey, Nexus, Noga, Corsair y Naxido, entre otras.

> ✒ Los gabinetes fulltower son los más elegidos para montar máquinas gamer de alto rendimiento. El espacio que proveen es suficiente para albergar una gran placa de video y también sistemas de refrigeración líquida (watercooling). Tienen cuatro bahías o más, y muchos vienen

con paneles de control de RPM para los ventiladores y medición de temperatura ambiente. Son los más caros del mercado, y ten en cuenta que son útiles solo para el hardware de alto rendimiento.

▶ Si necesitas pensar en el ahorro de espacio, como en una oficina, un estudio de trabajo o varias estaciones de trabajo en serie (como para un comercio) lo ideal es pensar en gabinetes Minitower ITX. Son delgados y su objetivo es ocupar menos espacio. Desde ya, debes entender que el hardware tiene que ser acorde y funcional a este sistema contenedor.

Como consejo importante, trata de no elegir un box solo por su estética; fíjate en los detalles como el material de fabricación, el espacio interior adecuado al factor de las piezas por montar y la comodidad para gestionar los cables y buses que se requieran. Si tiene una fuente de energía incorporada, siempre revisa sus certificaciones y su potencial, ya que esto afecta notoriamente al funcionamiento del equipo. También prioriza los sistemas de ventilación y que tenga la posibilidad de acoplar uno en el futuro en caso de que sea necesario.

15.2.1 Mejorar el gabinete

Si tienes un gabinete y quieres mejorar su calidad de trabajo, puedes acoplar algunos componentes que resulten funcionales. Por ejemplo, puedes anexar un ventilador frontal y uno trasero para generar una buena circulación de aire. Los coolers que se venden para estos gabinetes generalmente son de 8 cm x 8 cm, pero también puede que quepan los de 12 cm x 12 cm. Entonces, antes de comprar, mide los compartimientos donde van alojados y así sabrás cuál es el conveniente. Recuerda que deben ser de 12 V y pueden conectarse directamente a la fuente de energía o a la placa madre en su apartado CHA-FAN. Hay modelos que tienen luces RGB, lo que les da un mejor aspecto estético.

También es posible adquirir filtros de aire para colocar entre el chasis y los coolers. Estos suelen ser magnéticos o con una pegatina, aunque hay modelos que se sujetan directamente con los tornillos de montaje del ventilador. Estos filtros impiden que el polvillo del ambiente penetre en el gabinete; además, al tener una estructura especial, favorecen la circulación de aire sin inconvenientes. Son muy económicos y fáciles de instalar. Puedes adquirirlos en tiendas de informática, electrónica o en portales de Internet.

Si has quitado alguna placa de las ranuras PCI, te queda el espacio vacío y consideras que por allí tu gabinete se ensuciará, puedes adquirir un soporte High Profile (chapa cierra ranuras). Vienen habitualmente de 12 cm de largo por 1.9 cm de ancho y calzan perfectamente mediante un simple tornillo de ajuste. Son muy económicas y se venden en portales de Internet o tiendas especializadas.

También puedes encontrar bahías adaptadoras para colocar discos de 2.5 (tamaño implementado en notebooks o en los discos actuales de estado sólido). Son muy sencillas de instalar y ofrecen mayor seguridad para el trabajo de los discos de este estilo (**Figura 15.6.**).

Figura 15.6. Este es un filtro de aire para colocar en el gabinete, de 12 cm por 12 cm, aunque los hay de varios tamaños. Pueden traer una estructura más rustica en los laterales o directamente el filtro para colocar en el chasis de forma muy sencilla y práctica.

15.3 ACTIVIDADES

A continuación verás las preguntas y los ejercicios que deberías saber responder y resolver para considerar aprendido el capítulo.

15.3.1 Test de autoevaluación

1. Nombra características y usos de los gabinetes midtower y minitower.

2. ¿A qué se llama bahía dentro de un gabinete de PC?

3. ¿Qué es un chasis Barebone?

4. ¿Qué función cumplen los botones de un gabinete de PC?

5. ¿Cuál es la utilidad de un filtro de aire que se acople a un gabinete de computadora?

15.3.2 Ejercicios prácticos

1. Observa el gabinete de tu PC e intenta descubrir a qué factor de forma pertenece. Quita la tapa lateral y observa la distribución de los componentes y el orden que llevan. Esta práctica es ideal para cuando quieras desarmar y poder devolver cada cosa en su lugar.

2. Investiga precios de mercado de gabinetes y también sus prestaciones. Utiliza los recursos de Internet para este propósito.

3. Instala filtros de aire en todas las bocas en las que tengas un cooler conectado, y también en aquellas en que no lo haya, para prevenir el ingreso del polvillo. Esta práctica debería ser habitual para mejorar la calidad de tus trabajos con las computadoras.

16

MANTENIMIENTO PREVENTIVO Y REPARACIONES DEL GABINETE

Hacer un mantenimiento preventivo de un box es una de las actividades más comunes de los técnicos reparadores de PC. Es una acción necesaria y muy útil para evitar futuros problemas que afectarán de forma directa al hardware más delicado de la computadora, justamente, el que se encuentra dentro del gabinete.

16.1 MANTENIMIENTO

Para llevar a cabo este procedimiento, es necesario contar con algunos elementos de trabajo que se nombran en la siguiente lista:

- Juego de destornilladores
- Pincel de cerda
- Pulsera **antiestática**
- Hisopos
- Alcohol isopropílico
- Aire comprimido
- Precintos
- Lustra muebles

Es fundamental contar con un juego de destornilladores aptos para desarmar las tapas laterales de la caja de la computadora, como así también para desmontar discos o placas que se encuentren adentro. Últimamente se ha estandarizado el tornillo de cabeza Phillips de

4.76 mm a 6.4 mm; no obstante, algunos gabinetes pueden traer un modelo diferente, y es por eso que debes contar con varias medidas de esta herramienta.

Tener a mano un pincel y aire comprimido ayudará a remover toda la suciedad acumulada en el box y llegar a los recovecos más complicados. El aire comprimido puede comprarse en aerosol o puedes tener una sopladora o compresor que genere este tipo de acción.

El alcohol isopropílico es de suma importancia para limpiar los componentes electrónicos, porque quita la humedad electrónica y limpia los contactos. Viene en aerosol o en botellas de 500 cc o 1000 cc.

Pongamos manos a la obra con el siguiente paso a paso y veamos cómo hacer un mantenimiento correctivo y preventivo del gabinete de la PC:

PASO 1

Desarma la tapa lateral izquierda (con el gabinete de frente) quitando los dos o tres tornillos que habitualmente están en la parte trasera.

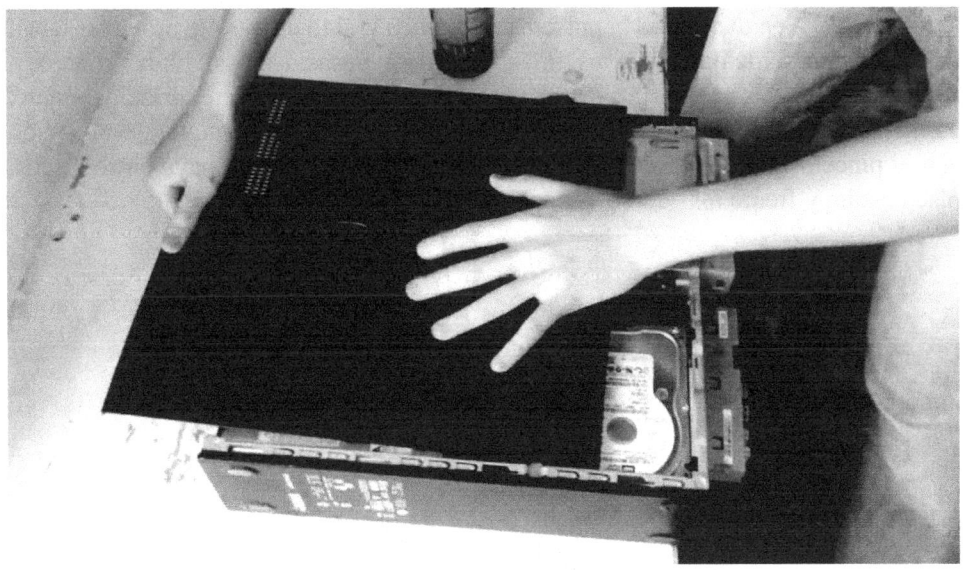

PASO 2

Realiza una inspección ocular del panorama dentro del gabinete y, si es necesario, toma fotos para recordar la ubicación de cada pieza.

PASO 3

Coloca en tu muñeca la pulsera antiestática y, si lo deseas, un protector facial o barbijo en caso de que observes mucho polvo y pelusas dentro del box. Procede a sopletear con el aire comprimido por todas las partes del gabinete, principalmente, en las zonas de abajo, donde más se acumulan los residuos. Completa esta acción con el pincel, tratando de sacar la mayor cantidad de polvo que haya entre discos, placa madre y frente más dorso del gabinete.

PASO 4

Para limpiar los coolers, quizás te convenga quitarlos del chasis; de esta forma, podrás aplicar aire comprimido más localizado, y también limpiar las aspas con los hisopos y alcohol isopropílico.

PASO 5

Si deseas limpiar las placas electrónicas de manera superficial, asegúrate de que todo el polvo haya sido removido y aplica una capa generosa de alcohol isopropílico sobre todas las placas, usando un pulverizador o con el pico del aerosol. Deja secar, como mínimo, una hora.

PASO 6

Procede a precintar los cables que encuentres sueltos para que no rocen con ningún otro componente.

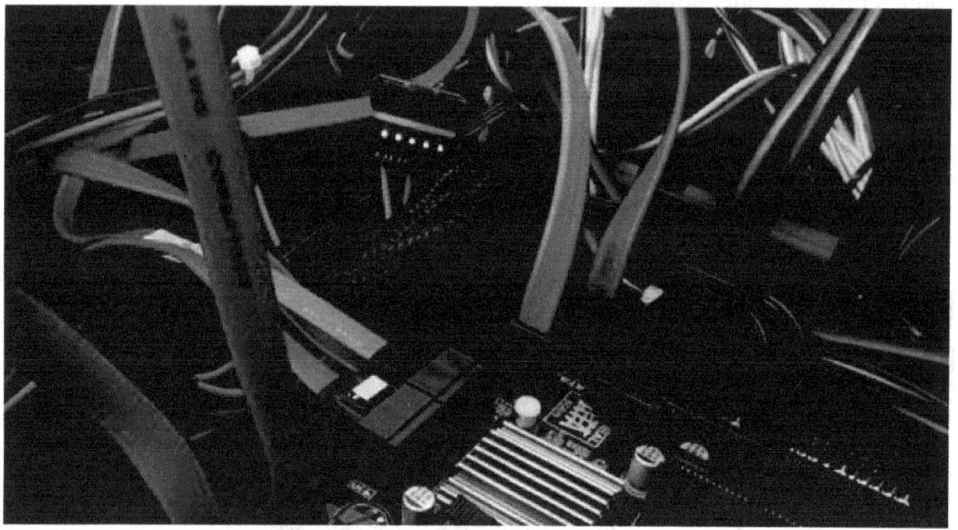

PASO 7

Antes de montar la tapa lateral, enciende el equipo para corroborar su funcionamiento. Si está todo bien, entonces apágalo y coloca la tapa lateral con sus correspondientes tornillos.

Ahora puedes usar el lustra muebles para aplicar con un trapo de microfibra en la parte exterior y darle un acabado genial a tu trabajo.

Al hacer este procedimiento, es posible ir un poco más en profundidad y limpiar el sistema de ventilación de la CPU, la tarjeta de video y la fuente ATX. Pero en este capítulo estamos desarrollando aplicaciones para los gabinetes de PC, y un correcto mantenimiento rápido y eficaz es el que has hecho con los pasos anteriores.

16.2 MANTENER EL ORDEN

Mantener el orden dentro del gabinete es parte del mantenimiento preventivo y ayuda a evitar problemas mayores. En principio, es importante que observes todo el chasis y sus sostenes, perforaciones y guías creadas para pasar cables, atornillar componentes y hasta para ocultar sobrantes. Observa la forma de utilizar esas opciones para no dejar cables o componentes sueltos. Puedes usar precintos plásticos para sujetar, pero no lo hagas de manera muy tirante; trata de llevar los cables lejos de los coolers para que no se toquen.

Figura 16.1. La parte derecha del gabinete de una PC tiene sendas donde es posible pasar los cables que derivan de la fuente de poder, así como también del panel frontal. De esta forma, evitarás colocarlos por el frente y no será necesario precintarlos.

Por otro lado, es importante que atornilles los componentes del hardware como corresponde. Los discos mecánicos, debido a su intensa vibración, deben tener cuatro tornillos, dos de cada lado. Lo mismo vale si usas lectograbadora de DVD o Blu-ray. En cambio, los discos de estado sólido pueden sujetarse con al menos dos tornillos, dado que no contienen piezas mecánicas. Para los ventiladores es aconsejable colocar cuatro tornillos y así evitar ruidos molestos a futuro. En la placa madre y las demás placas utiliza todos los tornillos que necesites.

También ten en cuenta que se venden fundas para gabinetes de PC, que son económicas y fáciles de colocar. Si no usas la PC constantemente y el ambiente en el que se encuentra recibe mucho polvo, entonces una buena medida sería comprar estos protectores superficiales. Vienen de varios tamaños y colores, y hasta se pueden mandar a fabricar personalizados.

16.3 EL GABINETE VIBRA

Es posible que con el correr del tiempo, el gabinete tenga vibraciones. La causa es muy sencilla de detectar y también fácil de corregir.

Los gabinetes contienen piezas mecánicas, en su mayoría, con motores de rotación, que se ensucian y trabajan de manera forzada, lo que causa una leve vibración en el chasis.

Para estos casos es necesario ver cuál es el elemento que provoca el problema y hacer un mantenimiento de sus piezas. Quizá solo necesites ajustar los tornillos del chasis o de los coolers laterales, frontales o traseros, como así también el de la fuente de energía.

Las vibraciones pueden ser constantes o no, pero sin duda están indicando que es momento de realizar el mantenimiento.

Otro causa del ruido está en las bases de apoyo del chasis. Si lo levantas, verás que tiene unos tacos o tapones de goma que cumplen la función de equilibrar el apoyo sobre el mueble o la zona donde se asienta. Si uno de estos tacos está desequilibrado, salido o, simplemente, no existe, entonces el chasis vibrará. La mayoría de estos apoyos son universales y puedes adquirirlos en sitios de Internet; en el peor de los casos, tendrás que reemplazarlos por algunos genéricos que se usan para otros fines y pegarlos a la base del chasis.

16.4 EL GABINETE NO ENCIENDE

Esta típica falla puede deberse a varios factores, que son fáciles de diagnosticar y corregir. Si presionas el botón de encendido y observas que no hay una luz de testigo que indique el accionar, entonces estás ante la presencia de una anomalía.

Causas:

- Cable Power dañado
- Fuente de poder dañada
- Botón de encendido desconectado o dañado

Si el cable Power, conocido como Iterlock, se ha dañado, no conmutará la corriente alterna a la fuente de poder y el gabinete no encenderá. Como hemos visto en el Capítulo 2, puedes medir su continuidad o tensión en escala de 750 V de corriente alterna para comprobar su funcionamiento, o puedes probar otro de la misma característica. Puedes ejecutar todos los pasos explicados en el Capítulo 2 para verificar si la fuente está dañada o no.

Ahora bien, si nos referimos puntualmente a un problema del gabinete en sí, entonces tendrás que apuntar al botón o pulsador de encendido. Ten en cuenta que es una pieza mecánica de desgaste superficial por el constante uso que se le da.

El pulsador puede dejar de emitir la señal que abre el circuito de encendido de la placa madre. Este botón está anclado habitualmente en el frente del gabinete y se conecta al motherboard a través de dos cables y una pequeña ficha en el front panel.

Si el pulsador tiene roto el mecanismo o si se ha desprendido uno de los dos cables del conector, el gabinete no encenderá. Debes corroborar visualmente esta falla, pero también es necesario hacer una medición en escala de continuidad usando el multímetro digital para ver su conmutación.

Un truco rápido de comprobación es intercambiar las fichas del panel frontal del motherboard con la función de Reset. Entonces, si conectas el pulsador de reseteo al conector del encendido, el gabinete debería encender al presionar el botón de reset. Esta es una forma rápida de solucionar el problema y no afectaría mucho al sistema, ya que el botón de testeo se usa muy poco.

16.5 PANEL FRONTAL USB Y AUDIO DESPRENDIDOS

Es frecuente que esta pequeña placa electrónica se desprenda del chasis del gabinete porque al usarla colocando o extrayendo los medios USB y los jacks de audio, un movimiento involuntario puede aflojar los tornillos que están del lado interior del box.

En este caso, es necesario extraer el frente del gabinete. Antes de hacerlo, observa si está atornillado o está sujeto con unos soportes plásticos a presión. Esto es de suma importancia porque si tiene soportes de plástico y ejerces mal la fuerza para extraerlos, se romperán.

Vas a necesitar:

☞ Destornillador
☞ Pegamento **epoxi**

PASO 1

Desmonta las dos tapas laterales del gabinete. Procede a ver el dorso del frente e identifica cómo está sujeto. Quita los tornillos de ambos lados para que el frente salga con facilidad.

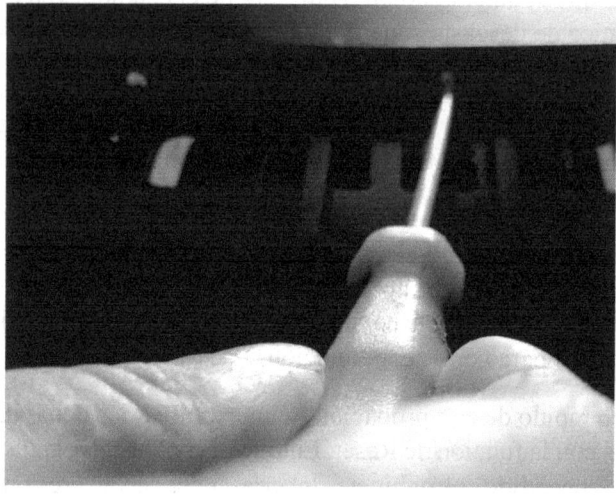

PASO 2

Cuando tengas el frente desmontado, tira con mucho cuidado hacia delante, ya que hay cables que van a los servicios de encendido y los leds de información, y un tirón muy fuerte podría cortarlos.

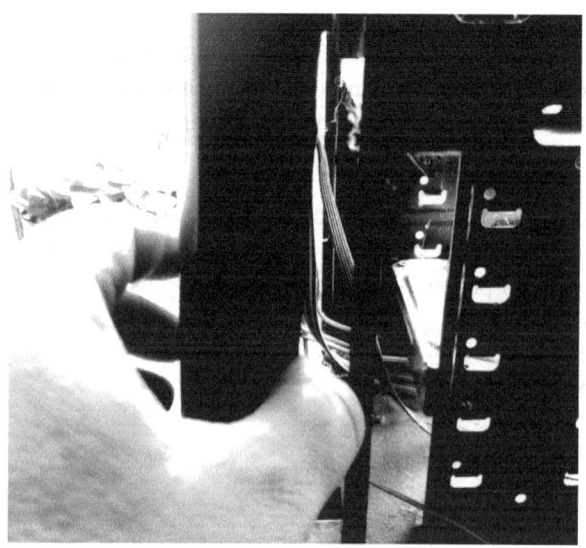

PASO 3

Verás que la placa de servicios USB y el audio frontal tienen dos tornillos, uno de cada lado. Puede que simplemente se hayan aflojado o que se hayan roto sus anclajes.

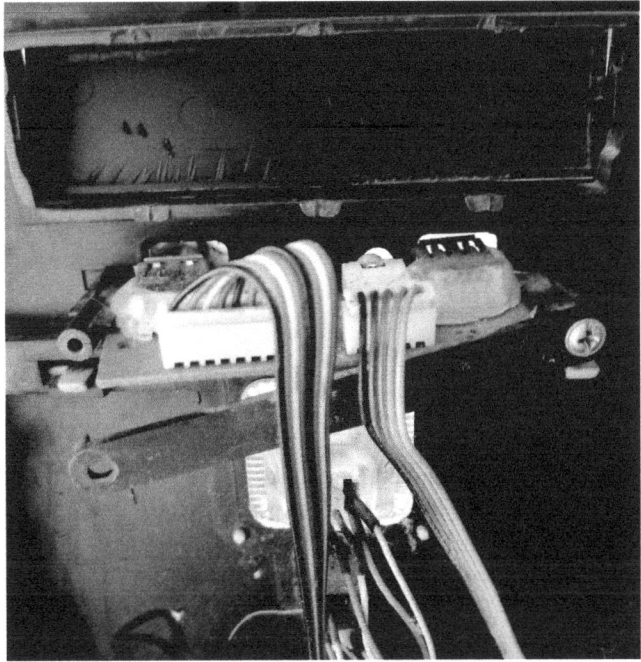

PASO 4

En caso de que los anclajes de plástico donde se colocan los tornillos estén rotos, deberás reconstruir la estructura o pegar la placa con un adhesivo de alta calidad. Para estos tipos de trabajos se recomienda un pegamento epoxi, que es un excelente reconstructor y resulta fácil de aplicar. Deja secar el tiempo suficiente según la recomendación del fabricante y vuelve a montar el frente.

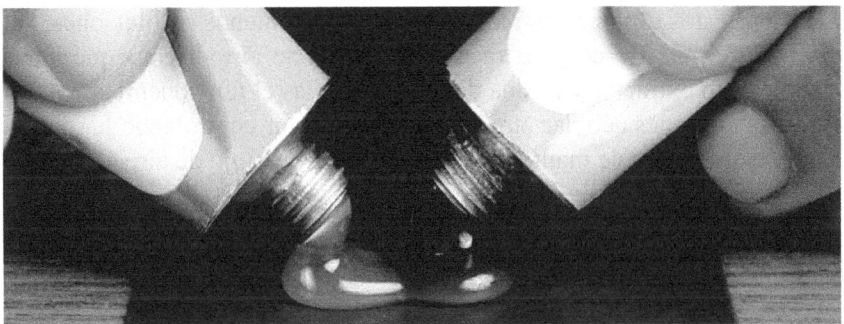

16.6 EL FRENTE DEL GABINETE SE HA DESPRENDIDO

Este es un caso como el anterior, pero sin duda se debe a un golpe, una caída o un mal trato del box. Es sencillo volver a colocarlo. Utiliza el pegamento epoxi y fíjalo, pero trata de usar la cantidad exacta y solo en los extremos donde originalmente estaba anclado. Busca que se sostenga y no que se fije de manera más estructurada, porque nunca se sabe si el día de mañana tendrás que volver a desarmarlo por otros motivos.

Si el desprendimiento solo está provocado por los tornillos, colócalos otra vez. Si no encajan bien por una deformación de la rosca, puedes colocar un poco de pegamento en los encastres o un suplemento para que tengan más volumen. También puedes reemplazarlos por otros un poco más gruesos.

16.7 ALTA TEMPERATURA EN EL GABINETE

Para determinar si el gabinete tiene un exceso de temperatura deberás acceder al BIOS de la placa madre. Allí tendrás la lectura del sensor de temperatura ambiente en tiempo real. Ten cuidado de no confundir esta medición con la temperatura de la CPU o de la tarjeta de video, que sin dudas serán superiores.

El parámetro de temperatura promedio debe rondar entre 30° y 45° centígrados, pero esto también se deberá ajustar al factor del hardware instalado en el box. Si consideras que el gabinete está excedido de temperatura, evalúa mejorar la ventilación.

Ubicar varios ventiladores no es la solución, sino que es necesario balancear entre los que ventilan y los que extraen aire. A veces no se trata de ventilar sino de extraer; cuanto más aire caliente salga al exterior, mejor será. Los coolers son híbridos; si los instalas de una forma ventilarán, pero si los colocas al revés, extraerán aire. En los chasis laterales del gabinete, corresponde usar coolers de 80 x 80 cm o de 120 x 120 cm. Estos últimos son más grandes, giran a menos revoluciones, generan un flujo de aire más fresco y extraen más caudal de aire. Tienes que hacer una prueba: coloca un extractor y evalúa durante unos días el funcionamiento del sensor de temperatura. Puedes acoplar otro ventilador y seguir controlando hasta entender cuál es la mejor manera de mantener el gabinete con un flujo de aire adecuado.

Figura 16.2. En esta imagen se ilustra el flujo de aire que requiere un gabinete. Puedes observar el aire que se inyecta y el que se extrae. Para lograr esto, es necesario colocar los coolers en la posición correcta y hacer que tengan un sentido de sincronización.

16.8 UBICAR UN SSD SI HAY LUGAR

Es probable que muchos equipos no dispongan de un lugar especial para colocar un disco de estado sólido, porque el gabinete tiene unos años y el SSD es una novedad que recién hace un tiempo se está implementando más. Ahora, ¿es necesario cambiar el gabinete? La respuesta es no, ya que existen bahías adaptadoras que se pueden comprar en tiendas de electrónica, informática o portales de la web y que son muy fáciles de colocar para adaptar uno o más discos a un gabinete.

Las bahías adaptadoras son de **3.5** a **2.5**. La primera es la medida más estándar de los gabinetes, y la segunda es el tamaño actual de los SSD. Entonces, colocando una adaptación a la bahía del box de 3.5, podrás instalar un disco de 2.5 bien ajustado y sin desperdicio de lugar, manteniendo el orden dentro del gabinete.

Figura 16.3. Las bahías adaptadoras son fáciles de montar y de conseguir. Resultan muy útiles para gabinetes más antiguos o que ya no tienen capacidad para colocar un nuevo medio de almacenamiento.

16.9 CONECTAR EL PANEL FRONTAL

Llamamos panel frontal (front panel) a los servicios que posee un gabinete de PC para determinados propósitos, como encendido del equipo, reset, leds indicadores de encendido y actividad del disco principal, puertos USB y jack de sonido. Si bien la industria ha creado un patrón de conexión de estos servicios, cabe destacar que algunos fabricantes de gabinetes pueden diferir y hasta incorporar otras funciones, como luces RGB o reguladores de RPM para los coolers laterales.

Los gabinetes vienen provistos de un manojo de cables con fichas pequeñas que deberán conectarse a la placa madre de la PC. Para esto, es importante localizar el front panel del motherboard y establecer su conexión. En el manual de instrucciones de la placa, busca el apartado que indica cómo se debe conectar cada servicio en los pines de esta función. Por lo general, debes seguir este esquema para lograr tu propósito.

Figura 16.4. El panel frontal en la placa madre suele estar cerca de sus bordes. En el manual de instrucciones se dedica un apartado exclusivo para esta conexión, aunque también es posible buscar un plano del mother y ver la ubicación precisa. Observa bien los servicios que requieran una forma específica de conexión (polaridad + / -).

Un error que suele cometerse es invertir la **polaridad** en aquellos servicios que lo necesitan. Esto no implica inconveniente alguno; lo único que puede pasar es que el servicio no funcione o, en el caso del led de testigo de disco de almacenamiento, que quede constantemente encendido y no parpadee según el trabajo del dispositivo.

Figura 16.5. Cada ficha del panel frontal está identificada con su nombre para la conectividad. Igualmente, muchos fabricantes respetan el patrón de colores: verde-blanco es el led de encendido, rojo-blanco es el led de disco de almacenamiento, azul-blanco es el botón de reset y naranja-blanco es el pulsador de encendido. El cable de color es el positivo (+) y el blanco es el neutro o negativo (-).

En los USB y/o panel de sonido frontal, también las fichas deberán conectarse al motherboard. Busca el panel que indica las conexiones USB externas y otra que suele denominarse audio panel.

Para el caso de los USB, es necesario conectarlo en una posición específica, respetando la polaridad; si lo haces mal, podrían quemarse los conectores del chasis.

Fíjate que la ficha hembra posee un contacto neutro que deberá coincidir con el panel de pines del motherboard. Esta conexión es muy simple y no requiere ninguna otra acción de configuración.

En el caso del panel del sonido, ten en cuenta que algunos motherboards, al detectar que se ha conectado esta función, automáticamente anulan el panel trasero para conectar servicios de sonido. En otros casos tal vez funcionen ambos, pero nunca en simultáneo, debido a que esta función es simplemente para lograr mayor comodidad en el anclaje de auriculares o micrófonos para usar en la computadora.

La conexión no tiene polaridad alguna y se puede realizar de modo muy sencillo; solo fíjate la posición del pin neutro y colócalo como corresponde.

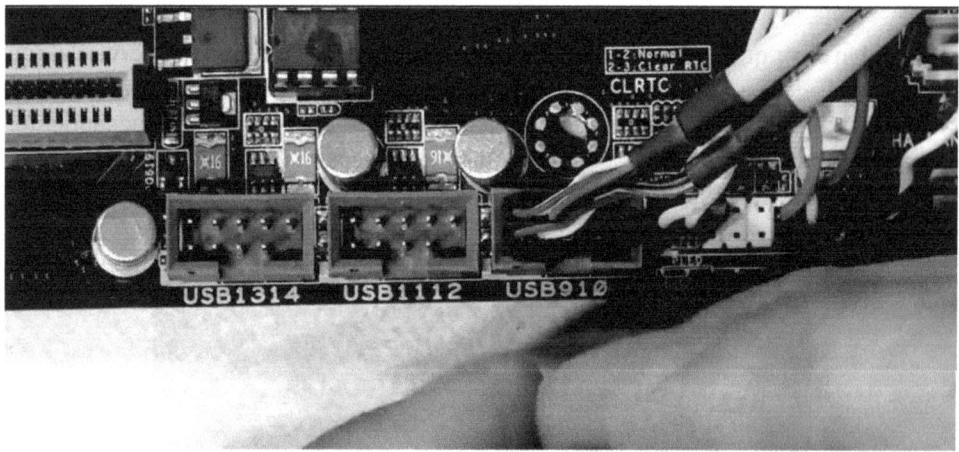

Figura 16.6. La conexión de los USB frontales es simple. La ficha que proviene del panel frontal del gabinete es entera, y si observas, tiene un orificio tapado (neutro) que indica cómo debes encajarla en los conectores del motherboard.

16.10 ACTIVIDADES

A continuación verás las preguntas y los ejercicios que deberías saber responder y resolver para considerar aprendido el capítulo.

16.10.1 Test de autoevaluación

1. *Según tu criterio, ¿por qué es importante realizar un mantenimiento preventivo del gabinete de forma periódica?*

2. *¿Cuáles son las causas por las que, de repente, un gabinete presenta vibraciones molestas?*

3. *¿Por qué un gabinete dejaría de encender? Da ejemplos.*

4. *¿Qué daños físicos puede tener un gabinete si es mal tratado o se ha caído?*

5. *¿Qué función cumple el panel frontal de un gabinete?*

16.10.2 Ejercicios prácticos

1. *Realiza un mantenimiento preventivo a tu gabinete de PC. Aplica todas las técnicas aprendidas en este capítulo.*

2. *A modo de práctica, intenta desarmar el frente de un gabinete. Ejercita esta acción para cuando te toque hacerlo para terceros.*

3. *Desprende el panel frontal de tu gabinete e intenta conectarlo otra vez. Esta tarea parece absurda, pero te ejercitará para una acción futura.*

4. *Si tienes la posibilidad de migrar de gabinete, entonces será una buena práctica desembalar el viejo para montar todo en uno nuevo.*

GLOSARIO

▶ **Antiestática:** acción de amortiguar la energía estática que provocan ciertos componentes electrónicos, como así también los seres humanos. Por ello se utilizan guantes o pulseras con esta característica.

▶ **Bahía:** espacio dentro del gabinete de un ordenador de escritorio que se utiliza para colocar servicios de almacenamiento o medios de conexión para extraíbles.

▶ **Barebone:** del inglés armazón, tipo de gabinete de computadoras de formato reducido.

▶ **Cable interlock**: cable que, habitualmente, utiliza la fuente de poder de un ordenador para conmutar el voltaje proveniente de la corriente alterna. Hay varios modelos y factores de forma; el más común es el IEC-60320.

▶ **Capacitor:** en electrónica, un capacitor o condensador es un acumulador de energía sustentado en un campo eléctrico. Pueden tener diversos tamaños y son fundamentales en el armado de una fuente ATX.

▶ **Commodore:** compañía americana de electrónica y hardware que en los años '80 contribuyó de forma activa al uso de las computadoras en el ámbito doméstico.

▶ **Cooler:** ventilador usado en electrónica en general y en computadoras en particular. Suelen operar a 12 V y pueden tener diversos tamaños.

▶ **Diodo:** en electrónica, dispositivo de dos electrodos por el que circula la corriente en un solo sentido.

▶ **Epoxi:** resina derivada del acrílico que permite unir piezas de plástico blando o duro. Su secado es lento pero muy efectivo.

▼ **Fusible:** componente eléctrico hecho de un material conductor, generalmente estaño, que tiene un punto de fusión muy bajo y se coloca en un punto del circuito eléctrico para interrumpir la corriente cuando esta es excesiva.

▼ **HDD:** abreviatura de Hard Driver Disk, hace alusión a los clásicos discos de almacenamiento mecánicos presentes tanto en las computadoras de escritorio como en las laptops y las consolas de videojuegos.

▼ **Molex:** fichas de conexión que poseen las fuentes de poder. Hay de distintos tamaños y se emplean para distintos servicios que pueda tener el equipo.

▼ **Multímetro:** aparato utilizado en electrónica para medir diversos componentes. Existen modelos digitales y también análogos. La mayoría funciona con una batería de 9 V o una pila especial de 12 V.

▼ **NUC:** Next Unit of Computing, de la empresa INTEL; tipo de mini PC con prestaciones mínimas, ideal para espacios reducidos.

▼ **PC Health Status**: opción presente en el Setup o interfaz de configuración del BIOS, que conviene revisar en caso de sospechar averías en el equipo. Los sensores de un motherboard se conectan al BIOS para ofrecer lecturas de las temperaturas y los voltajes que está recibiendo.

▼ **Polaridad:** los aparatos eléctricos u electrónicos tienen polaridad para su funcionamiento: positiva (carga) y negativa (neutro), comúnmente llamados polos.

▼ **RPM:** sigla de revoluciones por minuto. Todos los motores miden su capacidad de giro en RPM. En informática, los coolers y los motores de los discos duros utilizan esta escala.

▼ **SMART:** sigla de Self Monitoring Analysis and Reporting Technology; es un chip incorporado a la electrónica de los discos de almacenamiento de un ordenador para reportar eventos que experimenten. Se usa para advertir al usuario de posibles fallas que pueden generar estos medios.

▼ **SSD:** abreviatura de Solid State Disk; hace alusión a la nueva tecnología de almacenamiento de discos que utiliza memorias Nand. Son más rápidos que los clásicos discos mecánicos.

Parte 5

TARJETAS DE VÍDEO

Introducción
Chips gráficos
Nomenclatura
Electrónica y diagnóstico

17

INTRODUCCIÓN

Un componente que ha dado mucho que hablar, sobre todo en el entorno gamer, es, sin lugar a dudas, la tarjeta de video. De ella depende, no exclusivamente pero sí en buena parte, la fluidez que podrás obtener en un videojuego o la velocidad con la que podrás realizar un render en un entorno de trabajo para producción de gráficos. En este capítulo aprenderás qué es y cómo funciona cada parte de este elemento indispensable.

17.1 ¿QUÉ ES LA TARJETA GRÁFICA?

La tarjeta de video o tarjeta gráfica es un componente que permite que un ordenador muestre en pantalla el resultado de las operaciones realizadas por el procesador. Ya sea un video, una fotografía o, simplemente, el escritorio del sistema operativo, todos ellos pueden visualizarse gracias a que la tarjeta gráfica recibe del sistema los datos de salida, los procesa y los envía al monitor. Para que esto sea posible, la tarjeta está en permanente comunicación con el procesador, que le indica qué imagen mostrar y cuándo hacerlo. En cuanto la tarjeta gráfica recibe los datos provenientes de la CPU, los procesa utilizando su propia CPU, conocida como GPU (*Graphics Processing Unit*, unidad de procesamiento gráfico), y luego los envía a las salidas de video.

Figura 17.1. Como una alternativa económica, puedes adquirir un procesador de la gama G, que tiene la tarjeta gráfica integrada. Su rendimiento es menor que el de una tarjeta dedicada, pero es capaz de correr múltiples juegos 3D.

Existen dos tipos de tarjetas de video: integradas y dedicadas. Las primeras son las que se encuentran dentro de algunos modelos de CPU, como los procesadores que incluyen en su nomenclatura la letra G (de Graphics). En este caso, dentro del procesador existe un área que únicamente será utilizada para el procesamiento de gráficos. Estos procesadores son conocidos también como APU (*Accelerated Processing Unit*, unidad de procesamiento acelerado), término desarrollado por AMD para describir su línea de procesadores que podían trabajar con gráficos 3D, aunque en la actualidad muchos procesadores también cuentan con esa tecnología denominada IGP (*Integrated Graphics Processor*, procesador gráfico integrado). Este tipo de tarjeta gráfica tiene un rendimiento aceptable, aunque para ciertas aplicaciones –como algunos juegos– deberás pensar en invertir en una tarjeta dedicada, que incluye su propia memoria de video (las integradas comparten la RAM del equipo y toman parte de ella para usarla como VRAM). Las tarjetas dedicadas requieren que la computadora disponga de una fuente de poder capaz de alimentarla, además de hacerlo con el resto de los componentes. Si te dedicas a tareas muy demandantes con el equipo a nivel de gráficos, quizá debas utilizar enfriamiento líquido, como se hace en muchas CPU. Este sistema consta de una bomba de agua colocada sobre el procesador que mueve el líquido caliente hacia un radiador, donde es enfriado, para luego regresar al circuito.

Algunos desarrolladores han agregado funciones adicionales a la tarjeta de video, como sintonización de TV, captura de movimiento, decodificación Mpeg-2 y Mpeg-4, entre otras.

Los dos grandes desarrolladores de tarjetas de video son NVIDIA y AMD, y desde hace algún tiempo, Intel ha estado luchando para obtener un porcentaje en este mercado. Un aspecto que debes conocer es que, si bien estas empresas son las desarrolladoras, no ensamblan la propia tarjeta, sino que simplemente brindan la tecnología y las especificaciones correspondientes para hacerlo, en tanto que el proceso de ensamblado ocurre en plantas como Asus, MSI, Gigabyte y PNY, entre otras. Por lo tanto, puede ocurrir, por ejemplo, que una tarjeta de video 4090 presente ciertas diferencias de calidad o prestaciones respecto de otra igual pero de otro ensamblador, aunque sus características principales y funcionamiento serán siempre las mismas.

Figura 17.2. Este tipo de conector se utilizaba antes para interconectar varias tarjetas con las tecnologías SLI y Crossfire. En la actualidad, esta conexión se realiza mediante el propio PCI-e.

17.1.1 ¿Cómo se compone una tarjeta de video?

Una tarjeta de video es muy similar en su construcción a una placa madre. La base es una PCB (*Printed Circuit Board*, placa de circuito impreso) que sirve de soporte para soldar todos los componentes que requiere la electrónica y, además, dibujar en ella las pistas y los conectores necesarios para interconectar la circuitería.

El componente principal de toda tarjeta de video es la **GPU**, que se encarga de reducir la carga de trabajo del procesador central del equipo, calculando en **coma flotante** todas las operaciones relacionadas con 3D (**Figura 17.3.**).

Figura 17.3. El chip GPU de una tarjeta gráfica es su corazón; se ocupa de procesar toda la información gráfica del equipo.

Otro elemento destacado de la tarjeta de video es la **memoria RAM**, conocida como VRAM. En ella se almacenan texturas, modelos 3D, imágenes y todo tipo de información necesaria para poder ver un fotograma en pantalla. Es muy requerida en videojuegos o en equipos de renderizado que utilizan miles de texturas. Este tipo de memoria, al igual que la RAM convencional de la computadora, se divide en generaciones, cada cual con sus características técnicas, como GDDR5, GDDR6 y GDDR6x. Cuanto más nuevo sea el tipo de memoria, más rápida será y más datos podrá transferir (**Figura 17.4.**).

Figura 17.4. Los chips de memoria suelen encontrarse ordenando al procesador.

- **RAMDAC** (*Random Access Memory Digital to Analog Converter*, convertidor digital a analógico de memoria de acceso aleatorio): convierte la señal de digital a analógica en la memoria VRAM. El procesador envía señales digitales y este componente las transforma en señales analógicas para que ciertos monitores puedan interpretarlas.

- **Disipadores de calor**: suelen ser de aluminio o cobre y, como su nombre lo indica, son los responsables de absorber el calor generado por la GPU y disiparlo ayudándose por uno o más fan coolers especialmente diseñados para cada modelo. Al igual que en el caso de los procesadores, se debe utilizar pasta térmica para facilitar la disipación de calor desde el procesador. Es conveniente cambiar esta pasta cada cierto período de tiempo para garantizar que la tarjeta refrigere de forma adecuada.

Figura 17.5. En algunas tarjetas de video, el disipador está acompañado por aletas de metal y caños con material termoconductor para ayudar a la disipación térmica.

- **Conectores de energía**: son el punto donde se alimentan ciertos tipos de tarjetas gráficas, y donde se marca una diferencia entre ellas. Las tarjetas de video conocidas como Low Profile o de perfil bajo no requieren que se les conecte alimentación, ya que se alimentan de las líneas de tensión que entrega el propio puerto PCI-e. Por su parte, las de perfil alto, además de la energía entregada por dicho puerto, requieren de una entrada o dos de alimentación de la fuente de poder de la computadora. La entrada de alimentación para una tarjeta de video de gama media tiene un conector de 6 pines que suministra 75 watts, los que se suman a los 75 entregados por la ranura PCI-e y, de este modo, puede alimentar un consumo de 150 watts. En las tarjetas de video de gama alta hay conectores de 8 pines que pueden entregar 150 watts; sumándose a los entregados por el PCI-e, sería posible alimentar una tarjeta de video que consuma hasta 225 watts. Finalmente, hay tarjetas de video de alto consumo con una entrada de 6 y otra de 8 conectores, lo que suma un posible consumo de 300 watts.

Figura 17.6. Conector de alimentación PCI-e de 6 pines de una tarjeta gráfica Radeon.

Un punto importante es utilizar los cables correctos para esta conexión. Un cable PCI-e de la fuente de alimentación debería soportar un máximo de 150 vatios. Muchos usuarios utilizan para el armado cables adaptadores de molex a PCI-e, los cuales no están diseñados para soportar el calentamiento que puede resultar de alimentar una tarjeta de video moderna, y esto puede provocar graves daños en el hardware. Otro problema serio, y bastante común, es que a veces no se termina de colocar el conector a fondo, de modo que, si bien el equipo funciona, la superficie de contacto entre el conector de la tarjeta de video y el conector del cable PCI-e es menor de lo necesario para funcionar correctamente. Al transferirse la corriente eléctrica por una superficie de contacto más reducida, se genera un calentamiento, y esto, en muchos casos, hace que se dañe el equipo. Por lo tanto, al conectar la alimentación, asegúrate de que el conector entró hasta el fondo de la ficha y se produjo el clásico sonido de la ficha al trabarse. En tarjetas de video como la 4090 de NVIDIA es muy habitual que, debido a una mala instalación, el conector de alimentación se sobrecaliente y se queme, y así dañe la tarjeta.

> ### (i) NOTA
>
> En algunas tarjetas de video, verás que, cerca de la ficha de entrada de energía o en la cara posterior de la tarjeta, hay unos leds que, si se iluminan en verde, indican que la corriente eléctrica recibida es normal, en tanto que si están en rojo, significa que se detecta una carga de energía inadecuada para funcionar.

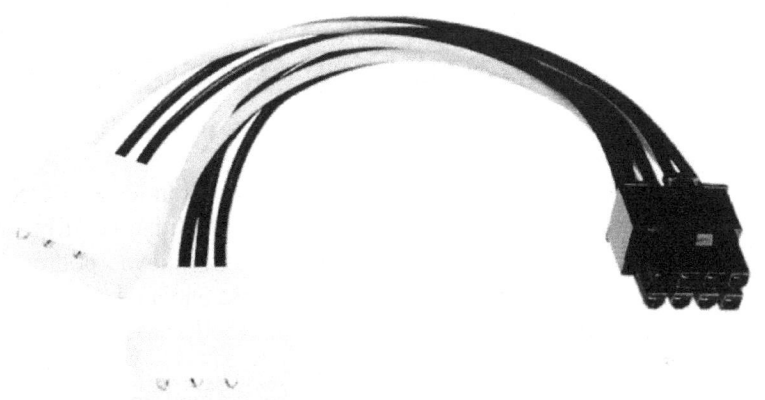

Figura 17.7. No utilices cables adaptadores para alimentar la tarjeta de video, porque en general no están diseñados para la potencia gráfica y las salidas Molex de la fuente de poder no suelen soportar esa carga.

▶ **Fases de energía** y **módulos reguladores de voltaje** (VRM): son los encargados de distribuir en forma estable la energía proporcionada por la fuente de poder de la computadora y el puerto PCI-e a los componentes de la tarjeta de video. En la parte más interior de la tarjeta, verás una serie de condensadores que, junto con otros componentes, se ocupan de filtrar la energía de entrada recibida por la fuente de alimentación. Esto, en realidad, lo hace un pequeño circuito que suele estar compuesto por uno o dos condensadores, un componente cuadrado o rectangular y un integrado. También podrás encontrar este tipo de circuitos filtrando y estabilizando la energía obtenida de los pines de tensión del PCI-e.

Figura 17.8. En gris, parte de las fases de poder de la tarjeta de video.

▶ **Puerto de interfaz PCI-e**: es el punto donde se interconecta la tarjeta de video con la placa madre. En la actualidad se utiliza el PCI-Express x16; en las placas madre relativamente nuevas podrás encontrarlos en su versión 3.0 (con una tasa de transferencia de datos de 8 GT/s y 984,6 MB/s por vía de datos), y en las más modernas, en la versión 4.0 (con una tasa de transferencia de datos de 16 GT/s y 1.969 MB/s para su vía de datos). La especificación PCI-e 5.0 se finalizó en el año 2023 (32 GT/S y 3.938 MB/s respectivamente) y se está trabajando en el desarrollo de la especificación PCI-e 6.0 (64 GT/s en transferencia de datos y 7.8777 MB/s en cada vía de datos). Este puerto intercambia datos entre la placa madre y, en este caso, la tarjeta de video, además de que proporciona suministro de energía de hasta 75 W por los primeros conectores, utilizado en la alimentación de tarjetas de video de bajo perfil.

Figura 17.9. El puerto PCI-e conecta la placa madre con la gráfica brindándole líneas de datos y energía.

▼ **Salidas de video**: cada tarjeta gráfica, dependiendo de su modelo, tiene una o más salidas de video disponibles donde podrás conectar un monitor, un proyector o un televisor que utilice esa tecnología:

- **VGA** (*Video Graphics Array*): por motivos de compatibilidad, puedes encontrarlo en tarjetas de video viejas así como en algunas placas madre. El tipo de señal utilizado por este conector es analógico.

- **DVI**: este tipo de conector tiene diferentes variantes –DVI-A (analógico), DVI-D (digital) y DVI-I (integrado, mezcla de analógico y digital)–. Si bien a simple vista parecen el mismo tipo de conector, sus conexiones son diferentes, por lo que no podrás conectar uno por error. Infórmate acerca de cuál usa tu tarjeta de video.

- **HDMI** (*High-Definition Multimedia Interface*): es uno de los estándares actuales para transmitir video y audio a un monitor. Debes conocer qué versión incluye tu tarjeta de video, ya que existen varias revisiones que varían en cuanto a características y ancho de banda, aunque todas son compatibles entre sí, de modo que es posible utilizar un puerto HDMI 1.0 con un cable 2.0 y viceversa sin inconvenientes. Los anchos de banda van desde 4.95 Gbps en la versión 1.0, hasta 48 Gbps en la versión 2.1. Además, este estándar dispone de un sistema de protección de contenido conocido como HDCP (*High-Bandwidth Digital Content Protection*, protección de contenido digital de elevado ancho de banda), que evita la copia de contenido.

- **DisplayPort**: este estándar es el sucesor del VGA y también es capaz de transmitir audio y video en forma simultánea. Cuenta con varias versiones que van desde 10,8 Gbps en la 1.0 de 2006, hasta 77,37 Gbps en la versión 2.1 lanzada en el año 2022. También dispone de un sistema de protección contra piratería llamado DPCP (*DisplayPort Content Protection*), que utiliza el cifrado AES de 128-bit. Puedes distinguir este tipo de conector porque es asimétrico, ya que uno de sus laterales es distinto del otro.

- **USB-c**: este tipo de conector cuenta con *DisplayPort Alternate Mode*, que hace posible que disponga de DisplayPort 1.3, lo cual le permite mostrar imágenes a resolución 4K a 60 Hz de tasa de refresco. También es llamado VirtualLink por NVIDIA, y por sus características, abre las puertas a la realidad virtual y a la posibilidad de conectarle gafas VR. Dadas las altas resoluciones y tasas de refresco que soporta, USB-c puede usarse para señales DisplayPort, Thunderbolt y HDMI, alcanzando 32,4 Gbps de tasa de bits (**Figura 17.10.**).

Figura 17.10. Arriba a la izquierda, puerto VGA; a la derecha, DisplayPort; abajo a la izquierda, puerto HDMI; a la derecha, puerto DVI.

Como toda tarjeta de expansión de la computadora, hay un firmware que controla su funcionamiento, esto es, un programa similar al BIOS pero encargado de comandar las funciones de la propia tarjeta de video. En tarjetas antiguas, esta tarea se realizaba en un chip independiente, pero en la actualidad el firmware está instalado dentro de la propia GPU.

▼ **Conector del ventilador**: para enfriar el disipador metálico, las tarjetas de video cuentan con uno o más ventiladores asegurados al costado del disipador. Estos son alimentados por una ficha de conexión que utiliza un circuito electrónico para regular las revoluciones a las que giran los ventiladores, dependiendo de configuraciones preestablecidas o parámetros obtenidos mediante los sensores de la tarjeta de video, como la temperatura y la lectura de la velocidad de giro de los propios ventiladores (**Figura 17.11.**).

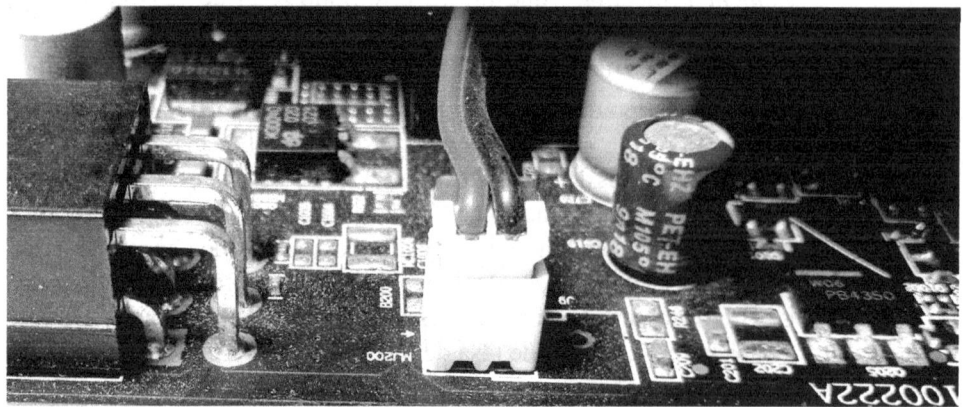

Figura 17.11. El conector del fan puede contener dos o más cables.

17.2 SOFTWARE ÚTIL

Puedes utilizar cierto software para conocer más acerca de tu tarjeta de video, probar su rendimiento e, incluso, modificar algunos parámetros de funcionamiento. De este modo, lograrás exprimir un poco más su rendimiento. Veamos algunas de las opciones disponibles.

17.2.1 GPU-Z

Este programa te dará toda la información necesaria de tu tarjeta de video, desde la versión del controlador que estás utilizando, el tipo de memoria, información técnica de cada componente, hasta información sobre los sensores incorporados en la tarjeta para su diagnóstico. Puedes descargarlo en forma gratuita desde su página oficial: *www.techpowerup.com/download/gpu-z*. (**Figura 17.12.**).

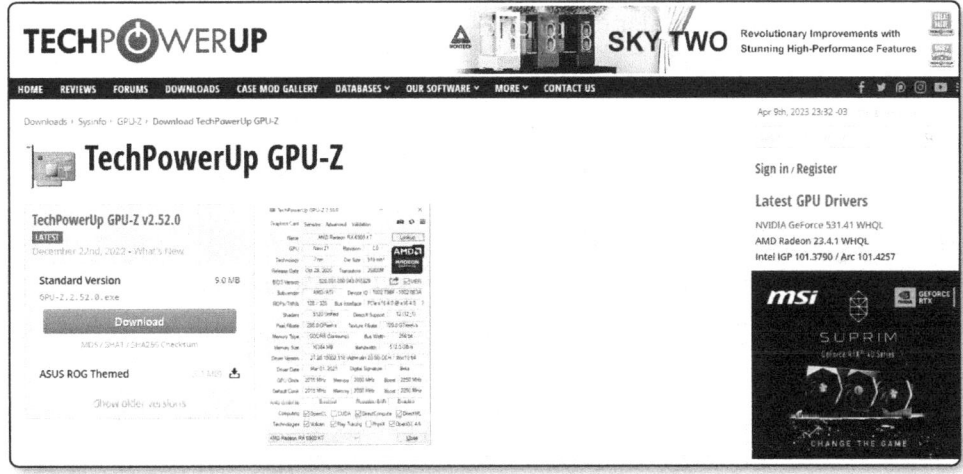

Figura 17.12. GPU-z es un programa desarrollado por la empresa TechPowerUp. No lo confundas con CPU-z, que hace algo similar pero con el procesador y es desarrollado por CPUID.

En la ventana que se abre al descargarlo (no es necesaria su instalación), verás cuatro pestañas. En la primera, **Graphics Card**, se brinda información general acerca de cómo está compuesta la tarjeta de video. Incluye: **Name** (marca y modelo comercial), **GPU** (modelo de la GPU que utiliza la gráfica), **Technology** (tamaño en nanómetros en que está elaborado el chip), **Release Date** (fecha de lanzamiento al mercado de la tarjeta gráfica), **Transistors** (cantidad de transistores esculpidos en el chip de silicio, expresado en millones), **BIOS versión** (versión del BIOS instalada), **Subvendor** (ensamblador de la tarjeta), **Device ID** (hardware ID del dispositivo; con este número único para cada marca y modelo de componente, puedes buscar los controladores en Internet), **Bus Interface** (tipo de interfaz conectada a la tarjeta de video y su configuración; al costado hay un signo **?** que crea una prueba de render para testear que esa configuración funcione correctamente), **Memory Type** (tipo de memoria que tiene la tarjeta), **Bus Width** (ancho de banda de comunicación entre la GPU y la VRAM; cuanto más alto sea este valor, mejor rendimiento obtendrás), **Memory Size** (cantidad de VRAM de la gráfica), **Band width** (ancho de banda efectivo disponible entre la GPU y la VRAM), **Driver Version** (versión del controlador instalado), **Driver Date** (fecha del driver que utilizas; junto con el valor anterior, permite saber si tienes el último driver disponible instalado), **GPU Clock** (velocidad actual de la GPU), **Memory** (velocidad actual de la VRAM), **Boost** (algunas tarjetas de video pueden automáticamente exprimir un poco más de potencia, en este valor verás la velocidad de la GPU al alcanzar este estado), **Default Clock** (valor por defecto de la velocidad de la GPU, es útil en caso de que la tarjeta haya sido overclockeada para conocer su estado de fábrica), **Memory** (igual que el ítem anterior, pero aplica a la velocidad de la VRAM), **Boost** (nuevamente el estado Boost, pero ahora con su valor de fábrica) (**Figura 17.13.**).

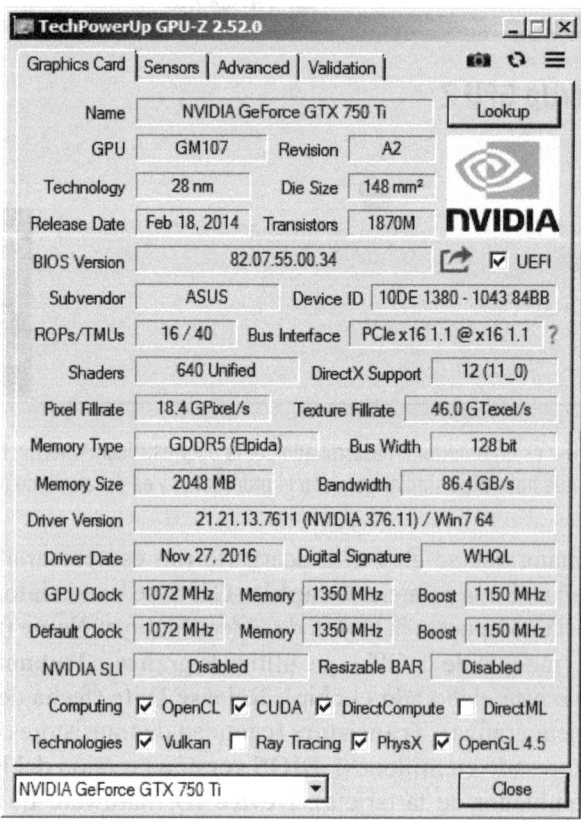

Figura 17.13. Interfaz de GPU-z.

La segunda pestaña es **Computing technologies**, que indica los tipos de procesamiento que es capaz de realizar la tarjeta gráfica, si tiene habilitadas las tecnologías OpenCL, CUDA, DirectCompute, DirectML, Vulkan, Ray Tracing, PhysX y OpenGL 4.6.

En la parte superior de esta pestaña hay un botón que dice **Lookup**, que te llevará a la web de TechPowerUp, desarrollador de GPU-z, donde se muestra información sobre el modelo de la tarjeta de video. En la parte inferior del programa, hay una lista desplegable desde la que podrás seleccionar otra tarjeta de video para ver su información en caso de que tu equipo tenga más de una. El resto de las opciones de esta pestaña y su significado será abordado más adelante en esta obra.

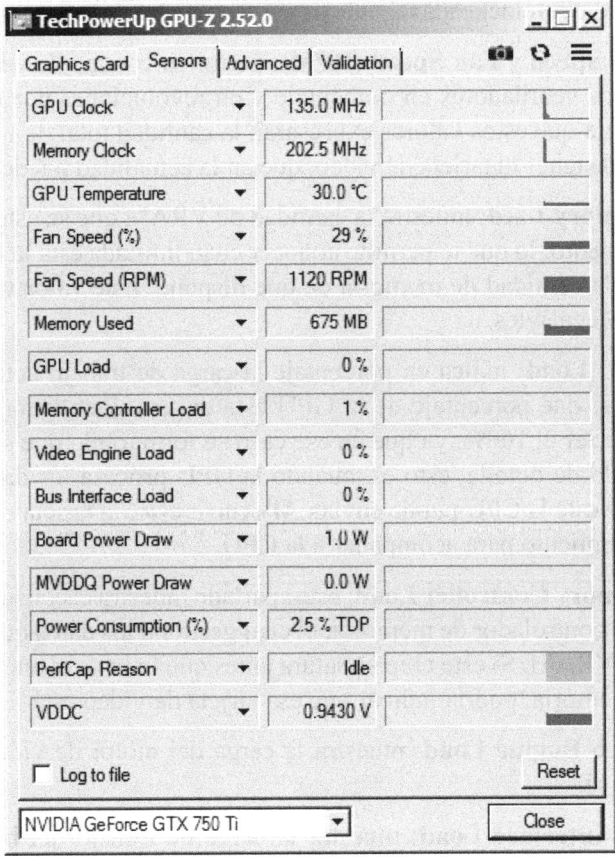

Figura 17.14. En la pestaña de sensores, encontrarás información en tiempo real sobre el desempeño de tu tarjeta gráfica.

En la pestaña **Sensors** se incluye una serie de valores que podrás utilizar para conocer el estado de funcionamiento de la tarjeta de video, ellos son:

▶ **GPU Clock**: puedes ver la velocidad de procesamiento de la GPU, para así saber si se encuentra rindiendo como era previsto y si está overclockeada o, por el contrario, rindiendo menos de lo esperado.

▶ **GPU Memory Clock**: en este caso estás viendo la velocidad expresada en Megahertz de la memoria VRAM de la tarjeta de video.

▶ **GPU Temperature**: muestra la temperatura interna de la GPU, expresada en grados Celsius. Es importante tener en cuenta este apartado en tarjetas usadas que pueden necesitar mantenimiento preventivo o en tarjetas de video overclockeadas donde se espera una temperatura más elevada.

▶ **Fan Speed** y **Fan Speed (RPM)**: permiten conocer la velocidad de giro de los ventiladores en porcentaje y en revoluciones por minuto. Ten en cuenta que estos valores expresarán la cantidad total de ventiladores que puede tener tu tarjeta de video, que en la actualidad puede ser de 1, 2 o 3.

▶ **Memory Used**: muestra la cantidad de VRAM que se está usando en ese momento, lo que te permite conocer cuán limitada está la tarjeta de video por la cantidad de memoria de que dispone. Este valor viene expresado en MegaBytes.

▶ **GPU Load**: indica en porcentaje la carga de trabajo actual de la GPU, o sea, qué porcentaje de la GPU está en uso. Este valor nunca debería alcanzar el 100%, ya que en ese caso se formaría lo que se conoce como cuello de botella, esto es, cuando la GPU procesa los datos más rápido de lo que la CPU puede enviar. Al ocurrir esto, la tarjeta de video baja su rendimiento para acompañar a la CPU.

▶ **Memory Controller Load**: este apartado muestra el consumo que tiene el chip controlador de memoria, el cual gestiona los datos que son enviados a la VRAM. Si este chip se satura antes que lo haga el ancho de banda de la memoria, podría indicar que esa tarjeta de video está fallando.

▶ **Video Engine Load**: muestra la carga del motor de video de la tarjeta gráfica.

▶ **Bus Interface Load**: muestra la carga de trabajo del bus de interfaz; en este caso, se conoce como bus al camino físico por donde viaja la información.

▶ **Power Consumption**: muestra el consumo de energía que tiene la tarjeta en ese momento, expresado en TDP (*Thermal Design Power*). Esto indica la cantidad de consumo que un chip es capaz de generar en una carga de trabajo normal, medido en vatios o Watts.

▶ **PerfCap Reason**: si la GPU baja su rendimiento, muestra el motivo, que puede ser: Pwr (la GPU está consumiendo demasiada energía y alcanzó su consumo máximo), Thrml (la GPU está demasiado caliente y está haciendo estrangulamiento térmico o ThermalTro), VRel y VOp (problemas en la alimentación eléctrica), Idle (la GPU no está siendo requerida para efectuar grandes cargas de trabajo).

▶ **VDDC**: indica el voltaje al que está funcionando la GPU en ese momento.

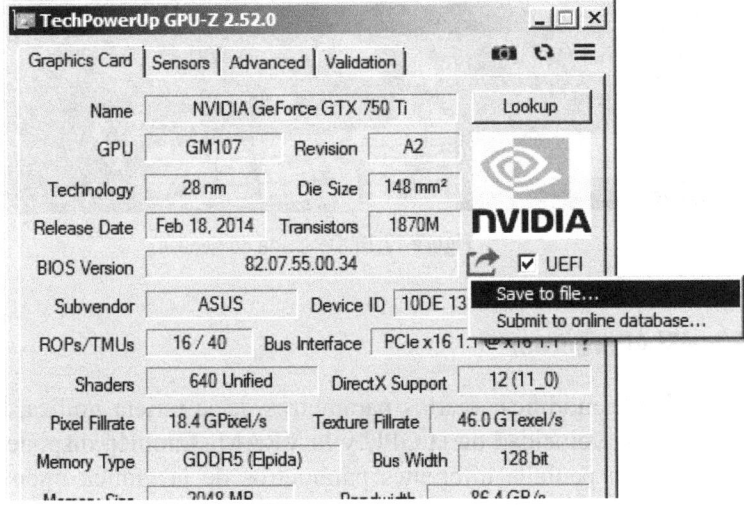

Figura 17.15. Una función algo oculta dc GPU-z: al lado dc la versión del BIOS hay un botón que te permitirá guardar en un archivo un backup del BIOS de la gráfica, que puedes utilizar para reparar otra del mismo tipo.

17.2.2 Heaven

Este software efectúa un benchmark de la gráfica, haciendo que esta trabaje al máximo de su capacidad a fin de que puedas evaluar cómo responde. De esta manera, te permitirá detectar cuelgues, áreas mal renderizadas, temperaturas elevadas, etc. Puedes utilizarlo mientras tienes abierto en primer plano GPU-z y evaluar cómo responde la tarjeta gráfica frente al trabajo extremo.

Básicamente, al ejecutarlo se realiza un render de un entorno en 3D donde se exige la mayor potencia de la tarjeta de video.

Puedes bajar gratuitamente *en este link* Heaven 2009 desde la web de su desarrollador (**Figura 17.16.**).

Figura 17.16. Descarga de Heaven.

17.2.3 MSI Afterburner

Permite modificar ciertos parámetros de la tarjeta gráfica, como el límite de energía, y la velocidad de la GPU y la VRAM. También dispone de una opción que muestra en pantalla diferentes parámetros de la gráfica mientras utilizas un videojuego, para poder evaluar en tiempo real cómo se comporta en cada caso.

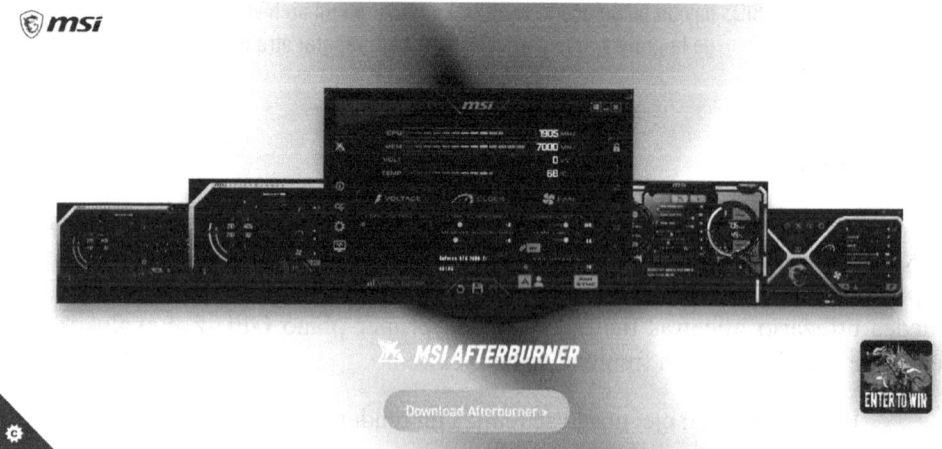

Figura 17.17. Descarga de MSI Afterburner.

Un punto muy interesante de este software es que te permite realizar lo que se conoce como un overclock seguro. Básicamente, esto significa que te permitirá subir la potencia de la memoria VRAM y la GPU pero sin poder modificar valores como el voltaje (subirlo sin saber lo que estás haciendo podría dañar seriamente tu tarjeta gráfica). En caso de que configures un valor que el sistema no pueda soportar y se vuelva inestable, al reiniciar el equipo los valores regresarán a la normalidad; el overclock funcionará solo hasta que reinicies el sistema.

Puedes bajarlo gratuitamente *en este link* desde la web oficial, y utilizarlo con cualquier tarjeta gráfica que tengas. Ten en cuenta que este programa está pensado para que no puedas dañar tu tarjeta de video, ya que realmente pocos modelos permiten modificar el voltaje de trabajo, como es el caso de las tarjetas gráficas Kingpin, que permiten un overclock extremo y el voltaje es uno de los valores por modificar.

Con respecto a la temperatura, cada tarjeta de video tiene un valor máximo al que puede trabajar. Debes consultar la documentación disponible para conocer este parámetro y mantenerte sin llegar a ese punto, porque de hacerlo, la gráfica automáticamente bajaría su velocidad de GPU como de memoria, y pasará a rendir mucho menos para protegerse de daños al hardware. La idea de un overclock es que el equipo rinda un poco más, pero manteniéndose estable y sin temperaturas muy altas.

PASO 1

Instala MSI Afterburner. Durante el proceso de instalación, también deberás instalar RivaTuner Statics Server, que se incluye junto al instalador de Afterburner.

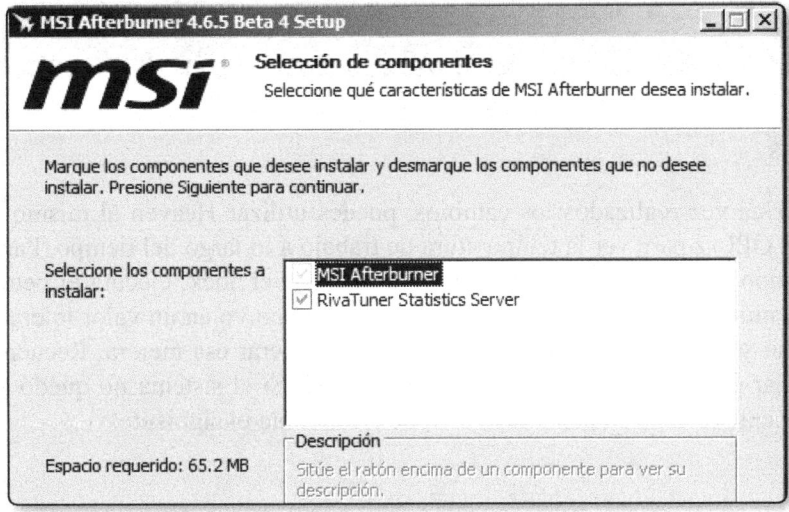

PASO 2

Abre Afterburner y prueba a realizar pequeñas modificaciones en **Core Clock** y **Memory Clock**. Revisa que la temperatura se mantenga baja y el equipo estable.

Si el sistema queda inestable, se creará lo que se conoce como crasheo del equipo, lo que significa que se trabará y dejará de funcionar, con lo cual verás una pantalla BSOD o pantalla azul de la muerte.

PASO 3

Una vez realizados los cambios, puedes utilizar Heaven al mismo tiempo que usas GPU-z para ver la temperatura de trabajo a lo largo del tiempo. Para saber si el equipo está estable y es seguro realizar ese overclock, ejecuta el benchmark entre 30 minutos y 2 horas. Si la temperatura se mantuvo en un valor tolerable y el equipo no se colgó, entonces el hardware puede tolerar esa mejora. Recuerda que, al reiniciar el equipo, ese overclock desaparecerá. Si el sistema no quedó estable, posiblemente recibas un pantallazo azul de error como el siguiente.

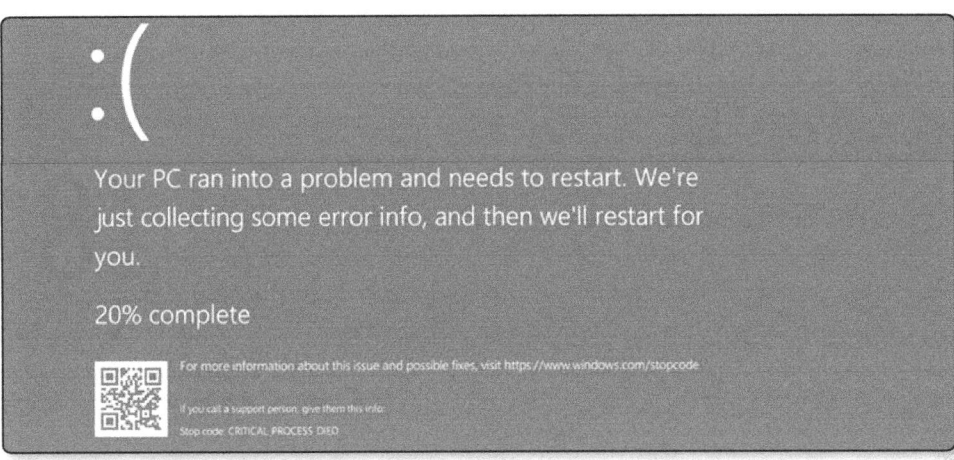

17.3 ACTIVIDADES

A continuación verás las preguntas y los ejercicios que deberías saber responder y resolver para considerar aprendido el capítulo.

17.3.1 Test de autoevaluación

1. ¿Cuál es la diferencia entre una tarjeta de video integrada y una dedicada?

2. ¿Qué función cumple el RAMDAC?

3. ¿Qué potencia total recibe una tarjeta de video que tiene un conector PCI-e de 6 pines?

4. ¿Para qué sirve que una tarjeta tenga más fases de energía?

5. ¿Para qué puede servirte conocer el Device ID de tu tarjeta de video?

17.3.2 Ejercicios prácticos

1. Descarga GPU-z e infórmate acerca de las características de tu tarjeta de video.

2. Descarga Afterburner y haz pruebas elevando levemente la frecuencia de la GPU y la memoria.

18

CHIPS GRÁFICOS

En busca de brindar una mejor experiencia inmersiva, los chips gráficos cuentan con diversas tecnologías implementadas a nivel electrónico que, dependiendo de las capacidades técnicas del proceso utilizado en su creación y complementando a la microarquitectura de la GPU, el software utilizado a nivel de drivers y el sistema operativo, posibilitan experiencias cercanas a la realidad.

18.1 CHIP GPU

Si bien cada elemento que compone una tarjeta de video es importante en el ecosistema electrónico, el que se lleva el premio debido a su complejidad es, sin lugar a dudas, la GPU, el propio procesador de video. Este, al igual que los procesadores CPU, se compone de un circuito integrado **litografiado** en un bloque de silicio donde se integran, al día de hoy, billones de componentes.

En un nivel más básico, una GPU está compuesta por diferentes elementos microscópicos –como condensadores, transistores y resistencias– y sus interconexiones, que forman el circuito necesario para cada caso; los transistores son los elementos más numerosos en todo tipo de chip.

Figura 18.1. Los chips se producen sobre la base de obleas de silicio que son litografiadas en tecnologías de pocos nanómetros de tamaño. Esto permite alojar cada vez más componentes en el mismo espacio físico.

El proceso de producción de un chip comienza con la fabricación de un lingote cilíndrico de silicio que, luego de ser perfectamente testeado a nivel de pureza y conductividad, se corta en rodajas conocidas como obleas de silicio. Cada oblea queda lista para ser esculpida en un proceso conocido como litografía, donde se crea una serie de capas semiconductoras con diferentes funciones y componentes. Las primeras de material conductor son utilizadas para conectar los componentes más básicos del chip, como los transistores. De esta forma se crean las puertas lógicas, vitales en el procesamiento de la información. La siguiente capa permite conectar estas puertas lógicas para formar celdas básicas. La capa siguiente conecta estas celdas creando circuitos, y en las siguientes se conectan estos circuitos para generar unidades funcionales. En las capas finales se unen estas unidades funcionales para crear el propio tipo de chip. Dependiendo de la configuración de estos elementos, se creará la microelectrónica de los núcleos de procesamiento y las diversas tecnologías que podrás encontrar en cada chip de video.

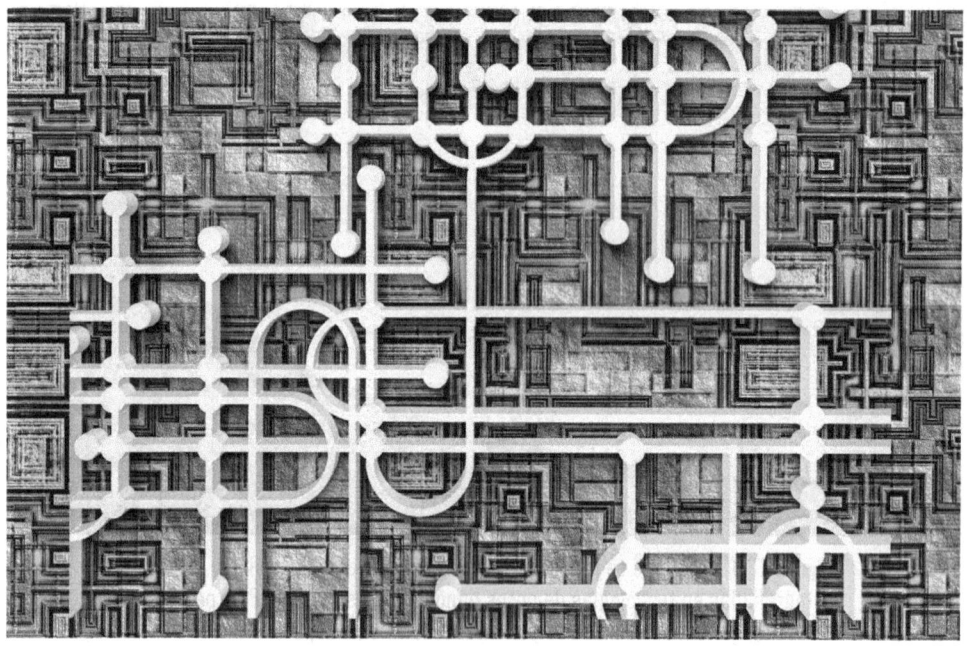

Figura 18.2. Los diferentes componentes tallados en el silicio se unen mediante un material conductor, para crear de esta forma los circuitos que hacen posible el funcionamiento de un chip.

Finalmente, esa oblea de silicio donde se graban varios chips simultáneamente se corta en partes, por lo cual queda cada GPU independiente del resto. Para terminar, se crea el sustrato o PCB y en él se encapsula el silicio, proceso en el cual se unen las conexiones internas del propio chip con los pines de conducción de la GPU y se protege el conjunto con una capa protectora.

A continuación, podrás conocer algunas de las tecnologías implementadas dentro de un chip gráfico.

18.1.1 Cores gráficos

De la misma forma en que el procesador principal de un ordenador se compone en la actualidad de más de un núcleo conocido también como core, los procesadores de las tarjetas gráficas también tienen varios cores, pero en este caso cabe destacar que, dependiendo del uso que se le pretenda dar a la tarjeta gráfica, hay diferentes tipos de cores, algunos más especializados en ciertas tareas.

Cabe recordar que las GPU se especializan en trabajo paralelo, para lo cual disponen de miles de núcleos, a diferencia de una CPU que dispone de solo unos pocos. Como comparación, una CPU actual puede tener 8 núcleos, mientras que, por ejemplo, una GPU RTX 3080 dispone de 8.704 CUDA cores (cierto tipo de núcleo especializado de NVIDIA).

Si bien la CPU y la GPU son procesadores basados en silicio y tienen cosas en común, como la enorme capacidad de procesar datos, ambas poseen arquitecturas muy distintas. La GPU consta de núcleos más pequeños y especializados, que, al poder trabajar de manera conjunta, pueden dividir una tarea más compleja en bloques más pequeños, y cada núcleo o grupo de ellos puede encargarse de un bloque del problema y finalizar en conjunto de forma mucho más rápida (Figura 18.3.).

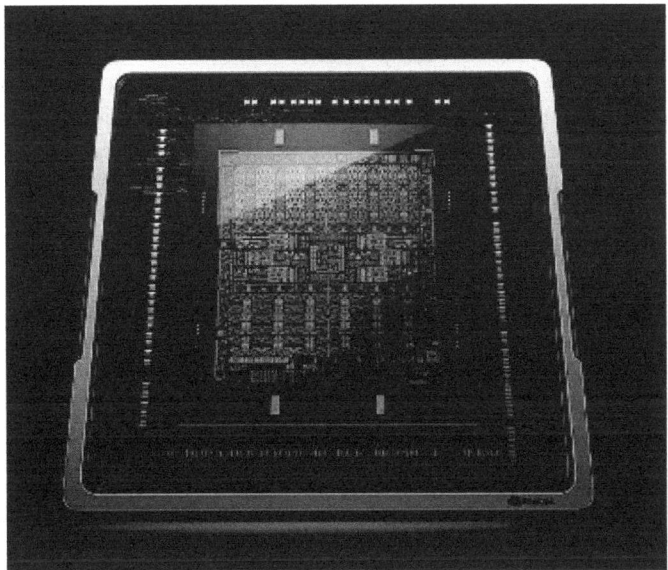

Figura 18.3. Los procesadores gráficos cuentan con miles de núcleos CUDA. El chip de la NVIDIA 4080 posee 9728 núcleos CUDA, Tensor Cores de cuarta generación y RT cores de tercera, así como 16 GB de VRAM GDDR6X y DLSS versión 3 en la arquitectura Ada Lovelace.

Los cores de CPU se caracterizan por ser procesadores desarrollados para uso general, utilizados para la computación en serie o bases de datos, capaces de ser empleados para prácticamente cualquier uso informático donde la latencia y el rendimiento por núcleo juegan un rol importante. Por su parte, las GPU nacieron como **ASIC** especializadas solo en acelerar ciertas tareas específicas implicadas en la renderización de modelos tridimensionales. Sin embargo, en los últimos años han evolucionado para convertirse también en procesadores paralelos para uso general, por lo que se utilizan cada vez más en gamas de procesamiento como la inteligencia artificial y el entrenamiento de redes neuronales.

También existen diferentes tecnologías de cores gráficos utilizados a la hora de gestionar una imagen 3D de manera eficiente.

18.1.2 OpenCL

OpenCL (*Open Computing Language*, lenguaje de computación abierto) es un estándar nacido en 2008, iniciado por Apple y ahora mantenido por Khronos Group y mejorado posteriormente por varios desarrolladores, como NVIDIA y AMD. Este estándar es cross-platform, lo cual significa que el software puede correr en diferentes sistemas operativos y permite la computación en paralelo integrando la CPU y la GPU. OpenCL es una **API** (*Application Programming Interface*, interfaz para la programación de aplicaciones) que permite que los programas accedan a varios procesadores en paralelo. De esta forma, la ejecución de un programa mejora notoriamente su rendimiento, haciendo que la GPU asista a la CPU con ciertos cálculos que, si tuviera que realizarlos solo la CPU, demorarían más tiempo. Esta API funciona como una extensión de lenguajes de programación como C, Python y Java, entre otros; puede reconocer un bloque de código que es repetido varias veces y ejecutar ese segmento en la GPU, liberando a la CPU de esa carga de trabajo.

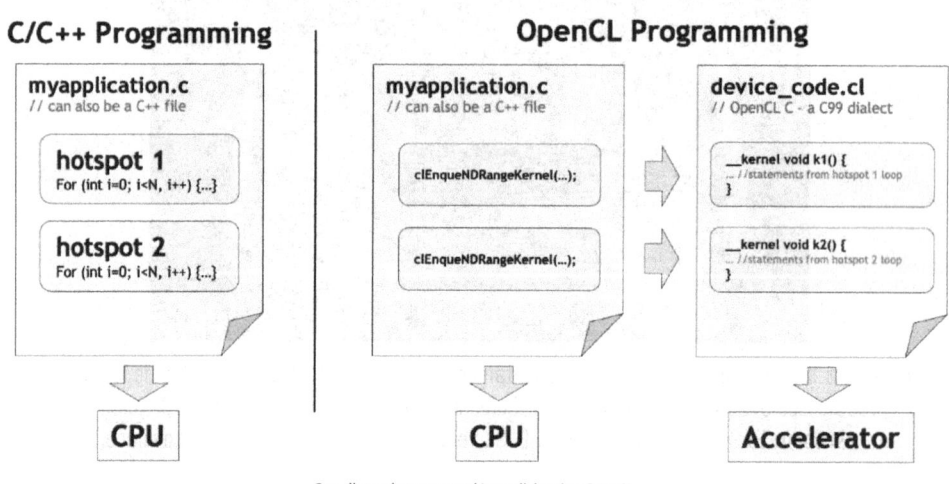

Paradigma de programación tradicional vs OpenCL

Figura 18.4. Las ventajas de la tecnología OpenCL permiten que muchos procesos sean realizados utilizando la GPU para optimizar ciertas tareas que antes solo eran realizadas por el procesador principal.

Intel apuesta por la tecnología OpenCL para sus gráficas integradas Iris Xe, incluso con el objetivo del segmento gamer. OpenCL forma parte del sistema operativo Mac OS X v10.6 llamado Snow Leopard. En la actualidad, está en su versión 3.0, lanzada en septiembre de 2020, mientras que las versiones anteriores fueron la 1.2, de 2011, y la 2.2, de 2017.

Puedes aprender más acerca de OpenCL en la página oficial del proyecto Khronos, en *www.khronos.org/opencl*.

18.1.3 CUDA cores

CUDA (*Compute Unified Device Architecture*, arquitectura de dispositivos unificados de cómputo) es una tecnología desarrollada por NVIDIA basándose en los mismos conceptos de OpenCL. Estos son los conocidos como CUDA cores, que se utilizan para acelerar el procesamiento de datos en paralelo en las especificaciones de las tarjetas de video NVIDIA. Estos núcleos, como todo procesador, poseen una frecuencia de trabajo y cada uno de ellos puede realizar un cálculo. De esta forma, cuantos más núcleos CUDA tenga una GPU y cuanto más rápida sea su frecuencia, mayor eficiencia obtendrán.

Figura 18.5.

Para tarjetas AMD, en cuanto a procesamiento en paralelo puedes encontrar una API conocida como Vulkan, que también es soportada por NVIDIA y es posible encontrarla entre los ajustes gráficos de varios videojuegos. Esta API fue desarrollada por Khronos Group, que a fines del año 2020 lanzó el Vullkan Ray Tracing Final Extensions.

Los núcleos CUDA están desarrollados para ejecutar gran cantidad de cálculos matemáticos intensos de forma más rápida y eficiente que las unidades de procesamiento convencionales, dividiendo tareas en pequeños trozos de código que pueden ser procesados simultáneamente empleando múltiples núcleos en forma paralela.

Un solo núcleo CUDA puede ejecutar hasta 64 operaciones aritméticas en paralelo en tan solo un ciclo de reloj. Cuantos más núcleos tenga la GPU, mayor será la capacidad de procesamiento en paralelo. Esta característica es especialmente útil en aplicaciones que requieren grandes cantidades de procesamiento de datos, como machine learning, minería de datos y simulación de físicas.

Cada núcleo CUDA funciona como un procesador de flujo ejecutando operaciones aritméticas y lógicas en forma independiente; realiza operaciones matemáticas, operaciones de **punto flotante**, y operaciones de multiplicación de matrices y vectoriales.

Para los desarrolladores existen **librerías** CUDA que proporcionan funciones de bajo nivel para trabajar con los núcleos CUDA y la VRAM. Permiten desarrollar aplicaciones optimizadas que puedan beneficiarse de la tecnología CUDA.

Otras áreas que se benefician del uso de CUDA son la simulación de física, el procesamiento de imágenes y el análisis de información, donde se requiere el procesamiento de importantes cantidades de datos para emular el comportamiento de partículas en un entorno simulado.

En entornos de render y videojuegos, los beneficios más grandes se obtienen en la iluminación y las sombras del escenario, las físicas, y efectos como el **antialiasing** y la **oclusión ambiental**.

18.1.4 Tensor cores y DLSS

Otro término que podrás ver en las especificaciones de las tarjetas de video modernas es tensor cores (o núcleos tensor). Para explicar mejor el concepto, debes recordar que para calcular las coordenadas de un objeto 3D, su iluminación, sombreado, etcétera, la tarjeta de video realiza múltiples operaciones matemáticas. Cada valor, a su vez, se encuentra (o no) vinculado a otros valores. Se denomina tensor a cada uno de estos objetos matemáticos, donde un grupo de números tiene *una relación específica con otro grupo de números, y son procesados como una* matriz de datos.

Los procesadores que incluyen este tipo de núcleos son especialmente diseñados para operaciones matemáticas. La más utilizada en una tarjeta de video es la multiplicación de dos matrices debido a que, para renderizar una imagen, es normal mover y procesar varios vectores de datos.

NVIDIA lanzó su GPU con arquitectura Volta para la gama profesional, que ofrece sus tensor cores exclusivamente diseñados para cálculos del tipo tensor con el fin de obtener en cada ciclo de reloj cálculos en matrices 4x4. En 2018 esta tecnología fue adoptada por el mercado doméstico cuando se lanzó la arquitectura

Turing en los modelos GeForce, y en el año 2020 se liberó la arquitectura Ampere desarrollada para los centros de datos.

Figura 18.6. Especificaciones de la GeForce RTX 4090: 16.384 Cuda cores, 512 Tensor Cores de cuarta generación, 128 RT Cores de tercera generación, 512 unidades de texturización, 24 GB de VRAM GDDR6X y 76.3 billones de transistores.

El uso de tensor cores, según la propia NVIDIA, ha marcado un alto rendimiento en ciertas tareas, que llegan a hacerse 12 veces más rápido que con los CUDA cores tradicionales. Esto ha disparado el uso de estas tecnologías en campos como el machine learning en tiempo real en el mundo de los videojuegos. Mediante inteligencia artificial, se ha logrado mejorar la imagen y liberar la carga de trabajo de la GPU renderizando un fotograma a 1080 píxeles y luego aumentando su resolución para hacerla coincidir con la del monitor, sin necesidad de que la GPU renderice la imagen a todo su tamaño. Esto se conoce como DLSS (*Deep Learning Super Sampling*), y se aplica luego del procesado de Ray-Tracing. El DLSS permite obtener más **FPS** en un videojuego al conseguir que la GPU funcione más desahogada. En esencia, la inteligencia artificial utilizada en DLSS añade píxeles adicionales generando una imagen fluida y sin tirones de FPS. Esta tecnología vio la luz en su lanzamiento en las tarjetas RTX 2000 y actualmente se encuentra en la versión DLSS 3.

Los núcleos tensor son más rápidos que los CUDA, pero estos últimos son más precisos.

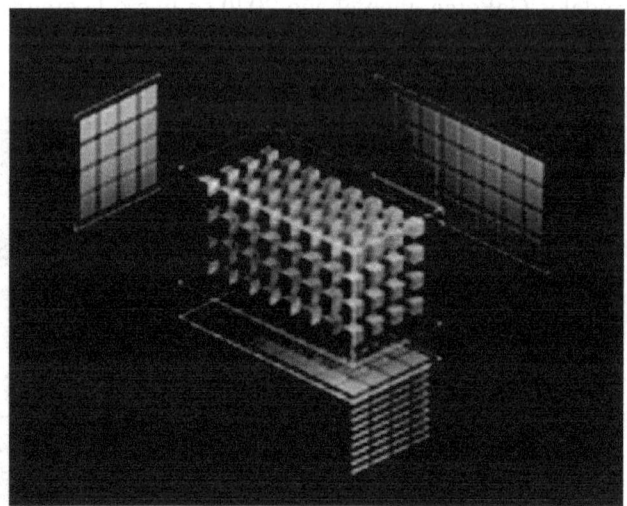

Figura 18.7. Los núcleos tensor se especializan en las operaciones con matrices de datos, muy utilizadas en funciones de renderizado e inteligencia artificial.

Desde el inicio de los tensor cores, las GPU de NVIDIA han incrementado 60 veces su rendimiento máximo en los procesos basados en IA. Con la arquitectura Hopper se incluyen tensor cores de cuarta generación con la tecnología Transformer Engine, que tiene una precisión en operaciones de coma flotante de 8 bits (FP8), siendo 6 veces más rápida que las operaciones realizadas en coma flotante de 16 bits (FP16) en entrenamientos de inteligencia artificial.

AMD posee su propia alternativa a DLSS. Haciendo uso de DirectML y DXR (*DirectX Ray tracing*), las tarjetas RX 6000 logran su versión del NVIDIA DLSS. Parten de una imagen de 540 píxeles, que se reescala hasta los 1080p y luego hasta los 4k con un menor costo en recursos.

18.1.5 Microsoft DirectML

AMD cuenta con su propia alternativa a DLSS: *DirectML Super Resolution*, una tecnología desarrollada por Microsoft que, mediante machine learning, gestiona Ray-Tracing utilizando DX12. Esta tecnología es realmente una biblioteca de **DirectX 12** de alto rendimiento y aceleración por hardware empleada para el machine learning, que permite que la GPU disponga de aceleración para funciones de ML empleando drivers y hardware como las GPUs de AMD, Intel, NVIDIA o Qualcomm; de ahí su nombre: Direct por DirextX y ML por machine learning.

Esta API de bajo nivel se utiliza para juegos, frameworks y aplicaciones donde se busque una **latencia** mínima. Este componente forma parte de Windows desde la versión 10 build 10.0.18362 de mayo de 2019 (versión 1903) y posteriores.

Por su parte, AMD ya empleaba esta tecnología en sus tarjetas gráficas, conocida como *Radeon Machine Learning*. Se trata de un SDK desarrollado por AMD para el deep learning. Esta biblioteca se basa en DirectX12 para DirectML, MiOpen para OpenCL y MPS de Apple, lo que le permite un buen rendimiento en cualquier plataforma.

La diferencia de DirectML con DLSS es que el primero realmente es una API, por lo cual no es el que reescalará la imagen de una resolución baja a una mayor, sino que esta tarea la hará Fidelity FX Super Resolution. DirectML permitirá el uso de la GPU para funciones de inteligencia artificial.

Figura 18.8. La Radeon RX 6600 cuenta con 28 unidades de cómputo, 28 unidades aceleradoras de rayos, 112 unidades de textura, 11.1 billones de transistores y la tecnología AMD FidelityFX Super Resolution.

AMD trabaja con lo que se denominan unidades de cómputo, que pueden utilizar por ciclo de reloj dos instrucciones de coma flotante de 16 bits (FP16) en vez de una de 32 bits (FP26). Esto, a los fines prácticos, sirve a los desarrolladores porque si en tecnologías anteriores debían ejecutar una instrucción que solo necesitaba calcular una coma flotante de 16 bits, la operación se efectuaba como si fuera de 32 bits. En la actualidad, con esta tecnología, en el mismo ciclo de reloj se podrían ejecutar el doble de instrucciones si se tratara de FP16, con lo cual se obtendría mayor fluidez en el funcionamiento y mejores FPS en la ejecución de un videojuego.

18.1.6 Ray-tracing y RT Cores

Esta es una tecnología que ha dado que hablar de la mano de la generación conocida como Turing de NVIDIA, en la cual se trabajó más de siete años antes que viera la luz con las tarjetas RTX 2000; la segunda generación de Ray-tracing fue de la mano de la arquitectura Ampere.

La idea detrás del Ray-tracing en tiempo real (trazado de rayos) es emular cómo funciona la iluminación en la vida real. Esta técnica emite una enorme cantidad de rayos de luz procedentes de distintas direcciones y calcula los rebotes de cada uno de ellos en los diferentes objetos que componen una escena en 3D. De esta forma, devuelve un resultado lo más real posible.

Figura 18.9. El Ray-tracing, actualmente en su tercera generación, utiliza los Ray-tracing cores (RT Cores).

Los núcleos de Ray-tracing, también conocidos como RT cores, están integrados en la gama de GPU RTX para acelerar el Ray-tracing en tiempo real, permitiendo calcular la intersección de rayos de luz y los triángulos que componen el objeto 3D. Luego, mediante un algoritmo conocido como BVH (*Bounding Volume Hierarchy*, jerarquía de volúmenes acotantes), se procesa el fotograma para hacer coincidir ese triángulo con un punto de iluminación. El algoritmo BVH reduce la cantidad de triángulos necesarios que deben atravesarse para interceptar un rayo de luz; de este modo, es posible procesar entornos muy iluminados con mayor eficiencia.

El sistema de Ray-tracing envía una Ray Probe o sonda de rayos de prueba. El RT core busca un elemento contenedor de un objeto 3D, lo decodifica y realiza pruebas de intersección del objeto y el rayo de luz. Finalmente, se devuelve la colisión entre el objeto y el rayo de luz para que se efectúe el sombreado correspondiente. Otro algoritmo utilizado en la optimización del Ray-tracing es Ray Packet Tracing.

Antes de esta tecnología, los juegos utilizaban un proceso llamado rasterización para el cálculo de la iluminación y el sombreado. Los objetos poligonales 3D se transformaban en objetos 2D y sobre ellos se efectuaba el procesado de sombras e iluminación. Los reflejos se efectuaban en forma precalculada. Con Ray-tracing, la iluminación y el sombreado se calculan sobre la base de objetos 3D, incluyendo el rebote de las partículas de luz en diferentes superficies, lo que permite imágenes hiperrealistas. Los reflejos en superficies en juegos con rasterización no son efectuados en tiempo real sino que se hacen coincidir en esa superficie simulando cómo se vería el objeto al ser iluminado. En Ray-tracing la luz se maneja en un entorno 3D, creando distorsiones, sombras y reflejos en todos los objetos afectados dentro del escenario 3D.

18.1.7 NVIDIA PhysX

La tecnología PhysX nació como un motor para la simulación de físicas conocido como NovodeX. Fue creado por la empresa NovodeX AG, y luego adquirido por Ageia, que comenzó a desarrollar tecnología de hardware capaz de ayudar a la CPU en los cálculos físicos para las simulaciones. Esta empresa denominó a su tecnología PhysX PPU (unidad de procesamiento de física) y su SDK se llamó PhysX. La tecnología luego fue adquirida por NVIDIA, que incorporó su aceleración en las tarjetas gráficas de la línea GeForce.

PhysX está optimizada para la aceleración de físicas por hardware utilizando un sistema de procesadores paralelos. Este tipo de tecnología suele ser la responsable dentro de la tarjeta de video de que los objetos se comporten de forma similar a como lo hacen en la vida real, evitando que cada enemigo al que dispares caiga de igual forma y dando un realismo mayor al entorno virtual. También permite que el follaje se mueva con el viento y que una pared se derrumbe.

18.1.8 RDNA

La tecnología RDNA (Radeon DNA) es una microarquitectura de GPU así como un conjunto de instrucciones para ella desarrollada por AMD para sus tarjetas gráficas. Es la sucesora de la tecnología GCN (*Graphics Core Next*). La primera generación RDNA fue lanzada en julio de 2019 en las Radeon RX 5000 y fue la sucesora de las tarjetas Radeon RX Vega.

La segunda generación, conocida como RDNA2, se presentó en consolas de videojuegos y luego se incluyó en las tarjetas de video de la serie Radeon RX 6000 en noviembre de 2020.

La tercera generación RDNA se anunció en noviembre de 2022 para las tarjetas Radeon RX 7000.

La microarquitectura RDNA3 está basada en tecnología de chiplet; incluso las primeras tarjetas de video fueron desarrolladas con esta tecnología.

Utiliza una caché ultra-rápida llamada AMD Infinity Cache de segunda generación, con un ancho de banda de interconexión en los chiplets de 5,3 TB/s y 58 mil millones de transistores.

RDNA 3 incorpora aceleradores de inteligencia artificial y aceleradores de trazado de rayos de segunda generación. Con esto logra hasta 2,7 veces más rendimiento en aceleración de procesos de machine learning y hasta un 50% más de rendimiento de trazado de rayos por unidad de proceso.

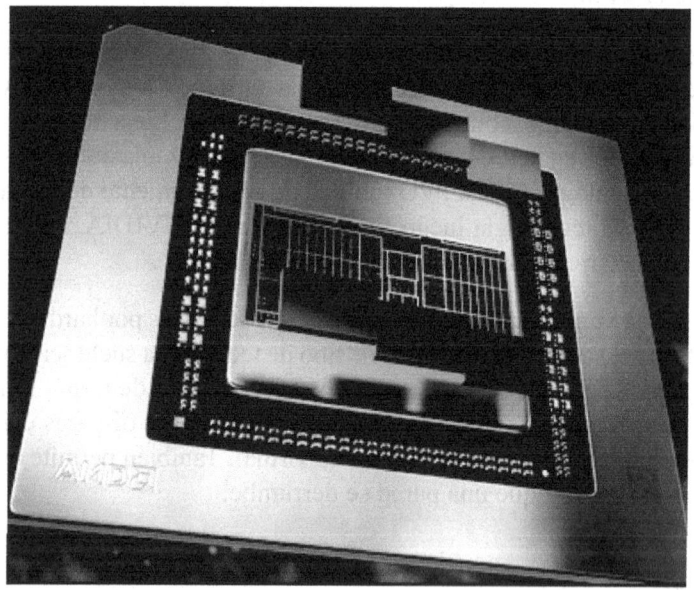

Figura 18.10. RDNA es la tecnología que potencia las tarjetas gráficas de AMD desde la Radeon RX serie 5000.

18.1.9 Configuración de NVIDIA Control panel

A pesar de que tengas instalado el último software con los controladores NVIDIA, si lo que deseas es obtener el mejor rendimiento, deberás configurarlo para poder beneficiarte del poder gráfico que estas tarjetas son capaces de ofrecer. Veamos cómo hacerlo.

PASO 1

Para acceder al Panel de control, haz clic con el botón derecho del mouse en cualquier área sin iconos del escritorio y, del menú que se despliega, selecciona la opción **Panel de Control de NVIDIA**.

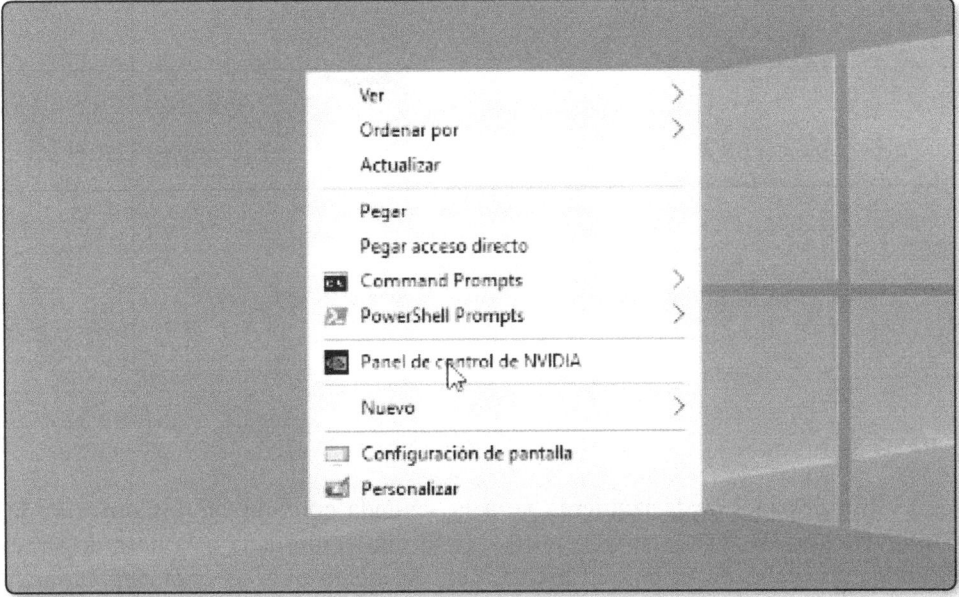

PASO 2

Lo primero que podrás ajustar es el antialiasing. Dentro de este apartado hay dos opciones: **Rendimiento** y **Calidad**. La primera presenta un ejemplo donde las líneas se muestran con dientes de sierra, es decir, se reduce la potencia gráfica utilizada para los detalles de líneas en busca de más FPS. La segunda opción hace exactamente lo contrario. En la derecha verás el logo de NVIDIA girando para mostrar cómo se verán los resultados elegidos.

Debajo de la Vista previa hay tres opciones: **Dejar decidir a la aplicación 3D**, **Utilizar la configuración avanzada de imagen 3D** y **Utilizar mi preferencia enfatizando**. Con la primera, el panel de control de NVIDIA cede el control a las aplicaciones 3D y ellas son las que determinarán la configuración que se va a usar. La segunda opción permite customizar la configuración de los gráficos 3D. La tercera permite utilizar un control deslizable donde podrás seleccionar **Calidad**, **Equilibrio** y **Rendimiento**, utilizando de esta forma perfiles prediseñados para cada caso. Elige la opción **Utilizar la configuración avanzada de imagen 3D**.

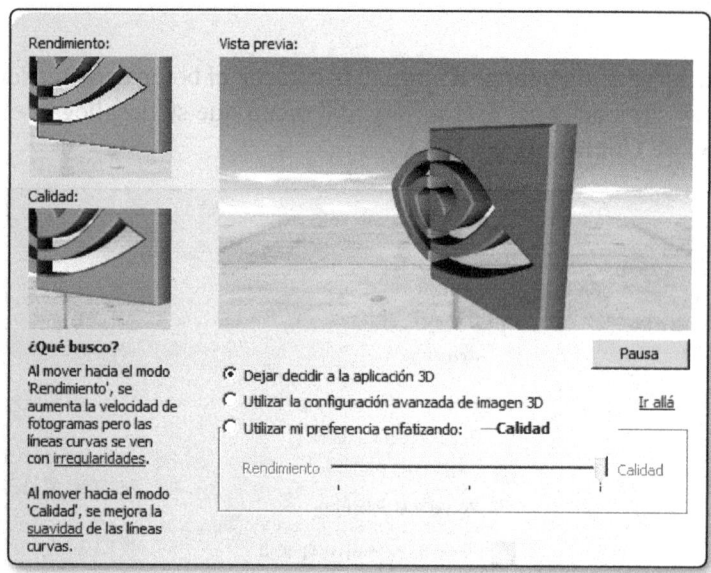

PASO 3

En el panel de la izquierda ve a la segunda configuración, **Controlar la configuración 3D**. Este apartado puede ser el más importante a la hora de sacar el mejor provecho de tu tarjeta gráfica. Ten en mente que las opciones variarán dependiendo del modelo de tu gráfica. Para empezar, tienes dos pestañas: **Configuración global** y **Configuración de programa**. La primera afecta a todos los programas del equipo, en tanto que la segunda permite definir parámetros específicos para cada programa que utilices. Haz clic en la opción **Configuración global**. **Image sharpening** es un filtro que le brinda nitidez a la imagen; no consume muchos recursos y produce cambios notorios, de modo que te conviene activarlo. **AA Muestreado de fotogramas múltiples** es una de las opciones de antialiasing que generan desenfoque eliminando dientes de sierra en las imágenes renderizadas. Este tipo de filtros suele mejorar muchísimo las imágenes pero, como contrapartida, consume más recursos, así que la idea en este caso es que hagas prueba y error. Desactiva **MFAA** y **FXAA** para resoluciones altas, ya que muchos píxeles casi no se ven afectados. En cuanto a **Antialiasing Configuración** y **Antialiasing Modo**, déjalos en **Configurado por la aplicación**, para que el programa gráfico o el juego pueda gestionarlos. **Antialiasing corrección de gama** corrige el contraste y el color en los juegos antiguos; en el caso de los modernos, esto lo hace el propio juego, por lo que te conviene desactivarlo. **Antialiasing transparencia** es uno de los filtros que más potencia de proceso consume. Puede brindarte una experiencia extrema, sobre todo, en objetos móviles como arbustos movidos por el viento o banderas, pero el consumo de recursos es acorde a la calidad obtenida.

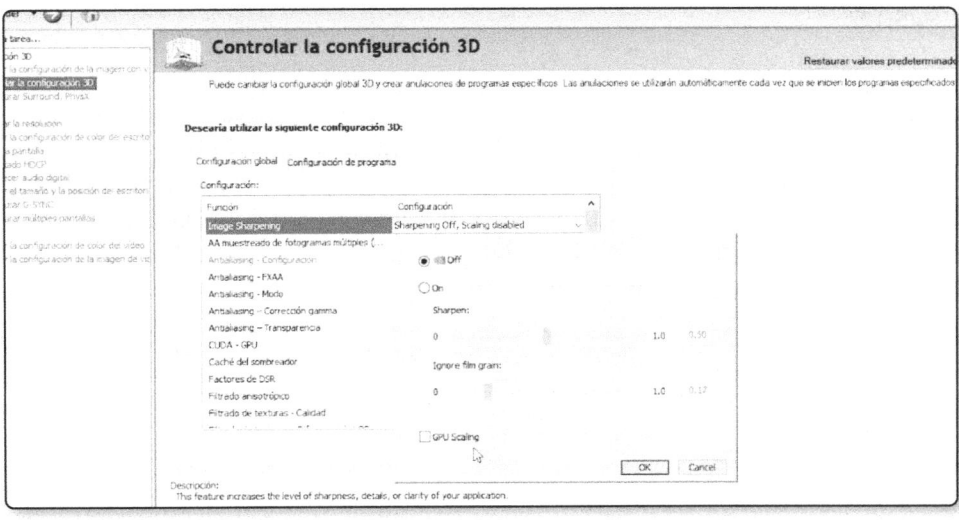

PASO 4

Deja la opción **CUDA GPU** en **Todas**. **Caché del sombreador** déjalo desactivado, ya que si bien podrá mejorar la experiencia, lo cierto es que puede provocar microcortes en el juego y esto no te dará el mejor rendimiento. **Factores DSR** afecta lo que se conoce como superresolución dinámica: el consejo en esta opción es dejarlo **deshabilitado** o activarlo en **X2** o **X4**. Al hacerlo, se verá unido a otro factor conocido como **Suavidad DSR**, que no es otra cosa que el nivel de resolución dinámica que se aplicará a la imagen renderizada; el valor por defecto es **33**, el valor ideal está entre 20 y 33.

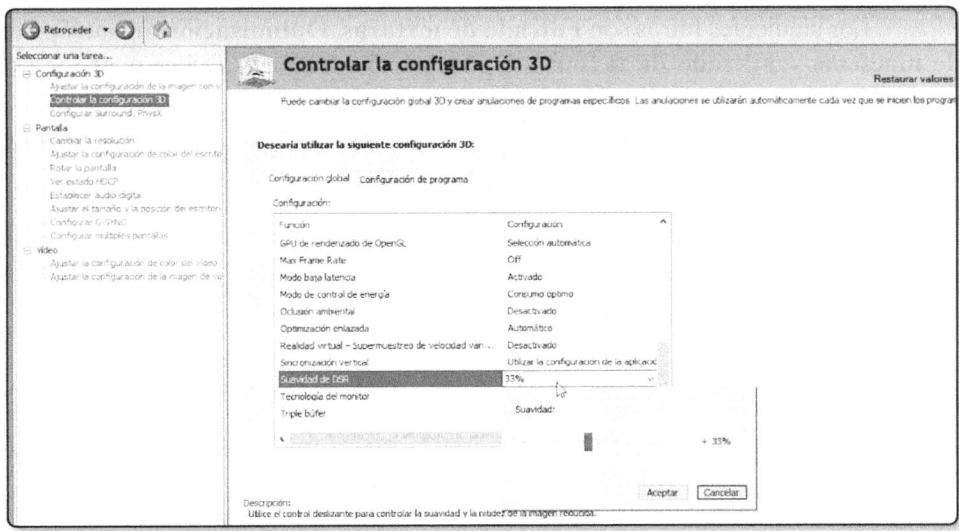

PASO 5

El **Filtrado anisotrópico** es un filtro que brinda mucha calidad con un costo de recursos mínimo, de forma que configúralo como **Controlado por la aplicación** y ponlo **x16** o lo máximo que soporte tu tarjeta gráfica. **Filtrado de texturas** configúralo como **Alto rendimiento** para conseguir la mayor cantidad de FPS. **Filtrado de texturas Diferencia de LOD negativo** afecta a las texturas precalculadas; configúralo como **Fijación**, para que sea el panel de NVIDIA el que administre para cada juego los valores correspondientes.

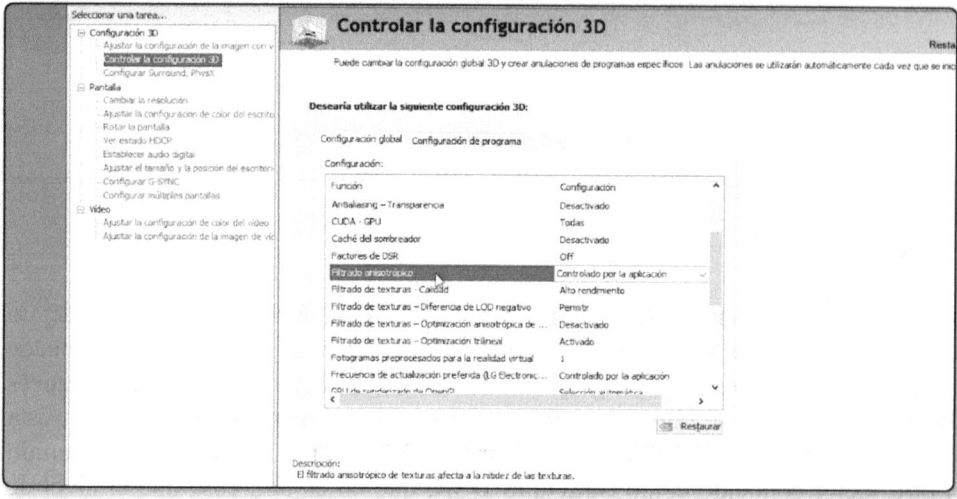

PASO 6

Los siguientes filtros son **Filtrado de texturas**, **Optimización anisotrópica de muestras** y **Filtrado de texturas Optimización trilineal**. Debes ponerlos en **Activado**.

PASO 7

Fotogramas procesados para Realidad Virtual déjalo en **1**, dado que es la configuración recomendada por la propia NVIDIA. **Frecuencia de Actualización del monitor** setéalo lo más alto posible. **GPU de renderizado OpenGL** déjalo en **Automático**. **Max frame Rate** limita los FPS que genera la tarjeta gráfica para lograr una sincronización con los Hertz del monitor; déjala **deshabilitada** para mejorar el rendimiento.

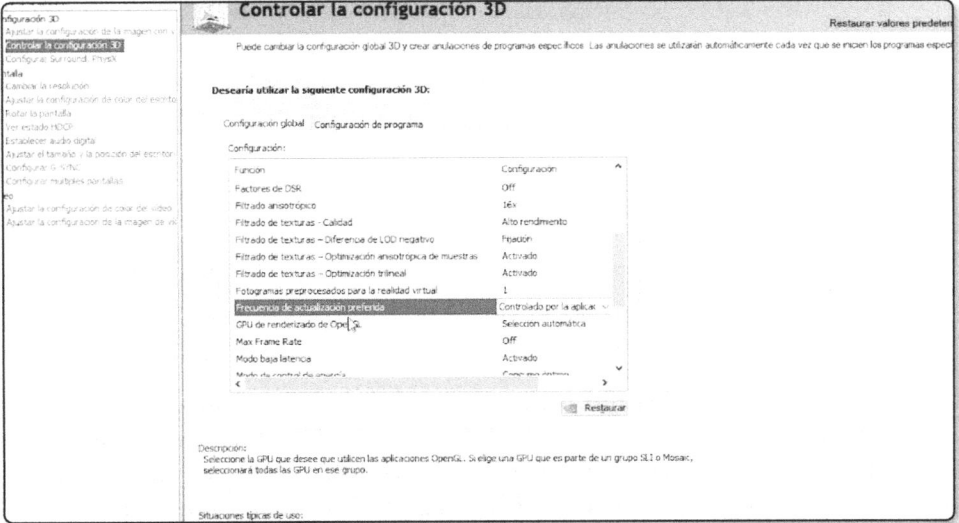

PASO 8

El **Modo baja latencia** afecta la precarga de los fotogramas. Si tienes una tarjeta de video potente déjalo en **Ultra**. **Modo de control de energía** déjalo en **Consumo Optimo**; esto hará que la tarjeta presente solo un consumo máximo si así lo requiere. En la lista de videojuegos que tengas dentro de la pestaña **Configuración de programa** selecciona el que desees, y en su opción **Modo de control de energía**, selecciona **Máximo rendimiento preferido**.

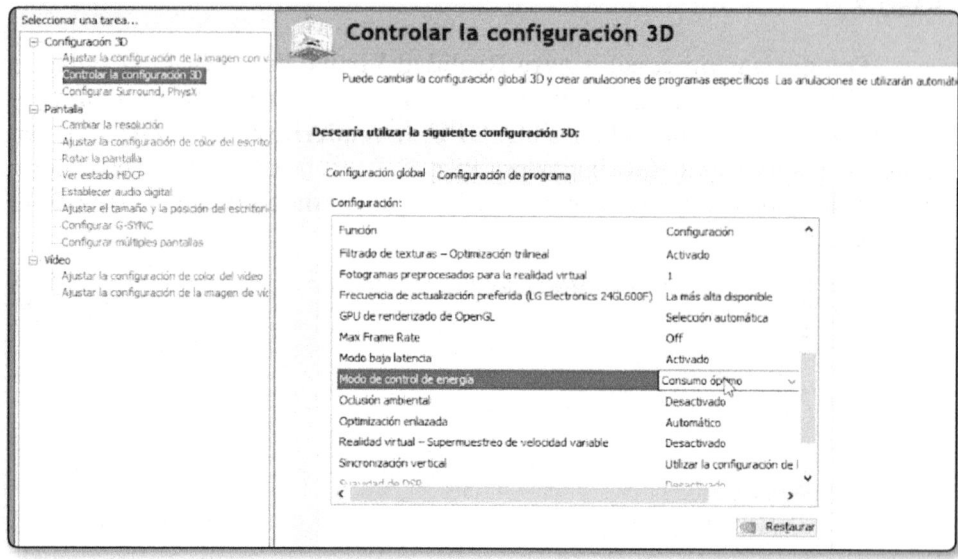

PASO 9

La **Oclusión ambiental** mejora la calidad de las sombras, pero su costo a nivel de rendimiento es enorme, de modo que déjala como **Desactivado**; esto te brindara algún FPS extra. **Optimización enlazada** se utiliza para aprovechar el multinúcleo; déjalo en **Automático**. **Realidad Virtual Supermuestreo de velocidad variable** debe quedar **Desactivado** si no utilizas realidad virtual; si lo haces, configúralo como **Adaptable**.

PASO 10

Sincronización vertical configúralo como **Utilizar la configuración de aplicación 3D**. La función es sincronizar los datos que envía la tarjeta gráfica con lo que puede mostrar el monitor, para así evitar "tirones" en la imagen. En **Tecnología del monitor**, si tu monitor es de gama alta, elige la opción **Compatibilidad con G-Sync**; de lo contrario, déjalo como **Actualización fija**. **Triple búfer** déjalo como **Desactivado**.

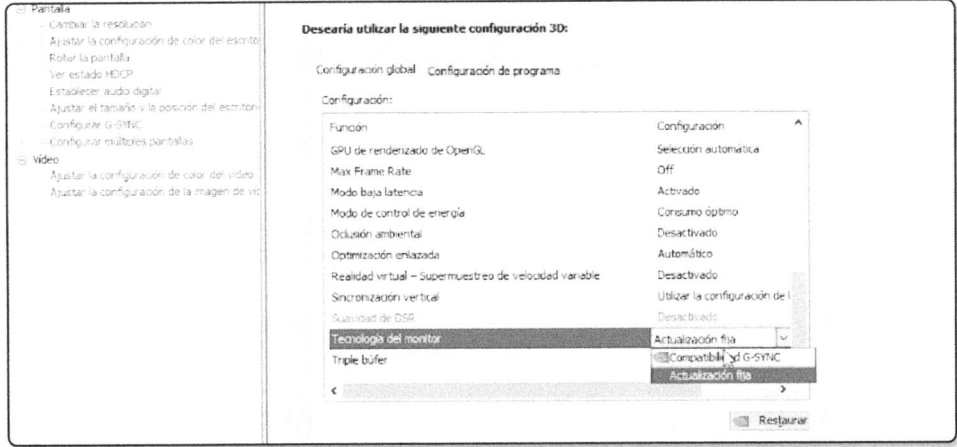

PASO 11

Ahora ve a la tercera opción en la izquierda del panel de control de NVIDIA, llamada **Configurar Surround, PhysX**. En la opción **Configuración PhysX**, en vez de CPU selecciona tu tarjeta gráfica.

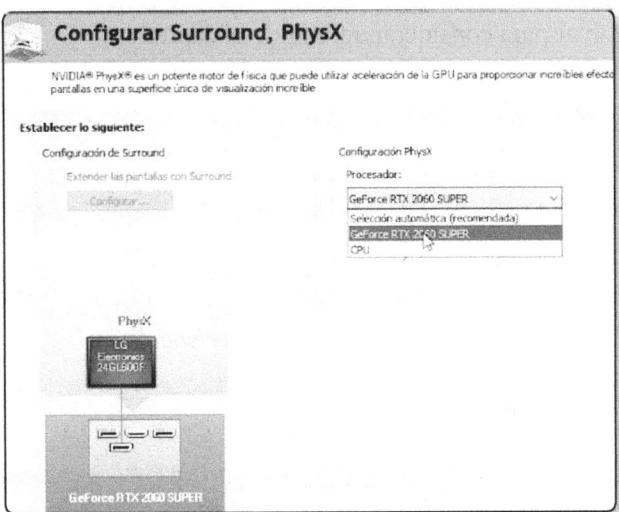

PASO 12

En la opción **Cambiar la resolución** coloca la configuración máxima que soporta tu monitor en forma nativa, y haz lo mismo con la **Frecuencia de actualización**. En **Configuración de colores**, en vez de dejarla como predeterminada, permite que la gestione NVIDIA.

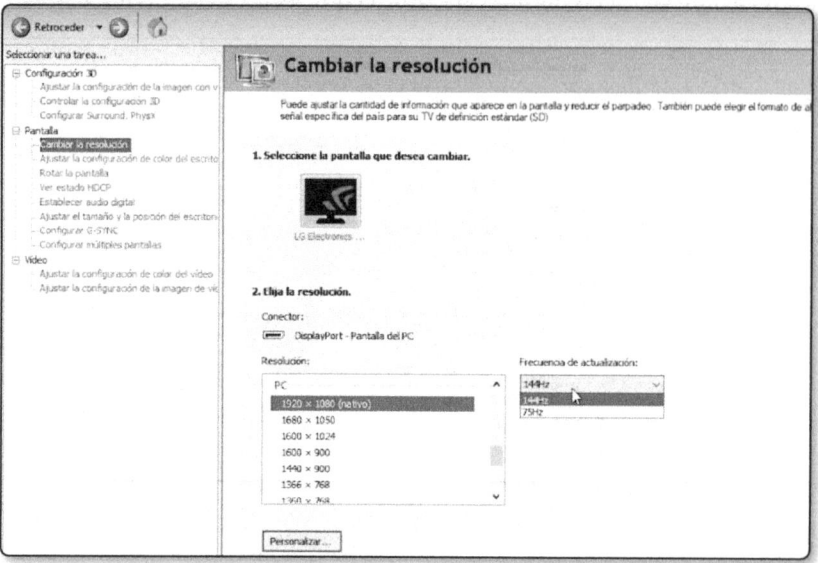

18.2 ACTIVIDADES

A continuación verás las preguntas y los ejercicios que deberías saber responder y resolver para considerar aprendido el capítulo.

18.2.1 Test de autoevaluación

1. ¿En qué se diferencian los núcleos de una GPU de los de una CPU?

2. ¿Qué importancia tienen los CUDA cores en el procesamiento?

3. ¿Qué aportan los tensor cores?

4. ¿Para qué sirve DirectML Super Resolution?

5. ¿En qué se diferencia el Ray-tracing de la rasterización?

18.2.2 Ejercicios prácticos

1. Busca en Internet información acerca del modelo de GPU que tiene tu equipo, los tipos de cores que maneja y las tecnologías gráficas de que dispone.

19

NOMENCLATURA

Dentro de los principales fabricantes de tarjetas de video, debes conocer la nomenclatura que utiliza cada uno para referenciar sus productos y cómo, sobre esa base, puedes comparar una tarjeta con otra. En este capítulo revisarás todos los detalles.

19.1 GAMAS Y MODELOS

En el caso de NVIDIA, por un lado está la gama destinada al consumo doméstico, como GT, GTX y RTX, y por otro, los modelos destinados al uso comercial, como Quadro, Tesla y Titan.

Las tarjetas de video correspondientes a los modelos que comienzan con GT son las gamas de entrada o gamas bajas.

Se utilizan en equipos para ofimática, donde además puedes ver videos en YouTube, utilizar aplicaciones de edición como las de la suite de Adobe e, incluso, jugar videojuegos de bajo perfil, es decir, que consuman pocos recursos del sistema de video, ya que estas tarjetas tienen una capacidad básica de sombreado.

Figura 19.1. Para comparar realmente dos tarjetas de video, estas deben ser de la misma generación, ya que la tecnología de los chips gráficos cambia entre generaciones.

Con respecto a la potencia de una tarjeta de video, puedes saberlo gracias a la numeración que es parte de su modelo. Por ejemplo, dentro de la línea GT, encontrarás una GT 210, una GT 750 y una GT 1050. En aquellos casos en que encuentres tres números, el primero indica la generación a la que pertenece esa tarjeta; cuanto mayor sea la generación, sus procesos constructivos serán mejores y más eficientes. Los dos dígitos restantes indican el rendimiento; como antes, cuanto mayor sea el número, más alto será el rendimiento de la tarjeta. De esta forma, si tienes una GT 210 y una GT 710, esta última será mejor, ya que es más nueva y está construida con mejores procesos. Si tienes una GT 710 y una GT 750, será mejor la última, porque si bien ambas son de la misma generación y utilizan tecnología similar, la GT 750 entrega más rendimiento. En definitiva, siempre intenta conseguir una tarjeta con un número lo más elevado posible, tanto en generación como en rendimiento; evidentemente, esto también hará aumentar su costo.

En caso de que tengas cuatro dígitos en el número de modelo de la tarjeta, los dos primeros se refieren a la generación, y los dos siguientes, al rendimiento. Por ejemplo, entre una GT 1050 y una GT 1060, la última presenta mejor rendimiento que la primera.

Dentro de la gama de tarjetas GT, puedes encontrar tarjetas desde 1 Gb hasta 4 Gb de memoria VRAM. Este tipo de tarjetas son las más antiguas de NVIDIA que aún se encuentran en plaza.

Las tarjetas NVIDIA del segmento GTX conforman la gama media y comienzan en la GTX 200. En este caso se utiliza la misma nomenclatura de números para hacer referencia a su generación y rendimiento. Dentro de este tipo de tarjetas, puedes encontrar una nueva nomenclatura que agrega las letras TI (Titanium) al modelo de la tarjeta. Estas son mejores que los mismos modelos que no son TI, como GTX 1050 y GTX 1050 TI. En este caso, la 1050 TI tendría mejor rendimiento que la 1050 convencional, pero menos rendimiento que una GTX 1060.

Las más actuales para el ámbito doméstico son las RTX, nomenclatura que denota su capacidad de gestionar Ray-tracing. Estas tarjetas no ofrecen gama media o baja, y manejan la misma nomenclatura de generación y rendimiento que los tipos anteriores.

Figura 19.2. La propia NVIDIA sugiere utilizar fuentes de poder de calidad. Para la RTX 4090, aconseja una de 850 W; para la RTX 4080, una de 750 W; y para la RTX 4070, una de 700 W. Lo ideal sería una de calidad Gold o Platinum.

Quadro es una marca producida por NVIDIA destinada a estaciones de trabajo para ejecutar aplicaciones de **CAD** profesional (*Computer Aided Design*, diseño asistido por ordenador), imágenes generadas por computadora (**CGI** por *Computer Generated Imagery*) y creación de contenido digital a nivel profesional. Curiosamente, los chips de las tarjetas Quadro son los mismos que los utilizados en gamas domésticas; sin embargo, donde se marca una diferencia sustancial es en los drivers provistos y en el soporte oficial disponible para el software profesional. La idea detrás de Quadro surge de obtener un público más profesional dispuesto a pagar más dinero a cambio de mejorar la estabilidad y fiabilidad en sus procesos, dado que, por ejemplo, los trabajos para los que se utilizan este tipo de tarjetas suelen demorar varias horas, y una falla o cuelgue del sistema implicaría mucho trabajo perdido.

Parte de los beneficios que acompañaban a una Quadro eran certificaciones de compatibilidad de los principales desarrolladores de software, como Autodesk, con pruebas de estabilidad a fondo para certificar que se encontraban correctamente optimizados para trabajar en Quadro. Los drivers desarrollados para Quadro estaban optimizados para producción. Las tarjetas Quadro, si bien utilizaban el mismo chip que las GeForce, incluían mucha más VRAM, muy útil para grandes procesamientos de datos. Esta VRAM también contaba con ECC (*Error Correcting Code*, código de corrección de errores), que permite corregir errores en la memoria al momento de que estos ocurran, con el fin de evitar cuelgues del sistema.

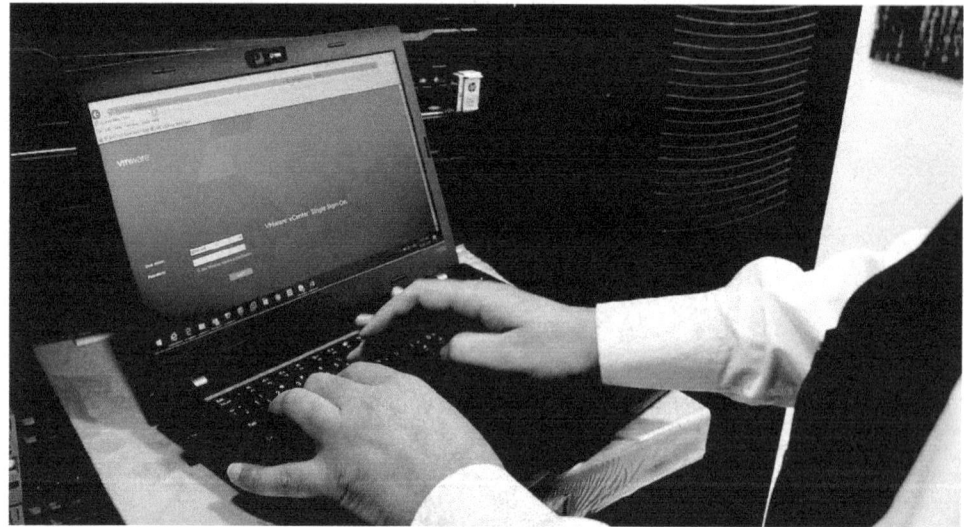

Figura 19.3. NVIDIA tiene para centros de datos la arquitectura Hopper, con el chip GPU NVIDIA H100 que cuenta con 80.000 millones de transistores, mientras que el modelo anterior –el A100– tenía 54.000 millones de transistores.

Las tarjetas Tesla también estaban destinadas al ámbito empresarial, pero para investigación científica, académica, machine learning e inteligencia artificial; al no tener como objetivo la visualización, la mayoría no disponía de salidas de video.

Con el nacimiento de la tecnología RTX, la serie Quadro fue sucedida por la RTX A6000, desarrollada con la tecnología Ampere, la misma arquitectura de las RTX 3090 con la tercera generación de tensor cores y la segunda de RT cores, la nada despreciable cantidad de 10752 CUDA cores, 336 tensor cores, 48 GB de VRAM y un chip GA102 litografiado a 8 nm por Samsung.

Las tarjetas de la serie Tesla tienen mayor potencia trabajando con operaciones de punto flotante FP64. Por su parte, las series Tesla y Quadro ofrecen una mayor cantidad de memoria, que les permite enfrentar cargas de trabajo más pesadas, además de que incorporan memoria ECC para la corrección de errores, mientras que las GTX TITAN no integran este tipo de memoria por lo que no son igual de fiables para producción con simulaciones muy complejas.

Las tarjetas Quadro y las Tesla por lo general tienen un **TDP** inferior, así como temperaturas de trabajo más bajas que las gamas domésticas, aunque suelen contar con un mayor número de shaders.

Las principales características de las diferentes tarjetas de video de NVIDIA son las siguientes:

- ▼ **GTX 200**: están basadas en la arquitectura Tesla litografiadas en 65 nm (nanómetros) y 55 nm, son compatibles con DirectX 10. Este modelo de tarjeta se considera obsoleta.

- ▼ **GTX 300**: fueron en realidad un relanzamiento del modelo anterior, con poca disponibilidad, y actualmente obsoletas.

- ▼ **GTX 400**: este modelo estaba basado en la arquitectura Fermi a 40 nm y es compatible con DirectX 11 y DirectX 12. Este tipo de tarjeta aún es utilizada para gaming de bajo perfil y presenta un rendimiento aceptable en algunos juegos actuales.

- ▼ **GTX 500**: también están basadas en la arquitectura Fermi a 40 nm de segunda generación, lo cual las hace compatibles con DirectX 11 y DirectX 12.

- ▼ **GTX 600**: se basan en la arquitectura Kepler a 28 nm. También son compatibles con DirectX 11 y DirectX 12.

- ▼ **GTX 700**: esta generación de tarjetas utiliza diferentes arquitecturas; en el caso de las GTX 750 y GTX 750 TI, utilizan arquitectura Maxwell de primera generación, mientras que las GTX 760 y superiores se basaban en una revisión menor de la arquitectura Kepler. En todos los casos se empleó una litografía de 28 nm y aún ofrecen un buen rendimiento en juegos y alta productividad. Son compatibles con DirectX 11 y DirectX 12.

- ▼ **GTX 800**: se trató de un relanzamiento de las arquitecturas Kepler y Maxwell para dispositivos portátiles, fabricadas a 28 nm.

- ▼ **GTX 900**: basadas en la arquitectura Maxwell de segunda generación a 28 nm. Ofrecen un rendimiento muy bueno en juegos bastante actuales.

- ▼ **GTX 10**: llamadas también GTX 1000, basadas en arquitectura Pascal a 16 nm y 14 nm, dependiendo del modelo. Son compatibles con DirectX 11 y DirectX 12, y pueden utilizarse para juegos actuales.

▶ **RTX 2000**: con la arquitectura Turing de 12 nm, son compatibles con DirectX 11, DirectX 12 y Ray-tracing.

▶ **RTX 3000**: utilizan la arquitectura Ampere, con un proceso de 8 nm de Samsung, derivado a su vez de un proceso de 10 nm.

▶ **RTX 4000**: fabricadas con la arquitectura Ada Lovelace a 5 nm.

En el caso de AMD, puedes encontrar las Radeon HD, Radeon R y Radeon RX. Los dos primeros modelos están descontinuados, pero aún puedes encontrar en el mercado algunas de segunda mano que tienen mucho que decir en lo que a gaming de bajo perfil se refiere.

La línea Radeon HD proviene de High Definition. En estas tarjetas, el primer número indica la serie, y van de la 1000 a la 8000. Desde la serie 7000 en adelante ya eran compatibles con DirectX 12 de Microsoft.

En lo que respecta a la Radeon R, existen modelos R3, R6, R7 y R9. En estos casos, el número indica la potencia de la tarjeta gráfica: a mayor valor, más potencia tiene la tarjeta. Una de las más famosas de este segmento es la R9 390, donde 3 es la generación y 90 es el rendimiento.

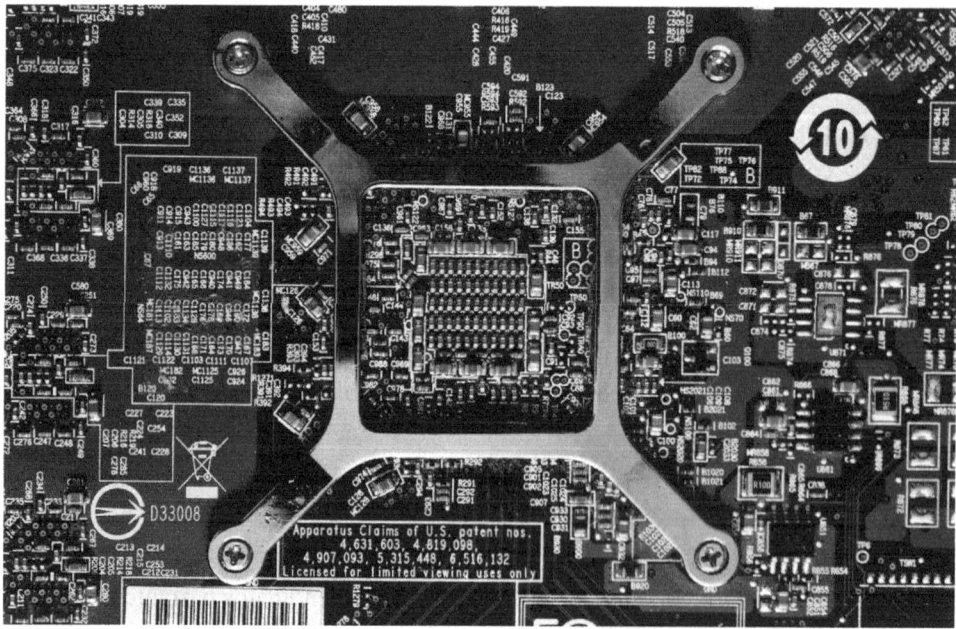

Figura 19.4. La tarjeta de video posee su propio procesador, llamado también GPU, memoria RAM y disipador térmico; incluso tiene su propio sistema de distribución de energía.

Las Radeon RX son las más modernas y están destinadas al segmento gamer. Una vez más, el primer número indica la generación y el segundo, la gama; por ejemplo, RX 570. Las más recomendadas de este tipo son las series RX 5000, RX 6000 y RX 7000. Dentro de esta última se destaca la RX 7900xtx, que compite con la NVIDIA RTX 4090. La nomenclatura XT significa, en esta marca de tarjetas, que manejan trazado de rayos. Las principales características de las tarjetas actuales AMD son las siguientes:

- ▶ **Radeon 400/500/600**: utilizaban la arquitectura GCN de cuarta generación.

- ▶ **Radeon RX Vega, Radeon VII**: usaban la arquitectura GCN de quinta generación.

- ▶ **Radeon RX 5000**: emplean la arquitectura RDNA a 7 nm, sucesora de la Radeon Vega.

- ▶ **Radeon RX 6000**: utilizan la arquitectura RDNA 2 fabricada a 7 nm, incluyen Ray-tracing por DirectX 12 y memoria Infinity Cache.

- ▶ **Radeon RX 7000**: utilizan la arquitectura RDNA 3, con chips Navi31 (5 nm) y Navi33 (7 nm). Esta fue la primera tarjeta gráfica de consumo basada en un diseño de chiplet.

19.2 USOS ACTUALES DE UNA TARJETA GRÁFICA

Inicialmente, y como su nombre lo indica, las tarjetas de video o gráficas servían para ese propósito: mostrar gráficos en la pantalla. Pero con el aumento en el poder de procesamiento que han alcanzado y con el poder de procesamiento bruto que tienen en cómputo en paralelo, las tarjetas de video han sido demandadas por varias ramas que se beneficiaron de sus capacidades:

Minado de criptomonedas: este ha sido un campo que tanto ha demandado de tarjetas gráficas, que durante un tiempo generó una escasez en el mercado para quienes deseaban adquirirlas para uso doméstico. Una criptomoneda o criptodivisa es una moneda virtual generada mediante un proceso informático, durante el cual los equipos conectados a la red deben resolver una compleja ecuación matemática que tendrá como resultado la creación de una nueva moneda. Cada equipo conectado a esa red se llama minero porque recuerda la labor de los mineros reales trabajando en busca de un beneficio. Cuando el primer minero de criptodivisas logra descifrar el código, gana esa moneda y entonces el proceso se inicia otra vez. Durante el proceso se aumenta la seguridad en la red, también llamada cadena de bloques o **blockchain**.

Figura 19.5. Las tarjetas gráficas, con su gran potencia para el cálculo, son las preferidas para minería de bitcoins y otras criptodivisas.

Existen diferentes redes de criptodivisas, cada una con su algoritmo específico, que premiará al minero con su propia moneda, como son los bitcoins o Ethereum, entre otros. Dado que la recompensa se obtiene resolviendo una ecuación matemática, y las tarjetas de video actuales son buenas en esa tarea, en un momento fueron muy buscadas por los mineros de criptodivisas que las adquirían en cantidades para conformar rigs de minería en sus hogares o verdaderas minas en depósitos donde cientos de tarjetas de video eran utilizadas para generar divisas trabajando a plena potencia las 24 horas del día. Esto hizo que se produjera una falta de stock en el mercado gamer.

Machine Learning: también conocido como aprendizaje autónomo, es una rama de la inteligencia artificial que permite que un sistema informático aprenda sin haber sido expresamente programada para ello. Esto hace que un sistema de inteligencia artificial sea, por ejemplo, alimentado con un conjunto de fotografías y pueda aprender a reconocer rostros humanos entre varios tipos de fotos; esto ocurre mediante el reconocimiento de patrones. Esta tecnología es utilizada en motores de búsqueda, robótica y hasta para la detección de fraudes bancarios. Dado el imponente poder de proceso que tienen las tarjetas de video, la capacidad de sus núcleos CUDA y tensor, los algoritmos de machine learning han podido evolucionar gracias al entrenamiento con este tipo de hardware. En la actualidad existen varios proyectos donde puedes entrenar tu propio modelo neural con un equipo hogareño y una tarjeta de video moderna.

Figura 19.6. La inteligencia artificial es uno de los ámbitos que se beneficia
con las capacidades de las actuales tarjetas gráficas.

19.3 DIAGNÓSTICOS DE TARJETA GRÁFICA

Cuando una tarjeta de video deja de funcionar, es fácil diagnosticar cuál es la causa del problema. Sin embargo, muchas veces te tocará enfrentarte a fallas casuales, como pantallas BSOD, donde no te será tan simple determinar si la falla está en la propia tarjeta o en otro componente de la computadora. Para contar con más información a la hora de hacer un diagnóstico, puedes apoyarte en algunas piezas de software.

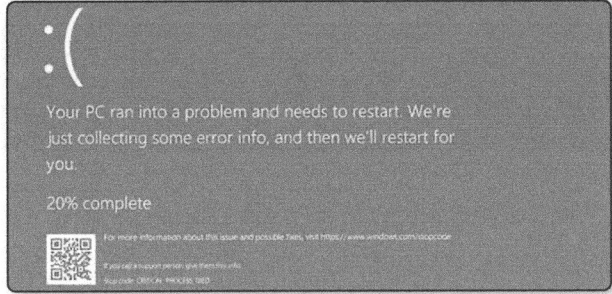

Figura 19.7. La llamada BSOD (por sus siglas en inglés de pantalla azul de la muerte
hasta Windows 10 inclusive y pantalla negra de la muerte en Windows 11) aparece
cuando se produce un error que impide que el sistema se siga ejecutando.

19.3.1 MemtestG80 y MemTestCL

De los creadores del clásico programa open source para diagnosticar memoria RAM (Memtest), se han puesto a disposición distintos programas. Memtest G80 es para diagnosticar tarjetas de video NVIDIA con CUDA cores. Es capaz de funcionar en las GeForce 9600GT hasta en las tarjetas actuales.

MemtestCL, por su lado, se debe utilizar si lo que tienes es una tarjeta que soporte OpenCL como las AMD/ATI 4000 o las NVIDIA 8000.

Al ejecutar el programa, se desplegará un análisis simple, pero también puedes personalizarlo mediante la línea de comandos; la sintaxis sería la siguiente:

MemtestCL/MemtestG80 {-gpu #} {cantidad de GPU RAM en MB a analizar} {número de tests}

Estos programas, además, tienen su versión para Mac OS y Linux.

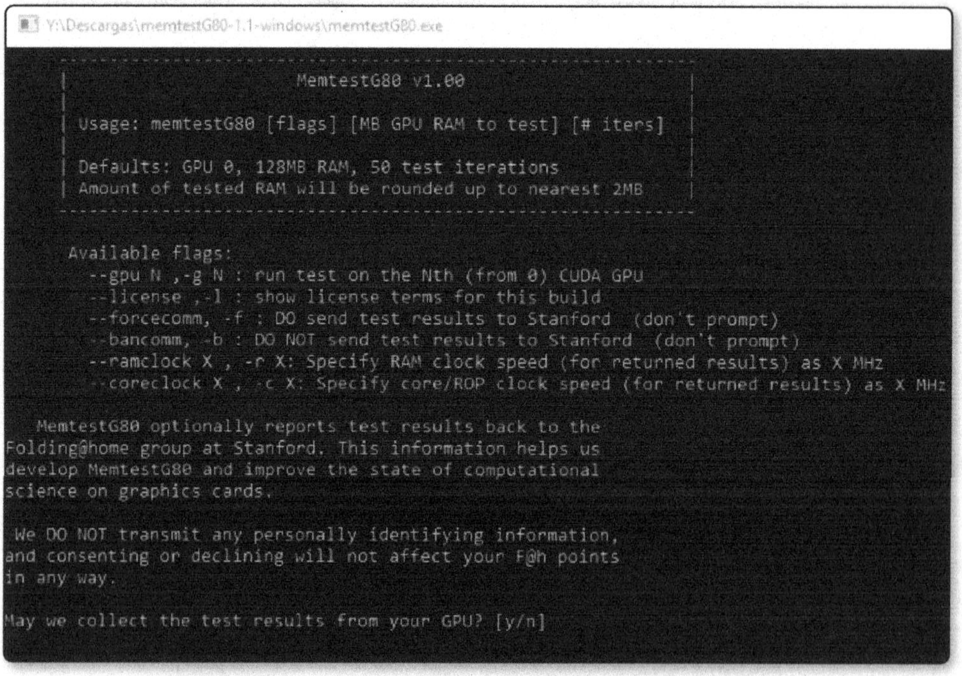

Figura 19.8. MemtestG80 es un programa que puedes correr desde la línea de comandos para buscar fallas en los módulos de VRAM.

19.3.2 Funkmark

Este programa resulta ideal para generar una prueba de estrés a una tarjeta gráfica. Estas pruebas hacen funcionar la tarjeta a plena capacidad, forzándola a alcanzar su límite. De esa forma podrás ver si se producen fallas en la imagen, cuelgues en el equipo o temperaturas demasiado elevadas, lo que te dará un indicativo del estado general de la tarjeta gráfica. Recuerda que el hecho de estar funcionando a plena capacidad no implica que genere un error, ya que ningún programa exigirá de tu tarjeta más de lo que pueda brindar. Lo único que debes mantener en observación, sobre todo si tu tarjeta es de segunda mano o si ya hace un tiempo que la compraste, es la temperatura: si la pasta térmica que utiliza para refrigerarse está vieja y ha perdido propiedades, al ejecutar este tipo de pruebas la tarjeta se recalentará y eso no es muy saludable. Para evitar esta situación, dentro de las opciones de Funkmark hay un apartado que te permite emitir una alarma en caso de que el sistema alcance una temperatura crítica.

PASO 1

Descarga Funkmark desde su web oficial, *https://geeks3d.com/furmark.*

PASO 2

Entra en **Settings** y, en la ventana que se abre, deja marcada la opción **GPU Temperature alarm**. El valor por defecto es de 100 grados, déjalo de esa forma y luego presiona **Ok**.

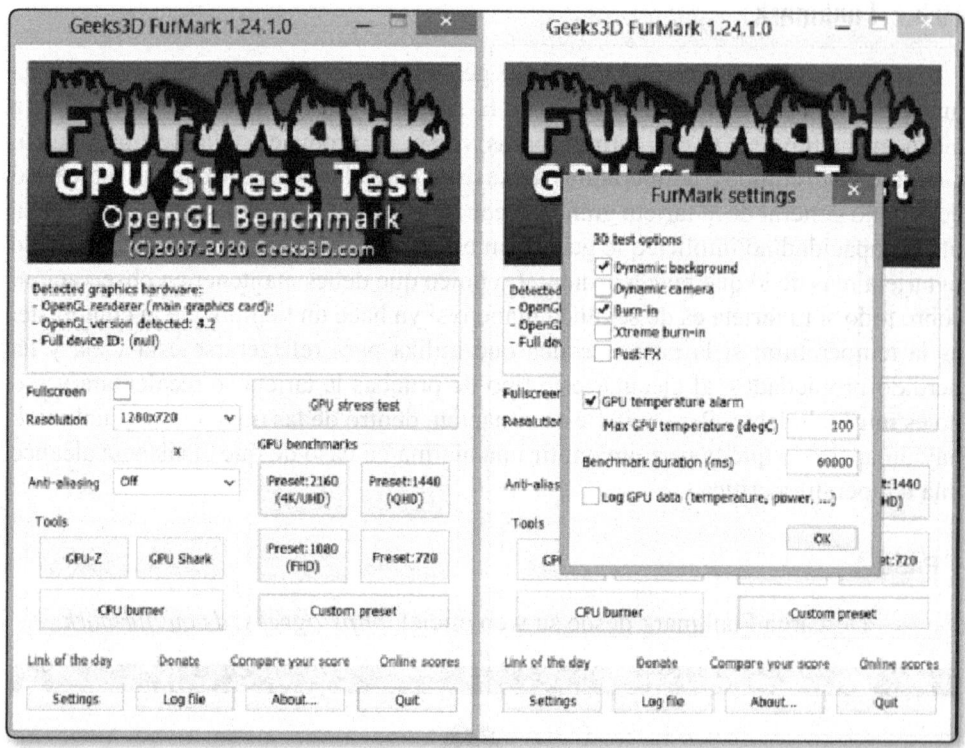

PASO 3

Pulsa el botón **GPU stress test**; verás una ventana que te advierte que el sistema podría volverse inestable al consumir tantos recursos de video y que la ejecución del programa es bajo tu propio riesgo.

También te indica los posibles factores que podrían desencadenar una falla, como: insuficiencia de la fuente de alimentación, deficiencias en el sistema de refrigeración de la GPU o los VRM o, incluso, que tu tarjeta haya sido overclockeada y ahora sería forzada más allá de los límites para los que fue desarrollada.

Haz clic en el botón **Go!** y comenzará la prueba. Verás ejecutarse una animación en pantalla.

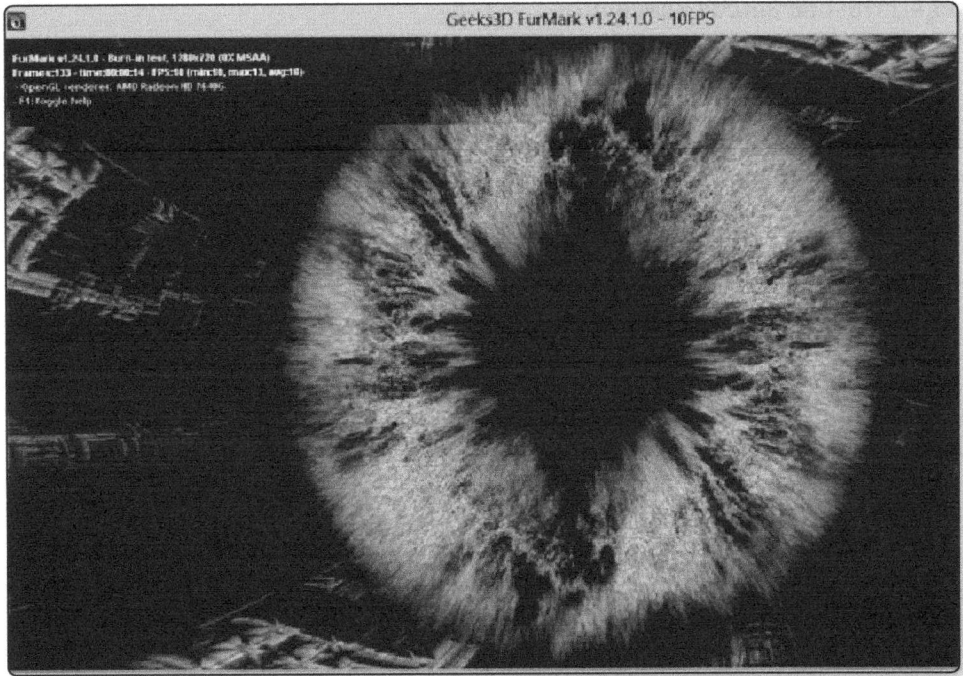

PASO 4

Deja que la animación corra unos minutos en busca de calentamiento anormal o fallas en la imagen de video. Si ese es el caso, detén inmediatamente el test, sobre todo, ante una temperatura elevada. Si la prueba continúa sin problemas durante unos minutos, es un buen indicativo.

En caso de experimentar temperatura elevada, entonces será hora de hacer un mantenimiento a la tarjeta de video. En el próximo capítulo verás cómo remplazar la pasta térmica vieja de la GPU.

19.4 ACTIVIDADES

A continuación verás las preguntas y los ejercicios que deberías saber responder y resolver para considerar aprendido el capítulo.

19.4.1 Test de autoevaluación

1. ¿Qué es mejor: una GTX 750 TI o una GTX 1060?

2. ¿Qué diferencias existen entre tarjetas de video Quadro y tarjetas de video RTX?

3. ¿Qué problemas podrían hacer que una tarjeta de video pierda estabilidad durante una prueba de estrés?

19.4.2 Ejercicios prácticos

1. Realiza una prueba de estrés y memoria VRAM de tu tarjeta de video.

20

ELECTRÓNICA Y DIAGNÓSTICO

La reparación de cualquier dispositivo a nivel electrónico requiere tener una serie de conocimientos sólidos, así como contar con herramientas especializadas y el dominio de su manejo. El hecho de obtener estas habilidades te permitirá, además, resolver problemas más avanzados, incluso, cuando otro técnico diera por descartada la tarjeta gráfica. En este capítulo aprenderás cómo funciona tu tarjeta a nivel electrónico y de qué manera diagnosticar si está en cortocircuito o no.

20.1 ¿CÓMO FUNCIONA LA TARJETA GRÁFICA?

Hacia el lado derecho de la tarjeta suele haber una línea de condensadores que se encargan de estabilizar la tensión recibida por los diferentes componentes que la integran. Los condensadores funcionan en conjunto con lo que se conoce como VRM (*Voltage Regulator Module*, módulo de regulación de voltaje), que regulan el voltaje entregado por los conectores de alimentación secundarios. Los VRM están formados por tres componentes clave: un **MOSFET**, un **choke** y un chip **controlador**. Los chokes son los elementos más notorios en el VRM; son cuadrados y metálicos, por lo que se destacan de los demás.

Figura 20.1. La tarjeta de video también tiene su propio firmware que controla sus funciones. Inicialmente, era un chip individual, pero ahora se encuentra cargado en la propia GPU.

Los MOSFET son transistores físicamente cercanos a los chokes; puede que no se encuentren muy visibles, pero el VRM los utiliza. En la filtración de energía, otro componente fundamental son los condensadores y los llamados chips **PWM** (*Pulse Width Modulation*, modulación por ancho de pulsos).

Estos chips suelen trabajar en conjunto con todos los VRM.

La función clave del VRM es controlar el voltaje entregado a un componente, modificando su valor desde el que entrega la fuente de alimentación y las líneas del bus PCI-e, hasta los voltajes de trabajo que necesitan determinadas líneas de alimentación de memoria y GPU. Si el voltaje de entrada no es el correcto, se producirían fallas, cuelgues del sistema y hasta daños en componentes críticos como el propio chip GPU.

Cuando el voltaje entra en la tarjeta, primero se estabiliza al pasar por algunos condensadores (la cantidad dependerá de la tarjeta y sus consumos) y luego cada VRM estabilizará su propia zona a alimentar.

En alguna parte de la tarjeta también verás un pequeño chip encargado de controlar el conector del fan mediante el cual se regulará su velocidad de giro.

En el PCB verás varias líneas de datos que salen de los módulos de VRAM a la GPU y, a su vez, muchas otras líneas de datos que salen de la GPU hacia el conector PCI-e en la parte más larga, que es la zona de conexión de datos que envía y recibe la tarjeta de video.

De la parte pequeña del PCI-e se obtiene la alimentación de 75 Watts que utilizan las tarjetas de bajo perfil. Al ingresar, el voltaje en esta zona pasa por uno o dos módulos de regulación y, luego, es distribuido a varios conjuntos VRM denominados **fases de alimentación**, cuya función es alimentar a la propia GPU.

Además, en muchas tarjetas encontrarás un pequeño chip que controla las diferentes salidas de video que tenga la tarjeta.

Este chip toma la señal digital entregada por la GPU y, de ser necesario, la convierte en analógica para enviar al monitor.

Figura 20.2. Las pistas utilizadas para entregar voltaje son más anchas que las empleadas para gestionar datos, ya que de lo contrario se dañarían.

Al recibir voltaje, la tarjeta de video (al igual que todo dispositivo electrónico) no enciende inmediatamente. Hay voltajes que deben recibirse y validarse como correctos para que se activen otros mecanismos electrónicos que inicializan otras etapas del circuito. Esto es lo que se conoce como una secuencia de arranque. Los diferentes voltajes de líneas que se activan varían dependiendo de la marca y el modelo de la tarjeta. Deberás consultar en Internet la secuencia de arranque de la que tenga tu equipo.

El hecho de conocer esta secuencia de arranque puede ayudarte en reparaciones avanzadas. En caso de que la tarjeta de video no responda, podrás buscar esos voltajes y, ante la ausencia de uno de ellos, identificar en qué parte de la secuencia de arranque está la falla.

20.2 HERRAMIENTAS DE TALLER

Para ayudarte en el diagnóstico de una tarjeta de video defectuosa y su reparación, deberás valerte de algunas herramientas básicas en cualquier taller de electrónica. No es la idea de este libro que realices reparaciones de este tipo (existen obras dentro de esta colección dedicadas a tal fin), pero sí, por ejemplo, podrás determinar si una tarjeta de video que compraste de segunda mano es segura o no para conectar en tu computadora, ya que un cortocircuito en algún componente podría poner en riesgo la placa madre.

La herramienta básica para realizar un diagnóstico (y también la más económica) es el multímetro. Los hay de varias calidades y funcionalidades diversas, pero a los efectos de las lecturas que necesitas hacer, uno económico te servirá. El multímetro permite tomar varios tipos de lecturas utilizando dos punteros conocidos como sondas o puntas, uno rojo y otro negro. Con ellos podrás conocer los voltajes e intensidades de corriente que hay en determinadas partes del equipo, así como la continuidad entre dos puntos y la resistencia entre más de un punto.

Figura 20.3. Mediante el multímetro, podrás realizar mediciones en los diferentes componentes de una tarjeta de video.

En los componentes de una tarjeta de video, solo realizarás mediciones de voltaje en corriente continua, resistencia y continuidad.

La fuente de poder entrega un valor máximo de corriente continua de 12 voltios. El paso de la corriente a través de un cable o pista del PCB genera una oposición al paso de la corriente llamada resistencia, y la continuidad la utilizarás para saber si un punto se comunica con otro.

En el multímetro hay una rueda central de escala y tipo de medición, donde podrás variar su valor en función de lo que desees medir. Las diferentes escalas suelen estar separadas de las otras por líneas divisorias, y dentro de cada escala hay números indicando el valor máximo que podrás medir con el multímetro seteado de esa forma.

- La escala con el símbolo de Omega permite medir resistencias. Su unidad de medida es el **Ohm**, y su valor mínimo de medida suele comenzar en 200 Ohm y se le agrega un cero en cada escala que se suba. Por ejemplo, si necesitas medir un componente de 210 Ohms, debes utilizar la siguiente escala superior, que es la de 2K (equivalente a 2000 Ohms), y así sucesivamente. Lo que quieras medir siempre debe tener menor valor que el máximo de la escala configurada.

- La escala con el símbolo de una V y una raya continua y otra discontinua abajo se utiliza para medir voltaje de **corriente continua**, como el entregado por la fuente de alimentación de la computadora.

- La escala con el símbolo de una V y una onda sinodal se usa para medir voltajes de **corriente alterna**, el entregado por la compañía eléctrica. Dependiendo de tu país de residencia, puede ser 110 V o 220 V; nuevamente, deberás usar la escala máxima siguiente.

- La escala indicada con la letra A y una línea continua y debajo otra discontinua se utiliza para medir **Amperios** en corriente continua, lo que significa el consumo que presenta un circuito.

- La escala hFE permite medir transistores.

- La escala con una onda sonora se usa para medir continuidad y suele tener este dibujo junto al que representa un diodo, ya que muchos modelos de multímetro generan un pitido cuando mides un cable o pista que está en buen estado. Esto te permitirá saber con más comodidad si la lectura fue correcta o no.

  Dependiendo de la marca y las capacidades de tu multímetro, tendrás dos o más clavijas donde conectar los cables de prueba. El cable negro debe conectarse en la clavija llamada COM, y el rojo, en la que tiene el signo de Voltaje Ohm y mA.

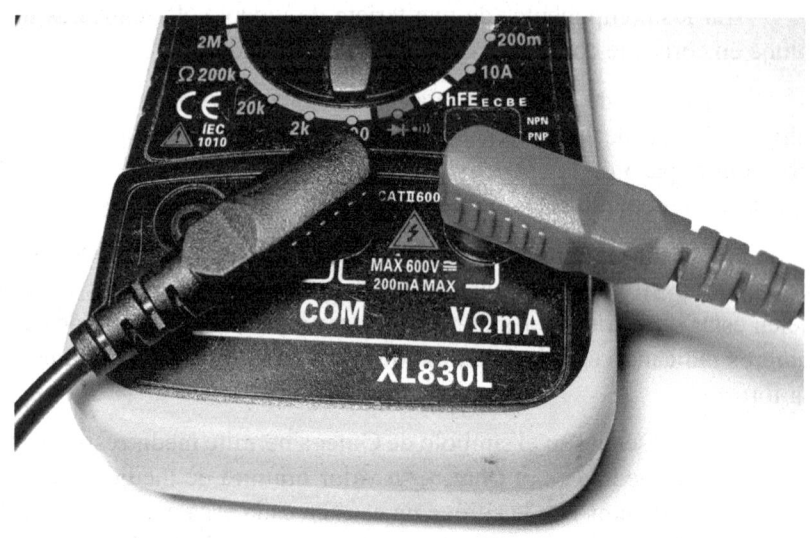

Figura 20.4. Asegúrate de tener bien conectadas las puntas de
prueba; de lo contrario, las mediciones serán erróneas.

20.2.1 Mediciones de seguridad

PASO 1

Pon el multímetro en escala de continuidad (diodos). Coloca la punta positiva
(roja) en una parte metálica de la tarjeta (conocida como bracket), para conectar a la
masa o tierra del componente.

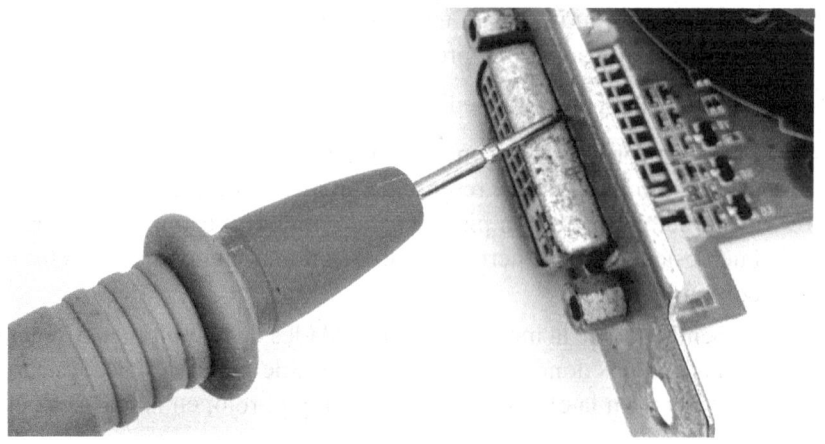

PASO 2

Con la punta negativa (punta negra), comienza midiendo la entrada de

3.3 V; esto es, el octavo pin del puerto PCI-e. La lectura debe darte un voltaje, por ejemplo, 400 mV (milivoltios). Esto indica que no hay cortocircuito en esa línea; si marca continuidad, habría un corto, en cuyo caso escucharás un pitido del multímetro si es que este emite sonido.

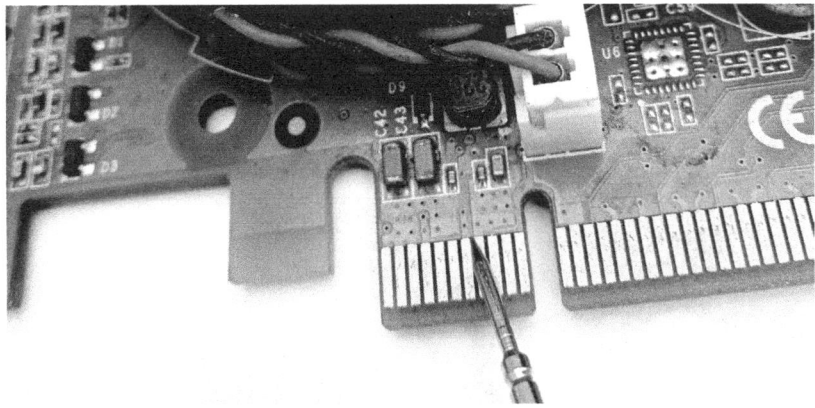

PASO 3

Mide uno de los pines 1, 2 o 3 del primer segmento PCI-e. Cualquiera de ellos sirve ya que comparten la misma línea. Al igual que en el caso anterior, debe marcar un voltaje, no dar continuidad.

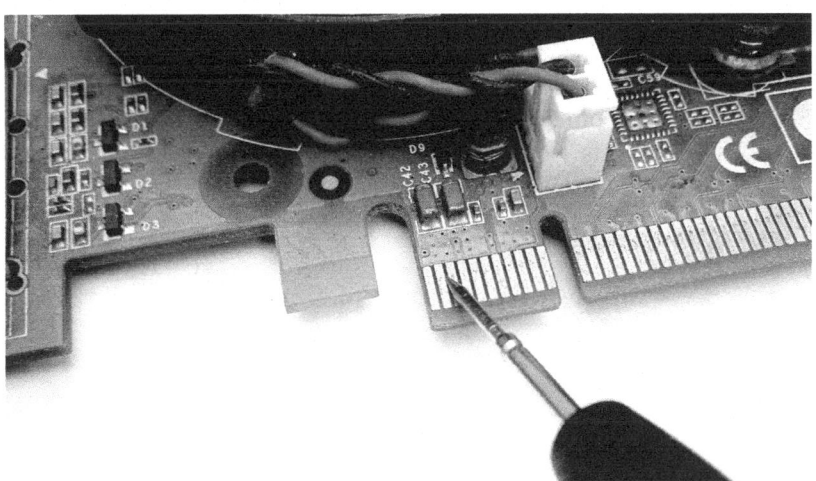

PASO 4

Si tu tarjeta es de media o alta gama, mide la entrada de alimentación auxiliar (la ficha donde conectas la tarjeta de video a la fuente de poder). Ten en cuenta que en estas fichas, el punto donde se encuentra la traba del conector son pines negativos, de modo que deberás medir los pines opuestos, que también son compartidos. Por lo tanto, midiendo uno de ellos obtendrás el valor que recibe la tarjeta. Una vez más, debe indicar un valor en milivoltios, no marcar continuidad. Si así fuera el caso, estarías ante un cortocircuito en la tarjeta. Si uno solo de los pines marca continuidad, significa que ese pin está dañado, generalmente, por algún golpe, calor o falla en la alimentación.

PASO 5

El próximo paso es medir los clicks. Si esta medición resulta errónea, posiblemente te encuentres ante un problema de la GPU, ya que estos pines conectan directamente a ella, con lo cual quizá debas reemplazarla.

Este es el último pin del bloque corto, pero ahora con el bracket a la derecha y la GPU boca abajo. Esta lectura debe marcar un valor en milivoltios; de indicar continuidad, la GPU podría estar dañada.

PASO 6

En el conector PCI-e largo también mide los pines 2 y 3. El pin 1 es tierra y debe indicar un valor en milivoltios. Si estas lecturas dieron bien, entonces significa que la tarjeta gráfica no tiene daños eléctricos graves y que no presenta un peligro para ser conectada en un equipo de pruebas.

Lo siguiente es desmontar la parte plástica de la tarjeta (si la tuviera). Para hacerlo, ten en cuenta que cada tarjeta gráfica es diferente y hasta que adquieras práctica reparándolas y desarmándolas, tal vez sea buena idea buscar en Internet el método correcto para desarmar tu modelo puntual de tarjeta. Básicamente todas se unen mediante tornillos y piezas de plástico encastradas a presión. Una vez que hayas removido los tornillos, haz fuerza con cuidado por el medio de la tarjeta, a la altura de la GPU; así evitarás doblar o partir las piezas.

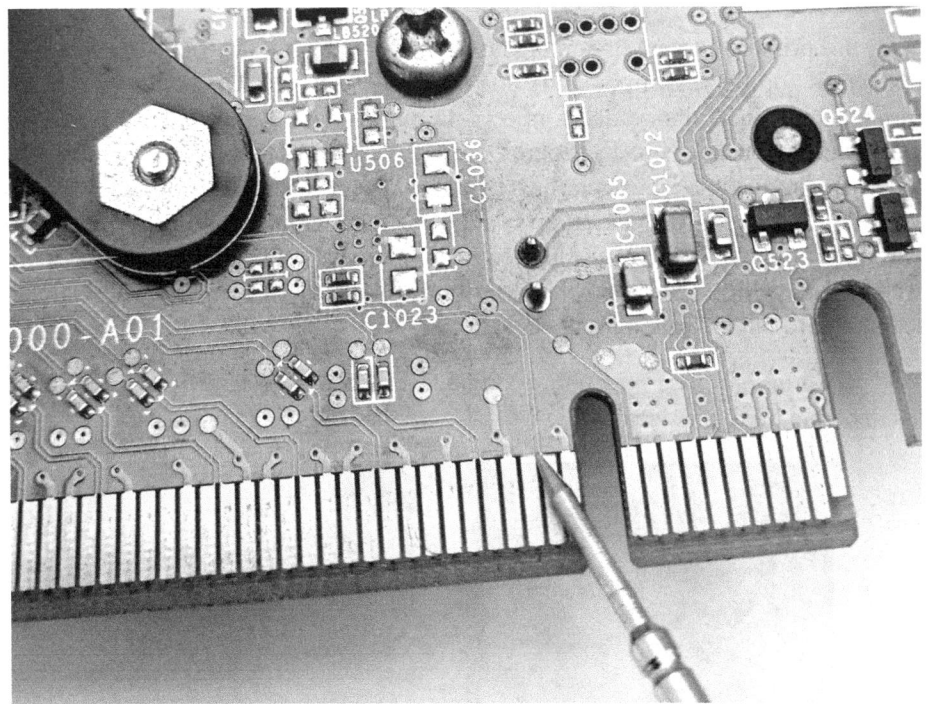

PASO 7

Coloca el multímetro en modo medición de Ohms y pon la punta negativa en tierra, mientras que con la punta roja podrás ir midiendo las diferentes zonas que componen la placa.

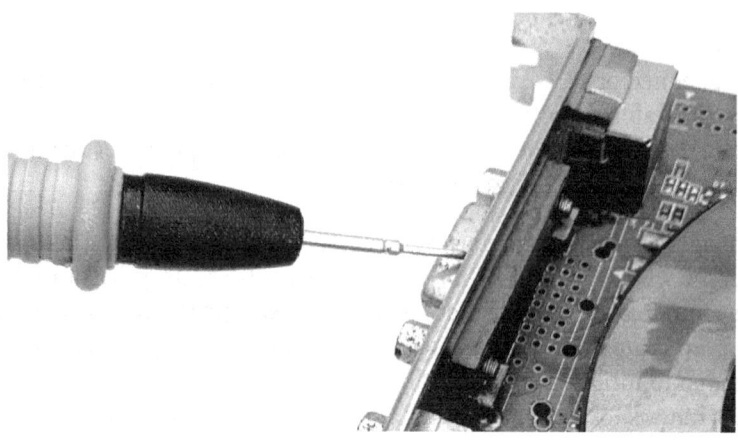

PASO 8

Lo primero por medir son las fases de alimentación que tiene la tarjeta. Las reconocerás porque se componen de una bobina, que tiene forma cuadrada con dos terminales metálicas donde debes apoyar la punta roja del multímetro. La lectura debe dar un valor bajo, por lo general, entre 0 Ohms y 3 Ohms. En algunos casos puede suceder que una de esas fases tenga un valor más elevado, porque comparten su voltaje con la VRAM. En ciertos modelos puedes encontrar bobinas del otro lado de las que alimentan la GPU, que alimentan también parte de las VRAM. Esa bobina posiblemente debas medirla por la parte trasera de la placa; puede dar un valor un poco alto pero nunca debe marcar cero.

Si la tarjeta tiene más bobinas, puedes probarlas de la misma forma; todas ellas deberían darte una lectura.

20.2.2 Mantenimiento de la tarjeta de video

Otro escenario muy frecuente es que la tarjeta de video comience a trabajar con temperaturas demasiado elevadas. Esto se debe en general a pelusas que obstruyen la ventilación de la tarjeta y a problemas relacionados con la pasta térmica utilizada en la GPU. De la misma forma en que el procesador de la computadora se calienta, al procesar los cálculos que realiza la GPU para funcionar también genera una importante cantidad de calor. Para eliminarlo, se utiliza un disipador de aluminio o cobre que absorbe el calor generado y lo redistribuye hasta los fan coolers, que los enfrían por aire. Para que la temperatura se disipe correctamente, entre el chip GPU y el disipador metálico debe haber una sustancia llamada pasta térmica, que ayuda al intercambio de temperatura entre ambas piezas. Esta pasta tiene, como todo elemento, cierto tiempo de vida, pasado el cual comienza a resecarse y a perder sus propiedades térmicas. Es entonces cuando la tarjeta de video empieza a presentar una temperatura de trabajo más elevada, lo cual ocasiona fallas de funcionamiento, cuelgues del sistema y, en casos más graves, daño térmico a la GPU, que terminará por inutilizar la tarjeta.

Figura 20.5. La pasta térmica vieja, al resecarse, pierde sus propiedades térmicas; asegúrate de cambiarla cada cierto tiempo.

Para evitar complicaciones, lo ideal es que corras un programa de benchmark como los comentados en capítulos anteriores, y si detectas que la tarjeta gráfica levanta más temperatura de lo normal, realices el mantenimiento correspondiente. La temperatura de trabajo ideal suele variar dependiendo de la tarjeta que tengas. Por lo general, la máxima se encuentran en el rango de los 95 a 110 grados, aunque claro está que lo mejor es alejarse de esa cifra. Consulta en Internet la temperatura de trabajo de tu modelo de tarjeta gráfica.

Con respecto a la pasta térmica, existen diferentes tipos y calidades. Las más simples son a base de silicio, y tienen partículas en suspensión que facilitan el transporte de calor. Se utilizan principalmente en equipos con tarjetas gráficas de bajo perfil, ya que estas no trabajan con temperaturas muy elevadas, pero no sería la mejor opción para equipos con gráficas modernas o utilizadas en gaming o producción 3D, en que la carga térmica es diferente. En el siguiente escalón de calidad está la pasta térmica basada en partículas de cerámica. Es la más usada a nivel general, ya que ofrece una mejor disipación de calor que las de silicio. Ni las de silicio ni las de cerámica son conductoras eléctricas, por lo que no habrá mayor problema si ensucias algún componente al aplicarla.

Las mejores pastas térmicas del mercado, con un mayor coeficiente de disipación, son las basadas en partículas metálicas. Su gran desventaja es que son muy buenas conduciendo electricidad, por lo que se deben aplicar con extremo cuidado porque si una pequeñísima gota se derrama posiblemente provoque un cortocircuito que dañe algún componente electrónico.

La unidad de medida de la calidad de la pasta térmica es el watt sobre metro Kelvin (W/mK). Esto expresa cuánto calor en grados Kelvin es capaz de disipar ese tipo de pasta aplicada sobre un metro cuadrado. Cuanto mayor sea esta cifra, mejor será la calidad de la pasta.

PASO 1

Apaga y desconecta la computadora de la alimentación eléctrica. Retira la tarjeta de video sacando un tornillo de anclaje al gabinete. Luego presiona una pestaña ubicada al final del puerto PCI-e para ayudar a retirarla. Al hacerlo, notarás que la tarjeta es liberada con poco esfuerzo; si no sale con facilidad, es probable que no hayas presionado bien la pestaña de plástico, no fuerces la salida o causarás daños.

PASO 2

Utiliza un pincel de cerdas finas para quitar todo el polvo que pueda tener la tarjeta de video en sus componentes y en el ventilador. Si tienes un compresor de aire, úsalo para soplar el polvo.

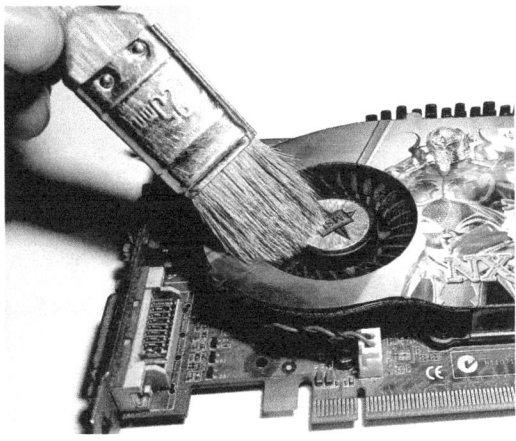

PASO 3

Por medio de un destornillador, retira los tornillos que sujetan los plásticos y el disipador de la tarjeta de video. Esto varía según el modelo; convendrá que busques en Internet antes de empezar.

Al retirar el plástico protector, deberás desconectar la ficha del ventilador de la tarjeta; quedará a la vista el disipador metálico. Vuelve a limpiar con un pincel si aún encuentras polvo.

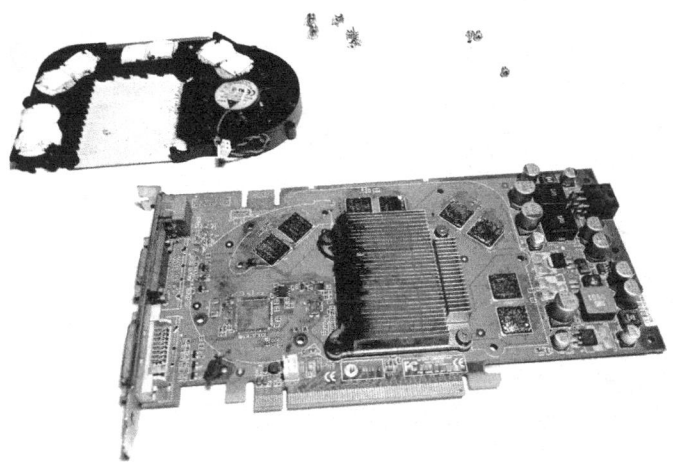

PASO 4

Saca los tornillos que unen el disipador metálico a la tarjeta de video y haz una leve presión para retirarlo.

PASO 5

Limpia los restos de pasta térmica ayudándote con una servilleta de papel mojada en alcohol isopropílico (no utilices otro tipo de alcohol; este es el indicado para limpiar electrónicos). Luego coloca una gota de pasta térmica nueva del tamaño de una lenteja en el centro de la GPU. Repite los pasos en forma inversa para volver a armar el equipo.

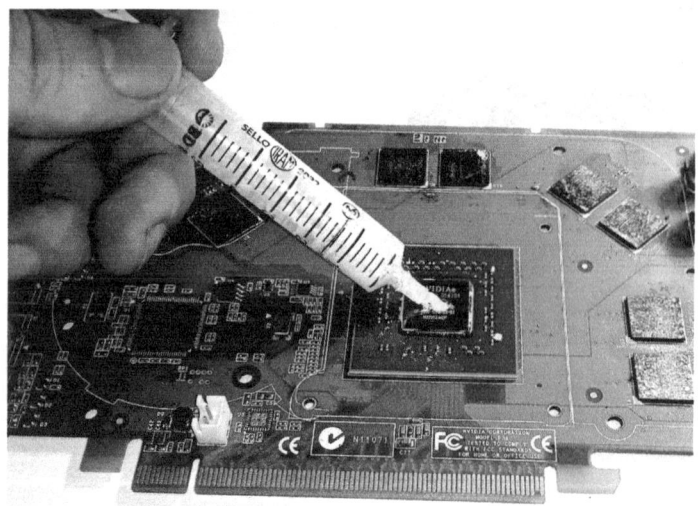

20.3 ACTIVIDADES

A continuación verás las preguntas y los ejercicios que deberías saber responder y resolver para considerar aprendido el capítulo.

20.3.1 Test de autoevaluación

1. ¿Qué función cumple el VRM de una tarjeta de video y cómo está compuesto?

2. ¿Qué indicaría si la línea PCI-e de 3,3 voltios marcara continuidad?

3. ¿Dónde se encuentra el pin correspondiente al clock y qué lectura debe presentar?

4. ¿Cómo reconoces las fases de alimentación de la tarjeta de video?

5. ¿Qué precaución debes tomar si utilizas pasta térmica de base metálica?

20.3.2 Ejercicios prácticos

1. Realiza las mediciones aprendidas en este capítulo sobre una tarjeta de video.

2. Consigue pasta térmica en base a cerámica y haz el mantenimiento de una tarjeta de video.

GLOSARIO

▶ **Amperio:** también llamado ampere, es la unidad de medida de la intensidad de corriente eléctrica.

▶ **Antialiasing:** también conocido como suavizado espacial, es una técnica para minimizar la distorsión artificial (aliasing) al representar una imagen de alta resolución.

▶ **API** (*Application Programming Interfaces*, interfaz de programación de aplicaciones): código que permite que diferentes aplicaciones se comuniquen entre sí y compartan información y funcionalidades.

▶ **ASIC** (Application Specific Integrated Circuit, circuito integrado de aplicación específica): circuito integrado diseñado a la medida para un uso en particular, en contrapartida con los de uso general, como las CPU.

▶ **Blockchain:** enorme base de datos descentralizada donde se crea un registro único pero con copias sincronizadas, lo que hace imposible manipular ilegalmente los datos.

▶ **CAD:** también conocido como diseño asistido por computadora, es el preferido por las industrias para realizar prototipado de productos en 3D.

▶ **CGI:** imágenes generadas íntegramente en un ordenador, muy utilizadas en la industria cinematográfica.

▶ **Chiplets:** encapsulados que contienen varios chips, a diferencia de la fabricación clásica llamada monolítica, donde todos los componentes del procesador se esculpían en una única oblea; en este diseño se esculpen por partes que luego se interconectan.

▶ **Choke:** tipo de bobina que funciona en un rango de frecuencias determinadas.

- **Coma flotante**: forma de notación científica utilizada en el ámbito informático para representar números reales extremadamente grandes y pequeños de una manera muy eficiente.

- **Controlador:** circuito integrado que se ocupa de controlar una función específica del circuito.

- **Corriente alterna** (CA): tipo de corriente eléctrica en la que la dirección del flujo de electrones va y viene a intervalos regulares o en ciclos.

- **Corriente continua** (CC): corriente que presenta un flujo continuo entre dos puntos de distinto potencial y carga eléctrica, que no cambia de sentido con el tiempo.

- **DirectX 12**: API desarrollada para permitir que los juegos se comuniquen con diversos componentes de un ordenador.

- **ECC:** las memorias RAM que soportan esta tecnología utilizan un código de corrección de errores para poder detectar la corrupción de sus datos y corregirla.

- **Fases de alimentación**: etapa de alimentación encargada de hacer que la GPU y la VRAM tengan una alimentación lo más estable posible, de forma que no haya ningún pico que afecte a su funcionamiento.

- **FPS** (Frames Per Second, frames por segundo): tasa de imágenes o frecuencia de imágenes, también llamada framerate. A mayor número de FPS, más fluida se verá una animación o película.

- **Latencia:** en informática, tiempo entre que se produce un evento y se devuelve su resultado. Cuanto menor sea este tiempo, más rápido será ese componente.

- **Librerías:** en programación, conjuntos de archivos de código que sirven para el desarrollo de software, y que facilitan la programación brindando funciones ya creadas por otros desarrolladores.

- **Litografiado:** también llamado fotolitografía, proceso empleado en la fabricación de semiconductores o circuitos integrados.

- **MOSFET:** siglas en inglés de transistor de efecto de campo metal-óxido-semiconductor; es un transistor usado para amplificar o conmutar señales electrónicas.

- **Oclusión ambiental**: método de iluminación que genera realismo controlando la atenuación de la luz ambiental en áreas ocluidas, para lograr el efecto que ocurriría en la vida real en un día nublado.

- **Ohm:** también llamado ohmio, unidad de medida de la resistencia eléctrica, recibe su nombre en honor al físico alemán Georg Simon Ohm, autor de la ley de Ohm.

- **Punto flotante**: véase Coma flotante.

▼ **PWM:** tipo de señal de voltaje usada para enviar información y, de esta forma, modificar la cantidad de energía que se manda a una carga eléctrica.

▼ **Rigs:** conjunto de tarjetas de video instaladas exclusivamente para generar criptomonedas.

▼ **TDP** (Thermal Design Power, potencia de diseño térmico): especificación medida en vatios que indica la cantidad máxima de calor que se espera que un componente genere.

Parte 6

DISPOSITIVOS DE ALMACENAMIENTO USB

Almacenamiento USB
Recuperación de unidades USB
Pérdida de datos, recuperación y protección
Sistema operativo y electrónica

21

ALMACENAMIENTO USB

El prototipo de memoria USB data del año 1998 y fue la empresa IBM la que estuvo tras su invento, aunque no llegó a patentarlo, lo cual generó en la historia un punto de conflicto acerca de quién es su verdadero creador.

21.1 HISTORIA

Hasta la fecha es un enigma el origen de esta forma de almacenamiento tan usada por todos. Es atribuible a varios ingenieros de tecnología como así también a empresas, pero lo cierto es que el tema aún sigue en discusión. Por ahora, lo que se sabe es que fue un aporte fantástico y una solución frente a los medios extraíbles, no solo por su comodidad, capacidad y tasa de transferencia, sino por factores de durabilidad y, en comparación con otros medios –como el disquete y hasta el disco compacto– por su practicidad y posibilidad de uso en distintas actividades.

En 1999 hubo una primera patente presentada bajo la denominación **USB-Based PC Flash Disk** por la empresa **Israel M-Systems**, a cargo en aquellos tiempos de **Amir Ban**, **Dov Moran** y **Oron Ogdan**. Si bien no es la base de la tecnología actual, sí fue un fundamento para posteriores lanzamientos con las mejoras correspondientes. En el año 2000, **M-Systems** e **IBM** se unieron para llevar a cabo el primer lanzamiento de un prototipo bajo el nombre **DiskOnKey**, pero en ese mismo año, la empresa de Singapur **Trek International** lanzó al comercio **ThumbDrive**, lo que generó más revuelo en cuanto a quién inventó realmente este dispositivo. Para echar más leña al fuego, también en el año 2000 surgió un estándar que se mantuvo en el tiempo y es, ni más ni menos, que el **pen drive**, un dispositivo con una única memoria en su interior. Su desarrollo estuvo a cargo de un ingeniero de Malasia llamado **Pua Khein-Seng** y su empresa **Phison**, que hicieron oficial esta forma de almacenar datos que, al día de hoy, es segura y rápida para realizar tareas en un ordenador.

La realidad es que el crecimiento de la tecnología ha hecho que los fabricantes quieran sacar rédito de las patentes, pero el éxito no ha sido el esperado. Es por eso que, en la actualidad, existen muchos dispositivos con distintos diseños y estructuras, y cada fábrica crea su modelo, no solo de pen drive, sino también de otras versiones de almacenamiento: **HDD** y **SSD** externos, **lectores de tarjetas de memoria** de varios tipos, **unidades de DVD**, **token USB** para firmas digitales, y otros dispositivos más (**Figura 21.1.**).

Figura 21.1. Se puede decir que esta es la primera memoria USB oficial, llamada ThumbDrive. En inglés la palabra "thumb" significa pulgar, y hace alusión al tamaño del dispositivo. Los primeros modelos almacenaban unos 8 MB, mucho más que cualquier disquete del mercado en aquellos tiempos.

21.2 FUNCIONAMIENTO

Es necesario que conozcas el funcionamiento de estos dispositivos, porque así podrás saber cómo resolver los conflictos que se presenten.

Las memorias USB son de tipo Plug & Play (enchufe y funciona), lo que significa que no es necesario usar un software especial para trabajar, al menos, en los sistemas actuales. Se conectan al puerto USB y son reconocidas por el sistema operativo en apenas unos segundos. Estos dispositivos se alimentan de unos 5 voltios, que les dan la funcionalidad suficiente para activar la memoria interna, denominada **Flash NAND** en caso de los dispositivos **pen drive y tarjetas de memoria**, que poseen celdas para almacenar la información.

Estos medios transfieren información en base a su tecnología USB. Existen versiones **1.1**, **2.0** y, las más actuales, las **3.0**, junto con sus variantes. Esto hace referencia a la rapidez del dispositivo en la transferencia de archivos de mayor tamaño.

Puerto USB	Velocidad
1.1	1.5 MB/s a 12 MB/s
2.0	Hasta 480 MB/s
3.0	3.2 GB/s
3.1	10 GB/s
3.2	Hasta 20 GB/s
4.0	Hasta 40 GB/s (aún es fase de prueba)

Los discos externos también se alimentan con los 5 V de los puertos **USB**. Algunos presentan dos cables: uno para transferir información, y otro para alimentar al disco y su función. En la actualidad, tanto estos discos como los dispositivos de soporte (**carry disk**) ya se manejan con un único conector.

En conclusión, todos los dispositivos de almacenamiento USB entran por un mismo puerto y utilizan los mismos controladores para el montaje en el sistema operativo. Es por eso que las posibles fallas se pueden dar tanto en el dispositivo en sí como en la entrada USB, sin descartar problemas en los controladores del sistema.

Figura 21.2. Los discos externos son una excelente opción para hacer backups de datos o, simplemente, una extensión del almacenamiento cuando tienes un ordenador con capacidad limitada. Entran por puertos USB, tanto para datos como para alimentación, y hay distintas versiones con diferente velocidad de transferencia.

21.2.1 ¿Qué es un pen drive?

Más allá de la historia que hemos contado, en la actualidad, la estandarización del mercado tiene como principal medio de almacenamiento extraíble al **pen drive**. Este dispositivo viene en diversos factores de forma, pero la mayoría es **USB A** o, en su defecto, de **tipo Micro USB**, **Tipo C** o **Lightning (Apple)**. Las velocidades de transferencia varían según el modelo, y las capacidades son cada día mayores. Los hay de varias marcas y hasta existen modelos con protección física de datos.

Un pen drive está compuesto por un circuito electrónico que contiene una memoria **NAND Flash** que permite almacenar datos de todo tipo; también es útil para firmas digitales y, para los técnicos en computación, para generar unidades de booteo. No hay dudas de que es un medio fiel de respaldo de datos y, además, una gran oportunidad para transportarlos donde el usuario quiera.

Las primeras unidades de **pen drive** se parecían a una lapicera, y de allí proviene su nombre, pero luego se diversificaron en distintos prototipos, por lo que podría decirse que hay tres generaciones. La primera corresponde a la empresa **IBM** y su competencia, **Trek Technology**, que hacia el año 2000 comenzaron a comercializar estos dispositivos. La segunda trajo un cambio radical en la velocidad de transferencia, y acompaña a los puertos **USB 2.0** con tasas de más de **480 MB/s** y capacidades mucho más amplias que la primera generación. La tercera viene de la mano de los **USB 3.0** (tecnología actual) y el cambio es muy notorio, con tasas de transferencia de **4.8 GB/s y** capacidades de almacenamiento que llegan a 1 TB.

En materia de durabilidad, eso depende de la marca y el trato que le dé cada usuario, pero un pen drive estándar puede llegar a tener una vida útil de más de 10 años, y algunos fabricantes calculan hasta 20 años.

21.2.2 Las tarjetas de memoria

Estos dispositivos tan de moda en los últimos tiempos también cuentan como almacenamiento y pueden ser adaptados a medios USB. En la actualidad hay lectores de tarjetas a modo de adaptadores que se usan en los puertos USB de un ordenador, o a través de un adaptador **OTG** en el caso de un dispositivo móvil.

Las tarjetas de memoria pueden ser de varios tipos, pero las más usadas a nivel mundial son las de formato **SD** o **micro SD**. Pueden tener varias capacidades y velocidades de transferencia, aunque algunas son para prestaciones específicas, como la grabación de videos en sistemas de vigilancia o el uso en cámaras fotográficas profesionales.

Por medio de un dispositivo denominado **lector de tarjetas**, pueden usarse como medio de almacenamiento de estilo USB (como si fuese un pen drive). Estos también sufren los errores de otros, por lo cual la forma de repararlos o testearlos será idéntica a la aplicada en sus pares.

Figura 21.3. Los pen drives actuales se presentan en diversas formas. Tienen altas velocidades de transferencia y capacidades importantes para realizar respaldo de datos. Además, pueden usarse para el booteo de un sistema o para programas específicos de uso técnico.

21.3 OTROS MEDIOS USB

El crecimiento de la industria en materia de almacenamiento externo es notorio. Hoy en día, existen diversos tipos de medios para trabajar de forma extraíble. Si bien el **pen drive** es el más común, hay otros que se aplican para grandes volúmenes de datos o para adaptación de medios.

21.3.1 Discos externos SSD y HDD

Son discos de estado sólido o mecánicos que se implementan por acceso USB para el respaldo de datos o para aquellas unidades que tengan poco almacenamiento interno. No hay dudas de que son una gran opción para quienes necesitan transferir grandes volúmenes de información. Los **HDD** externos son de tipo mecánico y, a través de una placa controladora electrónica, adaptan su tecnología a un uso por puertos USB. Tienen distintas capacidades, como 500 GB, 1 TB, 2 TB y hasta 8 TB; y conectividad 2.0 o 3.0, siendo estos últimos los más rápidos y costosos. Todos los modelos están muy estandarizados en cuanto a su factor de forma, pero ya se pueden conseguir en la actualidad algunos modelos tipo slim, para quienes prefieran este formato.

Figura 21.4. Los discos externos de tipo SSD tienen un factor de forma más pequeño que los clásicos HDD, son más resistentes a los golpes e ideales para quienes tienen que transportarlos de un lado a otro. Son más livianos y, desde ya, su característica más importante es la velocidad de transferencia, que supera notoriamente a la de los mecánicos.

Por otro lado, es una realidad que los **SSD** vienen a suplantar a los HDD, pero aún no hay modelos externos de gran tamaño.

La tecnología de estado sólido es más veloz, y multiplica la tasa de trasferencia de los dispositivos clásicos mecánicos.

Por el momento, estos discos no son tan grandes como los HDD, pero sí se presentan en distintos factores de forma: hay modelos clásicos, como algunos tipos slim, otros más pequeños, con diversos colores, y formatos hasta extravagantes. Los SSD están compuestos por un circuito electrónico con memorias NAND que ocupan mucho menos espacio en un box, y su peso es ultraliviano, lo cual los vuelve un medio extraíble realmente transportable y cómodo.

21.3.2 Carry disk y adaptadores

Los carry disk son un clásico que ya tiene sus años. Consta de una caja adaptadora para montar cualquier tipo de disco duro o SSD de tecnología SATA. Su pequeña placa lógica convierte la conectividad a USB, que puede ser 2.0 o 3.0. Si bien no ofrecen la misma tasa de trasferencia que un disco externo, la adaptación es excelente para aquellos que posean un disco en desuso. Vienen en formato 3.5 o 2.5: el primero es para los clásicos discos de PC, y el segundo, para adaptar los discos de notebook, que son más pequeños. En la actualidad, se venden en todas las tiendas de informática a un costo muy accesible.

Por otro lado, hay adaptadores de conexión SATA a USB, compuestos por cables o conversores que hacen que esos medios puedan transferir por los puertos universales. Pueden implementarse tanto para discos SDD y HDD, como así también para lectores o grabadores de DVD. Vienen con un cable adaptador y una fuente de poder de 12 V para alimentar a los dispositivos. Otros modelos no traen fuente, pero ten en cuenta que solo funcionarán con discos sólidos o discos de formato de notebook (**Figura 21.5.**).

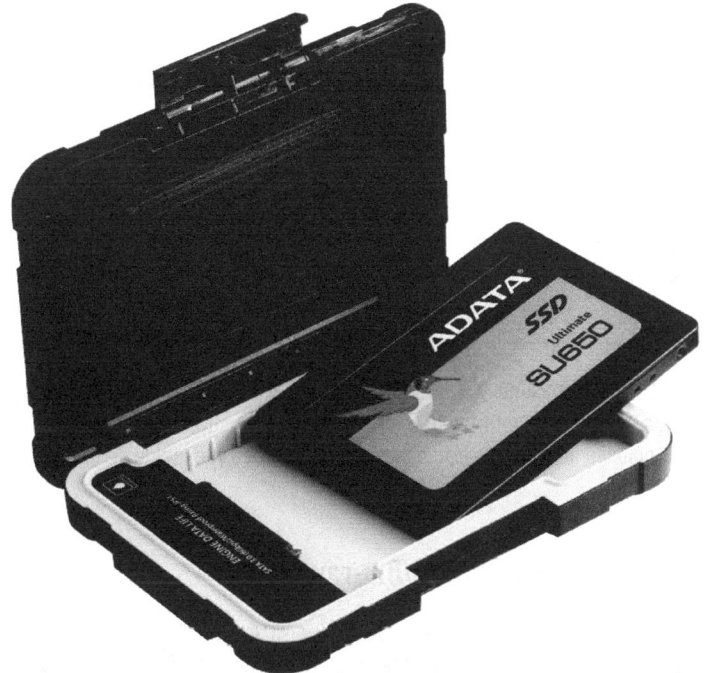

Figura 21.5. Un carry disk es un medio que sirve para acoplar discos de todo tipo y usarlos para varios propósitos. Es fácil de instalar y no requiere software adicional para el trabajo.

21.3.3 Doking station

Una base de este tipo permite conectar múltiples discos a través del puerto USB; pueden ser dispositivos de 2.5 o de 3.5, con interfaz 2.0 a 3.0 o superior.

Puede usarse para hacer **backups**, ya que muchas traen una función denominada **One Touch Backup,** que a través de un botón da la opción de realizar copias de seguridad de un disco a otro automáticamente.

Esta función también es válida para el clonado de discos.

Funciona con 12 V y presenta selector de disco en uso. Sin duda, es una verdadera solución para aquellos que necesiten tener constantemente copias de seguridad de su información.

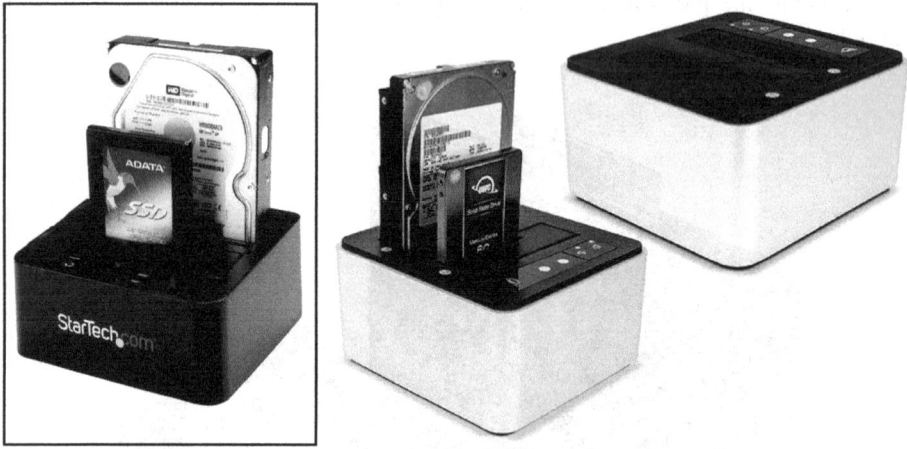

Figura 21.6. Las docking station son una base para conectar varios formatos de discos y, a través de su interfaz USB, conectarlos a la computadora. Muchas tienes funciones adicionales, como clonado automático y respaldo de datos.

21.3.4 Lector/grabador de CD/DVD/Blu-ray externo

Estos medios aún están vigentes y se siguen comercializando, aunque la industria ha mermado su producción. Vienen en formato slim y con conexión directa a los puertos USB. Su tasa de transferencia es baja, pero es posible reproducir o grabar discos compactos. En la actualidad, muchos aparatos destinados a la salud necesitan de este dispositivo para grabar imágenes y documentarlas. Son muy ligeros y fáciles de transportar; se consiguen en portales de Internet, aunque su precio suele ser elevado.

21.3.5 Token o dispositivo criptográfico

El token es un medio USB de bajo almacenamiento, con una tecnología especial de encriptado de datos que se aplica para brindar firmas digitales. En la actualidad, muchos profesionales deben realizar trámites por Internet y necesitan su firma para darles un respaldo legal. Los tokens se venden en tiendas especializadas y se requiere una tramitación específica para obtenerlos.

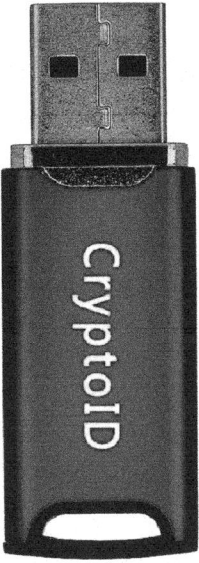

Figura 21.7. Los dispositivos USB de almacenamiento criptográfico, también conocidos como token, permiten guardar información confidencial, y se usan habitualmente como firma para documentos importantes que se ingresan por plataformas virtuales.

21.4 FUNCIONAMIENTO LÓGICO Y FORMATO

Los medios USB de almacenamiento pueden usarse en varios aparatos y con diversas funciones: para transferencia de datos en un ordenador o en sistemas operativos no tan tradicionales, para móviles Android o IOS, y para los estéreos de automóviles en el caso de entusiastas de la música. En cada caso existe un formato de archivo que es necesario aplicar para que las unidades funcionen correctamente.

Ten en cuenta que, según el **sistema de archivos**, tendrás limitaciones en la transferencia y variaciones de velocidad de trabajo.

La mayoría de los dispositivos de cómputo basados en el sistema Windows utilizan los sistemas de archivos FAT, FAT32, ExFAT y NTFS.

Estos son ideales para la compatibilidad de transferencia entre medios de almacenamiento que usen este sistema de trabajo y, dependiendo de la actividad, será necesaria su aplicación.

▸ El sistema de archivos **FAT32** data del año 1996 y se sigue usando en la actualidad. Se aplica para el sistema **Windows** y funciona perfectamente con dispositivos de almacenamiento USB 2.0 o inferior. Limita la transferencia a 4 GB. Muchos dispositivos de reproducción de audio que poseen puerto USB necesitan este sistema de archivos para trabajar.

▸ El sistema **exFAT** es como una actualización de **FAT32**. Permite transferir archivos de más de 4 GB y es compatible con muchos medios que tengan conexión USB.

▸ **NTFS** es el estándar actual de Windows, que se aplica en la mayoría de sus versiones. Si bien se considera algo más lento que **FAT32**, es más seguro y no tiene límites de transferencia.

▸ **HFS+** es el sistema de archivos que utiliza la firma Apple para sus productos. Es mejor que su antecesor (**HFS**) y posee propiedades de cifrado más extremas y mayor seguridad. Desde ya, no es compatible con otros sistemas de archivos, aunque en Windows 11 es posible implementar algunos trucos para su lectura.

▸ **Ext2, 3 y 4** son aplicables a los sistemas **Linux**. Ext2 y 3 tienen límite hasta 16 GB, pero el 4 es más avanzado y prácticamente no tiene límites de transferencia.

▸ **Android** para dispositivos móviles tiene sistema de archivos basado en **Ext4** y uno creado por la empresa **Samsung** denominado **F2FS**, que posee un núcleo de **Linux** más compatible con dispositivos de almacenamiento tipo **Flash NAND**.

Para dar formato a un disco USB, tendrás que usar algún gestor que lo haga de forma íntegra. Desde el sistema operativo solo podrás dar formato a los sistemas compatibles que este soporta; en cambio, un programa externo de gestión podrá darte más herramientas para aplicar el formato que necesites. Cualquier herramienta de partición de discos es apta para hacerlo, como **Gparted**, **Paragon Partition Manager**, **AOMEI** y **Euseus Partition Master**, entre otras.

Con este panorama, sabrás qué sistema de archivos deberás usar en cada caso para tus unidades USB de almacenamiento. Ahora bien, si necesitas tener múltiples lecturas, entonces deberás apelar al uso de un gestor de archivos. En la Web hay varios disponibles, que te permitirán leer archivos de uno y otro sistema. Fíjate bien que te dejen abrir el contenido, porque muchas veces, estos gestores solo muestran el nombre del archivo pero no son capaces de hacer conversiones para que se abran en un sistema u otro. Como recomendación, puedes probar algunos gratuitos, como **Total Commander**, **Q-Dir** o **Free Commander XE**.

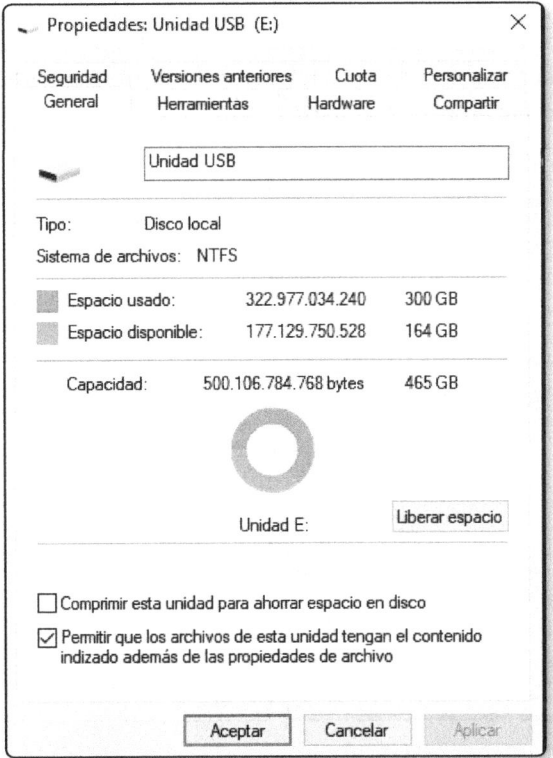

Figura 21.8. Para determinar qué sistema de archivos está usando tu unidad de almacenamiento USB, solo debes conectarla, ingresar al gestor de archivos y hacer clic derecho del mouse para ver cómo está formateada la unidad.

21.5 VELOCIDAD DE TRANSFERENCIA

La velocidad de transferencia de unidades USB de almacenamiento es diferente de las de los discos fijos montados en el gabinete de la PC. La realidad es que la mayoría de los usuarios utiliza los medios USB para respaldo de datos y no como unidades fijas de trabajo, con un sistema montado y de forma permanente. Desde ya, muchas unidades USB no permiten incorporar sistemas operativos, salvo aquellos de tipo Lite o Mini, que se usan para arrancar la PC en caso de reparaciones.

Para hacer una comparación de las velocidades de transferencia entre unidades, podrás usar varias aplicaciones específicas. En este caso, se ha elegido **ATTO Disk Benchmark**, disponible para descarga en varios portales de forma gratuita. Permite medir la velocidad de escritura y lectura de información de la unidad de almacenamiento, pero antes de usarla, asegúrate de que estas se encuentren conectadas a los puertos USB correspondientes. Esto quiere decir que, si tienes un pen drive 3.0, deberás colocarlo en un puerto de la misma característica, para así lograr una medición acorde al producto.

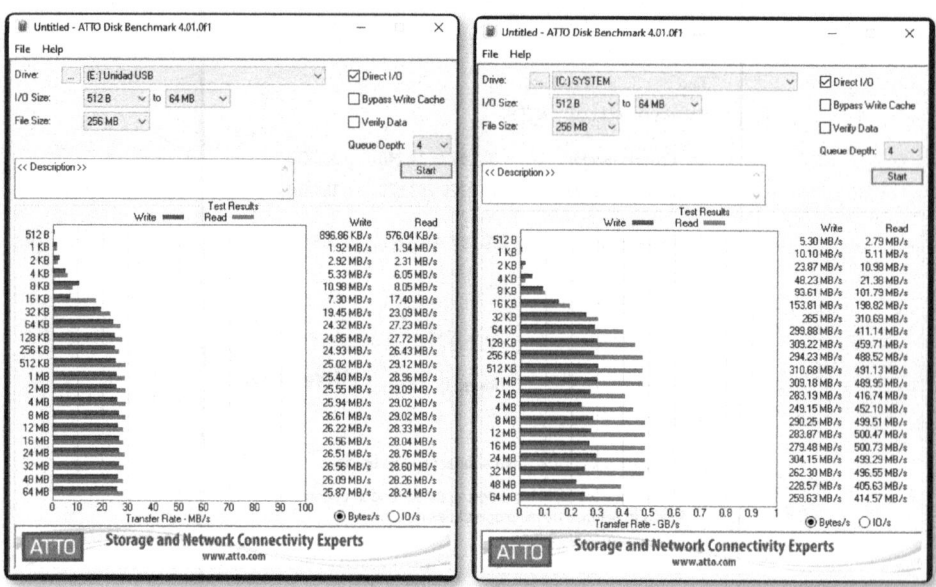

Figura 21.9. En la imagen se observan resultados del testeo de dos unidades de disco de estado sólido. El primero es de un SSD interno colocado en el box de la computadora, y el segundo es de un disco externo SDD conectado a un carry disk por medio del puerto USB. Ambos llevan tecnología Flash NAND, pero con conectividad diferente del motherboard.

El tiempo de trabajo de la aplicación dependerá del tipo de unidad y su tamaño. Esta herramienta es usada por los fabricantes de unidades de almacenamiento para testear sus dispositivos, por lo cual resulta efectiva y segura en las tasas informadas por cada evaluación que se realice.

21.6 ACTIVIDADES

A continuación verás las preguntas y los ejercicios que deberías saber responder y resolver para considerar aprendido el capítulo.

21.6.1 Test de autoevaluación

1. ¿Cuándo se presentó la primera patente de dispositivos de almacenamiento USB?

2. ¿Qué nombre recibe la memoria interna de un pen drive que permite almacenar información digital?

3. ¿Cuál es la transferencia de los dispositivos USB 3.0?

4. ¿Qué tipos de discos externos existen?

5. ¿Qué es un token criptográfico?

21.6.2 Ejercicios prácticos

1. Si tienes dispositivos USB de almacenamiento, investiga la tasa de transferencia que poseen. Puedes ir a la página oficial del fabricante.

2. A través de videotutoriales o páginas explicativas, revisa cómo montar un disco duro en un carry disk o en un adaptador de SATA a USB.

3. Investiga qué tipo de encriptación tiene un dispositivo USB token y cómo funciona.

4. Toma una unidad USB para pruebas e intenta formatearla en distintos sistemas de archivos. Transfiere archivos grandes y evalúa cuánto tiempo demora y cuál es su comportamiento.

5. Descarga la utilidad ATTO Disk Benchmark y realiza varios tests de lectoescritura sobre unidades de almacenamiento USB. Esta es una forma objetiva de determinar calidades entre distintas marcas.

22

RECUPERACIÓN DE UNIDADES USB

Las causas de problemas pueden ser múltiples, y la intención de este capítulo es llevarte a buen puerto para que detectes las fallas y puedas aplicar las soluciones que correspondan.

22.1 NO RECONOCE EL FORMATO Y/O LA PARTICIÓN

Un problema habitual con los medios de almacenamiento USB es que, al conectarlos, aparezca un cartel indicando que el dispositivo no tiene **formato**, con lo cual te pide que lo ejecutes para resolver la situación. La realidad es que te enfrentas a un dilema importante a la hora de decidir qué hacer ante este cartel. Poner "sí" implica perder la información que contenía la unidad y poner "no" es seguir con el problema en cuestión. Desde ya que si consideras que el contenido de la unidad no tiene importancia, la respuesta será obvia; si no es así, sigue estos consejos:

- ▶ Intenta conectar la unidad en otro puerto USB. Quizá no resuelvas el problema, pero en algunos casos puede funcionar.

- ▶ Prueba el medio de almacenamiento en otra computadora, para descartar que tenga una falla.

- ▶ Utiliza herramientas para recuperar información. Hay software muy bueno que actúa es estas situaciones. Uno de los más populares es **EaseUS Data Recovery Wizard Free**; es gratuito y permite reconstruir la partición del medio para intentar salvar la fuente de datos. Por otro lado, la empresa **Wondershare** ofrece una herramienta paga, pero con un período de prueba de 7 días: **Wondershare Recoverit**. Claro que si trabajas constantemente con estas unidades, te convendrá comprar una licencia del programa. El software tiene opciones de recuperación de particiones en caso de tener un medio inaccesible. Su método es eficaz en un gran porcentaje de los casos, y actúa en pen drives, tarjetas de memoria y discos de todo tipo. Otra herramienta recomendada por experiencias de usuarios es **Acronis Recovery Expert Wizard**, que permite recuperar particiones y archivos borrados accidentalmente. Tiene una interfaz muy fácil de usar, con la capacidad de localizar la partición dañada y restaurarla de forma automática. Es verdad que demora un poco más que otros programas, pero esto también marca su confiabilidad en el proceso. **Minitool Partition Recovery** es otra herramienta muy eficaz para estos casos. Entre sus opciones más importantes se encuentra la posibilidad de restaurar particiones perdidas por un borrado accidental o virus informáticos. También cuenta con utilidades para recuperación de archivos y carpetas.

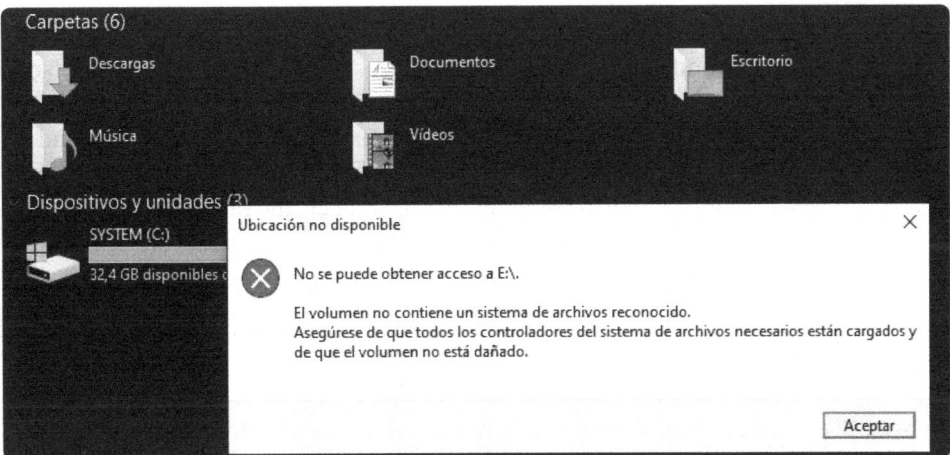

Figura 22.1. Cuando Windows no reconoce la unidad USB, tanto en su partición como en su formato, es posible que la veas sin ningún parámetro relacionado al almacenamiento que posee, y que no te muestre capacidad, espacio usado y libre. Al ingresar, te dirá que insertes una unidad.

22.1.1 La partición es RAW

Quizá te ha sucedido que, al conectar una unidad de almacenamiento USB, esta aparezca sin posibilidad de acceso y sin información sobre espacio ocupado y libre. Al acceder al administrador de unidades de Windows y ver el estado de la partición, se informa que la misma es **RAW**. Esto indica que el sistema de archivos de la unidad no es compatible con el sistema en curso, que la unidad está inaccesible o que está dañada de forma completa. Esta falla puede ser lógica, pero también es atribuible a daños del **hardware**, como una placa lógica o controladora de disco dañada, o un problema en el cable de datos que interconecta la unidad de almacenamiento con el puerto USB de la PC.

A continuación, verás algunas explicaciones de este caso y recomendaciones a seguir.

- **Sectores defectuosos**: pueden aparecer en cualquier medio de almacenamiento, pero las unidades USB y las tarjetas de memoria son más propensas a sufrir estas fallas por su condición de extraíbles. A veces el proceso de extracción está mal hecho y hace que los sectores del disco se corrompan. Ahora bien, si esos sectores afectan a la parte de arranque de la unidad, entonces es posible que esta sea marcada como RAW, lo que impide tener acceso. En estos casos, podrías tratar de hacer una copia de seguridad de la unidad o clonarla, ya que es muy posible que cualquier intento de recuperación sea fallido y, lamentablemente, la única salida será crear particiones nuevas y formatear el disco. Puedes intentar hacerlo con las utilidades nombradas anteriormente, pero tal vez este sea un proceso lento y, en la mayoría de los casos, con poca posibilidad de éxito.

- **La seguridad**: en muchos casos, los discos USB extraíbles son encriptados por software maligno o por programas que has instalado y que no sabes que actúan de este modo. Puedes revisar los permisos de seguridad en las propiedades de la unidad y restablecer el acceso. También procura desinstalar programas recientes que sospeches que puedan hacer este tipo de acciones, y desde ya, corre el antivirus para descartar algún malware o virus que provoque este tipo de falla.

- **El cable de datos**: muchos discos externos se muestran bajo partición RAW cuando el cable de datos no transmite la información o, directamente, no establece comunicación con la computadora. En este caso, es conveniente probar con un cable nuevo y despejar la duda. Si la falla es en la controladora del medio, será más difícil de erradicar. Prueba a dar una nueva partición al disco y así descartar que la falla sea lógica.

- **Problemas de energía**: es probable que un corte de luz, una caída de tensión o una falla en el suministro del disco ponga la partición de tu disco en RAW. Siempre es recomendable tener copias de seguridad, ya que nadie está exento de sufrir este tipo de problema. En la mayoría de los programas de trabajo con particiones de discos, tendrás la chance de convertir de RAW a otro sistema de archivos, y algunos de ellos tienen un algoritmo capaz de rescatar la información. Pero esto no siempre es seguro, porque el proceso implica cambios bruscos y la tasa de recuperación podría bajar.

Una tarea fácil de realizar y muy útil, no solo en este caso sino para enfrentar varios problemas relacionados con unidades de almacenamiento USB, es un rápido y efectivo test de disco. Para llevarlo a cabo, sigue el siguiente procedimiento.

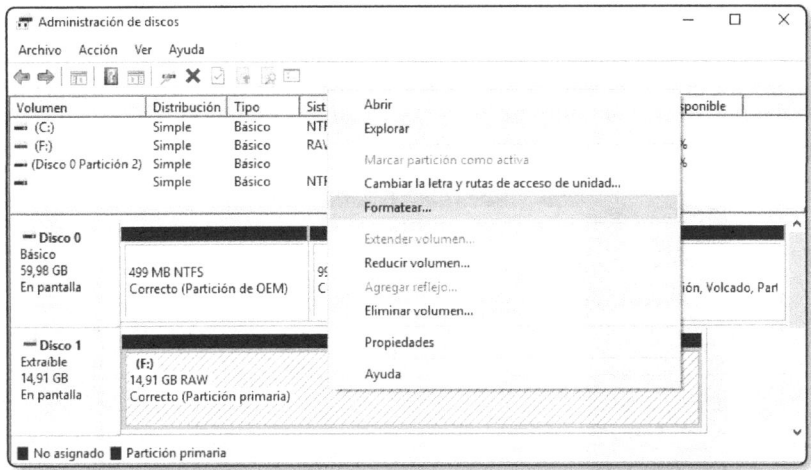

Figura 22.2. Si entras al administrador de discos de Windows, verás que la partición está en RAW. Para restablecer el dispositivo, simplemente vuelve a formatearlo, pero con otro sistema de archivos. Si este método no es útil, entonces deberás apelar a software especializado, como los programas de la línea EaseUS.

PASO 1

Inicia el administrador de archivos de Windows presionando la combinación de teclas **WINDOWS + W**. Selecciona la unidad USB que deseas testear y, con un clic del botón secundario del mouse sobre ella, elige **Propiedades**.

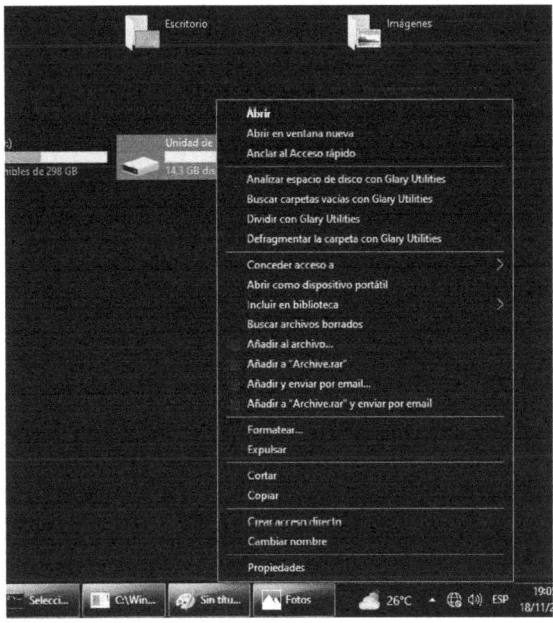

PASO 2

Aparece una ventana con varias solapas; busca la que dice **Herramientas**. En la opción **Comprobación de errores** presiona el botón **Comprobar** y elige **Examinar la unidad**.

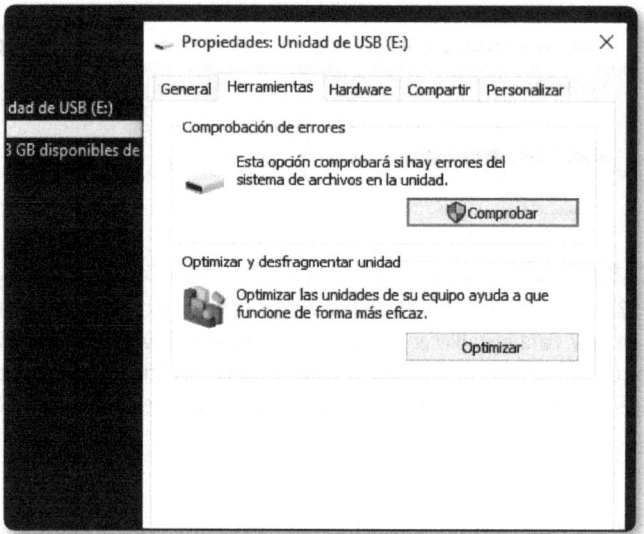

PASO 3

Aparece una nueva ventana indicando que quizás no sea necesario examinar la unidad, pero te dejará hacerlo de todas formas. En caso de que el mensaje sea distinto y no se pueda acceder a ella, tendrás que seguir leyendo este capítulo para ver cómo ejecutar otras opciones de recuperación.

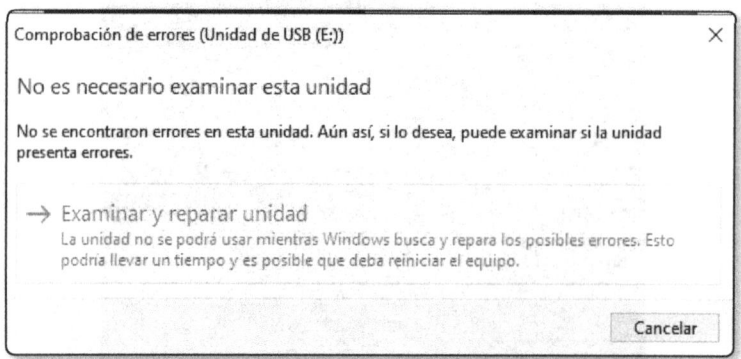

22.2 NO RECONOCE EL FORMATO Y/O LA PARTICIÓN, PERO NO NECESITO RECUPERAR DATOS

Si no precisas recuperar información y es necesario que la unidad de disco USB vuelva a funcionar, entonces no pierdas tiempo y ve directo a restablecer el dispositivo. De esta forma te quedará funcional y podrás usarlo cuando lo requieras.

Lo primero es intentar formatear la unidad con la utilidad de Windows que incorpora en su gestión de unidades de almacenamiento. Entra a **Este equipo**, **Equipo** o **Mi equipo**, según la versión de Windows que uses. Allí localiza la unidad de almacenamiento corrupta y haz doble clic en ella. Es probable que aparezca un mensaje de error y te solicite formatear la unidad. Si esto no sucede, entonces fuérzalo tú, para lo cual tienes que ir a la unidad, hacer clic derecho sobre la letra correspondiente y localizar la opción de dar formato o formatear. Pasarás a una ventana con opciones; siempre se recomienda un formato lento, pero el proceso puede demorar según el volumen de la unidad.

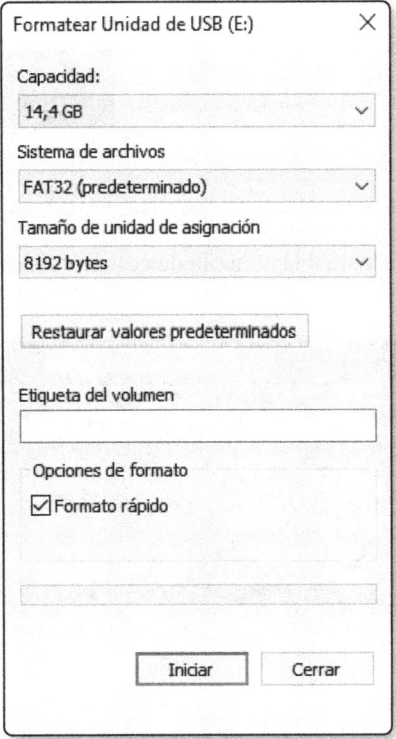

Figura 22.3. Windows posee una utilidad rápida de formato, que hará una limpieza de la información de manera ligera. Pero si la unidad USB está corrupta, quizás no funcione. Entonces intenta con un formato lento sacando el check de la opción de formato rápido.

Si la unidad está totalmente inaccesible y las opciones anteriores no solucionaron el problema, deberás ir más profundo. La consola de Windows (**CMD**) ofrece comandos muy importantes para estos casos, y tendrás que recurrir a ellos para solucionar el problema de una unidad de disco corrupta, inaccesible o sin partición activa.

22.2.1 Usar el CMD

PASO 1

Conecta la unidad USB en la computadora y accede a la consola de comandos de Windows, presionando las teclas **WINDOWS + X**. Se abrirá el cuadro de diálogo del comando **Ejecutar**. En algunas versiones quizá no lo haga de forma directa, pero te dará opciones para encontrarlo. En el cuadro escribe CMD.

PASO 2

Una vez que ingresaste a la consola de comandos, escribe Diskpart y presiona **ENTER**.

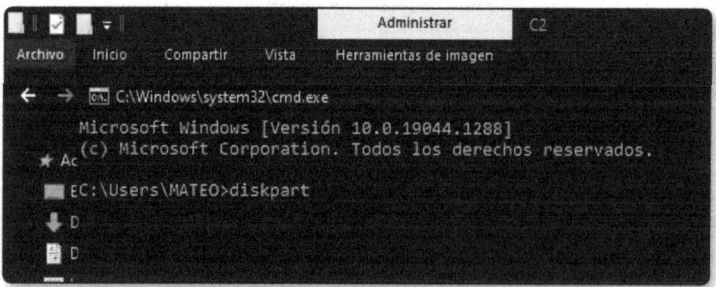

PASO 3

Cuando ingreses a **Diskpart** en la posición de escritura, escribe **List Disk**. Este comando interno de **Diskpart** te permitirá obtener una lista de discos conectados a la computadora. Suponiendo que el disco USB con problemas sea el número 3 de la lista (presta atención bien a este caso, no te equivoques de unidad), entonces el próximo comando a ejecutar es justamente la selección de ese disco. Escribe **Select Disk 3**; aparecerá una leyenda que indicará que el disco 3 está seleccionado.

PASO 4

Ahora procede a borrar el sector de arranque de dicha unidad, lo cual eliminará todos los errores del disco. Ten en cuenta que este paso implica la pérdida total de los datos. Escribe el comando **CLEAN**. En pocos segundos verás la indicación de que el disco fue limpiado.

PASO 5

En este paso tendrás que crear una nueva partición para la unidad USB. Escribe el comando **Create Partition Primary**; una leyenda te dirá que la partición se creó de forma satisfactoria.

PASO 6

El último paso es dar formato a la unidad, para lo cual tienes que ingresar la siguiente línea de comando: **Format Fs=NTFS**, que realiza un formateo lento de la unidad USB, celda por celda. También puedes anexar la palabra **Quick** o el comando **Label** para darle un nombre a la unidad de almacenamiento. Por ejemplo,

Format fs=NTFS Label="Respaldo" Quick.

```
 C:\Windows\system32\diskpart.exe                                        —   □   ×

DiskPart ha limpiado el disco satisfactoriamente.

DISKPART> Create partition primary

DiskPart ha creado satisfactoriamente la partición especificada.

DISKPART> Format fs=NTFS label="respaldo" quick

  100 por ciento completado

DiskPart formateó el volumen correctamente.

DISKPART>
```

22.3 LA UNIDAD USB PRESENTA ERRORES

Quizás hayas experimentado problemas en los discos USB mecánicos, sólidos o pen drives, como lentitud en la transferencia de datos, errores al copiar información con mensajes del sistema operativo, o desaparición de archivos que copiaste. Estos problemas pueden atribuirse a fallas lógicas del sistema de archivos y a fallas en la superficie del disco. Para esto tendrás un resumen de fallas y el procedimiento a seguir para encontrar soluciones a los diferentes casos.

Para entender este tipo de falla es necesario saber cómo es la parte superficial del disco en materia de almacenamiento de datos. Los discos mecánicos USB, al igual que los fijos que están dentro de una PC, tienen una superficie de almacenamiento que se divide en pistas y sectores. En esta zona se ubica la unidad de asignación de información, más conocida como clúster, que son espacios mínimos donde se pueden guardar los archivos. Un archivo puede ocupar uno o muchos de estos espacios, y la información se aloja en los sectores que cada disco diseña cuando se le da formato. Cada grupo de sectores contiguos forma un clúster.

Por otro lado, un disco de estado sólido o los USB pen drive trabajan de manera diferente porque no poseen partes mecánicas. Estos dispositivos tienen una memoria de tipo **flash NAND** dividida en celdas, donde se almacena la información. Los sectores están separados como si fueran cuadrículas o bloques y necesitan tener un bloque vacío para aprovechar el almacenamiento. Se apoyan mucho en la memoria de tipo caché, que hace que estos discos sean mucho más veloces que los mecánicos.

A menudo estos sectores pueden averiarse, y esto sucede en el plano lógico (datos) o en el físico (superficie del disco). Las causas son múltiples, pero entre las más habituales se encuentran los excesos de voltaje, que hacen que los cabezales de discos mecánicos dañen la superficie o, en el caso de los SSD, los bloques que contienen las celdas de almacenamiento. La falla también puede deberse al mal uso de la unidad USB, por ejemplo, cuando lo extraes bruscamente, antes de que termine de leer o grabar. Otro motivo de daño es la temperatura. Los discos operan a un determinado rango térmico, pero el desgaste, los voltajes equivocados y los cables dañados son factores que pueden llegar a dar mayor temperatura a la unidad y, lamentablemente, derivar en una falla.

Otro posible inconveniente es el desgaste de la unidad: todas cumplen un ciclo, y en sus últimos usos empiezan a manifestar problemas.

Tener sectores o clústers defectuosos provoca lentitud en la transferencia de datos. Por eso, trata de revisar la unidad con herramientas que te indiquen, con certeza, si esto está sucediendo. A continuación, verás la reseña de una aplicación muy usada en el mundo técnico para captar esta falla e intentar solucionarla.

22.3.1 Usar HDD Regenerator

Este software de uso profesional del área técnica permite diagnosticar y solucionar problemas de sectores defectuosos. También posee la capacidad de recuperar datos y hacer que el disco reprograme un nuevo mapa de su superficie en caso de que los sectores o **clústers** estén dañados físicamente. No hay dudas de que es muy efectivo y desde hace años se usa mucho con los discos mecánicos. Su desventaja es que es realmente lento, pero esa es también la característica que lo vuelve muy efectivo.

La aplicación es **booteable**. Esto significa que es necesario montarlo en una unidad USB o, en su defecto, en un CD o DVD; desde ya, no lo hagas en la unidad que vas a diagnosticar. Algunas suites de software técnico la tienen en su menú principal como una de las herramientas estrella. Como ejemplo, podemos mencionar a **Hiren´t Boot Cd**, en cuyo sitio oficial puedes descargar su conjunto de trabajo; o **FalconFour's Ultimate Boot CD/USB**, que se puede bajar desde varias páginas. Otra opción con booteo para máquinas más actuales es **Medicat USB**, que apunta a ser un reemplazo de los nombrados anteriormente. Todas estas suites están basadas en el sistema Linux y traen muchas herramientas de diagnóstico, entre las cuales encontrarás **HDD Regenerator**.

El uso de la herramienta es sumamente sencillo. Al correrla, la utilidad estará chequeando el dispositivo de almacenamiento USB y examinará cada uno de sus sectores. En caso de que exista alguno defectuoso, intentará recuperarlo y, de no tener éxito, lo anulará con la intención de que el sistema operativo no lo tenga en cuenta en el futuro. De esta forma, será posible recuperar la estabilidad del medio y podrás seguir usándolo.

PASO 1

Una vez que ingreses a la herramienta, deberás optar por crear una versión booteable para USB o para CD/DVD. Ten en cuenta que si eliges USB, tendrás que conectar el dispositivo, y se destruirán los datos que contenga. Hazlo en una unidad USB segura y, desde ya, no en la que vas a diagnosticar. Si al realizar el proceso te informa que la unidad no es apta para bootear, tendrás que formatearla como FAT y así podrás hacerlo.

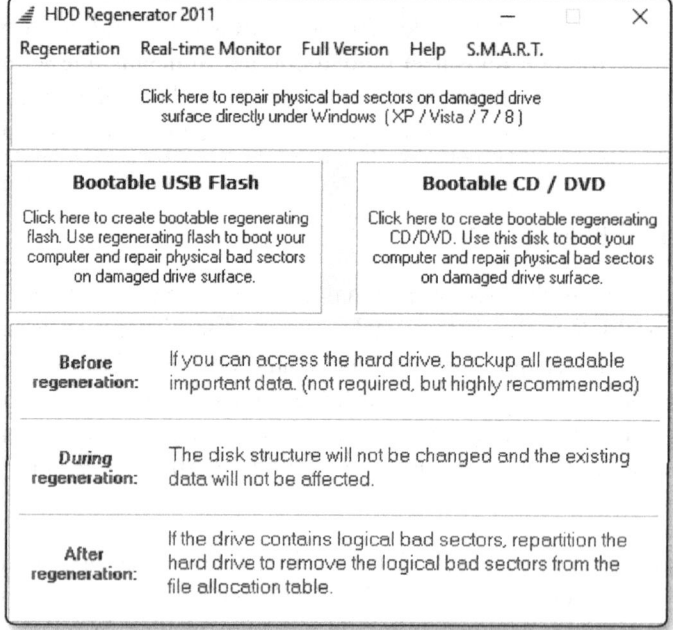

PASO 2

Reinicia la computadora y configura el arranque para ese medio USB. Al encender el equipo, verás cuál es la tecla de acceso al menú de arranque; de no ser así, consulta el manual de tu placa madre.

PASO 3

Al acceder a la herramienta verás algunas opciones de trabajo; si bien podrás en inglés, es fácil de comprender. Elige la número 1, **Scan and repair**; si solo deseas escanear sin reparación, elige la 2 **(Scan, but do not repair)**. Lo ideal es tener la posibilidad de arreglar los bloques malos.

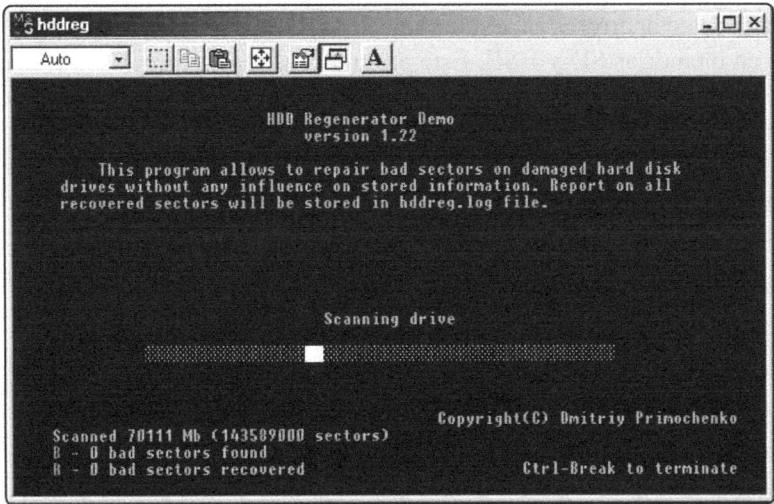

PASO 4

Comenzará el proceso, ten paciencia; dependiendo del tipo de disco, la capacidad y la velocidad, variará el tiempo de trabajo. Muchos técnicos suelen dejar el equipo toda una noche haciendo este trabajo. Las reparaciones son automáticas, así que no debes estar pendiente.

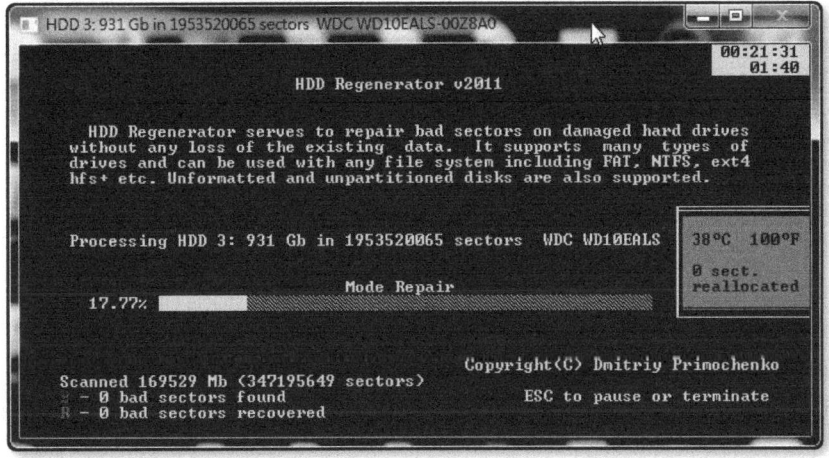

22.3.2 Victoria HDD/SDD

Otra utilidad similar que tiene un sistema de trabajo muy parecido para estos casos es el software **Victoria**, perteneciente a un desarrollador independiente de Rusia. Es totalmente gratuita.

Victoria HDD/SDD corre bajo entorno Windows y cuenta con un poderoso escáner para detectar errores en la superficie de los discos HDD, SSD y USB. También se utiliza en memorias SD y USB. Este programa busca áreas defectuosas, defectos flotantes y errores de interfaz. Además, puede probar discos a máxima velocidad independientemente de su tipo. Es posible ejecutar análisis rápidos o completos, según la complejidad de la falla en los discos. Otra acción interesante del programa es que posee un monitor en tiempo real para estar atentos a cualquier evento que suceda en los discos.

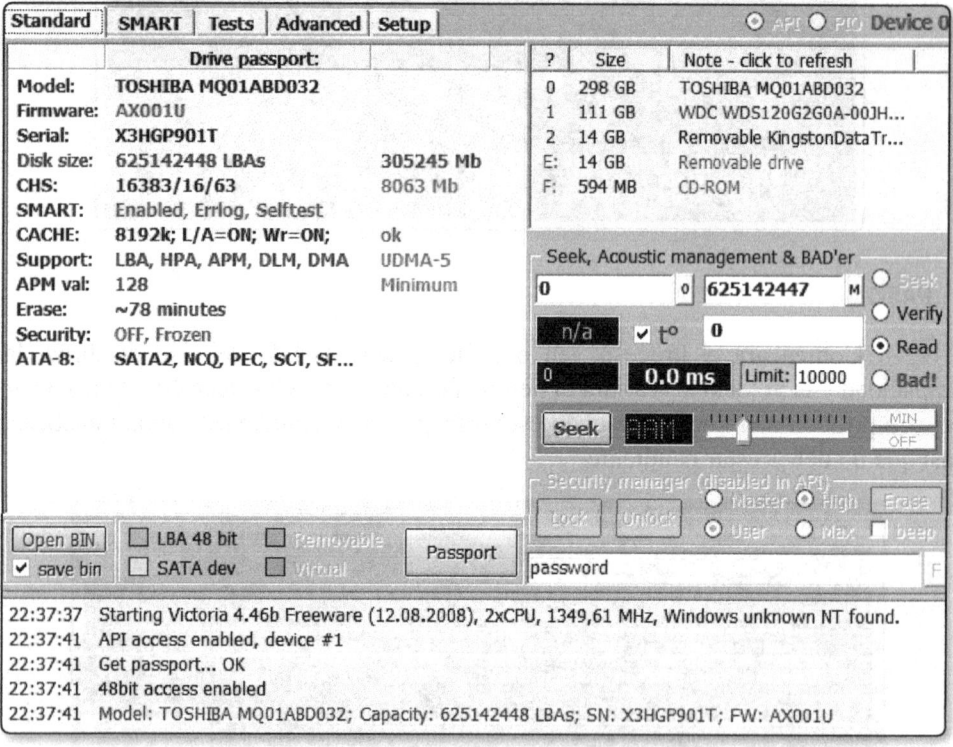

Figura 22.4. El utilitario Victoria funciona para todas las versiones de Windows. Requiere al menos 1 GB de memoria RAM y muy poco espacio en disco.

Con mayor precaución y siendo una chance efectiva, **Victoria** puede modificar parámetros de fábrica del dispositivo. Obviamente, ten mucho cuidado con estas opciones, porque pueden provocar algún problema mayor en la unidad. Otra gran característica de este programa es la posibilidad de borrar información del disco sin opción de recuperación. Además, podrás colocar contraseñas a tus dispositivos de almacenamiento USB.

Los informes son muy completos y, a través de gráficos, puedes ver los resultados de manera muy clara y prolija. Los reportes se pueden imprimir en caso de que necesites brindar un comprobante por el análisis realizado.

No hay dudas de que es una alternativa más que interesante y un complemento junto con **HDD Regenerator**. **Victoria HDD/SSD** puede descargarse de su sitio oficial, **https://hdd.by/victoria**, y dispone de una interfaz muy atractiva, amigable y fácil de usar. El desarrollador lo ofrece en forma free, pero si deseas colaborar, podrás hacerlo con los datos que figuran en su sitio web.

22.3.3 Usar la consola de Windows

Windows incluye un comando dentro de su consola para detectar fallas de disco, pero apunta más a errores de tipo lógico, donde el análisis está más orientado a los datos que contiene. Es posible corregir problemas de clúster y errores de indexado de datos en la partición del dispositivo. Aplica a todo tipo de unidades de almacenamiento y es muy sencillo de usar. El comando CHKDSK está presente en todas las versiones de Windows y se puede ejecutar de forma rápida a través del CMD.

PASO 1

Ve al menú **Inicio** de Windows y en el apartado **Buscar** escribe **CMD**.

PASO 2

Cuando aparezca el resultado de la búsqueda, antes de ejecutar o hacer clic en el comando **CMD**, haz clic derecho del mouse sobre él y elige la opción **Ejecutar como administrador**.

PASO 3

Por defecto, la consola de Windows te llevará a la unidad de almacenamiento de tu PC, o sea, a C. Como la intención es escanear una unidad USB en búsqueda de errores, deberás escribir la letra de la unidad en cuestión junto a los dos puntos, para acceder a ella. Por ejemplo, E:.

PASO 4

Una vez que estés dentro de la unidad correcta para hacer el test, escribe **CHKDSK** y automáticamente se iniciará la comprobación de la unidad. Los resultados se presentarán en pantalla y, en caso de que haya errores, serán informados por la herramienta.

```
C:\Windows\system32\cmd.exe
Ejecutando CHKDSK en modo de solo lectura.

Etapa 1: Examen de la estructura básica del sistema de archivos...
  256 registros de archivos procesados.
Comprobación de archivos completada.
  Duración de la fase (Comprobación de registro de archivo): 16.47 milisegundos.
  0 registros de archivos grandes procesados.                              :02 ..
  Duración de la fase (Recuperación de registro de archivo huérfano): 4.14 milisegundos.
  0 registros de archivos no válidos procesados.                           :02 ...
  Duración de la fase (Comprobación de registro de archivo incorrecto): 1.85 milisegundos.

Etapa 2: Examen de la vinculación de nombres de archivos...
  278 entradas de índice procesadas.                                       0:01
Comprobación de índices completada.
  Duración de la fase (Comprobación de índice): 15.78 milisegundos.
  0 archivos no indizados examinados.                                      :01 .
  Duración de la fase (Reconexión de huérfanos): 2.22 milisegundos.
  0 archivos no indizados recuperados en objetos perdidos.                 :01 ..
  Duración de la fase (Recuperación de huérfanos en objetos perdidos): 11.26 milisegundos.
  0 registros de análisis procesados.                                      :01 ...
  0 registros de análisis procesados.                                      :01
  Duración de la fase (Comprobación de punto de repetición de análisis y de id. de objeto): 11.42 milisegundos.

Etapa 3: Examen de los descriptores de seguridad...
Comprobación de descriptores de seguridad completada.
  Duración de la fase (Comprobación de descriptor de seguridad): 21.53 milisegundos.
  11 archivos de datos procesados.                                         0:00 .
  Duración de la fase (Comprobación de atributos de datos): 2.35 milisegundos.

Se examinó el sistema de archivos sin encontrar problemas.
```

Figura 22.5. Podrás implementar la variante CHKDSK/F, que permite corregir errores y, en caso de que el disco esté en uso, desmontarlo y escanearlo. La variable /V te deja ver la comprobación archivo por archivo que tenga la unidad. Y si utilizas CHKDSK/I, la comprobación será menos intensa.

22.4 NO PUEDO COPIAR ARCHIVOS GRANDES A MIS MEDIOS USB

Para los que se inician en este mundo de la informática puede ser curioso que el sistema operativo no permita transferir grandes volúmenes de información al disco USB. Pero no te desesperes por esto. La falla es muy común, más aún, cuando adquieres el producto y ya desde fábrica tiene asignado un sistema de archivos.

En principio, digamos que todas las unidades de almacenamiento presentan un sistema de archivos compatible con el sistema operativo de la computadora. En Windows, los más comunes son NTFS y FAT32; los medios USB pueden aplicarse a ambos. En Linux, el sistema es conocido como Ext2, y en Mac, APFS. Estos sistemas son totalmente incompatibles entre sí, al menos, en cuanto a almacenamiento de datos.

FAT32 tiene un límite de transferencia de archivos de hasta 4 GB. Todo archivo que supere ese tamaño no podrá transferirse a unidades USB con ese sistema de archivos. Ahora bien, si lo conviertes a NTFS, el problema desaparecerá. Entonces te preguntarás ¿para qué sirve FAT32? En una época era el sistema de archivos por excelencia de los sistemas Windows, pero en la actualidad, está en desuso. De todos modos, vale aclarar que para ciertas aplicaciones es muy necesario. Por ejemplo, muchos estéreos de automóviles con USB para lectura de archivos en formato MP3 solo soportan este tipo de sistema para operar. Esta situación también se da en cámaras de fotos y en dispositivos a los que se puedan acoplar medios de almacenamiento vía USB y no son computadoras. También los estudiantes de programación aplican esta opción para hacer tareas de ensayos en programas o códigos de trabajo.

Si vas a usar un medio de almacenamiento USB para un ordenador con Windows, ponlo con sistema de archivos NTFS. Este no solo es mucho más seguro, sino que no te limitará la tasa de transferencia y podrás pasar archivos grandes a los medios. Para hacer un cambio de sistema de archivos solo deberás realizar estos pasos:

PASO 1

Conecta la unidad y abre el Administrador de archivos de Windows presionando las teclas **WINDOWS + E**.

PASO 2

Busca la unidad de disco USB y haz clic derecho del mouse sobre ella para acceder a **Propiedades** y ver qué sistema de archivos tiene.

PASO 3

En caso de que quieras proceder a una conversión, cierra las propiedades y vuelve a hacer clic derecho del mouse sobre la unidad, pero esta vez elige **Formatear** y, en el cuadro desplegable que hace mención al sistema de archivos, coloca **NTFS**. Presiona el botón **iniciar formato** y tilda la opción correspondiente si deseas que sea rápido.

Ten en cuenta que este procedimiento implica la pérdida de datos, por lo que te conviene hacer previamente una copia de seguridad de la unidad USB.

El formato rápido es una buena opción para este caso: si lo haces lento, tardará más según la capacidad de tu medio USB. Como recomendación, si eliges este tipo de formato, no lo abortes, déjalo terminar.

22.5 DESFRAGMENTACIÓN

Ten en cuenta que el proceso conocido como **desfragmentación** reacomoda los archivos y carpetas del disco de tal manera que queden contiguos y, así, se facilite la tarea del cabezal de lectoescritura para localizarlos con mayor rapidez. Si hablamos de cabezal, pistas y sectores, entonces estamos frente a un disco mecánico. La desfragmentación solo se aplica a este tipo de discos (**HDD USB**). Recuerda que los pen drives y los discos de estado sólido tienen memorias Flash NAND, por lo que no graban la información en cualquier sector sino que buscan el continuo vacío para hacerlo. Esto indica que están siempre en estado de desfragmentación y no requieren optimizar su velocidad. En cambio, los discos mecánicos graban en sectores distintos y, con el tiempo, de tanto guardar o borrar archivos, la unidad puede volverse algo lenta, lo que amerita aplicar el proceso de desfragmentación para optimizar el acceso.

Puedes usar la utilidad de **Windows** oficial, pero también tienes alternativas interesantes que muestran un mapa conceptual de la unidad de almacenamiento y son muy efectivas. Algunos ejemplos son: **Ultimate Defrag**, **MyDefrag**, **Disk Speedup** y **O & O**, entre otras.

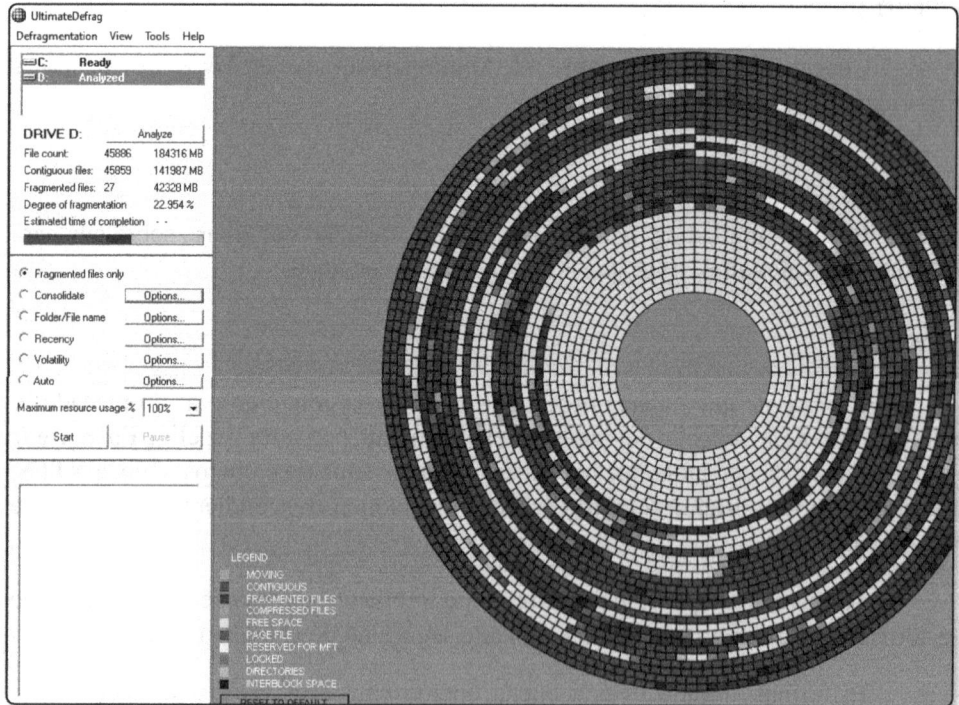

Figura 22.6. Así es un mapa de disco cuando está por ser desfragmentado. Cada color indica qué parte está fragmentada, cuál no, el espacio libre y los sectores que no serán tocados porque pertenecen al sistema operativo.

22.6 ACTIVIDADES

A continuación verás las preguntas y los ejercicios que deberías saber responder y resolver para considerar aprendido el capítulo.

22.6.1 Test de autoevaluación

1. Nombra al menos dos utilidades para recuperar particiones del disco USB.

2. ¿Qué es una partición RAW? Nombra algunas causas de esta falla.

3. ¿Para qué implementarías el uso de los programas HDD Regenerator y Victoria HDD/SDD?

4. ¿Qué función cumple el comando **CHKDSK** *de Windows?*

22.6.2 Ejercicios prácticos

1. Si encuentras un HDD viejo, conéctalo a una PC y ejecuta HDD Regenerator para ver el estado de sus sectores y recuperarlos.

2. Entra al CMD de Windows y practica sobre una unidad USB los pasos del comando **DISKPART***.*

3. Coloca un pen drive o una tarjeta de memoria en tu PC y corre **CHKDSK** *para ver su estado general.*

4. Ejercita la conversión de sistema de archivos entre FAT32 y NTFS. Para hacerlo, asegúrate de no tener contenido importante en la unidad. Cuando lo tengas en FAT32, intenta traspasar un archivo de más de 4 GB y observa el comportamiento del equipo.

23

PÉRDIDA DE DATOS, RECUPERACIÓN Y PROTECCIÓN

A menudo suceden cosas inexplicables en el uso cotidiano de un ordenador, pero no siempre es tan inexplicable: a veces cometemos errores que no percibimos y esto nos lleva a perder información vital.

23.1 PÉRDIDA DE DATOS

El mal uso de los dispositivos, el extraerlos en forma brusca y el hecho de no respetar los tiempos de traspaso de información llevan a la posible pérdida de datos. Lamentablemente, muchas veces solo es posible recuperar la unidad pero no tener la misma suerte con los archivos.

23.1.1 Extrae la unidad de forma segura

Cuando conectes un medio de almacenamiento USB, hazlo de forma directa porque esto no afecta a su función, pero cuando tengas que extraerlo, trata en lo posible de hacerlo de manera segura. Para esto el sistema operativo ofrece una función que encontrarás siempre que conectes un dispositivo de este tipo; está en la barra de tareas, junto a los servicios de inicio de Windows, y evita corromper los datos. Muchas veces se transfiere información grande y, a pesar de que el sistema indica el fin de la acción, tal vez se necesiten unos segundos más. Al extraer de forma segura, el sistema te avisará si hay una escritura demorada.

Figura 23.1. Puede suceder que tengas un archivo o un servicio en uso proveniente del medio de almacenamiento USB y este se encuentre activo en segundo plano. Al extraer de forma brusca, puedes provocar daños en la información y en la partición del dispositivo. Extrae siempre de manera segura.

23.1.2 Error de escritura demorada

Este error es común cuando algo está fallando en la transferencia de datos. Windows suele avisarlo mediante un mensaje emergente. En el caso de las unidades USB, las causas de esta situación pueden ser varias y derivar en problemas lógicos o físicos, que provocarán la pérdida de datos en la unidad.

Causas:

▶ Una de las causas más comunes es la forma en la que desconectas el dispositivo. Lo ideal es hacerlo en forma segura. Aunque consideres que la transferencia de datos culminó, ten en cuenta que en archivos grandes los procesos de transferencia USB utilizan la memoria **caché** como puente, y esta puede tener variables de velocidad. Entonces, cada vez que termines de transferir archivos, espera unos segundos más o realiza la extracción segura para que el error de escritura demorada no se presente.

Si la caché aún está trabajando, no podrás hacer una extracción de ese tipo.

▶ También puedes tener problemas en el controlador del disco que actúa como nexo entre el sistema operativo y la unidad. Reinstalarlo y actualizarlo puede ser conveniente, así que inténtalo y quizás resuelvas el problema.

▶ El cable de transferencia puede ser la causa de la falla. En las unidades de almacenamiento USB, como discos externos o carry disk, con el tiempo, el cable USB puede sufrir deterioros. Puede suceder que el disco encienda porque los voltajes actúan bien, pero que la transferencia sea deficiente si esta zona no está en condiciones adecuadas.

Para que lo entiendas mejor, los cables USB tienen internamente cuatro subcables de colores que cumplen distintas funciones. El cable rojo es el positivo del **voltaje**, el negro es neutro o negativo, y el verde y el blanco son los encargados de transferir la información de ida y de vuelta. Si estos dos últimos están dañados o desgastados, puede producirse una falla. Por eso, ante esta situación prueba con otro cable y descarta un conflicto mayor.

▶ La parte superficial del disco también puede producir esta falla. Tener sectores o clústers dañados lleva, en algunas circunstancias, al error de escritura demorada. En este caso, el disco, principalmente los mecánicos (USB HDD), puede experimentar lentitud en la lectura y grabado de su cabezal porque no logra tener buen contacto con los sectores correspondientes. Esto amerita que hagas una revisión con un programa especial para recuperar sectores defectuosos o anularlos y, así, seguir usando la unidad. Consulta este tema en el Capítulo 2.

▶ Desde ya, los puertos USB de tu PC no están exentos de sufrir problemas. Si ves que el patrón se repite en varias unidades de almacenamiento, entonces algo está pasando a nivel motherboard o fichas USB. Cambia de conector, revisa los voltajes, prueba con otras unidades e intenta probar el medio de almacenamiento en otras computadoras.

Si aun así no logras una solución, entonces deberás anular la extracción rápida del dispositivo de almacenamiento USB. Esto no es recomendable, pero en caso de que la unidad tenga un defecto técnico, tratará de hacer el proceso de copiado de información junto a la caché de escritura de Windows, pero obligará sí o sí a la extracción segura del medio para completar la acción.

Ten en cuenta que la mayoría de los medios de almacenamiento USB están preparados para la extracción rápida, pero si hay problemas de escritura demorada, entonces es necesario el apoyo de la caché del sistema para completar las acciones requeridas.

Sigue los pasos que se indican a continuación para realizar la acción:

PASO 1

Abre el **Administrador de dispositivos** de Windows. Busca en la lista el ítem denominado **Unidades de disco** y despliega las opciones. Haz clic derecho del mouse sobre la unidad de almacenamiento USB que está trayendo problemas de escritura demorada.

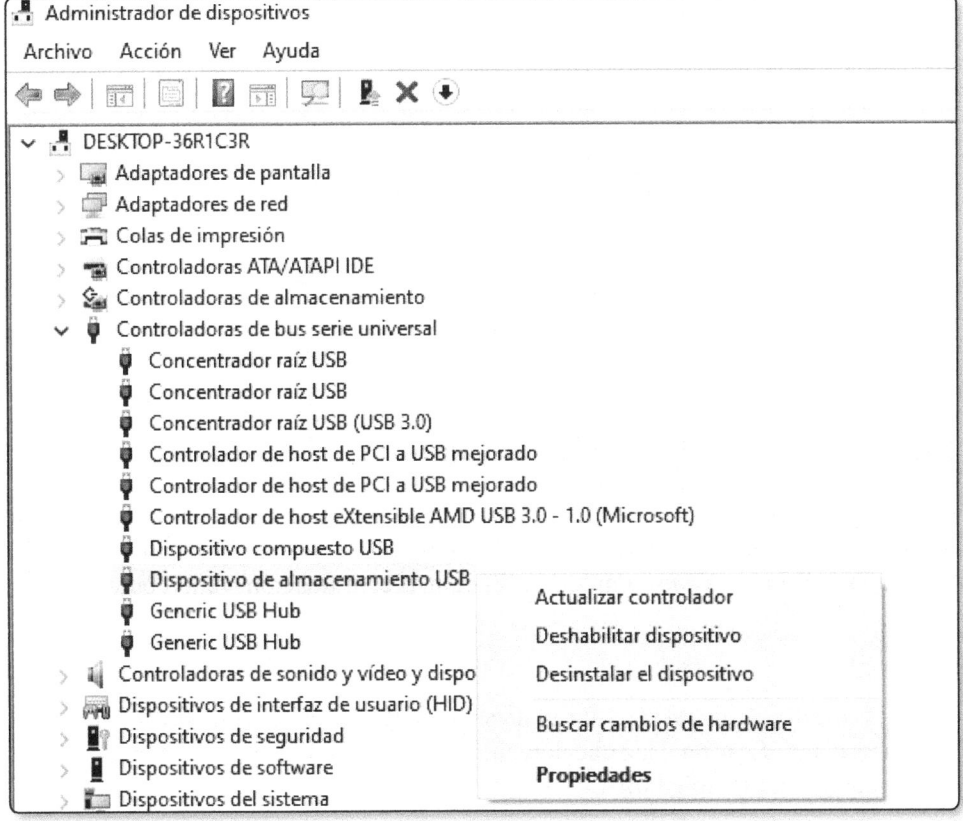

PASO 2

En la ventana que se abre, ve a la solapa **Directivas**. Allí, por defecto, está activa la opción **Extracción rápida**, pero lo que harás es activar la denominada **Mejor rendimiento**. A partir de este momento, será obligatorio extraer la unidad de forma segura; si no lo haces, podrás perder datos y hasta tener problemas para que el sistema reconozca la unidad.

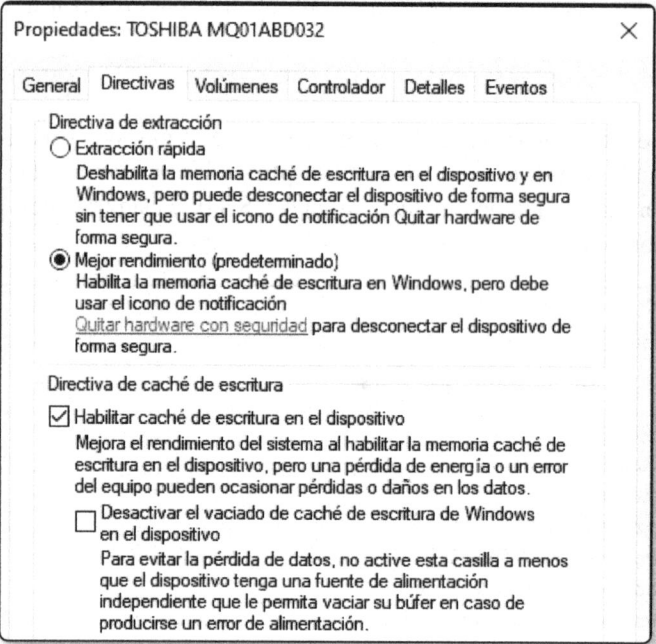

23.1.3 Proteger los datos contra escritura

Tienes la opción de brindar los datos de un medio externo USB, para lo cual puedes usar diferentes programas especializados en protección USB o, directamente, el servicio de Windows que cumple esta función. A continuación, verás cómo hacerlo:

PASO 1

Conecta el dispositivo de almacenamiento USB y ve al **Explorador de Windows** o abre **Equipo**. Haz clic derecho del mouse en la unidad USB y, dentro de la lista, selecciona **Propiedades**.

PASO 2

Abre la pestaña **Seguridad** y presiona el botón **Editar**.

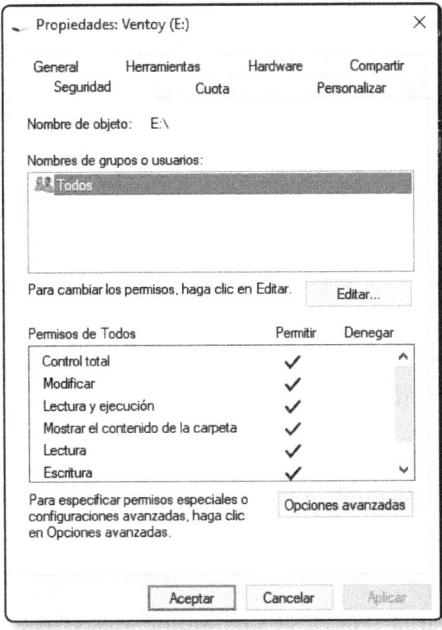

PASO 3

Puedes denegar la lectura y la escritura del dispositivo. Lo ideal es denegar la escritura, para evitar pérdida de información.

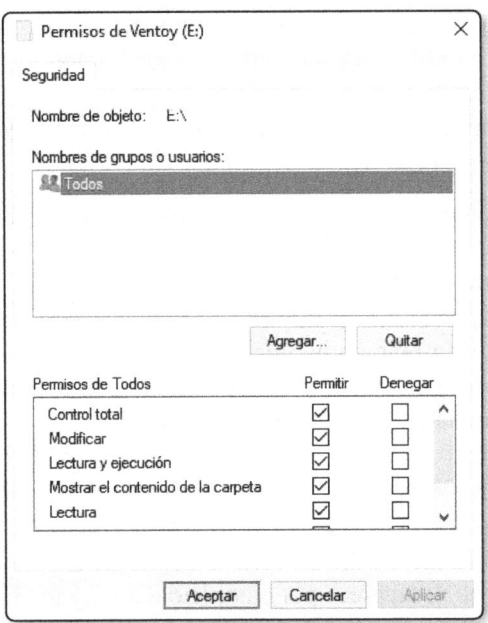

23.1.4 Recomendaciones importantes

▶ No dejes conectada una unidad de almacenamiento USB constantemente. Cuando no la usas, es mejor extraerla de forma segura y así evitar pérdida de datos, deterioros o uso del servicio innecesario de los puertos USB de la placa madre.

▶ También puedes hacer copias de seguridad con programas especiales que ofrecen compresión de datos para que ocupen menos espacio. Esto es importante si realmente tus archivos son de vital importancia.

▶ No dejes unidades de disco externas cerca de campos magnéticos. En caso de que no posean aislantes, puede dañarse la información que contiene la unidad.

▶ Evita las caídas y golpes de estas unidades.

▶ Si estás formateando una unidad en modo lento, deja que el proceso termine, no lo abortes.

▶ No extraigas la unidad de forma brusca, usa la extracción segura.

▶ Utiliza antivirus específicos para unidades USB. Los hay muy buenos y gratuitos.

23.2 RECUPERAR DATOS

En caso de que necesites recuperar datos perdidos por accidente o porque, simplemente, los has borrado, será necesario aplicar algunos métodos de recuperación basados en software técnico y específico. La recuperación se realiza a través de una base de trabajo que aplica el sistema operativo que usas; es necesario entender esto para tener éxito en el proceso.

Los discos son particionados en una o varias partes, al menos, con sistemas operativos clásicos como Linux y Windows, que convierten a estas unidades como lógicas y les asigna una letra de identificación (C, D o E). Se crea así una tabla de partición donde se alojarán los registros de los archivos o carpetas que generes dentro de las unidades. Esta información incluirá nombre, tamaño, fecha y hora, junto con una extensión que identificará el tipo de archivo y a qué programa o utilidad estará asociado. La misma unidad tendrá un sector de respaldo, que actuará en caso de que se necesite recuperar un dato. La forma de administrar esta actividad es de acuerdo con los sistemas de archivos. En Windows está **FAT**, que almacena la información en la tabla de asignación de archivos; y NTFS, que lo hace en la **MFT**, o tabla de archivos maestra, que permite al sistema ubicar cada archivo o carpeta que tenga. Entonces, cuando se elimina un archivo o carpeta, no desaparece por completo del sistema. En algunos casos, hay pasos previos a la destrucción total, como la famosa papelera de reciclaje de Windows. En caso de que también se hayan eliminado de la papelera, habrá un registro guardado en los metadatos en la tabla de partición del disco.

No obstante, la recuperación no siempre es efectiva. Muchas veces se logra recuperar el archivo, pero su contenido está cortado. Otras veces el proceso es exitoso. Lo importante es que no hayas formateado la unidad con métodos extremos, como el borrado de la Master Boot Record (**MBR**) o formatos bajo nivel, en cuyo caso la destrucción de datos será inminente.

Desde Windows se propone un método de recuperación basado en el restablecimiento de una copia de seguridad. Para esto es necesario que esté activa la función y se le indique a qué disco se aplicará. Es un buen consejo activarla en caso de que consideres que tu disco USB tiene información muy valiosa. Sigue estos pasos para hacerlo:

PASO 1

Para activar las copias de seguridad en un disco USB, lo primero es que lo conectes a la computadora.

PASO 2

Abre el menú **Inicio** y busca **Copias de seguridad y restauración**.

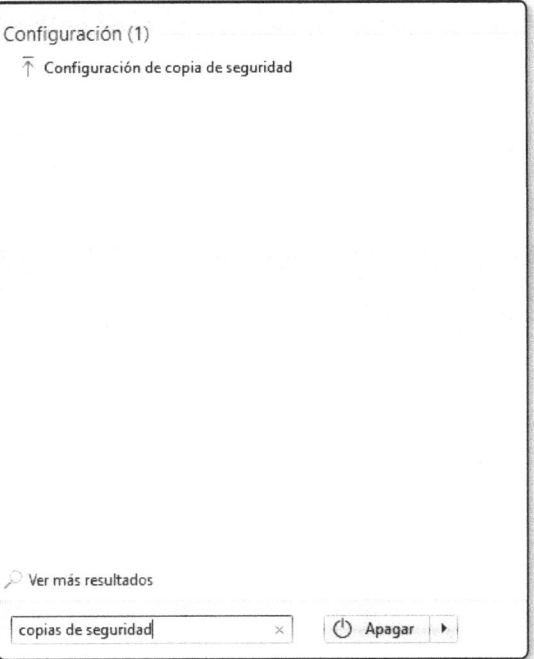

PASO 3

Dependiendo de la versión, entrarás de forma directa a las copias de seguridad o te brindará opciones, entre las cuales está **Ir a copias de seguridad y restauración (Windows 7)**. La acción sirve para todos los sistemas.

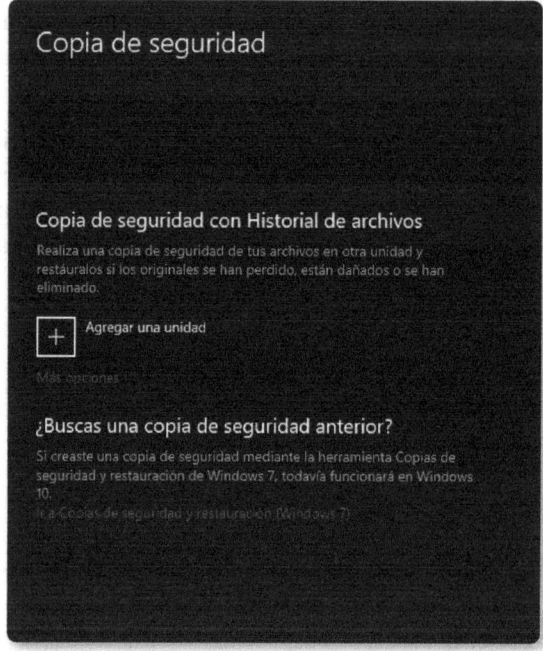

PASO 4

En el cuadro de diálogo busca la opción **Configurar copias de seguridad** y presiona sobre ella.

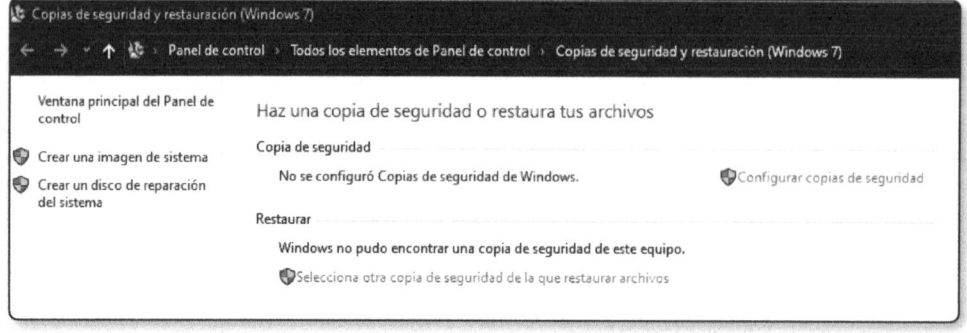

PASO 5

Elige el disco que deseas resguardar. Al presionar **Siguiente**, tendrás la alternativa de hacer una copia de seguridad de todo el disco o podrás optar por las carpetas y archivos que consideres más importantes.

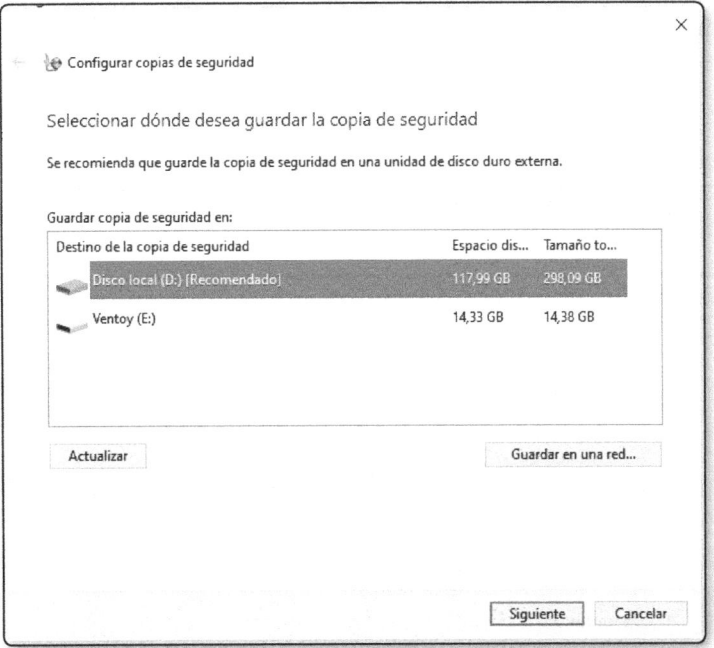

Ten en cuenta que, al tener esta opción activa y en caso de pérdida de datos, tendrás la gran posibilidad de recuperarlos de manera muy rápida y sencilla.

23.2.1 Recuperación avanzada

Hay programas informáticos muy interesantes que permiten acceder a las unidades de almacenamiento USB y recuperar la información. La ventaja es que usan métodos exhaustivos y son eficaces en la mayoría de los casos. La desventaja es que a veces son muy lentos en realizar el proceso. Para que tengas un buen panorama de este tema, verás a continuación unos efectivos y sencillos programas para esta actividad.

23.2.1.1 RECUVA

Es una versión gratuita proporcionada por la empresa **Piriform** bajo el entorno de trabajo de Windows. Permite recuperar archivos borrados de forma permanente y aquellos que el sistema operativo marcó como espacio libre. También dispone de una versión profesional paga con funciones extendidas. Puedes descargarlo de la página oficial; la instalación es muy sencilla.

PASO 1

Ejecuta Recuva y, tras la pantalla de bienvenida, te preguntará qué clase de información quieres recuperar. Puedes optar por un formato específico o directamente por todos los archivos.

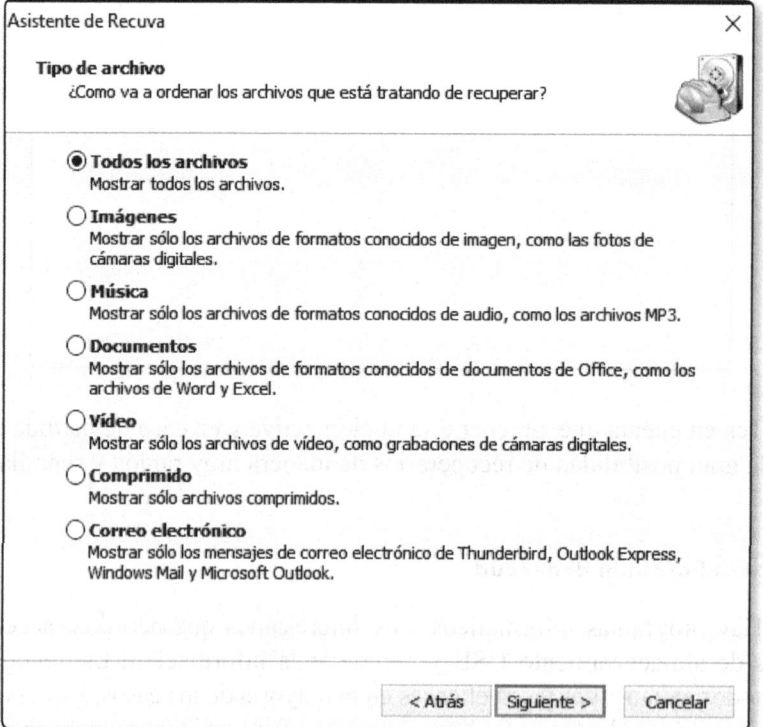

PASO 2

El programa te preguntará la ubicación del archivo o los archivos a recuperar. Puedes optar por una específica, que debería ser la unidad USB, o indicar que no estás seguro y la búsqueda se hará entonces por todas las unidades, aunque tardará mucho más tiempo.

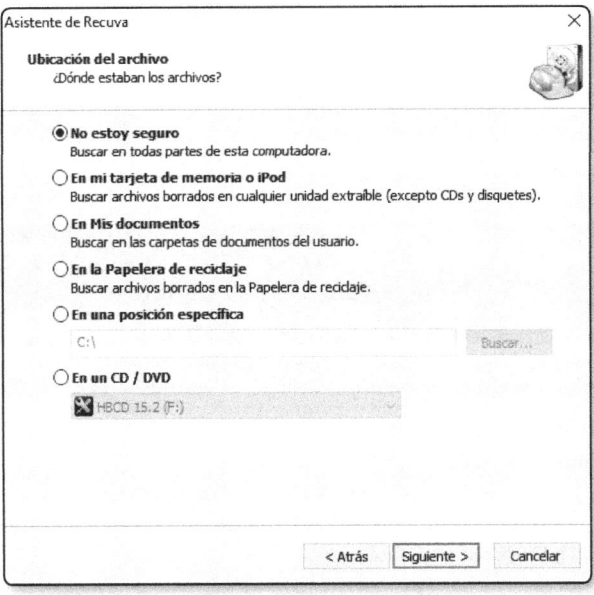

PASO 3

Al llegar al final del asistente, te dará la opción de activar el escaneo profundo, que permite indagar con mayor detenimiento en la unidad. También puedes probar sin esta opción y, en caso de que no tengas éxito, volver a repetir los pasos y activarla.

Ahora deja trabajar a la utilidad. El lapso de tiempo puede ser importante, pero lo vale para tener éxito en la acción.

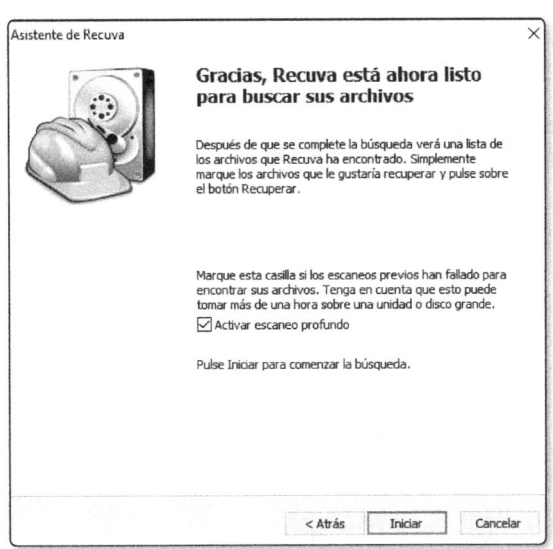

PASO 4

Cuando logres obtener una lista de archivos recuperados, será cuestión de elegir los necesarios y presionar el botón **Recuperar**. Esta acción te llevará a que selecciones una unidad de almacenamiento para colocar los archivos recuperados.

No utilices la misma unidad para guardar los archivos recuperados, esto disminuye la posibilidad de éxito de la acción.

23.2.1.2 EASEUS DATA RECOVERY WIZARD FREE

Esta aplicación tiene una reputación importante y una tasa de recuperación que supera el 90% en todos los casos. Es distribuida por la empresa **EaseUS** y presenta una versión free, pero lamentablemente solo deja visualizar los archivos borrados. Realmente vale la pena pagar una licencia de esta aplicación, porque es muy útil y efectiva. Puedes descargarla del sitio oficial y también de páginas alternativas seguras.

PASO 1

Una vez que tengas instalada la aplicación, ejecútala, pero recuerda conectar previamente la unidad de almacenamiento USB en la computadora. Al abrirla, te mostrará una ventana donde están todas las unidades de almacenamiento, pero las que posean el clásico símbolo del puerto USB son las que deseas recuperar.

Haz doble clic sobre la unidad o presiona el botón **escanear** y deja trabajar al programa. El tiempo dependerá del tamaño de la unidad y de los archivos borrados.

PASO 2

Cuando termine el escaneo, solo deberás marcar los archivos que quieras y presionar el botón **Recuperar**; te pedirá que indiques dónde quieres hacerlo. El proceso finalizará en ese instante.

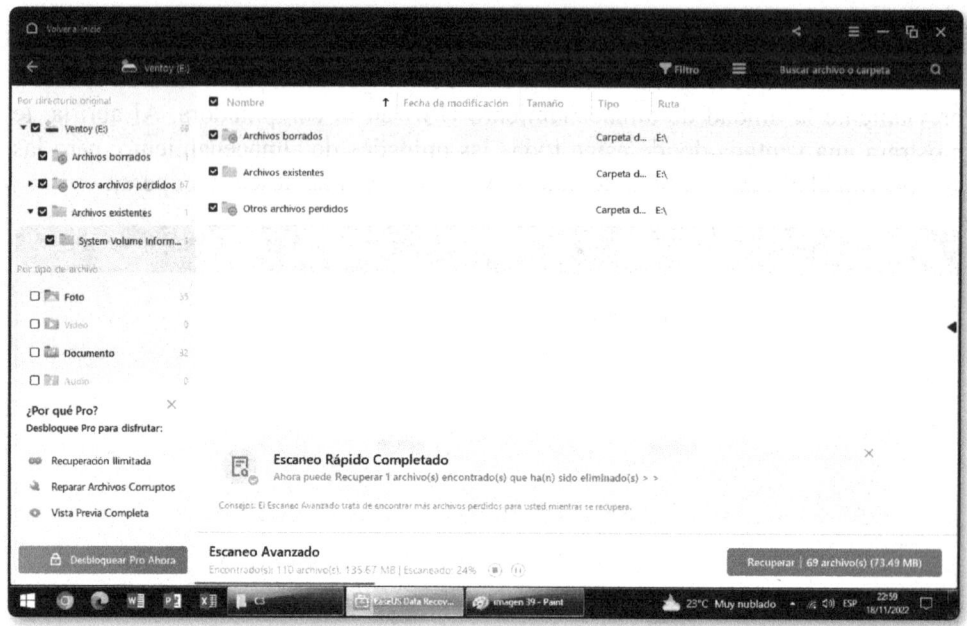

23.2.1.3 OTRAS UTILIDADES

Existen varios tipos de utilidades parecidas a las anteriores; la mayoría de ellas se manejan de la misma manera y poseen casi el mismo sistema de recuperación de datos. Hay productos de la firma **Ontrack**, con su utilitario **Ontrack EasyRecovery**, que acopla funciones para discos USB y en tecnología RAID, además de tener soporte para Mac, Windows y Linux. Otra opción la ofrece **Tenorshare 4DDiG**, que tiene la capacidad de recuperar más de mil archivos distintos y con soporte especial para unidades USB y NAS.

Disk Drill está desarrollado por **CleverFiles** y agrega funciones de limpieza de disco así como funciones para limpiar dispositivos móviles.

La tasa de recuperación es menor que la de los otros programas descriptos, pero no deja de ser una alternativa especial, principalmente, como acceso USB en almacenamiento de móviles.

MiniTool Power Data Recovery es un software de recuperación de datos muy conocido y fácil de usar. El método es idéntico al de otros similares, pero además incorpora la posibilidad de recuperar datos de medios ópticos.

Como podrás ver, la mayoría de los programas actúan de la misma manera, y hay opciones free, pagas y de gran calidad. Considerando la prestación que brindan, estará más que bien adquirir una licencia para este propósito. Además, si te dedicas al servicio técnico, será más que una simple herramienta de trabajo.

23.3 PROTECCIÓN

Los virus informáticos tienen distintas características, pero la mayoría de ellos buscan hacer daño, y ese mal se orienta en algunos casos a los datos de la computadora. Puedes ser víctima de una infección ocasionada por un troyano directamente en la unidad USB, y también puede haber un contagio de todo el sistema de almacenamiento de la PC. Hay virus que atacan unidades de almacenamiento USB provocando adulteración en el contenido, creando accesos directos sin sentido y produciendo la pérdida de datos o su encriptación.

Si usas mucho las unidades USB de almacenamiento para resguardar tu información, entonces trata de emplear un antivirus con soporte para ellas o uno específico para estos casos.

El virus **Amvo** es conocido en los últimos años por ser uno de los más famosos en propagarse en unidades USB. La mayoría de los antivirus convencionales no lo detectan y el virus se inserta en estos medios provocando que las carpetas se oculten y aparezcan como accesos directos. Si bien este parece un síntoma sin gran importancia, algunos usuarios han manifestado que las unidades de almacenamiento se tornan más lentas en la trasferencia de información. De todos modos, aún no se sabe a ciencia cierta si puede ser un software espía que, en el futuro, pueda robar o encriptar datos. Se contagia en la raíz del sistema operativo, y cada vez que insertas un medio USB de almacenamiento, este será corrompido por el virus.

Otro virus de similares características es **Recycler**. Este molesto y malicioso programa se propaga por medio de dispositivos de almacenamiento USB, como pen drives, tarjetas de memoria, discos externos y móviles. Como el sistema operativo está infectado, la misma infección se traslada a los medios extraíbles. El virus puede ser denominado Recycler o Autorun.inf, porque ambos aparecen en el cuadro de infección. En teoría, su función es propagarse por todas las unidades USB con el objetivo de fomentar el acceso de otros programas maliciosos. También direcciona las búsquedas de Internet a páginas con contenido malicioso y, de esta manera, afecta tu computadora con más malware que, inevitablemente, dañará tus datos. En síntesis, este pequeño virus es un imán de otros, por lo que es conveniente erradicarlo por completo del sistema operativo y de las unidades USB lo más rápido que sea posible.

El virus **Recycler** no siempre está asociado al **autorun.inf.** Este último puede ser un virus aislado que también genera problemas en las unidades de almacenamiento de tipo USB. Cuando abres la unidad y observas un archivo denominado autorun. inf, entonces podrás considerar que es una infección, aunque ciertos programas de arranque por medio de dispositivos USB usan este tipo de archivo para trabajar. Si se trata del virus, empezará a crear copias de sí mismo y usará como puente al sistema para infectar otras unidades. Este virus puede estar asociado a un **Keylooger**, que es ni más ni menos que un programa que se oculta en el sistema y registra todas las pulsaciones que realices con el teclado, poniendo en el foco la seguridad de tus contraseñas y datos en general.

23.3.1 Cómo desinfectar unidades USB

Para desinfectar las unidades de almacenamiento USB, es preciso contar con un antivirus específico. Si bien muchos de los convencionales ofrecen protección ante este problema, es recomendable aplicar algunos destinados particularmente a estas unidades. Algunos autores independientes han subido a la Web unos **scripts** (códigos de programación) que ejecutan una serie de instrucciones en tu PC y permiten erradicar estos virus rápidamente.

Una herramienta muy eficaz y gratuita es **USBFIX**, que podrás descargar desde varios sitios. Permite eliminar malware específico en unidades USB, como pen drives, discos externos y dispositivos móviles.

Está desarrollado por un independiente denominado **SOSvirus** y es muy efectivo para erradicar los archivos maliciosos que se han descripto. Además, propone una vacuna para unidades USB que ayuda a evitar futuras infecciones.

Otra opción es **USB FILE RESC**, un software antivirus para dispositivos USB totalmente portable y en versiones para 32 y 64 bits. La aplicación está desarrollada por la empresa **ToolsLib** y se ofrece de manera totalmente gratuita. Una característica muy puntual es que desinfecta las unidades USB y todo el resto del sistema, con lo cual es una de las mejores opciones en su categoría.

Amir Antivirus es una herramienta popular en la Red. Se la clasifica como una de las más efectivas, tanto para unidades USB como para dispositivos móviles. Tiene la capacidad de eliminar virus y, a la vez, de restablecer los archivos que habían sido corrompidos por el software maligno. También posee la función de vacuna para unidades. Ofrece versiones gratuitas y otras mejoradas que son pagas.

USB Show no es un antivirus específico, pero permite restablecer aquellos archivos en unidades USB que han sido infectados y ocultados por un virus. Es rápido, eficaz y no necesita instalación.

Su entorno de trabajo es muy sencillo y solo requiere escanear la unidad unos minutos para dar su resultado. Ten en cuenta que no desinfectará la unidad, sino que solo procederá a restablecer la información.

Figura 23.2. Todos los antivirus nombrados son buenos, pero quizás algunos no detecten todos los virus de formato USB. Entonces, trata de descargar varios y córrelos en tus unidades para evaluar los resultados. Hazlo de manera periódica y considera la posibilidad de vacunar la unidad USB para evitar futuras infecciones.

23.3.2 Encriptar unidades USB

A menudo te preguntarás si está bien **encriptar** tus datos. La respuesta depende de cuán importantes sean y de cuántos integrantes de tu entorno laboral o familiar operen con la unidad.

Desde Windows puedes realizar esta operación con un nivel de encriptación muy bueno. El sistema propone encriptar una unidad completa o una carpeta o selección de ellas. Además, propone hacer copias de seguridad de las claves encriptadas. A continuación, se indican los pasos que debes realizar:

PASO 1

Conecta la unidad USB cuyos datos deseas encriptar. Accede a ella y busca las carpetas o la carpeta que quieres proteger con esta acción. Haz clic derecho del mouse sobre ellas y elige **Propiedades**.

PASO 2

En la ventana que se abre, ve a la solapa **General** y busca el botón **Opciones avanzadas**.

PASO 3

Se abre una nueva ventana denominada **Atributos avanzados**, con la opción **Cifrar contenido para proteger datos**. Marca la casilla de verificación de esta opción y presiona **Aceptar**.

PASO 4

Vuelve a la ventana anterior y presiona otra vez **Aceptar**. El sistema te preguntará si deseas aplicar los cambios solo a esa carpeta o a todas las subcarpetas y archivos. Elige lo que quieras y pulsa **Aceptar** para confirmar.

PASO 5

Deja que Windows realice las acciones necesarias para este caso. El tiempo de espera dependerá del volumen de información que contenga la carpeta. Al culminar, verás que el contenido de la carpeta y la carpeta tendrán un candado amarillo indicando que el proceso está terminado.

Es probable que la primera vez que realices este procedimiento Windows te solicite hacer una copia de seguridad del contenido, vinculada a tu cuenta de **Microsoft**. Si alguien quiere acceder en forma remota al contenido encriptado, el sistema bloqueará la acción y te lo avisará. El sistema desencripta automáticamente el contenido para el propietario de la cuenta, pero si este contenido es trasladado a otro equipo o alguien quiere acceder remotamente a él, no será posible hacerlo.

23.3.3 Colocar una contraseña al contenido de las unidades USB

Para realizar esta acción podrás usar los programas clásicos de compresión de archivos y carpetas, como **WinRAR** o **WinZip**, que poseen en su menú de opciones la posibilidad de comprimir y adjuntar una clave de acceso a los archivos comprimidos. Si no quieres pasar por la compresión para tener un acceso más rápido a la información, entonces utiliza software especial para estos casos. Algunos de los más tradicionales y efectivos, que podrás descargar desde la Web, son **Folder Lock**, **Folder Protect**, **Iobit Protected Folder** y **Folder Guard**, entre otros.

23.3.4 Protección total

Si buscas una protección completa para tus unidades de almacenamiento USB, encontrarás muchas opciones en la Web. La mayoría de ellas son complejas de usar; algunas son pagas y otras gratuitas pero con una protección limitada a una cantidad de gigas. Windows también tiene su propia utilidad para cumplir este objetivo, denominada **BitLocker**. Pero si buscas una aplicación sencilla, sin tantos rodeos y práctica de usar, busca en la Web **USB Secure**. Es de licencia paga, pero muy recomendable si crees que tus datos lo valen.

USB Secure es un software desarrollado por la empresa **NewSosftware. net**. En comparación con sus competidores e, incluso, con la aplicación oficial de **Windows**, es sumamente sencilla de usar y de gran practicidad. Luego de la descarga, solo deberás instalarla. Te preguntará en qué unidad USB deseas colocar la aplicación que actuará como candado y te ofrecerá la posibilidad de colocar una contraseña segura para el caso. La aplicación solo actuará como candado de la unidad. Cada vez que quieras entrar a ver su contenido, no mostrará nada salvo que ingreses la clave correspondiente.

PASO 1

Instala el programa y acepta el contrato de licencia.

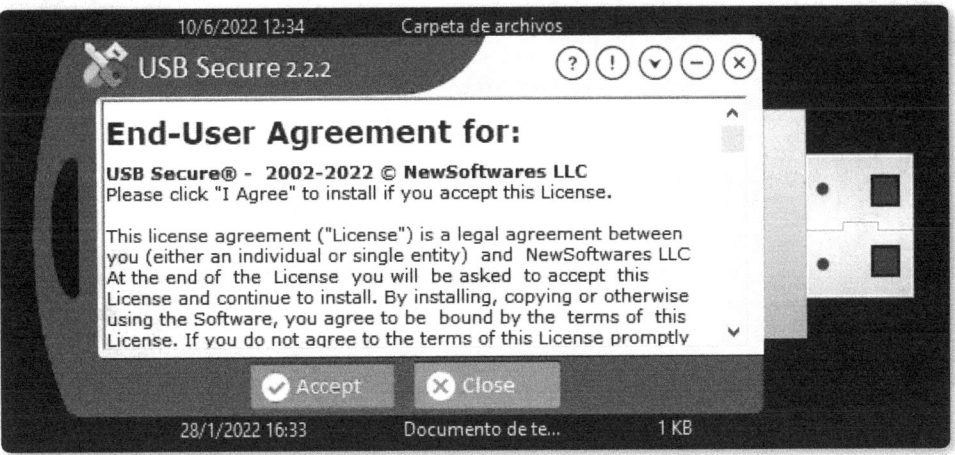

PASO 2

Indica qué unidad deseas proteger. Asegúrate de que esté previamente conectada y revisa la letra correspondiente. Podrás hacer el proceso en varias unidades, pero siempre de a una por vez.

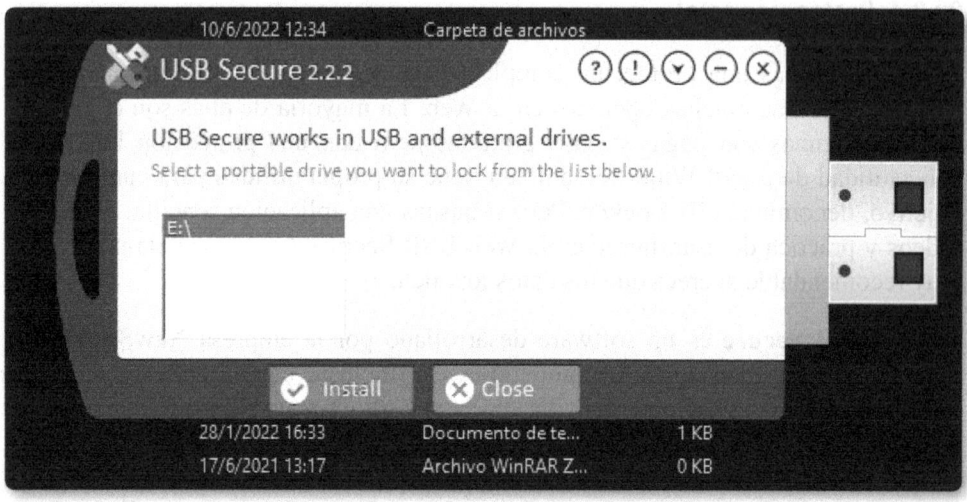

PASO 3

Ingresa la contraseña que usarás para la protección. No seas evidente; utiliza letras, símbolos y números. ¡No la olvides!

PASO 4

Presiona el botón verde, **Lock USB drive**, y listo. El programa ocultará toda la información y solo dejará el acceso al programa USB Secure, que será la llave para abrir el candado.

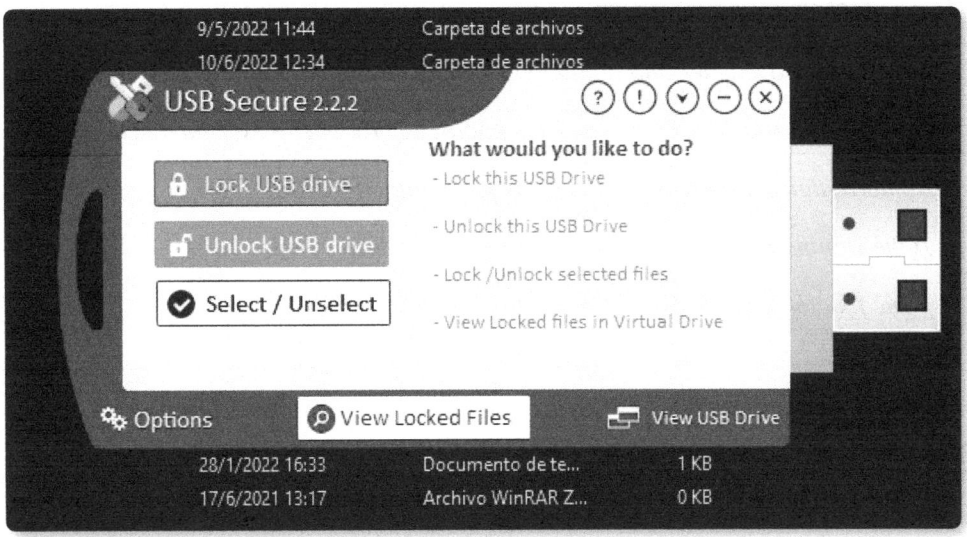

PASO 5

Si deseas ver el contenido, entonces ejecuta el programa en la unidad USB y presiona el botón naranja, **Unlock USB Drive**. Desde ya, te solicitará la contraseña.

En caso de que alguien intente desinstalar la aplicación o borrarla, no podrá hacerlo sin ingresar la clave principal, por lo cual realmente actúa como un verdadero candado de seguridad. Si usas la unidad USB en otra computadora, no será necesario volver a instalar el programa, ya que es portable en la unidad. Esto quiere decir que donde intente abrirse, siempre solicitará la respectiva clave de acceso.

23.4 ACTIVIDADES

A continuación verás las preguntas y los ejercicios que deberías saber responder y resolver para considerar aprendido el capítulo.

23.4.1 Test de autoevaluación

1. ¿Qué significa extraer una unidad USB en forma segura?

2. Nombra al menos dos causas por las cuales se produce la escritura demorada.

3. Nombra algunos antivirus específicos para unidades USB.

4. ¿Qué significa encriptar datos en una unidad USB?

5. ¿Qué función cumple específicamente el utilitario USB Secure?

23.4.2 Ejercicios prácticos

1. Ejercita la encriptación de datos con una unidad USB. Para hacerlo, carga la memoria con archivos livianos para que el ejercicio sea más rápido.

2. Borrar el contenido de un pen drive e intenta recuperarlo usando el utilitario Recuva.

3. Descarga varios antivirus para unidades USB y testea cuál te resulta más efectivo y práctico de usar.

4. Aplica un cerrojo de seguridad a una unidad USB usando la aplicación que se describe en este capítulo.

24

SISTEMA OPERATIVO Y ELECTRÓNICA

Una de las causas que hacen que las unidades de almacenamiento USB no funcionen son los problemas relacionados con el sistema operativo. De no ser así, habrá que pensar en fallas de hardware, puntualmente, de la electrónica.

24.1 SISTEMA OPERATIVO

Los sistemas operativos sufren problemas en sus archivos de sistema que pueden afectar el funcionamiento de las unidades USB, ya sea por acción de virus informáticos o por archivos que se dañan debido a la instalación de software inadecuado. Estos conflictos son comunes, y en las siguientes líneas aprenderás cómo solucionarlos.

24.1.1 Problemas con los controladores USB

Un problema habitual son los **controladores** o drivers que facilitan el uso de los medios de almacenamiento USB. Como primera medida, deberías revisar que estén instalados en el sistema operativo. Si usas Windows, abre el Administrador de dispositivos y revisa que los drivers estén vigentes y no tengan un signo de interrogación, una cruz roja o un signo de exclamación, que son señales de alguna anomalía (esto depende de la versión de Windows que uses).

Para acceder al Administrador, presiona la combinación de teclas **WINDOWS + X** y, del listado que aparece, selecciona **Administrador de dispositivos**.

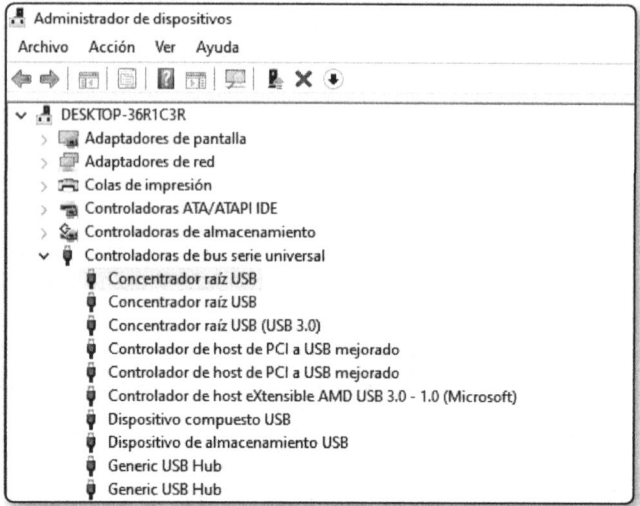

Figura 24.1. En el Administrador de dispositivos verás todos los controladores instalados en la PC. Puede suceder que alguno tenga conflictos y sea causa de un borrado accidental, un virus informático o un dispositivo que se ha conectado y generó un problema en la interfaz con el sistema.

Allí identifica la rama destinada a los USB (controladores de bus de serie universal) y despliégala. Revisa los controladores de almacenamiento que se denominan **dispositivo de almacenamiento USB**; puede haber más de uno.

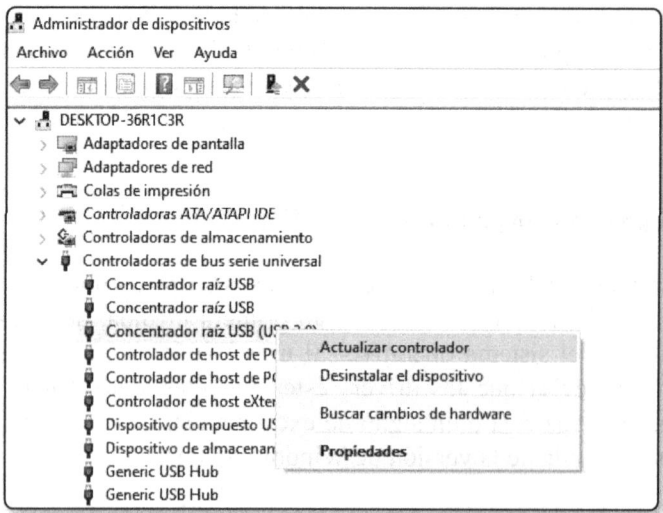

Figura 24.2. En caso de que haya una avería en los controladores, procede a actualizarlos usando el servicio del sistema operativo. Haz clic derecho sobre el elemento y allí elige la opción Actualizar controlador. Deja que el sistema encuentre posibles cambios y repite este paso en los demás drivers que tengan conflicto.

Ahora bien, si el servicio de Windows no funciona, puedes optar por otros métodos muy eficaces. Uno de ellos es dirigirte al sitio web del fabricante de la placa madre y, en el apartado **soporte y descargas**, indicar el modelo y buscar los controladores originales (**Figura 24.3.**).

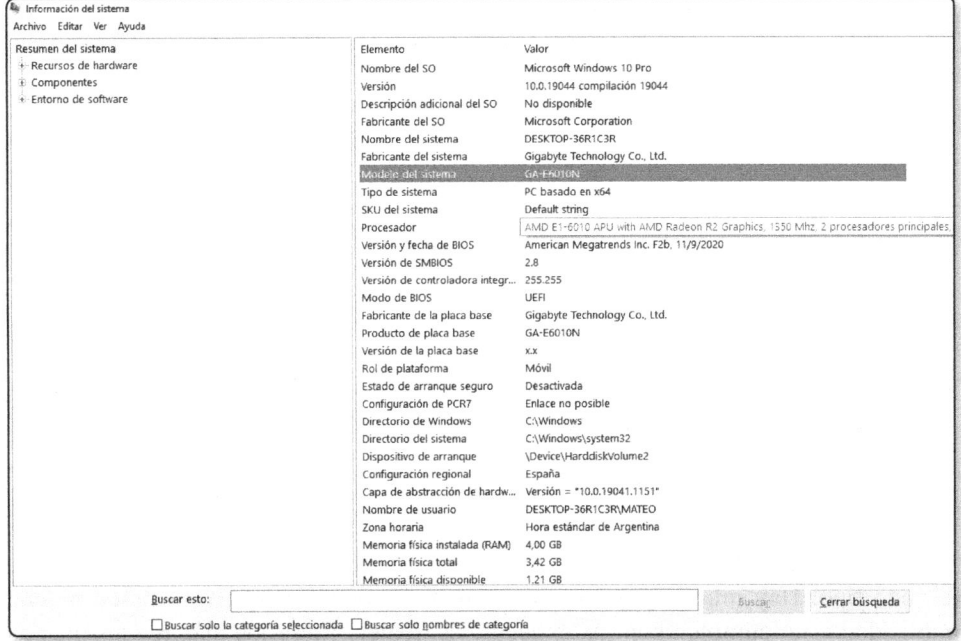

Figura 24.3. Si no sabes el modelo de tu placa madre, presiona la combinación de teclas WINDOWS + R y, en cuadro de diálogo, escribe el comando msinfo32. En la ventana que se abre, y estando en la opción Resumen del sistema, podrás observar a la derecha el apartado Modelo del sistema, donde se brinda esta información.

Todos los fabricantes de placas madre ofrecen en su web la posibilidad de hacer descargas de los drivers.

Cuando ingresas y encuentras tu modelo, descarga el driver relacionado al **chipset**. Este contiene en su paquete de información los archivos necesarios para hacer funcionar los servicios de almacenamiento USB.

No obstante, es posible que el fabricante tenga otro driver disponible para esta función, por lo cual lee bien el listado y, por las dudas, instala los dos (**Figura 24.4.**).

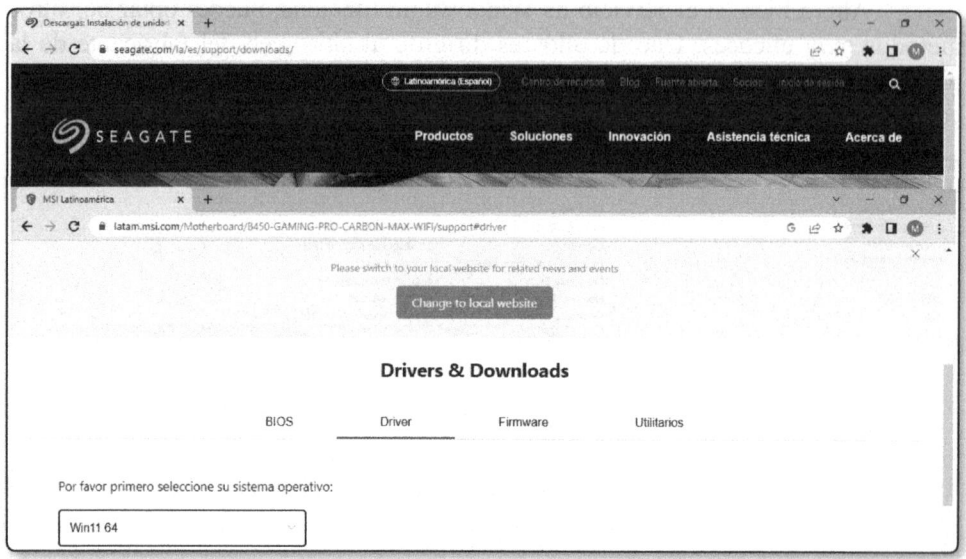

Figura 24.4. En la mayoría de los casos, al descargar el driver relacionado al chipset estarás reinstalando los controladores UBS en general. Cuando termines esta acción, reinicia el equipo y procede a colocar los dispositivos de almacenamiento USB que no estaban funcionando.

Otra opción es usar algún software específico para actualizar controladores de todo tipo. Hay muchos en Internet, pero ten cuidado: son pagos, traen mucha publicidad y no cumplen con las expectativas reales. Entre los más recomendados está **3DP Chip**, que es muy simple de usar y ofrece una base de datos de controladores totalmente actualizada. Además, suele identificar el controlador desactualizado y deriva al usuario al sitio oficial para obtener uno más reciente. También está **Driver Booster**, de la empresa **IObit**, que cuenta con versiones free para esta actividad, pero tiene precios muy accesibles si deseas adquirir una versión Premium.

Una alternativa muy popular es **Driver Genius Professional**, con la posibilidad de administrar los drivers, actualizarlos y hacer una copia de seguridad de ellos.

24.1.2 Problemas con las actualizaciones de Windows

A menudo tienes actualizaciones de Windows en su versión 10 y 11 que, supuestamente, deben corregir problemas o mejorar el rendimiento del sistema, tanto en seguridad como en estabilidad. Pero puede suceder que una de ellas aún no tenga compatibilidad con los controladores propuestos por la marca de tu placa madre, y es entonces cuando aparece un foco de conflicto. Si notas que luego de una actualización han dejado de funcionar los servicios de almacenamiento USB, entonces procede a desinstalarla y reiniciar el sistema. Evita ese parche hasta que el fabricante de la placa madre lance un nuevo controlador que admita esa actualización. Para desinstalar una actualización de Windows solo debes proceder de la siguiente manera:

Presiona las teclas **WINDOWS + X** y en el menú que aparece elige **Configuración**. Cuando se abra el cuadro de diálogo busca en el listado **Actualización y Seguridad** e ingresa a la opción **Windows Update**.

Luego busca la opción **Ver historial de actualizaciones**. Aparecerán todas las que están instaladas. Busca la última y desinstálala.

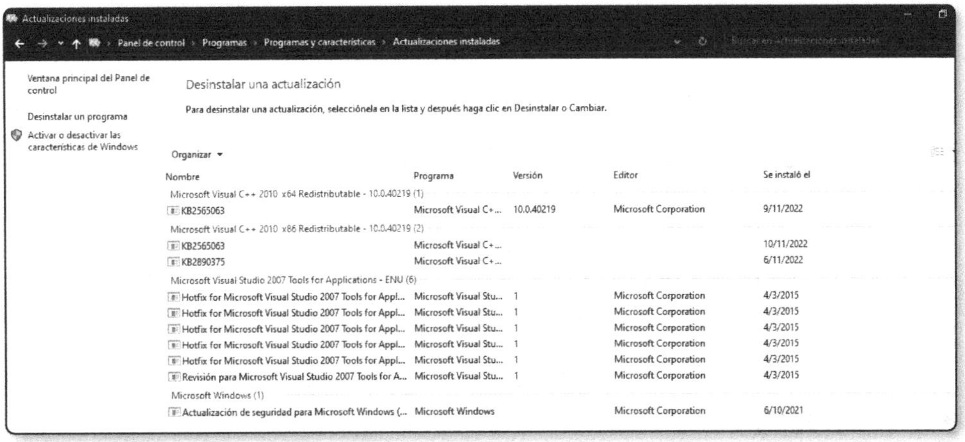

Figura 24.5. El cuadro de actualizaciones es muy claro. Solo debes desinstalar por fecha la última o las últimas y, en caso de que decidas tomar más precauciones, podrás escribir en la web el ID correspondiente e investigar si a otros usuarios les ha generado los mismos problemas.

También es probable que suceda a la inversa: quizás necesites una actualización para reparar el problema en cuestión. Muchos técnicos de PC y usuarios expertos también desactivan las actualizaciones automáticas para evitar el tedioso tiempo que tarda Windows en aplicarlas. Por eso es posible que un controlador USB necesite algún parche para seguir funcionando o lo requiera para admitir un nuevo componente de almacenamiento. Si bien es poco probable que esto ocurra, puede suceder.

En este caso es necesario que actives las actualizaciones automáticas, pero desde ya, tendrás numerosos parches para instalar. Lo aconsejable es que investigues qué actualización es necesaria para este caso o, al menos, colocar las últimas vigentes. Windows, en su sitio oficial de Microsoft, ofrece un catálogo de actualizaciones, y con solo escribir en el apartado de búsqueda una serie de palabras relacionadas, podrás ver los parches disponibles y descargar el que te brinde la solución definitiva.

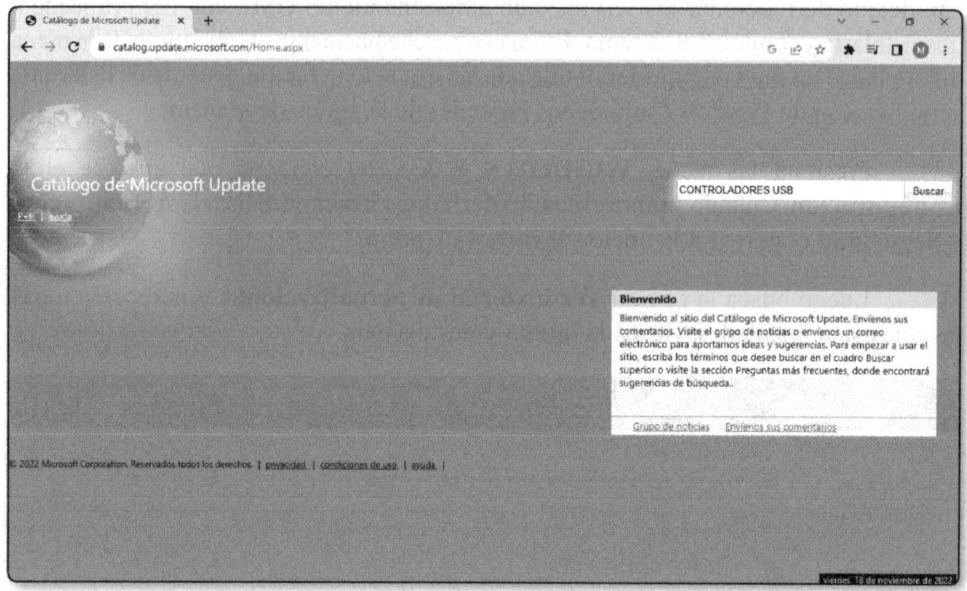

Figura 24.6. Prueba a escribir en el cuadro de búsqueda las palabras USB, Controlador USB o Almacenamiento USB como formas de buscar un parche útil para este caso. Lee bien las descripciones y para qué versión del sistema Windows sirve.

24.2 ELECTRÓNICA

Si has intentado todo lo anterior, pero no logras aclarar el problema, entonces es momento de pensar en la parte dura de la computadora, o sea, el hardware. Es posible que haya un daño en los puertos USB o en el chip que controla a este dispositivo incluido en la placa madre, para lo cual debes diagnosticar el tema y proceder a buscar posibles soluciones.

24.2.1 El chipset sur

Las placas madre cuentan con un chip principal denominado **chipset**. Este se divide en un **puente norte** y un **puente sur**, aunque algunas placas actuales presentan uno solo a modo híbrido.

El chipset sur (**Southbridge**) gestiona, administra y brinda funcionamiento a los servicios de la placa de baja velocidad y, puntualmente, a todos los servicios relacionados como **E/S** (entrada y salida). Es por eso que los medios de almacenamiento USB pasan por este componente, pero cada servicio tendrá una conexión a otro componente electrónico ubicado en la placa madre que permitirá accionarlo. En el caso de los USB, podrán ser administrados por el chipset, pero cuando este envíe órdenes de trabajo a otro elemento auxiliar, puede que ese esté fallando.

Figura 24.7. En principio, si este componente está totalmente dañado, es muy probable que la PC no encienda. Podrás hacer una revisión ocular y ver si notas un punto quemado, o simplemente tocarlo para detectar alta temperatura. Si nada de eso sucede pero la falla persiste, entonces procede a actualizar los drivers.

El Southbridge o puente sur, también conocido como Concentrador de Controladores de Entrada/Salida (I/O Controller Hub, ICH), es un circuito integrado que se encarga de coordinar los diferentes dispositivos de entrada y salida y algunas otras funcionalidades de baja velocidad dentro de la tarjeta madre. Lamentablemente, no es un componente que se pueda reparar con facilidad; desde ya, no hay chip de recambio, aunque algunos expertos en reparaciones de motherboards se animan a colocar otros similares extraídos de otras placas.

24.2.2 I/O Controller Hub

Se denomina así al chip integrado en el motherboard que controla y hace funcionar los puertos USB y otros servicios más.

Si está dañado, entonces no funcionará nada que se conecte por esa vía, aunque puede suceder que el conflicto solo esté basado en dispositivos de mayor consumo o flujo de datos, o sea, en aparatos de almacenamiento por esta tecnología (discos externos, pen drive, carry disk, y otros).

Los chips de esta característica auxilian al chipset para brindar soporte en varias situaciones que la computadora necesite y, al contener varias programaciones internas, puede suceder que funcione de forma parcial y que ciertos servicios no estén en vigencia.

Lamentablemente, si este componente está dañado, entonces desde la parte del software no podrás hacer nada.

Lo ideal es que un especialista en electrónica apuntada a placas madre recambie el chip. No obstante, tienes una solución rápida y efectiva, que es acoplar a los puertos **PCI** del motherboard una tarjeta con servicios USB para poder trabajar con ellos. Al ser una tarjeta independiente, no genera conflicto con la que tiene tu placa.

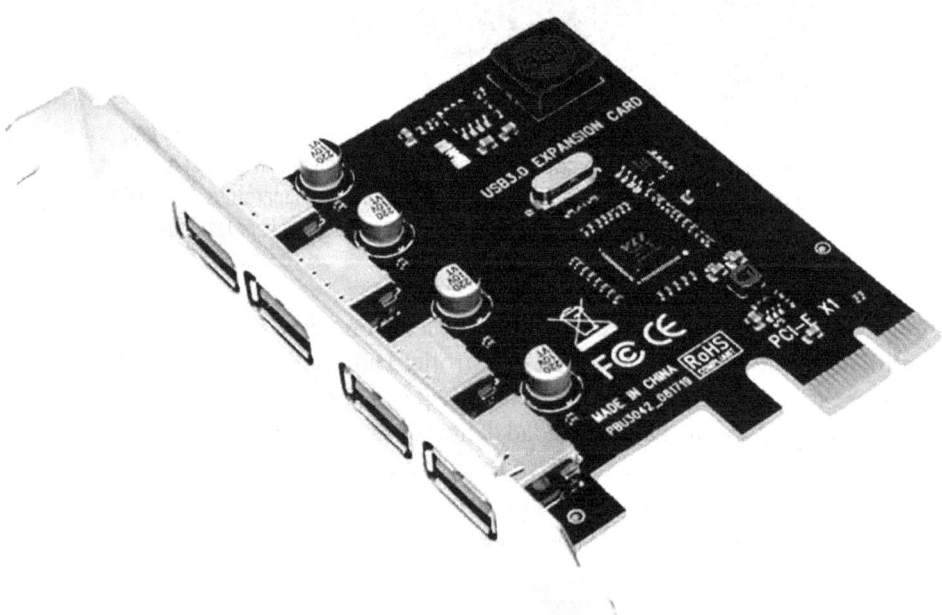

Figura 24.8. Las tarjetas PCI USB son muy económicas. Vienen en versiones 2.0 y 3.0 y además muchas de ellas tienen un conector para que uses los puertos frontales de tu gabinete.

24.3 CONFIGURACIÓN DEL BIOS

Puede suceder que tengas una mala configuración del BIOS con respecto a los puertos USB y los medios de almacenamiento. Hoy en día, tal vez con los nuevos **BIOS** de tipo **UEFI** algún software adultere su configuración. Antes de hacer procedimientos extremos, es necesario que revises la configuración y te asegures de que los parámetros de estas características estén activos.

PASO 1

Ingresa en el BIOS cuando des arranque a la computadora. En algunos casos debes pulsar la tecla **SUPR** (delete), y en otros, **F2** o **F10**; consulta el manual de tu motherboard para conocer el acceso.

PASO 2

Navega en el menú del BIOS UEFI hasta la opción **Peripherals** o **Periféricos**. Chequea que la opción **Onchip USB Controller** se encuentre activa (**Enable**). Si está desactivada (**Disable**), los puertos USB no funcionarán.

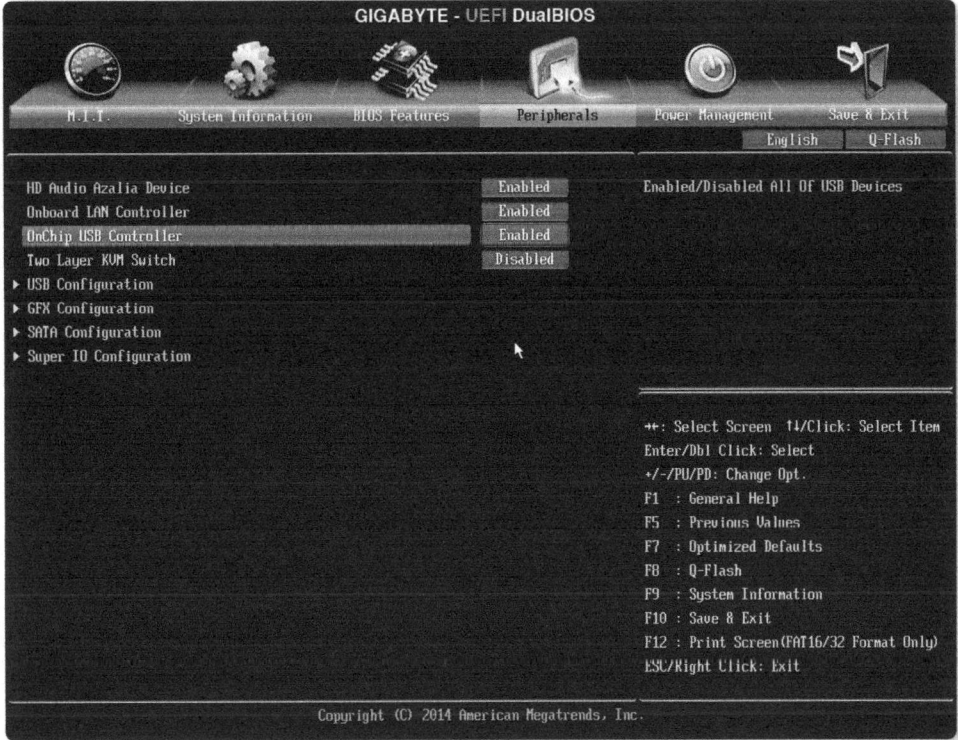

PASO 3

En el mismo apartado, navega hasta la opción **USB Configuration** y presiona **INTRO** o **ENTER**.

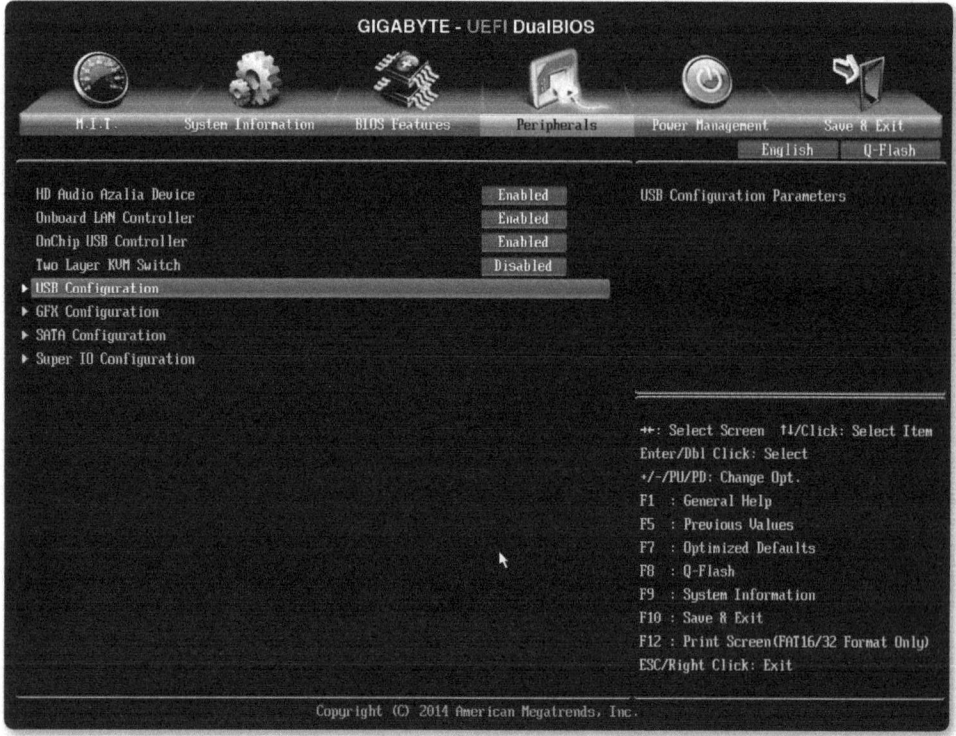

PASO 4

Busca en el listado la opción correspondiente al almacenamiento USB (**USB Mass Storage Drive Support**) y verifica que esté Activa. Esta opción permite establecer comunicación con unidades de almacenamiento flash USB y discos externos, por lo cual, si está desactivada, no te permitirá la lectura en el sistema operativo de los medios externos.

También, y de forma opcional en algunos BIOS, verás un listado de las unidades conectadas en el momento.

PASO 5

Todo cambio que realices deberá ser guardado para que, al reinicio de la PC, tenga efecto. Los cambios habitualmente se guardan con la tecla **F10**, pero consulta el manual en caso de que no sea así.

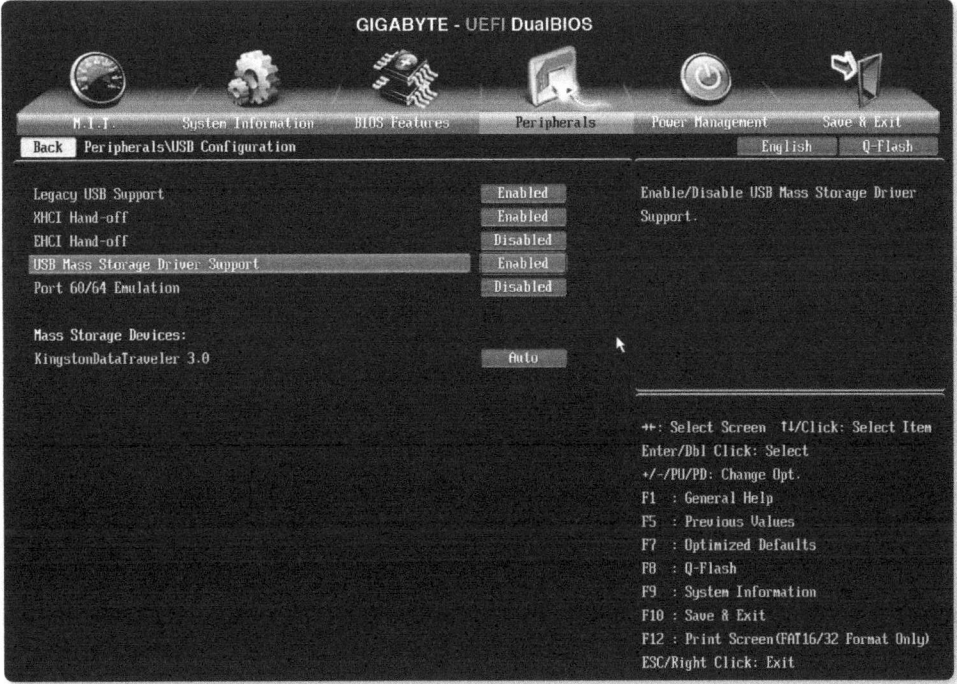

24.4 LOS CONECTORES USB

Los puertos de conexión USB son los encargados de gestionar la interfaz de comunicación entre el dispositivo externo de almacenamiento y la placa madre. Allí es donde el chipset actúa activando el servicio, y este envía la orden a la **CPU** para que ejecute las directivas al sistema operativo y haga que el usuario pueda trabajar con el medio de almacenamiento.

La placa madre tiene conectores hembra soldados como servicios traseros de entrada y salida. También hay pines macho donde se enchufan los puertos frontales de los USB incorporados en el gabinete. Estos conectores pueden fallar. Deberías revisar el voltaje que les llega y la continuidad de los contactos destinados a la transferencia de datos, para así determinar su funcionamiento. Si no te animas a hacerlo, deriva el equipo a un experto (**Figura 24.9.**).

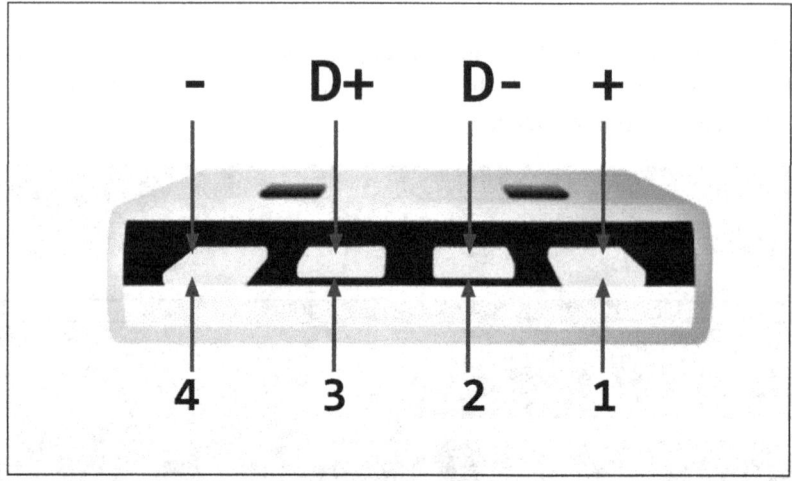

Figura 24.9. En este esquema puedes observar cada función de los contactos de los USB tipo A. Los extremos son los voltajes, que deberían ser +5 V y -5 V. Si te animas a medir, necesitas un multímetro en escala 20 V de corriente continua y colocar cada punta en esas terminales.

No descartes el cambio de cable de transmisión de datos en el caso de los discos externos de almacenamiento por USB. Con el tiempo, estos se deterioran y, además, si los extraes de forma violenta, se romperán. El cable es fácil de adquirir. En muchos portales de venta por Internet hay originales y alternativos que cumplen la misma función. No son costosos, y al cambiarlo descartarás posibles fallas que estabas experimentando.

En el supuesto caso de que estés usando una caja adaptadora de discos internos para hacerlos externos (**Carry Disk**), también deberás chequear su cable. Estas adaptaciones poseen una electrónica débil y tal vez ya hayan cumplido su ciclo de vida útil.

Para realizar la medición de los componentes USB de la placa madre y ver su continuidad a los conectores USB del gabinete o servicios, sigue esta guía práctica. Verás que es muy sencillo hacerlo si tomas todas las precauciones del caso:

Herramientas necesarias:

▶ Multímetro digital que cuente con una función denominada Buzzer. Esta opción no está presente en todos los equipos de medición, por lo que si debes adquirir uno, asegúrate de que la traiga, ya que a través de la emisión de un sonido, te permitirá medir continuidad en circuitos electrónicos.

▷ Trozo de cable o filamento de cobre para establecer contacto con las fichas USB female en caso de que las puntas del multímetro no logren entrar cómodamente. Esto es opcional, pero por las dudas ten uno a mano.

PASO 1

Para medir el voltaje que llega a los conectores USB, tendrás que medir en tres instancias. La primera es el voltaje que proporciona la fuente ATX relacionado a 5 V. Luego medirás la llegada de energía a la placa madre. La tercera instancia es la que recibe los puertos USB donde se conectan los servicios. Todas las instancias se medirán en escala de 20 V en corriente continua del multímetro.

PASO 2

Para medir los 5V de la fuente de energía, coloca el multímetro en escala de 20 V y busca un **molex** libre para colocar la punta negra del tester en un conector que acarree el cable negro (neutro), y la punta roja en el orificio donde tendrás el voltaje positivo que deriva del cable rojo que tiene la fuente.

Recuerda que los cables de la fuente **ATX** son universales. El color amarillo transmite 12 V+ y el color rojo, 5 V+; los negros son neutros o negativos.

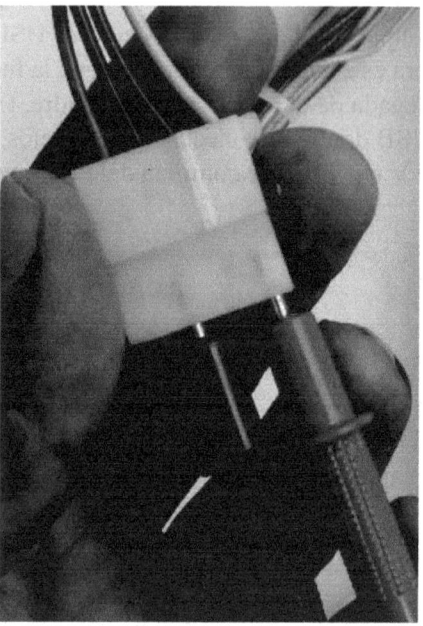

PASO 3

Al medir, es muy probable que la tensión no sea exactamente 5 V; puede haber un margen en fracción que supere ese valor, pero para darte cuenta que no hay anomalías, no debe ser inferior a 5 V ni superior a 5.7 V, aproximadamente.

Los parámetros normales deberían estar entre 5.1 a 5.6 V. Por debajo de 5 V habría ineficacia energética, que podría hacer que las unidades USB no funcionen de manera correcta. Si supera los parámetros normales, ten muchísimo cuidado, ya que podría dañar unidades de este tipo de forma irreversible.

PASO 4

Suponiendo que la fuente de poder está en los parámetros correctos, mide la llegada de voltaje a la placa madre, puntualmente, en los conectores USB. Para medir los pines del motherboard que alimentan los USB frontales del gabinete, es necesario identificar qué pin es el positivo y cuál es el negativo (ver imagen).

JUSB1 Header

+5V 1	2 +5V
P0- 3	4 P1-
P0+ 5	6 P1+
GND 7	8 GND
Key 9	10 NC

pin 1 y 2 +
pin 7 y 8 -

PASO 5

Luego, en la misma escala en que has medido la fuente de energía

(20 V), coloca cada terminal del tester en el pin adecuado y, desde ya, con el equipo en funcionamiento. No temas hacerlo, ya que los otros pines son de transmisión de datos y no hay riesgo de cortocircuito. Pero presta atención y no toques con la punta del multímetro otras áreas de la placa madre. El parámetro de testeo tiene que dar igual a los de la fuente de poder. Si no es así, tendrás problemas en la placa madre y no es aconsejable que utilices medios USB por esa vía.

PASO 6

Ahora vas a medir la llegada del voltaje a las terminales USB A hembra. En este caso usarás la misma escala de medición anterior, colocando cada punta del multímetro en los extremos de la ficha USB. No te preocupes por la polaridad: si tienes las puntas al revés, te dará negativo, pero la tensión estará bien medida igualmente.

En caso de que las puntas no entren en dicha zona, será momento de acoplar un pedazo de cable conductor para lograr el objetivo. Las mediciones deberán ser coincidentes con los parámetros anteriores. Esto indica que los conectores están en buen estado o presentan fallas, como sulfato en sus contactos, fugas de energía a causa de una pista dañada o cable cortado si son servicios frontales.

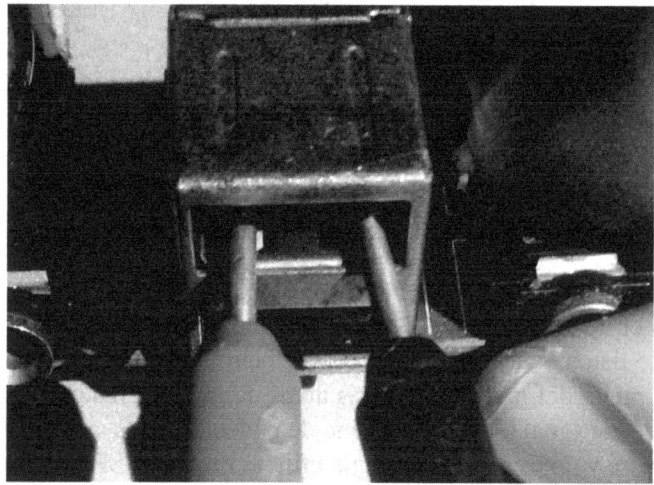

PASO 7

Ahora podrás medir continuidad para saber si el circuito de transmisión de datos está en buen estado. Esto aplica a los USB frontales y a aquellos que posean cables para medir. Coloca el tester en la posición de Buzzer o continuidad, y antes de hacer una acción, choca sus puntas para asegurarte de que emite el sonido que indica continuidad. Una punta del multímetro debe tocar el contacto de la ficha USB que va directamente a la placa madre, y la otra, en la terminal hembra donde conectas los servicios.

Para mayor comodidad, quizá te convendría desarmar la unidad completa y realizar la medición desde afuera el gabinete. Desde ya, el sonido del Buzzer debe estar activo indicando continuidad; de lo contrario, quiere decir que hay un corte o anomalía en la continuidad que empalma ambas puntas. Si es necesario, haz una extensión de la punta del multímetro con un filamento de cobre, ya que es muy probable que no entre en el conector.

24.5 EL FIRMWARE

Un **firmware** es un programa básico que controla un dispositivo y su funcionamiento con los otros componentes del hardware y el sistema operativo. Está grabado en un chip que posee el aparato y puede que se dañe por cuestiones debidas a errores de lectura o escritura, problemas de tensión o un ataque de un virus informático.

Es por eso que los fabricantes de buenas marcas suelen otorgar el firmware en su sitio web para descarga, como así también para actualizaciones que incluyan parches.

Si el firmware está corrupto, no habrá comunicación entre el dispositivo de almacenamiento y la placa madre que controla los puertos USB, y desde ya, tampoco el sistema operativo leerá la unidad. Si sospechas que hay un problema de voltaje, entonces mide este parámetro de la placa madre y de la fuente de poder. El problema causado por un virus informático realmente es poco frecuente, pero puedes resolverlo teniendo un buen antivirus siempre activo. El mal manejo de la unidad puede dañar el firmware. No desconectes la unidad mientras trabaja y realiza la extracción segura del medio usando la herramienta que ofrece el sistema operativo.

Para realizar una reparación del firmware de un disco USB externo, es necesario conocer su marca y modelo. Algunos fabricantes brindan una aplicación que permite localizar automáticamente modelo y número de serie del dispositivo, y esto facilita el procedimiento. En caso de que no la tengas, entonces recurre a la etiqueta identificadora y, con los datos proporcionados, ve a la web de la firma.

La reinstalación del firmware es muy sencilla, solo es necesario usar la aplicación oficial y seguir las instrucciones del soporte de la fábrica. Muchos son archivos autoejecutables y únicamente debes conectar la unidad USB y ejecutar el programa. En unos segundos, el firmware estará flasheado y quizá logre solucionar el problema.

Recuerda no abortar estos procesos, porque puede resultar perjudicial para la unidad. Una vez que inicia el flasheo, déjalo culminar. Es probable que la aplicación que hace esta tarea realice una comprobación de estado postacción de reinstalación. Si tienes un soporte energético, como una UPS (batería de resguardo), estaría perfecto para evitar cortes de energía o accidentes.

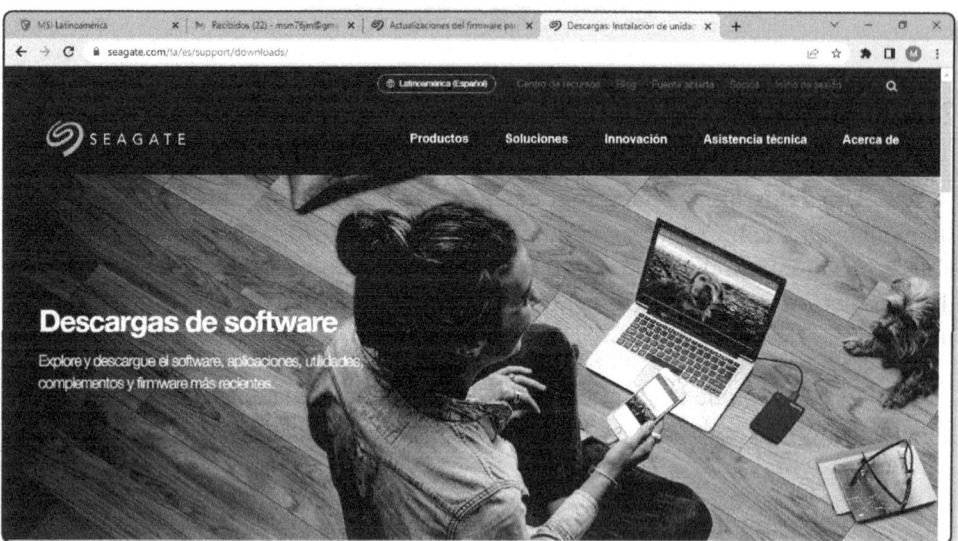

Figura 24.10. La mayoría de los fabricantes reconocidos de discos USB aportan el firmware en su página oficial. Además, facilitan el procedimiento con una explicación simple y brindan herramientas para diagnosticar la unidad en caso de que sea necesario.

24.6 ACTIVIDADES

A continuación verás las preguntas y los ejercicios que deberías saber responder y resolver para considerar aprendido el capítulo.

24.6.1 Test de autoevaluación

1. *En términos generales, ¿cuáles son los problemas que puede tener el sistema operativo para que no funcionen las unidades USB?*

2. *¿Qué función cumple el chipset sur?*

3. *¿Qué es el chip I/O controller hub?*

4. *¿Qué opciones debes chequear en el BIOS para determinar que los servicios de almacenamiento USB estén activados?*

5. *¿Cuáles son las causas por las que se puede corromper un firmware?*

24.6.2 Ejercicios prácticos

1. *Ingresa al Administrador de dispositivos y realiza la búsqueda de actualizaciones para los controladores USB. También puedes hacerlo con un software específico de drivers.*

2. *Realiza la medición de voltaje en la entrada de un puerto USB con el multímetro. Mide todos los conectores y anota los resultados.*

3. *Entra en el BIOS y descubre cómo están las opciones relacionadas a los puertos USB, puntualmente, el almacenamiento. Puedes desactivar estas opciones para experimentar las fallas de forma práctica.*

4. *Investiga en la Web marcas de discos externos y modelos, e intenta ver si el fabricante ofrece firmware para actualización o, en su defecto, el original para reparación.*

GLOSARIO

▶ **ATX:** del inglés *Advanced Technology eXtended*, tecnología implementada por la empresa INTEL en el año 1995 para identificar los modelos de fuentes de energía y el factor de forma de la placa madre de las computadoras de escritorio.

▶ **Backups:** término en inglés que se usa para hacer referencia a una copia o respaldo de datos informáticos. Puede realizarse en la misma unidad de almacenamiento o en medios externos.

▶ **BIOS:** *Basic Input-Output System* (sistema básico de entrada y salida). Así se identifica al chip encargado de identificar distintos componentes del hardware de una PC. Posee una memoria ROM donde el fabricante graba las compatibilidades del motherboard.

▶ **Booteable:** vocablo empleado para informar que un medio de almacenamiento es capaz de dar encendido a un ordenador por medio de un sistema operativo que permita interactuar con el usuario.

▶ **Caché:** en informática, memoria de alta velocidad que almacena subdatos, implementada tanto por el software como por el hardware. Es de almacenamiento transitorio y cumple la función de acelerar procesos.

▶ **Carry disk**: adaptador en forma de carcasa que permite montar un disco de almacenamiento interno para convertirlo en un medio externo por conexión a través del puerto USB. Viene en factor de forma 2.5 (disco de notebook) o 3.5 (disco de PC).

▶ **Chipset:** conjunto de circuitos integrados diseñados sobre la base de la arquitectura de un procesador, lo cual permite que estos funcionen en una placa madre.

- **CHKDSK:** el comando CheckDisk está presente en las computadoras con entorno de trabajo DOS o Windows, y se usa para corroborar el estado del disco de almacenamiento y corregir fallas lógicas en ellos.
- **Clúster:** mínima unidad de asignación que usan los discos de almacenamiento de un ordenador para alojar la información. El clúster varía su tamaño en función del sistema de archivos empleado.
- **CMD:** comando de Windows para ejecutar la consola del sistema que permite realizar diversos trabajos operativos por medio de instrucciones basadas en su lenguaje.
- **Controladores:** conjunto de software específico que hace funcionar los dispositivos del hardware en un sistema operativo. Cada componente posee uno y es proporcionado por su fabricante.
- **CPU:** unidad central de procesamiento de un ordenador. Es el componente del hardware más importante, que se ocupa de ejecutar todas las tareas. En la actualidad, las marcas más emblemáticas son INTEL y AMD.
- **Desfragmentación:** proceso de acomodamiento y ordenamiento de la información fragmentada en un disco de estilo mecánico que, por su forma de guardarse, con el tiempo suele volver más lento el trabajo.
- **Diskpart:** comando interno de la consola del sistema que ejecuta la utilidad de partición de discos. Se usar para crear, borrar y reparar cuestiones ligadas al formato de archivos, particiones y superficie de los medios de almacenamiento.
- **E/S:** en informática, un periférico de entrada/salida o E/S es aquel capaz de interactuar con los elementos externos a ese sistema de forma bidireccional
- **Encriptar:** ocultar datos mediante una clave para que no sean interpretados en el lenguaje común de un ordenador. La acción permite proteger datos, que solo serán interpretados por el sistema que los ha cifrado.
- **FAT:** sigla que identifica a la tabla de asignación de archivos que utilizan los sistemas operativos como Windows. Si bien data de largo tiempo y se usaba en viejos sistemas de Microsoft, aún puede tener cierta utilidad.
- **Firmware:** programa de bajo nivel que da funcionamiento a un microchip para que interactúe con un sistema operativo. Además, controla los circuitos electrónicos de cualquier dispositivo.
- **Flash NAND**: tecnología de almacenamiento con memoria no volátil que almacena de forma vertical y puede retener la información aun sin alimentación energética. Su uso es común en los pen drives USB como así también en discos de estado sólido y tarjetas de memoria.

▶ **Formato:** proceso que se realiza en el disco de almacenamiento para definir su sistema de archivos, donde se crean las pistas, sectores y clústers. También puede usarse para borrar una unidad de forma íntegra.

▶ **Hardware:** parte dura de un ordenador. Incluye todos los elementos que se pueden tocar, como teclado, mouse, parlantes y discos, entre otros.

▶ **HDD:** abreviatura de *Hard Drive Disk*, que hace alusión a los discos rígidos de estilo mecánico usados aún en la actualidad en equipos de escritorio, portátiles y servidores.

▶ **Keylogger:** software que se dedica a registrar pulsaciones del teclado de un ordenador. Suele implementarse como software espía y recopila datos para enviar por correo electrónico.

▶ **Linux:** GNU/Linux es un sistema operativo tipo UNIX compuesto por software libre y de código abierto. Actualmente existen muchas versiones y se implementa para el uso de la informática avanzada o técnica.

▶ **MBR:** sigla de *Master Boot Record*, es el registro de arranque que posee un medio de almacenamiento para ejecutar un sistema operativo en un ordenador. También se lo conoce como pista cero o sector de booteo.

▶ **MFT:** sigla que identifica a la tabla de archivos maestros de un disco de almacenamiento de datos. Se la puede describir como el mapa de todos los archivos que contiene un medio, y actúa como referencia de ellos.

▶ **Molex:** en las fuentes de energía para computadoras de mesa, es la denominación de las fichas que se conectan a los distintos servicios para darles energía. Pueden tener diversos factores de forma.

▶ **NAS:** del inglés *Network Attached Storage*, más conocido como almacenamiento en red. Cumple la función de realizar copias de respaldo de forma constante de los datos provenientes de un ordenador o un dispositivo móvil.

▶ **NTFS:** *New Technology File System*, sistema de archivos de nueva tecnología implantando por Microsoft, que sirve para organizar datos en discos duros y otras unidades de almacenamiento.

▶ **Partición:** nombre que se le da a la división lógica de un disco de almacenamiento. Este necesita una partición como mínimo para operar, y cada una de ellas recibirá una letra de asignación para que el sistema operativo las reconozca.

▶ **PCI:** *Peripheral Component Interconnect*, interfaz de conexión que traen los motherboards para conectar diferentes placas destinadas a expandir sus servicios.

▸ **Pen drive**: dispositivo de almacenamiento extraíble con conexión por puertos USB que presenta internamente memorias de tipo Flash NAND. Tienen diversas capacidades y distintos formatos estéticos.

▸ **Raw:** estado de una partición de disco de almacenamiento que carece de sistema de archivos, por lo cual es inoperante dentro del funcionamiento de la computadora.

▸ **Scripts:** secuencia de comandos o guion que se usa para ejecutar un programa simple o automatizar tareas del sistema.

▸ **SD/Micro SD**: abreviatura de *Secure Digital*, es un dispositivo en formato de tarjeta de memoria para dispositivos portátiles, por ejemplo: cámaras digitales, teléfonos móviles, teléfonos inteligentes, computadoras portátiles y videoconsolas, tabletas y muchos otros.

▸ **SDD:** abreviatura de *Solid State Disk*, hace alusión a los discos actuales de almacenamiento de estado sólido. Son populares por dar velocidad de trabajo a un ordenador y hacer las tareas más dinámicas. Tienen diversos factores de forma y capacidades.

▸ **Sistema de archivos**: estructura de almacenamiento de un sistema operativo, y forma en la que se guardan carpetas y archivos en los medios de almacenamiento. Cada sistema posee uno propio, que en muchos casos resulta incompatible con otros.

▸ **Token:** medio digital con conexión de tipo USB que posee datos encriptados de seguridad para desarrollar diversas actividades que ameriten su uso. Actualmente, se emplea para gestionar firmas digitales y otras operaciones seguras.

▸ **UEFI:** *Unified Extensible Firmware Interface*, tiene la función principal de iniciar los componentes de hardware y lanzar el sistema operativo de un ordenador al encenderla. También carga las funciones de gestión de energía y temperatura del equipo.

▸ **Voltaje:** la tensión eléctrica o diferencia de potencial es una magnitud física que cuantifica la diferencia de potencial eléctrico entre dos puntos.

Parte 7

SISTEMA OPERATIVO

Sistemas operativos
Instalación
Mantenimiento y optimización

25

SISTEMAS OPERATIVOS

En este capítulo verás qué es un sistema operativo, sus tipos y características. Esto te permitirá optar por el adecuado según tus necesidades, como así también conocer las actualizaciones, versiones y requisitos de hardware para utilizarlos. Este será el comienzo de un material completo, útil y de colección para que te conviertas en un verdadero experto en el tema y puedas realizar todos los procesos por cuenta propia.

25.1 ¿QUÉ ES UN SISTEMA OPERATIVO?

Para empezar a entender de qué se trata el software catalogado como sistema operativo y las utilidades que ofrece, es necesario hacer un poco de historia y analizar los avances que nos ha dado la industria a lo largo del tiempo.

Un SO (Sistema Operativo) es el software principal de todo dispositivo de cómputo y, también en la actualidad, de aparatos móviles y electrodomésticos inteligentes. Este programa es la interfaz de comunicación entre el **usuario** y la **máquina**, un entorno operativo para que el ejecutor realice diferentes tareas. El sistema es la base del trabajo y permite desarrollar actividades según la demanda o la prestación que otorgue. Es por esto que se lo considera la base operativa de otras aplicaciones.

Este programa es obligatorio, ya que sin él no habría forma de interactuar con los diferentes dispositivos; además, el resto del software necesita la base de un sistema para poder desarrollar sus tareas, que se ejecutan según las directivas que el sistema implemente para los distintos usos.

Los sistemas operativos pueden dividirse en **monotarea** y **multitarea**. Los primeros, también conocidos como **monousuario**, son aquellos que implementan una sola tarea o proceso de un programa a la vez. Esta característica se usó mucho en el pasado con los inicios de los sistemas operativos o entornos operativos para computadoras, y en la actualidad algunos siguen vigentes, más que nada, en aparatos cuyo uso está configurado para servir a otros o desarrollar cierta función.

Los segundos, también llamados **multiprocesos**, son los más empleados desde hace tiempo y, desde ya, siguen vigentes. Permiten efectuar varias tareas en el mismo espacio de ejecución; esto implica ordenarle al microprocesador del equipo los procesos y subprocesos que debe ejecutar para llevar a cabo esas acciones y, de esta manera, realizar varias tareas a la vez, por ejemplo, estar navegando en Internet mientras otra aplicación se usa para escuchar música.

Entre otras funciones, un **SO** puede gestionar el hardware de la computadora para hacer que trabaje acorde a sus prestaciones. Además, en la actualidad permite interactuar con las comunicaciones con el uso de **Internet** y de **intranets**. No hay dudas de que este tipo de software sigue evolucionando cada día para ofrecer al usuario más soluciones en el trabajo.

Figura 25.1. En todo proceso de arranque de un dispositivo electrónico, como un ordenador o un móvil, interviene el sistema operativo. Este es el principal software que se autoejecuta para darle al usuario una interfaz de trabajo y operación en distintas tareas.

25.2 UN POCO DE HISTORIA

El concepto de sistema operativo nació en la década de 1950, cuando la empresa **IBM** desarrolló una forma de trabajo para su equipo **IBM 704**, que, básicamente, lo que hacía era ejecutar un programa cuando terminaba otro. La verdadera revolución en el campo se dio en los años '60, cuando empezaron a desarrollarse los sistemas multitarea, con la base de ejecución en tiempo real. Puede considerarse que **UNIX** fue el primer sistema operativo multitarea de la historia, y el que sentó las bases de todos los que llegaron después. También por esos tiempos empezó el desarrollo de **LINUX**, parte de la familia **UNIX**. El verdadero cambio se dio en la década del '70 con la aparición del lenguaje de programación C, que permitió un desarrollo más dinámico del sistema **UNIX**. Pero hasta ese momento, el uso de los sistemas era a nivel científico y académico; los usuarios hogareños no tenían conocimiento de lenguajes de programación, por lo cual su uso se hacía prácticamente imposible.

En los años '80, con el desarrollo de las primeras computadoras de mesa para uso administrativo y hogareño, comenzaron a surgir sistemas operativos más intuitivos y fáciles de aplicar.

Figura 25.2. No hay dudas de que los años '80 fueron una revolución informática. Con el surgimiento de las computadoras personales de la mano de IBM y Apple, nació una nueva forma de trabajo y desarrollo. Los sistemas operativos jugaron un papel fundamental para llegar al usuario convencional y ofrecer un entorno de trabajo amigable e intuitivo.

Uno de los más populares fue **MS-DOS**, de **Microsoft**; era monotarea y la ejecución de comandos implicaba tener ciertos conocimientos de inglés. Permitía ejecutar una tarea a la vez en un entorno sencillo, que pronto sería mejorado por otros sistemas operativos. Fue la base de lo que, en un principio, fue un entorno gráfico denominado **Windows**, que más tarde se convirtió en el sistema operativo más popular de la historia.

En los años '80 se desarrollaron sistemas que dieron origen a todo lo que conocemos hoy: **DOS, Windows**, **OS/2**, **MAC/OS** y proyectos como **Next**, **Lisa** y otros que han quedado truncos en el tiempo.

25.3 WINDOWS: ¿POR QUÉ ES EL MÁS POPULAR?

El sistema operativo más usado en el mundo de las computadoras es, sin dudas, **Windows**. Para entender su popularidad, es necesario saber algo sobre su origen. Si bien la idea de **Microsoft** era diseñar y comercializar programas para **ALTAIR 8800**, un equipo creado en 1974, el tiempo fue empujando a la firma a desarrollar otro material destinado a las computadoras de **IBM**, que se convirtió por esa época en el principal comerciante de estos equipos a nivel mundial. Con **DOS**, Microsoft ingresó en este segmento en 1981, pero el gran salto lo dio en 1985 con la aparición de **Windows** (ventanas). Este fue el sistema que revolucionó el manejo de las PCs, ya que a través de ventanas y el uso del mouse, fue posible ejecutar fácilmente distintas tareas, con el atractivo adicional de iconos, color y varios componentes que fueron popularizados por este revolucionario sistema operativo.

El desarrollo de **Windows** fue creciendo con el tiempo y alcanzó niveles de popularidad muy importantes. Los primeros modelos de **Windows** no eran sistema en sí, sino entornos de trabajo. Esto implica que era necesario contar con **DOS** y, desde él, ejecutar el comando para abrir **Windows** (win.com). Con el tiempo se produjo la magia de la integración y se logró que, al encender el equipo, **Windows** iniciara de forma automática.

- El primer **Windows** fue el **1.X/2.X**, con un aspecto monocromático y con base en la interpretación de textos. La evolución llegó con la versión 3.X, multitarea y en colores. Aparecieron iconos, carpetas, fondos de pantalla y la popular barra de tareas. Luego vino **Windows NT**, totalmente diseñado para servidores de red compitiendo con **UNIX**, que abordaba esa base por aquellos tiempos.

- La gran revolución fue, sin dudas, **Windows 95**, el fundamento de todos los sistemas actuales de la compañía. Apareció la tecnología **Plug and Play**, que permite acoplar dispositivos a la computadora que son automáticamente detectados para su uso. Las mejoras llegaron pronto: **Windows 98**, para muchos, uno de los mejores de la historia. Se presentó en dos versiones: la **98** y la más conocida como **98SE**.

▶ Otras mejoras y cambios empezaron a verse con **Windows 2000** y, poco después, con **Windows ME (Millenium)**. Ambos brindaron mejoras en el reconocimiento del hardware y lograron ofrecer un entorno gráfico mucho más atractivo que sus antecesores. Nació el soporte para **64 bits** y mejoraron notoriamente las conectividades en red, puntualmente, en la versión **2000**, diseñada para esta actividad.

▶ Para la mayoría de los usuarios de **Windows** y, más aún, para los nostálgicos, **Experience (Windows XP)** fue la versión más destacada de **Microsoft**. No solo mostraba una alta calidad gráfica, sino que, además, era muy estable y proporcionaba avances muy importantes en multimedia. En la actualidad, muchos aún lo usan a pesar de la falta de soporte. Es una estrella para la prueba de software y el trabajo administrativo.

▶ **Windows 7** también perduró en el tiempo y es, para muchos usuarios, el sistema más estable de todos. Tiene buena predisposición gráfica y gran compatibilidad en multimedia. Esta versión se lanzó en 2009 y se aplicó mucho en equipos de mesa y también en máquinas portátiles. Hoy no tiene soporte, pero se usa para software de implementación y testeo.

▶ **Windows 8 y 8.1** quizás no fueron las versiones más exitosas de **Microsoft**. El cambió de la disposición del escritorio y la modificación de algunas funciones han hecho que la mayoría de los usuarios no los consideren la mejor apuesta de la empresa. El fundamento del diseño del sistema estaba en la implementación de pantallas táctiles, que si bien en tablets y teléfonos inteligentes podía ser adecuada, en computadoras de escritorio aún está en etapa de implementación y ha hecho más tedioso su uso.

▶ Las versiones más actuales son **Windows 10 y 11**. Son aceptadas por la mayoría de los usuarios, aunque con fuertes críticas debido a sus constantes actualizaciones. Ambas permiten el uso del hardware actual y mejoran su rendimiento. Son las más recomendadas en equipos de mesa y en portátiles.

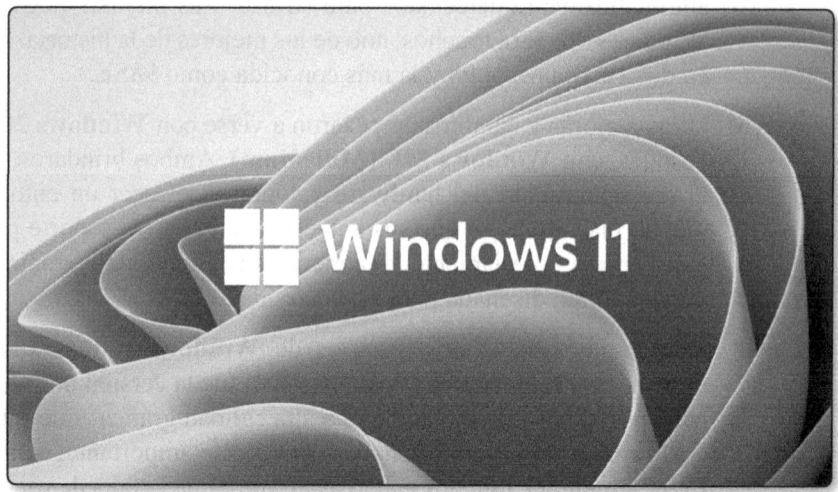

Figura 25.3. Windows 11 es el último sistema operativo de Microsoft. Lanzado oficialmente el 5 de octubre de 2021, permite la actualización remota para aquellos usuarios que tenían la versión 10. Presenta un rediseño de los iconos y de la barra de tareas, además de soporte completo para la tecnología actual de hardware. Actualmente está vigente la versión 22H2, cuya última actualización se realizó en mayo de este año.

25.4 OTROS SISTEMAS OPERATIVOS

▶ **Linux** es otra alternativa que se puede aplicar en equipos tradicionales. Se viene desarrollando desde antes que **Windows**, y ha logrado alcanzar mejores niveles de aceptación para aquellos usuarios que desean implementar una informática más robusta. En la actualidad se lo usa, principalmente, en tareas de programación y para el desarrollo de software de diagnóstico y corrección de problemas en los equipos.

No obstante, también están quienes lo utilizan para tareas administrativas, implementación de multimedia y redes. **Linux** es de distribución gratuita y está desarrollado por **Software Libre**, que se encarga de generar versiones aptas para cada necesidad. Entre las más populares está **Ubuntu**, con una programación de código abierto y numerosas aplicaciones disponibles de uso gratuito. También están **Debian**, **Suse**, **Kali Linux**, **Fedora** y **Red Hat**, que se pueden descargar desde la Web. No hay dudas de que el crecimiento de este sistema operativo a lo largo de la historia ha sido estupendo, y hoy ofrece versiones muy fáciles de manejar, altos niveles de seguridad y soluciones para cada necesidad. Incluso, es una alternativa adecuada para usar en equipos con cierta antigüedad.

▶ **Android** es, ni más ni menos, que el sistema más usado para los dispositivos móviles. Tiene un nivel de popularidad similar a **Windows**, pero en otro tipo de aparatos, y ha logrado otorgarles funciones que solo podían realizarse en un ordenador. Con este sistema, hoy en día muchos teléfonos inteligentes y tablets pueden realizar la multitarea básica y acoplar procesos cada vez más sofisticados. **Android** también tiene su versión para aparatos de televisión (**Android TV**), que les da funciones extra a estos equipos y los convierte en completos centros de entretenimiento.

▶ **Apple** desarrolla un sistema operativo muy fiable y con grandes prestaciones, pero con la desventaja de que es de uso exclusivo para sus aparatos. En 2001 se puede establecer el comienzo de comercialización de **MAC OS**, el sistema operativo principal de la compañía americana fundada por **Steve Jobs**. A lo largo del tiempo, tuvo mejoras en la programación, y hoy en día es uno de los sistemas más respetados por los usuarios de computadoras y dispositivos móviles. Se caracteriza por brindar al usuario un alto nivel de seguridad y de protección de datos, además de contar con una estupenda variedad de software para distintas prestaciones. No hay dudas de la solvencia de Apple, pero para disfrutarlo a pleno, es necesario disponer de un equipo fabricado y homologado por la empresa.

Figura 25.4. La variedad de sistemas operativos es amplia a lo largo de la historia, pero todo parece que se resume en unos pocos, los preferidos por los usuarios. La guerra simbólica para el desarrollo de estos programas genera un uso cada día más sofisticado del hardware, y son los fabricantes de componentes de ese tipo los que deben adecuarse a las versiones y requerimientos que ellos impongan.

25.5 REQUISITOS DE HARDWARE PARA LOS ÚLTIMOS SISTEMAS OPERATIVOS

Los sistemas operativos también tienen requisitos para funcionar en un ordenador. Es fundamental respetarlos para darle al equipo un manejo fluido y evitar errores que pueden impactar de forma directa en él y también en otros programas que se usen bajo ese entorno de trabajo.

Empecemos por Windows en su última versión, la 11. Este desarrollo de Microsoft vio la luz en octubre de 2021, y al principio hubo algunas confusiones con respecto al hardware necesario para su operación.

Con el tiempo, fueron apareciendo actualizaciones y muchos fabricantes adecuaron sus productos para esta versión. Según datos oficiales del sitio de Microsoft, Windows 11 tiene los siguientes requerimientos mínimos:

▶ CPU de 1 GHz o más con 2 núcleos. En el sitio de Microsoft hay un listado de las admitidas por esta nueva versión.

▶ En lo que respecta a la memoria RAM es necesario contar con 4 GB o más, en lo posible, DDR3/4.

▶ Se requiere una base de 64 GB de espacio en disco para su instalación, y es preciso tener en cuenta que en las próximas actualizaciones se va a exigir que este sea de estado sólido.

▶ El **firmware** del motherboard debe contar con tecnología UEFI. Los sistemas de arranque para la instalación de 11 se basarán en **BIOS** con soporte en UEFI y modo seguro de gestión.

▶ El TPM (módulo de plataforma confiable) es una característica que usa Windows para la protección de datos, como la encriptación de contraseñas, entre otros aspectos. Se necesita TPM versión 2.0.

▶ En lo que respecta a la tarjeta gráfica, esta debe ser compatible con DirectX 12 o posterior, con controlador WDDM 2.0.

▶ Es fundamental contar con una conexión a Internet y una cuenta de Microsoft para ciertas versiones del sistema.

▶ En caso de tener Windows 10 y proceder a la actualización, es necesario que este sea de la versión 2004 en adelante.

Si tienes dudas con respecto a la compatibilidad de tu hardware para Windows 11, puedes descargar la herramienta **Windows PC Health Check Setup** desde la página oficial de **Microsoft**. Esta automáticamente analiza el hardware del equipo y te informa si es apto para instalar **Windows 11**. Puedes optar entre varias versiones de instalación disponibles en la actualidad; la Home es una de las más usadas, al igual que la Profesional, que además presenta subdistribuciones.

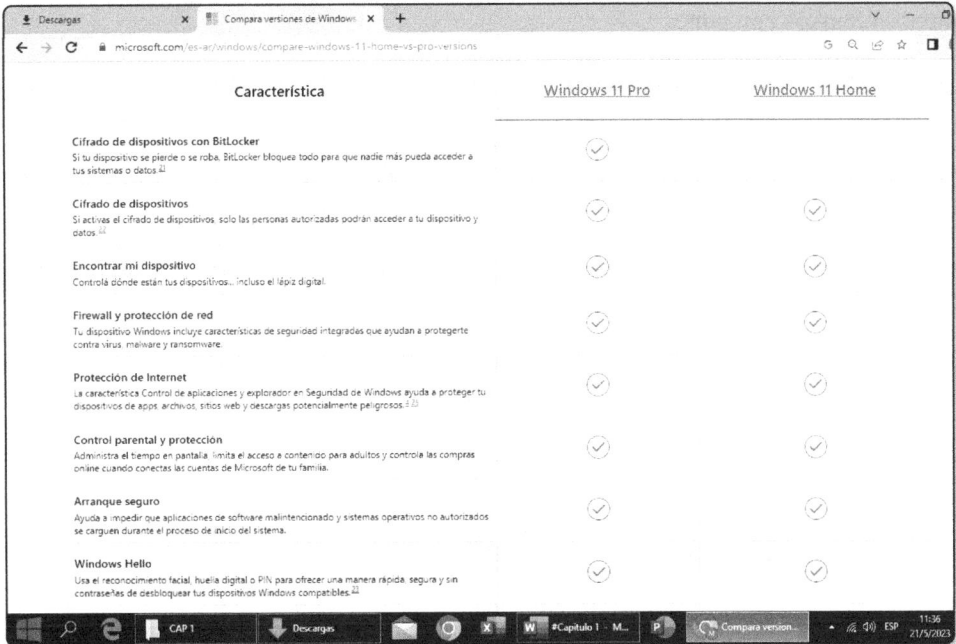

Figura 25.5. Windows 11 ofrece varias distribuciones para distintos usos: Windows 11 Home, Windows 11 Pro (con las opciones Pro Education y for Workstations), Enterprise y Mixed Reality. Todas reciben actualizaciones de forma constante y la mayoría se basa en la seguridad de los datos.

Si te interesa la posibilidad de instalar **Linux** como sistema operativo en tu equipo, ten en cuenta que tiene varios modelos, y cada uno de ellos se adecua al hardware que tengas. De hecho, muchos usuarios usan versiones recientes de este sistema para máquinas algo más viejas y corre a la perfección. A continuación se muestran los requisitos mínimos para una de las distribuciones más importantes de este sistema,

Ubuntu:

- Procesador de 64 bits con 2 GHz o más rápido.
- 4 GB de RAM.
- Al menos 25 GB de espacio libre en el disco duro.
- Tarjeta gráfica y monitor con una resolución de al menos 1024 x 768 píxeles.

Sin embargo, se recomienda tener un procesador de 4 núcleos, 8 GB de RAM y un disco duro de 256 GB o más para lograr una mejor experiencia de uso.

En contraposición a Ubuntu está Linux Mint, una de las distribuciones que menos recursos consume.

Es un sistema interesante y muy completo, cuya versión actual

(Mint 2.1) de 64 bits necesita apenas 1 GB de memoria RAM (aunque con 2 es mejor) y unos 15 GB de espacio en disco (si deseas más prestaciones, será mejor tener 20 GB).

Su escritorio con interfaz **XFCE** hace que el sistema no consuma tantos recursos y sea muy dinámico.

Es muy adecuado para multimedia, juegos y diseño, e ideal para aquellos equipos con menores recursos.

La distribución es completamente gratuita y cuenta con una guía de instalación muy práctica en el sitio web oficial (**Figura 25.6.**).

Figura 25.6. Linux Mint es gratuita y de código abierto. Funciona en la mayoría de las computadoras y también es posible ejecutarla desde una memoria USB. Puedes instalarla junto a Windows, y el mismo sistema crea un menú de autoarranque para preguntar con qué sistema deseas iniciar el equipo. En la actualidad hay más de 60.000 programas para anexar a esta distribución y mucho contenido multimedia.

25.6 ¿PUEDO USAR EL SISTEMA ANDROID EN UNA PC?

La respuesta es sí, pero solo a través del uso de un emulador. Si bien la marca **Google** comercializa sus propios equipos con el sistema **Android**, los usuarios de **Windows** o **Linux** que deseen contar con este recurso deberán hacerlo a través de un software que permita emular un dispositivo móvil en la computadora. Hay varios de estos programas en la Web, pero muchos consumen recursos extraordinarios de hardware para funcionar. Es necesario tener un procesador que soporte los sistemas de virtualización por hardware, contar con una placa gráfica de generosa a media, y

8 GB de memoria RAM, además de una base operativa de Windows 8 en adelante. La realidad es que hay muchas controversias con respecto al uso de **Android** para PC. Algunos usuarios sostienen que corre muy lento y cuesta hacerlo funcionar a la perfección si el hardware no es más de lo que describen los creadores de los emuladores para este caso.

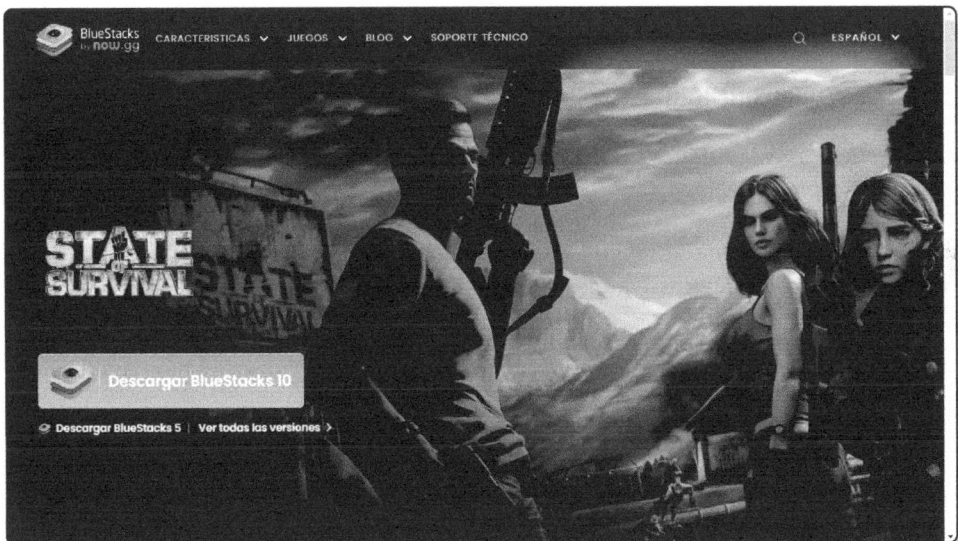

Figura 25.7. BlueStacks 10 es el emulador más elegido por los usuarios de PC que quieren tener Android. Va por la versión 10 y permite descargar versiones anteriores desde su sitio oficial. Es ideal para correr juegos de esa plataforma y ofrece un entorno muy fácil de operar.

25.7 ACTIVIDADES

A continuación verás las preguntas y los ejercicios que deberías saber responder y resolver para considerar aprendido el capítulo.

25.7.1 Test de autoevaluación

1. Según lo aprendido en este capítulo, ¿qué es un sistema operativo?

2. ¿Cuál es la diferencia entre un sistema operativo monotarea y otro multitarea?

3. Nombra tres distribuciones de sistemas operativos.

4. ¿Cuáles son los requisitos básicos necesarios para instalar Windows 11?

5. ¿Qué recursos precisas para tener Linux Mint en tu PC?

25.7.2 Ejercicios prácticos

1. Investiga qué versión de Windows tiene tu computadora y cuál es su última actualización.

2. Ejecuta la herramienta de comprobación de Windows 11 para saber si tu PC es apta para este nuevo sistema.

3. Haz un relevamiento del hardware de tu equipo y analiza qué debes mejorar para optimizar tu experiencia en el uso de Windows 11.

4. A través de sitios web, obtén un manual de uso de la versión de Linux Mint antes de instalarlo.

5. Instala un emulador para Windows que te permita ejecutar la versión de Android para PC y evalúa su rendimiento.

26

INSTALACIÓN

En este capítulo encontrarás una guía práctica para adquirir un sistema operativo e instalarlo. Pero antes de eso, deberás saber si tu computadora es compatible con él y conocer las herramientas de software requeridas para iniciar una instalación limpia y según tus necesidades.

26.1 PRIMEROS PASOS

Antes de instalar el sistema operativo en tu equipo, revisa las características técnicas requeridas. Si el sistema elegido está nombrado en el capítulo anterior de este libro, será suficiente para arrancar; de lo contrario, te sugerimos instalar una versión previa y generar una actualización para que se acople de manera eficiente a tu computadora.

Si has comprado una PC, es muy probable que venga con un sistema operativo preinstalado y con la licencia temporal correspondiente, pero también es verdad que muchos equipos hoy en día no traen sistema, para abaratar los costos. En ese caso, deberás colocar uno, y lo harás tú mismo de manera práctica y sencilla.

Muchos usuarios no quieren tener un sistema preinstalado en su equipo al comprarlo, debido a que suele estar modificado por el fabricante y traer software adicional que, muchas veces, resulta algo tedioso cuando se vencen los plazos de licencia o de prueba. Entonces, podrás utilizar ese sistema para descargar otro normal y oficial, y luego reinstalarlo, o también podrás actualizar el que tienes y proceder a borrar aplicaciones molestas.

Supongamos que no tienes un sistema, en cuyo caso deberás contar con algunas herramientas para empezar el proceso de instalación. Veamos antes cómo funciona este proceso.

Los sistemas operativos son ejecutables en el arranque del equipo, lo que significa que es necesario instalar archivos en el disco que permitan su funcionamiento. Es importante tener un medio de almacenamiento externo que te permita colocar esos archivos en el disco principal de la máquina para dar inicio a la creación de la **tabla de partición**, encargada de administrar los **archivos de arranque** y la cantidad de particiones que puedes asignar al disco principal. Las tablas de partición se generan de dos maneras: **MBR** o **GPT**. Esto hace referencia al sector maestro de arranque del disco principal de la PC. **MBR** (*Master Boot Record*) se usa en sistemas operativos anteriores, como Windows XP, 7, 8 y también 10 en discos mecánicos (HDD), en tanto que **GPT** (*GUID Partition Table*) ha reemplazado a **MBR** para asignar un nuevo estilo de tabla de partición para discos más nuevos, como los de estado sólido, aunque también es posible aplicarla en discos duros mecánicos. **GPT** es la que mejor funciona con sistemas operativos modernos, como **Windows 10 y 11**. Además de un nivel de seguridad mejorado, permite crear más subdivisiones al disco de almacenamiento y tener un sistema de recuperación más efectivo que su antecesor.

Ahora bien, para crear particiones **GPT** es necesario contar con una placa madre que posea **BIOS UEFI**, lo cual implica tener el hardware más reciente para instalar sistemas operativos nuevos. A esto debes agregarle que **Microsoft** ha confirmado recientemente que **Windows 11** será compatible solo con **GPT** y **UEFI**. Por tanto, el disco **GPT** es uno de los elementos esenciales para tener el último sistema de la empresa.

	MBR (Registro de arranque maestro)	GTP (Tabla de Partición GUID)
Capacidad máxima de la partición	2 TB	9,4 ZB (cada ZB es 1.000 millones de TB)
Número máximo de particiones	hasta 4 particiones primarias (o tres particiones primarias, una partición extendida y unidades lógicas ilimitadas)	128 particiones primarias
Soporte de la Interfaz del Firmware	BIOS	UEFI
Compatibilidad del Sistema Operativo	Windows 7 e incluso sistemas más antiguos como Windows 95/98, Windows XP 32 bits, Windows 2000, Windows 2003 32 bits	Sistemas más nuevos como Windows 8, 8.1 de 64 bits, 10, 11.
Velocidad	Más lento	Más rápido
Tecnología más avanzada	Funciona con tecnología más avanzada	Funciona con tecnología y hardware menos avanzados

Figura 26.1. La siguiente imagen muestra una tabla comparativa referida al uso de las tablas de particiones para sistemas operativos Windows.

Las capacidades de MBR son más limitadas que las de GPT. MBR soporta discos de hasta 2 TB, y la tecnología GPT podrá superar esa barrera. Por otro lado, con GPT podrás crear más cantidad de particiones en el disco duro, y esto tiene como objetivo generar unidades de recuperación, resguardo de datos o, simplemente, reservar particiones para otros sistemas operativos compatibles con tu equipo.

En materia de seguridad, las particiones GPT presentan una comprobación cíclica de redundancia (**CRC**). A diferencia de MBR, los datos críticos para el funcionamiento del sistema se encuentran en las particiones y no en sectores ocultos, y esto facilita la recuperación de datos, como así también del sistema, en caso de que se produzca alguna anomalía.

Por último, vale destacar que los procesos destinados al **booteo** (arranque) del sistema operativo se ven considerablemente mejorados con las particiones GPT.

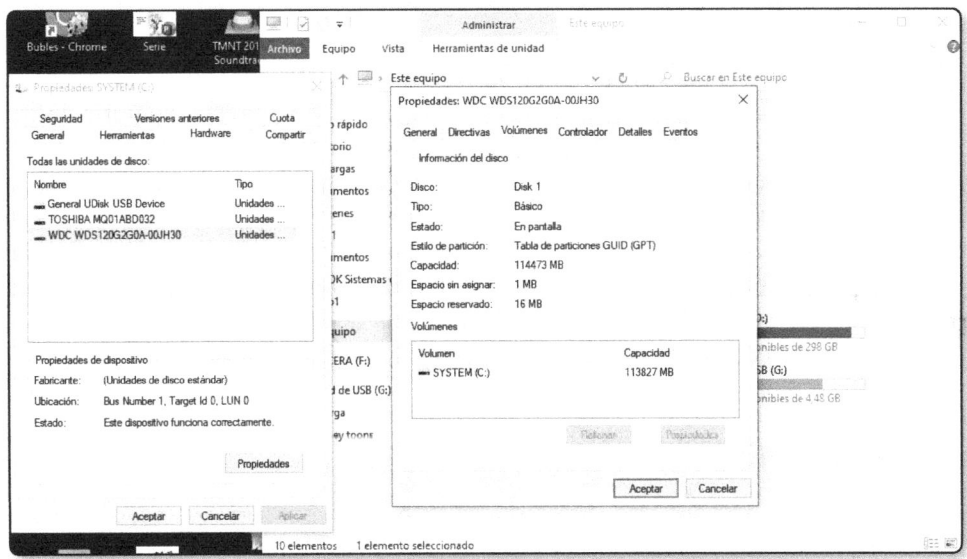

Figura 26.2. Si deseas comprobar qué tipo de tabla de partición tiene tu sistema operativo, debes ir al Explorador de archivos, allí localizar la unidad de almacenamiento principal, que estará marcada con la letra C, y hacer clic derecho del mouse para elegir Propiedades. Luego, dirígete a la pestaña Hardware/ Propiedades/Volúmenes, donde verás qué clase de partición tienes. Si no aparecen datos, entonces presiona el botón Rellenar para verlos.

Una vez que hayas definido qué tipo de partición vas a usar (si instalas **Windows 11** no hay posibilidad de cambio), solo resta empezar el proceso.

26.1.1 Herramientas necesarias para instalar un sistema

▸ Un ordenador con acceso a Internet para descargar la imagen del sistema operativo que hayas elegido, en caso de no tener uno preinstalado. Si tienes alguno de prueba, puedes descargarlo desde allí. Ten en cuenta que los archivos de instalación son pesados, de modo que haz la descarga desde una conexión estable y rápida.

▸ Una memoria USB para alojar el paquete de instalación. Te recomendamos que sea un pen drive, porque algunos técnicos han experimentado problemas con las tarjetas SD o micro SD y adaptadores que estas puedan tener. La capacidad del pen drive dependerá del sistema que elijas. Tomando como referencia Windows 11, la imagen **ISO** ronda los 5.2 GB, por lo que se recomienda un medio de 8 GB para instalar este sistema.

▸ Una licencia para usar Windows, que podrás tramitar antes o después de la instalación, pero si no lo haces, la versión vencerá y te bloqueará muchas funciones. Las licencias son pagas y se pueden adquirir desde el sitio oficial de Microsoft, como así también desde varios portales de Internet. Los costos varían según la versión que vayas a instalar. Si esta última opción no te agrada, recuerda que cuentas con sistemas operativos de licencia gratuita y con buenas prestaciones, los que fueron mencionados en el Capítulo 1. También es necesario tener una cuenta Microsoft, que podrás crear en instancia de la instalación y, si tienes un correo de Hotmail, Outlook o GMail, será válido para esta situación.

26.2 INSTALAR WINDOWS 11

26.2.1 Tareas previas

PASO 1

Ingresa al sitio oficial de Microsoft y ve al apartado Windows; allí presiona el botón Obtener Windows 11. Inmediatamente irás al punto donde te dará la opción de Comprobar la compatibilidad haciendo presión sobre ese botón. Se abrirá Windows Update de tu sistema actual e iniciará la aplicación que desarrollará un análisis completo del hardware.

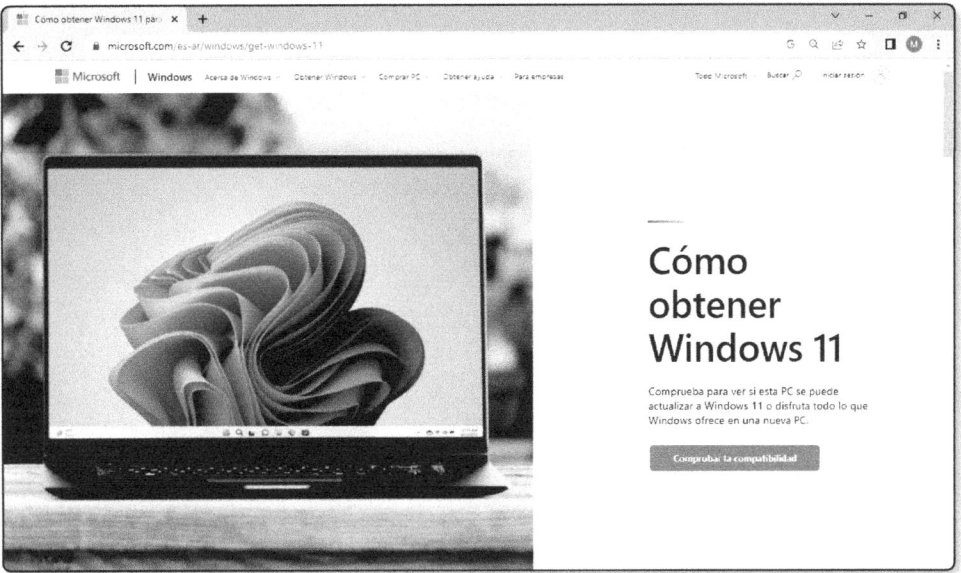

PASO 2

Si deseas saltear la instancia anterior, entonces te conviene buscar en el navegador de Internet la descarga directa de la ISO para Windows 11, escribiendo "descargar ISO Windows 11". El primer resultado de la búsqueda te llevará a la página correcta: www.microsoft.com/es-es/software-download/windows11. Hay varias opciones, pero una de ellas hace referencia a la descarga directa del paquete de instalación. Deberás confirmar el idioma y, a continuación, pulsar el botón para ejecutar la descarga, que será válido por 24 horas.

Ten en cuenta que, al culminar la descarga, deberás contar con un software especial para traspasar la imagen ISO a un medio USB y generar el dispositivo de arranque que te llevará a la instalación.

La opción más recomendada es que la misma aplicación que proporciona la página oficial de Microsoft cree un medio arrancable de forma directa. Este podrá ser para una unidad USB (recomendado) o una unidad de disco DVD, pero considera el tamaño de la ISO, ya que necesitarás un disco DVD especial de estilo Dual Layer.

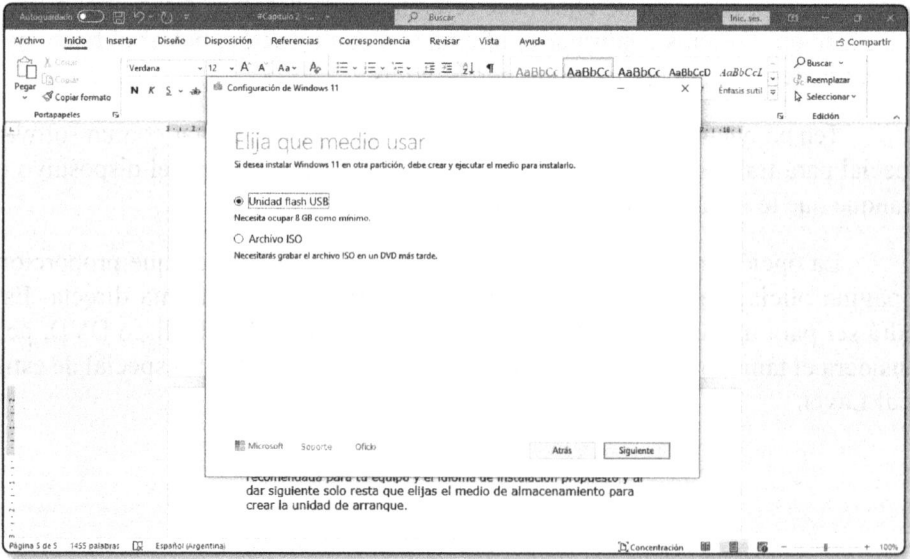

PASO 3

El uso de la herramienta Media Creation Tool hará que puedas crear un medio de arranque totalmente automático y de manera sencilla, sin necesidad de un software extra. Descarga la aplicación y ejecútala; luego acepta la licencia de uso y espera a que haga las tareas preliminares. Se mostrará la versión recomendada para tu equipo y el idioma de instalación propuesto. Al presionar Siguiente, solo resta elegir el medio de almacenamiento para crear la unidad de arranque.

Una vez que tengas armado el medio de arranque, empezarás con la instalación del nuevo sistema.

PASO 1

Coloca el medio USB en la computadora donde vas a instalar Windows 11 y procede a su encendido. Si la PC o notebook no tiene sistema previo, es probable que el arranque se haga de manera automática desde el USB, pero si cuenta con algún sistema antiguo, entonces debes ingresar al menú de Booteo para cambiar la secuencia de arranque. Todas las computadoras, al encender, brindan la información de la tecla que ejecuta esta instancia. Si no la encuentras, consulta el manual de instrucciones o ingresa al BIOS y, en el apartado destinado a la secuencia de inicio, coloca en primer término el dispositivo USB que contiene la imagen del sistema.

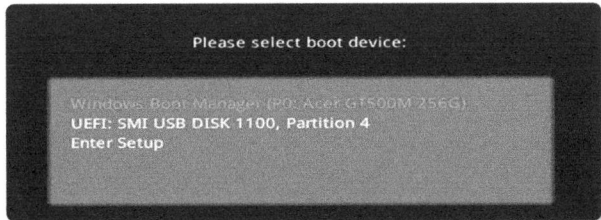

PASO 2

Es muy probable que aparezca el logo de Windows, en muchos casos, acompañado por el logo de la marca de tu motherboard. Una vez que superes esta instancia, la pantalla inicial te dará la chance de elegir el idioma de instalación y de la distribución, que incluye teclado, hora y fecha. En tu caso, elige español y avanza pulsando el botón **Siguiente**.

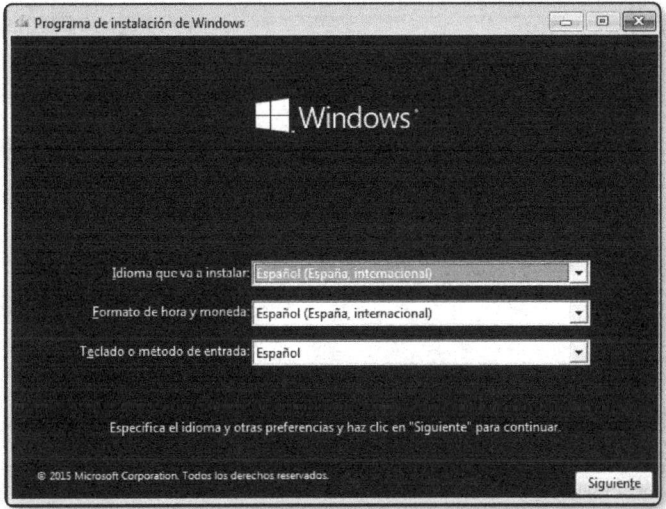

PASO 3

En la próxima pantalla se solicitan los datos de la licencia de Windows. Puedes darlos en ese momento o saltear este paso presionando el botón **no tengo clave del producto**, para continuar con el procedimiento.

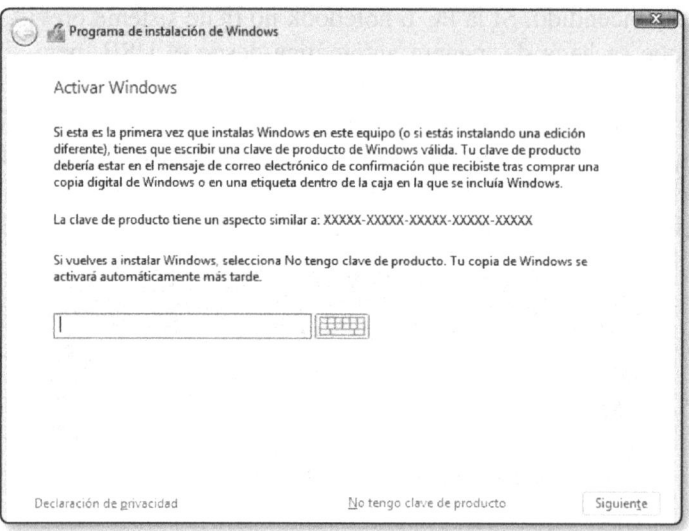

PASO 4

A continuación tienes que elegir si instalarás Windows o si deseas repararlo. Como en este caso estás procediendo a hacer una instalación limpia, presiona **Instalar ahora**.

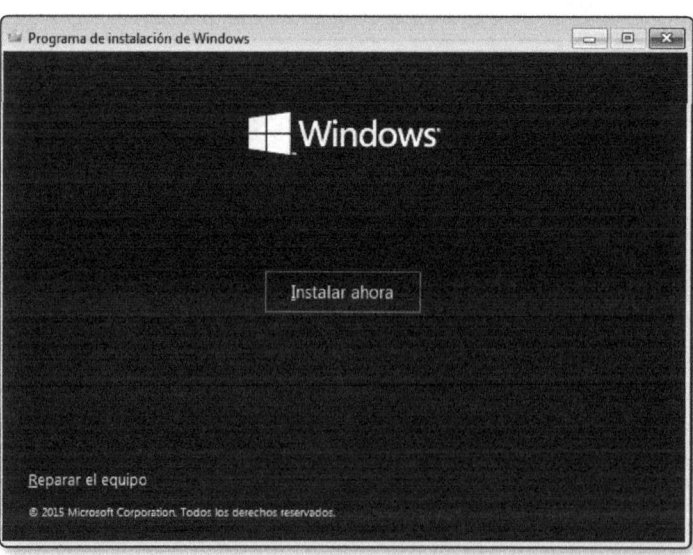

PASO 5

En esta sección debes optar por la distribución de Windows que vas a instalar. Según lo que elijas, luego deberás acceder a la licencia oficial para su uso. Presiona **Siguiente**.

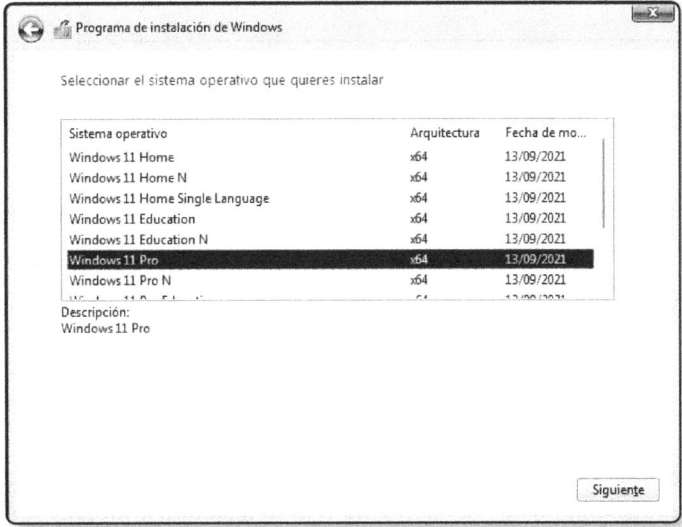

PASO 6

Es momento de aceptar los acuerdos de licencia y avisos aplicables; si los rechazas, no podrás continuar con la instalación. Marca la opción **Acepto los términos de licencia del software de Microsoft...** y presiona **siguiente**.

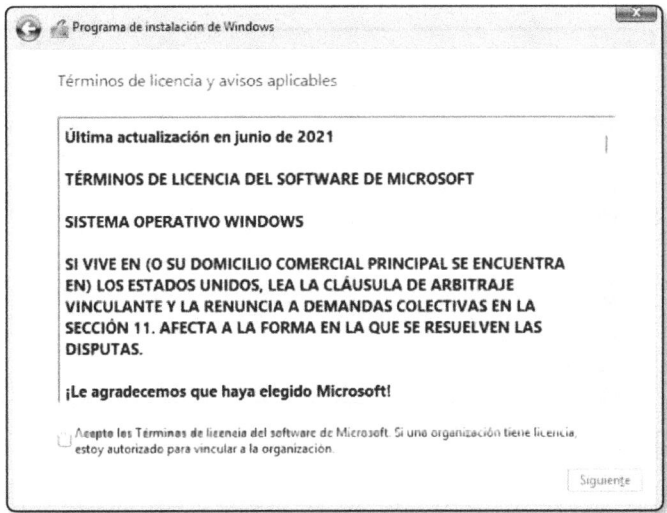

PASO 7

Ahora tienes que definir si haces una actualización del sistema (solo en caso de tener uno anterior instalado) o si directamente haces una instalación limpia, como en esta oportunidad. Elige **Personalizada: instalar solo Windows (avanzado)** y pulsa **Siguiente**.

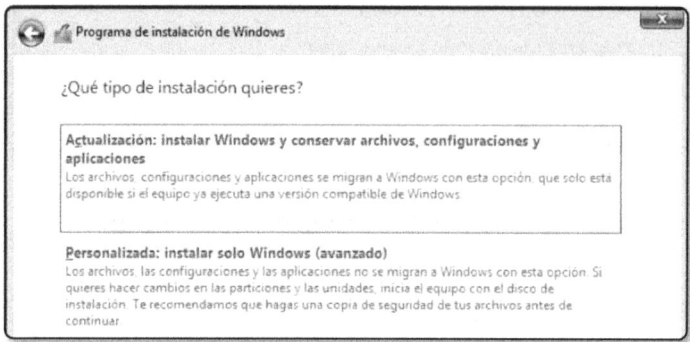

PASO 8

La pantalla que sigue es de mucha importancia, ya que indica parámetros de la unidad de almacenamiento donde Windows se instalará y alojará sus archivos de arranque. Si tienes más de un disco, deberás instalarlo en el que consideres principal, y recuerda que se necesitan al menos 64 GB de espacio para esta versión. Haz clic en la unidad y presiona **Nuevo**, elige el tamaño que desees darle a la partición y pulsa **Aplicar**. Automáticamente se generará una nueva partición con las dependencias que implica el sector maestro de arranque y los de recuperación del sistema. Avanza con el botón **Siguiente**.

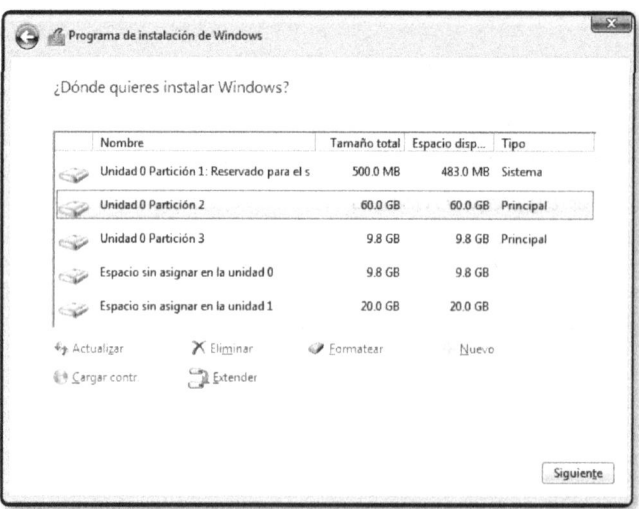

PASO 9

Deja que el programa de instalación copie los archivos necesarios para seguir el proceso y aplique las actualizaciones correspondientes. Al finalizar este paso, la computadora se reiniciará.

Ya puedes quitar el medio USB para evitar que vuelva a empezar el proceso inútilmente.

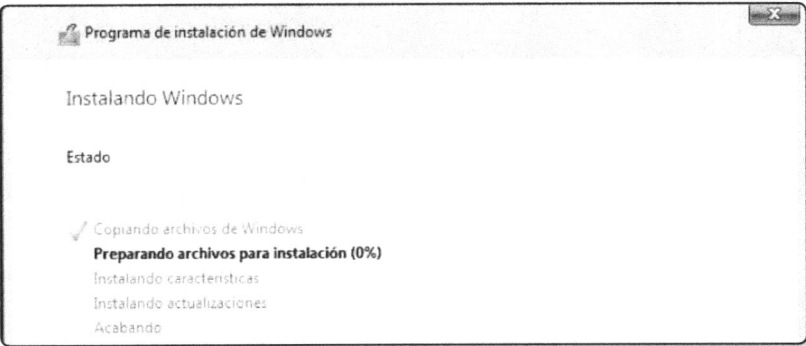

PASO 10

Tras el reinicio del equipo y dependiendo del tipo de hardware que tengas, podrás experimentar un pequeño retorno a la pantalla anterior; de lo contrario, el avance será progresivo y en esta instancia te estará solicitando que indiques algunos datos de importancia. Lo primero es tu país de residencia; presiona **Siguiente**.

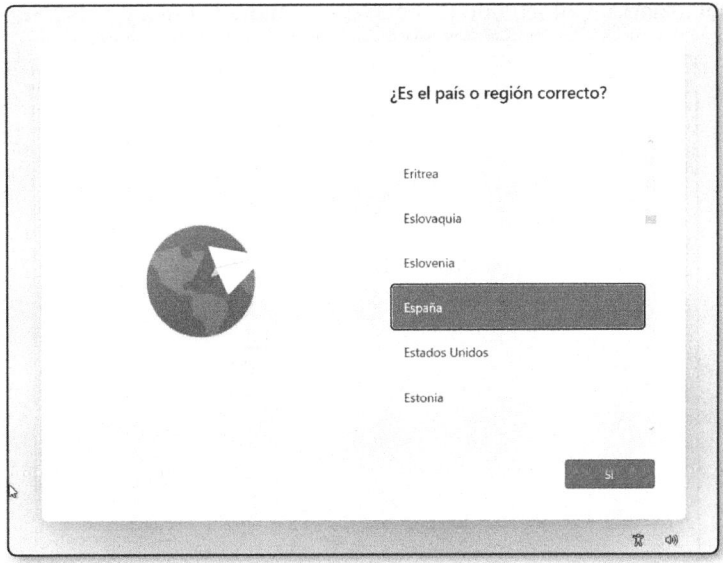

PASO 11

Ahora es momento que indicar la distribución del teclado. En tu caso será Latinoamérica, pero si lo deseas, también puedes agregar más distribuciones. Presiona **Agregar distribución** o directamente **Siguiente**.

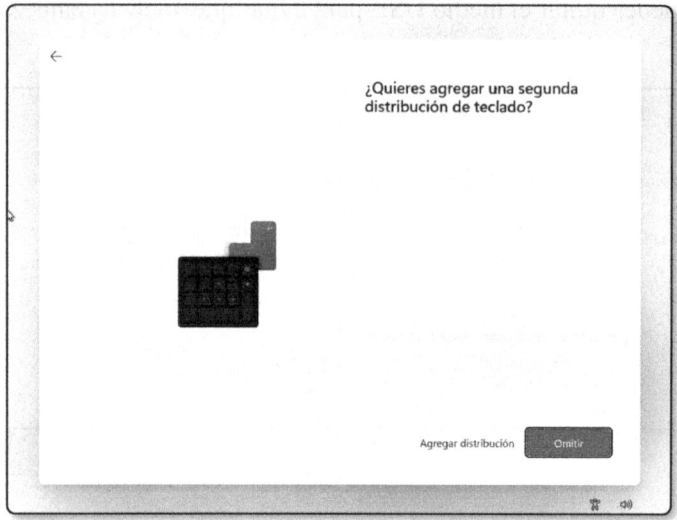

PASO 12

Es momento de asignar un nombre para la PC. Este dato es importante no solo para identificar un equipo en una red, sino también para personalizar las opciones del usuario. Coloca uno respetando las indicaciones y pulsa **Siguiente**.

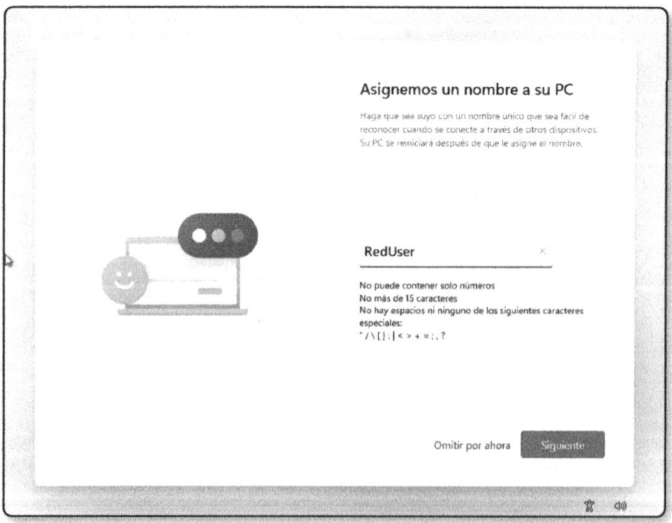

PASO 13

Windows te preguntará qué uso vas a darle a tu sistema. En la mayoría de los casos, será uso personal, pero si lo estás instalando a nivel educativo o corporativo, indícalo, porque así tendrás elementos extra para ese propósito. Presiona **Siguiente**.

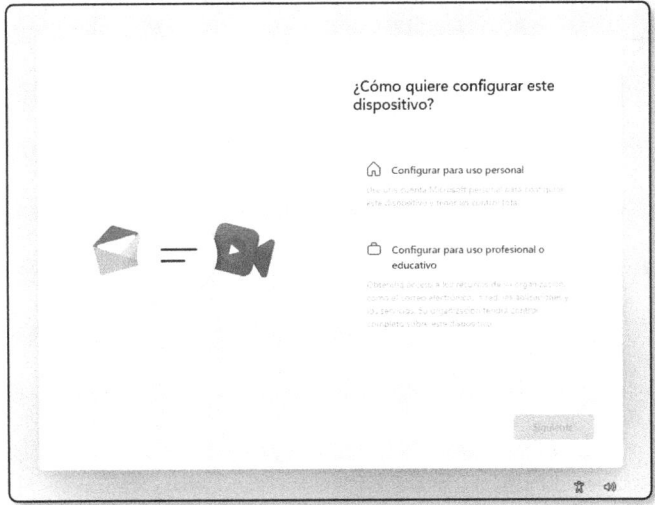

PASO 14

Indica tu correo electrónico para que se habilite la cuenta Microsoft. En las últimas versiones también podrás colocar tu número de teléfono o cuenta de Skype. Si tienes una llave de seguridad de tipo USB adquirida y homologada por Microsoft es también en esta instancia donde tienes que colocarla.

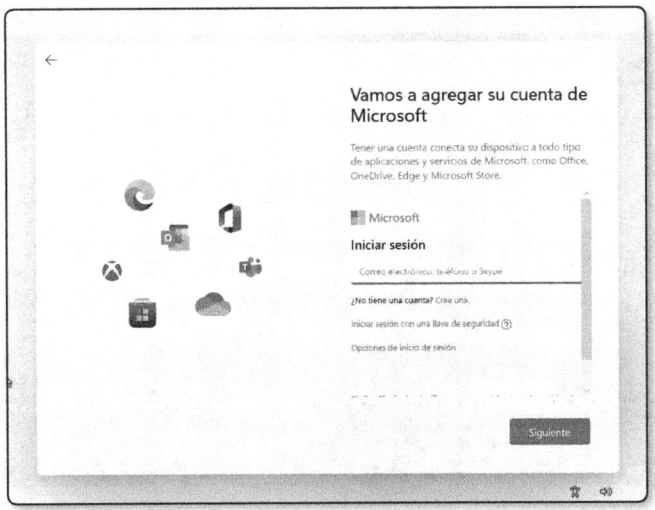

PASO 15

Este paso implica una decisión importante de tu parte. Microsoft propone hacer uso de la ubicación de tu dispositivo para usarla en distintas aplicaciones y en el mismo sistema operativo. Este proceso puede lentificar la instalación y es posible hacerlo después. Toma la decisión y presiona **Aceptar**.

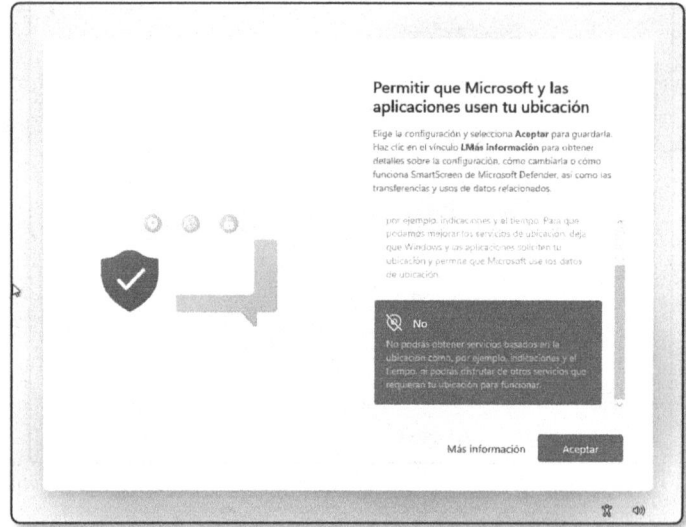

PASO 16

Has llegado a una instancia casi final de la instalación. Ahora dejarás que Microsoft haga los ajustes necesarios para terminar esta etapa y es posible que se reinicie el equipo al cabo de unos minutos.

PASO 17

Cuando haya reiniciado, puede aparecer una nueva pantalla de configuración para que elijas opciones generales de personalización del sistema. Al finalizar, aparecerá el tan conocido escritorio de Windows, pero esta vez, en la versión de la última presentación del sistema operativo más importante a nivel mundial.

26.3 ¿QUÉ HACER TRAS LA INSTALACIÓN DE WINDOWS 11?

Ahora que ya tienes instalada la última versión del sistema operativo más importante del mundo, es necesario acomodar algunas piezas para su desempeño.

- ▶ Lo primero que tendrás que hacer es instalar las últimas actualizaciones del sistema. En la mayoría de los casos, esto ocurre de forma automática, pero puedes forzar la actualización abriendo la aplicación Windows Update y procediendo a la descarga.

- ▶ Revisa si tienes activa la seguridad de Windows. Este sistema, como su versión anterior, está provisto de Windows Defender y, por lo general, está siempre activo post instalación. Pero quizá te interese personalizar su uso y actualizar sus parámetros.

- ▶ Es de suma importancia que procedas a actualizar los **controladores** para tu equipo. Para hacerlo, abre el administrador de dispositivos haciendo clic en la barra de tareas y elige la opción **buscar**. Ve de un dispositivo a otro aplicando un botón derecho del mouse sobre él y elige la opción **actualizar controlador**. También puedes descargar aplicaciones de terceros que hagan esta tarea; en la Web hay varias posibles. Una de las más recomendadas en los últimos tiempos es Driver Booster o su similar, Driver Genius.

▶ Personaliza tu cuenta de usuario a tu medida. Puedes colocar una contraseña o pin de inicio, incorporar una imagen y realizar otras acciones que te permitan mejorar tu experiencia en este nuevo sistema.

▶ Puedes activar el protector de pantalla como en los viejos Windows y cambiar la imagen del fondo de escritorio y del inicio de sesión.

▶ También podrás empezar a instalar aplicaciones que te sean útiles para tu trabajo. La tienda de Microsoft (Microsoft Store) posee un abanico de posibilidades. También podrás descargarlas desde sitios de terceros y desde la misma página oficial del creador del sistema.

26.3.1 ¿Es posible utilizar más de un sistema operativo en un ordenador?

Este dilema es muy común entre los usuarios. Es posible implementar el uso de varios sistemas en un mismo equipo de cómputo, y su implementación puede ser por cuestiones de curiosidad o estrictamente por uso profesional.

Tener dos o más sistemas operativos es posible, pero en muchos casos solo se justifica en caso de que por alguna necesidad sea realmente útil.

Los discos rígidos o discos de estado sólido, como viste en este capítulo, tienen un sector maestro donde se alojan los registros de arranque, y esta es la tabla de partición que puede ser en formato MBR o GPT.

Ahora bien, ¿cómo hace ese sector para autogestionar más de un sistema? La respuesta es que se particiona en distintos sectores de arranque y, de esta manera, aloja los archivos que ejecutan los distintos sistemas. Cuando los SO pertenecen a una misma familia (como **Windows**), al arrancar la PC, el mismo producto coloca un menú **multibooteo** para que el usuario opte por la versión que desea ejecutar. En cambio, cuando los sistemas son de diferentes programaciones, implica tener un sector maestro distinto y esto, en la mayoría de los casos, requiere de la instalación de un software extra que permita optar por uno en la instancia de arranque de la computadora (**Figura 26.3.**).

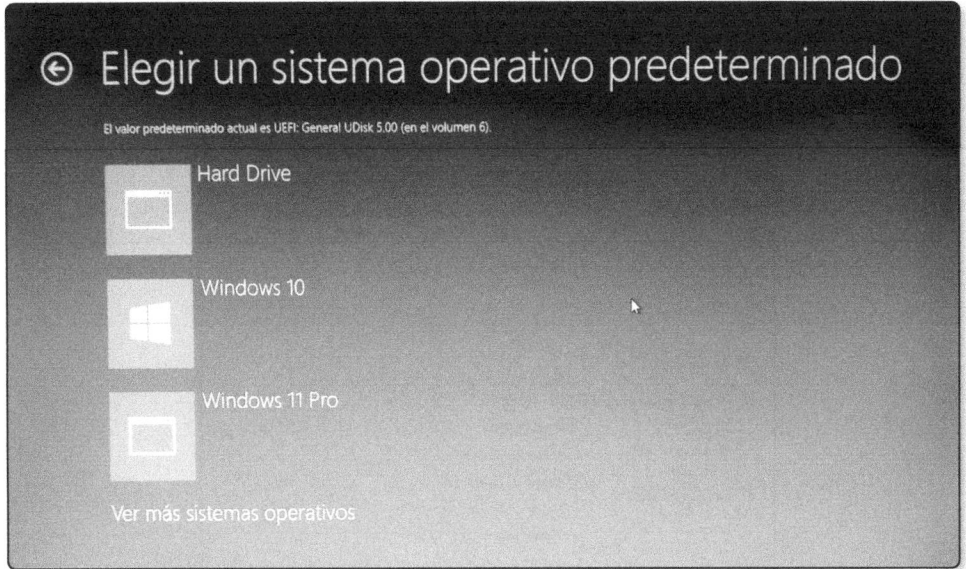

Figura 26.3 Si procedes a instalar más de una versión de Windows en un disco, los pasos son los mismos que leíste en este capítulo para colocar Windows 11. Lo ideal es que este segundo sistema se instale en una nueva partición del disco. De esta manera, cuando la máquina inicie, tendrás un selector para optar qué sistema usar en cada arranque. Windows crea el menú de multiboot automáticamente.

Ahora, si quieres usar una versión de **Linux** y otra de **Windows**, puedes hacerlo, y a pesar de que parece una tarea para expertos, no resulta tan así. Las instalaciones hoy en día son intuitivas y más sencillas entre estos sistemas operativos, y el arranque puede ser gestionado tanto desde uno como desde el otro, pero se recomienda el uso de un programa que gestione esta tarea de forma más práctica y simple. Existen diversas herramientas para este propósito, pero en esta ocasión podrás evaluar el desempeño de **EasyBCD**, de la empresa **Neo Smart Technologies**, en la versión **Community Edition**, que es free y ya cuenta con soporte para **Windows 11**. Básicamente, la función de este software es modificar de modo fácil y rápido las opciones de arranque para múltiples sistemas operativos. Algunas características sobresalientes: puedes instalarlo en español, agregar las entradas para el proceso desde el mismo programa, generar un acceso para discos externos y cuenta con herramientas extra de gran ayuda para estos casos.

26.3.2 Uso de EasyBCD

En principio, debes contar con la instalación de un sistema operativo en el disco de tu computadora.

Luego, descarga la versión gratuita de EasyBCD e instálala aceptando las condiciones que propone el desarrollador. Ejecuta el software tras su instalación y espera su inicio (**Figura 26.4 y 26.5.**).

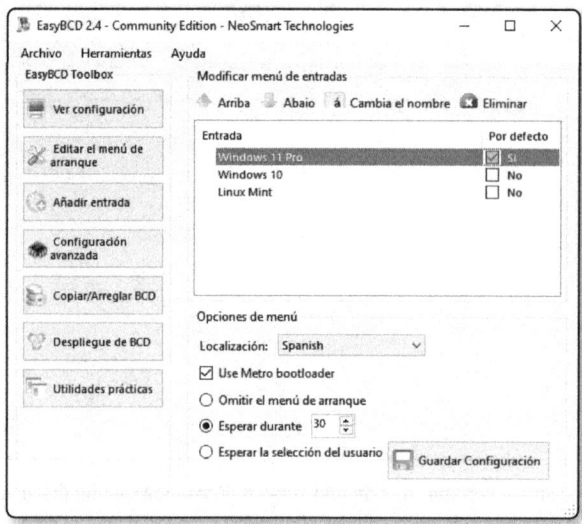

Figura 26.4 Si ya tienes los dos sistemas instalados, solo deberás gestionar su arranque. Para hacerlo, ve al botón *Editar menú de arranque*, donde encontrarás las entradas de los sistemas instalados. Podrás colocar en primera instancia el que desees, como así también definir cuál será el predeterminado y asignar un tiempo de espera antes de entrar automáticamente al que ha sido designado.

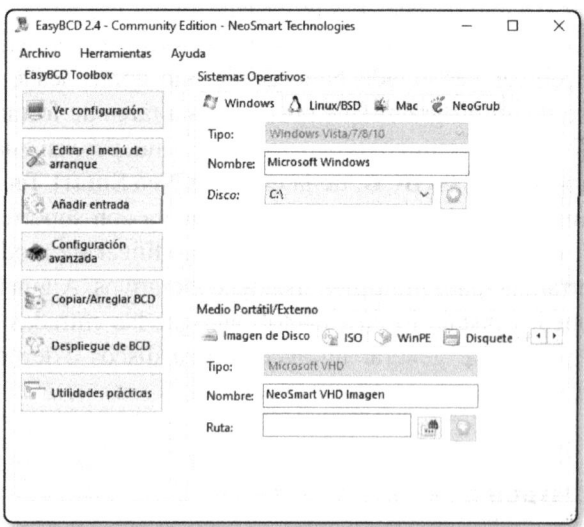

Figura 26.5 Si deseas crear entradas para luego instalar un nuevo sistema operativo, entra al apartado *Añadir entrada* y, con las opciones que proporciona el programa, ingresa un nuevo sector al disco y luego procede a su instalación en otro momento.

Este proceso también puede administrarse desde Windows. Para hacerlo, usa el comando **msconfig**. Ve a la barra de tareas y en **Buscar** escribe el nombre del comando, luego presiona **ENTER**. En la solapa **Arranque** puedes configurar las opciones, aunque más limitadas que las del software propuesto anteriormente.

26.4 ACTIVIDADES

A continuación verás las preguntas y los ejercicios que deberías saber responder y resolver para considerar aprendido el capítulo.

26.4.1 Test de autoevaluación

1. ¿Qué es la MBR?, ¿en qué se diferencia de las tablas GPT?

2. ¿Para qué sirve la herramienta Media Creation Tool?

3. ¿Cuál es el peso en GB de una imagen ISO de Windows 11?

4. Explica en breves palabras cómo podrías instalar dos sistemas operativos en un equipo.

5. ¿Qué función cumple el software EasyBCD?

26.4.2 Ejercicios prácticos

1. Investiga qué tabla de partición tiene tu actual sistema operativo.

2. Crea un medio de arranque USB con una ISO de Windows 11; procede a realizar los pasos de instalación en un ordenador.

3. Luego de instalar Windows 11, realiza todas las tareas de actualización y mejoras del sistema.

4. Anímate a instalar un segundo sistema operativo Windows en tu PC y gestiona el arranque con los métodos aprendidos en este capítulo.

27

···

MANTENIMIENTO Y OPTIMIZACIÓN

El capítulo 3 de esta obra comprende el mantenimiento y la optimización del sistema operativo. Conocerás herramientas propias del software que da inicio a tu equipo, como así también aplicaciones de terceros con excelente desempeño en estas tareas.

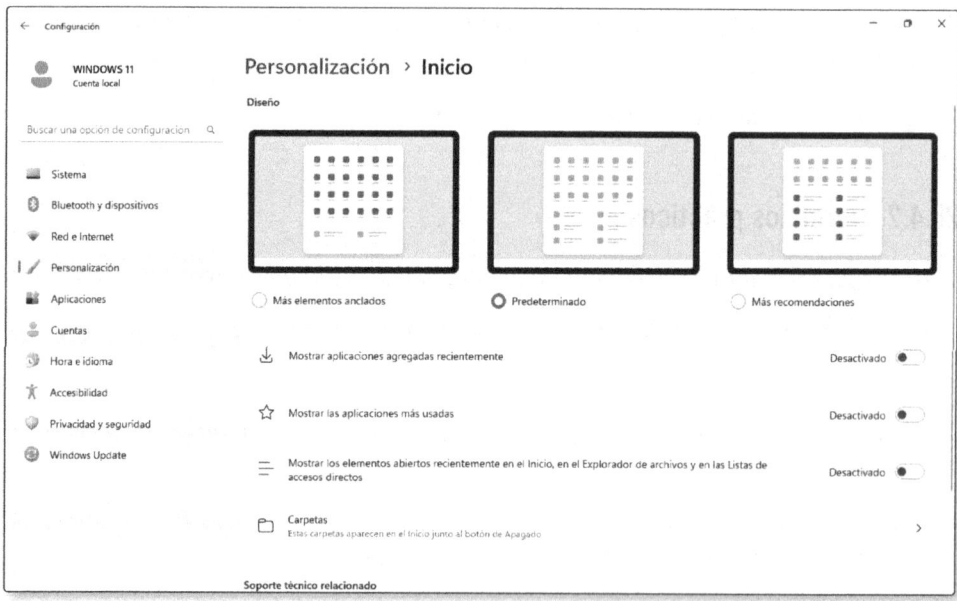

27.1 ¿POR QUÉ ES IMPORTANTE MANTENER EL SISTEMA OPERATIVO?

No hay dudas de que tener un sistema prolijo, ordenado y dinámico hace más eficiente el trabajo diario, y ayuda al resto del software a funcionar correctamente, y al hardware, a estar menos exigido. Es muy interesante que leas y ejecutes todas las acciones que aprenderás en este material y que puedas ponerlas en práctica a menudo. A poner manos a la obra y que disfrutes de este aprendizaje.

Un sistema operativo siempre óptimo permite que el resto del software que usas para trabajar o para momentos de ocio funcione correctamente y con fluidez. A esto también hay que agregar que el hardware sufrirá menos y trabajará mejor, sin dejar de lado que el sistema dará mejores resultados en su arranque y gestión general del equipo. Estas son las causas por las cuales es fundamental mantener el sistema siempre a pleno, y debes hacerlo de forma periódica para que los efectos sean los deseados.

Los sistemas operativos, principalmente Windows, tanto en el inicio como en el apagado y también en plena actividad, generan una serie de fallos internos que no son de gravedad en lo inmediato y son consecuencia normal de su uso. A esto hay que sumarle que la actividad de navegación por Internet y los programas que instalas o desinstalas, junto a descargas fallidas, generan archivos basura que hacen que el sistema, con el tiempo, se torne más lento y pesado y pierda esa estabilidad que tenía cuando fue instalado por primera vez. Todo esto implica que los sistemas necesitan mantenimiento y optimización. Estas tareas, si bien pueden parecer exclusivas de especialistas, pueden llevarse a cabo sin grandes sobresaltos siguiendo la guía que se da en estas páginas, cuyo objetivo es darte las herramientas más eficientes en este campo (**Figura 27.1.**).

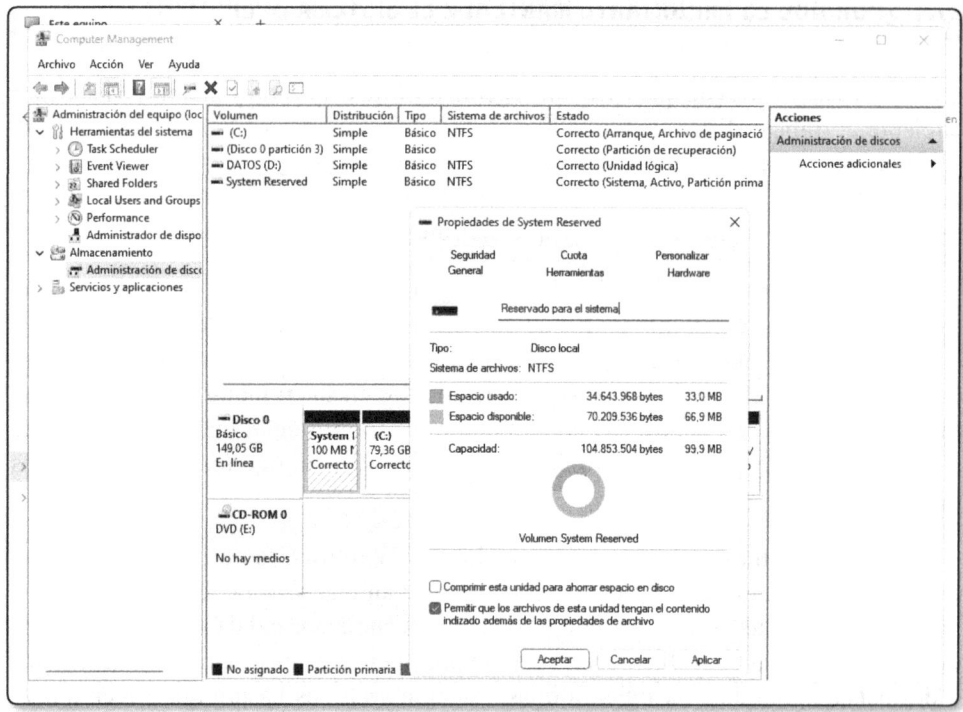

Figura 27.1. Los archivos que integran el sistema operativo están compuestos por ejecutables, comandos, ficheros de sistema y de vínculos dinámicos. Estos se ven afectados en el tiempo por distintos factores, y es por eso que la salud de su entorno estará constantemente amenazada si no se realiza un mantenimiento preventivo y de corrección de fallos.

27.1.1 Fundamentos

Windows, en algunos procesos de inicio, suele instalar actualizaciones automáticas que se descargan en segundo plano en pleno trabajo operativo. Si bien corrigen problemas o aplican parches de seguridad, también es cierto que dejan archivos residentes que, con el tiempo, se acumulan y pueden lentificar el arranque del sistema. También, los archivos temporarios empleados por muchos programas para instalarse o en medio de sus operaciones contribuyen a lentificar el trabajo del sistema. Uno de los objetivos más importantes del mantenimiento es borrar de forma periódica los archivos temporales y así liberar espacio en disco, memoria **caché del sistema** y procesos que se puedan estar ejecutando en segundo plano sin tu conocimiento.

Cuando descargas programas y procedes a instalarlos, estos dejan archivos residentes que permiten ejecutar con más rapidez los procesos de reparación y desinstalación. Obviamente, ocupan espacio y suelen generar procesos en segundo plano que vuelven al sistema un poco más lento y pueden causar fallos inesperados. Si desinstalas un programa, este no desaparece por completo del sistema, sino que deja residentes y claves en el **Registro de Windows** que pueden afectar el uso del sistema en general. Por lo tanto, con cierta frecuencia es necesario limpiar esos archivos con el fin de optimizar el rendimiento del sistema.

El uso de parches, cracks o generadores de claves para activar un programa como legal sin duda es una vía de ingreso de software malicioso al sistema. Cuando Windows resulta infectado, estarás en una situación complicada. A veces es posible solucionar el problema, pero en otras ocasiones la infección es más importante de lo que pensabas. Muchas de estas situaciones pueden ocurrir sin que te des cuenta y, lamentablemente, algunos archivos fundamentales se verán afectados, lo que llevará a la inestabilidad del sistema operativo y, a la larga, quizás al deterioro que pondrá en peligro tu información personal.

Hoy en día, la posibilidad de descargar series, películas, software y juegos por la red y de forma no oficial te remite a páginas dañinas que pueden adjuntar **malware** que afectará directamente el uso del sistema. Este problema no siempre es detectado por los antivirus, porque constantemente hay nuevos desarrollos que vulneran la seguridad. Si no tienes un antivirus pago oficial, siempre estarás en desventaja. El sistema operativo es el software más afectado ante estos ataques, que generan fallos parciales y, en muchos casos, catastróficos. También puede verse amenazada tu seguridad personal, ya que mucho software espía puede estar vulnerando la integridad del sistema.

Borrar los rastros de la navegación por Internet y mantener limpios los navegadores es parte del mantenimiento y la corrección de fallos. Las páginas suelen dejar archivos residentes denominados cookies, y también almacenan parte de sus índices en la caché del navegador, lo que hace que, con el tiempo, el sistema de navegación se torne más lento y hasta fastidioso.

Hacer limpieza de archivos y/o carpetas que no uses es un gran consejo que no solo ahorra espacio, sino que también ayuda a mejorar la estabilidad del sistema operativo.

No contar con los últimos controladores de hardware puede lentificar el sistema y hacerlo funcionar mal. Es parte del mantenimiento instalar las actualizaciones correspondientes, como así también los parches oficiales del desarrollador del sistema operativo para mejorar su rendimiento.

Figura 27.2. Los famosos pantallazos azules de Windows son indicadores de anomalías en el sistema operativo. Esto se veía en las versiones anteriores a la 11, y ahora son pantallas negras que indican que algo anda mal. A veces son imposibles de reparar y esto, lamentablemente, implica hacer una reinstalación del sistema. Otras veces es posible corregir el problema, pero lo importante es evitar este tipo de errores, y para lograrlo, entre otros factores, el mantenimiento es un buen método.

27.2 MANTENIMIENTO DE WINDOWS

Para este caso vamos a utilizar la última versión del sistema más popular a nivel mundial, Windows 11, que ofrece interesantes herramientas de mantenimiento además de que permite usar aplicaciones de terceros o hacer acciones manuales para mantener el sistema siempre estable.

27.2.1 Estar siempre actualizado

Una excelente decisión que puedes tomar luego de instalar Windows es descargar sus actualizaciones. Esta acción puede hacerse en forma manual en caso de no tener activadas las actualizaciones automáticas. Lo importante es que observes el tipo de actualización y la apliques para mantener tu sistema operativo siempre al día.

Figura 27.3. Windows Update ayuda a mantener al día el sistema y corrige muchos fallos, principalmente, los relacionados con controladores y compatibilidades con otros programas. Además, aplica parches referidos a la seguridad del sistema.

Es posible que tu Windows 11 ya aplique actualizaciones automáticas, pero puede suceder que, por distintas razones, no se instalen todas o solo se descarguen esperando que tú tomes la decisión. Entonces puedes dirigirte al menú **Inicio/Configuración/Windows Update/Buscar actualizaciones** y, según las que encuentres, instalarlas a demanda o todas las disponibles.

27.2.2 Liberar espacio

Si tu unidad de disco está llena y Windows constantemente te informa que está por agotarse la capacidad de almacenamiento, intenta liberar espacio. Aunque tu medio de almacenamiento no esté completo, con cierta frecuencia es importante realizar esta operación, que ayudará a que el sistema funcione mejor.

PASO 1

Abre el Explorador de archivos presionando la combinación de teclas **WINDOWS + E**.

PASO 2

Dirígete a la unidad de almacenamiento principal, habitualmente la que tiene la letra C, y realiza un clic sobre ella. A continuación, ejecuta la combinación de teclas **ALT + ENTER** para acceder a las propiedades del disco.

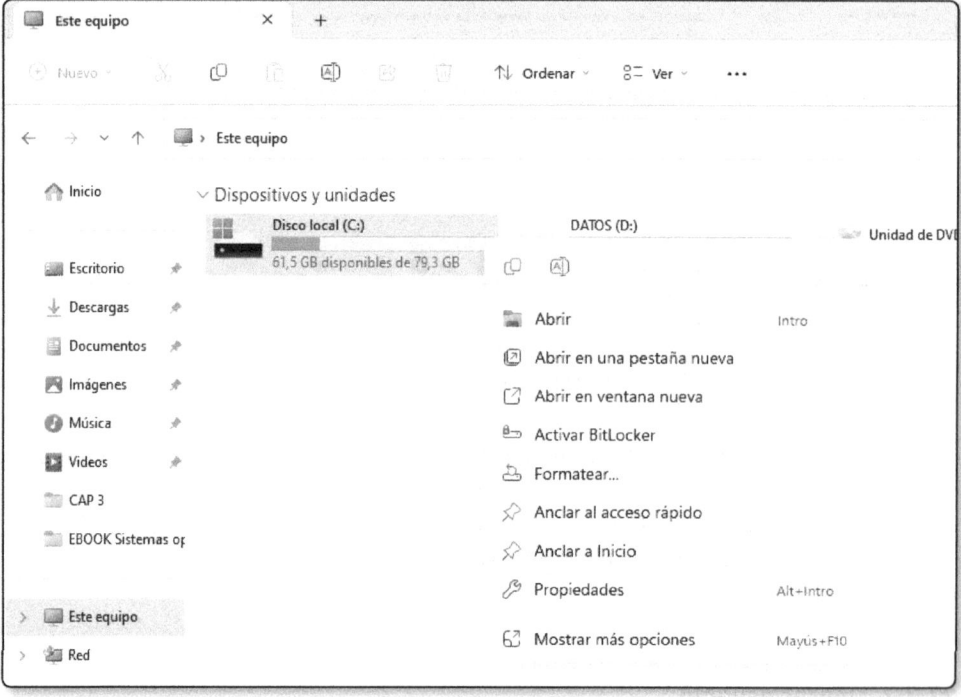

PASO 3

Se abrirá una ventana donde obtendrás información sobre el medio de almacenamiento, como espacio utilizado y espacio libre.

Presiona el botón **Detalles**.

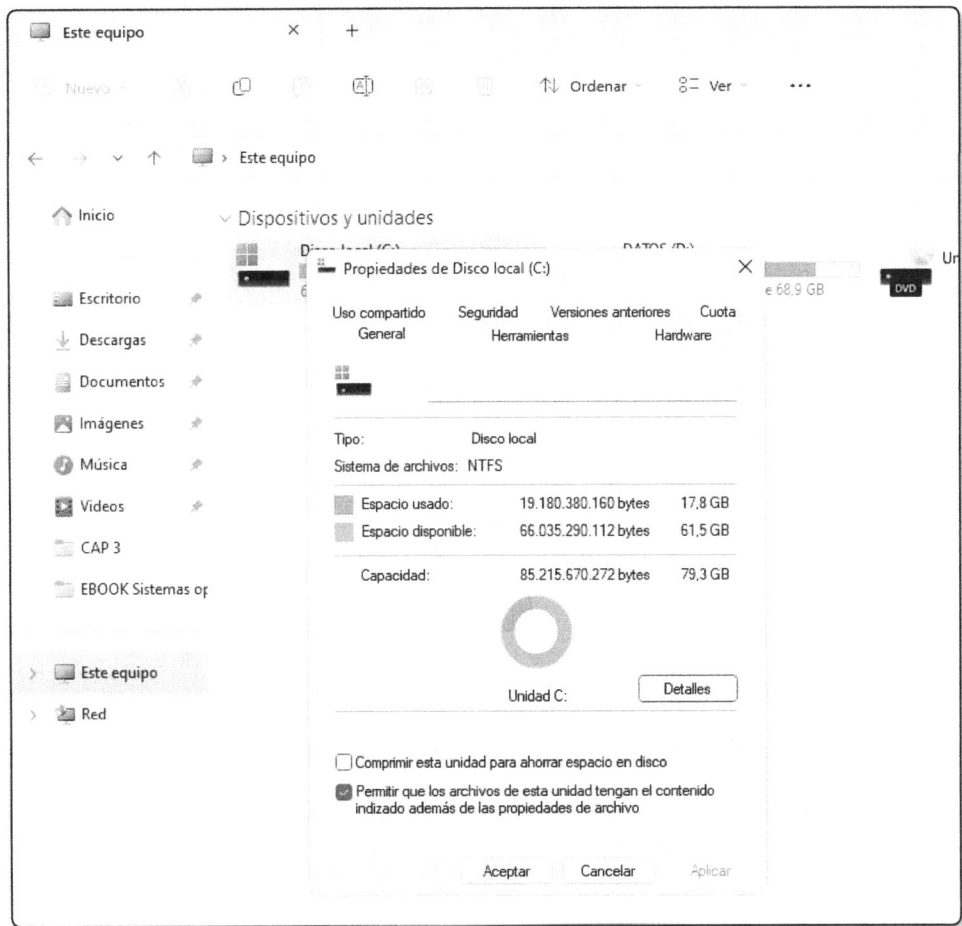

PASO 4

La nueva ventana que se abre te dará información sobre el almacenamiento de tu computadora. En las líneas de descripción verás la relacionada con **Archivos temporales**; haz un clic allí.

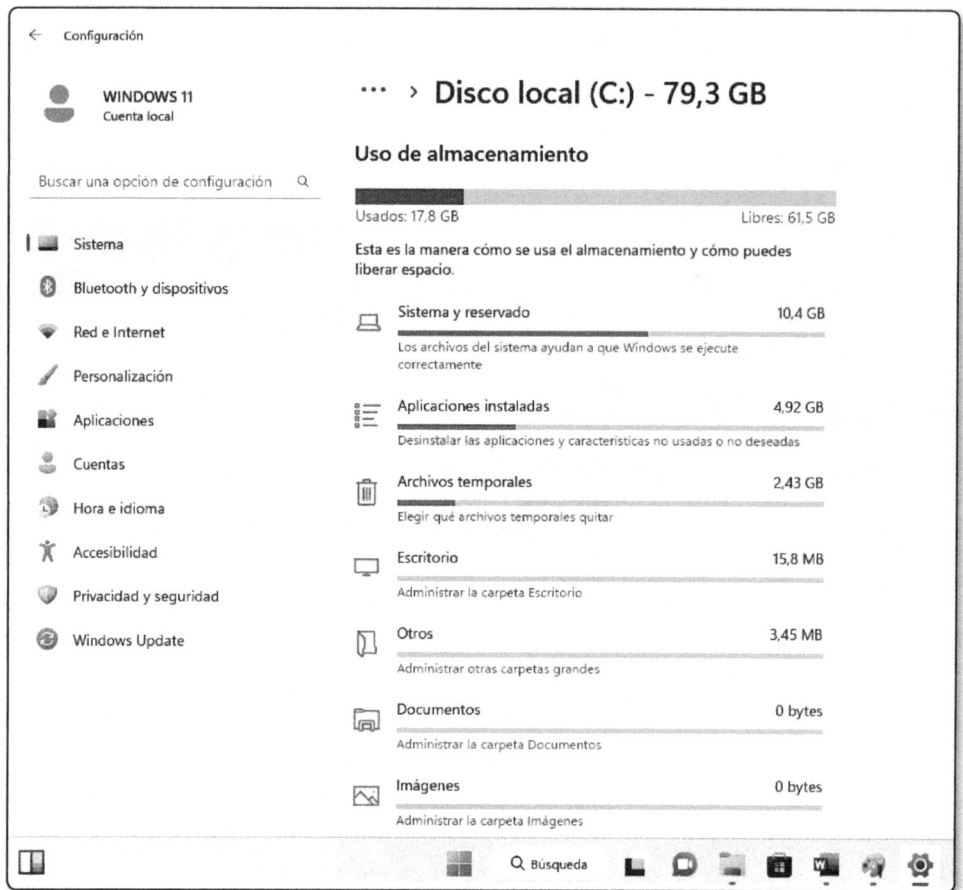

PASO 5

En este apartado podrás seleccionar lo que deseas eliminar y también te informará la cantidad de espacio que podrás ahorrar luego de hacerlo. Solo resta presionar el botón **Quitar archivos** y dejar que el servicio de Windows haga el trabajo.

Importante: observa bien lo que seleccionas para eliminar. Muchos elementos deben quitarse, pero otros pueden afectar a tu información si los eliminas. Por ejemplo: las carpetas **Descargas**, **Eliminar el caché** y **Archivos temporales de Internet** son opciones interesantes para revisar periódicamente.

27.2.3 Instalar los últimos controladores

Al culminar la instalación de Windows 11 la mayoría de los controladores estarán funcionando, pero es posible que el fabricante del hardware haya sacado actualizaciones para mejorar la experiencia en este nuevo sistema. Hay muchos componentes que funcionan mal o directamente no lo hacen con el controlador provisto por Windows, como así también pueden fallar las opciones de configuración. Por eso es necesario tener los drivers al día y, si son oficiales de la marca, mucho mejor.

Para realizar esta acción, puedes implementar tres caminos posibles. Uno es usar la actualización de controladores provista en el **Administrador de dispositivos**, la otra es recurrir a un software de terceros que se conecte a los servidores de cada componente del hardware y pueda obtener las versiones más recientes, y la última es ir a cada sitio oficial de los fabricantes de cada dispositivo y descargar las últimas versiones de sus controladores; esta última alternativa es un poco más tediosa.

En el caso de utilizar el **Administrador de dispositivos** de Windows realiza las siguientes tareas:

- Para abrir el **Administrador de dispositivos**, presione la tecla con el logotipo de **WINDOWS** y la tecla **R** al mismo tiempo.

- Escribe **devmgmt.msc**.

- Haz clic en Aceptar o presiona la tecla **INTRO** o **ENTER**.

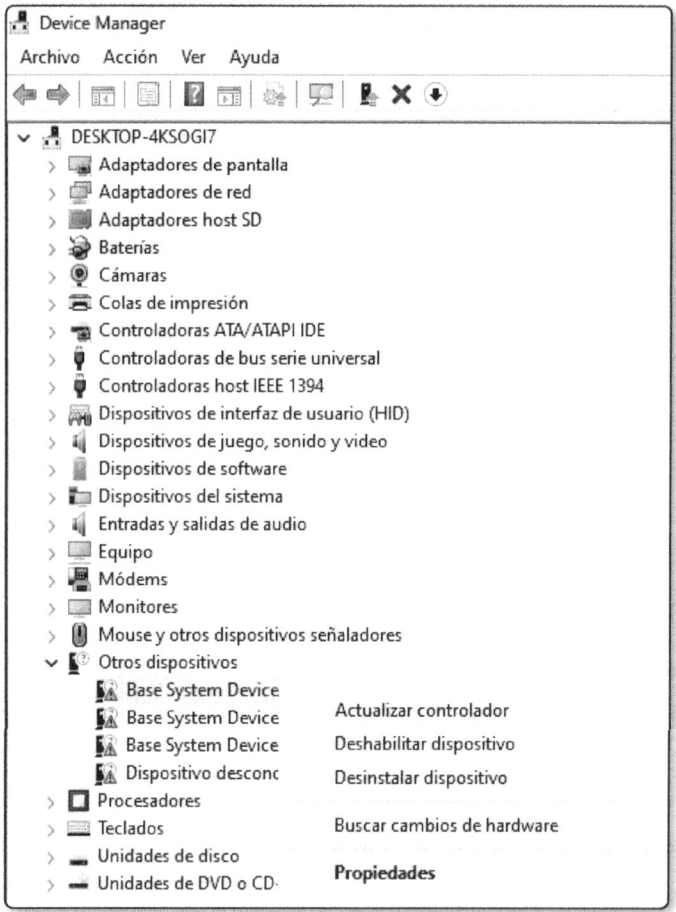

Figura 27.4. Aparecerá todo el árbol de dispositivos conectados a la computadora. Si ves alguno que tiene un signo de exclamación en amarillo, estará indicando una anomalía y será ese el que debas actualizar. Si no hay nada informado, de todas maneras puedes solicitarle a Windows que busque una actualización para ese componente. Solo deberás abrir la rama del controlador que buscas, hacer un clic derecho del mouse y elegir *Actualizar controlador*. Luego escoge *Buscar software de controlador actualizado automáticamente* y deja que inicie la búsqueda de una actualización.

Figura 27.5. Los controladores más importantes que debes actualizar en Windows 11 son los relacionados con la placa de red, tanto por cable LAN como por WiFi; también actualiza la placa de sonido y la salida de video para obtener mejores resultados en la visualización. En el caso de los equipos portátiles, es muy posible que no funcione el touchpad, con lo cual debes buscar dicha solución.

Otra manera de llevar adelante la actualización de controladores es usando software específico que se conecte a los servidores de cada componente. Para trabajar de esta manera tienes varias opciones. Si bien la mayoría de ellas son con licencia de pago, hay muchas de bajo costo y realmente vale la pena obtener una licencia original. Pero también hay programas que admiten hacer una donación a voluntad, y si indagas bien, sin duda habrá alguno gratuito. Como ejemplo de este tipo de software puedes usar Driver Booster en su última versión para Windows 11; también están DriverMax, Driver Genius, Device Doctor y Avast Driver Update.

27.2.4 Desinstala aplicaciones que no uses

Windows 11 incluye unas cuantas apps que tal vez no llegues a utilizar y que demandan espacio de almacenamiento y realizan procesos en segundo plano. Si las desinstalas, preservarás el uso del sistema operativo y esto contribuirá a mejorar su rendimiento. Es fácil borrar estas aplicaciones, pero a veces necesitarás un software extra para quitar aquellas que no aparezcan en el desinstalador de programas del panel de control de Windows.

27.2.4.1 DESINSTALAR DESDE EL MENÚ INICIO

1. Selecciona **Inicio/Todas las aplicaciones** y busca la aplicación en la lista.

2. Mantén presionada la aplicación (o haz clic con el botón derecho sobre ella) y selecciona **Desinstalar**.

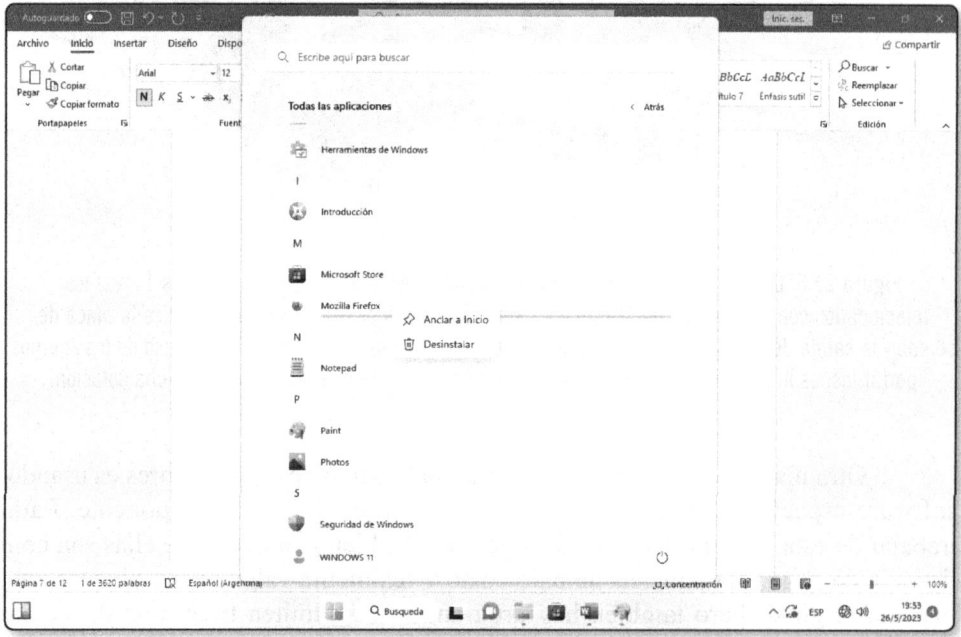

Figura 27.6

27.2.4.2 DESINSTALAR EN CONFIGURACIÓN

1. Selecciona   **Inicio/Configuración/Aplicaciones/Aplicaciones   & funciones**.

2. Busca la aplicación que quieras quitar y selecciona **Más/Desinstalar**.

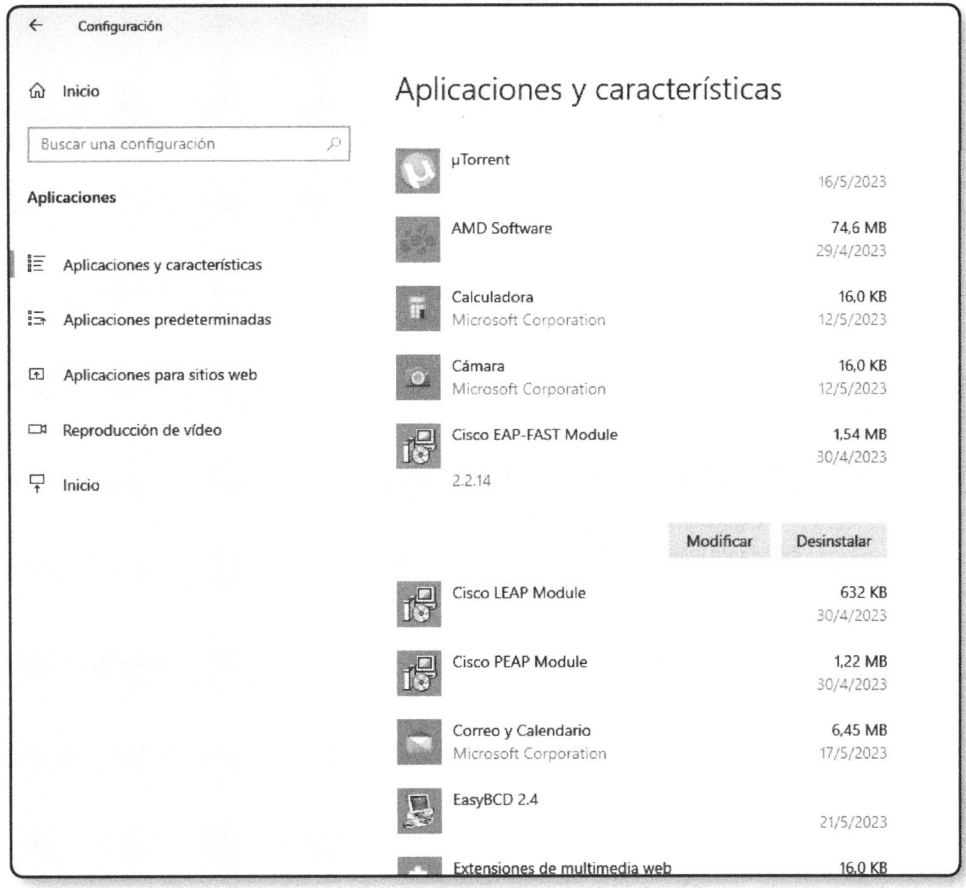

Figura 27.7

27.2.4.3 USAR APLICACIONES DE TERCEROS

En este caso vas a utilizar un desinstalador completo y muy eficiente que, además, ofrece una versión gratuita para instalar y una portable. Se trata de Revo Uninstaller 2.4.4, desarrollado por la empresa Revo Group. Además de erradicar las aplicaciones instaladas por el usuario, es capaz de quitar aplicaciones nativas de Windows y, de esta manera, hacer espacio y mejorar prestaciones del sistema en caso de que no las utilices.

Descarga la versión portable de Revo desde su sitio oficial y descomprímela en una carpeta ubicada donde prefieras. Ejecuta la aplicación haciendo doble clic del mouse sobre el archivo **RevoUPort** y espera a que se abra la ventana (**Figuras 3.8., 3.9. y 3.10.**).

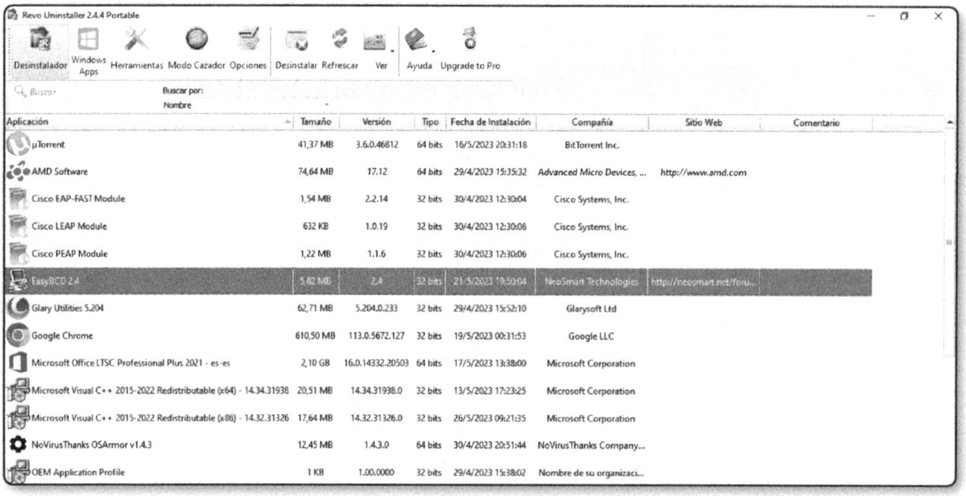

Figura 27.8. En la pestaña *Desinstalador* están las aplicaciones que agregaste oportunamente. Si alguna ya no te interesa, procede a quitarla haciendo clic derecho sobre ella y eligiendo la opción *Desinstalar*.

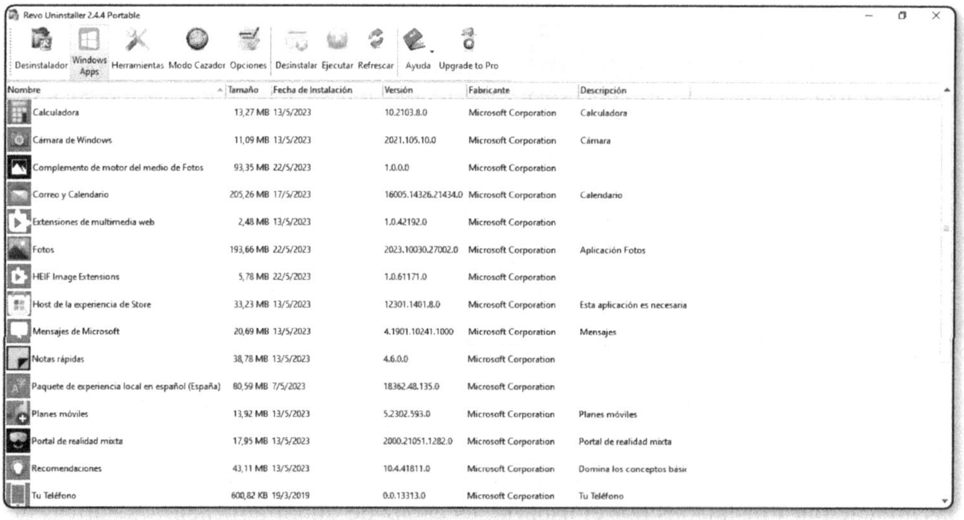

Figura 27.9. La segunda pestaña del programa te remite a Windows Apps, aquellas que no verás en el clásico Panel de control de Windows, pero que ocupan espacio y no están activas sin el consentimiento del usuario. Para borrarlas, solo deberás hacer un doble clic sobre la que desees. Se abrirá una ventana emergente para que confirmes la acción y posteriormente se abrirá el servicio de Windows para borrar el contenido solicitado.

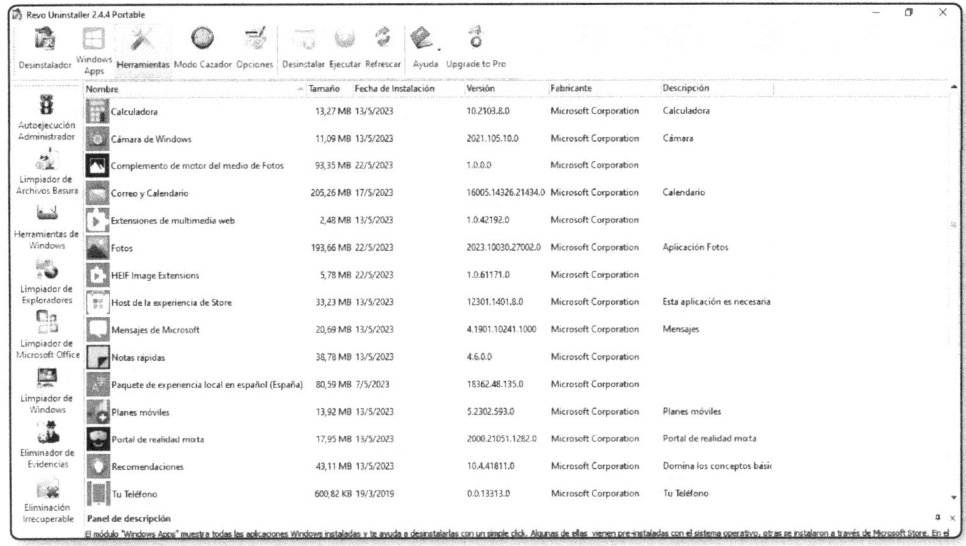

Figura 27.10. Con Revo Uninstaller podrás limpiar archivos basura, elementos no deseados de los navegadores de Internet y alchivos que deja el uso del paquete Office. Esta y otras funciones te permitirán mantener el sistema operativo siempre dinámico.

27.2.5 Optimiza y repara el Registro de Windows de forma periódica

Para entender este procedimiento, antes deberás saber qué hace el Registro de Windows. Este sector del sistema operativo es la gran base de datos que maneja la configuración sobre las preferencias del usuario, registra el software que se instala y asocia las extensiones de los archivos a cada uno de ellos, y controla entradas del hardware donde Windows ejerce una interacción de manera constante. Dicho esto, queda claro que el Registro es una parte fundamental del sistema, y si está corrupto, desde ya algo no andará bien. Además, ten en cuenta que los programas que desinstalas salen de tu medio de almacenamiento, pero pueden quedar entradas de ellos en este sector y, con el tiempo y la falta de mantenimiento, esto afectará la dinámica de Windows.

Para acceder a este sector, ejecuta el comando **regedit**, que es el editor oficial de Windows; ten mucho cuidado al hacerlo, porque manipular claves del Registro puede ser fatal para el sistema. Aquí solo verás lo que hay, pero no verás herramientas para la mejora y optimización. Puedes implementar comandos desde la consola del sistema, pero estos reinstalarán toda una cadena de archivos, y esto es más necesario en caso de presentar problemas pero no de optimización. Lo ideal para mejorar y/o reparar el Registro es usar aplicaciones específicas de otros desarrolladores.

Una buena posibilidad es el conocido CCleaner, lanzado en el año 2003, que ya puede utilizarse con la última versión del sistema operativo. Esta herramienta permite limpiar archivos potencialmente no deseados y entradas inválidas del Registro de Windows. Correr CCleaner cada cierto tiempo ayuda a mantener un Registro óptimo y, desde ya, contribuye a la salud del sistema.

Otra herramienta muy efectiva, con una versión gratuita, es Glary Utilities, que además de tener un limpiador potente de archivos basura, cuenta con una consola completa con muchas utilidades para mantener el sistema operativo. También tiene un reparador del Registro, un desfragmentador de disco y un excelente administrador de programas de inicio para Windows. Esta utilidad, de la compañía Glarysoft, ha ganado terreno en los últimos tiempos entre los técnicos y usuarios de computadoras.

YL Software también ofrece soluciones a través de su producto WinUtilities, que tiene versiones profesionales de pago y otras gratuitas, pero con funciones limitadas. Utiliza un algoritmo parecido a los mencionados anteriormente, y entre varias funciones, permite reparar y optimizar el Registro de Windows.

Por último, tienes la opción de evaluar Wise Registry Cleaner, una aplicación con versiones free y pro de la empresa WiseClean. Permite borrar elementos obsoletos del Registro y también encontrar errores para evitar así el deterioro de este importante elemento del sistema operativo. Ya está disponible la versión para Windows 11, que puedes descargar desde su web oficial libre de virus; apenas pesa unos 5.6 MB.

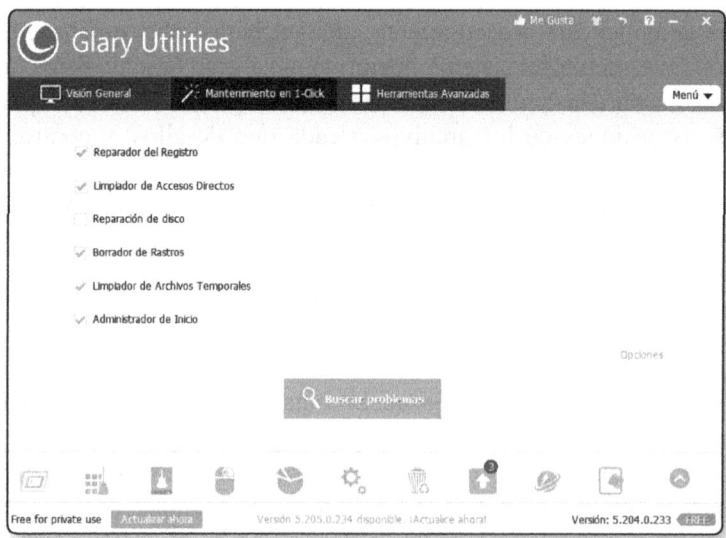

Figura 27.11. La herramienta Glary Utilities es una de las mejores en su rubro. Presenta la posibilidad de escanear y optimizar cuestiones del sistema operativo en un solo clic. Tiene un panel muy completo de opciones, y su uso frecuente mantiene óptimos todos los parámetros operativos de Windows.

27.3 SEGURIDAD

Una forma de mantener siempre óptimo el sistema operativo es hacer mucho hincapié en la seguridad. La protección en tiempo real y la posibilidad de efectuar escaneos para detectar software malicioso es parte del mantenimiento que debes realizar cada cierto tiempo. Esta acción, sin duda, evitará daños mayores, y ten en cuenta que no basta con solo tener el antivirus vigente: también hay pequeños programas maliciosos que se filtran por Internet con el fin de recolectar datos para publicidad o, simplemente, para extorsionar al usuario. Hacer una limpieza frecuente ayudará a preservar el programa más importante de tu computadora, y a eso vamos a continuación.

Microsoft **Defender** es un programa de seguridad antivirus cuyo propósito es buscar y solucionar amenazas, prevenir, quitar y poner en cuarentena software espía y malware en Microsoft Windows. Está incluido y activado por defecto en Windows 8, Windows 8.1, Windows 10 y Windows 11. A pesar de su buena reputación, muchos usuarios ponen en duda su funcionalidad, y es por eso que prefieren utilizar un antivirus con licencia paga que tenga mayor renombre. Al margen de cuál decidas usar, la verdad es que es complejo encontrar una protección completa y que no vuelva lento al equipo. Quizá esta sea la razón para dejar una protección básica siempre activa y, cada determinado tiempo, escanear el sistema con otras utilidades que detecten posibles infecciones o programas molestos.

27.3.1 Escanear usando Windows Defender

Una buena decisión es realizar un escaneo completo sin conexión a Internet. El fundamento de este tipo de acción es hacer que el programa de protección de **Windows** actúe sin interrupciones, ya que muchos malware se activan o se potencian mientras la conexión a la red está activa.

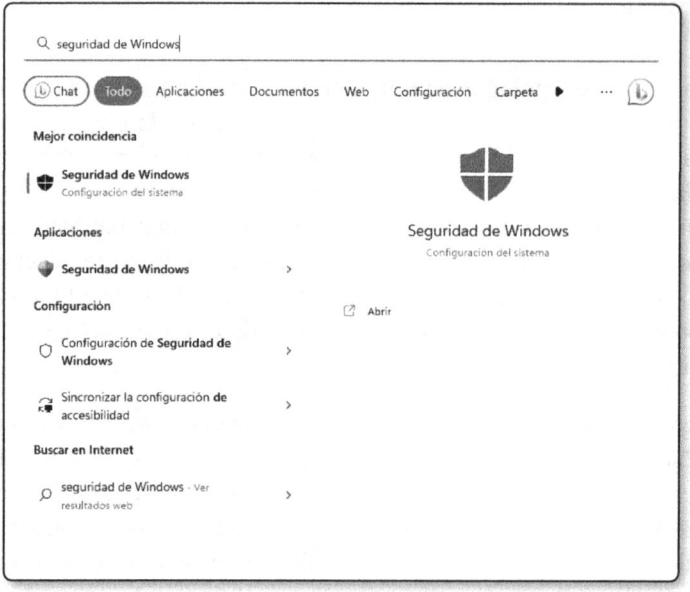

Figura 27.12. Para ejecutar este análisis del sistema es necesario que presiones sobre la función de *búsqueda* de la barra de tareas de Windows 11 y escribas la palabra *seguridad*. El servicio localizará la función Seguridad de Windows, donde tendrás que hacer clic.

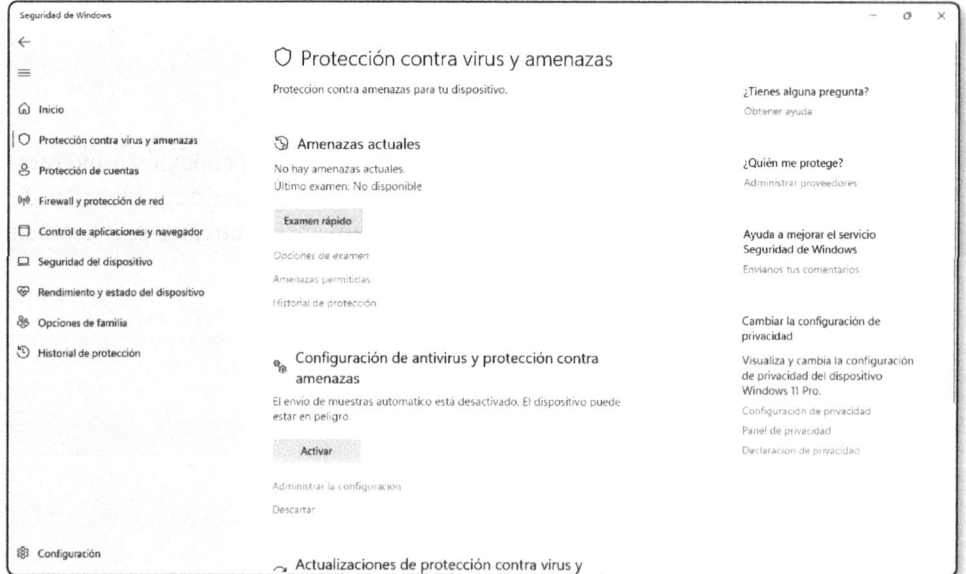

Figura 27.13. En la siguiente ventana que se abre verás opciones generales de configuración de Windows Defender. En este caso solo presiona *Examen rápido*; así dejarás que el servicio haga su tarea. Dependiendo del volumen de información que tengas, podrá demorar unos cuantos minutos.

27.3.2 Usar herramientas externas

Existen varias herramientas muy buenas para escanear software espía, virus y malware. La mayoría ya ha actualizado sus versiones para que corran en Windows 11, con lo cual podrás optar por algunas gratuitas, pagas, instalables o portables.

Sin duda, la empresa Malwarebytes es una de las creadoras de herramientas para este propósito más importantes del mundo. Desde el año 2006 viene presentando propuestas más que interesantes para la seguridad informática hogareña y empresarial, pero su principal logro es ser realmente efectivas y erradicar las infecciones preservando la estructura del sistema operativo. Malwarebytes for Windows es una protección en tiempo real con la posibilidad de hacer un escaneo muy profundo del sistema y detectar las posibles vulnerabilidades. Un derivado de esta aplicación, gratuito y altamente recomendado, es ADWCleaner, capaz de detectar y eliminar software no deseado, tal como programas con publicidad, o software publicitario, y programas espía. Su versión es muy liviana y posee una gran base de datos para erradicar hasta las últimas amenazas.

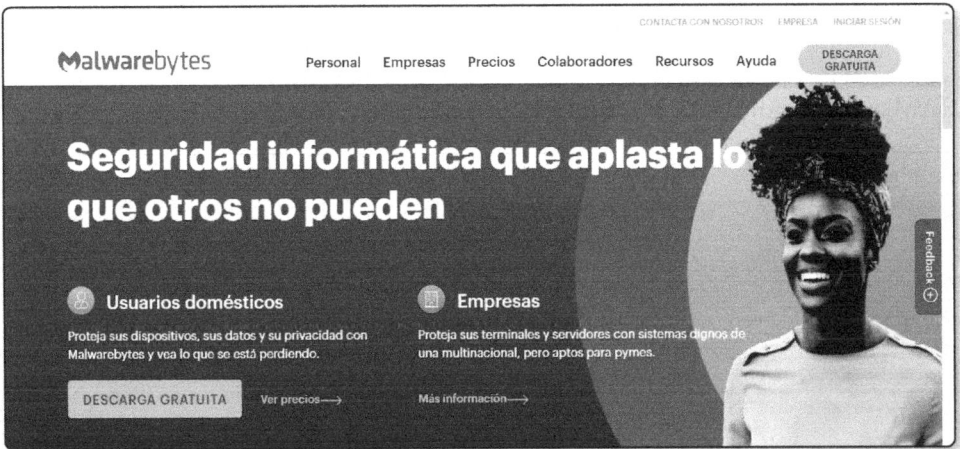

Figura 27.14. Las herramientas provistas por la empresa Malwarebytes son muy completas y permiten realizar un escaneo completo del sistema operativo. Son un excelente complemento para la seguridad provista por Windows, y tener ambas opciones ayuda a estar más protegido.

Por otro lado está la empresa Sophos Group, de origen británico, desarrolladora de software y hardware de seguridad. Para Windows 11 ofrece una aplicación gratuita denominada Sophos Scan And Clean, que permite efectuar un escaneo muy profundo del sistema y encontrar vulnerabilidades que quizá nunca te habías dado cuenta de que estaban ahí. Antes de usarla, te recomendamos hacer una copia de seguridad, ya que a veces, cuando el caso es muy grave, Sophos toma la determinación de borrar los archivos infectados y esto puede causar una falla en el inicio de Windows. Por eso te conviene realizar revisiones periódicas y así no llegar a circunstancias muy extremas.

Por último, puedes descargar aplicaciones de ESET, que también es muy popular en el rubro de la seguridad informática. Ofrece antimalware, antiphishing y antispam en protección real y herramientas para el escaneo del sistema.

27.4 AJUSTES DE WINDOWS 11 PARA DAR MÁS RENDIMIENTO A TU COMPUTADORA

A continuación verás una descripción de una serie de ajustes que podrás realizar en Windows 11 con la finalidad de mejorar el rendimiento de la computadora y darle más fluidez a su uso. Si tu hardware está algo limitado, también te ayudará a que funcione mejor, y las prestaciones con otros programas se verán notoriamente beneficiadas.

27.4.1 Ajustar rendimiento

Si tu equipo está algo limitado en cuanto al hardware de video y la memoria RAM, puedes indicarle a **Windows** que ajuste su rendimiento.

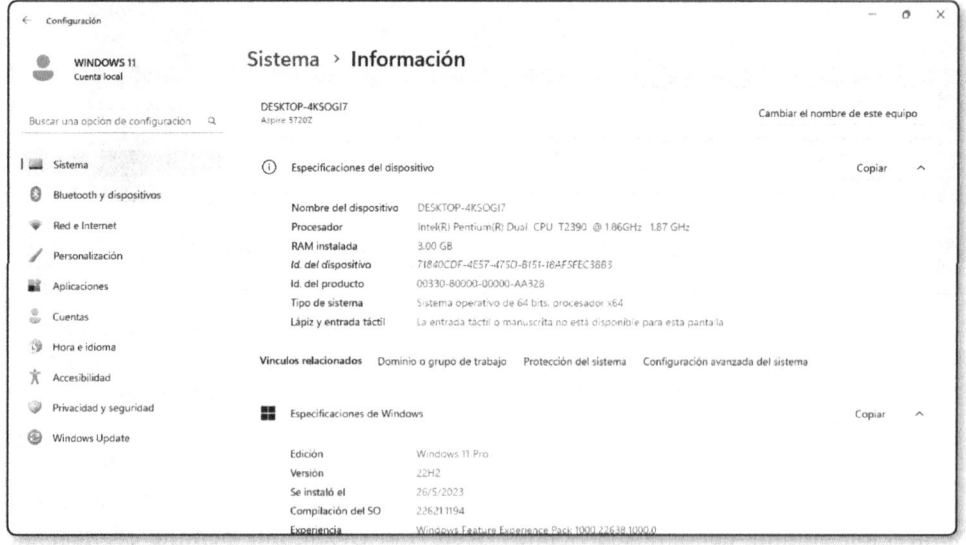

Figura 27.15. Dirígete a *Búsqueda* de la barra de tareas y escribe *configuración* para acceder a este servicio. Haz clic en el panel izquierdo sobre la opción *Sistema* y, en las opciones centrales, presiona *Información del sistema*. En la siguiente ventana localiza en la zona central la línea *Vínculos relacionados* para acceder a la opción *Configuración avanzada del sistema*.

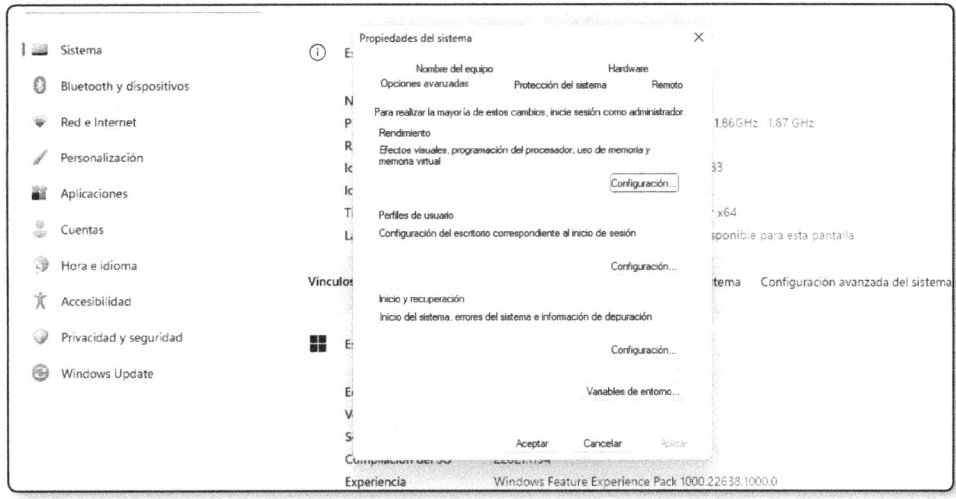

Figura 27.16. Una vez que ingreses, por defecto deberás estar situado en la solapa *Opciones avanzadas*. Allí presiona el botón *Configuración* de la opción *Rendimiento*.

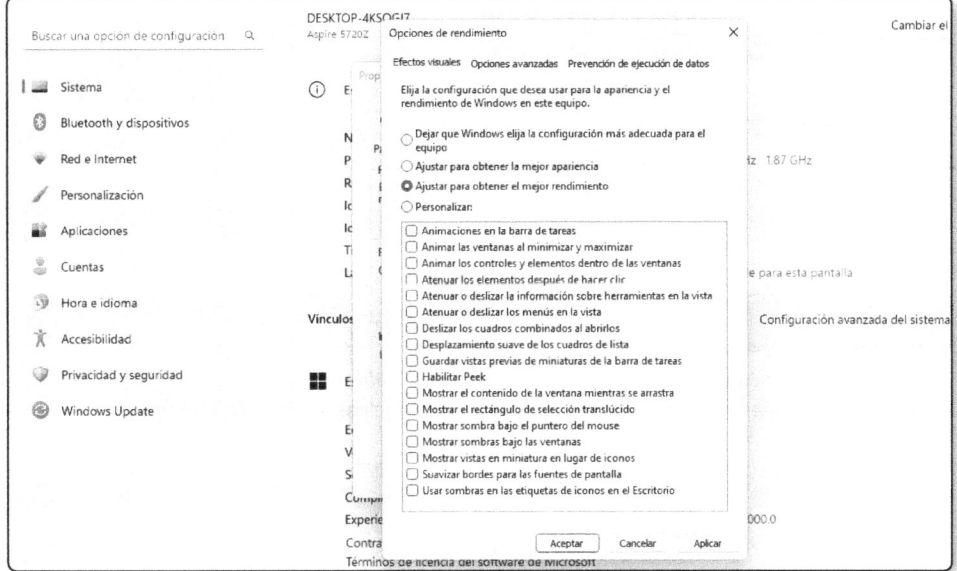

Figura 27.17. Seleccionar la opción *Ajustar para obtener el mejor rendimiento* y pulsa *Aceptar*.

27.4.2 Sensor de almacenamiento

Activa el **sensor de almacenamiento**. Esta opción automáticamente hará que Windows libere espacio y borre los archivos temporales de en un determinado período.

▸ En la barra de tareas, presiona **Búsqueda**, escribe **Configuración** e ingresa al servicio.

▸ En el sector izquierdo elige **Sistema** y busca en el panel central la opción de **Almacenamiento**.

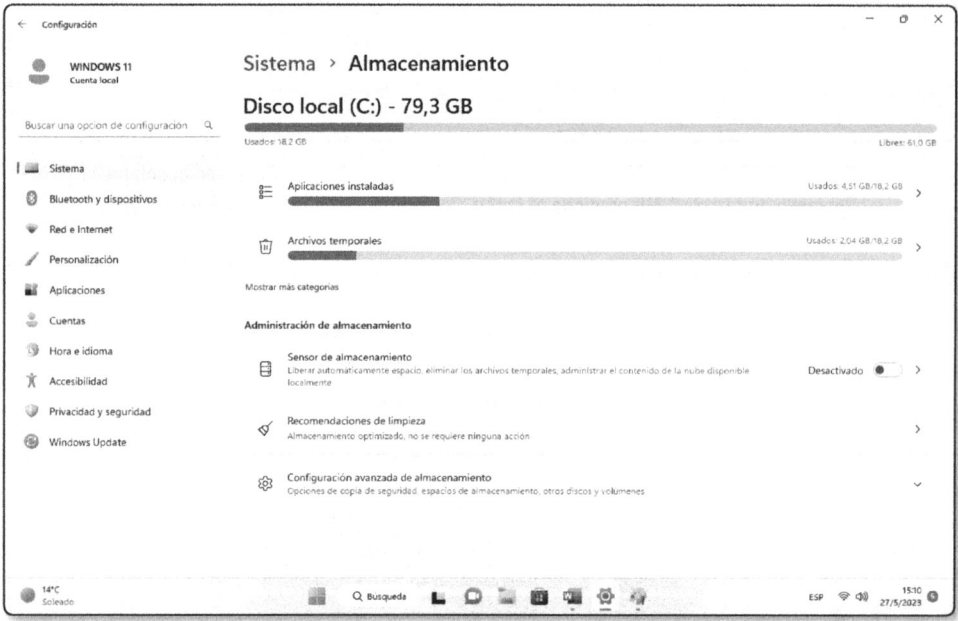

Figura 27.18. En el apartado *Administrador de almacenamiento* activa el sensor de almacenamiento y presiona la flecha que apunta a la derecha para ir a más opciones de esta función.

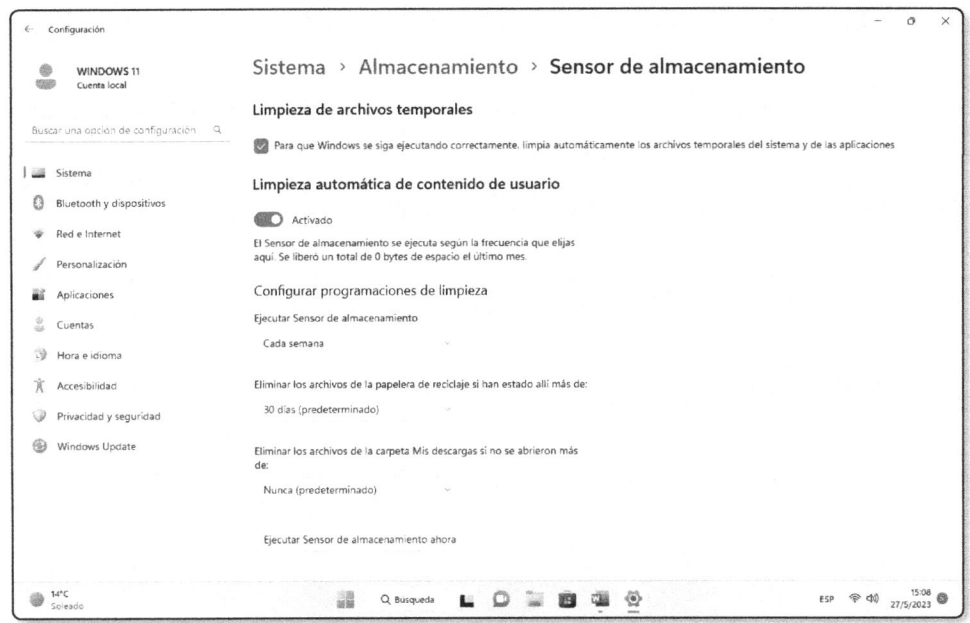

Figura 27.19. Puedes configurar el sensor de almacenamiento una vez por semana, cada mes o cuando haya poco almacenamiento. Lo ideal es que la limpieza se realice una vez por semana.

27.4.3 Notificaciones

Desactiva las notificaciones automáticas o, al menos, deja las esenciales. A menudo, suelen aparecer notificaciones molestas, y al estar cargadas en memoria, pueden enlentecer el sistema.

Si no tienes un servicio de comunicaciones o mensajería instantánea, lo ideal es quitar todas las notificaciones, pero esta es tu decisión.

Ve al **Búsqueda** de la barra de tareas y escribe notificaciones; entre las opciones que aparecen elige **Notificaciones y acciones** (Figura 27.20.).

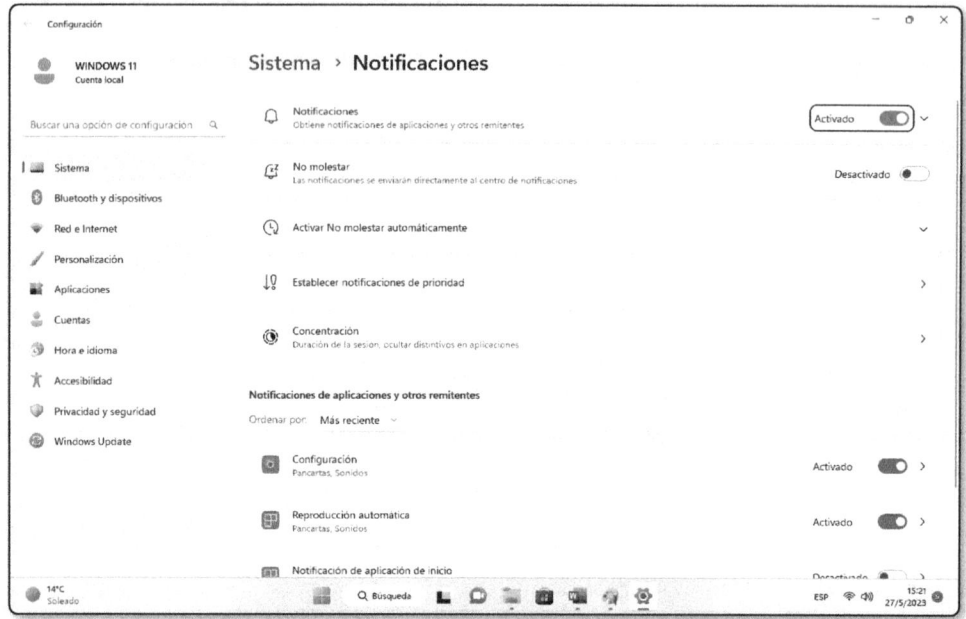

Figura 27.20. Puedes directamente presionar el botón corredizo de activar/desactivar, y dejando en modo desactivado, no tendrás más notificaciones en el sistema. Si hay algunas apps cuyas notificaciones te interese ver, más abajo hay un listado de todas las instaladas y podrás desactivarlas o activarlas a demanda.

27.4.4 Personalizar arranque

Este ajuste te permite personalizar el inicio de Windows y desactivar opciones que eviten acumular más procesos.

En **Búsqueda** de la barra de tareas escribe configuración e ingresa al servicio.

En el panel izquierdo busca la opción **Personalización** y, dentro de ella, **Inicio** (Figura 27.21.).

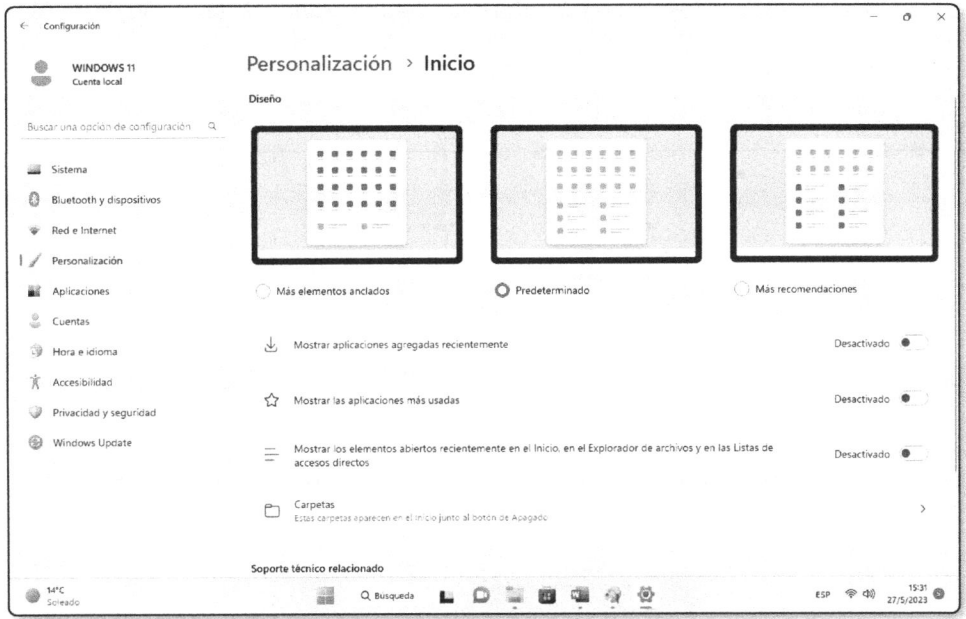

Figura 27.21. Desactiva las tres opciones principales: *Mostrar aplicaciones agregadas recientemente, Mostrar aplicaciones más usadas y Mostrar los elementos abiertos recientemente en el inicio...*

27.4.5 Barra de tareas

Siguiendo la línea del ajuste anterior, regresa al mismo sector, pero esta vez elige **Barra de tareas**. Aquí podrás desactivar opciones como los **Widgets,** servicios de información que suelen aparecer a la izquierda de la pantalla y consumen recursos del sistema. Esta opción es ideal para equipos con menos recursos y que es necesario optimizar para mejorar su rendimiento. También puedes anular **Vista de tareas** y **Chat**, pero deja la opción de búsqueda, ya que es muy útil para localizar archivos y aplicaciones en el sistema.

27.4.6 Servicios

Deshabilita servicios de Windows que no son tan útiles. Los servicios son acciones que se ejecutan en segundo plano y están activos. Muchos son del mismo sistema operativo y tienen cierto grado de importancia, pero otros quizá no sean de gran utilidad en los quehaceres diarios de tu computadora.

Para acceder a los servicios, presiona la combinación de teclas **WINDOWS + R** y, en el cuadro de diálogo de ejecutar, escribe el comando **services .msc**. Presiona **ENTER** o **Aceptar**.

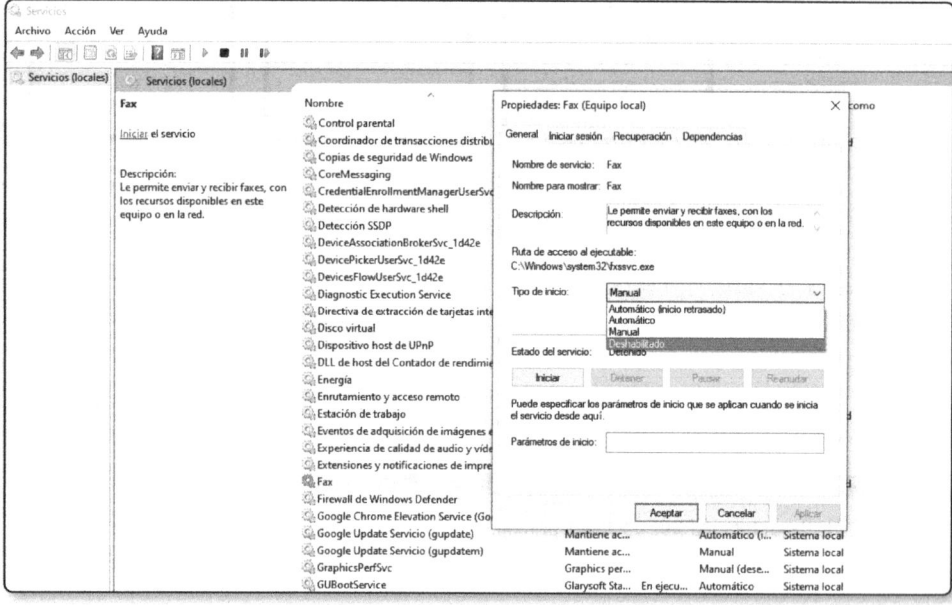

Figura 27.22. Para desactivar un servicio, debes buscarlo en el listado, abrirlo con un doble clic y, donde dice Tipo de inicio, indicar *deshabilitado*. Repite el procedimiento con todos los demás y acepta al finalizar.

Se abrirá una ventana con un listado de muchos servicios que el sistema está ejecutando; a continuación podrás desactivar algunos de poca importancia:

▼ **Administrador de mapas descargados** (si no usas la aplicación Mapa de Windows, no es necesaria tenerlo).

▼ **Fax** (prácticamente en desuso en la actualidad).

▼ **Servicio biométrico de Windows** (si no tienes reconocedor de huellas dactilares o reconocimiento facial, no tiene sentido dejarlo activo).

▼ **Servicio de seguimiento de diagnósticos** (envía información a Microsoft de forma constante relacionada con la **telemetría**).

▼ **Net Logon** (no es útil en entornos domésticos).

▼ **Servicio de red de Xbox Live** (si no usas esa app, no tiene sentido activarlo).

▼ **Servicio de red de Xbox Live** (igual que el anterior).

▼ **Administración de autenticación de Xbox Live** (igual que los anteriores).

▼ **Servicio de compatibilidad con Bluetooth** (si no cuentas con esta función del hardware, puedes prescindir de él).

27.4.7 Efectos visuales

Si es necesario seguir ajustando para consumir menos recursos, más aún en computadoras de gama media a baja, dentro de la configuración accede al apartado **Accesibilidad**. Allí ingresa a la opción **Efectos visuales**.

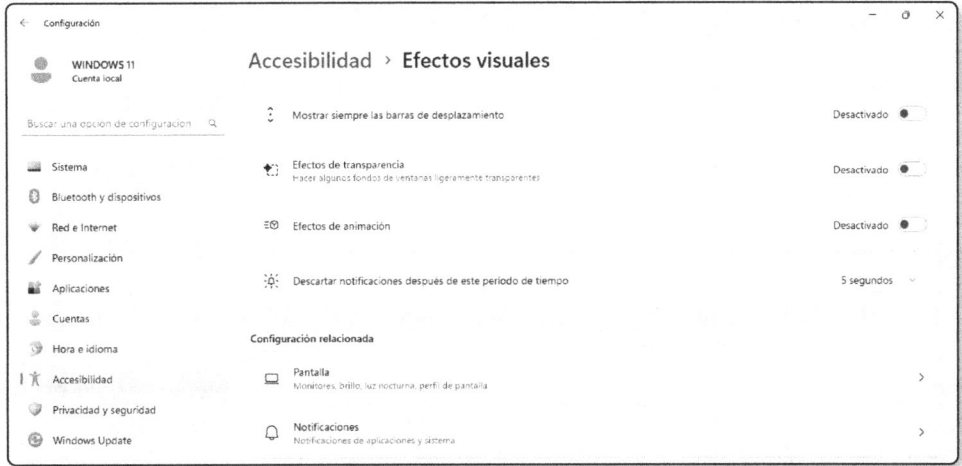

Figura 27.23. Desactiva *Efectos de transparencia y Efectos de animación.* Si bien esto hará que Windows no se vea muy atractivo, mejorará el rendimiento para equipos a los que realmente les cueste procesar efectos visuales.

27.4.8 Modo Juego

Si tu computara admite el uso de videojuegos, estaría bien activar la opción **modo Juego**. En **Buscar** de la barra de tareas escribe modo juego; en los resultados localiza **Configurar modo juego** y entra al servicio. Solo debes activar la primera opción y de esta manera Windows mejorará la experiencia para esta actividad.

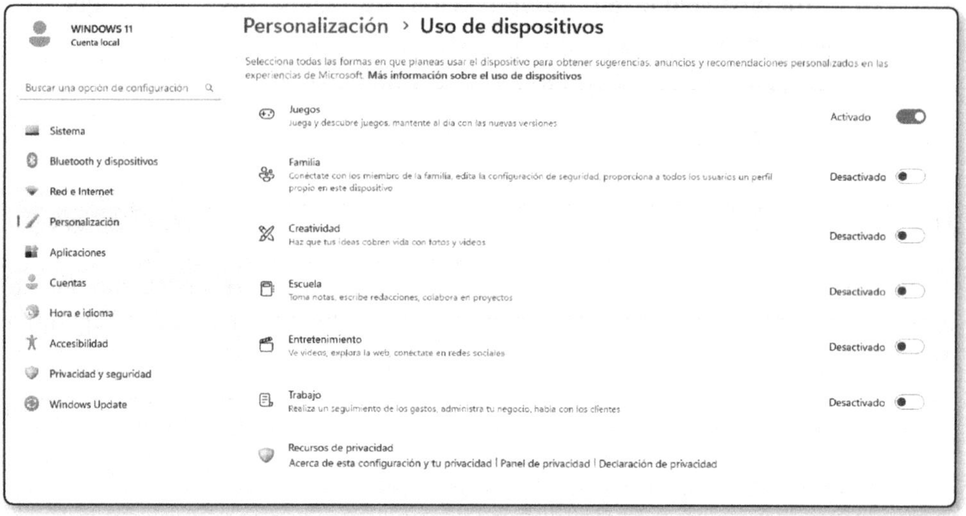

Figura 27.24

27.4.9 Inicio del sistema

Si vuelves a abrir el panel de configuración de Windows y vas al sector izquierdo en búsqueda de la opción **Aplicaciones**, al acceder cliquea sobre la última línea, llamada **Inicio**. Aquí podrás desactivar las aplicaciones que se cargan en la memoria y en el inicio de sistema operativo. Solo deberás dejar las importantes y desactivar las demás.

27.4.10 Optimización de la distribución

Dentro de la **Configuración** hay un apartado relacionado con **Windows Update**. Accede a él y busca las **opciones avanzadas**. Entra en la línea referida a **Optimización de la distribución**.

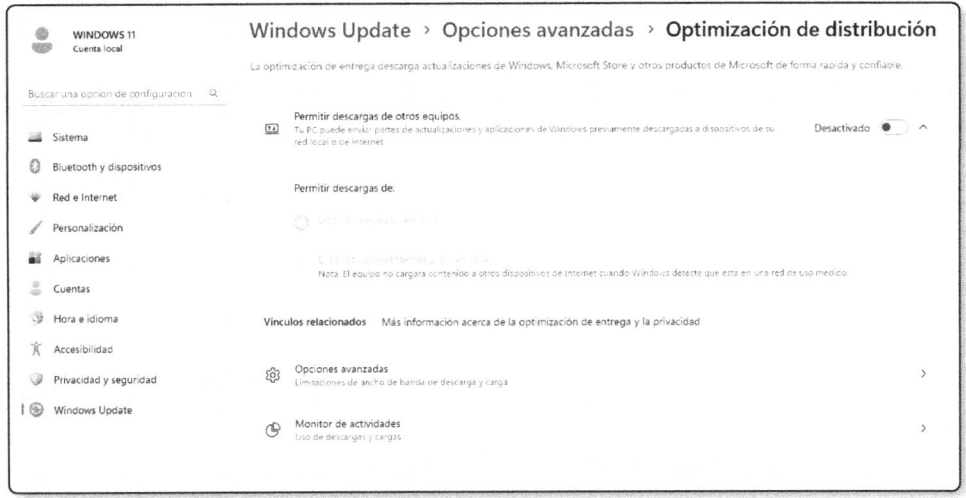

Figura 27.25. Desactiva la opción *Permitir descargas de otros equipos.* Esta acción evitará que usen tu equipo como servidor de descarga de actualizaciones o software especial en segundo plano, lo cual puede poner lento el sistema.

27.4.11 Windows PC Health Check

Por último, es necesario revisar a menudo el estado y rendimiento del dispositivo. Esteo puede prevenir complicaciones o fallos, y si actúas pronto, podrás salvar información y parte de tu paquete de programas, hasta incluso el mismo sistema operativo.

Para realizar un análisis del rendimiento podrás usar la aplicación oficial de Windows, denominada **Windows PC Health Check Setup**, que se puede descargar de la tienda (**Figura 27.26.**).

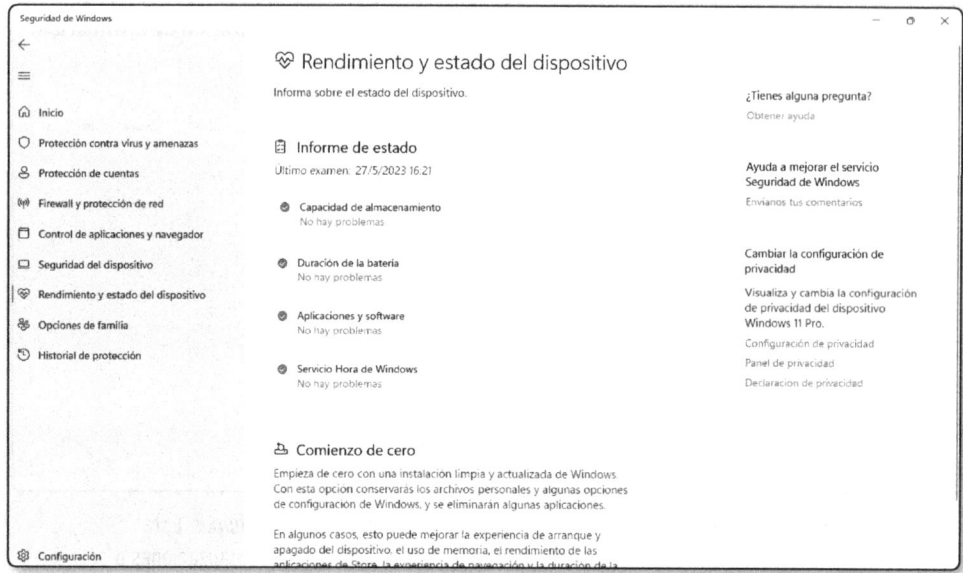

Figura 27.26. En Búsqueda escribe *Seguridad de Windows*. Ve al panel izquierdo y presiona en *Rendimiento y estado del dispositivo*. Solo observa los resultados del análisis y la fecha.

27.5 ACTIVIDADES

A continuación verás las preguntas y los ejercicios que deberías saber responder y resolver para considerar aprendido el capítulo.

27.5.1 Test de autoevaluación

1. Nombra tres razones por las cuales es fundamental realizar la optimización del sistema e indica cuál consideras de mayor importancia.

2. Indica los pasos requeridos para borrar los archivos temporarios innecesarios del sistema operativo.

3. Nombra aplicaciones de terceros que puedan usarse para preservar el sistema operativo.

4. ¿Qué ajustes aplicarías si debes instalar Windows 11 en un ordenador que tiene los requisitos mínimos?

5. ¿Qué son los servicios de Windows?

27.5.2 Ejercicios prácticos

1. Tras una instalación limpia de Windows 11, procede a quitar todas las aplicaciones innecesarias para un uso administrativo y deshabilita los servicios que son prescindibles.

2. Descarga los programas de mantenimiento del sistema operativo Glary Utilities y Revo Uninstaller, y realiza un mantenimiento a fondo del sistema.

3. Inicia el servicio de Windows Update y pon al día el sistema operativo; también procede a actualizar los controladores usando un software específico.

4. Pon en práctica los ajustes necesarios para disminuir los procesos de Windows y hacer que quede mejorado para equipos de bajos recursos.

5. En la actualidad hay versiones modificadas por terceros de Windows 11 para máquinas de bajos recursos; es interesante que la instales y pruebes su funcionamiento. Podrás descargar desde la Web las versiones Mini OS 11 y la Tiny11 22H2.

GLOSARIO

▶ **Administrador de dispositivos**: En este apartado del sistema Windows está el listado del hardware instalado en el equipo y su configuración. En caso de que un dispositivo no funcione o tenga conflicto, estará visible en este segmento del sistema operativo.

▶ **ALTAIR 8800**: El Altair 8800 de MITS fue un microordenador diseñado en 1974, basado en la CPU Intel 8080. El interés por este equipo creció rápidamente después de que se presentó en la portada de enero de 1975 de la revista Popular Electronics.

▶ **Archivos de arranque**: Conjunto de archivos que genera un sistema operativo para que pueda autoejecutarse cuando se enciende el equipo. Se alojan en el sector de arranque del disco principal de almacenamiento. Esta operación también puede implementarse en unidades de tipo USB de almacenamiento.

▶ **BIOS:** Sistema básico de entrada y salida encargado de configurar opciones del hardware en un ordenador, interactuar con el sistema operativo y gestionar su compatibilidad.

▶ **Booteo:** Término usado para indicar que un sistema o programa es capaz de arrancar un ordenador de forma automática instalando archivos en el sector maestro o de arranque del disco de almacenamiento.

▶ **Caché de sistema**: Sección del almacenamiento interno que sirve de rápido acceso a las aplicaciones instaladas en el dispositivo.

▶ **Controladores o drivers**: Software que permite enlazar un dispositivo de hardware con el sistema operativo. Este tipo de programa hace funcionar el componente y permite su configuración.

- **Firmware:** este soporte lógico inalterable es un programainformático que establece la lógica de más bajo nivel que controla los circuitos electrónicos de un dispositivo de cualquier tipo. Está fuertemente integrado con la electrónica del dispositivo; es el software que tiene directa interacción con el hardware, al ser el encargado de controlarlo para ejecutar correctamente las instrucciones externas.

- **ISO:** Formato de archivo comprimido que utilizan los instaladores de software, principalmente, de sistemas operativos, que puede ser grabado en un medio extraíble para su instalación en las computadoras.

- **Malware:** Tipo de software malicioso o maligno que pone en peligro la integridad del sistema operativo y los datos del usuario.

- **Msconfig:** Utilidad de configuración del sistema operativo Windows que permite editar condiciones de arranque de uno o varios sistemas de la misma familia.

- **Plug and Play**: Tecnología incorporada a las versiones clásicas de Windows 95 en adelante, que permitía conectar ciertos dispositivos como mouse, teclados e impresoras, entre otros, y ser reconocidos de forma automática por el sistema, sin necesidad de instalar controladores extra.

- **Steve Jobs**: Fundó Apple en 1976 junto con un amigo de la adolescencia, Steve Wozniak, y la ayuda del excompañero de Jobs en Atari, Ronald Wayne, en el garaje de su casa. Con el éxito del equipo Apple II, Jobs obtuvo una gran relevancia pública y fue portada de Time en 1982.

- **Tabla de partición**: Se denomina así al sector donde el sistema operativo aloja los archivos de arranque y demás índices que dan identidad a cada fichero. En este sector también se definen las particiones del disco de almacenamiento.

- **Telemetría:** Tecnología automatizada que, a través de la comunicación a distancia, permite recopilar, desarrollar y transmitir información de un dispositivo electrónico a otro.

- **UEFI** (interfaz unificada de firmware extensible): Especificación que define una interfaz entre el sistema operativo y el firmware. UEFI reemplaza la antigua interfaz del Sistema Básico de Entrada y Salida (BIOS) estándar presentado en las computadoras personales IBM PC como IBM PC ROM BIOS.

- **Widgets:** En informática, un widget o artilugio es una pequeña aplicación o programa, usualmente presentado en archivos o ficheros pequeños, que son ejecutados por un motor de widgets o Widget Engine. Entre sus objetivos están dar fácil acceso a funciones frecuentemente usadas y proveer de información visual.

- **Windows Defender**: Programa antivirus integrado en el sistema operativo Windows que tiene muy buena reputación y es recomendado por los usuarios.

▶ **Windows Update**: Servicio que poseen los sistemas operativos Windows que permite conectarse al servidor privado de Microsoft y obtener las actualizaciones recientes, como así también mejoras para el sistema instalado.

▶ **Xbox:** Videoconsola doméstica de 32 bits, la primera de la serie de videoconsolas Xbox fabricada por Microsoft. Salió a la venta como la primera incursión de Microsoft en el mercado de las consolas de videojuegos el 15 de noviembre de 2001 en los Estados Unidos, y luego en Australia, Europa y Japón en 2002.

▶ **XFCE:** Entorno de escritorio libre para sistemas tipo UNIX como GNU/Linux, BSD, Solaris y derivados. Su objetivo es ser rápido y ligero, sin dejar de ser visualmente atractivo y fácil de usar.

Parte 8

SISTEMA OPERATIVO AVANZADO

Fallas comunes
Comandos
Fallas internas
Herramientas complementarias

28

FALLAS COMUNES

Este material propone abordar situaciones técnicas que te permitan reparar y corregir fallas de tu sistema operativo Windows 11. La idea principal es conocer las herramientas que el propio sistema tiene para estos casos y también incorporar software de terceros que ayude a complementar la tarea. A menudo, el sistema presenta averías y es necesario actuar a tiempo para corregirlas; es por eso que el conocimiento que vas a adquirir en estas páginas es muy valioso y podrás aplicarlo sin grandes sobresaltos.

28.1 ¿POR QUÉ SE DAÑA EL SISTEMA?

La causa nunca es una sola; los sistemas interactúan de forma constante con el software de terceros y con el hardware de la computadora, y esto puede afectar el rendimiento cuando no se aplican actualizaciones o no se realiza un mantenimiento preventivo. También la acción de programas mal intencionados puede corromper el sistema, y no hay que descartar eventualidades como cortes de energía repentinos o bajas/altas de tensión. Entonces, las causas pueden ser varias; a lo largo de estos capítulos vas a conocerlas y aprenderás la forma de reparar el sistema de manera simple y práctica.

Figura 28.1. La pantalla de error sigue presente en Windows 11,
aunque ahora puede mostrarse en un color diferente.

La nueva versión del sistema operativo **Microsoft Windows 11** recibe constantemente actualizaciones basadas en corrección de fallos y problemas de seguridad. Quizás te resulte cansador estar constantemente perdiendo el tiempo en hacer dichas instalaciones –que, por cierto, son automáticas–, pero debes realizarlas para que tu sistema no se vea afectado en el futuro. Si cancelas estas acciones, podrás experimentar fallos y muchos de estos problemas tal vez impliquen tener que hacer una nueva instalación de Windows. Por otro lado, antes de instalar nuevos programas en tu equipo, revisa que sean compatibles con la versión 11; si bien versiones basadas en su antecesor suelen funcionar, lo mejor es tener el soporte nativo del desarrollador para lograr una correcta adaptación al nuevo entorno de trabajo.

Figura 28.2. El Solucionador de problemas de compatibilidad puede ser un gran
aliado a la hora de resolver incovenientes con la instalación de aplicaciones.

La falta de protección de un antivirus es causa de daño directo al sistema operativo. Los programas mal intencionados no siempre apuntan al secuestro de datos o a llenar tu computadora de publicidad; hay virus que directamente van al núcleo del sistema con la intención de generar un daño prácticamente irreversible.

Además, si a esto le agregas que estás instalando software con activadores que vulneran la licencia comercial del sistema, esta práctica también será responsable del deterioro del sistema, que quedará expuesto a problemas de manera constante. Verifica la procedencia de dichos programas y, en lo posible, siempre mantén el sistema protegido y sigue las recomendaciones del antivirus.

El hardware no compatible también provoca errores en el sistema. Cuando lo instalas de modo forzado, trabaja mal, al margen de que el sistema debe ejecutar instrucciones adicionales, lo que provoca lentitud y un manejo extraordinario de recursos. Antes de instalar Windows 11 es importante ejecutar la utilidad oficial de Microsoft para ver si tu computadora es apta o no para dicho entorno, y así evitar futuros inconvenientes.

Otra causa de deterioro del sistema es la falta de mantenimiento, que puede provocar daños irreversibles. La navegación por Internet, y la instalación y desinstalación constante de programas conlleva a tener archivos basura y temporarios inútiles, además de un sistema cargado con software que, quizá, ni siquiera sepas que está trabajando en segundo plano. Con el tiempo, esto lentifica, daña y destruye el sistema operativo.

Figura 28.3. En la actualidad, la falta de soporte de Microsoft para versiones de Windows viejas hace que muchos usuarios experimenten con programas que pueden resultar peligrosos. Usa sistemas operativos con soporte y que aún puedan recibir actualizaciones. Windows XP, 7 y 8 ya no están en la nómina de Microsoft para dar soporte; los vigentes son Windows 10 y el más reciente 11.

Como usuario, también puedes dañar el sistema si, por ejemplo, lo apagas mal, dejas que los programas hagan cambios en las carpetas del sistema o intentas manipular esos archivos tan específicos. Ten precaución con lo que lees en Internet, porque puede llegar a ser dañino y no siempre mejora el rendimiento del equipo, sino que lo empeora.

28.2 REPARAR PROBLEMAS DE SEGURIDAD

La falta de seguridad en los sistemas operativos puede dañarlos severamente, al punto de dejarlos sin funcionar. Esto puede ocurrir sin previo aviso, lo que pone en serio riesgo tus archivos y aplicaciones de uso cotidiano.

Windows Defender es el antivirus por defecto incorporado en Windows 11. Muchas veces este protector enfoca sus acciones en software mal intencionado con propósitos de adulterar el sistema y su vinculación con las licencias. Además de usar esta herramienta, también puedes recurrir a programas de terceros que ayuden a complementar el escaneo del sistema. De esta manera, sabrás por varios frentes si estás en riesgo o no.

No esperes a que tu sistema sea infectado. Haz revisiones periódicas, ya que mucho malware, spyware y virus en general pueden entrar al sistema de forma silenciosa. Una manera de estar atento es tener el antivirus siempre alerta y actualizado, además de llevar a cabo revisiones manuales frecuentes.

28.2.1 Activar las protecciones de seguridad de Windows

Uno de los errores más comunes es no activar la protección de seguridad del sistema. A veces, ciertos programas pueden anular esta protección o quizá tú mismo lo hayas hecho para instalar una aplicación que la seguridad de Windows te informó como sospechosa. Dejar el sistema sin protección es un error grave, por lo que es necesario mantener esta función activa y actualizada, o utilizar un antivirus de terceros que sea efectivo y tenga buena reputación.

Para verificar que la protección antivirus esté activa, presiona las teclas **WINDOWS + I**. Se abrirá la **Configuración de Windows**; en el panel izquierdo haz clic sobre **Privacidad y seguridad**; se mostrará la ventana completa con las acciones de seguridad. Verifica cada área de protección para ver si están activas o faltan componentes para que la defensa sea completa.

28.2.2 No hay ningún proveedor antivirus activo, el dispositivo es vulnerable

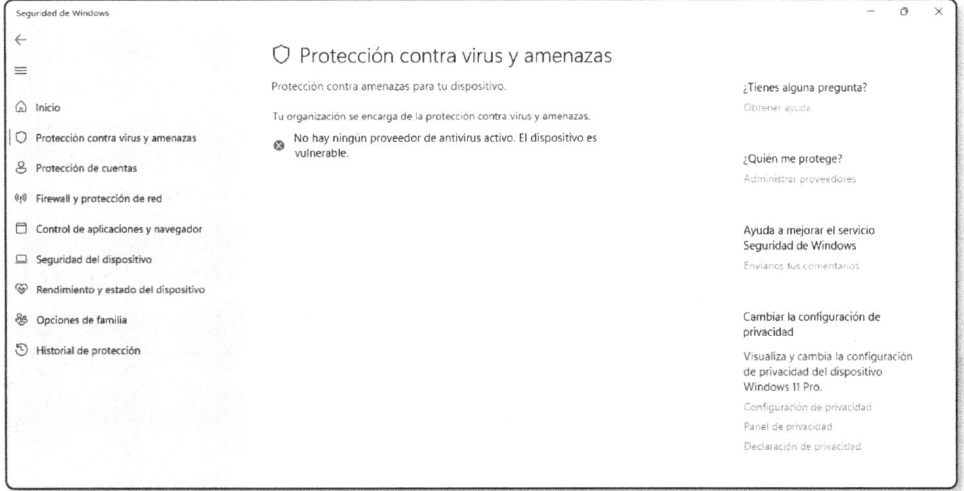

Figura 28.4. Protección contra virus y amenzas en Windiws 11.

Este fallo suele aparecer cuando un software malintencionado actúa sobre el sistema de **seguridad de Windows** y, sin darte cuenta, aceptas condiciones que han llevado a desactivar la protección. También puede darse cuando se utilizan versiones de Windows que no fueron descargadas del sitio oficial de Microsoft y tienen anulado el sistema de seguridad.

Para solucionar este problema fácilmente, necesitas descargar una aplicación de terceros que recompone la activación del antivirus oficial. Se trata de **Defender Control 2.1**, una aplicación que abre una pequeña ventana en el sistema y da la opción de activar o desactivar Windows Defender con un solo clic. Puedes obtenerlo de varios portales de Internet; es de versión libre y gratuita.

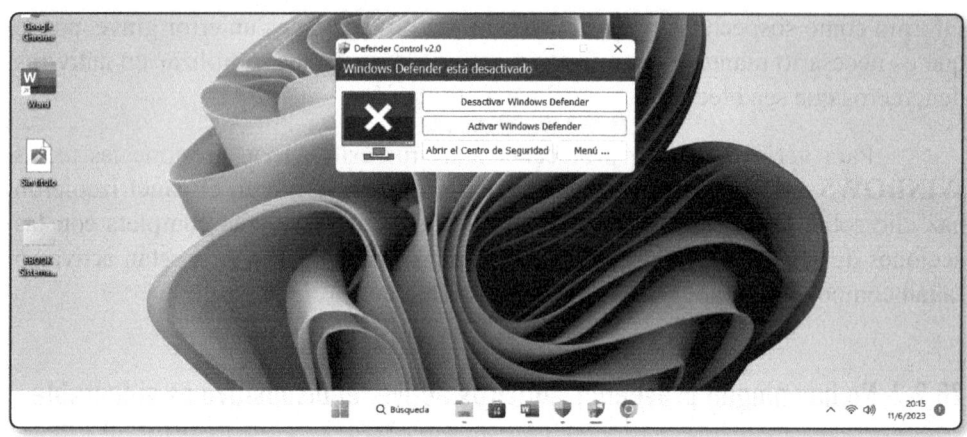

Figura 28.5. Windows Defender.

Defender Control muchas veces es detectado como un virus dentro del sistema, pero puede considerarse como un falso virus, ya que su acción es directa contra el programa de seguridad del sistema que, al notar que será adulterado, puede bloquearlo. En caso de que la seguridad de Windows no esté funcionando, este programa lo repara en un solo clic.

Si no quieres utilizar aplicaciones de terceros, puedes abrir los servicios de Windows y ver el estado del **Servicio de seguridad de Windows**.

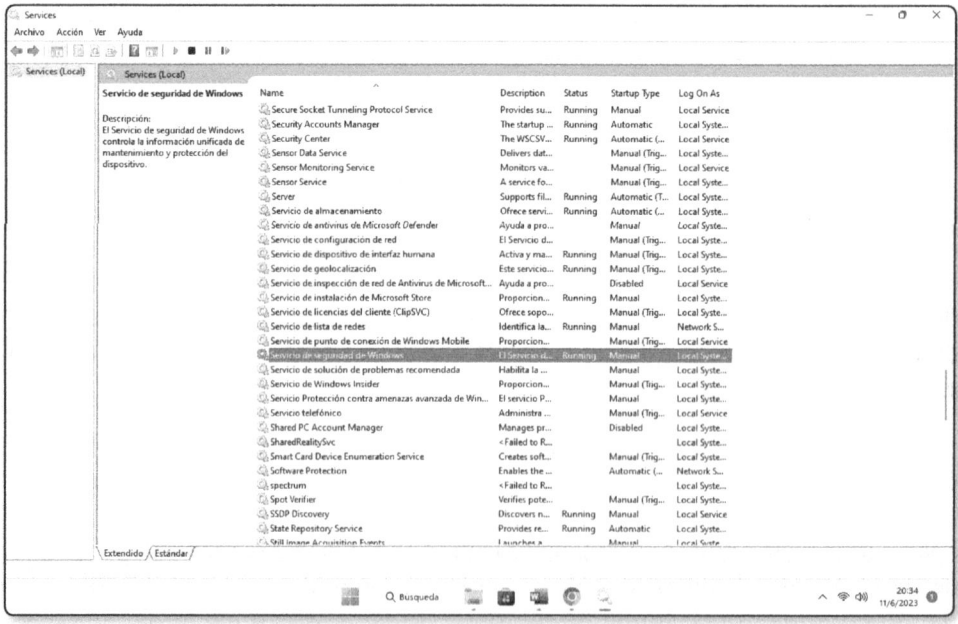

Figura 28.6. Servicio de seguridad de Windows.

PASO 1

Para ejecutar los **servicios de Windows** usa el atajo de teclado **WINDOWS + R**. En la ventana que se abre, escribe **services.msc** y pulsa sobre el botón **Aceptar** o la tecla **ENTER**.

PASO 2

Busca en el listado el servicio **Seguridad de Windows** y observa su estado (**Activado** o **Desactivado**). Con un doble clic, cambias las opciones. Si esto no resulta, recurre al método del software descripto anteriormente.

28.2.3 Mantener el sistema libre de publicidad molesta

Esta es una de las causas de consulta más frecuentes en un servicio técnico de computadoras. Puntualmente, nos referimos a los usuarios que se fastidian cuando en su sistema operativo aparecen ventanas emergentes y publicidad constante que entorpece las tareas cotidianas. Si bien la protección de Windows es muy completa, puede ser que algunas páginas de Internet contengan elementos maliciosos que vulneren la protección, conocidos como **pop-up** o **adware**. Se trata de un tipo de archivo que se instala en la computadora (muchas veces, sin consentimiento del usuario) y hace que, de forma repentina, aparezcan ventanas con publicidad o contenido no deseado que afecta de manera directa y constante las tareas que se están realizando. Para evitar estos molestos mensajes, primero debes hacer un escaneo completo con la herramienta de seguridad de Windows 11. Si no detecta nada, implementa el uso de software de otras compañías que tengan buena reputación y trayectoria, que ofrecen versiones free o con una licencia de muy bajo costo.

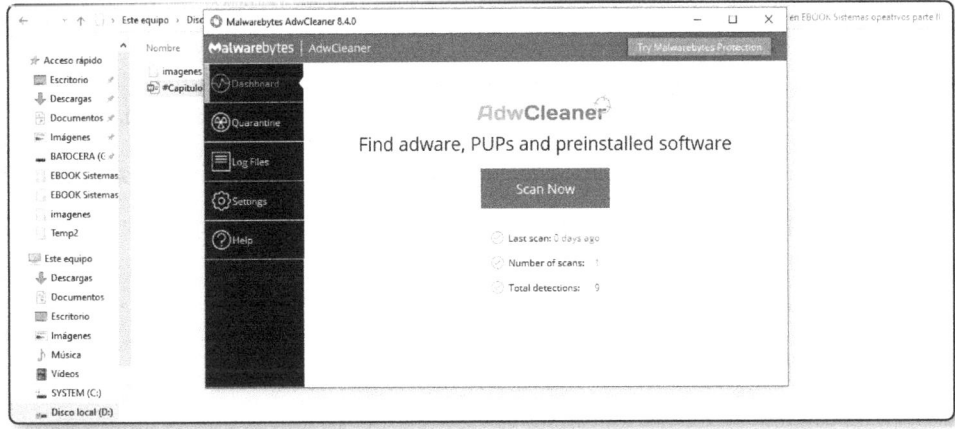

Figura 28.7. La empresa Malwarebytes desarrolla desde hace años el software ADWCleaner, que con su versión gratuita, busca y destruye todos los adware que pueda contener el sistema operativo. Su versión es muy liviana y puede eliminar malware de forma directa o colocar elementos en cuarentena.

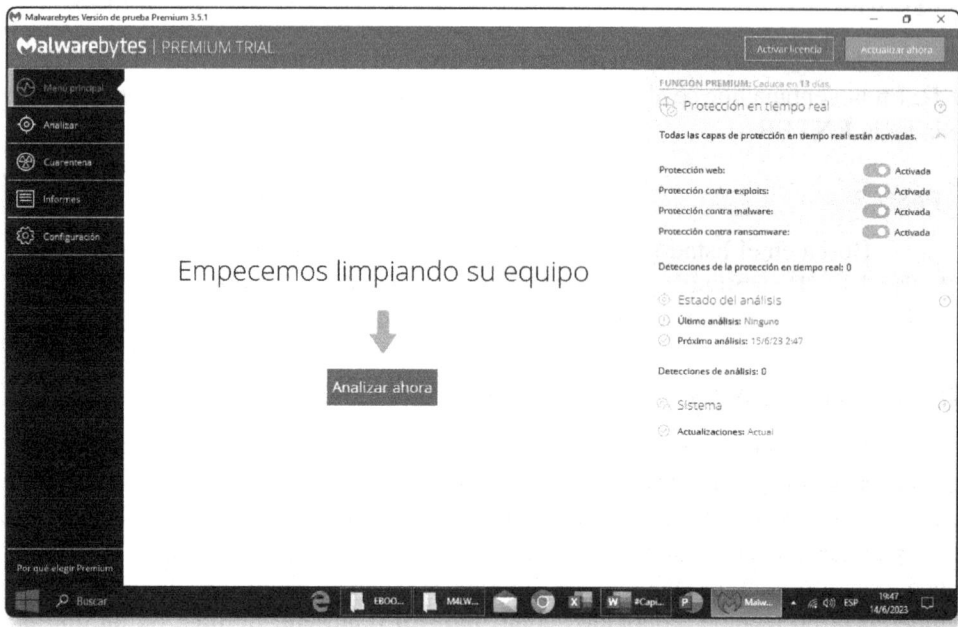

Figura 28.8. Si las infecciones son más agresivas, entonces puedes recurrir a la utilidad Malwarebytes, que además de realizar una búsqueda más exhaustiva, tiene una constante actualización de las bases de datos y brinda protección en tiempo real. Es una gran herramienta, y vale la pena contratar una licencia de pago. Busca y destruye malware, ransomware, exploits y adware, entre otras infecciones.

28.3 FALLAS DE HARDWARE EN WINDOWS 11

Con la nueva versión de Windows el hardware que es nativo para versiones anteriores del popular sistema puede presentar fallos. Estos errores pueden ser parciales o totales, y no son por cuestiones físicas sino por incompatibilidad.

Hasta el momento, muchos usuarios han reportado los siguientes problemas:

▶ La placa de video no es reconocida y Windows utiliza su controlador genérico para dar el servicio.

▶ El sonido se corta o directamente no funciona.

▶ Internet tiene microcortes o no funciona la red WiFi.

▶ El touchpad no anda.

▶ No funciona la cámara web.

No hay dudas de que todos los problemas se refieren a la compatibilidad del hardware con la nueva versión de Windows. Todos los fabricantes aún no han podido actualizar controladores y/o directamente decretan al producto como no apto para este sistema.

Veamos los pasos a seguir:

PASO 1

Instala todas las actualizaciones de Windows 11 disponibles a la fecha. Si con esto corriges los problemas, entonces no será necesario realizar ninguna acción más.

PASO 2

Si lo anterior no fue suficiente, detecta el tipo de hardware y accede al sitio oficial del fabricante para revisar en el apartado de soporte si hay un nuevo parche o controlador para Windows 11. De ser así, descárgalo e instálalo en la PC.

PASO 3

También puedes instalar un nuevo controlador, pero buscando el componente por su **ID de hardware**. Para hacerlo, ve al sector de **búsqueda** de la barra de tareas y escribe **Administrador de dispositivos**. Abre el servicio, localiza el componente en conflicto y, con un clic derecho del mouse, ingresa a sus **Propiedades**. En la ventana que se abre, ve a la solapa **Detalles** y allí despliega **Propiedad** y elige **ID de hardware**. Copia el primer resultado que aparece en la ventana central y pégalo en el navegador de Internet; presiona **ENTER**. Los resultados te conducirán a varias páginas para la descarga de drivers donde podrás hallar uno compatible para tu nuevo sistema.

PASO 4

Otra opción es descargar algún programa que permita detectar el hardware obsoleto y aplicar actualizaciones sobre él. En la Web hay algunos gratuitos, pero los más efectivos tendrán una licencia paga y económica. Algunos ejemplos son **Driver Booster**, **Driver Genius**, **DriverFix** y **DriverMax**, entre otros.

PASO 5

Lamentablemente, si ninguno de los pasos anteriores ha funcionado, significa que tu hardware no es compatible con Windows 11. Podrás forzar la instalación de algún controlador basado en Windows 8 o 10, pero tal vez no obtengas un rendimiento óptimo. En este caso, descarga el controlador y, antes de instalarlo, presiona el botón derecho del mouse sobre el archivo ejecutable (habitualmente denominado **Setup**) y elige **Propiedades**. Dirígete a la solapa **Compatibilidad** y despliega las opciones para elegir el sistema nativo del controlador. De este modo, Windows 11 aplicará una corrección en la instalación basada en dicha compatibilidad.

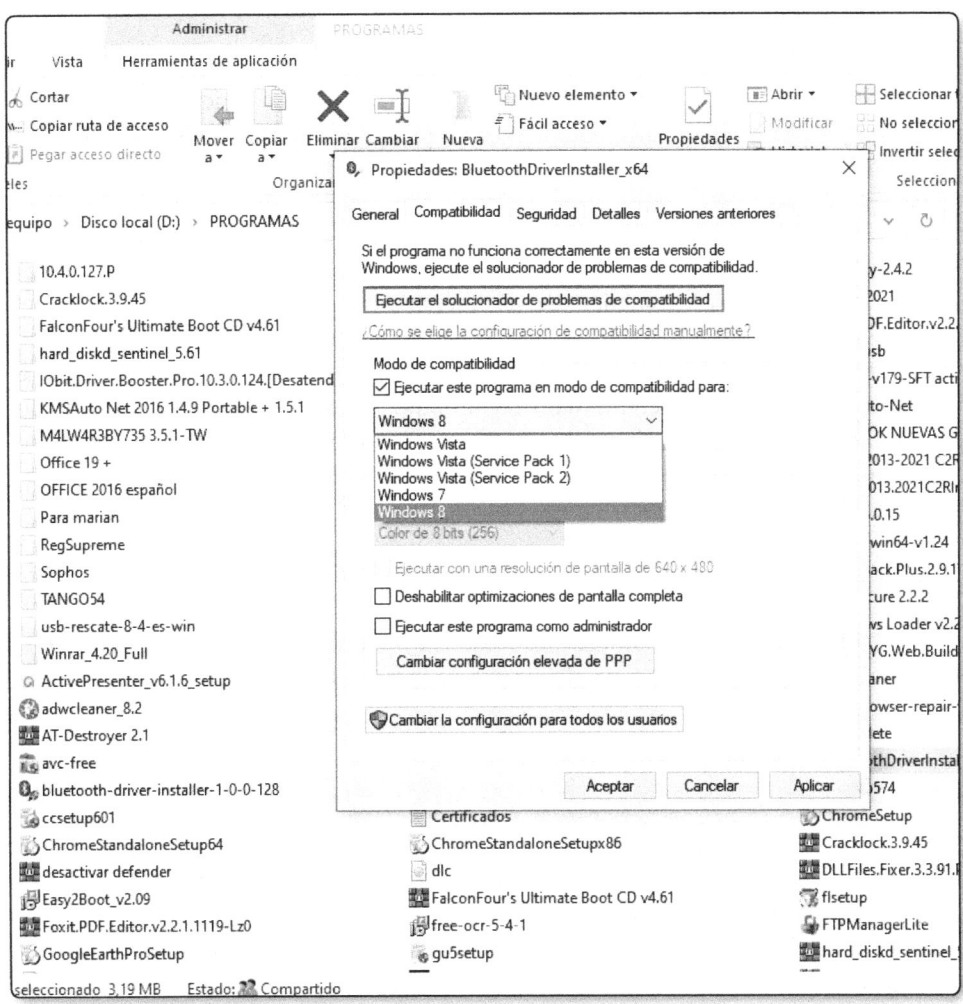

Figura 28.9. En Windows 11 puedes ejecutar programas con compatibilidad para versiones anteriores del sistema, pero esto no es garantía de que funcione a la perfección. Lo ideal en estos casos es buscar un soporte nativo y garantizar su utilidad.

28.4 WINDOWS UPDATE NO FUNCIONA

En caso de que las **actualizaciones de Windows** no funcionen, el sistema te lo advertirá a través de notificaciones emergentes. Además, cada vez que quieras realizar la operación de forma manual, verás un código de error y las posibles causas.

PASO 1

Recurre al solucionador de problemas que Windows 11 trae en sus servicios. Selecciona **Inicio/Configuración/Sistema/Solución de problemas/ Otros solucionadores de problemas**. En **Más frecuente**, elige **Windows Update/ Ejecutar**. Este proceso puede tardar unos minutos y, una vez que haya culminado, es recomendable reiniciar el equipo. Si el problema persiste, vuelve a ejecutar el **Solucionador de problemas**, ya que puede suceder que este ejecute reparaciones parciales y aún deba completar tareas.

PASO 2

Después, busca actualizaciones nuevas. Selecciona **Inicio/Configuración/ Windows Update/Buscar actualizciones** e instala las disponibles. Reinicia el equipo si es necesario.

PASO 3

Si el problema persiste, entonces deberás pensar que hay algo que está bloqueando este servicio. Por un lado, podrías desactivar el antivirus que tienes de forma temporaria y volver a intentar con el solucionador de problemas. En caso de que esto no dé resultados, desactiva el **Firewall de Windows**. Para hacerlo, abre **Configuración/Privacidad y seguridad**, y selecciona **Seguridad de Windows/ Firewall y protección de red**. Ve a la configuración de **Seguridad de Windows** y en **Microsoft Defender Firewall** cambia el valor **Activo** por **Desactivo**. Reinicia el equipo e intenta las reparaciones del servicio de Windows.

PASO 4

Si todas las recomendaciones anteriores no funcionaron, entonces deberás evaluar la reinstalación de Windows desde cero.

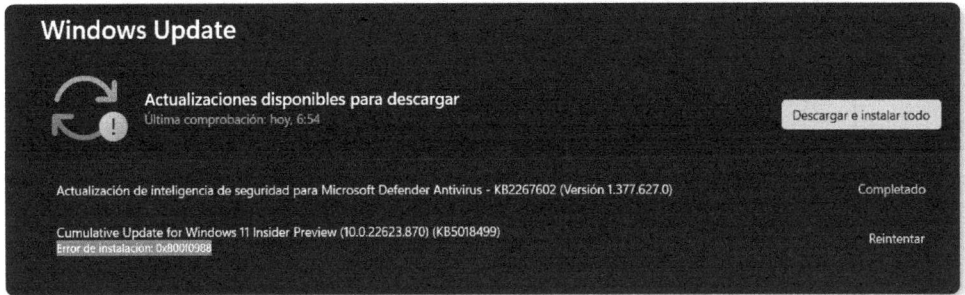

Figura 28.10. Los errores de Windows Update pueden deberse a programas de terceros. Es conveniente revisar los antivirus, como así también los bloqueos de programas de protección extra que puedas tener instalados. Otra opción de error menos frecuente es que el proveedor de Internet tenga una restricción en los puertos de comunicaciones que usa Windows para las descargas. Además, si utilizas versiones de Windows no oficiales desatendidas, tal vez este servicio esté completamente anulado.

28.5 ERROR AL INICIAR EL ESCRITORIO DE WINDOWS

Al iniciar el escritorio de Windows 11 puedes obtener un error que indica un archivo o librería **DLL** faltante.

En esta última versión del sistema operativo, muchos componentes de hardware presentan incompatibilidades en cuanto a sus controladores y, principalmente, al software de trabajo o juegos. Esto hace que, al iniciar el sistema operativo, este no logre encontrar algún archivo de librería útil para hacer funcionar un servicio relacionado a un programa, y entonces surge el mensaje de error.

Las DLL son bibliotecas de enlace dinámico, término con el que se hace referencia a los archivos con código ejecutable que se cargan bajo demanda de un programa por parte del sistema operativo. Su función es reducir el uso de memoria por parte de un programa, ejecutarlo de forma más rápida y también facilitar las actualizaciones.

Si bien Windows está dotado de un paquete de DLL completo, los programas de terceros que se instalan también aplican sus versiones. Algunas son compartidas con las del sistema y muchas veces pueden ser reemplazadas o adulteradas por una versión más nueva, lo que provoca el fallo que se está describiendo.

Figura 28.11. El uso de DLL ayuda a promover la modularización del código y su reutilización, el uso eficaz de la memoria y la reducción del espacio en disco. Por lo tanto, el sistema operativo y los programas se cargan más rápido, se ejecutan a mayor velocidad y ocupan menos espacio en el disco.

Para solucionar estos inconvenientes, Microsoft recomienda usar una serie de aplicaciones que buscan, corrigen y reinstalan las DLL de forma fácil y rápida. Una de ellas es **Dependency Walker**, que puede examinar de forma recursiva todas las DLL dependientes que usa un programa. La utilidad es capaz de detectar la falla y corregirla, como así también de aplicar actualizaciones que mejoran esta parte del sistema operativo. Posee un sitio oficial para la descarga, que es totalmente gratuita, pero está en inglés y su entorno es algo complejo de usar para los usuarios no avanzados. Por eso, podrás implementar el uso de otra opción más sencilla que actúa de manera manual y que te comentamos a continuación.

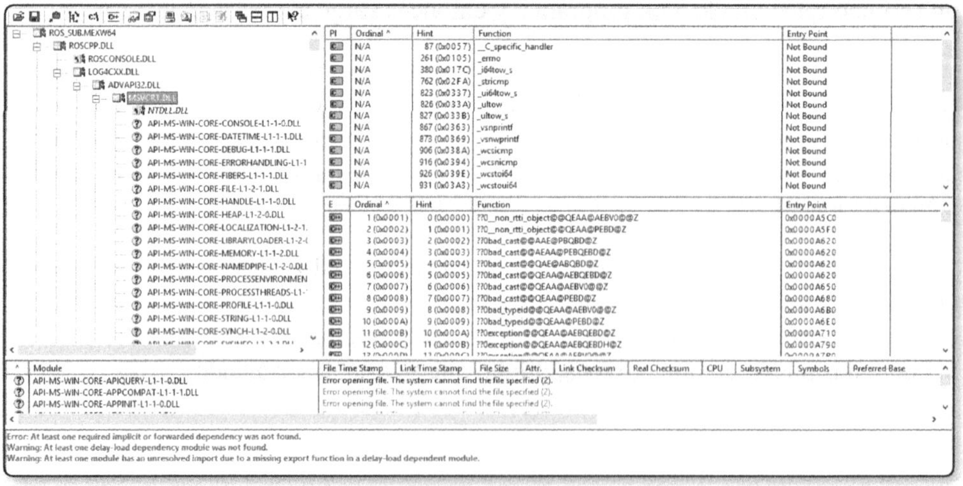

Figura 28.12. Interfaz de Dependency Walker.

También es viable instalar la DLL faltante de forma manual, lo que implica llevar adelante los siguientes pasos:

PASO 1

Para descargar la librería faltante, ingresa el nombre correspondiente en un buscador de Internet. Obtendrás varias páginas que ofrecen la descarga gratuita con distintas versiones según tu sistema operativo.

PASO 2

Copia el archivo descargado y, en Windows 11, pégalo en las siguientes carpetas: **System32** y **SysWOW64**. Para localizarlas, en el sector de búsqueda de la barra de herramientas escribe **Administrador de archivos** para acceder a él. Navega hasta la carpeta Windows, donde encontrarás las subcarpetas mencionadas.

PASO 3

Pega la DLL en las carpetas indicadas; si te solicita permiso de administrador, deberás presionar el botón Continuar para que la acción culmine.

PASO 4

Reinicia el sistema operativo.

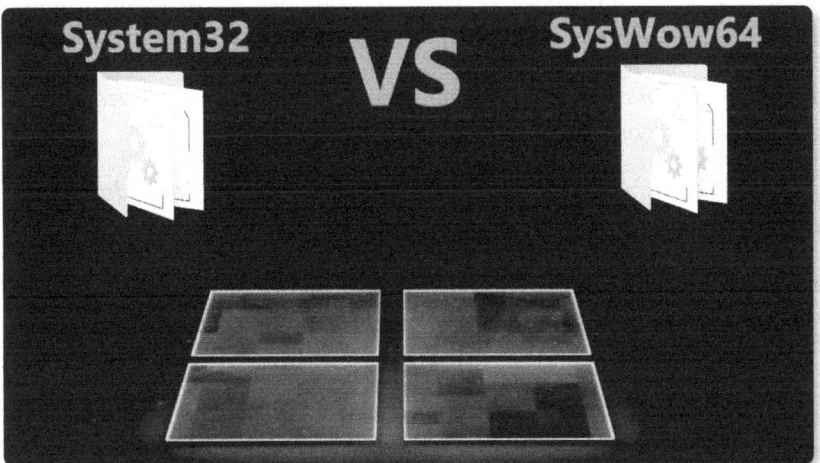

Figura 28.13. La subcarpeta System32 es normalmente la ubicación donde la mayoría de los programas tienen sus DLL, en los sistemas de 64 bits. Con solo pegar la DLL faltante en dicha carpeta, el error debería desaparecer. No obstante, algunos programas también usan la subcarpeta SysWOW64, por lo cual también deberás pegarla allí. Los archivos DLL son de muy bajo peso y no ocupan casi nada de espacio en el disco.

28.6 ACTIVIDADES

A continuación verás las preguntas y los ejercicios que deberías saber responder y resolver para considerar aprendido el capítulo.

28.6.1 Test de autoevaluación

1. Nombra algunas causas que lleven a Windows a generar errores.

2. ¿Cómo se llama la utilidad oficial de Windows 11 de protección de software malicioso y cómo se puede saber si está activa?

3. ¿Qué utilidades complementarias se pueden usar en Windows 11 para proteger tu equipo de adware y otros programas peligrosos?

4. Nombra algunas causas que lleven al servicio de actualizaciones de Windows 11 a no funcionar.

5. ¿Qué es una DLL y dónde deben alojarse dentro del sistema operativo?

28.6.2 Ejercicios prácticos

1. Procede a realizar un escaneo completo de tu sistema operativo, tanto con la utilidad oficial como con software de terceros.

2. Actualiza el sistema operativo y configura los plazos de actualizaciones cada 7 días, el tiempo recomendado.

3. Actualiza los controladores de tu equipo cada semestre. Esto es lo recomendable al menos hasta que Windows 11 esté un poco más estandarizado.

4. Abre el firewall del sistema y edita las condiciones a tu gusto. También proporciona condiciones a las acciones del sistema de seguridad de Windows 11.

29

COMANDOS

En este capítulo aprenderás distintas formas de reparar tu sistema Windows 11 usando servicios que él mismo posee, como así también aplicando comandos de la consola. Las reparaciones que se pueden ejecutar no solo corrigen fallos sino que también optimizan el sistema para mejorar su rendimiento y el de los programas instalados.

29.1 LA CONSOLA DE COMANDOS

Hay cosas que no pasan de moda; aunque parezca algo vieja, la realidad es que la consola de comandos de Windows siempre ha estado vigente y tiene unas cuantas utilidades que permiten gestionar reparaciones del sistema a nivel profesional, por lo que conocer el uso de esta interfaz podrá llevarte a un nivel superior. Este sigue siendo el medio más recomendado para resolver problemas, y con el tiempo, su forma de uso se ha simplificado. Según referencias de sitios de Internet muy reconocidos, la consola de comandos es un intérprete de órdenes que tiene la capacidad de traducir una serie de comandos introducidos por el usuario y de ejecutar acciones directas sobre el núcleo del sistema, programas y componentes del hardware instalado. Se la usa en las versiones de Windows más populares, y si bien se mantiene oculta en el sistema, es muy sencillo abrirla y realizar acciones con ella.

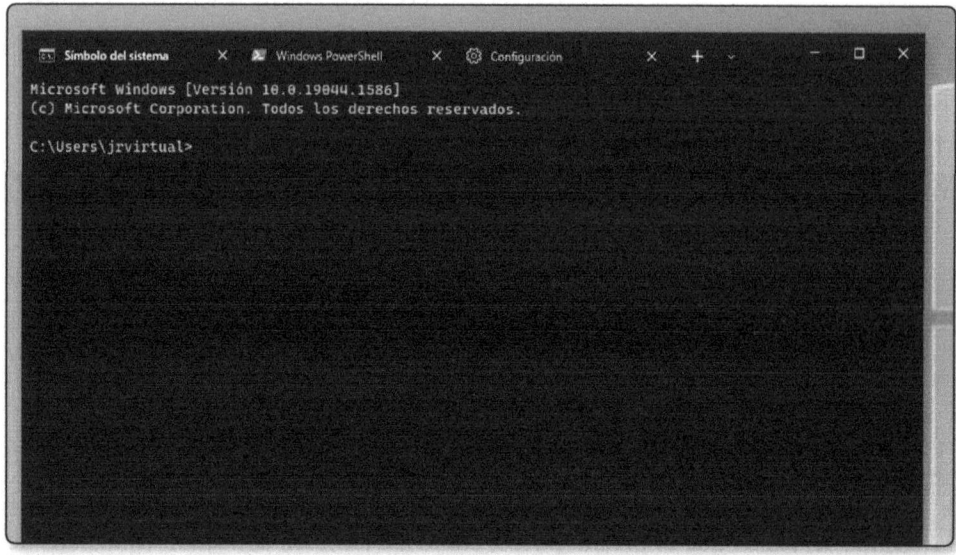

Figura 29.1. Aunque ha incorporado nuevas opciones, como la posibilidad de utilizar pestañas, la consola de comandos sigue estando presente en las últimas versiones del sistema operativo de Microsoft.

En la nueva versión de Windows 11 la consola está vigente pero se denomina **terminal de comandos**. También puede ejecutarse desde el servicio **PowerShell**, que es una interfaz de consola con posibilidad de escritura y unión de comandos por medio de una serie de instrucciones.

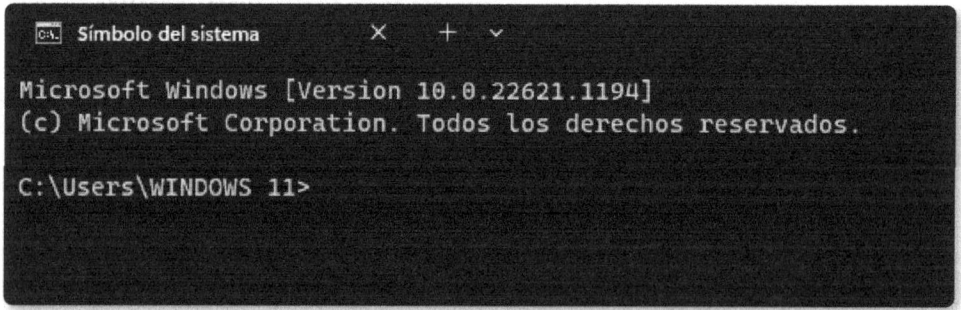

Figura 29.2. La consola de comandos o terminal de comandos, como se la llama en Windows 11, permite realizar acciones para optimizar, corregir y mejorar el sistema operativo. Además de contener las clásicas funciones del viejo DOS, incorpora otras nuevas y con alta efectividad.

Hay comandos que datan del clásico sistema **DOS** de Microsoft y son, más que nada, para desenvolverse dentro de la consola, pero otros se han incorporado con la intención de dar al usuario avanzado herramientas técnicas de mucha utilidad para distintos casos que a continuación vamos a analizar.

29.2 ARREGLAR EL SISTEMA OPERATIVO CON SFC

Cuando el sistema está lento, le cuesta arrancar y constantemente aparecen mensajes de error en plena ejecución, no hay dudas de que algo está mal y requiere de tu intervención.

Si bien lo primero que se aconseja es realizar un escaneo completo del equipo a nivel seguridad, como ya aprendiste a hacer en el Capítulo 1, ten en cuenta que pueden existir archivos corruptos que están directamente vinculados a la ejecución de Windows debido a la acción directa de software malicioso o a programas con incompatibilidad con esta versión. En este caso, realiza un escaneo completo y luego procede a reparar el sistema. Para esto existe el comando **SFC** (*System File Checker*), que comprueba la integridad de los archivos que Windows 11 usa para arrancar y ejecutar servicios. Esta utilidad reemplaza los archivos dañados, repara los corruptos y agrega los faltantes si fueron borrados. **SFC** sustituye todos los archivos importantes ubicados en **C:\Windows**.

En resumen, **SFC** es una herramienta de línea de comandos en los sistemas operativos Windows que te ayudará a verificar la integridad de los archivos del sistema y reparar aquellos que estén dañados o faltantes.

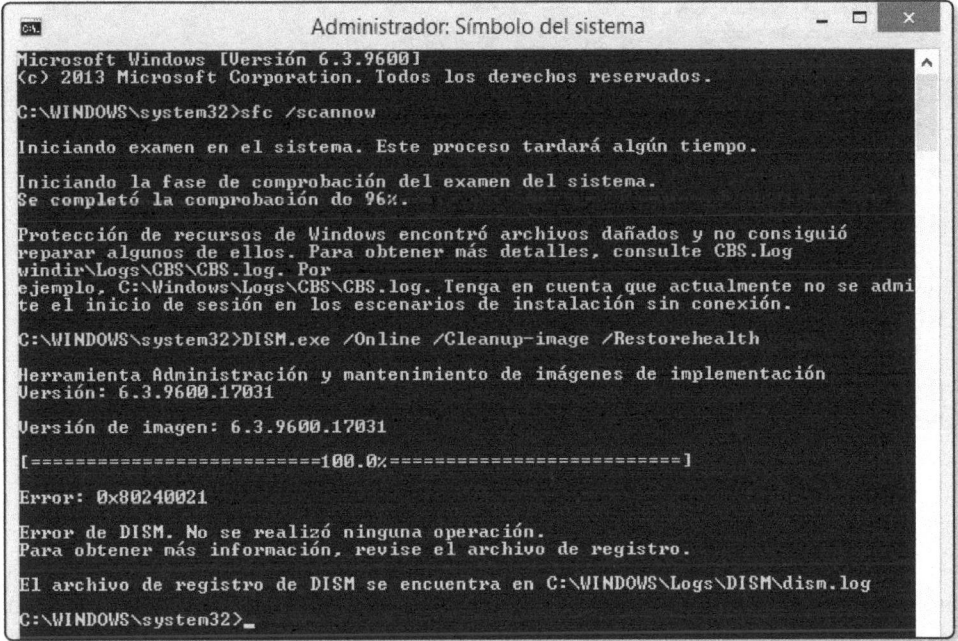

Figura 29.3. El comando SFC posee algunas opciones o modificadores que te serán de mucha ayuda a la hora de comprobar la integridad de los archivos presentes en tu equipo.

El propósito principal del comando **SFC** es mantener la estabilidad y funcionalidad del sistema operativo al asegurarse de que los archivos del sistema estén en buen estado. Si se encuentran archivos corruptos o dañados, el comando **SFC** intentará repararlos mediante la restauración de las versiones correctas de esos archivos.

Cuando se ejecuta el comando **SFC**, se inicia un escaneo exhaustivo de los archivos del sistema utilizando una base de datos de archivos conocidos y válidos. Si se detectan discrepancias entre los archivos en el sistema y la base de datos, el comando **SFC** intentará repararlos utilizando copias de seguridad almacenadas en la carpeta "**dllcache**" o mediante la solicitud de los medios de instalación del sistema operativo si es necesario.

El comando **SFC** ofrece diversas opciones que permiten personalizar su funcionamiento, como realizar un escaneo completo de los archivos del sistema, verificar archivos específicos, mostrar un informe detallado de los problemas encontrados o deshacer los cambios realizados previamente por una ejecución anterior del comando.

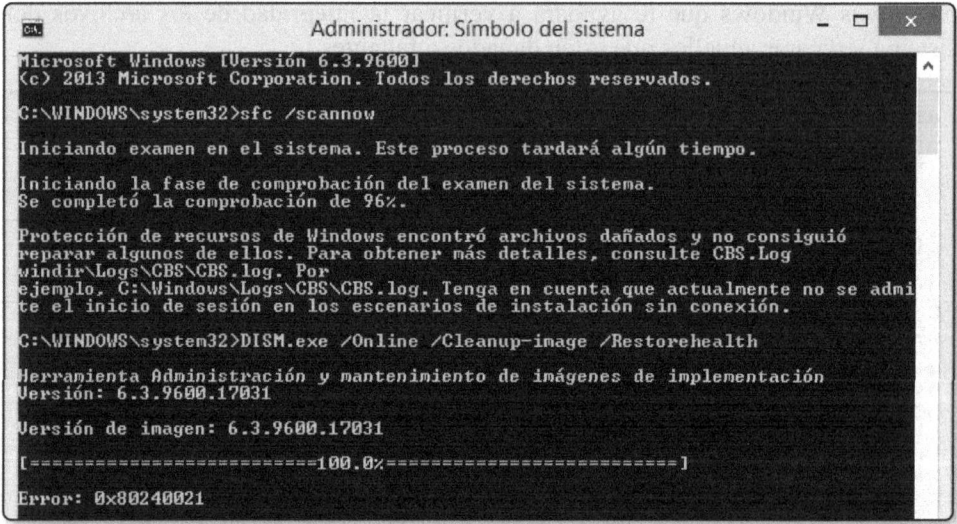

Figura 29.4. En esta imagen puedes ver un ejemplo de la ejecución del comando SFC utilizando el parámetro /scannow, para realizar un análisis completo del sistema de archivos.

El comando **SFC** es una herramienta útil para mantener la integridad de los archivos del sistema en Windows y asegurar su correcto funcionamiento. Es una opción importante para solucionar problemas relacionados con archivos corruptos o dañados en el sistema operativo.

El comando ofrece varias opciones que se pueden utilizar en combinación con el comando principal.

A continuación se enumeran las más comunes:

- **/scannow**: realiza un escaneo completo de los archivos del sistema y repara los archivos dañados o corruptos automáticamente cuando sea posible.
- **/verifyonly**: realiza un escaneo de los archivos del sistema sin hacer reparaciones. Muestra un informe detallado de los problemas encontrados, pero no intenta solucionarlos.
- **/verifyfile=<nombre de archivo>**: verifica un archivo específico del sistema sin realizar reparaciones. Debes proporcionar la ruta completa del archivo que deseas verificar.
- **/scanfile=<nombre de archivo>**: escanea un archivo específico del sistema y lo repara automáticamente si es necesario.
- **/offwindir=<ruta del directorio de Windows> /offbootdir=<ruta del directorio de arranque>**: estas opciones son útiles cuando se ejecuta **SFC** fuera del entorno de Windows. Te permiten especificar las rutas del directorio de Windows y el directorio de arranque para realizar el escaneo.
- **/revert**: deshace los cambios realizados por una ejecución anterior del comando **SFC** y restaura los archivos del sistema a su estado original.
- **/cachesize=<tamaño en MB>**: permite especificar el tamaño máximo del caché de archivos protegidos del sistema. El valor predeterminado es 50 MB.
- **/offscanboot**: esta opción realiza un escaneo fuera del arranque del sistema operativo, antes de que se inicie Windows.
- **/quiet**: ejecuta **SFC** en modo silencioso, lo que significa que no se mostrará ninguna notificación o mensaje durante el proceso.
- **/help o /?**: muestra la ayuda y la lista completa de opciones del comando **SFC**.

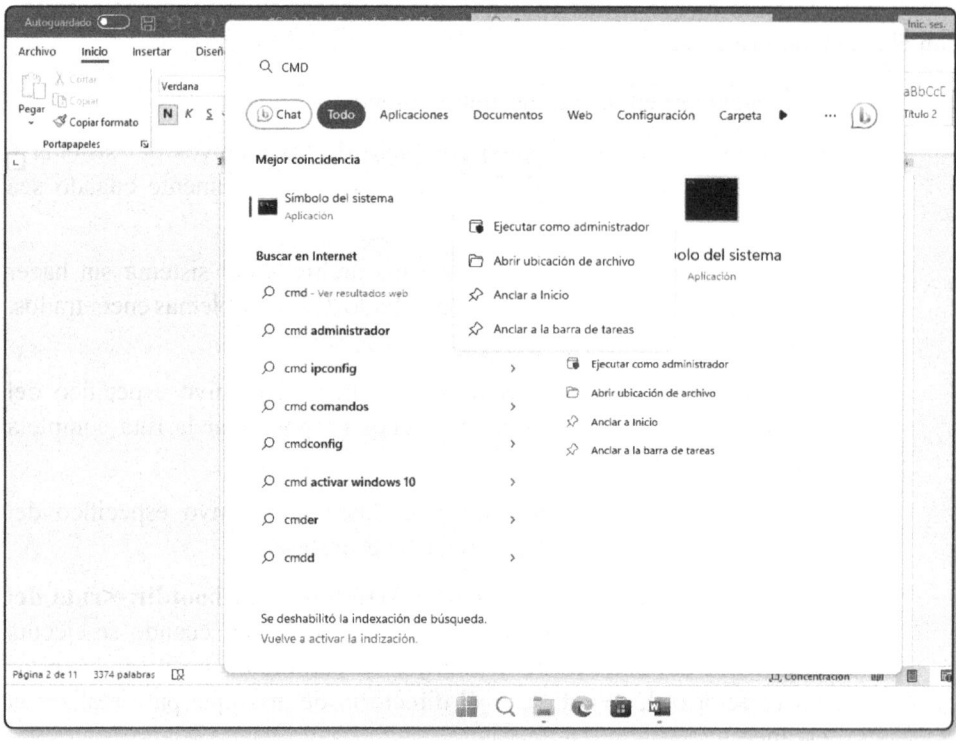

Figura 29.5. Símbolo del sistema ejecutado como Administrador.

PASO 1

Abre la consola de comandos de Windows 11 presionando el botón de **Búsqueda** en la barra de tareas y escribiendo **CMD**. En los resultados haz clic derecho del mouse para la ejecución como administrador y accede a la consola.

```
Símbolo del sistema        ×    +    ∨

Microsoft Windows [Version 10.0.22621.1194]
(c) Microsoft Corporation. Todos los derechos reservados.

C:\Users\WINDOWS 11>SFC/SCANNOW
```

PASO 2

Una vez que la consola esté abierta, escribe el siguiente comando en la línea de instrucciones: **SFC/SCANNOW**. Presiona **ENTER**.

```
Administrador: Símbolo del sistema
Microsoft Windows [Versión 10.0.22621.521]
(c) Microsoft Corporation. Todos los derechos reservados.

C:\Windows\System32>sfc/scannow

Iniciando examen en el sistema. Este proceso tardará algún tiempo.

Iniciando la fase de comprobación del examen del sistema.
Se completó la comprobación de 100%.

Protección de recursos de Windows encontró archivos dañados, pero algunos no se pudieron reparar.
Para las reparaciones en línea, los detalles se encuentran en el archivo de registro de CBS ubicado en
windir\Logs\CBS\CBS.log. Por ejemplo, C:\Windows\Logs\CBS\CBS.log. Para las reparaciones
sin conexión, los detalles se encuentran en el archivo de registro que proporciona la marca /OFFLOGFILE.

C:\Windows\System32>
```

El proceso podrá demorar unos cuantos minutos (ten paciencia y no abortes la operación). Cuando se haya completado, sal de la consola y reinicia el sistema operativo.

Al finalizar **SFC/SCANNOW**, la consola brindará uno de los siguientes mensajes:

▶ **Protección de recursos de Windows no encontró ninguna infracción de integridad**. Esto quiere decir que no hay ningún archivo de sistema que esté dañado o que falte.

▶ **Protección de recursos de Windows no pudo realizar la operación solicitada**. Para resolver este problema, vuelva a ejecutar el examen de Comprobador de archivos de sistema en **Modo seguro**.

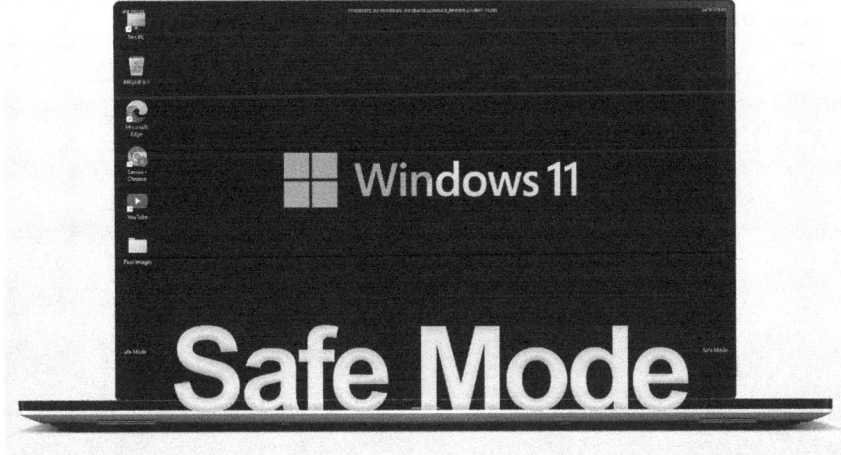

Figura 29.6. El modo seguro de Windows es una función que permite iniciar el sistema con los servicios básicos, sin complementos y con uso de controladores esenciales para dar función a los componentes de hardware habituales. De esta manera, algunas funciones de reparación podrán ejecutar tareas sin restricciones.

PASO 1

Para ejecutar el comando **SFC/SCANNOW** en **Modo seguro** debes ir a las opciones de apagado del sistema y presionar **Reiniciar**, pero manteniendo la tecla **SHIFT** (mayúsculas) presionada en simultáneo.

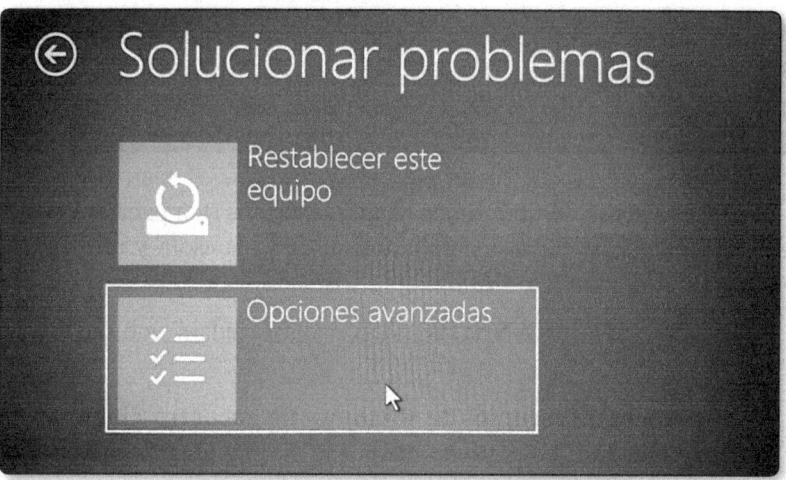

PASO 2

Al reiniciar el sistema, entrarás en un menú especial donde debes elegir **Solucionar problemas**. Pasarás a otra pantalla donde tienes que seleccionar **Opciones avanzadas**.

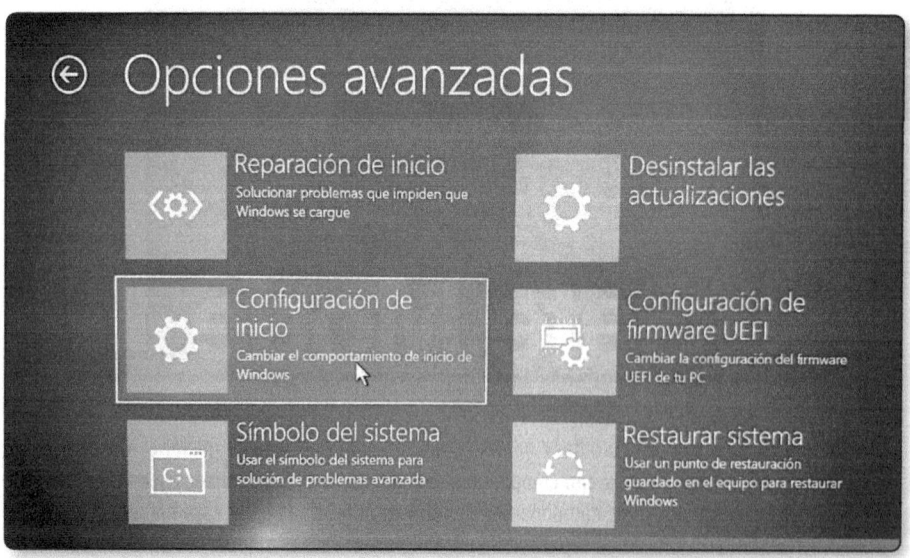

PASO 3

En la siguiente etapa, elige **Configuración de inicio**.

Se mostrará una serie de opciones, pero solo presiona el botón **Reiniciar**.

Configuración de inicio

Presione un número para elegir entre estas opciones:

Use las teclas de número o las de función F1-F9.

1) Habilitar depuración
2) Habilitar el registro de arranque
3) Habilitar vídeo de baja resolución
4) Habilitar modo seguro
5) Habilitar modo seguro con funciones de red
6) Habilitar modo seguro con símbolo del sistema
7) Deshabilitar el uso obligatorio de controladores firmados
8) Deshabilitar protección antimalware de inicio temprano
9) Deshabilitar reinicio automático tras error

PASO 4

El sistema se reiniciará y entrará al menú especial para que puedas elegir la modalidad de inicio, que en este caso será **Habilitar modo seguro**.

PASO 5

Una vez que ingreses al escritorio de Windows, su visualización no será igual, porque estarás con los servicios elementales. Vuelve a ejecutar la terminal de comandos y realiza un nuevo procedimiento con **SFC/SCANNOW**. Cuando termine, reinicia el equipo en modo normal.

29.3 DISM (DEPLOYMENT IMAGE SERVICING AND MANAGEMENT)

DISM es una herramienta de línea de comandos que se utiliza para dar servicio a las imágenes de Windows. Puede usarla para instalar, desinstalar, configurar y actualizar las características, paquetes, controladores y configuraciones internacionales de Windows en un archivo **.wim** o **VHD**. Este método de reparación del sistema por línea de comandos es muy efectivo y puede ser una alternativa en caso de que **SFC** no dé resultado. Si Windows 11 empieza a presentar pantallas de la muerte, detención de servicios, mensajes de error en el escritorio o errores de arranque, entonces es un buen momento para reconstruir el sistema con esta utilidad de la consola. Para ejecutar la línea de comandos, abre la terminal en modo administrador tal como se indicó en el caso anterior, o ejecuta el servicio PowerShell en modo elevado, que consiste, justamente, en abrirlo como administrador.

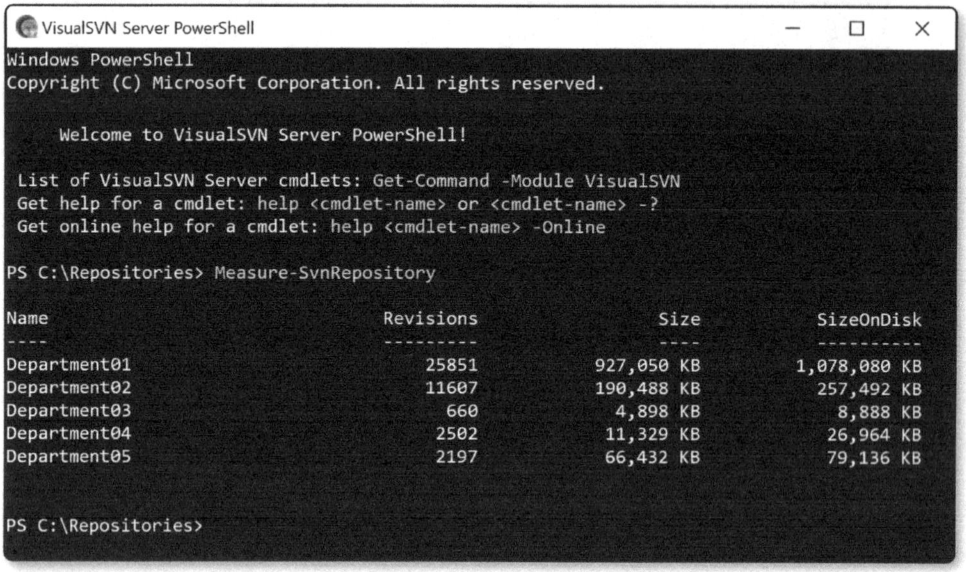

```
VisualSVN Server PowerShell                                    —    □    ×
Windows PowerShell
Copyright (C) Microsoft Corporation. All rights reserved.

    Welcome to VisualSVN Server PowerShell!

 List of VisualSVN Server cmdlets: Get-Command -Module VisualSVN
 Get help for a cmdlet: help <cmdlet-name> or <cmdlet-name> -?
 Get online help for a cmdlet: help <cmdlet-name> -Online

PS C:\Repositories> Measure-SvnRepository

Name                         Revisions              Size          SizeOnDisk
----                         ---------              ----          ----------
Department01                     25851        927,050 KB     1,078,080 KB
Department02                     11607        190,488 KB       257,492 KB
Department03                       660          4,898 KB         8,888 KB
Department04                      2502         11,329 KB        26,964 KB
Department05                      2197         66,432 KB        79,136 KB


PS C:\Repositories>
```

Figura 29.7. Ventana de ejecución de Windows PowerShell.

PASO 1

En **Buscar** escribe **PowerShell**. Entre los resultados, posiciónate sobre la utilidad, presiona el botón derecho del mouse y elige **Abrir como administrador**.

PASO 2

En la línea de escritura ingresa la siguiente cadena de comandos: **DISM/ Online/Cleanup-Image/CheckHealth**; luego presiona **ENTER**.

PASO 3

Deja que la utilidad trabaje durante unos segundos, al cabo de los cuales te informará si la imagen de Windows puede ser reparada.

PASO 4

Para realizar un análisis más exhaustivo, es necesario repetir el procedimiento, pero con la siguiente línea de comandos: **DISM/Online/Cleanup-Image/ScanHealth**. El proceso durará unos minutos; no abortes la operación.

PASO 5

En caso de que se hayan detectado errores en la comprobación, implementa la siguiente cadena de instrucciones para proceder a la reparación y reestructuración de Windows 11:

DISM /Online /Cleanup-Image /RestoreHealth

Este proceso busca y restaura todos los archivos corruptos que Windows pueda contener; el procedimiento llevará algo de tiempo. Al culminar, debes reiniciar el sistema.

Puede suceder que el arranque del sistema operativo sea más lento que antes (esto es temporario, ya que se continúa con las reparaciones), y también es posible que la pantalla quede en negro durante varios minutos.

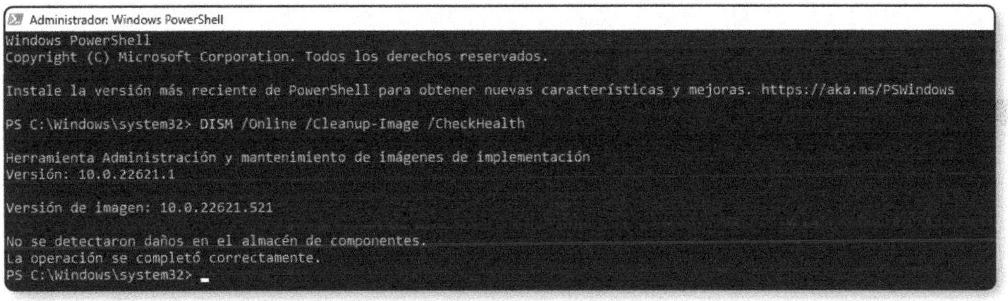

Figura 29.8. La ejecución del comando DISM no borra los datos, sino que solo implica restauración del sistema sin afectar al Registro de Windows ni a los programas instalados. En caso de que esta forma de reparación no haya cubierto tus expectativas, entonces no quedará más opción que hacer una reinstalación integral del sistema. Entonces sí, trata de realizar el respaldo correspondiente de tus datos antes de iniciar el proceso.

29.4 REPARAR EL INICIO DE WINDOWS

Hay comandos que se implementan para reparar el **booteo** de Windows, como así también el sector maestro del disco principal de almacenamiento donde se aloja el sistema.

Estos comandos se usaron a lo largo de las versiones más clásicas de Windows y siempre han tenido efectividad porque evitaban una reinstalación limpia del sistema. Con el tiempo, ha cambiado y mejorado la cadena de escritura en la consola y también se ha mejorado para aplicar a la versión de Windows que tengas.

En Windows 11 es posible usarlos cuando el sistema no inicia o se presentan errores en dicha instancia. Si tienes una imagen de Windows 11 y puedes bootear con un medio USB de almacenamiento, entonces podrás acceder a una serie de opciones que harán esta tarea de forma automática.

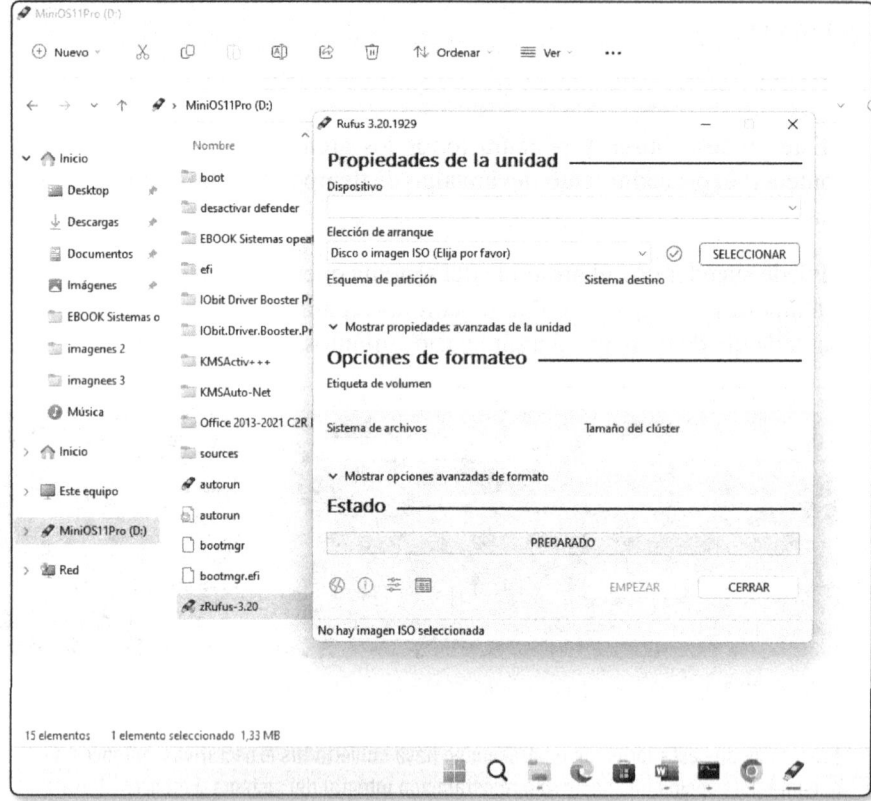

Figura 29.9. Para llevar a cabo la reparación del boot de Windows, necesitas una *imagen ISO* del sistema y un software para montarla en una unidad USB apta; o directamente al descargar la imagen del sitio oficial de Microsoft, se indicará que esta se alojará en dicha unidad. En caso de tener la imagen preguardada, puedes usar el software RUFUS en su versión actual, la 4.0, que de modo muy sencillo montará la ISO en el medio.

PASO 1

Para comenzar inserta el medio USB en el equipo y haz que inicie desde esa unidad.

PASO 2

Aparecerá la ventana de configuración de idioma de Windows, que debes elegir según tu país. Presiona el botón **Siguiente**.

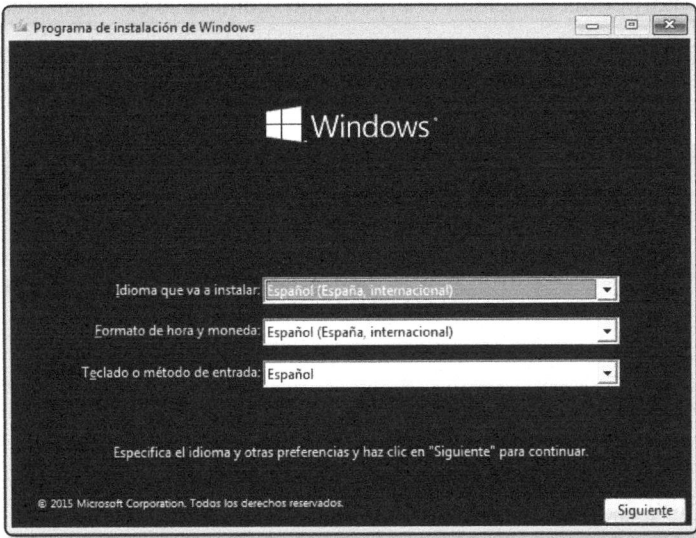

PASO 3

En la próxima ventana Windows pregunta si deseas instalarlo. En este caso, abajo a la izquierda verás una leyenda que dice **Reparar equipo**, presiona allí.

PASO 4

En la nueva pantalla aparecen varias opciones; haz clic sobre **Reparación del inicio**. El proceso intentará reparar la causa por la cual Windows 11 no está arrancando. Si no tiene éxito, podrás implementar el uso de los comandos de forma manual.

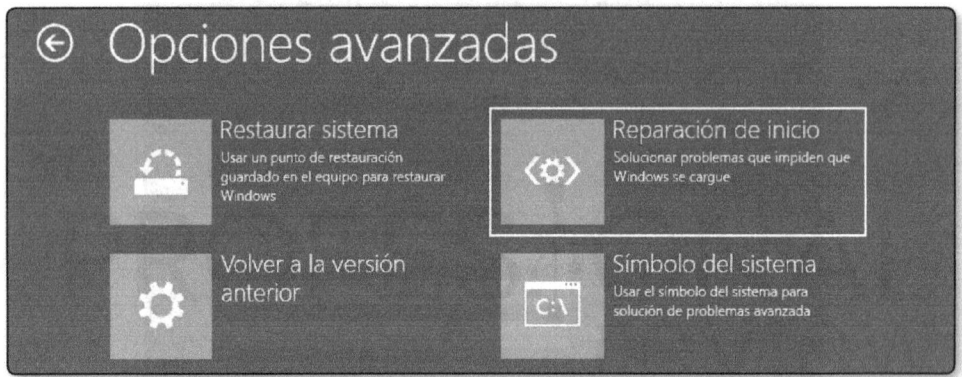

29.5　COMANDO BOOTREC

Bootrec es un comando de la terminal de Windows capaz de resolver problemas relacionados con el arranque del sistema. Permite reparar el sector maestro de arranque del disco duro y esto lo hace colocando en él un nuevo conjunto de archivos que restauren esta zona. Además, también existe la variante de reparar el boot con la instalación de una cadena de información que podrá suplantar la anterior y así dar un nuevo arranque.

Puedes usar esta opción en caso de que tu sistema tarde mucho en iniciar o cuando no inicie. Si tienes acceso al sistema, solo inicia la terminal de comandos en **modo administrador** y corre los comandos, aunque vale aclarar que puede que estos no funcionen a causa de la configuración de la tabla de particiones del disco. Lo ideal sería correrlos con un medio externo, por lo que deberás contar con la imagen ISO de Windows colocada en un medio USB de almacenamiento.

PASO 1

Inicia el equipo desde el medio USB e ingresa a la instalación de Microsoft Windows.

PASO 2

Elige las opciones de idioma y presiona **Siguiente**.

PASO 3

Presiona el apartado **Reparar equipo**.

PASO 4

En la ventana de opciones avanzadas ve a **Símbolo del sistema**; se abrirá la consola de comandos.

PASO 5

Ejecuta las siguientes líneas de comandos en este orden:

BOOTREC /FIXMBR
BOOTREC /FIXBOOT

Si la primera opción falla, es porque el disco tiene otra tabla de partición distinta de MBR, por lo cual tendrás que intentar con el segundo comando.

PASO 6

También puedes implementar **BOOTREC /RebuildBcd**. Esta opción recompone el almacén de arranque de Windows, que es donde se alojan las aplicaciones de arranque, y en caso de que alguna esté generando un problema, será una opción para corregirla.

29.6 CHEQUEA EL DISCO Y REPARA ENTRADAS

Si no logras resolver el problema aplicando las técnicas anteriores, podrías tener problemas en el disco de almacenamiento, tanto mecánico como de estado sólido. Las causas posibles pueden estar relacionadas exclusivamente con el software o directamente con un problema técnico del hardware en sí. La comprobación del estado del disco te llevará a tomar el mejor camino para efectuar la reparación, y esto puede hacerse desde la terminal de comandos o usando aplicaciones de terceros.

Si te focalizas en un problema de cadena de archivos del sistema operativo, es posible que malos apagados, reinicios inesperados, instalación de actualizaciones que no estén compatibilizando con el hardware, virus o programas de terceros que afecten al funcionamiento pueden desencadenar en la ruptura de enlaces de archivos, vínculos dinámicos y carpetas corruptas, que lleven al disco a generar fallos en el arranque o en plena ejecución del sistema.

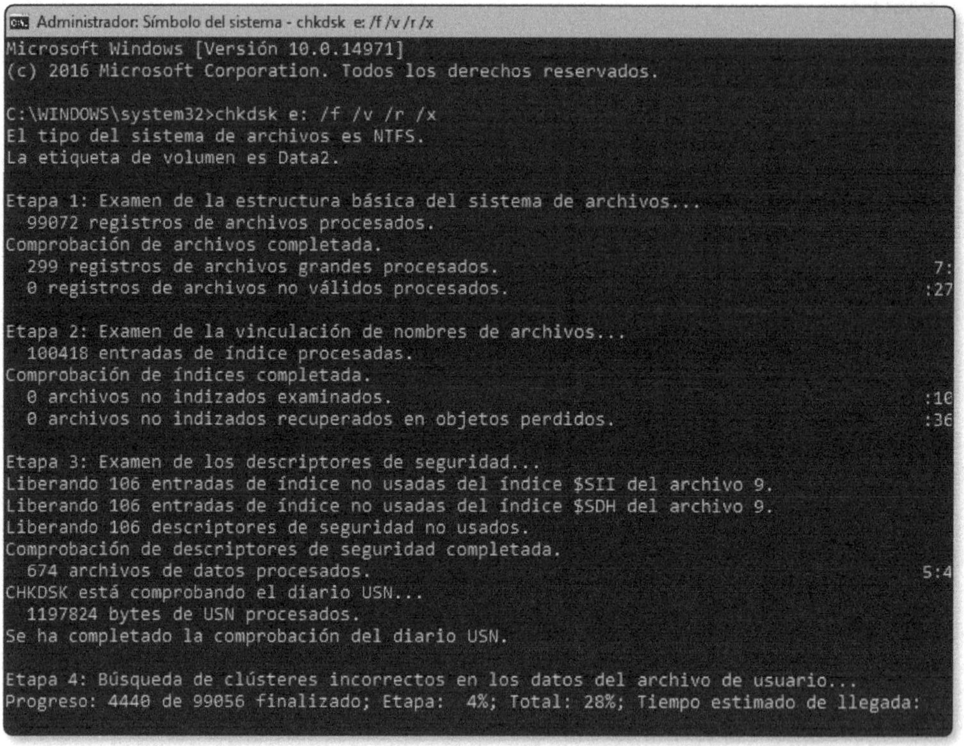

```
Administrador: Símbolo del sistema - chkdsk  e: /f /v /r /x
Microsoft Windows [Versión 10.0.14971]
(c) 2016 Microsoft Corporation. Todos los derechos reservados.

C:\WINDOWS\system32>chkdsk e: /f /v /r /x
El tipo del sistema de archivos es NTFS.
La etiqueta de volumen es Data2.

Etapa 1: Examen de la estructura básica del sistema de archivos...
  99072 registros de archivos procesados.
Comprobación de archivos completada.
  299 registros de archivos grandes procesados.                              7:
  0 registros de archivos no válidos procesados.                            :27

Etapa 2: Examen de la vinculación de nombres de archivos...
  100418 entradas de índice procesadas.
Comprobación de índices completada.
  0 archivos no indizados examinados.                                       :10
  0 archivos no indizados recuperados en objetos perdidos.                  :36

Etapa 3: Examen de los descriptores de seguridad...
Liberando 106 entradas de índice no usadas del índice $SII del archivo 9.
Liberando 106 entradas de índice no usadas del índice $SDH del archivo 9.
Liberando 106 descriptores de seguridad no usados.
Comprobación de descriptores de seguridad completada.
  674 archivos de datos procesados.                                         5:4
CHKDSK está comprobando el diario USN...
  1197824 bytes de USN procesados.
Se ha completado la comprobación del diario USN.

Etapa 4: Búsqueda de clústeres incorrectos en los datos del archivo de usuario...
Progreso: 4440 de 99056 finalizado; Etapa:  4%; Total: 28%; Tiempo estimado de llegada:
```

Figura 29.10. Ejecución de CHKDSK sobre una unidad de disco para analizar la
estructura básica del sistema de archivos junto a otras comprobaciones.

Para corroborar el sistema de archivos y el estado del disco, puedes aplicar el comando **CHKDSK**, que se encarga de hacer un completo chequeo del disco y de aplicar las correcciones pertinentes si están relacionas con el sistema o las cadenas de archivos.

El comando **CHKDSK** presenta diversas variables de uso, entre las cuales las siguientes se consideran las más importantes, por lo que es necesario que las tengas en cuenta:

▶ **Chkdsk/scan**: escanea la unidad de disco en búsqueda de errores mientras el disco está activo y su proceso es completo.

▶ **Chkdsk/F**: se encarga de reparar sectores defectuosos y corregir errores del disco.

▶ **Chkdsk/R**: hace lo mismo que el anterior, pero además, recupera información legible que el disco contenga.

▶ **Chkdsk/X**: en esta variable la X indica la letra de la unidad que deseas escanear. Este comando puede usarse también en discos externos o medios de tipo USB.

Es posible implementar el uso del comando con sus variables por separado o también combinarlas para integrar los procedimientos, por ejemplo:

CHKDSK/X/F/R

Para usar el comando es necesario abrir la terminal o el servicio Powershell de Windows en modo elevado, más conocido como **Administrador**. Luego realiza los siguientes pasos:

PASO 1

Ve al botón de búsqueda y escribe **PowerShell**.

PASO 2

Presiona el botón derecho en **PowerShell** y elige **Ejecutar como administrador**.

PASO 3

Escribe **CHKDSK c/f/r** y presiona **ENTER**. Deja que se realice el escaneo y que el comando aplique las correcciones necesarias.

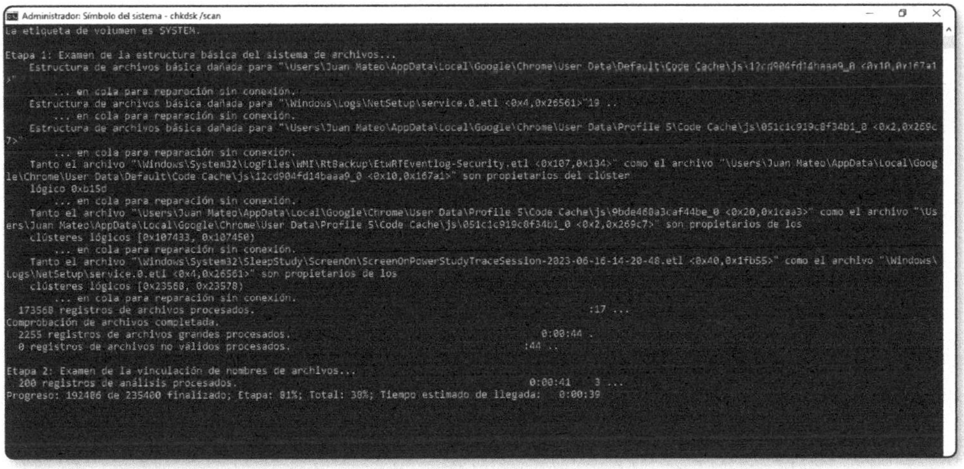

Figura 29.11. No hay dudas de que, a lo largo del tiempo, el comando CHKDSK no ha pasado de moda. Sigue siendo uno de los más importantes y en esta versión de Windows 11 continúa en vigencia. La implementación de este corrector de fallos de disco es muy útil y puede ayudar a preservar los datos y el sistema operativo.

29.6.1 Windows no deja instalar aplicaciones

Es posible que ciertas aplicaciones no puedan instalarse en tu nuevo sistema operativo Windows 11 debido a incompatibilidad, a la arquitectura del programa o, simplemente, a que la seguridad de Windows las bloquea ante la detección de algo malicioso. Ahora bien, si el error se presenta con todas las aplicaciones, es muy probable que haya algún daño en el servicio de instalación del sistema y entonces deberás revisarlo y repararlo o proceder a una instalación limpia del entorno de trabajo.

El servicio **MSI Installer** de Windows se ocupa de gestionar las instalaciones y desinstalaciones de programas en la computadora. En caso de que esté corrupto, recibirás los siguientes mensajes de fallos al querer realizar una

acción con un programa:

- ▶ No se puede acceder al servicio Windows Installer.
- ▶ No se puede iniciar el servicio Windows Installer.
- ▶ No se puede iniciar el servicio Windows Installer en el equipo local. Error 5: acceso denegado.

Lo primero que debes hacer es chequear que el servicio esté activo y su versión, para determinar si se requiere una actualización.

PASO 1

Abre PowerShell en modo **Administrador**.

PASO 2

En la consola escribe el comando **MSIExec** y presiona **ENTER**.

Deberás obtener información por medio de una ventana acerca de este servicio, de lo contrario habrá un error con un código.

Otra opción para saber si el servicio de Windows Installer está activo es presionar la combinación de teclas **WINDOWS + R** y, en el cuadro **Ejecutar**, escribir **msconfig** y aceptar.

Luego busca en el cuadro de diálogo el servicio de Windows Installer y corrobora que esté activo a través de una tilde. De no ser así, deberás activarlo y reiniciar el sistema.

Si el paso anterior no ha servido, entonces deberás solucionar este problema descargando desde la web oficial de Microsoft un asistente que permita reparar, entre otras cosas, los servicios de instalación de Windows. La aplicación se llama **MicrosoftProgram_Install_and_Uninstall.meta** y se descarga de forma gratuita del sitio oficial de la empresa; es un solo archivo muy ligero.

Realiza el escaneo completo con dicha utilidad y deja que corrija todos los problemas que detecte.

Es probable que se requiera un reinicio de la computadora tras aplicar las correcciones.

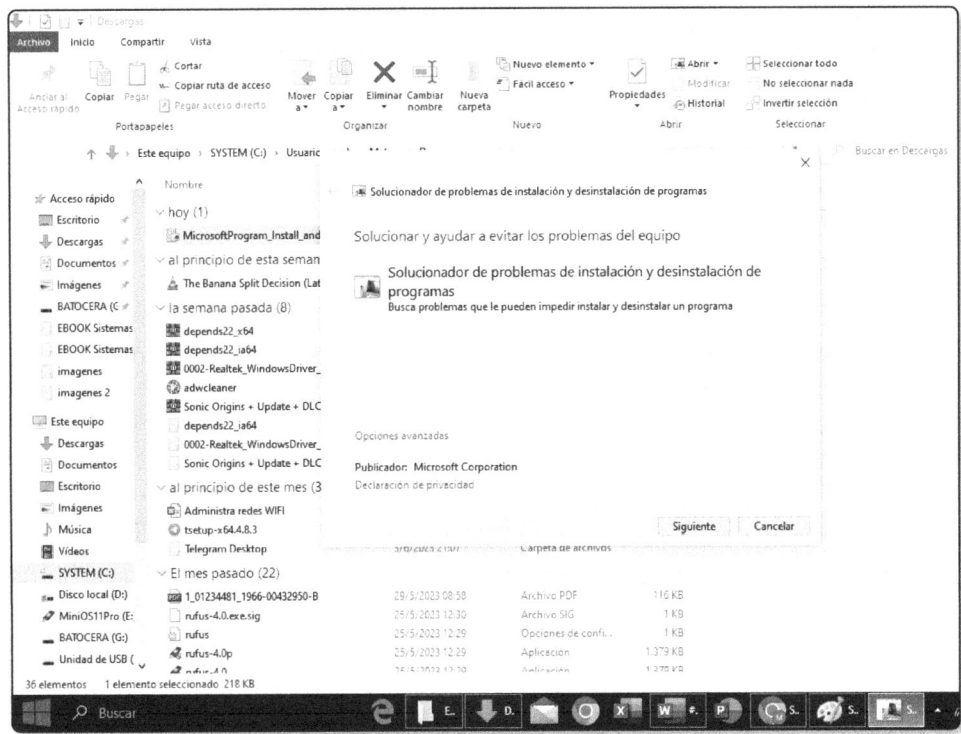

Figura 29.12. Según el sitio oficial, el Solucionador de problemas de instalación y desinstalación de programas ayuda a reparar automáticamente los inconvenientes que impiden la instalación o eliminación de programas. También corrige las claves del Registro que estén dañadas.

29.7 LA CONEXIÓN A INTERNET ESTÁ LIMITADA O PRESENTA FALLOS

Puede suceder que tengas problemas con la conectividad a Internet de tu sistema operativo nuevo. Las causas pueden ser varias, pero para iniciar procesos de detección de fallas y correcciones, primero corrobora los siguientes ítems:

▶ Revisa que el **módem** de tu proveedor esté activo y con sus luces encendidas

▶ Si te conectas por cable, revisa su estado y, si es necesario, reemplázalo.

▶ En caso de las conexiones inalámbricas, revisa que la clave esté bien ingresada y que no tengas activo el limitador de datos de Windows 11.

▶ Actualiza los controladores de todas las placas de red.

Si deseas corroborar las conexiones del sistema operativo, puedes realizar una serie de testeos desde la terminal de comandos para determinar si el problema es local o proviene del proveedor de Internet.

PASO 1

Abre la **consola** o **terminal de comandos** en modo administrador.

PASO 2

Escribe en la línea de comandos **Ipconfig/all** y presiona **ENTER**. Obtendrás una lista muy detallada de los medios conectados a Internet. Si no aparece estados de conexión intenta un paso más.

PASO 3

Prueba reparando la conexión con el comando **Ipconfig/renew**, que renovará las direcciones IP de cada adaptador de conexión. Luego es conveniente reiniciar el equipo para ver los resultados.

Si nada de lo anterior ha funcionado, e incluso probaste los ítems mencionados al principio, entonces deberás solicitar ayuda al servicio de atención técnica de tu proveedor de Internet.

En caso de que te informen que la situación está correcta, procede a realizar nuevamente las reparaciones generales mencionadas anteriormente y como última opción, de ser necesario, deberás realizar una instalación del sistema, como viste en Servicio Técnico de PCs Sistema Operativo.

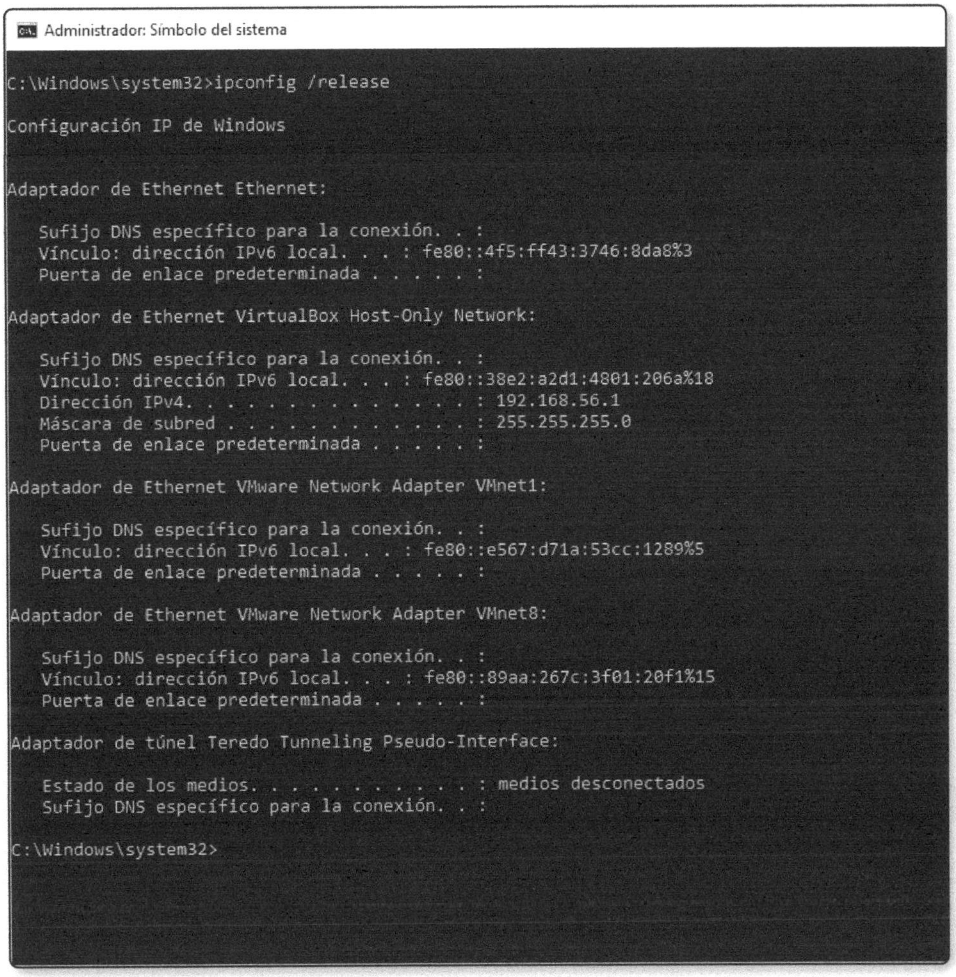

Figura 29.13. Ejecución de ipconfig.

29.8 ACTIVIDADES

A continuación verás las preguntas y los ejercicios que deberías saber responder y resolver para considerar aprendido el capítulo.

29.8.1 Test de autoevaluación

1. ¿Qué es la consola o terminal de comandos de Windows?

2. Indica las diferencias entre los comandos **SFC** *y* **DISM***.*

3. ¿Qué pasos implementarías para corroborar la conexión a Internet y, de ser necesario, intentar reparaciones sobre ella?

4. ¿Cuáles son las causas por las que un programa no se puede instalar o desinstalar?

5. ¿Qué función cumple el comando **CHKDSK***? Indica sus variables.*

29.8.2 Ejercicios prácticos

1. Abre la consola o terminal de comandos e implementa el uso de **SFC/Scannow***.*

2. En Powershell, haz el examen del disco y verifica las entradas, cadenas y carpetas de archivos con el comando **CHKDSK***.*

3. Verifica que tengas activa las opciones de recuperación del sistema. Además, realiza el respaldo de datos de forma constante y no dejes nada librado al azar.

4. Crea una imagen de Windows 11 en un medio USB con RUFUS o la aplicación oficial de Microsoft y guárdala. Nunca se sabe cuándo podrá ser de utilidad, más aún, si no puedes ingresar a tu sistema operativo.

5. Renueva las direcciones IP de tus conexiones usando los comandos aprendidos para el CMD.

30

FALLAS INTERNAS

Windows es el sistema más usado en el mundo, y la mayoría de los desarrolladores de software crean programas que puedan ser implementados en él. Pero en ocasiones, su instalación puede corromper servicios internos del sistema y provocar un mal funcionamiento. En este capítulo verás cómo solucionar problemas internos y de qué manera hacer una instalación limpia de Windows 11 en caso de averías más serias.

30.1 FALLAS DE WINDOWS 11

Se sabe que Windows 11 es nuevo y, por lo tanto, pueden aparecer problemas en él que quizás no se habían experimentado con las versiones anteriores del popular sistema de Microsoft. Al tener un nuevo núcleo de trabajo, principalmente aplicado al hardware de la computadora, es posible que surjan algunos errores de compatibilidad, otros relacionados con programas que no funcionan o muestran errores al inicio, o servicios que dejan de funcionar. La idea es que las actualizaciones del sistema corrijan estos defectos, pero a veces es necesaria la intervención del usuario para erradicar los problemas.

Windows 11 tiene diferentes compilaciones; una de las más completas fue la **22H2**, y bajo esta denominación se especifican las experiencias de uso. Muchos usuarios hogareños y corporaciones han reportado problemas con el sistema; incluso esto ha sucedido con desarrolladores de otros productos que, al testearlos, descubren fallas. Durante el año 2023, se han dado a conocer varios inconvenientes, y como es posible que tú mismo experimentes alguna dificultad, en esta sección veremos cómo podrás realizar correcciones. Ten en cuenta que la mayoría son fallas de las actualizaciones y es por ello que se recomienda utilizar las automáticas y no hacerlas en forma manual.

Figura 30.1. Microsoft Docs es un servicio gratuito del sitio de Internet de la empresa que ofrece documentación relacionada con el reporte de errores de sus productos y también aporta la experiencia del usuario. Brinda informes para el aprendizaje y uso de las distintas herramientas del sistema.

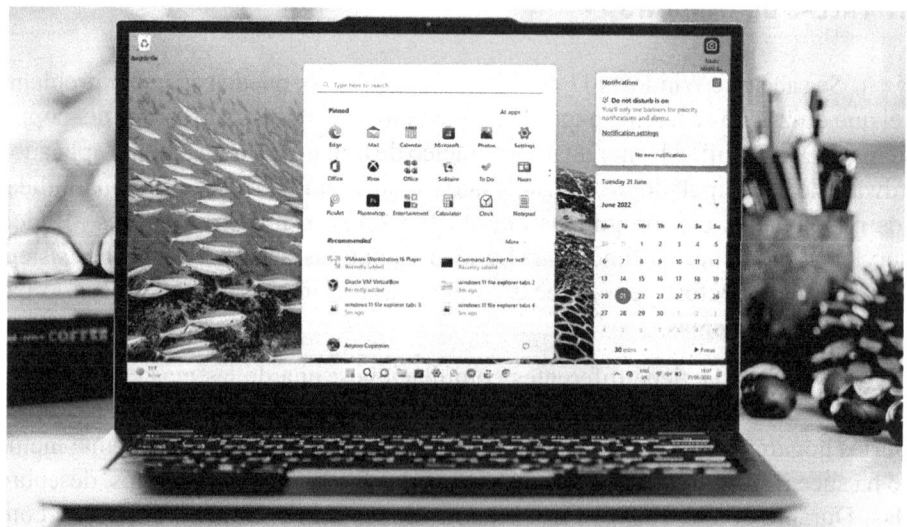

Figura 30.2. Microsoft ha actualizado uno de los elementos del sistema que menos cambios había recibido en los últimos años. El Administrador de tareas ahora tiene ha adoptado el estilo Fluent UI. Además de las esperadas pestañas, que ya están disponibles desde hace tiempo en sistemas Linux y macOS, también es posible anclar archivos importantes en la página de inicio del Explorador de archivos.

30.1.1 Fallas tras actualizar Windows

Estas fallas se dan luego de hacer actualizaciones, pero si tienes activo Windows Update, es muy probable que se corrijan en forma automática. También puedes consultar las documentaciones de Microsoft y participar en los foros que ayudan a resolver estas situaciones. A continuación, veremos algunos casos emblemáticos.

30.1.1.1 LA PROTECCIÓN DE SEGURIDAD LOCAL ESTÁ DESACTIVADA, EL DISPOSITIVO PUEDE SER VULNERABLE

Este fallo suele darse cuando la protección antivirus está desactivada, pero si esta se bloquea de forma automática, aquí tienes la respuesta.

Se reportó este error tras una actualización de Windows Defender que Microsoft lanzó a principios del año 2023. El error se manifiesta a través de un cartel emergente y persistente. La empresa informó que esto sucede tras la actualización **KB5007651** versión **1.0.2302.21002**. En caso de que actualmente tengas instalada esta actualización, ya que eres de los que elige cuáles quieres poner sin aplicar las automáticas, entonces deberás corregir la falla con un nuevo parche y este es el **KB5007651 versión: 1.0.2303.27001**. No obstante, algunos usuarios reportaron que el problema persiste y se agudiza en el uso de algunas aplicaciones y juegos. Microsoft recomienda hacer lo siguiente para evitar el molesto problema en caso de que no sea solucionado con un parche.

Selecciona el botón **Inicio**, escribe **Seguridad de Windows** y selecciónalo. Elige **Seguridad del dispositivo** y, a continuación, **Aislamiento principal**; luego, deshabilita **Kernel-mode Hardware-enforced Stack Protection**.

30.1.2 Se produce un error intermitente al guardar o copiar archivos

Tras la actualización **KB5023774** y algunas posteriores, algunos usuarios experimentaron el fallo de guardado o copia de archivos con versiones de programas basados en la arquitectura de **32 bits** y puntualmente en archivos de tamaño considerable. La falla se manifiesta con un cartel que indica que el documento no ha sido guardado y esto puede darse en aplicaciones como la suite de **Office** o programas de otros desarrolladores. La solución propuesta para esta falla es insistir con el guardado de los archivos ya que el error es intermitente o usar aplicaciones basadas en la arquitectura de **64 bits** que ya es nativa de Windows 11.

Figura 30.3. Aunque la actualización mencionada puede provocar algunos errores, se encarga de solucionar un problema que afecta a los suscriptores de Xbox. Si compras una suscripción a Xbox con la opción "Canjear código", la tarjeta de suscripción de Xbox no aparece en la página Cuentas de configuración.

30.1.3 Error apphelp.dll en DirectX

Este error aparece con dispositivos gráficos de la marca **Intel** y se da tras una actualización reciente. La falla se produce en todos los servicios que impliquen el uso de **DirectX** y, para corregirla, deberás actualizar el controlador de la placa de video a versiones superiores. En caso de que la solución no sea efectiva, es porque lamentablemente el controlador gráfico no es compatible con la versión actual de Windows y deberás utilizar el genérico que ofrece el sistema o intentar instalar alguno modificado descargado desde páginas no oficiales.

Por otro lado, también se han reportado fallos similares con los procesadores de la marca **AMD**, puntualmente con las líneas **Ryzen**, pero las actualizaciones impuestas por el nuevo sistema han corregido los problemas y se ha mejorado notoriamente el rendimiento de estos componentes.

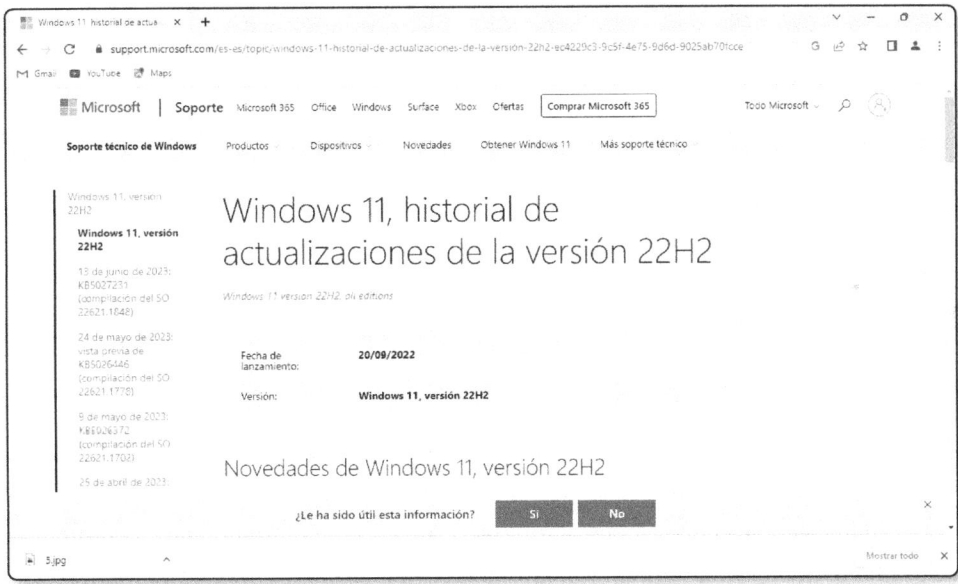

Figura 30.4. Windows 11 tendrá una frecuencia de actualización anual. Las actualizaciones se publicarán en la segunda mitad del año. Tendrán 24 meses de soporte técnico para las ediciones Home, Pro, Pro for Workstations y Pro Education; y 36 meses para las ediciones Empresa y Educación.

En conclusión, todos los fallos esporádicos que se producen tras actualizaciones de Windows 11 son porque aún es un sistema nuevo, y está en proceso de implementación y adaptación a las computadoras. Es importante que, antes de instalar Windows 11, revises su compatibilidad con hardware que ha sido desarrollado para versiones anteriores, y también es fundamental que las actualizaciones sean automáticas, aunque te moleste hacerlo.

30.1.4 No se abren las aplicaciones de Windows

A menudo puede suceder que algunas aplicaciones nativas de Windows 11 dejen de abrirse o demoren demasiado en su ejecución; esto también puede ocurrir en programas de otros desarrolladores. En este caso, lo primero que debes considerar es que la aplicación tenga soporte para este sistema operativo y que no esté usando algún emulador o parche para vulnerar su licencia. Estos errores pueden ser por la propia aplicación, por su configuración con el sistema o por la acción de un software malicioso.

Para solucionar problemas de esta índole, sigue estos consejos:

▸ Realiza un escaneo profundo a nivel seguridad. De ser necesario, también usa aplicaciones de terceros.

▸ Revisa si no hay una actualización de dicho software.

▸ Borra los archivos temporales y las entradas del Registro inválidas (consulta el Capítulo 3 del e-book Servicio Técnico de PCs Sistema Operativo).

▸ Repara el sistema con los comandos de la terminal vistos en el Capítulo 2 de este e-book.

▸ Desinstala por completo la aplicación y luego reinicia el sistema. Procede a borrar los archivos temporales y realiza una instalación limpia del programa. Si el software es nativo de Windows 11, búscalo y descárgalo desde la tienda oficial de Microsoft.

Si el problema persiste, es muy probable que tengas que realizar acciones complementarias para forzar la ejecución del software.

Una acción viable es ejecutar el programa como administrador y configurar el ejecutable de forma permanente siguiendo estos sencillos pasos:

PASO 1

Haz clic con el botón derecho del mouse en la aplicación (archivo ejecutable o acceso directo), selecciona **Propiedades/Compatibilidad** y marca la casilla **Ejecutar este programa como administrador**. Por último, presiona **Aceptar**.

PASO 2

Otra posible acción es indicar al programa un modo de compatibilidad con una versión de Windows anterior. Esta opción en muchos casos termina por ejecutar el programa, aunque puede haber algunas anomalías en su uso.

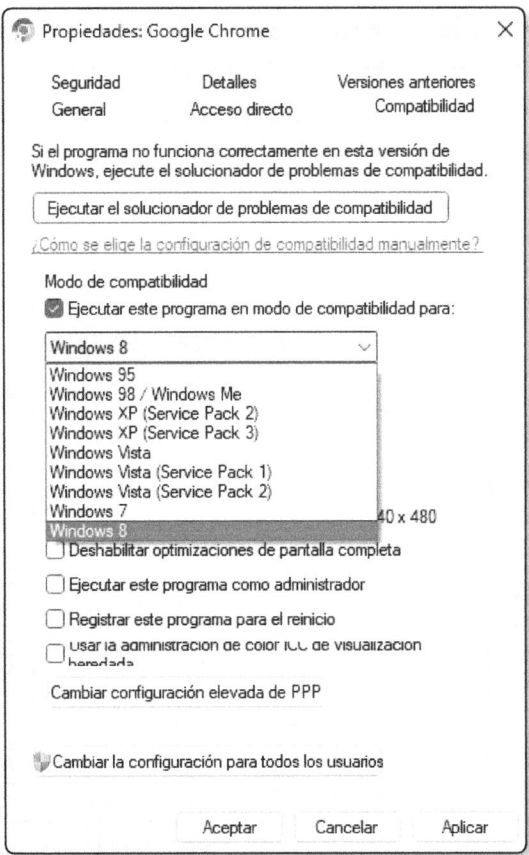

PASO 3

Presiona el botón derecho del mouse en la aplicación (archivo ejecutable o acceso directo), selecciona **Propiedades/Compatibilidad** y busca **Modo de compatibilidad**. Allí marca **Ejecutar este programa en modo compatibilidad para:** y elige el sistema para la acción. En este caso, puedes ir probando varias alternativas de uso y, desde ya, también debes activar la opción de ejecutar como **Administrador**.

30.2 ERROR DE ACTIVACIÓN DE WINDOWS

Windows denomina **activación** de productos a la obtención de una **licencia oficial** para el uso del sistema operativo y de otros programas de la compañía. Cuando el período de prueba caduca, el sistema lo notifica mediante mensajes emergentes y mensajes fijados en el escritorio del sistema. Si el tiempo ya se ha cumplido, habrá muchas funciones del sistema que no se podrán usar y entonces la experiencia será muy limitada.

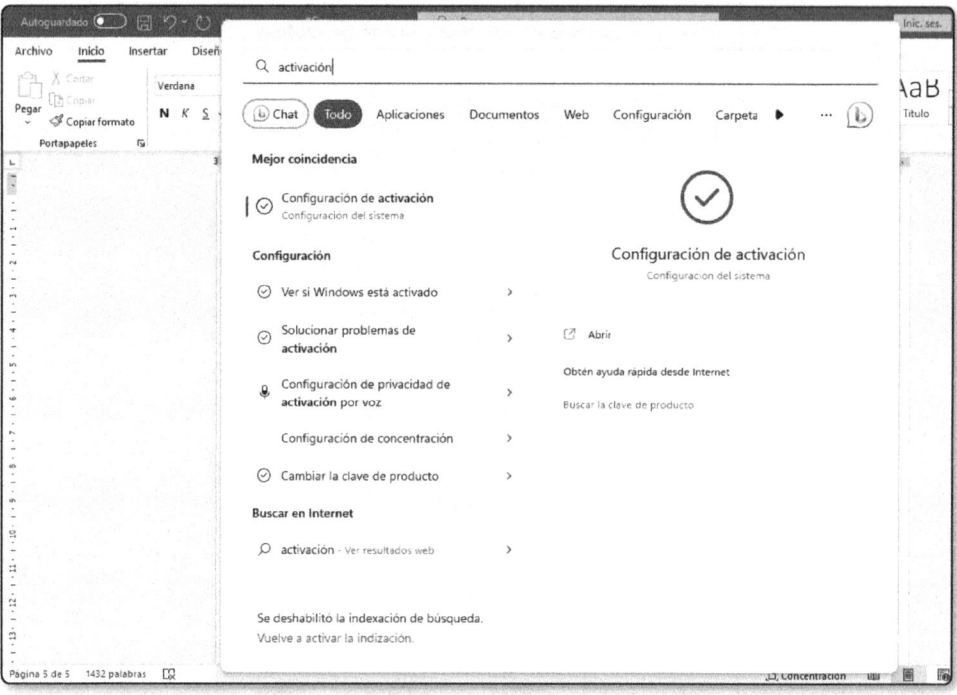

Figura 30.5. Lo primero que debes hacer es revisar el estado de activación de Windows 11. Para esto, ve a *Búsqueda* de la barra de tareas y escribe *activación*. En la lista de resultados cliquea sobre *Ver si Windows está activado* y allí se indicará su estado.

Figura 30.6. Si Windows está desactivado, presiona en el botón *Solucionar problemas*
para que se inicie un asistente y te guíe paso a paso para adquirir una licencia
original o, si ya la tienes, hacer que el producto quede 100% funcional.

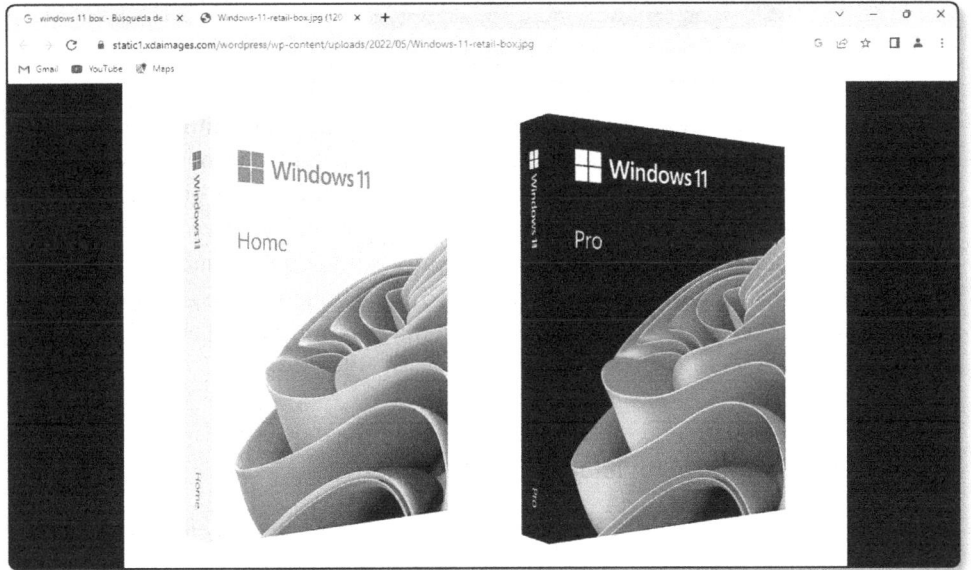

Figura 30.7. Las licencias de Windows 11 se dividen en las RTL, que se adquieren
directamente desde la tienda oficial o la página del desarrollador; y las OEM, que
ya vienen preinstaladas en equipos nuevos. Esto no implica que sean gratuitas, ya
que su costo está incluido en el equipo y tiene una determinada vigencia.

30.3 NO FUNCIONA EL SERVICIO DE ESCRITORIO REMOTO

No hay dudas de que una de las funciones más importantes de los últimos sistemas operativos de Microsoft es la implementación del uso del escritorio remoto. La alternativa de controlar un ordenador a distancia la da este servicio, que puede ser implementado desde varios dispositivos. Es posible usarlo para soporte técnico y también para el intercambio de información y trabajo remoto.

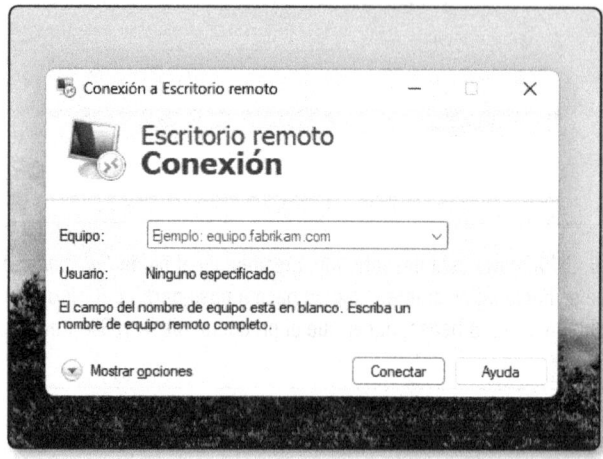

Los problemas relacionados con este servicio pueden ser múltiples, pero, en principio, deberás descartar algunos que impiden que funcione por programación del Windows que tengas. Por ejemplo, el escritorio remoto está disponible en las versiones Profesional y Empresarial de Windows 11, pero no es nativo en las versiones Home y deberá ser colocado como un suplemento, por lo que no funcionará en ellas. Otra causa que hace que el escritorio remoto falle es que el dispositivo de origen sea Windows 11 y el de destino tenga otro sistema más antiguo, en cuyo caso se han reportado problemas de conexión.

30.3.1 Comprobar si el servicio se encuentra activo

Ve a **Inicio** y abre **Configuración**. En **Sistema** selecciona **Escritorio remoto**. Desliza la opción de **Activado** para que el escritorio remoto pueda empezar a funcionar. Por último, presiona **Confirmar**.

También es posible que el servicio esté inactivo y deba ser reiniciado. En ese caso, pulsa **WINDOWS + R**, abre la opción de **Ejecutar** y escribe **services.msc** en el campo **Nombre**; presiona **Aceptar**. En la ventana de servicios busca **Agente de**

conexión a Escritorio remoto y haz doble clic en él. En el apartado **Tipo de inicio** coloca **Automático**. Reinicia el equipo.

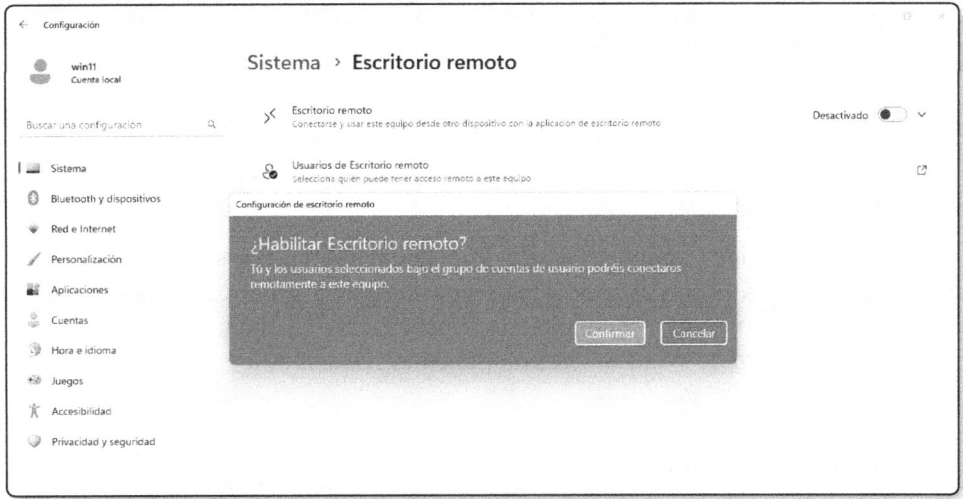

Figura 30.8. El escritorio remoto está disponible en varias distribuciones, tanto para computadoras como para dispositivos móviles. En Android, deberás instalar la app desde Google Play, y para Mac, desde la App Store. En todos los casos, al abrirlo se brinda el nombre del equipo que se va a conectar para establecer la comunicación.

30.4 NO ABRE EDGE, EL NAVEGADOR OFICIAL

Puede ocurrir que, tras una actualización, el navegador de Internet no abra o se torne lento. La solución es sencilla, solo deberás aplicar las siguientes indicaciones:

PASO 1

Cierra el navegador o termina el proceso. Para hacerlo, presiona **CTRL +
ALT + SUPR** y ve al **Administrador de tareas**. En la ventana de procesos busca
Microsoft Edge y, con un clic derecho sobre él, indica que deseas **Finalizar la tarea**.

PASO 2

Selecciona **Inicio / Configuración / Aplicaciones / Aplicaciones y
características**.

PASO 3

En el listado de aplicaciones busca y selecciona Microsoft Edge y presiona **Modificar**. Posiblemente te pregunte si deseas permitir que la aplicación haga cambios en el equipo, responde que **Sí**.

PASO 4

Asegúrate de estar conectado a Internet y selecciona **Reparar**. La reparación no debería afectar los datos ni la configuración del explorador.

Estas acciones también pueden implementarse en otros navegadores que uses para Windows 11. En caso de que el mecanismo no sea útil, la recomendación es desinstalarlo y volver a descargar una nueva versión, habiendo previamente limpiado el Registro de Windows de componentes residentes.

30.5 RESTAURACIÓN DEL SISTEMA

Otra opción para reparar el sistema operativo es restablecerlo. La corrección se puede aplicar en plena ejecución de Windows y, en caso de que no te convenza su funcionamiento tras una actualización, después de agregar un software o por un daño producido por un virus, podrás restaurar el sistema a un punto anterior. Si Windows no inicia, podrás realizar lo mismo pero ingresando con la utilidad de instalación.

Para restaurar el sistema a un punto anterior deberás seguir estos pasos en Windows 11:

PASO 1

Ve al botón **Búsqueda** de la barra de tareas, escribe **Panel de control** y, después, selecciónalo en la lista de resultados.

PASO 2

En el cuadro de búsqueda del **Panel de control**, escribe **recuperación**.

PASO 3

Selecciona **Recuperación/Abrir Restaurar sistema**.

PASO 4

En el cuadro **Restaurar archivos y configuración del sistema**, selecciona **Siguiente**.

PASO 5

Elige el **Punto de restauración** que quieres usar en la lista de resultados y, a continuación, **Buscar programas afectados**.

PASO 6

Verás una lista de elementos que se eliminarán si quitas este punto de restauración. Si estás de acuerdo con las eliminaciones, selecciona **Cerrar/Siguiente/ Finalizar**.

30.6 RESTABLECER EL EQUIPO

Esta opción funciona de manera similar a la anterior, pero reestructura todo el sistema operativo incluyendo su arranque. Es como una instalación limpia, aunque con opciones que permiten establecer la modalidad de restauración.

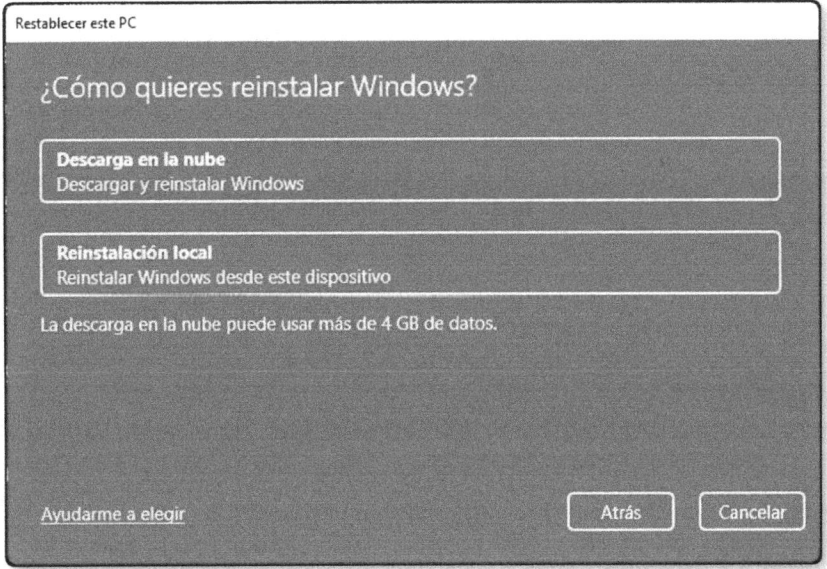

Figura 30.9. Según el sitio oficial de Microsoft, el restablecimiento reinstala Windows 11, pero primero te permite elegir si quieres conservar los archivos o quitarlos y, a continuación, reinstala el sistema. Puedes restablecer el equipo desde Configuración, la pantalla de inicio de sesión, mediante una unidad de recuperación o desde un medio de instalación.

PASO 1

Para iniciar esta acción debes ir a **Inicio/Configuración/Sistema/ Recuperación** y abrir la configuración de este servicio.

PASO 2

Presiona en **Restablecer este equipo** y luego opta por una modalidad de restablecimiento cuya explicación oficial de Microsoft es la siguiente tabla:

Opción	Función
Mantener mis archivos/Cambiar configuración/Aplicaciones preinstaladas Activado	Reinstala Windows 11 y mantiene tus archivos personales. Quita las aplicaciones instaladas. Elimina los cambios realizados en la configuración. Restaura las aplicaciones instaladas por el fabricante del equipo.
Mantener mis archivos/Cambiar configuración/Aplicaciones preinstaladas Desactivado	Reinstala Windows 11 y mantiene tus archivos personales. Quita las aplicaciones instaladas. Elimina los cambios realizados en la configuración. Quita todas las aplicaciones instaladas por el fabricante del PC.
Quitar todo	Reinstala Windows 11 y quita tus archivos personales. Quita las aplicaciones instaladas. Elimina los cambios realizados en la configuración. Quita todas las aplicaciones instaladas por el fabricante de la PC.

Figura 30.10. La opción Quitar todo es muy útil en caso de que quieras reciclar el equipo, venderlo o regalarlo. Puede demorar más de una hora, pero te garantiza que los datos que contenía no podrán ser recuperados y quedará un sistema totalmente limpio.

30.7 VOLVER A WINDOWS 10

Si deseas volver a tu viejo sistema operativo sin perder datos, entonces lee atentamente las siguientes líneas. Quizá Windows 11 no ha rendido como esperabas o aún no te sientes preparado para usarlo. Entonces, podrás deshacer la instalación de forma muy práctica y sencilla, pero ten en cuenta este dato: solo podrás regresar a la versión anterior dentro de los 10 días desde que se ha producido la actualización a 11; de no ser así, no habrá más remedio que hacer una instalación desde cero otra vez. Además, vale aclarar que esto solo es válido en una actualización de Windows 10 a 11, porque si has instalado directamente 11, no hay posibilidades de aplicar esta acción.

PASO 1

Ingresa en la **configuración de Windows**, ve a la sección **Sistema** y presiona **Recuperación**.

PASO 2

Busca y presiona el botón **Volver** (este solo estará si existe la alternativa de hacer el retroceso).

PASO 3

Aparecerá una ventana donde Microsoft te hará una encuesta para que indiques por qué quieras desinstalar esta nueva versión.

PASO 4

La siguiente ventana te brindará algunos datos para que tengas en cuenta antes de proseguir. Si estás de acuerdo, presiona **Siguiente**.

Antes de llevar adelante el proceso, intenta hacer un respaldo de tus datos personales, ya que acciones de este tipo pueden afectarlos. Si bien el programa te preguntará si deseas conservar la información, no te confíes y hazlo por tu cuenta.

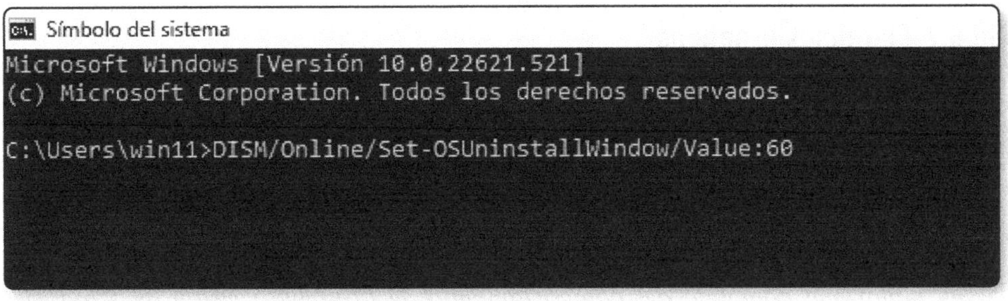

```
Símbolo del sistema
Microsoft Windows [Versión 10.0.22621.521]
(c) Microsoft Corporation. Todos los derechos reservados.

C:\Users\win11>DISM/Online/Set-OSUninstallWindow/Value:60
```

Figura 30.11. Ampliar el período de evaluación.

En caso de que quieras ampliar el plazo de prueba de Windows 11, hay un truco que te permitirá lograrlo.

Ve a la función de Búsqueda de la barra de tareas e ingresa al CMD o terminal de comandos; debes abrirlo como administrador. Ejecuta la siguiente línea de comando:

DISM/Online/Set-OSUninstallWindow/Value:60

En este caso, extenderás el plazo a 60 días.

30.8 ACTIVIDADES

A continuación verás las preguntas y los ejercicios que deberías saber responder y resolver para considerar aprendido el capítulo.

30.8.1 Test de autoevaluación

1. Enumera las fallas comunes que pueda presentar Windows 11.

2. Establece diferencias entre Restaurar el sistema y Restablecer a un punto anterior.

3. ¿Para qué se utiliza el escritorio remoto de Windows 11? Menciona las causas por las cuales puede llegar a no funcionar.

4. ¿En qué consiste la activación de Windows y por qué puede indicar que está con fallas?

5. Indica los pasos necesarios para extender el plazo de evaluación de Windows 11.

30.8.2 Ejercicios prácticos

1. Investiga formas de activar Windows y si tiene servicios relacionados en tu país. Utiliza los recursos web para hacerlo.

2. Instala la actualización de Windows 11 desde 10 y extiende el plazo de prueba.

3. Investiga los documentos técnicos publicados en el sitio de Microsoft para tener un panorama completo del comportamiento de la nueva versión de Windows. Esto ayudará a resolver problemas de forma rápida.

4. Implementa el uso del escritorio remoto desde un celular Android o IOS y maneja tu computadora con Windows 11 a distancia para descubrir esta maravillosa característica.

31

HERRAMIENTAS COMPLEMENTARIAS

Siempre es mejor trabajar con herramientas de software del propio desarrollador del sistema operativo, ya que es quien por motivos evidentes mejor conoce cómo interactúa cada componente de su sistema y la manera de repararlo. Sin embargo, también existen en el mercado muchísimas aplicaciones de terceros, algunas freeware, otras pagas y algunas a las que puedes acceder con funcionalidades limitadas, que pueden tener éxito donde las propias herramientas de Windows no han logrado su cometido. Otras, en cambio, pueden brindarte información adicional para obtener un dato puntual que será vital a la hora de realizar un diagnóstico.

31.1 APLICACIONES DE DIAGNÓSTICO Y REPARACIÓN

De poco te servirá realizar reparaciones periódicas en el sistema operativo si el soporte donde se guarda la información no es fiable. Recuerda que el sistema está compuesto por archivos que se guardan en el disco duro del equipo. Si este presenta fallas (que a veces pueden no ser tan evidentes a simple vista), experimentarás problemas de diversa índole, ya que se corromperán al azar archivos que controlan distintos aspectos del SO. Por lo tanto, no es mala idea que, al menos con cierta frecuencia, realices un mantenimiento de rutina del equipo usando estos programas, solo para saber en qué estado se encuentra tu disco y su preciada información. También la integridad de los archivos que componen el sistema operativo puede verse afectada por un sinfín de razones, por lo que cada reparación es específica según el problema que la origina. Estos programas pueden ayudarte a tener una idea de la salud de los discos así como a optimizar el sistema operativo:

31.1.1 CrystalDiskInfo

Es un programa para el monitoreo de las unidades de almacenamiento, incluyendo USB, **RAID** y **NVMe**. Es altamente intuitivo y sencillo de usar. De hecho, es tan simple, que prácticamente no necesitas tener conocimientos particulares porque basa su funcionamiento en datos obtenidos del S.M.A.R.T. (*Self-Monitoring, Analysis, and Reporting Technology*, tecnología de automonitoreo, análisis y generación de informes), una tecnología que permanentemente lee información mediante sensores incorporados en el propio disco y los compara con ciertos valores de referencia que deberían ser los correctos. La idea detrás de esta tecnología es alertarte sobre una falla para que puedas poner a salvo la información de tu disco duro a tiempo.

Su sistema de información es similar al de un semáforo. Si el disco está en buen estado, tendrás un botón de color azul con la leyenda **Good**. Si, por el contrario, algunos parámetros no son los ideales pero tampoco implican un riesgo inmediato para la unidad de almacenamiento, el botón y los parámetros incorrectos se verán en color amarillo y la leyenda será **Warning**. Por último, en una unidad que presenta daños graves y está a punto de colapsar el botón y los valores defectuosos serán de color rojo, lo que implica que la unidad deberá ser reemplazada.

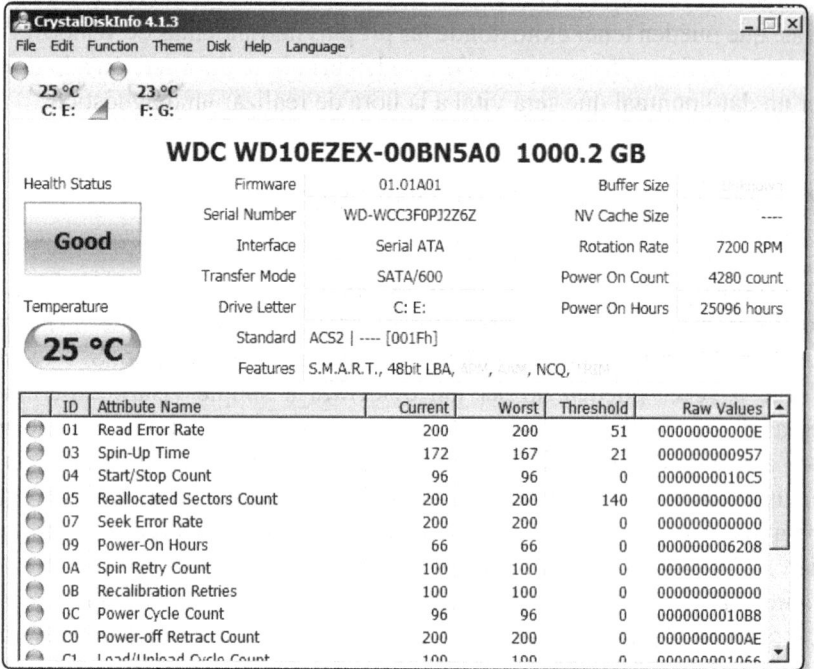

Figura 31.1. CrystalDiskInfo muestra una serie de parámetros en tiempo real que permiten alertar sobre una potencial falla en un disco antes de que esta ocurra, de modo que puedas respaldar tu preciada información antes de perderla.

Es aconsejable ejecutar este programa si te enfrentas con un escenario donde es normal que ocurran fallas en los archivos del sistema y necesites utilizar algunos de los métodos mencionados en capítulos anteriores. Recuerda que los archivos se escriben en una unidad de almacenamiento, y si esta no puede garantizar la integridad de los datos, el sistema operativo se corromperá o mostrará comportamientos extraños.

Puedes descargar este programa desde su web oficial en este link.

31.1.2 Advanced System Care

Este programa destinado a la aceleración, optimización y reparación de Windows es todo un clásico; fue lanzado en 2004 y cubre versiones de Windows desde XP hasta el actual 11. Está desarrollado por la empresa IObit y abarca una serie de aspectos que van desde eliminación de **archivos basura**, corrección de **entradas de registro dañadas**, errores de disco a nivel lógico, revisión de controladores que puedan estar desactualizados, removedor de spyware y revisión del antivirus, entre otras funciones.

Esta es una herramienta gratuita con una versión PRO que incluye una limpieza más profunda del sistema, que es de pago. También incluye una caja de herramientas desde la cual puedes acceder a más software del mismo desarrollador para realizar diversas acciones, sobre todo, a nivel de mantenimiento en el equipo. Es un programa ideal cuando experimentas lentitud del equipo, pantallas del estilo **BSOD**, cuelgues del sistema o cualquier comportamiento extraño.

Puedes descargarlo gratuitamente desde su web oficial en este link.

PASO 1

Luego de bajar e instalar el programa, al entrar verás en su pantalla inicial todos los ítems que puedes examinar. Marca la casilla de verificación de los que te interese y luego haz clic en el botón **Iniciar**.

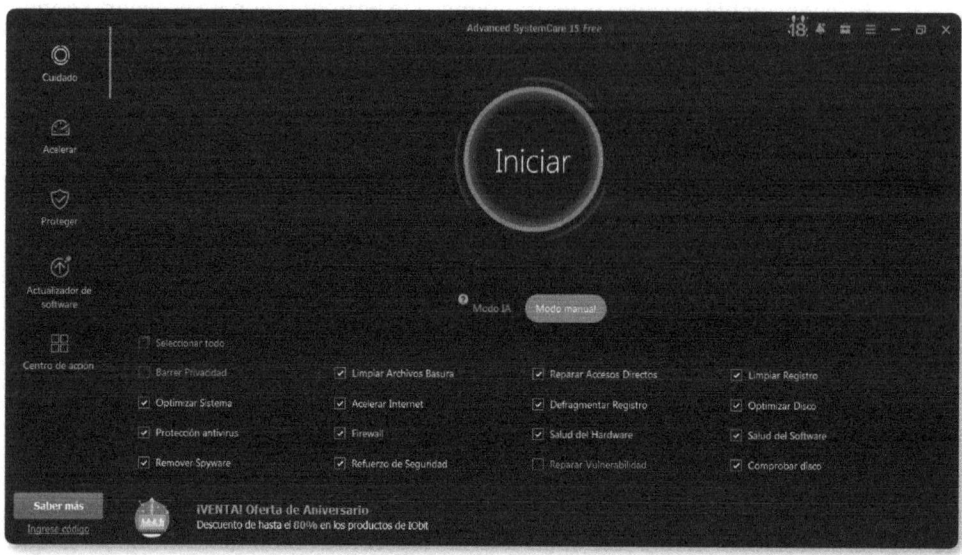

PASO 2

Al finalizar el escaneo, obtendrás un resumen de cada punto. En color naranja se mostrarán los que presenten errores, mientras que en azul estarán los que no los tengan. Si haces clic en un elemento revisado, en la parte derecha de la pantalla podrás ver los errores detectados. Esto también te brindará información sobre el tipo de falla que suele tener tu equipo.

PASO 3

Cuando presiones el botón **Reparar**, se efectuará cada una de las reparaciones que hayas seleccionado. Al finalizar, si utilizas la versión gratuita, aparecerá un resumen de los errores que podrías corregir usando la versión **Pro**.

PASO 4

Tanto para los **Controladores desactualizados** como para los **Programas desactualizados** se mostrará una lista en la que deberás, manualmente, decidir qué controlador y qué programa deseas o no actualizar. Para esto, haz clic en sus apartados y en los que te interese presiona en **Actualizar**; el programa buscará una versión actualizada e intentará bajarla e instalarla.

PASO 5

En el caso de las **Debilidades del sistema** ocurre algo similar: no las corregirá en forma automática y, al entrar, te permitirá seleccionar qué elementos deseas reparar marcando una casilla de verificación en cada uno de ellos. Luego haz clic en el botón **Finalizar**.

PASO 6

Como si todas estas funciones fueran pocas, desde el icono de caja de herramientas puedes descargar más programas de la desarrolladora IObit. Entre los que se utilizan para el mantenimiento del sistema operativo puedes optar por:

- ▶ **IObit Uninstaller**: desinstala programas y remueve por completo todo residuo que puedan dejar, como entradas de Registro que terminan por acumularse y volver lento e inestable el equipo.

- ▶ **Driver Booster**: permite mantener actualizados los controladores del equipo. Los controladores viejos pueden volver lento o inestable el sistema operativo.

▸ **IObit Malware Fighter**: como su nombre lo indica, es una poderosa herramienta antimalware de la empresa IObit.

▸ **Smart Defrag**: permite desfragmentar los archivos en el disco duro para optimizar su acceso y darle mayor rapidez al sistema.

▸ **Reparar Windows**: es un programa que forma parte de la familia de programas de la empresa, pero que es de pago. Como su nombre lo indica, ofrece más funciones para la reparación de Windows.

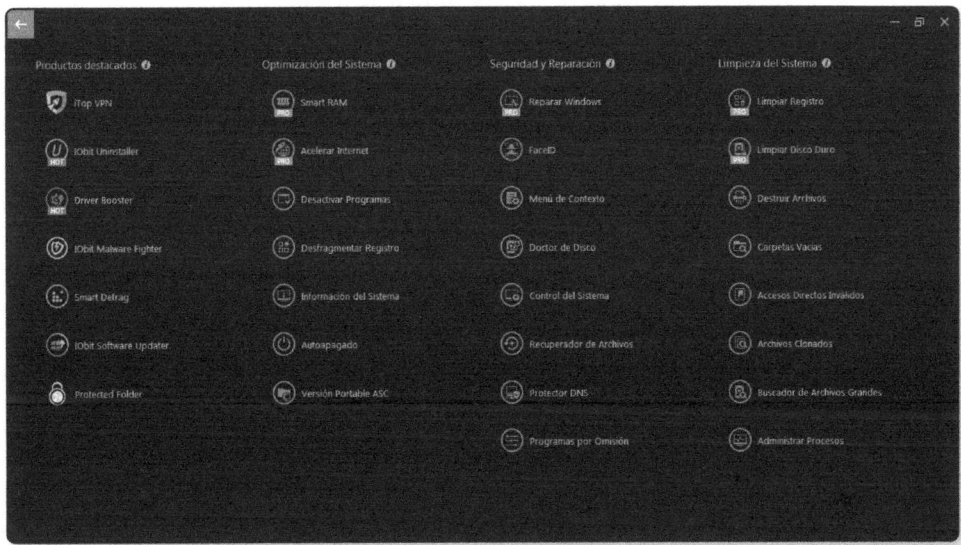

31.1.3 Windows Repair Toolbox

Otra "navaja suiza" a la hora de reparar problemas en el sistema operativo Windows. En este caso, se trata de una herramienta que utiliza tecnologías de terceros para obtener lo mejor en cuanto a software. Puedes bajar esta herramienta en forma gratuita desde su web oficial en este link. Obtendrás un archivo comprimido que podrás abrir con programas como WinRar. Dentro de la carpeta creada encontrarás un archivo ejecutable llamado Windows_Repair_Toolbox.exe, que, al ejecutarlo, abrirá en forma automática la herramienta sin necesidad de instalarla (solo debes tener instalado .Net Framework 4.8 como prerrequisito de uso).

En la parte inferior del programa se mostrará información acerca del equipo y del sistema operativo, como la cantidad de memoria instalada y la usada, si tienes conexión a Internet y en qué condiciones, el tipo de procesador y su temperatura, entre otros datos.

En la parte superior verás diferentes pestañas con grupos de herramientas. En **Tools**, dentro del grupo **Hardware**, puedes hallar clásicos como CPU-Z, GPU-Z, SSD-Z y HwMonitor, entre otros, todos programas para mostrar información del hardware del equipo y ejecutar determinadas pruebas, como los tests de stress que pueden correr varias de esas aplicaciones. En el grupo **Backup & Recovery** hay utilidades para recuperación de datos como Recuva, el clásico software para respaldo de unidades AOMEI; y DriverBackup, que como su nombre lo indica, se usa para efectuar un respaldo completo de los controladores del equipo en caso de que debas reinstalarlo de cero. En el grupo **Useful Tools** tienes herramientas para ver los archivos de **dump** de memoria, programas para evitar que el equipo entre en estado de suspensión (ideales cuando dejas una tarea en ejecución), y también puedes revisar los permisos que evitan accesos a archivos y carpetas. En el grupo **Windows** podrás ejecutar aplicaciones desde la consola de comandos, como **CHKDSK**, **DISM** y **SFC**; así como abrir el **Visor de Eventos de Windows** y el **Administrador de tareas**.

El grupo **Repairs** ofrece un verdadero arsenal: opciones para reparar todo lo relacionado con la conexión a Internet y otras redes, limpiar y reparar la cola de impresión, herramientas para crear nuevos usuarios y mover los viejos datos a la nueva cuenta, eliminación de malware y reparación de varios aspectos de Windows. En el grupo **Uninstallers** se incluyen opciones para la desinstalación de diversos tipos de programas, como antivirus que tengas instalado y versiones de Java, y para realizar limpiezas del Registro de Windows.

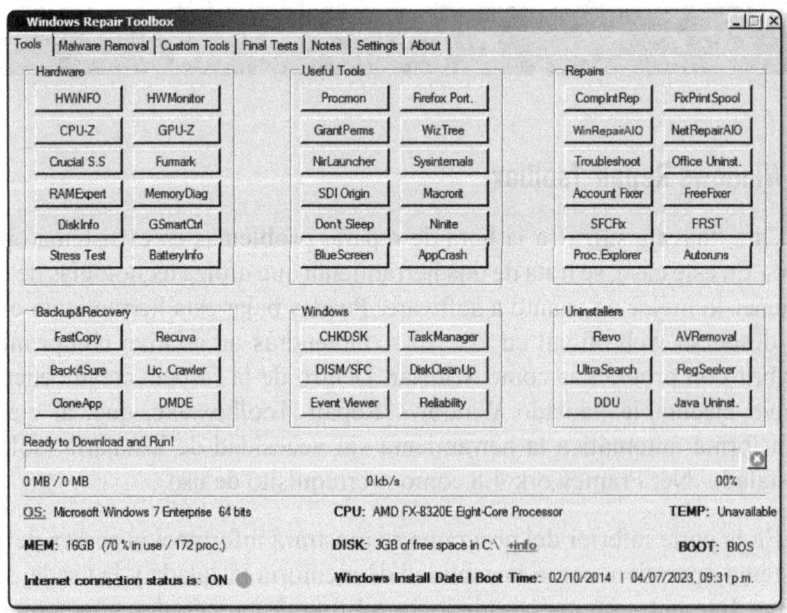

Figura 31.2. Las principales funciones de diagnóstico e información puedes encontrarlas en la ventana principal de Windows Repair Toolbox separadas en distintos grupos.

La pestaña **Malware Removal** permite tanto la descarga y uso de múltiples herramientas antivirus, como Kaspersky, ESET, Malwarebytes y Norton entre otras, como el uso de programas de limpieza como Ccleaner.También podrás llamar al actualizador de Windows y aplicar otras opciones para mantener tu equipo al día, además de disponer de un monitor en tiempo real del uso de CPU, memoria y disco duro.

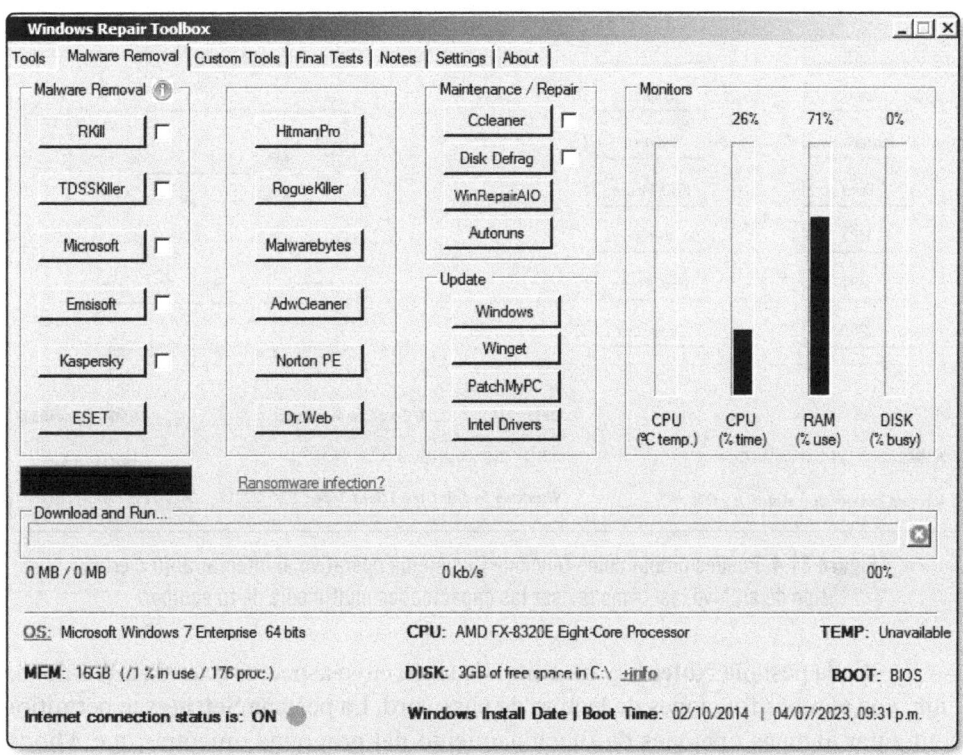

Figura 31.3. En la segunda pestaña encontrarás varias alternativas
para detectar y remover virus y malware.

La pestaña **Custom Tools** permite agregar tus propias herramientas favoritas, mientras que en **Final Tests** podrás comprobar con qué programa se abren determinados tipos de archivos (como los que tengan extensiones .MP3, MP4, PDF, archivos de mails o de Java) y realizar tests de stress al sistema, hacer pruebas de Internet, abrir las opciones de Restaurar Sistema, ver el contenido del archivo hosts, y hacer pruebas a tu webcam y micrófono.

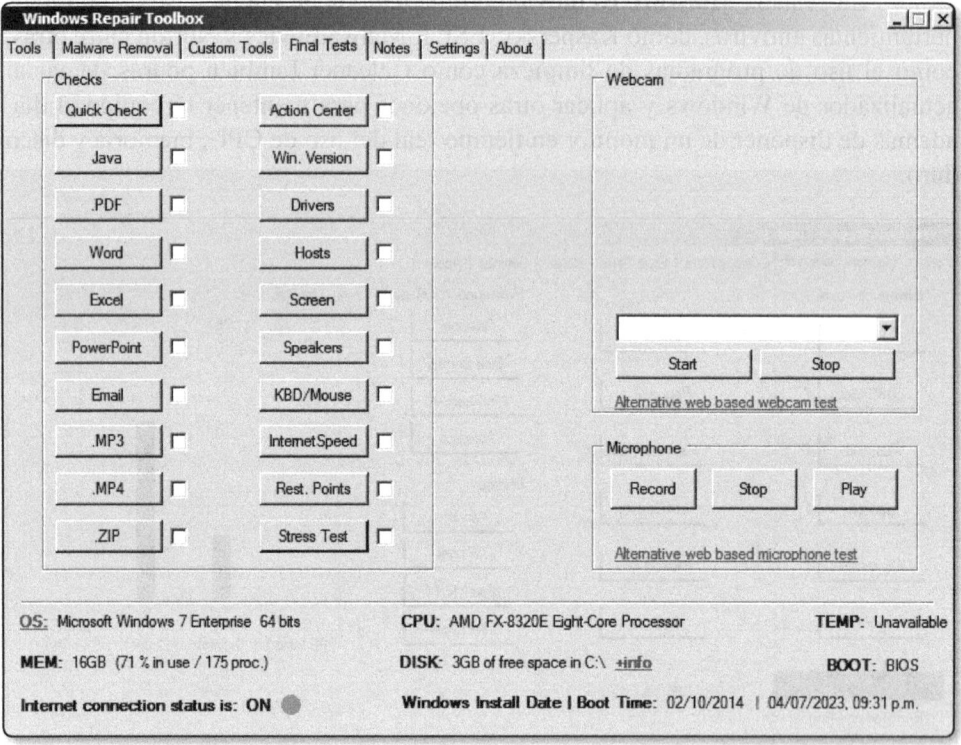

Figura 31.4. Puedes probar cómo funciona tu sistema operativo al intentar abrir cierto tipo de archivo, así como revisar las capacidades multimedia de tu equipo.

En la pestaña **Notes** hay un editor de texto cuyo aspecto recuerda a Wordpad, junto con algunas funciones de lectura de password. La pestaña **Settings** te permitirá configurar algunas opciones de funcionamiento del programa, mientras que **About** contiene la clásica información del programa, la versión y la web del desarrollador.

31.1.4 Antivirus

En la actualidad resulta impensable tener un ordenador sin un buen antivirus que la proteja de todo tipo de malware y sitios web malintencionados. Pero desde que por la década de los '90 comenzaron a popularizarse los antivirus, estos han ido evolucionando con el agregado de nuevas funciones, mejoras a nivel de protección y métodos para detectar comportamiento sospechoso en algún bloque de código que intentes ejecutar. Incluso, han logrado superar esa barrera incluyendo opciones para reparación y optimización del sistema operativo, por lo que se han convertido en un aliado más a la hora de hacer que el sistema Windows recupere su completa salud.

Un programa antivirus es indispensable para mantener protegido el sistema y evitar que se dañe. Este tipo de software tiene varias formas de detectar que un archivo es perjudicial para el sistema. Inicialmente, se utilizaban bases de datos donde se guardaban bloques del código de cada virus, y cuando ejecutabas un análisis con el antivirus, este leía cada archivo de la computadora y lo comparaba con las copias de los códigos de todos los virus conocidos. Para que este método resultara eficiente, permanentemente debías actualizar el antivirus bajando nuevos archivos con las definiciones que no eran otra cosa que los códigos de virus nuevos que se habían detectado y se necesitaban para realizar la comparación.

Con el paso del tiempo y la creación de miles de amenazas del tipo virus y malware, esta técnica resultó algo complicada de llevar a cabo, y si bien sigue siendo válida, se complementa con otras conocidas, como la heurística, que permite hacer el análisis en busca de virus desconocidos para tratar de reconocer patrones y estructuras conocidas.

Cuando el antivirus detecta un virus, generalmente lo pone en cuarentena. Esto no es otra cosa que cambiarle su nombre y extensión, y esconderlo dentro de una carpeta para evitar que se acceda al archivo. De lo contrario, ofrece la eliminación del propio archivo para impedir que dañe el equipo.

Figura 31.5. Los antivirus actuales, además de proteger el equipo, se encargan de aspectos como su estabilidad y el resguardo ante vulnerabilidades procedentes de drivers y software obsoleto o inestable.

Parte de las vulnerabilidades de un ordenador pueden suceder por software obsoleto en el que se hayan detectado fallas que pueden ser explotadas por algún hacker malintencionado, o por algún driver antiguo que comprometa la estabilidad del equipo. Los antivirus actuales, al menos en su mayoría, suelen incorporar herramientas que chequean que se esté ejecutando la última versión de los programas disponibles, y la opción de descargar e instalar en forma casi automática los updates necesarios.

Cada antivirus es un mundo en sí mismo, pero las opciones suelen estar disponibles para que hagas uso de ellas, así que solo debes familiarizarte con el antivirus que tengas instalado y las herramientas que te ofrezca.

31.1.5 Fix-It

Como no podía ser de otra manera, el propio Microsoft también incorpora una herramienta de reparación todo en uno, que funciona de maravillas, por lo que si deseas realizar alguna reparación sin depender de software de terceros, cuentas con esta opción nativa.

PASO 1

Para ejecutar Fix-It pulsa **WINDOWS + I**; se abrirá la **Configuración de Windows**.

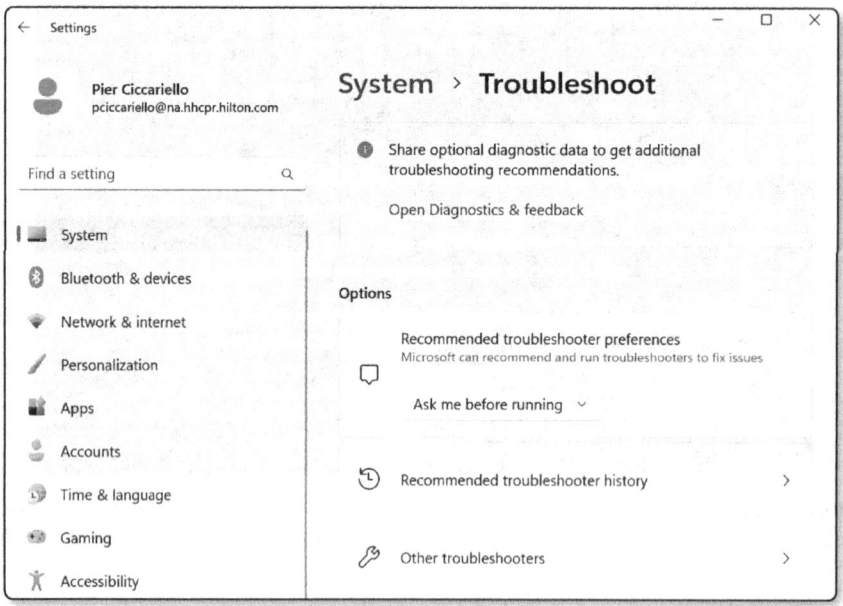

PASO 2

Ve a **Sistema** y entra en **Solucionar problemas**.

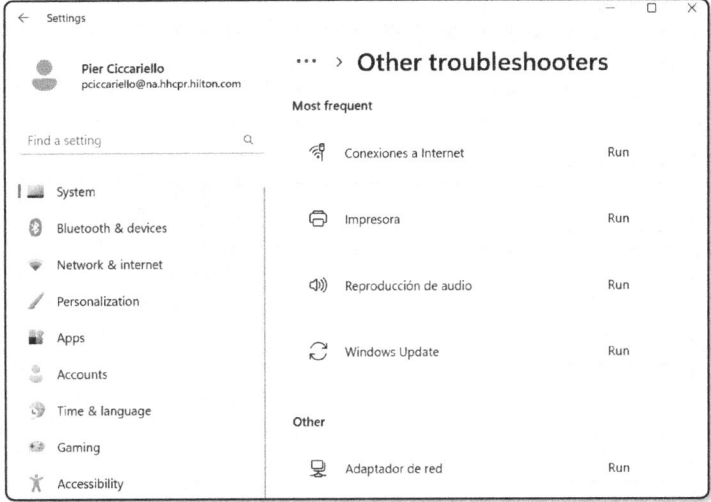

PASO 3

En **Otros solucionadores de problemas** debes elegir los componentes que presentan fallas y luego hacer clic en **Ejecutar el solucionador de problemas**. Dependiendo del tipo de falla que estés experimentando, es posible que el solucionador realice varias preguntas y te ofrezca aplicar diferentes soluciones a modo de asistente.

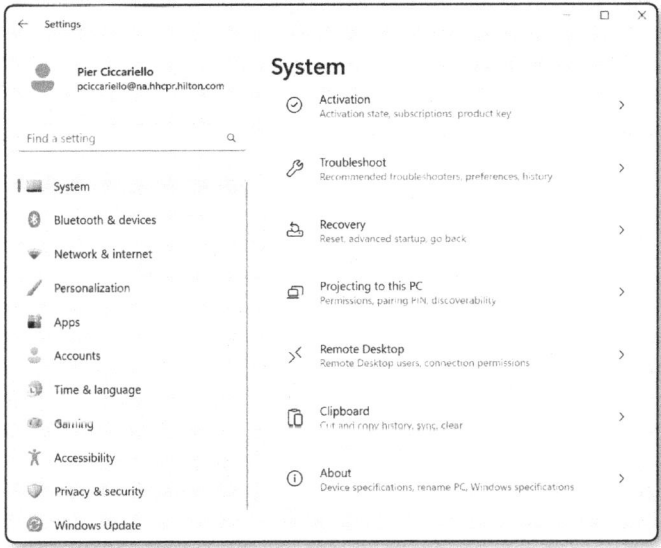

31.2 ACTIVIDADES

A continuación verás las preguntas y los ejercicios que deberías saber responder y resolver para considerar aprendido el capítulo.

31.2.1 Test de autoevaluación

1. ¿Para qué sirve la tecnología S.M.A.R.T. y cuál es su finalidad?

2. ¿Qué debes hacer si tu programa de S.M.A.R.T. detecta que el estado es amarillo o rojo?

3. ¿Qué ocurre cuando se pone un virus en cuarentena?

31.2.2 Ejercicios prácticos

1. Descarga el programa CrystalDiskInfo y ejecútalo en tu equipo para conocer su estado.

2. Descarga Advanced System Care y ejecútalo en tu equipo. Antes de reparar los fallos detectados, infórmate acerca de cómo afectaban al sistema.

3. Abre tu programa antivirus y escanea el equipo.

GLOSARIO

▶ **Adware:** infección que afecta a los sistemas operativos Windows generando ventanas emergentes a modo de publicidad molesta.

▶ **AMD:** Advanced Micro Devices, Inc., compañía estadounidense de semiconductores con sede en Santa Clara, California, que desarrolla procesadores de computación y productos tecnológicos similares de consumo.

▶ **BOOT:** acción de arranque de un programa en un ordenador, a cargo, principalmente, del sistema operativo.

▶ **DirectX:** colección de APIs desarrolladas para facilitar las complejas tareas relacionadas con multimedia, especialmente, programación de juegos y video, en la plataforma Microsoft Windows.

▶ **DLL:** biblioteca de enlace dinámico, término con el que se hace referencia a los archivos con código ejecutable que se cargan bajo demanda de un programa por parte del sistema operativo.

▶ **DOS:** abreviatura de Disk Operating System, primer sistema operativo de Microsoft cuyo entorno operativo era en base a comandos y subcomandos.

▶ **Firewall:** también llamado cortafuegos, en informática es la parte de un sistema o una red informática que está diseñada para bloquear el acceso no autorizado, permitiendo al mismo tiempo comunicaciones autorizadas. Puede implementarse en hardware o en software, o en una combinación de ambos.

▶ **ID de hardware**: identificador numérico que poseen todos los componentes del hardware y que los hace únicos, con un controlador específico que los hace funcionar en los diferentes sistemas operativos.

▶ **Imagen ISO**: tipo de archivo informático donde se almacena una copia o imagen exacta de un sistema de archivos. Se rige por el estándar que le da nombre. Algunos de los usos más comunes incluyen la distribución y Live CD.

▶ **INTEL:** Intel Corporation es el mayor fabricante de circuitos integrados del mundo según su cifra de negocio anual. La compañía estadounidense es la creadora de la serie de procesadores x86, los que tienen mayor presencia en la mayoría de las computadoras personales.

▶ **Kernel:** en informática, un núcleo o kernel es un software que constituye una parte fundamental del sistema operativo, y se define como la parte que se ejecuta en modo privilegiado.

▶ **Microsoft:** empresa tecnológica multinacional estadounidense que produce software de computadora, productos electrónicos de consumo, computadoras personales y servicios relacionados, con sede en el campus de Microsoft ubicado en Redmond, Washington, Estados Unidos.

▶ **Microsoft Edge**: navegador web desarrollado por Microsoft, basado en Chromium de Google. Fue lanzado por primera vez para Windows 10 y Xbox One en julio de 2015; para Android e iOS en octubre de 2017; para MacOS en mayo de 2019; para Windows 7, 8 y 8.1 en enero de 2020; y para GNU/Linux en octubre de 2020.

▶ **Módem:** tipo de aparato que permite modular y demodular las señales digitales con la intención de proveer un servicio de conexión a Internet.

▶ **Modo Administrador**: función de Windows que permite otorgar los privilegios más altos para ejecutar programas o realizar acciones directas en el sistema operativo.

▶ **MSI Installer**: Windows Installer, previamente conocido como Microsoft Installer, es un motor para la instalación, el mantenimiento y la eliminación de programas en plataformas Microsoft Windows.

▶ **Office:** conjunto de aplicaciones de la compañía Microsoft para sus productos relacionados a las tareas administrativas. En este paquete se incluyen las populares aplicaciones Word y Excel.

▶ **PowerShell:** interfaz de consola con posibilidad de escritura y unión de comandos por medio de instrucciones. Está diseñada para su uso por parte de administradores de sistemas con el propósito de automatizar tareas o realizarlas de forma más controlada.

▶ **Setup:** habitualmente, nombre que recibe el archivo ejecutable que permite instalar un programa en el entorno operativo de Windows.

▶ **System32:** carpeta incluida en todas las versiones de Windows desde la 2000, donde se aloja la mayoría de las librerías para hacer funcionar otros componentes del software y también del hardware.

▶ **Windows Defender**: programa de seguridad antivirus cuyo propósito es buscar y solucionar amenazas, prevenir, quitar y poner en cuarentena software espía y malware en Microsoft Windows. Es incluido y activado por defecto en Windows 8, Windows 8.1, Windows 10 y Windows 11.

SÍGUENOS EN INSTAGRAM Y ACCEDE GRATIS A NUESTRA BIBLIOTECA DIGITAL DURANTE 30 DÍAS.

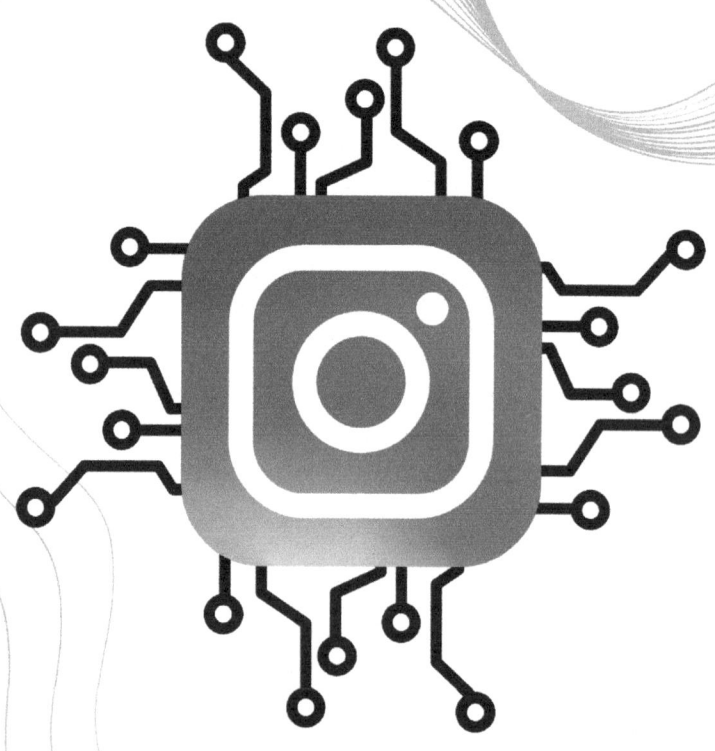

@grupoeditorialrama

¡ENVIANOS TU MAIL POR PRIVADO!

Grupo Editorial
ra-ma

40 ANIVERSARIO